产业政策的选择及其经济后果

（美）约瑟夫·E.斯蒂格利茨
（Joseph E. Stiglitz）
阿克巴·诺曼
（Akbar Noman）
/ 编著

西方经济—金融前沿译丛

孔令强
殷 燕 / 译

华夏出版社
HUAXIA PUBLISHING HOUSE

哥伦比亚大学政策对话倡议：
经济发展与全球化面临的挑战

何塞·安东尼奥·奥坎波
约瑟夫·E.斯蒂格利茨

为了解决当今最为急迫的经济政策问题，哥伦比亚大学政策对话倡议（The Initiative for Policy Dialogue, IPD）汇集来自发达国家和发展中国家的学者、政策制定者和实际工作者。IPD 是哥伦比亚大学的发展和全球化大项目的一个重要部分。《哥伦比亚大学政策对话倡议：经济发展与全球化面临的挑战》丛书提供最新的关于广泛的发展课题的学术思考，提出可供选择的政策选项和取舍。本丛书的独特之处在于，以政策制定者和学生均容易理解的语言，既塑造学术研究的议程，又推进经济政策的争论，从而促进关于发展政策的更加民主的讨论。

在经济学中，许多最基本、最常见的争论都围绕着如下两个问题展开：市场失灵的特点和意义，国家在克服市场失灵中的作用。这些问题以尖锐的形式出现在产业政策的文献中。广义上讲，"产业政策"是指旨在影响资源配置、资源积累以及技术选择的公共政策措施。本书的许多文章的核心问题是，一组特别重要的产业政策以促进知识和技术升级的活动为目标，它们有时候被更加准确地称作"知识、产业和技术"（Learning, Industrial and Technology, LIT）政策。

近年来，人们对产业政策的兴趣出现了复苏，世界银行甚至已经提倡这样的政策。这种复苏推动了 IPD 和日本国际协力事业团（Japan International Cooperation Agency, JICA）共同设立了一个关于产业政策的联合任务小组，对产业政策课题和产业政策研究的长期忽视在某种程度上也激发了联合任务小组的设立。需要进一步研究的问题包括开发金融问题以及最近的发展政策文献与经济增长和结构转型文献之间的联系。这些问题也包括对产业政策经验的新的实证研究工作,还包括关于动、静态效率之争和风险缓解之争的新洞见。

本书希望为发达国家、新兴市场和欠发达国家所面临的政策选择提供信息,帮助它们设计适合它们的制度和政策。

关于IPD及其即将出版的著作的更多信息,请访问www.policydialogue.org。

目 录

第 1 章　知识、产业和技术政策概览……………………………………………… 1

第一部分　理论与概念基础

第 2 章　学习型经济体中的产业政策……………………………………………… 18

第 3 章　动态效率：结构动态与发展中国家的经济增长………………………… 48

第二部分　开发金融

第 4 章　不确定性、投资与融资：国家开发银行的战略性作用………………… 76

第 5 章　开发银行的作用：如何促进对欧洲乃至全球的投资…………………… 97

第 6 章　打开日本产业政策制度的"黑匣子"：对开发银行、私人部门和劳动的制度性分析……………………………………………………… 118

第 7 章　开发银行与产业融资：印度的实践与教训……………………………… 144

第三部分　实践与建议

第 8 章　重新审视产业政策：新结构经济学视角………………………………… 170

第 9 章　产业政策的种类：模式、政策篮子与转型周期………………………… 184

第 10 章　产业战略：为优质增长而迈向学习型社会 …………………………… 231

第 11 章　科技能否使自然资源成为一个面向工业化的平台：为拉丁美洲（和其他资源充裕型国家）寻找新机遇……………………………… 266

第 12 章　制造业发展：比较优势、生产率增长和国别条件的作用 …… 293

第 13 章　制造业与中间服务业的共生关系：对世界投入—产出数据库的分析 …………………………………………………………… 341

致　　谢 ………………………………………………………………… 367

撰稿人简介 ……………………………………………………………… 368

英文参考文献 …………………………………………………………… 374

索　　引 ………………………………………………………………… 432

第1章　知识、产业和技术政策概览

阿克巴·诺曼

约瑟夫·E.斯蒂格利茨

在经济学中，许多最基本、最常见的争论都围绕着两个相关的问题而展开：市场失灵的特点和意义以及国家在克服市场失灵中的作用。它们以特别尖锐的形式出现在产业政策的文献中。广义上讲，产业政策是指那些旨在影响资源配置、资源积累和技术选择的公共政策措施。本书许多文章的核心问题是，一组特别重要的产业政策是以促进知识和技术升级的活动为目标的，它们有时候被更加准确地称作**知识、产业和技术**政策。我们使用的这个术语既包括深思熟虑、不言自明的产业政策，也包括那些具有类似效果、没有被明确称作"产业政策"的政策。[安东尼奥·安德雷奥尼（Antonio Andreoni）贡献的第9章对此有特别好的说明。]

在新自由主义鼎盛时期，"华盛顿共识"政策在很大程度上偏向于不受约束的市场，产业政策实际上被驱逐出了经济学家的政策处方集合——纵然它们经常被用于实践当中。[1] 近年来，人们对产业政策的兴趣有所复苏，产业政策甚至被世界银行所推崇。[2] 这种复苏推动 IPD 和日本国际协力事业团共同设立了一个关于产业政策的联合任务小组。产业政策的课题长期被排除在学术研究和政策分析之外，特别是被排除在多边组织之外。对产业政策研究的长期忽视

---

[1] 请参阅文献，比如 Serra and Stiglitz（2008）。
[2] 请参阅文献，比如 Stiglitz, Lin, and Monga（2013）和 Stiglitz, Lin, and Patel（2013）。还可以参阅其他文献，比如 Chang（2002, 2015）、Lin（2012）、Cimoli et al.（2009）、Noman et al.（2012）、Noman and Stiglitz（2015）、Greenwald and Stiglitz（2006）、Stiglitz and Greenwald（2014）、Mazzucato（2013）、O'Sullivan et al.（2013）、Primi（2015）、Economic Commission for Africa（2016）以及列在参考文献中的其他读物。

在某种程度上也激发了联合任务小组的设立。需要进一步研究的问题包括开发金融问题以及最近的发展政策文献与经济增长和结构转型文献之间的联系。这些问题也包括对各种产业政策实践的新的实证研究，以及关于动、静态效率之争和风险缓解之争的新洞见。

达到或接近技术前沿的发达国家的历史经验，证明了产业政策在持续经济增长和转型中的重要作用。[①] 这有力地证明了政府在促进持续的经济进步上具有关键作用。此外，构成我们所说的 LIT 和产业政策的公共政策干预类型是具有充分的理论依据的。马里奥·西摩里（Mario Cimoli）和乔瓦尼·多西（Giovanni Dosi）的第 2 章以及何塞·安东尼奥·奥坎波的第 3 章详细地阐述了这些观点。在我们进入这两章和本书的其他章节之前，引述一下反对产业政策的一种观点是合适的：产业政策是那种理论上的好政策，但是，它们有可能会因为糟糕的设计和实施而失效。针对这种反对观点的回答是，首先，产业政策本身还**不足以**保证经济发展的成功，历史经验和经济理论都表明它们实际上是**必要**条件。其次，固然存在源于制度缺陷和政治经济因素的"失灵"，但是，有关宏观稳定方案或者自由化和私有化方案的许多失败的例子表明，此类问题绝不仅仅局限于产业政策领域。公共政策的挑战是确保正常的风险—收益比。本书的中心论点是，产业政策具有提供丰厚回报的潜力，我们有各种方法来获得这些回报并降低失败的风险。

本书的其余内容由三部分构成。第一部分详细阐述 LIT 或产业政策的概念和理论基础。第二部分关注一个被最近的文献所忽视的方面，尽管它的重要性已经得到了广泛的承认：开发金融，特别是开发银行。第三部分的首要焦点是产业政策的经验和试验以及它们的教训和关于它们的设计和实施的建议。在概览中，我们特别关注第一部分。当然，这个简短的梗概并不能公平地涵盖各章，其主要目的在于引起读者的兴趣，描述各篇文章之间的主要联系，而不在于提供各篇文章的概要。

西摩里和多西的第 2 章大量借鉴了西摩里、多西和斯蒂格利茨（2009）。

[①] 在这个论点的阐明上，Chang（2002）可能最广泛、最有说服力。最近，Mazzucato（2013）在她的《企业家型国家》（*The Entrepreurial State*）一书中令人信服地提出，大多数的重大创新都源自政府的支持。关于产业政策对于增长最快的东亚经济体的作用已经有许多研究成果，其中，Amsden（1989）和 Wade（1990）尤其具有重大的影响。Gerschenkron（1962）是另外一个值得注意的例子，不过，他关注的是欧洲的情况。

该章首先指出，LIT 政策及其**相关的制度建设**在持续的经济进步和转型中具有重要的作用。西摩里和多西一开始就强调市场失灵的普遍性，指出标准的福利经济学定理成立的必要条件远非存在于现实世界中的条件："整个世界可以被视为一个巨大的市场失灵！"他们承认，实践中的问题更多的是缺陷是否足够严重，从而必须引入包括制度塑造在内的积极的政策干预。他们认为，这种提出问题的方式为那些相信自由市场干预假设的人卸下了证明的负担。

西摩里和多西特别指出了市场在处理知识和信息上的严重缺陷。知识实际上是一种 [萨缪尔森（Samuelson）意义上的] 公共物品。但是，技术、知识和信息的联系是持续增长和赶超的核心。西摩里和多西进一步指出，即使在同一个经济体内，大部分厂商的运营都没有达到"最佳实践"的要求。这种普遍现象带来了一个疑问：哪怕是在同一个部门或国家中，标准的生产可能性曲线是否合乎情理？最重要的是，他们主张比较优势，"需要重新审视：一个国家的比较优势在一定程度上是以其比较学习能力为基础的"。"增进整个经济的知识"的许多政策与标准的新古典模型衍生出来的政策恰好相反。[①]西摩里和多西还指出了在静态效率和知识、技术的动态变化之间可能发生的取舍关系，这种分析思路类似于奥坎波的文章（见下文），只是他对那个主题的阐述更加详尽。

发展中国家面临着一类特别的信息问题，称为**协调问题**。在运行良好的市场经济中，价格发挥协调作用。即使在这样的经济中，价格常常不能提供必要的协调，但是，在发展的背景下，产业政策能够有助于克服早期发展文献 [例如 Nurkse（1953）、Gerschenkron（1962）、Rosenstein-Rodan（1943）、Hirschman（1958）以及 Prebisch（1963）等] 中所认识到的那种协调问题。

西摩里和多西在强调没有"神奇的政策子弹"的同时，识别出了围绕着"培育幼稚产业的必要性"的种类广泛的政策处方。西摩里和多西特别提供了一种分类方法，该方法识别出了七种宽泛的"政策干预领域"以及它们与不同政策措施和制度的对应方式。他们认识到政策框架必须重视行动者的"能力"建设，必须遏制寻租和惰性。他们主张，在追求发展目标的过程中，通过改变价格来提供诸如保护和补贴这样的激励措施可能不够充分。在此背景下，他们将特征化的拉美经验与东亚"四小虎"（日本、韩国、中国台湾以及新加坡）的经验做了对比。

---

① 西摩里和多西还指出了隐性知识的重要性及其对组织和制度创新的含义。还请参阅 Stiglitz and Greenwald（2014）。

西摩里和多西然后转向如下问题：如何激发能力的积累和提高？如何激发生产能力的提高？他们强调，在创新可能带来租金的同时，租金可能激发研究，在缺失完善的金融市场的条件下，租金对于创新融资可能是必不可少的。即便是现在的创新租金也不会自动再投资于将来的生产性创新。他们详细地阐述了为促进创新和能力积累而设计的战略的三个方面：胡萝卜、棍棒和竞争。西摩里和多西的最后两套政策处方涉及自然资源诅咒和宏观经济政策与产业政策之间的必不可少的一致性。

正如奥坎波在第3章里所说的那样，西摩里和多西同样指出，这个世界所发生的变化给某些原本有效的"旧"政策的实施带来了挑战。他们特别指出了全球化和全球规则的变化所施加的约束，比如，反映在世界贸易组织承诺及双边与"多边"投资和贸易条约中的全球规则的变化所带来的约束。无论是西摩里和多西还是奥坎波，他们都以独特的方式研究了这些约束如何影响产业政策以及如何减轻不良效应。在指出了发展中国家可以利用的几个漏洞和灵活性之后，他们据理反对双边的贸易和投资条约，支持调控贸易和知识产权的国际规则的改革。两章的末尾都呼吁改革当前的此类国际规则的框架。

奥坎波的文章（第3章）提供了经济增长和结构变迁方面的大量的文献，并将产业政策的作用置于那个广阔的背景之下。他将新古典经济学对静态效率的关注与持续增长的必要条件进行对比："发展中国家的经济增长与生产结构的动态及为支撑经济增长而创立的特定政策和制度具有内在的联系。其重点是经济结构的**动态效率**，即引发结构变革新浪潮的能力……"

奥坎波使用了大量的"旧的"和"新的"增长和发展文献。他首先处理出现在如下情形中的方法论问题：（1）区分 Madison（1991）所指的"直接"和"最终"原因；（2）在经济增长与一系列的变量（投资、生产结构、技术、人力资本等）同时运动情况下的因果关系的方向。

奥坎波简要描述了增长过程中所特有的规律，简明讨论了五组特征化事实，这些特征化事实对于理解经济增长及其含义特别重要：（1）国家之间在多个方面持续存在广泛的差异；（2）经济增长通常表现出显著的非连续性（经常不期而至）；（3）灵活的要素供给在发展过程中具有重要地位；（4）经济增长存在路径依赖现象；（5）成功的贸易政策篮子变化多端，这说明不能过分简单化地概括什么是"好的"贸易政策，但是，这种过分简单化的做法却非常普遍。

奥坎波接着区分了经济增长所**必需的**"框架条件"（宏观经济稳定、基本制度、人力资本、基础设施）和决定经济增长势头的积极因素。后者是指**持续**带来充满活力的新活动的能力。他认为"**系统性**过程"是最重要的，它包括（1）创新和学习之间的互动性（2）生产活动之间的互补性、关联性或网络。

他的结论是："发展中世界实现迅速增长的关键是**为实现生产结构的动态转型而采取的战略与恰当的宏观经济条件和稳定性之间的结合……**"（黑体字为作者所加。）

此外，这两篇关于概念和理论基础的文章都指出了开发金融的重要性，特别是开发银行在向它们强调的那类新活动提供长期资本方面的支持。第二部分的四章专门讨论开发金融，该主题的重要性在最近的产业政策文献中得到了广泛的认可，但来自其他领域的关注还比较少。这四章不但共同为开发银行提供理论依据，解释为何传统的金融市场机构未能满足特定的社会需要，还展示了许多成功的开发银行已经为其所在国家带来了改变。当然，过去也曾经发生过开发银行失败的事件，这种失败有时候与政治关联性贷款有关。不幸的是，我们缺少对开发银行的研究（或许是它们长期得不到认同的一种反映）。这里的关键问题是：为何某些银行成功了而另一些银行却失败了？

若昂·卡洛斯·费拉斯（Juão Carlos Ferraz）在第 4 章里指出，2008 年的金融危机及其挥之不去的后果已经重新引起了人们对开发银行的关注，尤其是对开发银行所发挥的逆周期作用的关注。如果它们没有持续地提供融资，这些国家的经济危机将会更加严重。但是，那是次要的，开发银行的主要目的是克服金融市场的不完善性，特别是在长期投资和结构转型方面的不完善性。（当然，长期以来，避免了私人融资的波动性被认为是开发银行的优点之一。）

这些年来，开发银行遭到了广泛的批评。费拉斯直接剖析了某些批评，比如所谓的挤出效应：开发银行挤出私人银行，而（在标准的新自由主义框架中）后者据说更善于配置稀缺性资本。与此相反，费拉斯主张开发银行也能够"挤进"私人融资。其他批评与如下几个方面有关：政治干预、裙带关系、公共机构在"挑选赢家"方面不如私人部门精明。他提出了缓解这些潜在问题所带来的风险的解决之道——制度设计（例如，明晰的职能划分、独立的董事会成员、银行业的监管）。

费拉斯表明，开发银行在全球经济中已经成为重要的融资来源，国际开发金融俱乐部（International Development Finance Club, IDFC）的23个成员的合并资产基数在2013年已经高达2.8万亿美元。以资产基数对GDP的比率为标准，各国开发银行的规模差异极大，从印度尼西亚的0.5%到中国、巴西以及德国的14%不等。费拉斯选择了四家最大的开发银行，更详细地分析了它们近年来的结构、行为和绩效。它们是中国国家开发银行（China Development Bank, CDB）、德国复兴信贷银行（Kreditanstalt fur Wiederaufbau, KfW）、巴西国家开发银行（Banco Nacional de Desenvolvomento Economico, BNDES）以及日本金融公司（Japan Finance Corporation, JFC）。他发现这些开发银行之间的共性要多于差异，他断定，它们总的来说成功地实现了它们的发展目标，与此同时，它们在2013年还获得了"基于强劲的资产基数的非常不错的财务表现"。日本金融公司似乎是一个例外，它的利润是负的，不良贷款率最高。但是，情况并不太严重，不良贷款率不到3%。在这些银行中，中国和巴西的国家开发银行的财务表现最好，权益收益率超过15%，不良贷款率分别是0.01%和0.48%。费拉斯断言，开发银行"是具有韧性的金融体系的支柱之一……对于不同发展阶段的国家都具有重要的意义"。

　　虽然开发银行通常被认为是与发展中国家相关的机构，实际上，它们甚至在欧洲的发达经济体中也发挥着重要的作用。斯蒂芬妮·格里芬斯-琼斯（Stephany Griffith-Jones）和乔瓦尼·科齐（Giovanni Cozzi）在第5章中提出了如下问题：开发银行如何才能促进投资，特别是在欧洲的投资？他们首先指出，全球私人金融部门在发挥它们的本职职能方面一直做得不够好，从而需要更多地"关注有效的公共开发银行所能发挥的积极作用"。格里芬斯-琼斯和科齐首先分析了金融市场所特有的严重失灵问题，特别是在斯蒂格利茨的著作中详细阐述的那种问题，从而为开发银行提供了一个简明的分析性理由。尽管这些失灵现象在实践中有大量的记录，在理论上有充分的解释，但是，某些人士依然强烈地信任金融市场的效率。这种信任与金融部门的政治压力相结合，引起了过度的金融自由化和对公共借款机构的强烈排斥。存在许多颇具讽刺意味的情形：作为一家公共开发银行的世界银行鼓励各国关闭它们的开发银行，认为这些银行不能发挥作用；金融危机期间和金融危机之后，政府**不得不**承担大量**金融**角色——如果政府不这样做，私人金融系统就会崩溃。即使在今天，美国政府实际上认购了所有的住房抵押贷款。在阐明了金融市场容易遭受的各类失灵之后，格里芬斯-琼斯和科齐深入研究了开发银行在促进各类产业政策和提高动态效率方面已经发挥并且需要发挥的作用以及开发银行如何才能有效地发挥这些作用——西摩里和多西以及奥坎波的文章已经强调了这些作用。

格里芬斯-琼斯和科齐随后利用剑桥阿尔法度量模型（Cambridge Alphametrics Model, CAM）模拟了直至2020年欧洲和全球经济的各种情景，结果显示："开发银行若能发挥更大作用——结合近年来发生的财政整顿的缓和，就能够对投资、增长、就业以及降低债务——GDP比率产生非常积极的影响。"

岛田刚（Go Shimada）在第6章探讨了开发银行在日本的作用。岛田首先细致地讨论了赞成与反对开发银行的意见。根据开发银行的基本原理，他特别强调了金融市场的不完善性，认为这种不完善性源于信息的不对称性、外部性以及长期投资的风险，存在规模经济的时候尤其如此。他指出的反对声音包括：（1）评估贷款申请的困难，特别是在需要关注经济和社会收益而不是简单的利润率的时候；（2）政治俘获或寻租的风险。第6章的主要部分是对第二次世界大战之后开发银行在日本的产业政策中所发挥的"关键作用"所做的详尽的案例研究。日本政府"在筹集存款和在产业发展中配置金融资源方面都发挥了重要的作用"。前者反映出日本邮政银行的特殊重要性：即使到了20世纪80年代，日本邮政银行依然持有全部银行约20%的存款。

岛田对日本开发银行业的分析包含在对日本战后复兴与开发的见解深刻的讨论中。复兴金融银行（Reconstruction Finance Bank, RFB）创建于1947年，它的融资，特别是对煤炭和钢铁产业的融资，是日本战后重建的"关键成因"之一。但是，它沉沦于反映腐败而不是价值创造的寻租活动中，并且在一场腐败丑闻之后，被关闭并被日本开发银行（Japan Development Bank, JDB）所取代。岛田宣称，从复兴金融银行的"被俘获"中获得的教训——特别是关于应该免受各种外部机构影响的教训——被用于日本开发银行的设计之中，这种大得多的自主权和高质量的项目评估与监管流程对于日本开发银行的成功是至关重要的。同样重要的是，日本开发银行的贷款"被纳入政府的产业政策之中"。岛田对日本开发银行的运作进行了详细的讨论。日本开发银行一开始为"基础产业"（电力、钢铁、造船以及煤炭）提供资金，然后转向被认为具有溢出效应和互补效应的制造业。因此，这种干预"不纯粹是凭空挑选出赢家"。岛田还发现日本开发银行在克服日本金融市场的信息不对称性方面具有一定的作用。日本开发银行通过传递政府扶持的信号而帮助其他银行降低了风险，由于"它的贷款具有超越利润最大化的更广泛的目标"，由它传递出来的信息被认为是可靠的。

岛田指出，在诸如巴西、中国、马来西亚、韩国以及中国台湾等国家和地区，成功的开发银行如果要克服寻租和政治俘获等问题，发挥补充市场的作用，就应该具备某些特殊的背景，从而引出日本的经验教训问题。岛田强调了自主权和贷款评估专长的重要性（包括进行这种评估的制度能力的建设），即其他发展经济学学者强调过的关于开发银行的几个方面。但是，他还强调了如下几个方面的重要性："机构的利益相关者的强大网络"；"与其他……银行之间的良好的劳动分工"；"（开发银行的）制度架构之内的劳动分工"的清晰性；为对抗制度僵化倾向而对制度进行更新和改革的必要性；关注具有大量"纵向和横向外部性"的支撑性活动，因为他观察到这类外部性有助于增强那些对于开发银行的成功具有核心作用的网络。

迪帕克·内亚尔（Deepak Nayyar）所作的第 7 章是关于开发银行的最后一章，该章研究了印度的经验和教训。内亚尔将印度的经验置于广阔的历史和国际背景之下。他首先笼统地讨论了"追赶型"工业化、开发金融和产业政策，指出"开发银行的经济逻辑是简单的。在工业化的后发国家，资本市场不完善……新企业……发现它们极难为其初始投资获得融资，更别提为弥补学习期的亏损而获得融资。如果这种投资具有团块结构和在一段酝酿期之后才能收到投资回报，则该问题就更加复杂"。他将开发银行业的历史上溯至 19 世纪中叶前后出现的欧洲金融机构，它们成为战后德国和日本的开发银行的模范。他简要地介绍了开发银行创立的历史过程，从 20 世纪 30 年代的墨西哥和智利开始到 1994 年的中国国家开发银行结束。

内亚尔随后转而讨论印度的经验，结果既复杂又不统一。他区分了三个阶段：20 世纪 40 年代后期到 60 年代中期；20 世纪 80 年代；20 世纪 90 年代后期以来。他评论道："第一个时期最重要，它是工业化的启动时期。"该时期创立了三家国家（联邦）级的开发性金融机构（development financial institution, DFI）[①]和数家州级开发银行。第二个时期，也就是 20 世纪 80 年代，出现了数家再融资性、部门或专业性的机构（面向农业、住房、小型产业、城市发展、农村电气化、进出口、电力、铁路、可再生能源以及旅游的专业机构）。印度

[①] 这三家机构分别是印度工业金融公司（Industrial Finance Corporation of India, IFCI）、印度工业信贷与投资公司（Industrial Credit and Investment Corporation of India, ICICI）以及印度工业发展银行（Industrial Development Bank of India, IDBI）。

似乎最终拥有了一个由众多开发性金融机构组成的极其复杂和多维度的网络。但是，在第三个时期，也就是在20世纪90年代后期，印度急剧缩减了开发性金融机构的规模。除了印度基础设施金融有限公司（India Infrastructure Finance Company Limited, IIFCL）之外，这些开发银行也（在某种程度上只能）成为商业银行。到了21世纪第一个10年底，印度开发银行业的作用急剧下降。唯一保留下来并专门向工业发放贷款的长期贷款金融机构是印度小型产业开发银行（Small Industries Development Bank of India, SIDBI），依然向一般工业部门而不是特定子部门发放贷款的唯一机构是印度人寿保险公司（Life Insurance Corporation, LIC）。与持续存在的融资机构一样，两家机构都有盈利。在面向特定部门的机构中，进出口（Export-Import, EXIM）银行、农村电气化公司（Rural Electrification, REC）、电力金融公司（Power Finance Corporation, PFC）、印度铁路金融公司（Indian Railways Finance Corporation, IRFC）以及住房和城市发展公司（Housing and Urban Development Corporation, HUDCO）都业务活跃且有盈利。

在为制造业投资提供资金方面，开发性金融机构的重要性即使在20世纪50年代和60年代的起步阶段及之后也非常大：1970—1971年占10%，1980—1981年占30%，1990—1991年占36%，2000—2001年占49%，然后于2005—2006年暴跌至6%，2012—2013年又恢复到14%。私人部门的比例则要高得多：1970—1971年占25%，2000—2021年占75%（因此，制造业投资的公共融资极其重要，这种融资要么通过开发银行间接进行，要么通过包括公共部门企业的留存盈余直接进行）。内亚尔将开发银行的重要性的下降归因于金融部门的改革，这种改革"即使不是由世界银行驱动，也受到世界银行的影响"。开发性金融机构的借款成本显著地上升，但是，印度联邦银行的优惠融资和政府担保债券的借款成本却有大幅度的下降。因此，"逐步下降的利润率成为一个自我实现的预言……开发性融资机构因其以往的过错而变得更加复杂了，而这些过错导致其不良资产的积累"。内亚尔的这一章还强调了印度开发性金融机构的弱点，特别是对政治俘获的抵御不够充分以及与产业政策的联系比较薄弱。相反，产业政策也有其自身的弱点，特别是缺少能确保它们带来的租金被富有成效地利用的机制（本书的其他几篇文章也强调了该机制的重要性，特别是奥坎波的文章和西摩里与多西的文章）。内亚尔的结论是，印度开发性金融机构的贷款与产业政策之间的弱关联以及印度产业政策的缺乏为开发金融领域提供了重要的教训。

尽管已经并将继续出现许多非常成功的开发银行,但也出现了许多失败的例子,它们主要是由于政治俘获和寻租而造成的。开发银行是高风险、高回报的机构,为了挖掘一个国家的潜力,要求国家广泛地投入到发展目标的追求之中(有时候被称为"**发展型国家**")。本书没有涉及的其他成功例子包括近年来的埃塞俄比亚开发银行(Abebe and Schaefer,2015)和20世纪50年代与60年代的巴基斯坦开发银行(Norman,1991,2015;Papanek,1967)。

Norman(2015)提出了一些可用来降低因"混乱的"治理而产生风险的方法,比如巴基斯坦近年来的情况。这些方法包括为了获得唾手可得的成果而向无可争议的"赢者"提供定义严格、含义准确的贷款授权(比如,为了帮助企业移动到一国某个部门的"最佳实践"前沿而发放贷款;以巴基斯坦来说,就是纺织部门的技术升级)。这篇文章还提出了降低风险的其他方法,其中包括定期而频繁地在贷款和还款的审议会上公开披露信息、让合适的民间团体代表出席董事会。

降低风险也是第三篇第8章的重要关注点之一,其作者林毅夫(Justin Yifu Lin)从2008年至2012年担任世界银行的首席经济学家。这位世界银行的首席经济学家在他的任期里花费了大量的时间来提倡产业政策,说明世界银行(推而广之则为发展思维)已经在新自由主义和华盛顿共识的全盛时期之后发生了改变。[1]与开发银行业的相关风险相比,他更关注与产业政策相关的更广泛的风险。(本章是林毅夫已经出版的文章的修订版,但是,我们认为值得在本书中重发,主要是因为本书是在特别工作组会议讨论了它的早先版本之后面世的。)

林毅夫在第8章里提出,大约19世纪初以来的历史经验表明了产业政策

---

[1] 世界银行首席经济学家的继任方式在许多方面大致勾画出了发展思维的演变过程。霍利斯·钱纳里(Hollis Chenery)关注发展计划,到了罗伯特·麦克纳马拉(Robert McNamara)作为世界银行行长的任期末尾,不平等问题得到了大量讨论。在钱纳里之后,安妮·克鲁格(Anne Krueger)、斯坦利·费希尔(Stanley Fischer)以及拉里·萨默斯(Larry Summers)相继担任世界银行的首席经济学家。迈克尔·布鲁诺(Michael Bruno)代表了一个过渡时期,其后的斯蒂格利茨积极反对其前任们所推行的华盛顿共识政策,重新强调结构转变和产业政策。斯蒂格利茨的继任者尼古拉斯·斯特恩(Nicholas Stern)、弗朗索瓦·布吉尼翁(Francois Bourgignon)、林毅夫以及考什克·巴苏(Kaushik Basu)持有类似的立场。请参阅Stiglitz(1998a,1998b,1998c,2016)。

是追赶经济的必要条件，但是，发展中国家的产业政策在20世纪40年代以来的战后时期往往并不成功。他建议产业政策应该内置于所谓的新结构经济学中，而后者的思想基础又根植于历史经验。他简明扼要地概括了他的基本观点：

（1）为了实现动态的经济结构变化和持续的高速经济增长，盯住部门的产业政策是不可或缺的；（2）之所以大多数产业政策都失败了，是因为它们盯住了与本国的比较优势不相容的部门；（3）成功的产业政策应该盯住本国具有潜在比较优势的产业；（4）历史经验表明，在追赶阶段，各国成功的产业政策通常盯住具有类似禀赋结构和稍高人均收入的国家的产业；（5）基于新结构经济学的增长识别与扶持框架（growth identification and facilitation framework, GIF）是盯住具有潜在比较优势的产业、支持这些产业实现增长的有效的新方法。

增长识别与扶持框架的主旨是：识别出特定国家的潜在比较优势和人均收入不超过该国两倍的高速增长国家的成熟产业，然后使本国的比较优势得到利用。

在特别工作组会议上，林毅夫的文章受到了热烈的讨论。大家形成了广泛的共识：林毅夫的方法有许多可说之处，并且它可以用来规避"选出输者"的风险。可是，他对过往成功的分析却遭到了某些参会者的质疑，其中某些人参与了跨越式发展理论和动态比较优势的积极推广——似乎要比林毅夫的框架更加背离当下的比较优势。还有人质疑反映在人均收入上的要素禀赋是否构成潜在比较优势"接近度"的恰当指标，特别是在流动的资本和熟练的劳动力、迅速的技术变革以及不断发展的全球价值链的背景下。一个国家最重要的"禀赋"也许是那些不能流动的资产——制度和内置于当地制度里的学习能力。在各国努力塑造自身的长期（动态）比较优势的时候，需要考虑的正是这些资产；在这样做的时候，各国还需要考虑到它们的行动选择将如何影响它们的学习能力，而学习能力又相应地决定它们未来的发展。[①]

第三篇的其余部分由一组关于产业政策各个方面的文章构成。在过去的实践中，各国实施了这些产业政策；在将来的实践中，有人依然建议各国实施这些产业政策。

---

① 更广泛的阐述请参见 Greenwald and Stiglitz（2014）。

安东尼奥·安德雷奥尼（Antonio Andreoni）在第9章中指出，产业政策这个术语使用于多种政策干预，可以说几乎所有的国家都有产业政策。他认为"理解设计、实施……产业政策的'政策背景'对于理顺我们今日所观察到的产业政策的种类是至关重要的"。他提出了一种用于分析各种产业政策模式和政策篮子的方法，并且将这种方法应用于6个国别案例：美国、日本、德国、巴西、中国以及南非。

安德雷奥尼提供了总体的历史回顾，简要地勾画了这6个案例的特定历史事实，但是，他的主要关注点是当前和最近的政策，特别是2008年金融危机之后所采用的政策。例如，安德雷奥尼找出了美国的几个产业政策行动，它们包括：美国小型企业管理局（Small Business Administration, SBA）运营的两个项目；《美国复兴与再投资法案》下面的一套倡议；旨在解决科学、技术、工程和数学（science, technology, engineering and mathematics, STEM）研究生短缺的措施；清洁能源的倡议；2010年以来的"新的产业政策篮子"，其中包括"许多旨在加强国内制造业基地及其在国际市场中的存在的选择性措施"。这些措施包括一个新的全国制造业创新网络（National Networks for Manufacturing Innovation, NNMI），它是一个……协会的网络，该协会既致力于高级制造技术的开发和采用，也负责许多高技术倡议（材料、基因组、机器人等）。2010年之后的美国产业政策篮子还包括促进出口的倡议。

与任何国家相比，或者至少与安德雷奥尼的样本中的其他国家相比，产业政策的想法可能在美国会遇到更大的阻力，因此，我们选择了美国的例子来说明所谓追求产业政策的广泛含义。这些政策并没有都被贴上产业政策的标签，尽管它们显然正好就是产业政策。

安德雷奥尼在指出了6个国家之间的差异的同时，做出了如下结论性评价："尽管……产业政策多种多样……所有国家都采取选择性部门政策和制造业体系政策……这些政策超过了部门的边界并且关注部门之间的联系。"他补充说，全部6个国家"都已经越来越多地加大了对整个制造业……体系的技术和财务支持"。

按照基本类似的思路，细野明雄（Akio Hosono）在第10章里首先回顾了有关文献，这些文献都认为学习和创新对于经济增长和发展具有极端重要性。他接着考察了各种"促进学习从而既实现优质增长又完成经济转型"的有效方法。他具体考察了5个具有显著差异的案例，并将它们分为两大类：特定能力的学习和学习能力的学习。[①] 5个案例分别涉及：（1）肯尼亚园艺业的小型农场主；（2）孟加拉国农村基础设施的开发；（3）日本和某些发展中国家的农村生计改善项目；（4）日本的一村一品倡议及其在泰国和马拉维的传播；（5）日本、美国、新加坡等国家的即时生产系统、全面质量管理以及持续改善方法（Kaizen）。其中最后一个得到了最大关注。

细野那章的细节特别丰富，因而很难加以概括总结。用细野的话来说，文章的结论是："这些案例研究说明了学习和知识能力的积累……具有至关重要的作用……我们确定了几种……学习方法……这些方法不但促进了学习，而且推动了学会学习。"细野还指出了那些不同方法的几个共同特征，比如便于采用，注重在实践中学习和相互学习，学习对特定的追求目标具有内在的贡献。他还强调了学习对于绿色经济的重要性和对于"优质"增长的更加普遍的重要性。

在第11章中，卡洛塔·佩雷斯（Carlota Perez）为基于自然资源（natural resource, NR）的工业化提供了充分的理由。佩雷斯为她的文章提供了极好的摘要，除了直接引用她的摘要，我们没有更好的选择：

> 本章认为，经济发展是一个动态目标，"追赶"和"超越"的机会之窗因技术革命和范式转换而出现在某些时间和特定地区。我们通过对历史先例的研究发现，在信息和通信技术革命到处扩散的当下，自然资源的利用和加工——曾经被视为发展中国家的"诅咒"——为拉丁美洲和其他资源充裕的国家带来了如此之好的机会。我们分析了引起自然资源的背景条件发生改变的因素，它们包括市场的新性质、环境因素日益增长的影响、技术活力的显著上升、由信息和通信技术以及市场细分带来的发展中国家的创新潜力。文章考察了拉丁美洲对不同条件做出反应的能力及其特点，确认了在以往的进口替代机会中获得的能力，进而主张今日的成功将依赖于以自然资源为基础的创新网络的建立，而该网络以充满活力的亚洲市场为目标。由于大多数自然资源产业都是劳动密集度相对较低的行业，我们提出了名为"资源密集型工业化"的双向一体化战略，这种战略既能促进全球范围实现自上而下的经济增长，也能推动所在领土的每一个角落进行自下而上的财富创造，从而为所有的人创造就业和福利。本章最后指出，

[①] Stiglitz（1987）最先引入学习能力的学习这个概念。

这种增长和创新的融合过程既是可能的,也是必要的,以确保拉丁美洲从当前的机会之窗中受益,同时建立一个具有创新潜力、网路和社会能力的平台,以便能够在下一次技术革命中实现飞跃。我们并没有忽视许多障碍和限制,如果我们充分认识到机会的性质,我们必然能成功地面对这些障碍和限制。

在写作本文的时候,拉丁美洲正在经历着一场自然资源繁荣——这场繁荣至此之后结束了。显然,某些国家要比其他国家更加受益于佩雷斯所倡导的那种理念,某些国家要比其他国家更加多样化,而那些没有实行多样化的国家随着自然资源价格的暴跌经历了特别显著的停滞甚至衰退。

原口野田(Nobuya Haraguchi)在第12章里试图"更好地理解比较优势、生产率增长以及具体国情是如何驱动产业发展的"。原口的实证研究为此做了关于"制造业的演化模式和相应的生产率变化"的回归分析。数据的可用性将研究范围限制在73个国家。他的结论可以概括如下:"制造业的发展模式显示比较优势的存在,而比较优势的转变又与人均国内生产总值的变化相关。即使像韩国这样的成功国家通常也遵循这些发展模式。"因此,该章补充并强化了林毅夫在第8章的观点。原口补充道:"……我们的研究表明,诸如比较优势、技术发展以及功能方法等不同的产业发展思想流派在解释产业发展绩效方面都占有一席之地……未来的研究需要进一步考察国情条件以及如何将它们转化为国家特有的长期优势。"

在第13章中,Ming Leong Kuan利用欧洲委员会的世界投入产出数据库(World-Input-Output Database, WIOD)考察了制造业和服务业之间是否存在共生关系以及在多大程度上存在共生关系,这种共生关系需要地理临近性。他分析了制造业—服务业在不同国家和不同时间的关联度,发现了强烈的共生倾向。他总结道:"尽管国际贸易和信息与通信技术的进步提高了跨境服务流动的潜力,但是,制造业—服务业的关联度还没有分化到如此严重的程度,以致某些国家能够专门做制造业,而另一些国家可以专门向前者输出中间服务。"Kuan补充说,"对于试图选择以服务业为主导的发展道路从而越过工业化的发展中国家,它们需要做一项评估:在没有一个健康的生产者服务部门的情况下,服务业的发展是否具有可持续性……忽视制造业部门的国家是有风险的"。

当然，服务部门的范围非常广泛，不但包括中介服务，还包括旅游、保健和教育。诸如纳米比亚这样的国家已经成功地对自然资源充裕型经济实现了分散化，拥有了制造业（常常与它们的自然资源基础有关，就像佩雷斯所建议的那样），但是，更重要的是拥有了成功的旅游部门。

这组文章源于 IPD-JICA 联合任务小组的工作，在这里发表这些文章的目的是为支持如下观点做出一份贡献：对于处于各个发展阶段的国家，尤其是那些需要追赶经济发展前沿国家的国家，政府对产业政策种类的干预在促进持续的经济增长方面具有至关重要的作用。多项研究显示，正如所有其他政策，产业政策本身具有各种风险，但是，产业政策的收益可能很大，深思熟虑和有效贯彻的产业政策则尤其如此。成功的政策设计的一个组成部分，是要让政策能够在各国的制度能力范围内得到实施，并使那种制度能力得以提高。各个国家和政策分析家们已经从过去的成败当中汲取了很多经验和教训，以至于产业政策已经在许多国家的经济发展中发挥了重要的作用。他们已经学会了如何构造诸如开发银行那样的制度，这给发展过程带来了专业知识并使削弱早期产业政策的尝试风险最小化。正如斯蒂格利茨反复强调的那样，所有的国家都有产业政策，只不过某些国家不知道罢了——而且因为它们没有意识到它们的每一项政策，从支出政策到税收政策，再到作为基础的法律/经济框架，是如何影响经济结构的，所以存在考虑不周的政策风险，这些政策反映了特殊利益集团的利益。

当然，各项政策的风险和回报的大小以及恰当政策的特定搭配，也将由于每个经济体的具体背景不同而不同。但愿本书将深刻地影响发达国家、新兴市场经济体以及欠发达国家的政策选择，有助于它们为自身设计出适当的制度和政策。

第一部分

理论与概念基础

第 2 章 学习型经济体中的产业政策[①]

马里奥·西摩里 乔瓦尼·多西

在大转型过程中，产业政策显然是阻碍或促进知识积累过程及其有效经济利用的重要条件之一，制度建设也是如此（Polanyi，1957）。它们先是引领部分西方世界迈向了工业经济，后来则既促使技术和组织创新的"无限边界"向前运动，同时也促进了某些落后经济体的追赶。

有两种互补的方法可以引入对它们的分析。

首先，历史上找不到任何内嵌于如下环境中的发展进程的实例：此环境甚至大致类似大量当代经济理论中关于制度阙如情况下的经济互动故事。与此相反，持续经济增长的所有历史经验——至少从英国工业革命开始——都表明，一系列互补的制度、共同的行为规范以及公共政策是持续经济增长的促成条件。此外，更狭义地说，在现代资本主义的整个历史中，尤其是在追赶型国家中，自由裁量的公共政策一直是国家发展战略的主要组成部分。

反之，从对称的角度来看，有充分可靠的理论支持如下观点：在技术学习和经济协调以及变革的全部进程中，**制度和政策始终是重要的**。

我们从后一个问题出发，概述制度建设和政策的某些理论基础（第 1 节）。然后，我们简要地讨论作为基本发展动力的技术知识的性质和动态（第 2 节）。但是，技术学习不会在孤立的实体里面发生，更不会在孤立的个人身上发生。相反，技术和组织学习发生于企业和非营利机构的网络中。实际上，全国性的生产和创新体系的形成和发展带来重大的协调挑战，因为政策促进（或阻碍）

[①] 本章在很大程度上借鉴了 Cimoli, Dosi and Stiglitz（2009a）——特别是 Cimoli, Dosi, Nelson and Stiglitz（2009a）和 Cimoli, Dosi and Stiglitz（2009b）——与 Stiglitz and Greenwald（2014）。本文的研究得到了哥伦比亚大学政策对话倡议的长期支持。

技术能力、组织形态和激励结构的共同演化。第 3 节讨论此种政策的分类，分析新兴经济体通常面临的两难问题——尤其是已显露的"比较优势"与可用于未来学习的想象性机会之间的潜在冲突。第 4 节从历史的角度出发，试图从成功的工业化例子中总结出有益于当前和今后产业政策设计的经验教训。第 5 节将这些经验教训转变为一系列的政策建议，包括科技政策、新兴产业措施、知识产权和贸易政策等领域的政策建议。

1. 总体理论框架

1.1 令人误导的出发点：市场失灵

通常，我们会先从理论的角度提出如下非常普遍的问题："何时需要公共政策？"众所周知，其标准答案可能是"存在市场失灵的时候"。可是，尽管市场失灵相当普遍，但市场失灵语言往往令人误入歧途，为了评估任何政策的必要性和有效性，它将标准的规范（"福利"）经济学定理所赖以成立的条件当作准绳。这种分析框架的问题并不在于市场失灵的无关性。恰恰相反，其问题在于几乎没有任何实证研究在如下这些方面证实了这个准绳：市场的完备性，竞争的完全性，经济行为人所拥有的知识、技术和偏好的平稳性，以及决策的"合理性"等。（这个清单确实非常长！）从深层的意义上讲，如果用标准的教条来进行判断，则**整个世界可以被视为一个巨大的市场失灵**！

事实上，这一点为任何严肃的政策讨论所默认，这些讨论中的政策争论几乎从来都不是关于现状实际上是否"最优"，而是关于现有制度结构的严格性是否足以证明积极的政策措施是有必要的。在所有这一切中，对"证明失灵"的需求通常是作为一种手段，它为如下教条的信奉者卸去证据的负担：总的来说，"市场总是越多越好"。

六十多年前，罗伯特·索洛（Robert Solow）令人信服地证明了生活水平的提高几乎都是因为技术进步和学习，而肯尼斯·阿罗（Kenneth Arrow）、理查德·纳尔逊（Richard Nelson）以及克里斯托弗·弗里曼（Christopher Freeman）则开始了对内生技术学习的分析。

但是，他们的研究工作对新古典模型——索洛等人的分析的核心——所带来的颠覆性影响并没有全部显示出来，而对政策的影响则更是鲜有被主流思想所吸收。

我们要注意，仅仅认真对待信息的作用就足以给标准的研究结果和结论带来各种挑战。

均衡可能并不存在。当它存在的时候，它看上去可能与标准模型的描述大相径庭。供给可能并不等于需求。可能存在信贷配给和失业。均衡可能并非由单一的价格所刻画。可能存在价格发散现象。价格可能系统性地超过边际成本。并且，市场均衡即便正式存在，它通常也不是帕累托效率。

对理论和政策的影响都是深远的。

实际上，信息可以被视为特殊的知识［请参阅 Stiglitz and Greenwald（2014）与 Dosi and Nelson（2010）等文献］，而后者的特性具有更加深远的影响。

在微观层面上，有大量的证据表明大多数厂商并没有按"最佳实践"来运行［请参阅 Dosi（2007）与 Dosi and Nelson（2010）］。假设所有厂商都是有效率的，或者假设厂商的知识是既定的，基于这种假设的生产可能性曲线是否有意义？它是一种有用的工具吗？即使在单个部门或者单个国家，结果又如何？答案绝对是否定的，跨国家情形更是如此。

此外，比较优势需要重新审视：一个国家的长期比较优势在一定程度上是以其比较学习能力为基础的。

无论是从静态还是动态意义上讲，学习型经济并不假设市场经济本身是有效率的。实际上恰恰是做相反的假设。这就意味着存在能够带来高速而持续增长的政策。但是，许多促进整个经济学习的政策与标准的新古典模型所提出的政策正好相反。集中关注短期配置效率可能导致较慢的经济增长。产业政策，包括贸易干预，通常是可取的，甚至可能存在一个适合某种经济体的持久的政策框架，而不仅仅局限于赶超阶段的初期。

在现代经济中，市场和非市场制度支配着生产、交换和经济协调。这方面的经验近在身边。我们将在下文中讨论如下两个问题：（1）市场和非市场经济组织形式之间的边界；（2）市场本身嵌入互补性的非市场制度。

我们从最简单的方面开始吧。

1.2 制度具有一种相当普遍的作用：决定非市场和市场互动的边界

何种社会活动倾向于进行分散化的生产和以货币为媒介的交换？何种社会活动没有这样的倾向？从经济上的平常活动到道德上的反常活动，其范围之大令人印象深刻。"战略性"物品、药品、"自然"垄断、公用事业、教育、儿童保育、退休福利、医疗保健、人体器官、血液制品、夫妻伉俪、政治投票、儿童、法庭裁决？

在另一项工作中，我们中的一位（Nelson，2005）清晰地讨论了几种商品和服务的**治理结构**，这些商品和服务的提供通常部分或完全依赖于非市场机制。

显然，市场边界决定的问题同时适用于发达国家和发展中国家，但这个问题对于新兴经济体和前计划经济体来说尤其重要，因为这些经济体的市场制度和非市场制度依然有待于清晰地界定。我们那项工作的基本观点是非市场制度（从公共机构到专业协会、从工会到社区结构）是整个社会经济结构的构造的核心。它们的作用远远超越产权的实施。更准确地说，它们为许多活动提供主要的治理结构，在这些活动中，市场交易具有社会不当性或者完全无效的。与此同时，它们塑造并约束经济行为人对待竞争者、消费者、供应商、受雇者以及政府官员等方面的行为。它们还有助于抑制由 Polanyi（1957）和 Hirschman（1982）早先提出的"自我毁灭的危险"。

此外，我们还要注意，即使我们碰到一种盛行的"市场型"治理，这种治理也是内置于大量非市场制度中的。

药品就是一个贴切的好例子。在全部拥有有效的营利性制药产业的国家，人们都能发现支持生物制药研究的政府项目，这些项目通常在大学和公共实验室里实施。与此同时，实施这些项目的大学还与科学培训相关联，受训者在结业之后进入制药公司工作。此外，几乎所有国家的公共基金和项目在药品的采购中都发挥着重要的作用。最后，几乎所有国家都有各种形式的药品监管，这种监管远远超出了对产权和交易诚信的教科书式保障。

我们再来考虑飞机和航空服务业吧。在所有拥有大飞机生产的国家，政府资金在研发中都发挥着重要的作用。而且，在大多数国家，机场和交通管制系统均由政府机构提供资金并经营。即便是简单的货车运输业和汽车的使用，公共部门也发挥着重要的作用：它建设并维护道路、监管安全问题并检验运输车辆，相当一部分警察属于交通警察。

实际上，即便具备保证市场良好运行的条件——比如，在信息发布方面、在交易规范方面——我们也建议不但应该从配置效率（无论它在日新月异的经济中的含义是什么）方面来评估市场的作用，还应当从环境方面来评估市场的作用，这些环境持续地为新产品的试验、新的生产技术以及新的组织形式提供条件。从这个角度来看，市场的运行是（不完美的）选择机制的运行。同样是在这个层面上，制度架构如何组织经济行为人之间的相互作用与政策如何监管竞争行为和形式都具有至关重要的作用。

2. 科技新知识的产生、接受和经济利用

在经济协调和变革的全部进程中，尤其是在信息和知识的生成和使用中，制度和政策的重要性随处可见。自从 Nelson（1959）和 Arrow（1962）的早期著作发表以来，我们知道信息和知识在许多方面类似于"公共物品"，因为信息的使用具有：

- 非竞争性（一个人的使用并不妨碍他人同时使用）
- 非排他性（只要不存在基于专用权的专利等制度条款）

此外，信息的生成具有生产的前期沉没成本，但复制成本基本上为零。

如果有什么区别的话，那就是信息的使用存在规模报酬递增现象，因为信息越用越好用，越用动态上越有可能学到和生成更多"更好的""新颖的"、某种意义上是"创新型"的信息。

必须注意的是，用前文评论过的术语来说，信息的这些性质势必造成市场失灵现象（还有一个原因是，边际价格对于高效市场配置来说没有指导意义，甚至不存在市场均衡）。

对纯粹的信息和知识进行区分可以使我们获得更多的见解。知识包括：（1）使信息得以解释和利用的现有认知范畴；（2）不可简化为定义明确的算法的搜索和解决问题的启发式方法。

所有类型的知识都有一个重要而隐含的方面，即与编码信息之间的高度互补性，这种性质使得信息被嵌入个人或组织之中并且难以传播。实际上，它和其他因素一起从根本上带来了如下后果：即使在全球化和免费信息时代，发展中国家的技术追赶依然是一项艰巨的任务。

碰巧的是，科技新知识的生成和技术模仿与适应的整个过程都涉及多种相互补充的参与者，其中通常包括工商企业，也包括公共培训和研究机构、"实践团体"、技术协会以及工会等。

从根本意义上说，解决技术学习问题的制度和政策与**国家生产与创新体系**有关。

实际上，追赶的进程包含必不可少的创新。驱动该进程的创新活动不同于作为发达国家许多研究和技术学习的焦点的创新。已投入使用的新技术，广义上说还有新惯例，对于追赶型国家来说是新的，但对于发达国家来说通常是非常成熟的。而且，许多必要的创新是组织和制度的创新。但是，追赶中正在发生的事情肯定是创新，因为存在对过往惯例的突破、关于如何使新的做法有效运作的大量不确定性、对边做边用边深入学习的需要、失败的高风险以及成功带来的巨大潜在收益。

　　与此同时，工业化的动力依赖于重大的结构转型，后者要求不同经济活动领域的相对重要性不断地变化，而这些经济活动领域正是技术和组织创新的发生器。最近的创新文献强调学习机会来源的多样性和互补性（Dosi，1988a；Cimoli and Dosi，1995；Mowery and Nelson，1999）。其实，每个时期似乎都有这样的技术，其应用领域如此之广，其作用如此之大，以至于每个国家的技术变革模式在很大程度上依赖于各国掌握此类关键知识领域（过去是机械工程、电力和电气装置等，如今还包括信息技术）的生产、模仿和创新能力；Freeman and Perez（1988）称为**新的技术经济范式**。此外，生产活动之间的联系通常包含着结构化层次体系，最具活力的技术范式在其中发挥着根本作用，成为技术技能、解决问题的机会以及生产率提高的源泉。因此，这些核心技术决定了每个国家的总体绝对优势和劣势。每个国家在这些技术上的变革模式并没有与其他活动的技术能力一起均等化，两者之间是一种互补关系。这些核心技术常常还意味着基本基础设施和网络的建设，而这些基础设施和网络（诸如电网、道路系统以及通信网络）是大量活动的共同特征。历史证据强烈地支持如下观点：在追赶型国家，如果不逐步建立涉及一套核心技术、本地技能、日益扩大的制造业部门，则自我维持的技术活力几乎无从谈起。

3. 互补性、激励和协调障碍

　　到目前为止，我们讨论了主要影响知识积累机制的政策和制度的某些基本诱因。但是，最初起源于**协调**多种异质性主体之间的相互关系的问题怎么办呢？

　　当然，界线并没有那样清晰：协调也涉及（凯恩斯式的）需求反馈，要求有学习过程的协调和主体之间适当程度的激励相容。然而，这里的基本协调问题是分散化行为之间的**匹配**，这些行为是这种过程可能带来的截然不同的后果，具体取决于这种过程所处的制度环境和政策对所有这些过程的重要性。

有趣的是，对于发展经济学学科的某些创始人（包括纳克斯、格申克龙、罗森斯坦－罗丹、赫希曼以及普雷维什）来说，这种基本原理是显而易见的。

我们来琢磨一下下面这段来自 Nurske（1953，第 13－14 页）的评论：

> 在我们当前的背景下，我认为重要的是认识到，这种正面努力——不同行业里的一波资本投资——能够在经济上取得成功，与此同时，任何特定产业可能由于缺少已有市场而遭遇障碍和困难。在单个企业可能不顺利和行不通的地方，不同产业的大量项目可能取得成功，因为这些项目将相互支撑，也就是说，从事每一个项目的人员现在拥有更多的人均实际资本和更高的每小时产出效率，他们将为其他产业的新企业的产品提供更大的市场。由于对许多产业的投资带来了市场的动态扩大，市场困难及其对个人投资激励的拖累就这么给解决了，或者至少是减轻了。

我们再来体会一下 Gerschenkron（1962，第 10－11 页）的评论：

> 如果工业化运动在某种程度上能够在广阔的领域里前行，能够沿着许多经济活动的路线同时启动，那么，工业化进程就开始了。当存在互补性和不可分割性的时候，情况尤其如此。铁路没法建设，除非同时开凿煤矿；如果一个内陆中心要与一个港口城市连接，建造半条铁路是不行的。某些领域取得的工业进步成果被其他产业部门作为外部经济而接受，而后者的进步反过来又使前者获利。纵观 19 世纪的欧洲经济史，令人印象深刻的是，仅当工业发展大规模地展开，前工业化条件与工业化的预期收益之间的矛盾才变得足够强烈，强烈到足以克服现有障碍并释放出促成产业政策的力量。

罗森斯坦－罗丹的**大推进**理论（Rosenstein-Rodan，1943；当代的重述请参考 Murphy, Shleifer and Vishny，1989）也持类似的见解：正如有人在 Hoff and Stiglitz（2001）中所讨论的那样，大推进模型所赖以成立的关键特征是弥漫的外部性，在这种外部性下，诸如总需求、对投入品的产业需求或搜寻成本等系统性变量带来相互作用的效应。

只有在这些领域，适当的政策搭配可以并确实有助于"逃离"过往、形成新的发展轨道并最终产生全国和部门的生产和创新系统。[1] 过去是如此，并且正如下文将要指出的那样，即使在所谓的全球化背景下，我们也几乎没有理由相信将来会完全不同于过去。

实际上，制度可以被视为**社会技术**（Nelson and Sampat，2001；Stiglitz and Greenwald，2014），它们掌控外部性，匹配和错配创新活动的模式，为激励结构、投资、储蓄倾向、劳动培训以及社会分布式技能提供基础。相应地，治理这种外部性和互补性的制度也治理主体之间的互动规则，决定它们的信念、可能获得的信息、"精神特质"以及行为规则。[更详尽的讨论请阅读 Hoff and Stiglitz（2001）。]

3.1 技术能力组织与激励结构的制度性发展：共同演化的动力学

19 世纪和 20 世纪成功赶上先进国家的国家都有一个基本要素，那就是政府积极支持追赶进程，具体措施包括提供各种形式的保护和补贴。其指导性政策主张是，国内产业——这些产业当时被判定为在发展进程中至关重要——需要某种保护，以免受到来自先进国家的先进企业的伤害。Alexander Hamilton（1791）针对新生美国而提出的幼稚产业保护论几乎等同于 List（1841）几十年后针对德国的需要而提出的幼稚产业保护论。Gerschenkron（1962）的著名论文记录了欧洲大陆所采用的政策和新制度是如何帮助它们赶上英国的。同样的故事也很符合日本的情形，韩国和中国台湾地区的情形稍后也是如此。在许多国家，这些政策并没有带来成功的追赶，相反，却孕育了受保护、低效率的本国产业。然而，它们也是 20 世纪所有实现追赶目标的国家的特点。[2] 我们不但需要更多地了解是什么环境导致幼稚产业保护带来强大的本土产业，我们还需要更多地了解是什么条件造成幼稚产业保护事与愿违。实际上，本书中的多篇文章为这个问题提供了新的线索。

这些政策显然激怒了先进国家的公司及其政府，如果得到支持的产业不但供给国内市场，而且开始挤入世界市场，则情况尤甚。如果说第二次世界大战后的自由贸易主张主要关注富裕国家之间消除保护和补贴（当时，主张某些幼

---

[1] 关于这种观点的更多论述，请阅读 Lundvall（1992）、Nelson（1993）以及 Malerba（2002），还可以参考 Dosi（1999）。

[2] 关于政策在某些现今发达国家的作用，请阅读 Reinert（2004）的广泛的历史回顾。

稚产业保护措施有益于发展中国家的论点得到了人们的同情），最近的国际条约则日益被用于对付那些试图从远处赶上来的国家的进口保护和补贴。

我们相信，汉密尔顿（Hamilton）和李斯特（List）曾经并且依旧是对的：对于有大量国际贸易的产业来说，如果要实现成功赶超，必须有某种幼稚产业保护措施或其他支持模式。

此外，在19世纪和20世纪初，许多发展中国家的知识产权制度并不严格限制其公司有效地复制发达国家所使用的技术的能力。有许多涉及许可证协议的例子，但是，我们相信，这些协议多半是为了收费或其他考虑而进行的技术转让的工具，而不是发达国家的公司积极保护知识产权的例子。

就像幼稚产业保护和补贴一样，当追赶型公司开始抢占世界市场甚至向拥有专利权的公司的本国市场出口时，冲突往往就出现了。显然，这种例子的不断增加构成了《与贸易有关的知识产权协定》（Trade Related Intellectual Property Rights, TRIPS）的主要诱导因素。但是，无论是发展中国家的出口公司还是留在本国市场的公司，它们都因该协定而容易受到起诉。

鉴于此，政策干预的不同领域是什么？它们如何与不同的政策措施和相关制度相对应？表2.1概括了探索性分类法。

表2.1 受制度和政策影响的变量和过程的某种分类（一般情形和涉及技术学习的情形）

政策干预的领域	政策措施	相关制度
（1）科技创新的机会	科学政策、研究生教育、"前沿"技术项目	研究型大学、公共研究中心、医疗机构、空间与军事机构等
（2）社会分布式学习与技术能力	更广泛的教育和培训政策	从初等教育到理工学院，再到美国式的"赠地学院"等
（3）影响企业类型等方面的定向产业支持措施，包括影响企业结构、所有制和治理模式（比如国内企业还是国外企业、家族企业还是上市公司等）	从国有企业的形成到私有化，从"全国冠军"政策到影响跨国公司投资的政策，一直到影响公司治理的立法	国有持股、公共商人银行、公共"风险资本家"、公用事业
（4）经济行为人（首先是企业）的能力，包括他们拥有的技术知识、搜寻新的技术和组织进展的效能和速度等。	主要参见（2）、（3）和研发政策和影响采用新设备的政策等	

（续表）

政策干预的领域	政策措施	相关制度
（5）利润导向的行为人所面临的经济信号和激励（包括现有和预期的价格和利润、创新的合适条件、进入壁垒等）	价格监管、国际贸易中的关税和配额、知识产权（intellectual property rights, IPR）等	相关监管机构、研究和生产补贴的治理机构、贸易管制实体、授予和控制知识产权的机构
（6）选择机制（与上面重叠）	影响反托拉斯和竞争的政策和立法、进入和破产、资金的配置、公司所有权市场等	反托拉斯当局，管理破产程序的机构等
（7）信息发送模式和不同类型的行为人（比如客户、供应商、银行、股东、经理以及工人）之间的相互影响模式	劳动市场、产品市场、银行—产业关系等方面的治理，一直到为企业内部共享信息的流动和控制而做的共享安排，竞争企业之间的合作和竞争的形式等（例如，日本企业与盎格鲁-撒克逊企业之间的比较）	

作为最后的补救办法，政策和其他"制度工程"活动共同影响：（1）个人和公司组织的技术能力和学习速度；（2）他们面临的经济信号（当然包括营利能力信号和感知到的机会成本）；（3）他们之间相互影响的方式和他们与非市场制度（比如公共机构、开发银行、研发实体等）之间相互影响的方式。

事实上，所有主要发达国家都表现出相对较高的干预程度——不管干预政策是否被有意识地当作产业政策——这种干预影响所有上述变量。这一点更适用于当今发达国家追赶国际领先国家的时期。各国之间的主要差别在于政策工具、制度安排以及干预哲学。

在另一项研究工作中，我们当中的一位分析了作为追赶政策范例的日本战后政策，尤其是与电子技术相关的政策（Dosi, 1984）。

有趣的是，日本似乎全面实行了列在上述分类表中的变量。对信号结构的重大酌情干预（也涉及对进口和外商投资的正式和非正式保护）重塑了通常只有技术领先国家才能享有的"真空环境"。然而，与此相匹配的是日本公司之间激烈的寡头竞争模式和提升技术活力、防止任何利用保护措施进行合谋性垄断定价的强烈的出口导向政策。

我们不禁将日本的这种经验——尽管最近遇到了以宏观经济为主的困难——与诸如欧洲国家等其他国家的经验进行比较。这些国家总的来说不太成功，主要依赖资金转让（尤其是研发补贴和资本项目转让）这样的单一工具，而将信号模式的决定和个别企业的应对能力留给国际市场的内生运作来解决。当然，日本的例子具有特定国家的特征，几乎不能传递到其他国家。然而，它以引人注目的结果指出了重塑比较优势模式的普遍可能性，因为它们是从国际市场的内生演化中产生的。

远东和拉美国家经验的比较同样富有启发性（参阅 Amsden，1989，2001；Wade，1990；Kim and Nelson，2000；Dosi Freeman, and Fabiani，1994 等）。

简而言之，韩国——以及其他远东经济体——"扭转"了绝对和相对价格，将来自"静态"比较优势的资源导向以高学习机会和高需求弹性为特征的活动的发展上（Amsden，1989）。[①] 而且，它们的这种干预方式是对私营企业的寻租行为的惩罚。实际上，技术学习的主要参与者是大型企业集团——**财阀**，它们能够在发展的早期阶段内部化外国技术的选择、高效利用以及因地制宜的技能，能够在不久之后发展出不俗的工程能力（请参阅 Kim，1993）。

一套改善人力资源的制度和网络进一步支撑了该进程（Amsden，1989）。所有这些都与拉丁美洲的经历形成了鲜明的对照。在拉丁美洲，国家与私人部门之间的安排过度沉溺于低效状态和租金积累，不那么关注普及性技术能力和技能的积累。

最后，成败似乎取决于不同制度的安排和政策的组合方式，因为组合方式既影响个人和组织的学习过程，也影响选择过程（当然也包括市场竞争）。

当然，历史经验展现出了国家的多样性和上述政策类型在组合上的部门特点。尽管如此，还是浮现出了一些微妙的规律性。

第一，诸如大学这样的公共机构和新技术范式产生和确立中的公共政策的中心地位。自19世纪的欧洲和美国一直到当今时代，这条规律都是成立的。

第二，"光有激励往往是不够的。"政策的关键作用是影响参与者的能力，前述新技术范式的情形尤其如此，但是，所有追赶的情形也是这样。在追赶情形中，可能没有任何合理的激励结构足以激发私人参与者去克服巨大的技术滞后。

第三，市场纪律是有益的，因为它淘汰特定企业群体中的表现不佳者，奖

[①] 关于寻租在发展进程中的"非同寻常的"重要性，请参阅 Khan（2000a, 2000b）。

励特定企业群体中的表现优秀者。然而，没有什么能保证，过高的选择性冲击不会摧毁整个企业群体本身从而也消除任何未来的学习可能性。

第四，政策——尤其是那些为追赶而制定的政策——通常需要在如下两者之间谋求平衡：一方面是为能力建设（和保护"幼稚学习者"）而采取的措施，另一方面是抑制惰性和寻租的机制。例如，在拉丁美洲进口替代的旧经历中，后者确实是缺失的主要因素之一，但是，前者在许多更新近的"自由化"政策中尚付阙如。

第五，从历史上看，不管初始的比较优势、专业化以及市场信号是什么，人均收入和工资的成功赶超总是与最具活力的新技术范式的赶超相伴而行。我们的推测是，在其他条件相同时，如果一个国家距离技术前沿越远，则其对影响经济信号（包括相对价格和相对利润）模式的结构性政策的需求将越大，因为这些信号产生自国际市场。Amsden（1989）煽动性地称为故意"弄错价格"的政策。反之，对于那些正好处于技术前沿的国家，尤其是拥有最新、最有前途的技术的前沿国家，内生性市场机制往往"良性"运行。历史经验广泛地证实了这一点：无条件的自由贸易通常仅仅为技术和政治上领先的国家所拥护和充分利用。

3.2 学习型经济体的制度和政策所面临的某些基本权衡

在一个以技术变革（沿着既定技术轨迹所做的**连续性**变革和与新技术范式的出现有关的**间断性**变革）为特征的世界，技术滞后和领先影响部门间和产品间的利润信号模式，从而影响资源的微观经济配置模式。然而，就与对外平衡约束相一致的收入增长率和技术创新增长率而言，后者可能影响每个国家的长期宏观经济活力。其终极原因是，多种信号（与利润、长期需求增长和技术机会有关）对调整的微观过程的影响很可能是**不对称**的。换言之，我们通过区分如下概念来详细阐述这一点：（1）**配置**效率；（2）**创新**（或"熊彼特"）效率；（3）特定生产模式的**增长**效率（Dosi, Pavitt, and Soete, 1990; Stiglitz and Greenwald, 2014）。我们主张，特别是在远离技术前沿的国家，对于现有技术能力分布和相对价格来说"有效率的"资源配置模式很可能带来长期的负面效应，具体包括一国将来能够生产的产品的需求弹性（增长效率）和与之相关联的创新潜力（"创新效率"准则）。每当不同效率概念之间出现权衡时，"次优"

或"反常"的宏观经济结果就会显现。由于技术优劣的**未来**模式也与**当前**的配置模式有关，我们在这里可以看到动态过程发挥作用，卡尔多（Kaldor）称为**循环因果关系**。与部门间营利性相关的经济信号——它直接带来比较优势和相对专业化——无疑控制和检验各种生产性就业的配置效率，但是，它也可能在长期宏观经济趋势上发挥更模糊甚至反常的作用。

需要注意的是，这些可能的权衡关系与市场过程的信息效率没有什么关系（当然，各种信息不对称性很可能会使事情变得更加糟糕）。相反，经济系统的一般条件造成技术机会在不同产品和部门之间的变化。此外，在每项技术和每个部门内部，一个企业和国家的技术能力与该领域的实际生产和创新的过程有关。因此，**现在**的资源配置机制还影响技术积累的地点、（可能）着手的创新以及收获的规模经济等。然而，这些效应的潜力在技术和部门之间存在广泛的差异。这是经济进程不可逆的另一个方面：当前的配置选择影响技术参数将来演化的方向和速率。只要我们抛弃技术是一套蓝图的观念并将技术进步视为制造业的连带产品，只要经济系统的配置效率条件非均衡地演变，我们就有可能想象得到它（在生产率和创新性等方面）的动态改善。

很容易看出配置效率和创新效率之间的这种权衡关系是如何出现的。特定部门的技术差距（或领先）的相对大小决定了每个国家的专业化模式（及其配置效率的性质）（请参阅 Dosi, Pavitt, and Soete, 1990）。每当最具活力的技术（具有最高技术机会的技术）存在最大的技术差距时，配置效率将直接与创新效率相冲突。我们认为，两种效率概念之间的这种权衡的可能性和每个国家与最新、最活跃、最普遍的技术前沿的距离呈正比。[①]

类似的论点也适用于配置效率和增长效率之间的权衡问题：一国可能最终"高效地"专业化生产拥有相对较少或越来越少的世界消费者的商品，从而削弱了其与外部平衡约束相一致的增长能力。[②]

在报酬不递减（常常是递增）的条件下，市场不能直接将各种商品不同的

[①] 关于与国际技术前沿的差距的至关重要性，具体地说，关于必要的政策措施搭配，我们也可以在"新熊彼特"增长模型的基础上得到几乎类似的结论，具体内容请参考 Aghion and Howitt（2005）。

[②] Dosi、Pavitt and Soete（1990）and Cimoli（1988）在一个模型的基础上提出了该命题，他们的模型将卡尔多－瑟沃夫（Kaldor-Thirlwall）增长动态嵌套在商品层面上的技术缺口多样性上。然而，我们可以证明，类似的命题在更传统的假设下也同样成立（请参阅 Rodrik, 2005）。

增长和创新效率与微观经济行为人的相对营利能力信号联系起来。①

这也为政策界定了一个基本领域。

在技术体制由旧（基于旧的技术范式）转新的阶段，对信号的模式、配置反应的规则以及"经济机器"的制度组织的详细理解和干预都特别重要。这些历史时期为每一个国家界定一组新的机会和威胁：技术的国际生成和扩散的模式更加易变，结果是国际贸易流量和相对人均收入水平也更加易变。

我们相信，当代经济正在经历着这样的变革。在此进程中，比较优势成为一套成功的制度性行动和私人战略的自我实现的预言书：从经济学家的角度来看，事后的技术和经济成功使得事前的政治梦想成为最优。

4. 过去的政策教训和将来的一般看法

过去的教训是有用的，因为它们也适用于未来。因此，任何规范性结论都必须解释全球化取代先前的发展模式可能引起的中断。特别地，千禧年理念怎么样？该理念认为，在民族国家的世界里，市场力量的充分展示受到了限制，斟酌性的产业、技术和贸易政策**可能是必需的**，但是，这些政策如今是多余或有害的。实际上，证据（除了其他许多文献之外，请参阅 Castaldi et al., 2009; Stiglitz, 2006）告诉我们，在过去几十年的全球化中，技术能力、经济增长率和（国际国内）人均收入水平的长期背离即使没有加剧，也是在继续发生。各国拥有不同的生产技术吸收能力和产品设计能力（可能于今尤甚），这种能力是由"前沿"国家发展起来的。如果有什么变化的话，那就是在多种形式的局部报酬递增的情形下，由全球化推动的更高程度的国际一体化——如果任由其发展——很有可能导致国内和国际差异不断上升、自我强化，并使一国锁定在特定生产活动、专业化模式和技术能力（或缺乏技术能力）上。全球化本身并不能实现某种自然的技术追赶和轻易的收入趋同。与此相反，各个经济体的相互依存性越高，弱国很有可能越需要**日益复杂**的政策干预措施。在汉密尔顿

---

① 用经济学家比较熟悉的语言来表述同样的论点，则权衡配置效率、熊彼特效率和增长效率的广泛可能性来自如下事实：在生产和消费可能性的非凸性、动态报酬递增以及技术进步的路径依赖中，有一种情况是普遍情形。这方面的文献越来越多，请阅读如下观点互补的文献：Atkinson and Stiglitz（1969）；David（1988）；Arthur（1994）；Dosi, Pavitt, and Soete（1990）；Krugman（1996）；Antonelli（1995）；Cimoli（1988）；Castaldi and Dosi（2006）。

（Hamilton）试图为新生的美国设计工业化战略的时候，在当时由英国主导全球化的世界里，事情已经是这样了，而如今依然如此。

此外，我们不能在这里详细讨论无约束全球化的其他方面，但它们也增加了对政策治理的需求。因此，正如我们在 Stiglitz（2006）那本书中所作的评论，在新千年和上一个千年的末段，收入分配发生了不利于工资但有利于利润的巨大变化，有 59% 的世界人口生活在不平等日益加剧的国家，仅有 5% 的世界人口生活在越来越平等的国家（ILO，2004；Cornia, Addison, and Kiiski，2005）。此外，全球化促进了发达国家和发展中国家的就业变得不利于工会劳动力和就业保障；全球化使国际竞争力要求和社会规范（比如劳动安全、工作时间、环境保护、童工等）之间的冲突尖锐化；全球化给各国政府带来了压力，促使拥有社会福利制度的国家废除这种制度，阻碍没有社会福利制度的国家建立这种制度；全球化使得"可流动要素"（也就是资本）的征税相对于"不可流动"要素（也就是劳动）变得更加困难。关于这几点的论述，请参阅 Stiglitz（2002，2006）和 Rodrik（1997）。

当然，对当代国际经济和政治关系制度的这些后果进行治理的紧迫性与推动工业化政策的更加具体的"发展"理由之间是相互补充的。关于后者，我们要再说一遍，基本的历史教训依然有效，但是，政治和意识形态背景确实发生了变化，从而也要求对许多政策工具的国家机构甚至超国家机构（比如欧盟）进行实际或**认识**上的解权，而这些政策工具在历史上造就了对工业发展的政治经济的治理。毋庸赘言，世界各地具有不同的解权机制和程度。在某些情况下，它是由外部强加的一揽子计划中的一项；在另一些（甚至更不合理的）情况下，它是由"市场塔利班"推动的自作自受。实际上，如下事实并不新奇：率先成功到达技术和收入前沿的国家接下来往往会"踢开梯子"（Chang，2002），从而使它们能够在第一时间到达并重建一个自由市场的童贞状态。这波全球化浪潮的独特之处在于形成了一个日益"全球化的"统治阶级，他们通常拥有从盎格鲁–撒克逊国家（通常是美国）获得的经济学学位，并将原产国自己都常常觉得难以下咽的政策药剂带回本国。

然而，当前全球化模式的这种破坏性方面幸好还远未达到毫无退路的时候。幸运的是，政策制定方面一直具有很多尚未利用的自由度；从巴西利亚到布鲁塞尔再到华盛顿特区，尽管方式各不相同，但这一点概莫能外。随着市场狂热主义的狂欢逐渐消失，最终迎面而来的是市场失灵的证据。本章正好发表在重新思考的时候，试图就促进工业化和国际国内的技术与组织学习的政策和制度提供一种新的视角。

关于经济发展的大量经验证据被视为微观学习动态、整个经济的技术能力积累以及产业发展之间的联系过程。不同的学习模式和不同的国别"政治经济"条件产生不同的工业化模式。然而，巧合的是，所有当今发达国家确实实行了较高程度的干预，以便支持技术能力的积累和生产组织的转型，工业化的早期尤其如此。

我们在本章开头就强调，寻找任何驱动工业化的"灵丹妙药"的做法是徒劳无功的。技术和组织能力的积累进程具有重要的作用——正如 Cimoli 等（2009）中的许多撰稿人所强调和 Stiglitz and Greenwald（2014）所做的理论分析——但是，这样的进程必须与如下两个方面相适应：（1）适当的政治经济条件，它们所提供的激励结构促进基于学习的寻租而抑制**简单的**寻租；（2）适当的宏观经济管理。同理，对自动产生工业化和追赶效果的魔幻政策处方的寻找也是徒劳的。

然而，由于人们能够识别出驱动工业化的因素和进程的某些规律，人们就能够追溯到过去和现在**成功**的政策安排所共有的某些基本因素和原理。我们对其中的一些基本因素和原理进行阐述。

4.1 仿效和时而跳跃是政策灵感一般来源

仿效——我们借自 Reinert（2007）的术语——是不考虑比较优势的现状、有目的地模仿前沿技术和生产活动。它常常涉及明确的公共政策，这些政策的目标是"做富国正在做的"生产方面的经济活动；它也常常涉及微观经济努力——个人的努力，更重要的是企业的努力，以便学会做其他前沿国家已经会做的事情。在过去的三个世纪里，这是一个熟悉的故事。它至少可以追溯至工业革命前英格兰相对于低地国家的情形，并且完全适用于当代中国的工业化。

仿效主要——并且应该——关注基于新技术范式的产品和流程。曾几何时，它意味着纺织生产的机械化和相关机械装置的建造，后来是钢铁生产、以电力为基础的产品和机械以及内燃机。如今，它首先与信息和通信技术有关。

事实上，追赶型国家有时不但仿效领先国家，还在某些最新、最有前途的技术上实现"跨越式发展"。19 世纪的美国和德国就发生过这种情况，它们在电机工程、耐用消费品以及合成化学等方面稳步领先于英国。

但是，为何每个国家都首先模仿前沿技术，而不是以自身的比较优势为指导？抑或如怀疑者常常说的那样，建议每个国家都应该专门从事信息和通信技术生产（information and communications technologies, ICT），这不是很荒谬吗？

在我们看来，这个问题是对绝对优势和比较优势的混淆。通常，相对落后的经济体在所有的领域都显示出**绝对劣势**，即它们在每一种商品的生产上都具有较低的效率，并且它们在许多商品上的劣势其实很可能是无限的，因为它们根本就不能生产。追赶要求缩小生产知识的差距和学习新产品（起初通常仅仅对于追赶型国家来说是新产品，尽管整个世界认为它们是旧产品）的生产方法。这一点对于新技术范式来说尤其重要，因为这些技术常常是**通用技术**：它们直接或间接地影响大多数生产活动。例如，电机工程和电力技术过去就是这样（直到今日依然如此），当今的信息和通信技术也是如此。

此外，基于新技术范式的商品和设备通常具有更高的需求弹性和更多的技术进步的机会（请参阅：Castaldi et al., 2009; Cimoli, Dosi, and Stiglitz, 2009b）。因此，在同样的条件下，在这些活动上仿效前沿国家意味着更高的增长可能性、更大的生产率提高潜力和最终的国内产品创新。

比较优势问题是一个全然不同的问题。Reinert（2007）也指出了这一点。诚然，任何经济体都有这样或那样的比较优势。因此，当人们将先进的信息与通信经济体和石器时代的经济体进行比较的时候，显然后者很可能在石器密集型产品上具有比较优势！然而，两个经济体之间的总体（世界）收入分配首先取决于两者在绝对优势上的差距（**技术差距**的另一种说法）。学习和追赶恰好影响这些优势和差距的状态。在学习和追赶进程中，比较优势的变化仅仅是不同活动的不同学习速度下的副产品。

4.2 技术性学习和生产能力发展之间的互补性

如上所述，技术知识和纯粹信息之间的差异对于技术知识传播的"黏性"和难度具有重要的意义——技术知识通常体现在具体的人、组织和局部网络之中。还有一个结果是，学习很少"离线"发生，尤其是在工业化的初期。相反，学习伴随着生产设备的获得，伴随着对生产设备的使用方法和适应当地条件的方式的学习（参阅 Bell and Pavitt, 1993）。反过来，这又与工人和工程师的培训、能高效地管理复杂组织的管理者的产生齐头并进。

当然，政策制定者并不负责调整生产活动的细节和经济必须利用的学习模式。这些实际动态的细节在很大程度上取决于公司战略的细节，并且（也可以）取决于机会。因此，举例来说，半导体存储器——而不是微处理器——的学习推进是不可能为韩国的政策制定者所知道的，更不可能为他们所规划。然而，政策制定者应该敏锐地意识到，将来的能力依赖、改良、调整现有的能力，因此，政策目标形成**良好的路径依赖**。Rodrick and Hausmann（2006）讨论了产品多样化模式，提出了类似建议，这些建议与这一点产生了共鸣。

5. 一些政策建议

5.1 培育幼稚产业的必要性

我们再次考虑石器时代经济和信息通信经济之间的夸张对比，并且允许它们相互影响。有两个属性是显而易见的。首先，一个国家的经济信号模式将明显有利于石器密集型产品，另一个国家的经济信号模式则明显有利于信息通信密集型产品（正是它们当前的比较优势）。因此，如果前者想要进入信息通信时代，就必须有意识地**扭曲**来自国际交易的**市场信号**（假设有一些国际交易——信息通信经济很可能不愿意吸收任何石器产品）。其次，即使在"正确"的信号类型下，石器生产者也不太可能迅速掌握有竞争力地生产信息通信产品所需要的知识。

毫无疑问，所有人都要花很长的时间来学习新的技能。即使不是完全不可能，也很难让小提琴手变成足球运动员或者让足球运动员变成小提琴手。而且，对于组织和组织建设来说，情况更是如此。即使转型是可行的，它们依然需要时间、扶持和照料。如果让一位原本是足球运动员的小提琴新手与专业小提琴手同场竞技，他将会洋相百出。如果让追赶型公司与世界强手相互竞争，前者很可能会烟消云散。许多时候，学会制造——不管多么低效——在技术更复杂的经济体中其实可能是相当标准化的产品，已经是一项艰巨的任务。再要求有竞争效率就类似于要求小提琴手在接受了几轮速训后用 10 秒左右的时间跑完 100 米。

保护学习的可能性确实是**幼稚产业逻辑**的第一根基本支柱。

我们再次强调，在激励方面，光有市场信号常常是不够的。实际上，在当前具有**比较劣势**从而营利能力不太理想的活动中，市场信号经常**阻碍**技术能力的积累。我们还需要注意，要将未来不确定的学习潜力转化为当前的投资决策，金融市场并不是有力的工具（请参阅 Stiglitz, 1994; Stiglitz and Greenwald, 2014）。因此，大量与学习相关的理由解释了如下历史证据的原因：在工业追赶之前，平均工业进口关税相对较低；在追赶阶段，平均工业进口关税迅速上升；在工业化成熟以后，平均工业进口关税回落了。实际上，正是在追赶阶段，扭曲（国际）市场信号的要求更加急迫，正是因为有年轻而依然相对脆弱的学习中的幼稚产业。在此之前，并没有幼稚产业可言；在这之后，成熟产业自身能够在汹涌的国际海洋中搏击。

几十年前曾经有这么一句格言："对通用汽车公司有利就是对美利坚合众国有利。"如果反过来理解，对发展政策的启示就变成"我们要先'帮助'丰田、索尼等公司，然后再'帮助'三星、联想等公司（先自立后营利），这对日本、韩国和中国等国家是有利的。"然而，这么做不仅仅涉及信号扭曲问题。正如许多拉美国家的经验所证明的那样，仅有信号扭曲是远远不够的。一方面，它在一定程度上与如下事实有关：不管潜在的学习者多么低效和懒惰，许多保护形式都需要有学习的**可能性**，但不需要如 Khan and Blankenbury（2009）所说的创新**冲动**，这种冲动不同于仅仅为了获取垄断租金的纯粹激励（下面有更多的论述）；另一方面，它也在一定程度上与**能力积累的条件和相关行为人的特点**有关。

归根结底，即使有最好的计划和激励，小提琴手也只能在一个队里花时间来学习和发展他的足球技能。反过来，球队常常不是一种纯粹的自组织，在涉及复杂产品的生产中尤其如此，正如它通常所做的那样。与此同时，不管激励结构如何安排，小提琴手也可能不是踢足球的最佳人选。打个比方说，与"德索托猜想"相反，工业化很可能无关乎纯粹的产权报酬和作为法律实体的企业的设立（请参考 Hobday and Perini, 2009）。当然，法律背景相当重要，并且很可能是一种有利条件（即使在产权保护不善和法治模糊的体制下，诸如中国那样的个例也显示了快速起飞的可能性）。然而，这是远远不够的。实际上，如下想法是很有误导性的：世界各地有大量待利用的技术知识源，其差距主要产生于制度和激励方面的因素。事实上，无论国际知识前沿在**理论**上所提供的技术知识的创业利用机会如何，根本的差距恰恰在于**缺少探索和利用它们的能力**。这是经济发展的重要瓶颈。这种差距适用于早期发展阶段的相当简单的能力，即使是发展中国家的临时访客（走出国际货币基金组织付费的宾馆）也注意到了这一点（这种差距甚至也适用于诸如接入互联网和处理信用卡这样相当简单的活动）；这种差距尤其适用于企业层面的能力，比如钻探油井（在早期阶段，甚至是维持现有油井的运行）。如上所述［也如 Mazzoleni and Nelson（2009）所述］，教育和培训的"横向"政策连同公共机构向企业提供的技术支持可以在能力提升方面走得很远。但是，即便这样也可能依然不够。实际上，政策常常注定**直接插手少数公司行为人自身的性质、内部结构和战略**。

无论是促进合格企业的出现，还是有时直接设立技术上和组织上过硬的企业，确实都是基本的幼稚产业培育任务。

毫无疑问，在任何一个国家，有没有成熟的技术能力及其强大的改变能力（请参阅 Teece, Pisano, and Shuen，1997）并不是一个非此即彼的问题。然而，分布是很不规则的。因此，人们可以列出几十个国家，它们几乎不拥有任何一项能力。其他国家则在无数缺少活力的企业中展现出某些技术进步型组织。实际上，即便是最发达的国家也只能在为数更多的企业中出现一部分有技术活力的组织。（请注意，这些结论都同时适用于传统上界定的高技术和低技术部门。）从某种意义上讲，工业化与"进步"和"退步"企业的不断变化的分布性质有关。政策如何影响这样的动态变化？Dahlman（2009）的报告是关于中国和印度的，但是，其中的历史经验远远超越了这两个国家的情形。政策碰巧涉及如下几个方面：

1. 国家所有制
2. 选择性信贷配给
3. 选择性地给予某些产业税收优惠
4. 限制外商投资
5. 当地成分要求
6. 特殊的知识产权制度
7. 政府采购
8. 支持国内大型企业

总之，这便是市场信徒们应该回避的资本恶行的完整清单！

这里还有一个有待消除的误解，它出现在"挑选赢家"谬误和"国家冠军"谬误的标题下。为何政府应该优先培育全国性寡占者和垄断者？政府如何才能比市场更善于挑选出技术上更优的企业？

斟酌性产业政策无疑具有无意的甚至违心的结果。当然，纯粹的市场拥护者通常将 OECD 国家在计算机支持计划和欧洲康科德项目上的失败当作这种政府失灵的典型，并且准备将它们放到反对市场失灵的桌面上。包括作者在内的同情公共有形之手的经济学家们将发现，摆出欧洲的空中客车和圣微电子、巴西的巴西石油和巴西航空工业公司等案例作为反例是很轻松的。然而，我们的观点远远超出这一点。挑选赢家的想法基本上建立在如下毫无根据的看法的基础上：市场上有很多竞争者，而政府妄自以为比市场更善于做选择。在发达国家，尤其是在追赶型国家，实际情况常常远非如此。当美国政府资助波音公司、欧盟应之以 EADS/ 空中客车的时候，几乎没有发生如下现象：政府玩弄"市场无形之手"，在众多竞争者中挑出内定的赢者，不让自由竞争发挥作用。与此相反，我们发现"公共之手"握住、缠住、帮助明显**可见**的公司之手。一个或几个国际寡头成员常常代表有形的公司之手，它们有自身的能力和战略方向，这种能力和战略方向可能或不能适应其所在国家的长期利益。这一点**更**适用于发展中国家，这些国家的政府常常需要帮助**一个或极少数**候选企业出生、成长并最终加入同一个具有相当排他性的俱乐部。

实际上，在所有成功的工业化经历中，除了新加坡这个小型国家之外，学习和赶超的主要手段都是国内企业——有时是国内企业独资经营，有时是与外国跨国公司合资——但几乎不是跨国公司本身。从德国和美国的工业化一直到当前的中国，概莫能外——中国的例子可能最接近双重战略，即在支持国内企业发展的同时设法从外国跨国公司身上汲取尽量多的技术知识。

我们所提议的全部幼稚产业培育措施是贯穿工业化历史的经济发展政策的重要组成部分，而且当前依然如此。从历史上看，弱小的学习者必须在国内和国际市场上得到保护和帮助；如果它们面临着更高效、更富创新精神的发达国家企业的竞争，则尤其如此。当今的情况在很大程度上恰好也是如此。然而，正如 Castro（2009）所说，当前的世界是"以中国为中心"的世界，其突出的特征是许多追赶型国家可以说是腹背受敌：发达国家依然领先于它们，与此同时，在比较传统的生产领域和基于最新技术范式的活动中，中国在国际上迅速地缩小了其绝对劣势。此外，中国缩小其绝对劣势的速度要快于其工资追赶发达国家的速度（尽管工资在快速增长）。其结果是越来越多的产品获得了绝对成本优势，其中包括对中低收入国家工业生产至关重要的产品。在这方面，中国工业化的规模和速度有可能给许多国家的工业化潜力产生某种挤出效应。因此，像巴西这样的国家——一个技术能力在工业化国家中位于上半区的国家，结果成为工资高于中国的国家，但拉丁美洲其他欠发达国家也是如此，甚至非洲国家也在丧失基于成本的相对于中国的国际（国内）竞争力。这是放弃培育幼稚产业的理论体系的理由吗？恰恰相反，它进一步说明了实行前述资本政策恶行的各种组合的紧迫性。此外，即使新兴国家的工业在国际市场上往往受到发达国家的生产和中国的出口的挤压，还是应该推动国内或区域市场的更明确的利用，使其成为新兴国家工业的培育地。

5.2 国际贸易新制度下的幼稚产业

当代国际经济关系组织有一个新的发展，即世界贸易组织和《与贸易有关的知识产权协定》（下文有更详细的讨论）。这种史无前例的制度确实意味着发展中国家所拥有的贸易政策自由度有所下降。与此形成鲜明对照的是，在先前的工业化浪潮中，所有追赶型国家能够利用各种各样的配额、关税以及其他非关税壁垒。举例来说，我们应该注意，发展中国家的工业品平均关税已从20世纪80年代初的近35%下降到了新千年之交的12%（相反，发达国家的工业品平均关税则由8%腰斩为4%，但农业却是一种完全不同的情况）。此外，补贴与其他对企业和产业的斟酌性支持措施还受到严格的约束。不遵守协定的世贸组织成员国可能遭受抵消性关税和其他报复性措施。因此，在国际贸易新制度下，许多产业政策工具——至少从美国发表独立宣言到中印两国发展国内技术能力，利用这些政策工具一直是一种惯例——被判定为不合法。因此，这种态势使新的国际博弈者——新的企业、新的部门、新的新兴国家，更加难以进入现有的产业。

怎么办？**现有的协定下也有很多事情可以做**，因为有很多漏洞和例外条款。它们通常由发达国家的谈判者提出，而这些谈判者关注的是他们国家的特殊利益，包括从含义模糊的反倾销措施到国家安全安保问题。发达国家（实际上经常是**特殊产业利益集团的代表**本人，他们大多来自美国、欧盟国家和日本）迅速地利用了这些条款。发展中国家很少这么做，因为它们被来自强国的货币、政治势力、律师机巧和敲诈勒索的力量吓倒了。迄今为止，忽视这些实用主义管理机会的现象至少同样普遍。受到芝加哥经济学熏陶的经济部长和贸易部长无疑使得问题更加复杂化（我们故意做夸张的描述），前者认为所有的问题都源于贸易自由化还做得不够充分，后者被教导说关于贸易利得的赫克歇尔－俄林－萨缪尔森定理是该主题的定论。我们在这个问题上的观点是，如果追赶型国家能表现出同样程度的实用主义（有人会说**犬儒哲学**），就像世贸组织中的美国贸易代表当下在做的那样，那么，它们也能**在当前的贸易规则下**获得可观的自由度。金砖国家（巴西、俄罗斯、印度、中国以及南非）在这方面可以发挥重要的作用。尽管这些国家的经济和政治体制具有很大的差异，但是，它们拥有谈判技巧、可观的经济规模和模仿的技术能力（甚至像俄罗斯那样在新的技术范式里开拓进取）。如果金砖国家开诚布公（不幸的是太少了）地摆明问题，它们已经取得很大的成功了。回想一下巴西与药业巨头就逆转录病毒药物的生产和分销条件所做的谈判吧。实际上，这是一个有待研究、改进和频繁回味的案例。

还有一些事情必须不计一切代价地加以规避，其中包括回避双边协议。

简单地说，双边协议是 WTO+ 协议，在知识产权上则是 TRIPS+ 协议，其底线是终止和冻结 WTO 和 TRIPS 原协议的漏洞、例外和保障条款，从而给发达国家的公司和产业带来利益。因此，双边协议——大多数是与美国之间的协议——设立"特惠国家条款"，通常是针对纺织品出口之类的问题，但是，我们知道这些产品的出口并没有太大的重要性，因为即使发展中国家的出口关税全部被免除，中国的出口依然更具有竞争力。在另外一个更加微妙的方面，双边协议的条款常常涉及无条件地接受由发达贸易伙伴所强加的知识产权制度（我们将回过头来讨论这个问题），限制从第三国进口在各种豁免条件下生产出来的商品（世贸组织对这些豁免条件依然有所疑虑）。因此，如果巴西政府生产和销售某种药物的能力能获得国际社会的认同，那么，双边协议通常会阻止签约国购买这种药物并迫使该国接受辉瑞和葛兰素等公司的全部条件（和价格）！在短期里，诸如哥伦比亚、摩洛哥或约旦等国——这些国家出现在与美国签署了双边贸易条约的名单中——的财政和贸易部对该问题的忽视似乎相当合理。这些国家中的任何企业都不可能在不远的将来生产诸如逆转录病毒药物这样的产品，与此同时，这样的协议增加了所有工业化中国家的追赶障碍。尽管如此，双边协议对于签约国来说可能并没有太多的好处，因为在与协议的好处相关的生产上，中国无论如何都更好更便宜。

尽管当代国际贸易制度和规则无意中提供的自由度相当可观并且在很大程

度上依然未得到利用，但枷锁很可能依然太紧。正如 Dahlman（2009）所说，如果中国和印度"一开始就实行自由化，它们很可能成不了经济强国。两国的某些优势在很大程度上是在实行自由化之前形成了强大的能力"。这一点同样适用于现在启动能力积累进程的国家。但是，我们的结论是某种贸易再谈判将是必要的。例如，我们有理由转向这样一种制度：多边协定的目标是**平均的**工业关税，而不是把关税逐项分列或应用于特定产品和部门。

这个制度要比当前的关税承诺结构更简单。它还要对多边纪律和政策的灵活性进行协调，因为各国将在面临平均总体关税上限的同时维持斟酌性部门战略的自由度。事实上，它将在降低某些产品的实际关税与提高其他产品的实际关税之间发挥平衡作用。这会鼓励政府把关税视为临时性工具，从而集中精力确保它们为预定的目标服务，也就是说，在幼稚产业成熟并赶上发达国家里的竞争对手之前，为它们提供喘息的空间。

此外，在这种逻辑里，平均关税的上限本身应该取决于技术和经济发展水平，随着追赶进程的推进而提高，随着工业化的成熟而下调。

5.3 有利于学习和工业化的租金分配管理

上述幼稚产业培育政策的另一面是关于它们牵涉的租金分配问题。我们强调过，暂时性贸易障碍等手段所提供的学习机会本身并不意味着鼓励这样做，而仅仅是利用来自保护的租金。正如 Khan and Blankenburg（2009）所述，成功的工业化政策都是与租金管理战略相结合的，后者为学习、技术能力和生产能力的积累酝酿**强烈的愿望**。这类战略有三个方面。

首先是"胡萝卜"这一面，政策必须能够将资源配置给稳定发展的企业：可行的手段包括财政政策、补贴、信贷优惠和拨款等。实际上，财政政策在从那些受益于自然资源贸易条件的（周期性的，甚至是趋势性的）改善的活动中转移资源方面尤为重要，其形式包括出口税、按商品最终价格计算的特许权使用费，以及抑制环境破坏的罚款和税收。此外，设立工业化友好型的金融机构也至关重要。在一些历史案例中，它意味着融资策略以有利于发展的方式引导大型私有企业集团——比如韩国的财阀。在其他历史事例中，它涉及诸如巴西国家开发银行这样的国有开发银行。反之，正如大多数拉美国家最近几十年所见证的那样，缺失工业友好型金融中介是学习和投资的重要瓶颈。

其次是"棍棒"这一面，政府必须对发展租金做出足够久但又不过久的可信的承诺（当然，具体多久将取决于产业部门、技术性质、与国际前沿的距离以及初始的管理、技术和劳动能力等）。当然，关键的要求是令人信服地做出如下承诺：在一定时间之后停止所有产生租金的措施，无论如何都要撤销这些措施，惩罚那些未能实现技术投资或出口目标的企业和产业。这方面的一个好例子是，在韩国第一个工业化阶段，为了实现出口目标，稀缺的外汇以"胡萝卜加棍棒"的方式分配给企业。

最后，本国寡头的培育必须与促进竞争的措施相配合。有一些普遍的教训来自韩国和几十年前的日本，它们的国内的准垄断或寡占企业很早就开始被迫参与国际市场的激烈竞争。此外，一旦过了工业发展的某种门槛，反垄断政策就成为防范过度依赖幼稚产业保护的重要手段。

实际上，对于任何工业化战略来说，结合产业学习进行租金分配的管理是最困难、最重要的一项工作，因为它涉及收入、财富和政治权力在不同的经济和社会群体之间的总体分配。例如，远比单一政策措施的隐患更严重的是，在大多数拉美国家工业化进程中，更基本的弱点之一是缺乏有利于发展的社会联盟，这种社会联盟拥有将资源引向工业（工业企业和城市工人）的实力。在这个方面，阿根廷土地所有者最近抵制出口税的事件正好是流传甚广的反工业政治经济学——它将农业、金融和矿业利益团体联系在了一起——的另一种征兆。

5.4 严厉的知识产权制度无益于工业化，有时甚至对它有害

我们已经指出，以往工业化的所有成功事例都是在知识产权**弱**保护的条件下发生的。[关于知识产权与经济发展之间的相互关系的全面分析，请参阅 Cimoli et al.（2013）。] 所有追赶型国家——再说一遍，包括某个时期的美国和德国——都是通过大量的模仿、倒序制造和简单复制来实现工业化的。但是，这些活动恰好是产权强保护所要防止的。知识产权在实现这一目标上的有效性在很大程度上取决于技术和部门（请参阅 Dosi, Marengo, Pasquali, 2006）。但是，当它们有效的时候，它们可能构成本国技术学习的障碍。反之，如果知识产权保护可能代表对先进国家创新活动的激励——这个主张确实颇有争议，并没有得到特别稳健的证据的支持（这方面的讨论请参考：Cimoli et al., 2013; Dosi, Marengo, Pasquali, 2006）——却并没有证据表明它们对追赶型国家的创新活动有任何积极的促进作用。当然，成功的工业化国家从某个时点开始创新

并申请专利。但是，它们通常——无论是一个世纪之前还是当下——在先进国家申请专利，而它们最强大的竞争对手很可能就在这些国家。与此同时，本国的知识产权制度却非常薄弱。然而，由于《与贸易有关的知识产权协定》将发达国家最严格的知识产权规则扩散到了包括发展中签约国在内的几乎所有签约国，这种情况最近发生了改变，而前述双边协议则使这种改变显得更加剧烈。此外，《与贸易有关的知识产权协定》也打消了区别对待不同产品和技术的保护制度的可能性。例如，诸如意大利和瑞士这样的国家甚至直到20世纪80年代都还没有对医药产品——实际上专利在该领域是一种非常有效的占用手段——的知识产权进行保护！在 TRIPS 规则下，几乎不再有这种可能性了。最后，正如被用来治疗第三世界病人的逆转录病毒药物，尽管利害关系不大、人们群情激昂，但是，人们正在见证着发达国家的跨国公司在知识产权执法方面前所未有的积极性。

追赶型国家能做什么呢？

首先，从原则上讲，最优先也是最简单的事情是应该**知道**但永远不要相信"知识产权有利于创新从而有利于经济发展"。恰恰相反，在许多技术领域，知识产权与创新和技术追赶几乎没有关系。在诸如**药物**这样的领域，知识产权毫无疑问有害于追赶型国家的模仿和能力建设（而它们对前沿国家创新速度的影响实际上是令人怀疑的）。这种意识带来的结果是，为了指导谈判和争端的解决，也需要做出更大的努力来发展制度能力和清晰的技术获得策略。

其次，与之相关的问题是，《与贸易有关的知识产权协定》有一系列的漏洞、保障条款和例外条款。比如与强制性许可证有关的条款，追赶型国家依然还没有学会利用这种条款。

再次，最发达的追赶型国家应该争取向相对欠发达的国家提供有吸引力的区域性协定，这种协定可以切实可行地代替与美国（和欧盟）签署的双边协议，后者通常含有比《与贸易有关的知识产权协定》更严格的知识产权条款。

最后，正如已经讨论过的货物贸易，这种情况可能需要一波新的多边谈判，这些谈判的目标是：

1. 降低知识产权覆盖的宽度和广度；
2. 扩大非专利性领域，包括从科学知识到数据算法；
3. 使知识产权保护的程度与各国经济技术的相对发展水平相适应。

毕竟，当前的国际知识产权制度基本上是对少数发达国家企业——主要是大型制药公司、生物技术公司、微软公司以及好莱坞——的特殊专有利益的回应。沿着刚才提到的方向进行改革将有利于追赶型国家和第一世界的消费者，并且也不会给总体创新率造成任何损害。

5.5 避免自然资源诅咒

自然资源——从矿物到碳氢化合物再到农地和森林——的拥有量乍看是一种福祉和发展捷径，尤其是在当下贸易条件不断改善的情况下。实际上，它们从长期来看可能成为一种诅咒。自然资源的出口可能诱导"荷兰病"。人们注意到，大约在 40 年之前，作为油气出口国的荷兰发生了货币升值，造成其制成品的国际竞争力下降，从而导致其制造业被"挤出"。由于工业是技术学习的核心，这种"挤出"效应降低了其未来的学习潜力。自然资源的生产通常属于资本密集型活动，对熟练劳动力的需求不多。它们推动了收入分配的两极分化。勘探和采矿权所涉及的巨大利益很容易助长官僚和政客的腐败。此外，这个问题最近因私有化而变得更加严重，而这种私有化通常是在掠夺性的条件下进行的，有利于外国矿业公司和少数腐败官员的排他性国内利益。当然，在现代历史中，充裕的资源有时促进了经济增长，其中最突出的例子是 19 世纪的美国。然而，这正好发生在资源密集型**工业化**进程中（Wright，1997）。如果没有工业化，则充裕的资源只能维持一段时间的增长，尤其是贸易条件改善和部门生产率提高时的经济增长。然而，从长期来看，资源开采部门的总体就业水平低下，收入不平等问题得不到解决，缺乏全面的学习活动，这些问题往往都会侵蚀掉从自然资源出口中获得的经济利益。实际上，为了避免资源诅咒，租金的分配必须人为地违背比较优势，鼓励在知识密集型活动中实现生产的分散化。

5.6 宏观经济政策和产业政策之间有必要协调一致

正如 Cimoli, Dosi and Stiglitz（2009a）关于以往 20 年的拉美经验的几章所广泛讨论的那样，有一些宏观经济政策扼杀了大多数学习活动和相关学习能力。如果仓促地、不加区别地撤除贸易障碍，尤其是同时粗心地忽视汇率管理（其特征是货币升值和随后突然贬值的恶性循环），就可能轻易造成这种后果。而且，这种恶性循环只因顽固地拒绝动用资本流动管制而被放大，在拒绝对短期资本流动进行管制的时候尤其如此。盲目相信"市场魔力"从而缺少财政政策和需求管理的后果是增强了产出的波动性。由于许多发展中国家的企业具有特殊的财务脆弱性，更高的产出波动性进而诱导出一波又一波的企业倒闭潮，而后者又会导致技术积累能力的消散。即便是生存下来的企业，其行为往往变得更加短期化，而整个经济对金融信号的反应往往多于对长期学习机会的反应［请参阅 Ocampo and Taylor（1998）和 Stiglitz et al.（2006）］。拉丁美洲的故事与诸如韩国或马来西亚的故事之间的比较告诉我们如下两种反馈的重要性：由正统理论提议的宏观经济政策冲击与微观经济动态之间的恶性反馈（拉丁美洲）；干预主义和凯恩斯主义的宏观经济政策与严重金融危机也不能打断的工业扩张之间的良性反馈（比如韩国）。

6. 新的发展协定：设想新的国际"共识"的勇气

即使在大萧条之前，所谓的华盛顿共识的可信度也在日益消退，近乎虔诚地实施这种极端版本的正统经济学所造成的损失变得更加明显。**反政策**共识的时代结束了，它被经济失败和社会混乱之重所埋葬。本章并不为失败的共识提出修补方案，而是对经济发展的阻碍和推动因素进行一种不同的诊断，然后在此基础上重点论述积累技术和组织知识的条件，还重点讨论支持和阻碍技术与组织知识积累的政治经济因素。当代经济发展分析过于依赖高度简化，其实是误导性的经济模型，技术原则上只是世界各国和各个经济主体都可以免费获得的信息。与此相反，哪怕是对生产知识的性质有稍微复杂一点的理解也会带来重要的经济后果。这些后果使以下三个方面显得比较突出：这种知识的国际分布的巨大不对称性；这种知识的积累难度；哪些经济主体知道生产和搜寻的方法、它们这么做的动机、公共政策对两者的塑造作用以及三者之间的相互作用。

这种分析从各个角度提供了丰富的产业政策——最广泛意义上——备选清单。当前的国际经济关系制度主要是在华盛顿共识的政治氛围下建立起来的。但是，即使在这种国际经济关系制度下，许多这样的政策也可能会得到执行，尽管执行起来困难重重。实际上，大萧条已经凸显了发达国家对产业政策的迫切需求。事实上，所有先进国家的公共政策已经并将继续在驱动创新方面发挥重要的作用［请参阅内容广泛的 Mazzucato（2013）和具有相关视角的 Nelson

（1982，1994，2004）］。在这里，我们想以全面而大胆的政策愿景结束本章。我们可供选择的观点还受到另一种有关国际经济关系模式的观点的启发。

实际上，这是一种**新的协定**。

首先，在发展中国家的"态度"这一边，为了使幼稚产业的培育成为可能，应该有更多时间有限、条件透明的管理贸易——这个术语很早就被用来保护第一世界"跛足鸭"的租金利益。离国际技术前沿越近，则"培育"的程度就越低。与此同时，新的世贸组织协定必须为"反倾销"措施的使用设定更加严格的条件。（注意，现行做法是在等待最终裁决的同时可以先动用惩罚性措施，其结果可能是发展中国家的企业倒在了其权利得到承认之前。）

其次，即使一个人不是发展友好型经济学家，他也会承认所有发达国家的农业贸易政策存在反发展的偏差。这里有一个奇怪的悖论。农业最像课本经济学里的部门，由许多接受价格的小生产者构成，几乎没有垄断租金的可能性。实际上，它是所有发达国家大规模"扭曲市场信号"的部门，没有任何由学习所带来的利益，只有纯粹的租金转移，导致大量发展中国家的农民和发达国家的消费者遭受巨大的损失。任何新的贸易协定势必涉及废除如下贸易协定：它们不会给任何经济体带来任何动态利益，但严重损害西非棉花生产者、巴西大豆生产者以及底特律和伦敦的消费者。

再次，迫切需要在国际层面和发达国家内部改革知识产权制度，通过缩小专利领域和专利范围来**减少**对知识产权的保护，在经济发展和专利保护之间实现某种平衡。此外，这是一项"双赢"改革，它在先进国家和部分**先进企业**中找到了越来越多的拥护者。这些拥护者担心目前的制度可能仅仅导致专利的"军备竞赛"，即大量储备平时毫无用处的专利票，只等威胁和报复的时候使用它们。创新率停滞不前，但诉讼成本却大幅提高。事实上，据估计，美国的诉讼成本大约占美国工业研发总支出的三分之一。

最后，不受约束的生产活动全球化已经成为从劳动力向第一世界资本转移巨额收入的强大工具。生产活动的转移，比如，在北美自由贸易协定内，从美国转移到墨西哥，或者从经济合作与发展组织国家转移到中国，意味着工资成本要低得多。在这种变化中，墨西哥或中国工人的工资增加得相对较少，沃尔玛里的美国或欧洲购物者得到的价格优惠也非常少，大部分利益都被转移生产或外包产品的公司所得到。生产活动的转移还具有间接效应，因为它使第一世界的工人在工资、工作条件和退休金的谈判中变得越来越难，甚至越来越难以保住现状。相应地，在大多数发展中国家，近乎"无限供给的劳动力"使当地工人的谈判能力几近为零。其结果之一是，尽管生产率稳步增长，但美国的工资增长至少已经停滞了 15 年之久，并且生产率与工资之间日益扩大的差距当然没有流向蒂华纳或上海的工人。新的协定应该纠正所有这些问题并允许存在如下可能性：发达国家要求其进口产品履行有关童工、工作条件和时间、加入工会的权利以及环境问题的准则。无条件的自由贸易者当然会认为这些措施是伪装的贸易保护主义。

实际上，在我们看来，这些措施也将有利于追赶型国家以及其工人和环境。在有利于发展、知识积累和追赶型国家工业化的更大的协议中，它们确实会有助于解决持续增长的世界性收入不平等趋势。

第3章 动态效率：结构动态与发展中国家的经济增长[①]

何塞·安东尼奥·奥坎波

关于最近数十年的经济增长的辩论留下了一笔遗产：分析性创新和丰富的实证研究成果。最重要的分析性创新包括：明确承认报酬递增和学习过程在经济增长中的作用，古典发展经济学阐述的相关思想——特别是关于外部经济在发展过程中所起的作用——的复兴，新熊彼特和演化理论以及新结构主义和制度经济学的几个分支。[②]

这类文献的很大一部分都以总量动态为重点，没有深入研究异质生产结构的动态，尤其是为发展中国家所特有的异质生产结构的动态；在发展中国家，高生产率部门（现代部门）与低生产率部门（非正式部门）并存——一种被称作**二元化**或**结构异质性**的现象。与此相反，这种异质性处于经典发展经济学以及结构主义与新结构主义思想学派的核心。在当代辩论中，其他传统观点很少得到关注，尤其是与卡尔多传统相关的增长—生产率关联性（Kaldor，1978）和赫希曼所强调的企业间与部门间的关联性（Hirschman，1958）。

本章认为，发展中国家的经济增长和生产结构的动态与为支撑这些结构而

[①] 本文是发表于《超越改革：结构动态学与宏观经济脆弱性》（*Beyond Reforms: Structural Dynamics and Macroeconomic Vulnerability*，加州帕罗奥图：斯坦福大学出版社，联合国拉美和加勒比经济委员会与世界银行，2005）中的文章的修订版。联合国拉美和加勒比经济委员会对本文原稿的版权是"@2005 联合国"。

[②] 最近的文献数量庞大。最有用的成果包括 Romer（1986）、Lucas（1988）、Taylor（1991）、Nelson（1996）、Aghion and Howitt（1998）、Rodrik（1997，2007）、Ros（2000，2013）、Barro and Sala-i-Martin（2003）、Ocampo, Rada, and Taylor（2009）、Lin（2012）以及 Stiglitz and Greenwald（2014）等。

创设的特定政策和制度具有内在的联系。其重点是经济结构的**动态效率**，即引发结构变革新浪潮的能力，而这些新浪潮正如这里所说，位于动态经济增长的核心。[①] 这个概念与静态效率形成鲜明的对照，后者是传统微观经济理论和国际贸易理论的核心。就像这里所说，动态效率可能需要各种程度的国家干预，而静态效率的传统辩护人却认为国家干预是不可接受的。

在发展中国家，提升动态效率的政策和制度主要包括：促进产生于工业化世界的创新的扩散（新生产部门的建设和技术转让），鼓励国内企业间和产业间关联性的形成，设法减轻发展中国家生产性部门结构所特有的二元化或结构异质性。如果从广义上将不稳定性理解为除了高通货膨胀率和不可持续的财政失衡，还包括剧烈的经济周期、多变的相对价格、不可持续的经常项目失衡以及充满风险的私人部门资产负债表，则避免宏观经济的不稳定性也是极其重要的（Ocampo，2008）。然而，宏观经济的稳定性不是经济增长的充分条件。我把更广泛的制度性背景和充足的教育与基础设施称作必要的**框架条件**，但是，它们通常并不直接引起经济增长势头的变化。

本章广泛地使用新旧发展与增长理论所详细阐述的思想。本章的分析所赖以建立的要素人所共知，但是，将这些要素结合在一起的方式却有一些新颖的方面。除了这个引言之外，本章还有四个部分：第一部分考察某些方法论问题和经济增长的规律性现象；第二部分关注生产结构的动态；第三部分提供一个简单的模型，分析生产和宏观经济动态之间的关联性；最后部分引申出政策的含义。

1. 方法论问题与程式化事实

时间序列和横截面分析已经确认了一些描述增长过程的特征的规律性现象。如下变量的作用被广泛地研究：生产率的提高，物质和人力资本的积累，经济政策、制度、地理，以及国内生产总值和就业结构的变化等。

对这些变量之间的因果关系的研究提出了两个方法论问题。第一个方法论问题涉及区分如下两类因素的必要性：一类因素在改变经济增长势头中发挥直接作用，另一类因素在经济增长中必不可少但在特定的时间并不直接影响经济的增长。伟大的世界经济增长史学家麦迪逊（Maddison，1990，第1章）将它

---

① 需要注意的是，这个概念完全不同于新古典最优增长模型所用的动态效率概念。

们区分为**直接**因果关系和**最终**因果关系。

制度是最好的相关例子——尽管人们对必须建立何种合适的制度来确保充分的发展存在大量的分歧。无论如何，每个人可能都会同意，如下因素对于促进现代经济增长来说是至关重要的：基本社会契约一定程度的稳定性，它确保平稳的企业—劳工—政府关系；一个非自由裁量的法律制度和商业行为模式，它们确保契约的安全性；一个公正的（最好是高效的）国家官僚机构。尽管它们有时候可能是经济增长（或经济不增长）的直接原因，就像成功地重建（或打碎）社会政治体制的情形一样，但是，它们通常是经济增长的"框架条件"，而不是经济增长势头变化的直接原因。实际上，一项重要的经验性观察显示，某些国家特性，尤其是制度发展，可以在几十年中保持得相当稳定，但是，经济增长却不是这样。①

第二个方法论问题涉及如下事实：经济增长的一个规律性特征是一系列经济变量的同时运动，这些变量包括技术进步、人力资本积累、投资、储蓄以及生产结构的系统性变化。②但是，这些变量在很大程度上是经济增长的**结果**。因此，高投资率通常被认为是经济增长加速的必要条件。但是，这些变量可能是动态增长引起的加速机制的结果。人力资本积累也是经济增长的必要条件，但是，技术进步主要是生产经验和教育系统扩大的结果，而成功的经济增长同样在很大程度上促进了生产经验的积累和教育系统的扩大。生产率的提高同样如此：如果卡尔多所强调的因果关系是正确的话，则生产率的提高主要是动态经济增长的结果——这种因果关系与 Solow（1956，2000）以来的新古典增长理论所强调的因果关系正好相反。这意味着分清原因和结果，或者分清经验分析中的先导变量和滞后变量，是经济增长分析的全部内容。③因此，增长文献所提及的许多规律性现象可能会有截然不同的解释，这取决于如何解释所涉及的因果关系。

显然，经验分析最终检验任何理论的意义。在这一点上，摆出五组规律性特征或"程式化事实"是有用的，它们对于理解发展中国家的增长经验尤其重

---

① 请参阅 Easterly et al.（1993）和 Pritchett（2000）等文献。
② 不过，也有人主张这些变量和经济增长之间的关联性要比传统的设想小得多，物质资本和人力资本尤其被认为是这样。请参阅 Easterly（2001，第 II 部分）。
③ 可能还有中间选项：某些因素可能并不加速增长势头从而并不"引起"经济增长，但它们可以阻碍经济增长。实际上，正如我们已经指出的，这种情形就是宏观经济的不稳定性。

要。最近的辩论严重地忽视了其中的一部分。

第一组规律性特征是世界经济持续存在巨大的不平等，它们在现代经济发展史上由来已久并不断扩大。实证研究表明，人均收入的（绝对）趋同是例外而不是普遍规律（Rodrik，2014）。实际上，在第二次世界大战之后的时期里，更明确地说，在1950年至1973年的"黄金年代"，趋同似乎仅仅是工业化水平较高的国家的特征。21世纪的头10年也许是发达国家和发展中国家之间实现广泛趋同的唯一时期，但这个趋同时期在创作本文的时候似乎已经走到了尽头。相比之下，在第二次世界大战之前，趋同并不是工业化国家的特征（Maddison，1991）；发达国家与发展中国家在19世纪和20世纪的收入差距被Pritchett（1997）恰当地描述为"背离、巨大的成功"。

世界的等级结构已经发生了明显的变化，值得关注的是，日本已经在20世纪崛起至发达国家的前列。发展中国家也发生了某些变化，如下国家和地区纷纷崛起：两次世界大战之间的拉美国家，在此之前的南锥体国家（Bértola and Ocampo，2012，第1章），更为著名的是20世纪60年代之后的亚洲新兴工业化经济体（Asian newly industrialized economies, NIES）和20世纪80年代之后的中国。这些趋同经历都集中在中等收入国家，与劳动力从低生产率部门向规模报酬递增的高生产率部门的重新配置有关（Ros，2000，2013）。然而，在很多情况下，这种趋同经历并没有持续下去，甚至以增长的崩溃而告终（Ros，2000）。迅速的趋同、"短暂的趋同"甚至突然下挫同时并存，因此，低收入和中等收入国家在增长经历上的巨大差异也是国际增长模式的主要特征之一（Pritchett，2000）。越来越多关于"中等收入陷阱"的最新文献也强调了这个事实（参阅Eichengreen, Park, and Shin等人，2012，2013）。

无论如何，尽管世界经济格局发生了变化，但世界经济的等级结构却出人意料地稳定。这一点在如下事实中得到了反映：基于Maddison（2001）的数据的计算显示，在20世纪末的世界人均收入水平差异中，略高于五分之三的部分可以简单地用1914年就已经存在的收入差异加以说明。但是，世界经济的等级结构并不局限于人均收入的差异。特别地，它还与核心技术研发在这些国家高度集中和世界金融在这些国家同样高度集中有关。

该事实的主要启示是，经济机会主要取决于特定国家在世界等级结构中所处的地位，而这种等级结构使得攀登国际阶梯成为一项相当困难的任务。基本的国际不对称性有助于解释为什么国际经济实际上是一个"不公平的竞争场所"：（1）技术创新活动的禁止性进入成本和成熟部门的进入成本，它们意味着留给发展中国家的机会可能仅限于在这些部门吸引现有的跨国公司；（2）基本的金融不对称性，其具体反映是国内金融发展水平的差异、顺周期获得外部融资以及没有能力在外国借入本币；（3）宏观经济的不对称性，其具体反映是采取反周期宏观经济政策的自由度极其不同，甚至发展中国家由于依赖不稳定的外部融资而倾向于采用顺周期政策（Ocampo，2001）。

由于这些原因，经济发展不是在工业化国家过去所遵循的模式内经过"各个阶段"的问题。每个国家在世界等级结构中的地位决定了自身所面临的限制，经济发展就是在这种限制下来提高人均收入、成功实行相应的结构转型以及运用适当的宏观经济和金融战略。这是拉美结构主义学派（请参阅：Prebisch，1951；Furtado，1961）和自格申克龙以来的后进国家工业化文献（请参阅：Gerschenkron，1962；Amsden，2001）的基本见解。

第二组规律性特征与如下事实有关：经济增长通常突然地迸发，而不是稳定地流动，因而包含大量的不连续性成分。一些人强调，这是历史分析的一个基本教训。这些人认为，技术的历史就是一系列的技术革命或创新浪潮，而这些革命或浪潮将逐渐扩散至整个经济体系（Freeman and Soete，1997；Pérez，2002，第Ⅰ部分）。有一种观点将增长中的经济视为"膨胀中的气球"：生产要素的投入和技术变革的稳定流动，平稳地提高国内生产总值。对于某些议题来说，这种观点可能是一种有用的隐喻，但是，它最终忽略了一些最基本的经济发展要素。另一种观点来自（广义的）结构主义经济思想，它将经济增长视为一个动态过程，在这个过程中，作为持续的生产结构转型的一部分，某些部门和企业一马当先，其他部门和企业则落在后面。这个过程涉及重复的**创造性破坏**现象（Schumpeter，1962，第8章；Aghion and Howitt，1998）。并非所有部门都具有同样的能力为经济注入活力，用Prebisch（1964）的概念来说就是"扩散技术进步"。企业间和生产部门间的互补性（外部性）及其宏观和分配效应，能够引起或阻碍增长过程的跳跃（Rosenstein-Rodan，1943；Taylor，1991；Ros，2000，2013），从而造成连续的非均衡阶段（Hirschman，1958）。总之，这些观点意味着生产结构的动态是经济增长的一个活跃的决定因素，因此，经济增长不能简化为它的总量动态学。

经济增长的气球膨胀观与结构动态观之间的反差可以通过解读增长文献中的一个旧有的规律性特征来加以理解：人均国内生产总值的增长往往伴随着

产出的部门构成和国际专业化模式的规律性变化（请参阅：Chenery, Robinson, and Syrquin，1986；Balassa，1989）。根据气球膨胀观，这些结构变化应该被视为人均国内生产总值增长的后果。根据另一种解读，不断生成充满活力的新活动的能力是快速经济增长的关键。反之，缺乏生成新活动的能力将阻碍发展过程。成功地生成新的生产部门可能还涉及对旧有活动的"破坏"。用熊彼特的术语来说，**创造**通常与**破坏**并存。

第三组程式化事实强调灵活的要素供给在发展过程中的基本作用，尤其是促进动态活动平稳扩张的作用。在总量层面上，这反映在最成功的经济体吸引国际资本、必要时吸引劳动力的能力上。灵活的要素供给还意味着需求和供给因素一样，都影响经济增长。这是凯恩斯和卡尔多经济增长理论的关键要素（Kaldor，1978，第1章；Robinson，1962；Taylor，1991），新古典增长分析和新增长文献通常都忽视了这一点。

资本和劳动力向动态活动的内部流动（重新配置）甚至更为重要。Lewis（1954，1969）为灵活的劳动供给在经济发展中的作用提供了重要的启示。类似地，卡尔多的经济增长—生产率关联意味着未充分利用的劳动力在增长过程中发挥着一定的作用（Kaldor，1978，第4章）。[1] 两种观点都意味着，经济增长在很大程度上是通过将劳动力重新配置在具有规模经济和范围经济的活动上（专业化），[2] 以及更充分地利用某些生产部门（尤其是农业部门）的失业劳动力。

快速发展是劳动力流动和规模经济相互作用的结果，这一事实也是区域经济学自一个多世纪前诞生以来所持有的重要见解。根据这个观点，无论是这两个要素之间的相互作用，还是它们与运输费用之间的相互影响，都导致城市和区域"增长极"、集群和城乡等级结构的形成［若要了解这种解释的现代版本，请参阅 Fujita, Krugman, and Venables（1999）］。这种见解可以扩展到国际专业化分析上，比如 Ohlin（1933）在其关于本主题的开创性著作中做了清晰的阐明，其框架最终于20世纪80年代被国际贸易理论所吸收（请参阅 Krugman，1990；

---

[1] 正如 Cripps and Tarling（1973）所指出的，即使是在第二次世界大战之后的黄金年代，工业化国家的增长经验也证实了这一模式。

[2] 在下文中，企业层面（范围经济）专业化程度的提高将被称为专业化经济，因为我们将假设（实际上是沿用亚当·斯密的研究方法）此类专业化的机会决定了市场规模，从而是中观经济效应的一部分，而中观经济将被称为互补性经济。

Grossman and Helpman，1991；Ocampo，1986，与发展中国家有关）。国际贸易的"剩余通道"模型可以追溯至亚当·斯密，它提供了灵活要素供给的替代性来源：存在未利用或未充分利用的自然资源（Myint，1971，第5章）。

第四组程式化事实强调长期增长对经济轨道的依赖，即路径依赖（Arthur，1994）。这在经济发展中尤为重要，因为学习过程产生了动态规模经济，而动态规模经济主要意味着经济主体所面临的机会在很大程度上取决于它们的生产经验。只要经济政策能够影响生产结构，就意味着可以创造比较优势。在这一点上，有一项有趣的相关历史现象，即发展中国家制造业出口增长的成功经历，通常在进口替代工业化时期之后才出现（Chenery, Robinson, and Syrquin，1986）。这反过来意味着生产经验的丧失可能对经济增长产生累积性影响。关于荷兰病的文献提出了这个问题（Krugman，1990，第7章；Wijnbergen，1984），但是，这个问题同样意味着最近的去工业化存在长期成本，而多个新兴经济体和发展中国家由于经济自由化而经历了去工业化。

如果存在规模经济，则影响短期宏观经济表现的不利冲击可能会具有累积性的长期影响（Easterly，2001，第10章）。在这一方面，最有说服力的例子是20世纪80年代非洲与拉美债务危机的持续影响，如今，欧洲的外围国家可能正在经历类似的现象。类似地，短期的成功可以带来长期的增长。因此，与各国所遵循的宏观经济轨道相关的长期增长均衡可能有多个。造成这种情况的一个基本原因是宏观经济预期的形成涉及重要的学习过程，尤其是在出现大规模宏观经济冲击的时候（Heymann，2000）。

经济政策在经济增长中的争议性作用带来了第五组程式化事实。在正统的发展文献中，传统的重点是贸易政策体制在经济增长中的作用。在这个领域，在贸易自由化与经济增长之间，甚至在贸易体制与出口增长之间建立简单化关系的尝试导致了错误的结论（Rodríguez and Rodrik，2001）。我们还可以从发展经验的比较分析［请参阅 Helleiner（1994）的文章］中提出另一项程式化事实：尽管贸易政策、公共与私人部门的组合以及广义的政策诱致性激励确实都很重要，但是，没有任何单一的规则可以在任何时间都适用于所有国家，也没有任何单一的规则可以在不同时期都适用于任何单一国家。实际上，成功的发展经验与多变的政策篮子有关，这些政策篮子涉及具有非正统制度特征（"局部异端邪说"）的各种正统激励措施的不同组合（Rodrik，2007，214）。

因此，在特定国家的某些时期里，贸易保护成为经济增长的源泉，但是，在其他情况下，贸易保护却阻碍了经济增长。自由贸易也是同样的道理。在许多情况下，混合战略发挥了很好的效果。在这一点上，世界经济的开放度显然是一个决定性因素。[1]前述观察——发展中国家制造业出口增长的成功经历通常在进口替代工业化时期之后才出现——表明，简单的一般化并不是很有用。关于当今发达国家中的"后进工业化国家"在第一次世界大战之前的贸易保护和经济增长，贝洛克（Bairoch，1993，第I部分）得出了类似的结论。他还得出了一个反常的结论：在第一次世界大战之前，世界贸易增长最快的时期并不是贸易体制最自由的时期。

2. 生产结构的动态学

本章的中心议题是，生产结构的动态是经济增长势头变化的根源。这种动态与宏观经济平衡相互作用，要么产生正反馈，导致经济快速增长的"良性"循环，要么产生经济增长的陷阱。某些广义的宏观经济稳定措施是充满活力的经济增长的必要条件，但不是充分条件。促进型制度环境和充足的人力资本与基础设施是**框架条件**，但并不是经济增长势头活跃的决定因素。

在这个观点中，不断产生新的动态活动的能力是成功的经济发展的本质。从这个意义上讲，经济增长本质上是一个由生产结构的动态所决定的中观经济过程，这个概念总结了生产部门构成的演化、部门内和部门间的联系、市场结构、要素市场的运行以及支持它们的制度。动态微观经济变化是构成要件，但是，**整个系统**的过程最重要。此外，结构转变的特性在很大程度上决定了宏观经济的动态，尤其是通过对投资和贸易差额的影响来决定宏观经济的动态。

生产结构的动态可以设想为两种基本而多维的力量之间的相互作用：（1）**创新**，可以广义地理解为新的活动和从事旧活动的新方式以及**学习过程**，其中，学习过程的特点是其潜力的充分利用和通过经济系统的扩散；（2）企业和

---

[1] 在分析拉丁美洲国家主导型工业化时期的时候，这一点常常被人们遗忘。从20世纪60年代中期开始，工业化世界对发展中国家的出口逐步但又不完全地开放。与这个时期相比，在20世纪30年代至20世纪50年代封闭的世界经济中（以及在19世纪末和20世纪初工业化世界所特有的保护主义浪潮中），进口替代显然更有意义（Bértola and Ocampo，2012）。

生产活动之间的**互补性**、**联系性**和**网络**以及充分发展这种互补性所需的制度，而制度的成熟也需要学习。然而，为了确保这些动态过程能够充分发挥其潜力，**灵活的要素供给**是必要条件。这三个要素的结合将决定给定生产系统的**动态效率**。

这些不同机制发挥着互补的功能：创新是变革的基本动力；创新的扩散和生产关联性的建立决定其改造和生成综合生产系统的能力；伴随这些过程的学习和互补性的建立带来动态规模经济和专业化，它们是提高生产率所必需的；灵活的要素供给是创新活动成为经济增长动力的必要条件。

2.1 创新和相关的学习与扩散过程

本文广义地使用**创新**这个概念，从这个意义上讲，Schumpeter（1962，第2章）在一个世纪之前就提供了最好的创新定义（熊彼特的术语叫**新的组合**）：（1）引入新的产品和服务或者改良原有的产品和服务；（2）开发新的生产方法和新的营销战略；（3）开发新的市场；（4）发现新的原料来源或开发先前已知的资源；（5）在给定部门建立新的产业结构。因此，这个含义广泛的概念既包括在经济学文献中比较常用的创新概念（技术创新），也包括 Hausmann and Rodrik（2003）所说的**发现**（善于生产的东西），还包括通常被今人所忽视的其他形式。从广义上讲，创新可能出现在现有的企业和部门中——在恒变的世界中，不创新的企业往往会消失——但是，它们常常涉及新企业的创立和新的生产部门的发展。

创新包括企业、生产活动和部门的创造，但也包括其他的企业、生产活动和部门的破坏。创造和破坏——用 Easterly（2001，第9章）的术语来说是创新的替代效应和互补效应——之间的特定组合是至关重要的。Schumpeter（1962）提出**创造性破坏**这个术语，表示通常存在净创造。这对于创新导致增长当然是至关重要的，但是，并不是任何地点、任何时间都有这样的实际效果。有时是小规模的破坏，但有时是大规模的破坏或**破坏性创造**的混合型负面情形。我们越是把注意力局限于特定创新的效果上，就越有可能看到完整的分类方法，因为世界经济中的某些地方可能汇集创造效应，而另一些地方则汇集破坏效应（试想，发现了一种合成替代品，它为某个工业中心创造了新的活动，同时也使别处的天然原料制造商破产了）。显然，为了实现经济增长，净创造力量必须获得优势。

前四种创新的一个共同特征是，它们都涉及知识的创造，或者更准确地说，在生产中运用知识的能力。因此，它们强调知识作为市场力量来源的作用。从这个角度来看，成功的经济发展可以被视为创立如下类型企业的能力：具有学习和掌握知识的能力并且长期具有创造新知识的能力（Amsden，2001；Lall，2003）。

在工业化国家，主要的创新激励来自引入技术、商业或组织变革，或者来自开拓新的市场、发现新的原料来源的先驱性公司所能获得的超常利润。这种激励是必需的，因为，一方面创新者的决策涉及不确定性和风险，另一方面创新者承担了更高的成本。后者的原因有：开发新的技术秘诀需要成本，创新者最初所掌握的知识存在不完全性，缺乏成熟活动所具有的互补性，创新活动所具有的外部性可能导致创新者不能获得全部的创新收益。

在发展中国家，创新主要与新的产品、新的技术以及工业中心先前开发的新的组织和商业战略相联系。因此，工业国家的创新代表"移动的靶子"，为发展中国家创造了机会之窗（Pérez，2001）。通常不存在创新者的超常利润。实际上，生产可能涉及进入利润率较低的成熟活动。因此，如果没有特别的激励措施，则寻找新的经济活动的速度可能会不太理想（Hausmann and Rodrik，2003）。进入成本与开发新的技术秘诀无关，而是与获得、掌握和改造新的技术秘诀有关。其他进入成本与如下这些方面有关：生成市场信息，在新的市场上树立声誉，尤其是为了能够成功地打入现有的生产和营销渠道而利用降低成本的机会。对于新的公司来说，进入成本可能令其难以承受，在这种情况下，留给发展中国家的可能性将是有限的，要么吸引那些正在寻找生产活动布局地点的现有跨国公司，要么通过服务于它们所控制的价值链的一部分而与它们发生联系。此外，创新者的最初决策可能引起其他企业的注意，从而像发达国家的创新情形一样，这种外部性意味着创新者将不能占有其活动的全部利益，从而再一次导致不理想的创新投资水平。

这样来看，与技术变革本身相比，发展中国家的创新与来自工业化世界的部门和活动的转移之间的关系更密切——或者更准确地说，前者在很大程度上取决于后者。这种观点认为，登上世界等级结构的更高位置需要缩短转移期并逐渐成为技术发明的更积极的参与者。因此，在过去，创新包括了开发新产品、发展进口替代部门以及最终转向出口市场。在最近的自由化期间，由于如下这些因素，创新包括了装配活动的发展：工业化国家价值链的碎片化，某些国际服务（比如旅游）的需求日益增长，先前的进口替代活动变得更加以出口为导向，私有化过程及与其相关的私人企业和部门的重组，原材料（特别是矿物）的获得因相关资源产权的加强而增加。反过来，在以往，合成替代品的开发和新的原料来源的发现导致特定区位的初级产品产量下降，因此，旧生产能力的**破坏**包括了主要出口产品的衰落。近年来，这种破坏包括了因国际外包而造成的本国生产链的瓦解和因无力在更自由的贸易环境中竞争而造成的进口替代活动的崩溃。

任何创新过程都不是被动的，因为它们需要投资和学习。实际上，创新与投资之间具有内在的联系，因为它们既需要物质投资，也需要无形投资，尤其是营销战略、技术开发和学习上的投资。此外，在任何时候和任何经济体中，创新活动都是增长最快的部门，从这个意义上讲，它们需要高投资。[1] 这些事实连同投资需求的下降（现有活动的特征），意味着综合投资率直接依赖于创新型活动的相对权重（和显著地依赖于它们的资本密集度）。因此，高投资是与高创新率和高速的结构变革相联系的。

创新还涉及学习。技术秘诀必须经历学习和成长的过程，而这些过程与生产经验密切相关。一般地说，为了缩小国际经济等级结构的技术差距——确切地说是**蛙跳**[2]——全方位的研发战略和相应的教育战略是必要条件。技术变革的演化理论已经提供了关于学习动力学的基本见解。[3] 这些理论强调，技术的本质在很大程度上是**不言而喻**的，即我们无法绘制出详细的"蓝图"。这有三个方面的重要含义。

首先，技术是不能完全地获得和交易的。这与如下事实相关：技术在很大

---

[1] 技术的外部采购和信息与通信技术的某些特征降低了技术追随者对学习和适应性技术的投资需要。然而，它们并没有消除新活动的开发与相关投资之间的普遍联系。

[2] 蛙跳通常是指采用最新技术（比如现代信息与通信技术），甚至在特定地区使用旧技术之前就开始采用最新技术了。然而，对于特定时间里的特定活动的成功发展，这只是一个必要条件。采用最新技术未必导致国际经济等级的提升。在我们使用蛙跳这个术语的时候，其恰当的理解正是国际经济等级的提升。

[3] 请重点参阅 Nelson and Winter（1982）、Nelson（1996）以及 Dosi et al.（1988），至于发展中国家，则请参阅 Katz（1987）和 Lall（1990，2003）。某些版本的新增长理论建立了类似的概念，其中，"知识资本"是一种类型的"人力资本"，它有三大属性："蕴含"在特定个人中、能够产生显著的外部性、需要花费高昂的学习成本（Lucas, 1988）。然而，这些理论没有捕捉住这些属性的一个基本结果：在任何给定的生产部门，存在企业的特异性和相应的异质生产者。这个事实使得"代表性生产者"概念转变成抽象化，它排除了多种因素，这些因素在决定竞争的性质和企业、地区、国家的长期增长差异上发挥重要的作用。

程度上是由无形的人力和组织资本构成的。这意味着为了从技术知识中获益，即使是购买或模仿了技术的企业也必须为掌握所获得的技术而进行投资。发展中国家通常是这种情况，因此，它意味着即使技术主要来自发达国家，也依然有一个必须发生的主动吸收过程。这个过程涉及调适问题，可能需要重新设计和二次创新，这会进一步增加人力和组织资本。该吸收过程的效率反过来又决定了相关企业的生产率。这就解释了为何具有类似"知识"来源的企业却通常具有大不相同的生产率。不同的组织和营销策略将带来更多特定企业的特征，这些特征是任何部门在不同时间进行的选择过程背后的基本因素。在产生的产业结构中，现有企业和新进入者能够向任何均衡发起挑战。根据我们的定义，现有产业结构的重大解体本身就是创新。发展中国家进入成熟活动领域也属于这种类型。

其次，不能将技术熟练度从生产经验中分离出来，也就是说，它有强烈的"干中学"成分。[1] 从这个意义上讲，生产和工程的日常活动具有研发成分。这种联系是动态规模经济的具体微观经济基础。

技术变革的第三个特征与隐含性无关，表明竞争将造成各种压力，这些压力将使创新得以产生和扩散。后者导致创新企业没有充分占有来自创新投资的收益。对于技术创新或新产品和设计来说，知识产权提供了一种占有这些收益的机制。但是，其他形式的创新（比如新的活动或新的营销策略的开发）则没有这种机制。因此，创新具有良好的私人—公共混合属性，故而创新率取决于成本、风险和收益之间的平衡和创新的专属性（在可能的情况下还包括它们的法律保护）。

我们必须强调，技术变革的三大属性——不完全交易性、与生产经验之间的紧密联系以及私人—公共混合属性——同样也是其他知识形式（特别是组织和商业知识以及我们随后将看到的制度发展）的特征。在组织知识的情形下，"社会资本"属性造成的不完全交易性和不完全独占性是最严重的。商业秘诀所发挥的关键作用往往为大多数分析所忽视，它在国际贸易中当然也起着举足轻重的作用（Keesing and Lall，1992）。实际上，决定企业扩张的首要因素之一与其信息和营销专有渠道的开发能力，以及商业信誉（商誉）和知名商标建设能力相关。此外，熟悉市场使生产者改进它们的产品和营销渠道，帮助购买

---

[1] 从这个意义上讲，即使重大创新是显性研发活动的结果，其概率也依赖于企业所积累的技术知识和生产经验。

者了解供货方，带来确保企业稳定增长所需的客户关系。如下事实反映了这些因素所发挥的关键作用：大型企业的营销部门通常都配有高素质的人员。相应的资本实质上是组织资本，与商业经验之间存在不可分割的联系。在这里，动态规模经济反映为交易费用的下降，后者与企业所累积的声誉和商标认可度相关。反之，虽然特定公司的声誉难以复制，但是，其发现的市场机会必然会被模仿。因此，公共物品的属性很重要，它在专业化模式的决定中发挥着关键的作用。正如区域经济学长期以来所认为的那样，这个因素在很大程度上决定了特定产品和服务的生产者在特定区位的集聚。

2.2 互补性和相关的制度发展

互补性关系到如下方面的发展：商品和专业服务供应商的网络、营销渠道以及在行为人之间传播信息的组织和制度。这个概念既概括了前后向关联性在经济增长中的作用（Hirschman，1958），也概括了为降低（诸如技术和市场的）信息费用、解决互依投资决策所具有的协调失灵问题而创立的（私人、公共和混合）制度的作用（Chang，1994）。它们共同决定了生产体系一体化的程度。

互补性的发展既有需求效应，也有供给效应。需求效应是凯恩斯乘数机制的一部分；反之，如果没有需求效应，则意味着凯恩斯漏损可能较大，比如在装配活动中存在较高的外国商品进口倾向。因此，互补性的优缺点是宏观经济乘数的主要决定因素。这个连同上一节所讨论的投资率与创新之间的关联性一起共同构成了经济结构与宏观经济表现之间的两个重要联系。

互补性的供给效应涉及不同经济行为人相互之间所产生的正外部性，而这种正外部性又来自生产的规模经济或更低的运输和交易费用所造成的成本下降（集聚经济），来自更加专业化的投入和服务的引致性提供（专业化经济），来自可以在企业之间流动的知识的分享和人力资本的开发所带来的外部性（技术外溢，更广泛地说是知识外溢）。这些战略性的互补关系是中观经济角色的动态规模经济的基础，它们决定了给定区域或国家是否具有竞争力或缺乏竞争力。在这些条件下，竞争力并不仅限于微观经济效率：它本质上是一个部门甚至整个系统的特征（Fajnzylber，1990；ECLAC，1990）。

在开放经济中，贸易保护可以带来需求的关联性。这可以促进积极的供给（集聚）效应。但是，如果它涉及中间产品和资本货物的贸易保护，则也有可能为其他生产部门带来成本。另外，由于**非贸易**投入品和专用服务不能进口，它们的高效提供在保障整个系统的竞争力上发挥着关键的作用。在这个方面，三类非贸易活动的意义特别重要。第一类由生产专用投入和服务的部门构成，这些投入和服务包括知识、物流和营销服务，对于这些投入和服务来说，使用者与生产者的接近是一个至关重要的因素。第二类是专用金融服务的开发，尤其是长期资本和风险资本的发展；由于金融市场具有信息不对称性的特点，金融服务（尤其针对中小企业的金融服务）基本上都是不可贸易的。第三类是基础设施的充分提供。

制度建设具有技术开发的前两项特征——不完全交易性和与经验密切相关——并且本质上具有显著的公共物品属性。正如前文所述，制度所提供的重要服务是降低信息成本和解决互依投资决策所具有的协调失灵问题。许多相关的制度可以由私人部门直接创立：各种生产者组织分享具有公共（或俱乐部）物品属性的信息，建立联合劳动培训设施，为打入新市场或促销机构从而支持互补的投资而创立战略联盟。然而，由于它们具有强烈的公共物品属性，它们所提供的服务数量通常低于最优水平。企业之间的竞争压力通常是创立和巩固这种制度的重要障碍。

2.3 弹性要素供给

带来强烈增长效应的创新能力和互补性又严重地依赖于创新部门的生产要素的供给弹性。前文已经提及，作为一种特征化事实，创新能力对于吸引资本和劳动力、获得它们的扩大所需要的自然资源发挥着重要的作用。前文同样指出，获得长期融资对于创新活动具有重要的作用，同时，金融服务具有大量的非贸易成分。

Schumpeter（1961）强调，资本的弹性供给对于促进创新的增长效应来说是必不可少的。更广泛地说，弹性的要素供给在凯恩斯和卡莱茨基模型中发挥关键的作用。在他们的模型中，投资——进而是总需求——不仅驱动短期经济增长，还驱动长期经济增长（Kaldor，1978；Robinson，1962；Taylor，1991）。正如这些模型所阐明的，有多种方法来确保弹性的要素供给：（1）利用存在未利用的资源，或者更典型地说，存在未充分利用的资源；（2）利用偏向利润的收入再分配来进行资本积累的内生性融资；（3）利用区际和国际要素流动；（4）利用社会的组织重建来提高劳动参与率，尤其是妇女的劳动参与率；

（5）利用技术变革来打破要素供给的约束（比如提高土地生产率或诱致性资本密集型的技术流程，以便顺应劳动力短缺问题）。

在发展中世界，发展中国家的生产结构具有二元化现象和结构异质性，即高生产率与低生产率的活动并存，它们保证了弹性的劳动供给。[①] 低生产率活动具有大量的失业（或非正规性）元素，充当剩余部门，既提供因快速经济增长而带来的劳动力需求，又吸收因高生产率部门未能带来强劲的就业机会而产生的过剩劳动力。二元化模型对**传统**与**现代**部门的区分并不适用于描述发展中世界的这种特征，因为相应的经济结构肯定更加复杂；为了吸收过剩劳动力，低生产率活动不断地被重新创造出来，这个事实使得"**传统**"这个标签根本不足以胜任。实际上，在过去的几十年中，低增长发展中国家的一个典型特征是低生产率（非正规）部门的扩张，以便吸收过剩的劳动力，包括重组部门的过剩劳动力。高生产率和低生产率部门在结构上又存在异质性。为了描述这种现象，拉美结构主义者（Pinto，1970）创造了**结构异质性**这个概念。由于这个概念更加合适，本章其余部分将付诸使用。

随着教育水准的提高，就业不足问题将日益威胁熟练工人。国际劳动力迁移提供了一种额外的调整机制，这种机制对于熟练劳动力可能要比非熟练劳动力更加重要。[②] 尽管日益上升的教育水准对成功的经济发展至关重要，但是，它在推动经济增长势头变化方面可能发挥着消极的作用，其中的原因就在于此。

正如 Ros（2000，第 3 章）所讨论的那样，为了确保高生产率活动得到弹性的劳动供给，三个特征是不可或缺的：（1）低生产率活动需要较低的资本数量，这将确保它们主要由自雇的工人构成，因而他们的收入取决于平均生产率而不是边际生产率；（2）这些活动在某些商品和服务的提供（比如一些消费品的生产或营销和一般简单服务的提供）上与高生产率部门进行竞争；（3）高生产率活动存在与**效率工资**等因素相关的工资溢价。

结构异质性意味着创新活动所带来的活力和关联强度决定了劳动力总量的使用效率，即劳动力就业不足（以及其他生产要素——尤其是土地——使用不足）的程度。在总量层面上，该过程将引起具有类似特征的卡尔多增长—生产

[①] 正如我们已经指出的那样，该因素在工业世界里也并非完全不存在（参阅 Cripps and Tarling，1973）。

[②] 这并不意味着迁移的熟练劳动力必将为接收国的高生产率活动所吸收。实际上，人力资本可能会有净损失。

率关联，但是，除此之外，它还将引起与学习和战略性互补相关的微观和中观动态规模经济。

这种关联性对于理解发展中国家的总量生产率增长是至关重要的，说明了为什么它在很大程度上是动态经济增长的结果而不是原因。此外，它还意味着可能在微观和总量生产率趋势上存在背离现象。实际上，在企业层面上，由于竞争性环境和自身的学习努力而产生的激励，某些经济主体可能经历了快速的生产率增长，但是，这一事实并不一定意味着总量生产率也将展现出同样的活力。该过程本身可能引起创新活动就业的减少，如果没有被其他高生产率部门就业的增加所抵消，就会反映在就业不足的增加上，从而对总量生产率的增长产生不利的影响。增加的就业不足（从而失业）可能就这样吞噬掉效率的微观收益，从而产生如下悖论：一边是存在一群具有高度竞争力的企业，另一边是阻挠总量生产率的增长。实际上，这就是20世纪90年代拉丁美洲的一个特征（ECLAC，2000，第1章）。

弹性要素供给这个概念同样可以用于自然资源和基础设施。"过剩释放"模式提供了一个类似的调整机制，在该机制中，先前闲置或利用不足的自然资源带来更高的生产率和经济增长。由于基础设施——尤其是运输网络——具有广泛的不可分割性，主要基础设施项目可以使它们的收益长期地扩散出去。其中一个有趣的含义是，基础设施——以及教育投资——的积极效应可能不仅反映了它们所引起的外部性（正如内生增长理论所强调的），还反映了它们的固定或半固定性质，其具体表现是它们的利用程度即使在长期过程中也是可变的。因此，与基础设施"大推进"（比如在快速城市化期间）相关的生产率低增长时期之后也许是后期的生产率高增长。类似地，教育大推进也许并不直接导致更快的经济增长；但是，更快的生产率增长表明，创新驱动力导致受教育的劳动力迅速地被充满活力的活动所吸收。

2.4 创新、互补性和弹性要素供给的相互作用

这些因素的相互作用为结构转型及其所具有的动态效率提供了驱动力。如果与强烈的互补性相结合，则创新将在如下事实中得到反映：越来越多的工人参与到动态活动当中。其结果是高投资、加速的技术学习和加速的制度发展之间的良性循环。另外，**破坏性**力量可能占主导地位，导致如下方面之间的恶性循环：生产率和经济增长减速；投资下降；结构异质性随着过剩劳动力被吸收

进低生产率活动而上升；生产经验的损失，进而导致与工业化国家之间的技术差距扩大。正如我们将在下一节看到的那样，这些结构和宏观因素之间的正反馈是相互强化的。

在前文分析的基础上，表 3.1 提供了结构变化过程的分类方法。我首先区分了两种极端情形，我将它们称为**深的**和**浅的**结构转型。前者具有强学习（包括引致性技术创新）和强互补性（集聚和专业化经济与知识外溢）的特征，从而具有强烈的微观和中观动态规模经济特征和由失业减少所带来的额外生产率效应的特征。发展中世界快速增长的时期往往就是这种情形。另外，浅的结构转型具有弱学习和弱互补性的特征。一种典型的浅的结构转型是发展飞地出口活动，在这些出口活动中，除了组装活动所使用的劳动力之外，它包含非常有限的当地含量，甚至完全没有当地含量。

表 3.1　结构变化过程的分类法

学习过程	互补性	
	强	弱
强	深	气短
弱	吸收劳动力	浅

这种分类法还提供了两种混合情形。一种是强学习和弱关联的结合（例如，由于需要大量的进口）。这种类型的过程可能为活跃部门带来企业层面的生产率高速增长，除此之外，还可能造成强烈的结构异质性。某些过去的进口替代型活动就属于这种类型。我们可以将这种类型称为"**气短**"（short-breath）情形，因为，其有限的部门或系统效应导致其最初的创新效应迅速地耗竭。第二种混合情形的特征是相关技术的简单性所导致的强关联性和弱学习过程。在这种类型的结构转型中，企业层面的生产率将缓慢增长，但会有显著的总量生产率效应、战略互补性以及失业的下降。劳动密集型出口的发展就是一个很好的例子。这种情况将被称作"**吸收劳动力**"情形。

这种分类法对于理解国际竞争力的来源和强度非常有用。互补性在这个方面发挥着关键的作用。在浅的结构转型进程中，竞争力并没有任何系统性的特征。实际上，除非对应的活动与自然资源的利用相联系，否则，它们在本质上是自由流动的。由于资源基础一旦被耗尽，这种活动将会衰退，在后来的发展道路上几乎不留痕迹。因此，即使在自然资源的开发上，我们也可以认为这些活动是自由流动的。在气短的情形下，学习强而互补性弱，竞争力将基于企业特有的优势，这也可能带来不稳定的竞争优势，因为企业可能改变它们的区位。然而，在深度创新的情形下以及有时在吸收劳动力转型的情形下，竞争力的根本来源是系统性的。这让相应的专业化模式有了更强的稳定性。即使在面临挑战的情况下，已经建立起来的技术能力和更广泛的开发能力可能带来内生的适应性创新。

全球化导致国际供应商网络和集中的研发活动的大规模产生，从而降低了新活动的进入成本，并且可能有助于特定的跨国公司或全球范围的部门更快地提高生产率。然而，它还引发了结构变革，从每一个区位的角度来看，这种变革的进程变得越来越浅，或者充其量具有气短的特点。[1]因此，充满活力的企业的生产率快速提高并不一定伴随着特定国家或区位的国内生产总值的快速增长。就业不足的相应上升将导致总量生产率的低速增长。我们必须强调，在此情形之下，问题并不在于企业层面的生产率低速增长，也不在于缺乏微观经济效率。实际上，问题在于结构转型进程的不利特征，这种特征导致出口与国内生产总值增长之间的弱关联性。

各种因素之间的相互作用解释了上述发展进程的另一项特征——路径依赖。正如已经指出过的那样，学习过程造成的专业化模式在很大程度上是自我强化的。然而，习得的能力是无形的，强烈的结构性冲击（比如20世纪90年代引入的一揽子改革计划）在此意义上可能具有持久的不利影响，因为，各种遭受破坏的活动流失了无形资本，但新的活动需要（学习）时间来开发无形资本。这包括如下制度过程：旧制度被摧毁了，但新制度的建立需要时间。在这些条件下，企业的防御性重组（使固定资本投资最小化的生产活动的合理化）将占据支配地位。[2]

负面的宏观经济冲击也可能导致破产企业的无形资产遭受重大损失，后者也会造成无谓的损失。除此之外，它还导致债务堆积，从而长期挤压经济增长的可能性。最后，在快速的结构性变革和宏观经济巨变时期，因为旧的模式完

---

[1] 浅创新的一个具体例子是跨国公司在收购了国内企业的同时弱化了国内的需求关联性并将研发活动集中于国外。组装工厂的出口可以减轻就业不足的问题，可能充当传播某些组织和营销创新的机制，但是，它们可能具有类似的性质。它们也可能随着时间的推移而深化，逐步创造出国内的关联性，从而变成吸收劳动力的创新。

[2] 这是拉丁美洲和加勒比经济委员会拉美结构改革项目的中心结论，该项目建立了对结构改革的反应阶段的分类法。根据该分类法，一种攻击型态度的到来只能具有一段滞后期，尤其是在新的制度环境确定下来的时候。请阅读Stallings and Peres（2000）和Katz（2000）。

全不能指导未来预期的形成，因此，不确定性上升了。因此，宏观经济预期受到学习和反复试错的影响，从而在短期和长期的增长路径之间产生强烈的联系（Heymann，2000）。这进一步促使企业进行防御性重组和投机性行为。然而，必须强调的是，这种影响是前文所讨论的关联性的补充，这种关联性涉及对结构冲击本身。因此，即使宏观经济的不稳定性并没有伴随着这种冲击，防御性反应也可能占主导地位，尤其是对于那些在新的结构背景下几乎看不到成功可能性的企业来说。

最后，在理解结构性转型的社会效应方面，表 3.1 所提供的分类是有用的。这方面有两个相关的问题：这些转型对生活水平的影响；这些转型对结构异质性的演变的影响，而结构异质性的演变又影响收入分配。在这一点上，深的转型具有迅速提高生活水平的特点，而浅的转型则反之。在第一种情形下，结构异质性的演变将依赖于创新的性质，尤其是其劳动需求的特征。因此，以偏向熟练劳动力（似乎是当今全球的典型特征）为特征的深的转型在增加结构异质性和收入不平等的同时，可以带来生活水平的迅速提高。另外，浅的和吸收劳动力的结构性转型之间的基本差异在于它们对结构异质性具有完全不同的影响：前者导致异质性上升，但后者显然具有截然相反的效应。从这个意义上说，吸收劳动的转型对于低收入国家来说是最有吸引力的，因为，尽管它们以简单的技术为基础，但它们可能具有强烈的趋同效应（通过吸收劳动力进入生产率较高的部门）和积极的公平效应。由于这些活动的进入成本低下，它们的利润率往往比较低，如果国际需求不能迅速扩大（原因之一是，如果工业化世界减缓这些生产部门向发展中国家的转移，它们就会实行贸易保护主义），则它们可能遭受贸易条件恶化的影响。

3. 结构动态与宏观经济动态之间的关联性的简单形式化

结构动态与宏观经济表现之间的相互关系可以用经济增长与生产率之间的双向联系来形式化。[①] 一方面，经济增长通过三个渠道对生产率产生积极的影响，前面数节已经探讨过这三个渠道：（1）与学习和诱致性创新相关的微观

[①] 关于这个模型的早期版本，请参阅 Ocampo and Taylor（1998）和 Ocampo（2002）。Ocampo、Rada and Taylor（2009，第 8 章）提供了一种数学表达方式。

经济性质的动态规模经济；①（2）与利用部门内和部门间外部规模经济（集聚和专业化经济、知识的外溢）相关的动态规模经济；（3）就业不足的变化所产生的正向关联性（高生产率活动的扩张所吸收的失业工人或低生产率活动所吸收的过剩劳动力）。熟练劳动和基础设施使用的变化也将产生这种关联性。用 Kaldor（1978，第1章和第2章）所用的术语来说，生产率与经济增长率之间的关联性将被称作**技术进步函数**。②

这种关系在图3.1中显示为 TT 曲线。该曲线的位置取决于生产率增长的其他决定因素。前面几节已经探讨了其中的某些因素：（1）与国际等级地位及习得的生产和技术能力相关的机会集；（2）企业家对这些机会的反应（可以称为它们的"创新性"程度）；（3）企业面临的激励（与竞争环境相关的激励将是后面关注的重点）；（4）相关制度的质量。

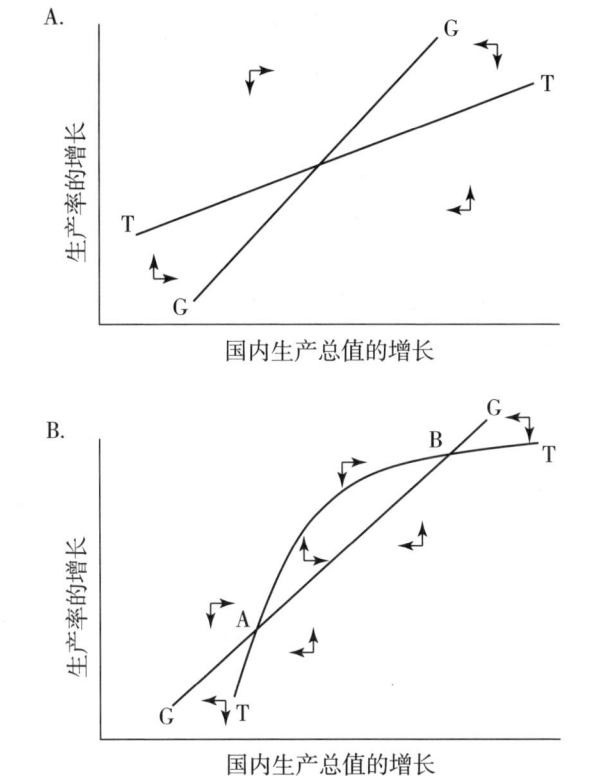

图 3.1　生产率与国内生产总值的动态

---

① 新技术体现在新设备中，从这个意义上讲，更快的增长所诱导的更高的投资率将提高生产率的增长率，因而它将被加入清单之中。
② 根据该论题的文献，我们还可以称为卡尔多–维多恩（Kaldor-Verdoorn）函数。

第二种关系的重点是反向因果联系：生产率提高促进经济增长。图 3.1 显示了这种关系，它描述了经济增长文献所强调的传统宏观经济联系。不同的经济思想流派发现了至少四种渠道。第一，技术变革提高总供给。第二，技术变革带来新的投资机会并通过该机制来驱动总需求；融资能力在促进该进程上起着至关重要的作用。第三，如果国内储蓄或外部融资不是完全内生的，储蓄或国际收支缺口将变为总需求的有效约束，从而决定了该曲线的形状。[①]第四，技术变革将提高国际竞争力，影响贸易差额，从而影响总需求；如果该经济体面临着外汇的约束，则贸易赤字的下降将放宽这种约束，因而也具有总供给效应。

必须强调的是，TT 曲线并不是总量生产函数。恰恰相反，其斜率为正意味着任何时候都存在某种程度的资源利用不足，因此，经济增长将导致更优的资源配置（增长乏力则会导致资源错配，尤其是因劳动力就业不足而引起的资源错配）。所以，经济增长通过创造良性循环效应而具有总**供给**效应，尤其是诱致性生产率提高。然而，凯恩斯增长模型所特有的总需求效应在 GG 函数上得以体现。类似地，我们必须强调，互补性同时具有供给效应（集聚和专业化经济、知识的外溢）和需求效应（凯恩斯乘数的变化）。前者体现在 TT 函数中，而后者影响了 GG 曲线。如果是外汇约束型的经济体，则为进口依赖度的相应变化也将具有总供给效应，这种效应在此情况下将影响 GG 函数。

由于两条曲线都向上倾斜，它们所捕捉到的效应相互加强，轮番产生正反馈效应，但也有可能轮番产生负反馈效应。如图 3.1A 所示，当 TT 曲线要比 GG 曲线平坦时，存在一个稳定的均衡。在凯恩斯模型和外汇缺口模型——我在这里所要考虑的两种宏观经济闭合——中，GG 曲线的斜率依赖于投资、出口和进口的生产率弹性。如果它们相对缺乏弹性，则相应的曲线将比较陡峭；如果弹性较大，则曲线较为平坦。给定技术进步函数的决定因素，在下述条件成立时，TT 曲线将会比较平坦：（1）微观和中观的动态规模经济不太强烈；（2）劳动就业不足比较温和；（3）固定生产要素在长期中并不是非常重要。

然而，在存在显著的（熟练与非熟练）劳动力就业不足或基础设施利用不

[①] 关于宏观经济调整缺口的全面分析，请参阅 Taylor（1994）。众所周知，储蓄是通过如下机制进行调整的：经济活动的变化（凯恩斯机制）；高低储蓄倾向部门之间的收入再分配的变化，尤其是资本所有者和工人之间的收入分配的变化（卡莱茨基机制）；贸易差额的变化（外部储蓄）。根据机制刚性的根源，通货膨胀缺口可能扩大，无论这种缺口来自分配斗争还是来自外部缺口。

足的情况下，TT 曲线的斜率可能较大。因此，图 3.1B 所呈现的情形是，TT 曲线的斜率先是比较陡峭的，但随着经济增长率的提高而下降。在此情况下，将存在一个稳定的均衡点 B（类似于图 3.1A 所示的情形）和一个不稳定的均衡点 A。对鞍点 A 的任何位移都将导致经济移至新的、更高的均衡点 B 或进入一个低增长的陷阱。显然，根据曲线的位置，可能存在造成良性或恶性循环的其他可能性。此外，没有什么能保证均衡总是在正的增长率下出现。

需要强调的是，这里显示的关系具有中期或长期特征。[①]然而，由于我们正在分析的许多进程是有时间界限的，该模型的稳态性质实际上并不会引起人们的兴趣。其实，创新可以被视为各种"迸发"，它们移动技术进步函数，但往往随着创新的扩散而不断衰减。因此，一股新的创新浪潮使 TT 曲线上移至图 3.2 中的 T′T′ 位置并且变得更陡，同时加快了生产率和收入的增长。然而，随着这股创新浪潮得以充分利用和其结构效应得以充分传递，该曲线将向下移动至图 3.2 中的 TT 位置并变得更加平坦。于是，生产率和国内生产总值的增长将放慢速度。[②]如果 GG 曲线也（因"动物精神"的减弱而）向左移动，则增长速度的放缓将变得更加明显。

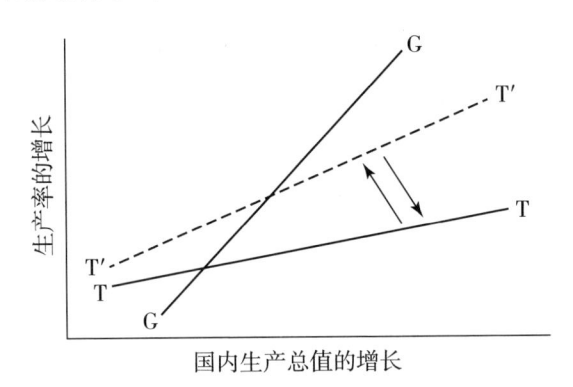

图 3.2 制度新浪潮的效应

有利的宏观经济冲击——面临外汇约束的经济体在外部融资机会上的改善和凯恩斯主义模型中有利于投资的长期预期或长期投资资金来源的改善——将使 QQ 曲线右移至 G′G′（图 3.3）。现在，技术进步函数所概括的微观、中观

---

① 在生产率与经济增长之间也存在短期的关系，它与生产能力利用的短期变化相关。然而，那些效应必须被视作对 GG 曲线的偏离。
② 当然，并不能假定 TT 曲线将回到初始的位置。为了简单起见，图 3.2 显示的是回到初始位置的情形。

和宏观联系将放大有利的宏观效应。负面的宏观经济冲击将具有完全相反的效应。这种冲击可能包括任何增加宏观经济不稳定性的因素。根据本文第一部分所讨论的几个方面，任何形式的不稳定性都是重要的，其中包括物价水平或主要相对价格的不稳定性、商业周期强度的上升、不利于公共或私人部门债务可持续性的任何因素。

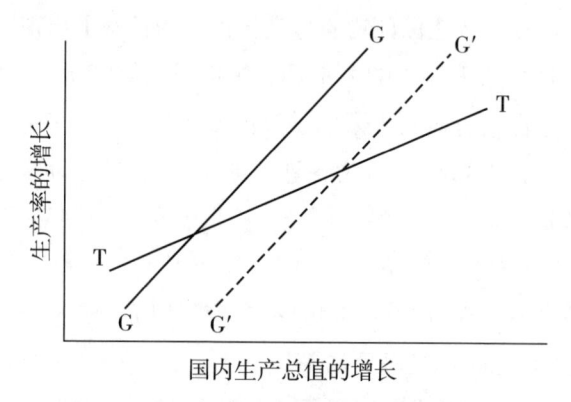

图 3.3 有利的宏观经济冲击的效应

这种简单的框架可以用来分析经济自由化对经济增长的影响。为此，我必须假设在竞争和创新率之间存在着特定的关系。在这一点上，一种可以追溯到熊彼特的经济思想传统强调了大企业内部化创新收益的能力，这种情况可以在市场集中度和创新之间产生正向的联系。与此传统相反，对自由化的新古典主义辩护认为竞争压力的缺失对创新具有不利的影响。

前文提到过的改革与生产率之间的另一种关联性与如下事实有关：刻画结构性冲击的不确定性可能导致企业采取防御性态度。因此，针对冲击的最初反应可能是加以掩饰而不是创新和投资。后者的到来可能需要一段时滞，也就是在不确定性降低之后创新才会到来。如果是这样的话，TT 曲线未必受到影响，而竞争的加剧对生产率的影响将仅仅是暂时性的。

如果关于竞争和创新之间的关系的新古典主义假设是正确的，则经济对竞争（包括外部竞争）开放将使 TT 曲线向上移动。在此情形下，自由化将释放出某种程度的创新力，而过去那种存在较多国家干预的环境则压制了创新力。国内企业还将获得更多的进口投入和资本物品。然而，这并不是最重要的。破坏国内关联性和先前的技术能力将带来反向效应。专业化于动态规模经济效应较弱的活动往往会使 TT 曲线变得更加平坦。如果企业规模缩小，则它们承担创新活动的固定成本的能力也将下降。表述这种反向效应的一种方式是，尽管竞争对生产率提高的微观经济效应是积极的，但中观经济（结构性）因素却可能是不利的。因此，改革对 TT 曲线的净效应是两可的。另外，无论是通过凯恩斯主义机制还是外汇约束经济特有的供给效应，贸易改革所造成的进口倾向的上升将导致 GG 曲线左移。

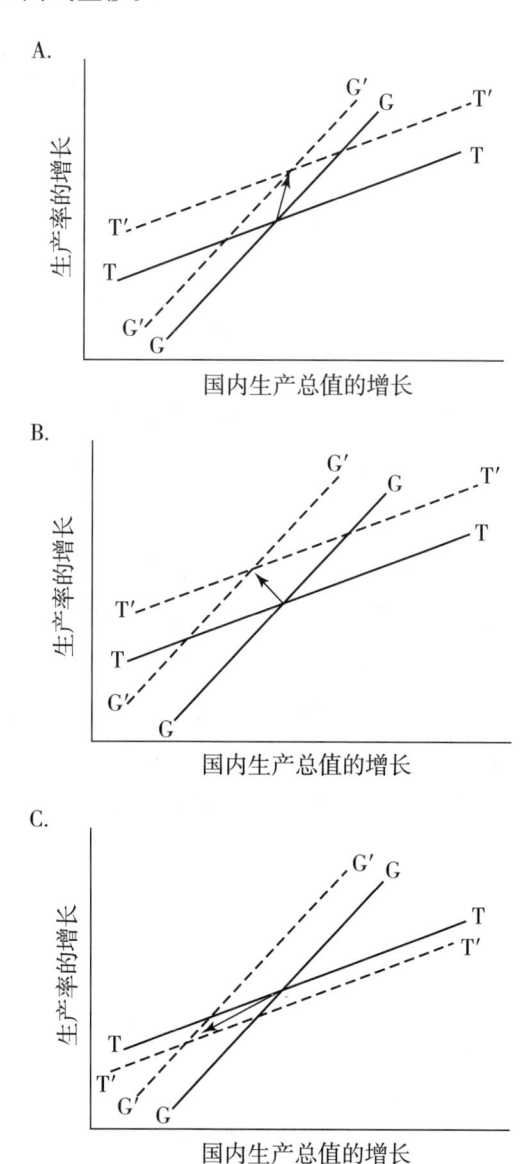

A.

B.

C.

图 3.4　三种 GG 曲线左移的情形

注：A 情形中，TT 效应强，GG 效应弱；B 情形中，TT 效应弱而有利，GG 效应强；C 情形中，不利的 TT 和 GG 效应。

图 3.4 提供了三种可能的结果（也许还有其他结果）。在 A 情形中，TT 曲线有强烈的新古典主义效应且超越了 GG 曲线的较弱的不利移动。国内生产总值和生产率都加速增长。在 B 情形中，TT 曲线的新古典主义效应较弱，但依然占有优势，GG 曲线效应强烈，生产率增长加速，但总体经济增长放缓。其含义之一是劳动力就业不足和失业上升。在 C 情形中，TT 曲线的不利的结构性效应超越竞争的积极效应，导致国内生产总值和生产率同时下降，就业不足和失业急剧增加。这意味着并不存在自由化将加速经济增长的一般假设，也意味着自由化的辩护者们所强调的微观经济联系有可能被不利的结构性效应和宏观经济效应所淹没。

4. 政策含义

前面的分析表明，制度确保基本社会契约的稳定性、商业活动得到保护、国家官僚机构高效、人力资本的形成以及基础设施的发展，对于经济增长无疑是重要的。但是，制度仅仅发挥框架条件的作用，光有这些条件是不太可能影响增长势头的。该分析还表明，事实证明如下假设是错误的，我们应该予以放弃：活跃的生产发展和支撑这种发展的特定制度是市场机制的自动结果。

发展中世界迅速增长的关键是将谋求生产结构动态转换的战略与恰当的宏观经济条件和（广义上的）稳定性相结合；为了改进增长的分配效应，这样的战略必须辅之以旨在降低生产结构的结构异质性的政策。

关注结构性动态有助于识别出政府机构为加快经济增长而应该瞄准的具体政策领域。因此，应该努力做到以下几个方面：（1）鼓励广义上的创新以及技术、生产组织和营销领域的相关学习过程；发展中国家的创新在很大程度上与来自发达世界的生产部门转移相联系，从这个意义上讲，生产结构多样化战略是提升创新的关键。（2）鼓励开发互补品，它们将产生积极的需求效应，最重要的是，它们将产生积极的供给效应，这种供给效应将使部门和整个系统具有竞争力；在后一种情况下，应该特别关注非贸易投入品和专用服务，尤其是要关注专用投入品与服务（知识、物流和营销服务）的生产部门、强大而深厚的金融系统以及充足的基础设施的发展。（3）通过培训、技术扩散、适当的融资渠道，通过促进各种形式的小企业家协会和大小企业之间的生产、技术、商业联系，鼓励小企业的发展。

在当前的全球环境下，对于那些应该成为这些政策的框架的战略，我们可以确认五个方面的基本特征。第一，使发展中国家融入充满活力的全球市场应该成为重点。第二，在以下两者之间应该有一个适当的平衡：一方面是对动态创新过程具有决定性作用的个人创业主动性，另一方面是设立旨在增进行为人之间的信息沟通和协调的机构。在后一种情形中，应该根据每个国家的传统来考虑公共和私人机构的各种结合。此外，也应该设计超国家（比如在一体化进程的框架之内）、全国性和地方性（分散化）机构的各种结合。第三，应该将横向政策和选择性政策结合起来。实际上，就旨在加强竞争力的政策而言，必须有一定程度的可选择性，以便巩固成功的专业化模式并帮助培育新的部门（创造比较优势）。此外，在预算约束之下，任何"横向的"政策都必须是详尽的，因而必然变成选择性政策。这种类型的显著案例是技术开发和出口鼓励基金的资源配置。与可供选择的中立态度相比，承认横向政策的隐含选择性将造成稀缺资源的更优配置。第四，所有的激励措施都应该以绩效为基础，借用Amsden（2001）的术语来说，就是形成"交互控制机制"（另见Hausmann and Rodrik，2003）。实际上，制度结构本身应该在其自身的学习路径内接受定期的评估。第五，应该特别注意小企业为经济增长和改善结构转型的社会后果所提供的机会。

有一个复杂的问题与国际规则——尤其是世界贸易组织和大量双边、多边自由贸易协定——的框架相关。在这一点上，尽管理应优先考虑利用现有协定所提供的操作空间，但是，人们强烈地认为发展中国家的官方机构应该获得更大的**政策空间**（借用在联合国辩论中广为使用的术语），因为贸易谈判严重地制约了政策自主性。特别地，根据本章所提供的分析，为了鼓励创新和创造发展所必需的互补性，应该允许发展中国家的官方机构运用选择性政策和绩效标准。

在发展中世界，国家开发银行曾经在确保资本（尤其是长期资本）的可得性上发挥了关键的作用。在许多地区，它们依然在发挥这种作用。尚不清楚私有化的金融部门是否能够充分地替代国家开发银行。私人投资银行和风险资本是最优的选项，但是，过去和最近的经验表明，它们在发展中国家的适度扩张并不是自动实现的。实际上，这些活动高度集中于少数工业化国家。因此，为了确保创新活动的融资，获得此类国际服务也许是最重要的。但是，这可能造成强烈的偏差：有利于跨国公司和大型的全国性公司，但不利于中小企业。

前述分析的另一个含义是，结构转型并不是一个"一劳永逸"的过程，而关于结构性改革的当前观点恰恰隐含着这种"一劳永逸"的观念。结构转型是一项相当持久的任务，因为它的进程是持续不断的，任何阶段都可能面临阻碍发展的障碍。在发展中国家，创新活动主要由新的部门和工业化中心先前发明的技术的扩散带来，从这个意义上讲，这些活动任何时候都可以被认为是一组新的、有待鼓励的**幼稚部门**（幼稚的出口活动）。它们包括两个方面：一方面，设计政策工具、利用便利性甚至鼓励性的贸易规则，促进这些部门向发展中国家转移；另一方面，提供适当的激励和制度，促进这些幼稚部门在发展中国家成长。早期阶段为促进创新活动而创立的工具可以服务于该目的。但是，可能必须对它们做一些新的调整，或者可能必须创立新的制度，以便解决为确保新的部门在更加相互依赖的世界经济中成功发展而涉及的新问题。

该分析的最后一项含义是转型进程绝非一帆风顺。破坏与创造如影随形，结构异质性是一种持续存在的特征，这种异质性可能在发展进程的不同阶段有所上升。分配上的矛盾可能与两个因素都有关系。这里并不存在库兹涅茨轨迹，因为结构转型和宏观经济失衡将导致结构异质性在发展进程中段的某些时期上升。在此背景下，如下方面对于实现更加公平的发展进程是极其重要的：推进资源从不太活跃的活动转移到比较活跃的活动上、避免增加结构异质性的转型进程、努力改善低生产率的活动并形成与高生产率活动的正向关联性。

第二部分

开发金融

第4章 不确定性、投资与融资：
国家开发银行的战略性作用

若昂·卡洛斯·费拉斯[*]

1. 开发银行这种机构独特、有用而不奇异

国家开发银行（development banks, DBs）常常被认为是一种"奇异"的机构，拥有国家开发银行是发展中国家和不完善金融市场的典型特征。尽管国家开发银行对全球经济发展做出了实质性的贡献，尤其是在第二次世界大战之后，但是，最近的两种经济现象正在削弱那些通常带有意识形态偏见的评价，阐明它们在不同经济体中所发挥的战略作用。

第一种现象是最近的金融危机。在严重的金融危机时期，民族国家和公共政策的重要性是毋庸置疑的。正如不同国家和地区的经验所表明的，极端严峻的金融状况要求采取紧急而有效的行动，而这些行动在不久的过去采取了不同的形式和内容。扩张性货币和财政政策是决定性的。但是，每当私人银行减少了资源供给，各国开发银行就向经济系统注入急需的信贷，因此，它们所发挥的反周期作用也是非常重要的。开发银行的第二大作用是参与诱导结构性转型。从发展的视角来看，该作用具有更显著的重要性。

---

[*] 若昂·卡洛斯·费拉斯是里约热内卢联邦大学经济研究所副教授。2007年5月至2016年5月，他担任巴西国家开发银行副行长和执行董事。本文利用了 Ferraz, Além and Madeira（2013）与 Coutinho, Ferraz, and Marques（2015）的论点和结论。本文还得益于政策对话倡议/日本国际协力事业团联合任务小组于2014年6月5日至6日在约旦和2015年2月19日至20日在纽约举办的产业政策与转型会议上所作的评论。文责自负，本文并不反映巴西国家开发银行的立场。

本章旨在探究国家开发银行的结构特征和它们在为长期投资提供融资中所发挥的作用。论证沿着三条讨论主线而展开。首先，本文认为，投资及其融资的过程与不同类型的不确定性密切相关。其次，必须正确理解开发银行的结构、行为和绩效，以便领会三者在不同经济体中所发挥的作用。第三，开发银行展现了（以资源配置的方式）支持颇有挑战性的投资的意愿，这些投资与特定类型和不同类型的不确定性密切相关。本文的分析表明，在不同的发展阶段，无论是景气时期还是萧条时期，开发银行对各国的经济转型都具有重大意义。尽管如此，依然还有很多事情要做，本章为这种独特的机构提出了一个研究议程。

本章共分为七节，包括本导论和最后的结论。下一节简要地讨论金融市场的本质。接下来讨论不确定性与金融，以便为后面的各个实证研究小节提供分析基础。为了描述开发银行的结构性组织特征，第四节提供定量和定性的信息。第五节对四家知名的国际开发银行进行比较性分析，主要关注核心竞争力、经营领域和财务表现。第六节专门分析开发银行在面临投资相关的不确定性时的绩效。最后一节总结主要结论和观点，提出一项有关开发银行的研究议程。

2. 金融市场的运行是否有效率

相对于开发银行几十年来所具有的重要性而言，针对开发银行的学术辩论却并不多见。

在比较基本的层面上，我们有可能分辨出两条相互关联的辩论线路。第一条辩论线路具有强烈的意识形态偏见，它试图证明开发银行是多余的，其理由是私人金融市场具有各种优点。但是，开发银行的辩护者则试图证明私人金融市场具有各种隐患，从而主张国家应该在投融资活动中发挥积极的作用。政治确实影响这些机构的效率和有效性，这就是第二条辩论路线，它为开发银行的批评者所喜闻乐见，他们将它当作攻击的矛头。通常，这类文献对于正确理解开发银行在特定国家所发挥的作用并没有什么帮助，因为我们一开始就知道其答案了。

然而，确实存在严肃认真的研究。根据 Luna-Martínez and Vicente（2012）与 Ferraz, Além and Madeira（2013）的评述，这种研究是关于金融系统影响经济增长的更加广泛的研究计划的一部分。有两种研究方法与本文的研究目的相关：一种方法具有历史和制度的特点，另一种方法以思想观念为基础。后者又可以进一步细分为不同的理论学派：金融压制学派和信贷配给学派。

历史/制度方法强烈地受到了 Gerschenkron（1973）的启发，其重点是及时识别不同国家金融系统的结构性特征。该方法的支持者认为，作为一般模式的单一金融结构是不存在的。相反，他们主张金融系统是根据每个国家不断变化的需要而发展的，资本市场、私人银行信贷以及公共融资之间的相互作用持续不断，相对地位不断变化。

然而，有一些支持者在三个重要问题上明确批评了开发银行：与私人产业相关的挤出效应，银行决策向政治影响力"开放"，随意向特定经济群体分配资源（挑选赢家）（Lazzarini et al., 2015）。Mazzucato and Penna（2015）、Griffith-Jones（2013）以及 Rezende（2015）具体讨论并证明了这些观点的缺陷。

"挤出"说并不认同私人产业对短期经营的偏爱，在这种经营方式下，利润逐步增加，但具有负面后果，即资产和负债无法维持长期融资。从这个意义上说，拥有长期资产负债表的开发银行在结构上做好了支持投资的准备，更重要的是，它们准备"开创"新的金融市场空间，这种新的金融市场空间一旦确立，就能吸引私人产业。从这个意义上讲，由于它们具有促进开发的角色，这些机构可以更确切地被描述为"挤入"机构。

政治影响说包括两个方面。首先，作为具有战略重要性的公共机构，开发银行应该（并且大多数开发银行确实）遵循政治领域中由当权者确定的政策指示和优先事项。这种做法当然是正当的。在民主国家，当公民以投票的方式来确定他们对特定发展纲领的偏好时，优先事项的政治分配甚至具有更加显著的重要性。其次，如何才能降低裙带关系的风险？在这种情况下，开发银行必须明确地具有独特的功能、客观的集体决策过程以及独立的董事会成员；从外部视角来看，它们必须接受明确的银行监管。这些因素可以构成对政治势力的适当防御。

最后，许多批评源于资金的酌情配置。金融"抑制"论的辩护者奉行竞争性市场的信条，认为市场机制——通过灵活的利率——完全有能力将金融资源的供求调节至最优状态（Gurley and Shaw, 1955; McKinnon, 1973）。通过控制利率进行的干预措施或由公共金融机构进行的干预是注定要失败的：干预将导致利率水平低于均衡水平，阻碍高效的市场调整，其结果是损害私人金融机构的发展。

批评者指出，挑选赢家的做法是不合理的，因为官僚机构并没有适当的手段和知识来做出正确的"挑选"，或者说，赢者通常可以通过市场来获得融资。这些批评所存在的最大缺陷和结构性弱点是，它们没有认识到可能存在如下情形：即使行为人愿意支付更高的利率来为他们的投资获得资金，银行也有可能拒绝提供融资或收取过高的融资费用从而使投资项目在现有的机会成本下变得无利可图（信贷配给）。在此情形下，可能出现的问题是限制供给而不是限制"价格"（利息）错位。信贷配给说因此证明了开发银行存在的合理性，因为开发银行将为投资项目提供私人融资体系无法给予的必要信贷。

但是，如果我们不是考虑公共金融机构在信贷供求互动关系上的作用，而是考虑公共金融机构在诱导经济发展上的作用，则这场争论甚至可以走得更远。在这个研究方向上，Mazzucato and Penna（2015）受到了 Polanyi（2001）的启发，为国家在"影响和创造市场"上的作用做出了辩护。通过发挥这样的作用，它们承担了风险，但是，如果它们对投资使用组合型融资方法，则它们也能够得到回报；Rodrik（2013）在产业政策的背景下也赞同这种立场。

当被视为结构转型的发展成为人们关注的焦点时，不确定性概念就变得至关重要了。基于结构转型的发展进程意味着不存在关于未来出现的事实的概率信息。由于做出资源配置决策的时刻与产生结果的时刻之间存在时滞，经济主体是根据对未来利润的预期来行动的。此外，资源配置决策在很大程度上是不可逆的。因此，不确定性存在于所有的经济决策当中，尽管其影响视资源配置的性质有所差异。例如，短期生产决策不太复杂，因此，这种决策通常是将过去作为一个很好的近似值来做出的。但是，正如 Keynes（1936，1939）所言，投资决策更加复杂。

投资决策是在一组选择权的基础上进行的，可以选择将资本投入不同类型的资产，这些资产是根据其预期盈利性和流动性进行分类的。一个极端是决定持有货币，它可以带来最高程度的流动性，但收益率很低；另一个极端是进行长期投资。Rezende（2015）与这方面的讨论相关，他呼吁大家对开发银行进行严肃认真的讨论，一种基于金融稳定理论而非市场失灵观念的讨论。下文将着手分析投资的本质、不同类型的不确定性以及金融三者之间的联系。

3. 如果投资具有不确定性，就必须具体说明这些不确定性

对于引起经济结构转型的开发性项目，从逻辑的角度来看，我们可以分辨出四种类型的不确定性，尽管这依然是一个初步的尝试：项目本身的复杂性、投资的时间框架、当前的经济状况以及意料之外的发展挑战。如果投资项

目——尤其是那些引起经济结构转型的投资项目——本身具有这些不确定性，那么，它们如何获得融资呢？资本市场和私人银行是否足够呢？或者，开发银行能否成为不确定的相关融资的独家提供者？又或者，如果各种形式的公私伙伴关系占上风，金融业是否会更有弹性和更有发展倾向性呢？

开发性项目的目标是结构转型，因而有在地方、区域和国家层面实现经济转型的任务。基础设施和创新项目具有特殊的重要性，但是，它们也可能与某组企业——比如中小企业（small and medium enterprise, SME）——的壮大和/或并购相关，其目的是诱导技术的或企业层面的规模和范围经济以及公司的国际化。

在技术创新方面，开发性项目尤其重要。[1]不确定性在很大程度上根植于技术进步之中。创新过程正日益依赖于科学知识和各种技术的融合。因此，创新依赖于企业、科学机构和技术实验室之间的合作，因而涉及多种多样的能力。围绕着创新的不确定性之所以出现，不仅是因为追求前所未有的事物，还因为创新者——企业或研究机构——必须聚拢技术能力互补的合伙人，这些合伙人要为实现"增进创新的收敛过程"而前行。

不确定性的第二个源头与投资的时间范围有关。尤其是在"短期主义"盛行的世界，不确定性特别会影响成熟过程较长的投资。根据 Lazonick（2013）的观点，时间之所以重要，是因为必须根据对未来回报率的相应预期而锁定负债的投资者与时间直接相关。

不确定性的第三个源头与意料之外的发展挑战相关，而预测这种挑战的准确率可高可低。尽管定量的人口趋势（比如老龄化）能够相对准确地确定，但是，其后果和影响，特别是政策解决方案，是不可预知的。人们可以具体说明诸如气候变化等其他现象，但是，人们对其准确存在或潜在后果以及补救措施却没法达成共识。可以预见的是，在这两种情况下，新的市场将形成，新的公司将出现，新的投资将发生，并且在成功的可能性上都具有高度的不确定性。因此，它们的融资将在未知的风险因素下发生，损失和回报的波动范围较大。

最后，不确定性可能源自现存的经济状况，尤其是长期的宏观经济稳定性。经济增长、长期利率以及汇率的水平和波动的可预见性（在可能的范围）将直接影响投资者承担风险并将长期资本配置于投资项目的倾向。在发生金融危机的时候，不确定性上升，经济行为人是顺周期行事，尤其是在金融部门。

---

[1] Freeman（1982）强调了技术、市场和总体的业务不确定性。Freeman and Soete（1997）将类型修改成技术、商业和组织的不确定性。

因此，由于宏观经济不稳定，信贷变得更加昂贵、稀缺和集中，而此时正是最需要再融资机制和金融支持的时候。

与此相反，在经济增长阶段，经济行为人倾向于将资源配置于风险较高的资产上。这种情况可能是自愿发生的，也可能是非自愿发生的，比如遵循由集体性乐观情绪所造成的羊群行为。随着预期变得越来越激进，银行和企业越来越多地建立激进型金融头寸，使得它们的财务稳定性完全依赖于预期收入流的获得。然而，这个过程导致银行的安全边际减少，因为银行将风险的下降归因于它们的借款人，从而造成过度负债和低估风险的倾向（Kregel，1997；Minsky，1982，1986）。

市场失灵、信息不对称、风险以及（尤其是）与投资项目相关的不同类别的不确定性，将资本市场和私人银行为投资项目独立提供融资的能力置于严肃的检验之下。这是开发银行的空间。它们可以通过各种工具，在尽量减少投资项目的不确定性上发挥根本性的作用。

Ferraz, Além and Madeira（2013）与 Coutinho, Ferraz and Marques（2015）试图指定可用于开发银行分析的概念。他们指出了五种有助于理解这些机构的具体角色。第一，当它们为新的经济活动或产能扩张提供融资、开拓新领域、填补缺口、修复故障以及催生外部性的时候，它们是接受病人的机构。第二，它们可以在共同发展的金融市场上发挥作用，也就是说，当它们进行特定业务的合作或开设新的金融环节的时候，它们有助于促进长期融资产业的发展。第三，正如最近的经济危机所昭示的那样，开发银行有助于提高系统的稳定性，尤其是在它们发挥反周期作用的时候。第四，作为国有机构，如下方面的稳定性都至关重要：资金来源、长期资产和负债、界定清晰的使命以及为公众利益服务的内部资源（人员、技术、流程和工具）。第五，它们是"政策的支持者"：它们在支持全国或地方政策发展和长期计划方面具有积极的作用。因此，如果开发银行要执行这样的任务，则是最公平不过的事情了，它们（通过国家向社会）拨付和分配高效（金融）投资的收益。

Rezende（2015）在巴西经验的基础上提出了开发银行的三大作用：反周期作用，为促进生产率、基础设施和知识活动而推动发展融资，促进资本市场的发展。

Mazzucato and Penna（2015）关注同样的问题。对于他们来说，这些机构（被称为国家投资银行）能够通过发挥如下作用促进国家的发展：反周期作用、资本开发作用（开发性作用）、创业支持作用以及挑战导向作用。反周期作用是一个永恒的特色，并不是仅仅在经济周期的下行期才被激活；为了尽量减少风险规避心理和诱导闲置产能的利用，尤其应该强制利用这种作用。开发性作用将在充满外部性的活动（基础设施、创新活动、中小企业等）中发挥出来，各个学派在这一点上是达成了相对共识的。但是，他们进一步辩称，开发银行在战略性贸易和催生具有国际竞争力的企业（国家领军企业）方面应该发挥积极的作用。但是，本文作者所要强调的是创业支持作用和开发挑战作用。这些机构支持"发现过程"中的企业家，支持他们以熊彼特的方式承担风险并获得后续回报。在"市场的盲目性"面前，它们积极地"让事情发生"。在"塑造和创造市场"的情况下，这些银行通过解决发展挑战而促进结构性转型。

上述作者具有类似的分析重点和概念命题。使他们达成统一的因素是如下认识：在不同时刻，开发银行在促进不同经济体的结构转型方面应该发挥相应的作用，并且这种作用与金融业相互协作、互不冲突；从这个意义上讲，开发银行是任务导向型机构。此外（并且这是一个必须加以强调的问题），由于它们是公有机构，它们的使命是在政治领域里界定的。这也就是说，开发银行使命的定位是由特定时期的执政机关来决定的，与后者向公众提出的政策优先事项保持一致。[1]

正是基于这种理解，关于投资的融资来源和金融市场与国有机构之间的关系的讨论必须加以表述。关于国家和市场在金融体系中的作用，几乎不可能建立明确的泛论（或偏好）。开发银行当然是成功地投资于不确定性密集型企业的必要条件（但它们本身不是充分条件）。为了使开发银行完成它们的使命，社会还需要有效的科技基础设施和愿意在古典熊彼特意义上冒险的企业家。此外，拥有愿意与开发银行一起从事长期融资的甘冒风险的金融业也是极其重要的。这一点至关重要，因为投资领域可能广阔无垠，超出了单一机构的能力范围。

---

[1] 使命导向机构是一个为国家创新体系文献所广为使用的概念，其目的是用来界定与创新的产生和扩散直接相关的组织，比如企业、研究中心和大学（Freeman, 1987; Nelson et al., 1993）。

4. 什么是开发银行

20世纪40年代末，在战后重建之后，开发银行成为一项制度创新（和许多国家的现实情况）。自那时以来，它们在战后重建和结构转型中发挥了重要的作用，支持了包括发达国家在内的各国的经济增长进程。当前，它们的经济重要性也并非微不足道。2013年，国际发展金融俱乐部的23个成员总共拥有2.8万亿美元的资产基数。显然，每个机构在各自经济中的相对重要性是不一样的。正如图4.1所示，开发银行的资产占国内生产总值的比率各不相同，低至印度尼西亚的0.5%，高至中国、巴西和德国等国的14%。

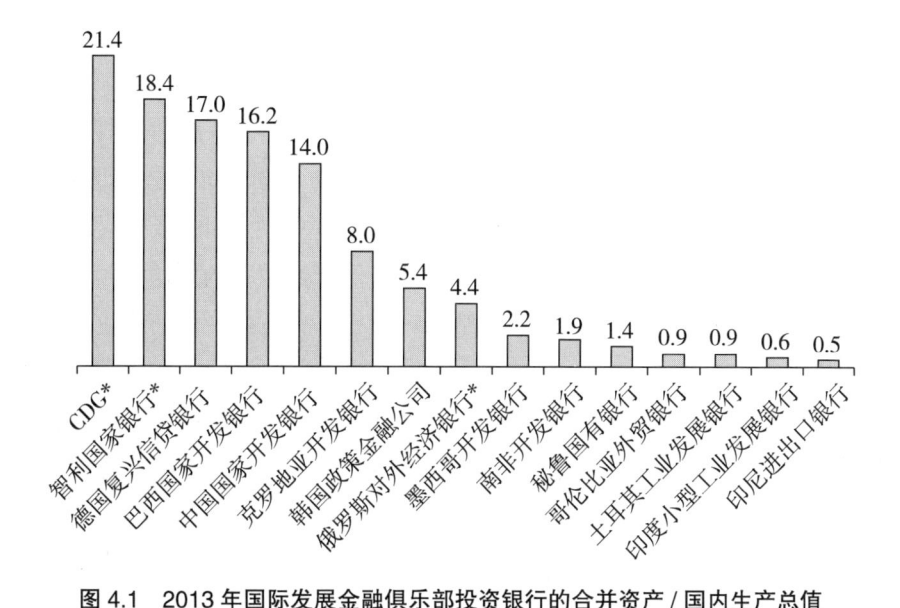

机构	比率(%)
CDG*	21.4
智利国家银行*	18.4
德国复兴信贷银行	17.0
巴西国家开发银行	16.2
中国国家开发银行	14.0
克罗地亚开发银行	8.0
韩国政策金融公司	5.4
俄罗斯对外经济银行*	4.4
墨西哥开发银行	2.2
南非开发银行	1.9
秘鲁国有银行	1.4
哥伦比亚外贸银行	0.9
土耳其工业发展银行	0.9
印度小型工业发展银行	0.6
印尼进出口银行	0.5

图4.1　2013年国际发展金融俱乐部投资银行的合并资产/国内生产总值

数据来源：各个机构的年报。1.无法去除与对外投融资相关的资产；2.为国际合作服务的多边银行和机构没有包括进来，因为其投融资与国家相关。*除了为开发提供资金之外，这些机构还有其他功能。正因为如此，其资产规模并不能真实地代表开发性资产。

各家开发银行在如下方面也各不一样：所有权结构（完全公有或部分公有）；活动的重点（有限或广泛）；营运形式（一级或二级）；资金来源；所面临的监管环境；公司治理；规模、资产组合以及财务绩效。

Luna-Martínez and Vicente（2012）对90家机构做了调查，并根据其授权范围对开发银行做了分类（如表4.1所示）。大约一半的机构具有广泛的经营范围，而另一半机构的业务授权范围则是非常具体的主题或部门。

表 4.1 开发银行的授权范围（$n=90$）

广泛	47%
具体	53%
农业	13%
中小企业	12%
外贸	9%
住宅	6%
基础设施	4%
地方政府	3%
工业和其他	6%

数据来源：Luna-Martínez and Vicente（2012）。

虽然开发银行并没有单一的形式，但还是有可能找到某些重要的共同特征。通常，开发银行设在计划产业贸易部或财政部下面。由于它们的业务授权范围与发展计划所确定的目标密切相关，因此，称之为任务导向型机构是合理的。

在各国的发展进程中，这些机构被鼓励开展新的活动和/或扩大现有的经济活动，而私人金融系统是不能向这些活动提供充足融资的。这些领域在很大程度上对应着那些对各国经济增长和结构转型有潜在贡献、能产生重大社会收益的积极外部效应。

值得注意的是，根据各国实体经济和金融行业的发展情况，开发银行的优先任务随着时间的推移而变化。在另一些情况下，这种机构可以与私人部门一道暂时发挥作用，其目的是开发信贷市场的商机并为私人部门的进入和壮大创造基础。在这种情况下，开发银行在信贷市场的特定领域充当先行者的角色，一旦这些风险和不确定因素有所减少，就为私人部门随后进入市场开辟了道路。

开发银行的定义可以在文献中找到数种（Luna-Martínez and Vicente，2012；UN-DESA，2005）。总的来说，这些概念相互之间是比较接近的。本文认为，开发银行是民族国家控制的金融或银行业务机构，它们具有市场类型或特定部门和/或特定地区上的授权范围，其目的是促进经济增长、经济发展和结构变革。

5. 结构、行为和绩效：各国经验的比较

本节详细分析四家开发银行：中国国家开发银行、德国复兴信贷银行、巴西国家开发银行以及日本金融公司。选择它们的依据无非是规模大小：它们都是世界上最大的开发银行之一。表4.2总结了它们的结构特征。

表4.2　选定的开发银行的结构特征

国家	中国	德国	巴西	日本
银行名称	中国国家开发银行	德国复兴信贷银行	巴西国家开发银行	日本金融公司
政府的控制权	100%	100%	100%	100%
部门和客户	广泛	广泛	广泛	广泛
贷款模式	1级/2级	1级/2级*	1级/2级	1级/2级
监管是否与私营银行相同	不同	不同	相同	不同
创办年份	1994年	1948年	1952年	2008年

数据来源：Ferraz、Além and Madeira（2013）基于国家开发银行、复兴信贷银行、巴西开发银行以及日本金融公司的年报整理而成。*复兴信贷银行仅提供国际企业的直接贷款。

在这个层面的分析上，这四家开发银行具有非常相似的结构特征：它们100%由国家控制，它们对部门和客户具有广泛的使命，它们直接经营或通过金融业进行经营，它们的董事会有独立的成员。就它们遵从的监管体制而言，唯有巴西国家开发银行与私人银行一道接受同一家监管机构的规则和监管。德国复兴信贷银行和日本金融公司直接由其主管机构监管，中国国家开发银行则由中央政府监管。尽管存在这些差异，但是它们都遵循那些指导私人部门的谨慎性原则，尤其是与《巴塞尔协议》相关的原则。德国复兴信贷银行革命性地运用了《德国银行法》的某些规则，包括那些与资本需要量相关的规则。中国国家开发银行的资本需要量则以《商业银行资本充足率管理办法》为依据。

这个方面必须仔细地加以解释。将这些机构与私人银行一起置于相同的监管之下，确实带来了谨慎的行为和积极的绩效。但是，同样的监管也可能对开发银行为长期融资配置资本的能力和意愿造成负面的后果。一个例子是《巴塞尔协议》所提到的高风险贷款的最低资本要求，而高风险贷款通常几乎是开发银行的天然经营领域。这些最低资本要求可能导致开发银行将更多的资本借给稳健的公司，从而减少对高风险领域和部门的贷款。因此，尽管在其经营中保

持充足的资本金和高度的安全性是最重要的，但是，迫使它们遵守非常严格的规则可能会限制它们向导致结构转型的项目提供融资的能力。①

在贷款方面，中国国家开发银行和德国复兴信贷银行主要利用债券市场上的发行收入，而日本金融公司和巴西国家开发银行则通过财政或准财政资源来为自身提供资金。日本金融公司和德国复兴信贷银行免缴公司税。德国复兴信贷银行和中国国家开发银行的借款有主权担保的显性支持。②

在行为方面，四家开发银行支持相同的领域，但方式略有不同（见表4.3）。所有四家机构都为基础设施、中小企业、创新、国际化、绿色经济以及资本市场提供资金。然而，各家机构在支持的工具、力度以及资源的具体去向上很可能各不相同，具体要看各国信贷市场的特征和经济发展的程度。

表 4.3　选定的开发银行所支持的领域

银行名称	中国国家开发银行	德国复兴信贷银行	巴西国家开发银行	日本金融公司
中小企业	×	×	×	×
农业	×		×	×
基础设施	×	×	×	
出口		×	×	
创新	×	×	×	×
绿色经济	×	×	×	
国际化	×	×	×	×
资本市场	×	×	×	×
国际金融合作	×	×		

数据来源：Ferraz、Além and Madeira（2013）基于中国国家开发银行、德国复兴信贷银行、巴西国家开发银行以及日本金融公司的年报整理而成。

---

① 这是一个需要公共机构多加注意和更加详细地加以讨论的重大问题，但不属于本文的研究范围。

② 复兴信贷银行章程的摘要："联邦共和国为复兴信贷银行的所有债务提供担保，包括它得到的贷款、发行的债券、签署的固定远期交易或期权合约、获得的其他信用以及经它明确担保的提供给第三方的信用……作为一家服务于政策目标的公法机构……复兴信贷银行本身不需缴纳公司税……而作为一家推动经济的银行，复兴信贷银行并不追求利润最大化。然而，复兴信贷银行确实试图维持一个综合盈利水平，这使得它能够增强其股本基础，以支撑其推动经济活动并扩大其业务量。复兴信贷银行不得分配利润，相反，这些利润被用作法定和特殊准备金。"

德国复兴信贷银行、巴西国家开发银行和日本金融公司（没有中国国家开发银行的信息）以不同的利率向不同的领域或客户提供贷款，具体情况取决于政策或公司的优先事项。就德国、中国和日本而言，开发银行不予支持的领域由其他专业机构来提供资金。例如，在中国和日本，专业机构承担着支持出口的任务。在国际经营方面，德国复兴信贷银行和中国国家开发银行在促进发展中国家的国际金融合作和社会经济发展方面具有明确的作用。总的来说，正如人们预期的那样，这种合作可能有利于其国内公司。

在绩效方面，有些指标可以凸显它们对于所在国家的重要性。表 4.4 显示，这四家机构 2013 年的财务绩效都非常健康，都具有强大的资产基础。

表 4.4 所选开发银行 2013 年的经济和金融绩效

银行名称	中国国家开发银行	德国复兴信贷银行	巴西国家开发银行	日本金融公司
资产 /10 亿美元	1 331.3	619.7	363.4	260.4
贷款组合 /10 亿美元	1 162.3	528.8	263.5	222.8
净利润 /10 亿美元	13.0	1.7	3.6	(2.9)
不良贷款率	0.48%	0.13%	0.01%	2.98%
资产回报率	1.02%	0.27%	1.01%	(1.13%)
股本回报率	15.07%	6.21%	15.34%	(6.84%)
雇员的数量	8 468	5 374	2 859	7 361

数据来源：中国国家开发银行、德国复兴信贷银行、巴西国家开发银行以及日本金融公司的年报。数字是用 2013 年各国对美元的平均汇率计算出来的。会计准则遵循《国际财务报告准则》(*International Financial Reporting Standard*, IFRS)。由于日本具有不同的财务年度，其年报所反映的信息截至 2014 年 3 月 31 日。

这四家银行（以及韩国的韩国开发银行）对它们各自国家的经济极其重要：它们的信贷组合占国内生产总值之比低至日本的 4.4%，高至德国的 14.5%（见图 4.2）。然而，如果我们考虑这五家银行的信贷组合在各国的全部信贷组合中所占的比重，则相互之间的差异更加显著：日本是 1.7%，韩国是 4.5%，中国是 7.7%，德国是 12.7%，巴西是 21%。国家信贷市场的发展水平最有可能解释日本和巴西出现极端情况的原因：日本的信贷市场相当成熟，巴西的信贷市场则不够发达。

88　产业政策的选择及其经济后果

```
贷款组合/国内生产总值  ■
贷款组合/经济体的信贷总额  ■
```

德国复兴信贷银行 14.1% / 12.7%
中国国家开发银行 12.2% / 7.7%
巴西国家开发银行 11.7% / 21.0%
韩国开发银行 6.7% / 4.5%
日本金融公司* 4.4% / 1.7%

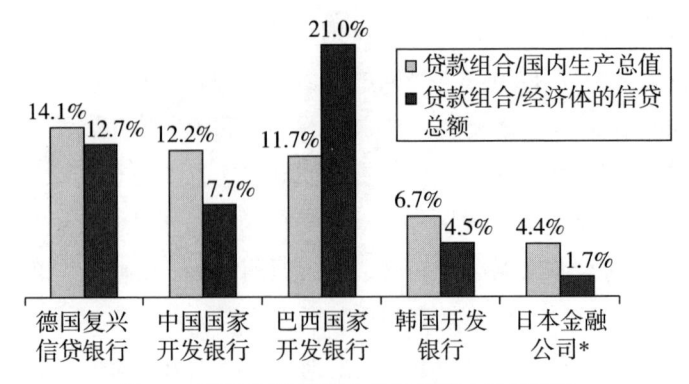

图 4.2　所选开发银行在各国经济中的重要性

数据来源：开发银行的年报、国际货币基金组织、巴西重要银行、国际金融学会（Institute of International Finance, IIF）、世界银行以及德国经济专家委员会。韩国开发银行正处于自由化的进程之中，然而，政府正在审核该进程，其目标是只卖某些资产、维持其公共开发银行的性质。

巴西的情形值得进一步探讨：利率的期限结构短而高，导致经济主体持有流动性极高的巴西国库券头寸。因此，银行在高利差和低杠杆比率的情况下经营，从而产生较高的股本回报率。Rezende（2015，第 11—12 页）利用银行的数据提出了如下主张：

> 相对于长期融资活动，短期借款利率与商业银行的企业和消费贷款利率之间的利差要高得多……困难在于利率高而多变并且长期资产因风险调整收益率不高而缺乏吸引力。因此，国内私人银行对扩大其长期贷款业务组合、提供长期融资缺少兴趣。

总之，本节证明了四大开发银行所具有的结构和手段能够发挥使命导向型机构的作用。它们还具有足够好的绩效，这就带来了财务可持续性，而财务可持续性又巩固了它们在各个经济体中所扮演的角色。

6. 为摆脱不确定性而提供（部分）资金

在"必须详细阐述具有内在不确定性的投资"一节中，我们指出了开发项目可能面临四类不确定性：当前的经济状况、投资的时间框架、项目本身的复杂性以及意料之外的发展挑战。本节根据各项不确定性的来源来呈现开发银行绩效的经验信息。①

6.1　来自经济氛围的不确定性

开发银行有助于维护经济稳定。正如近段时间所展现的那样，经济危机很可能出现这种情形。随着信用恐慌在私人金融系统中蔓延，拥有有效和高效开发银行的国家，利用它们来缓冲甚至抵消信贷供给的下降，从而有助于避免总需求的更大萎缩。图 4.3 显示，在 2008 年和 2009 年，巴西国家开发银行、中国国家开发银行和加拿大商业开发银行的贷款增长率显著上升。与欧洲危机一致，德国复兴信贷银行的贷款增长则发生得稍晚一些。

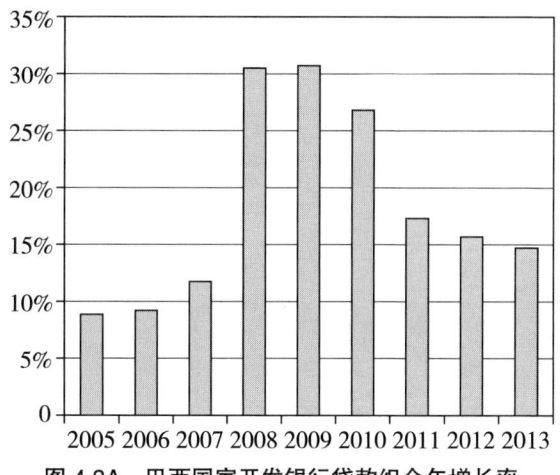

图 4.3A　巴西国家开发银行贷款组合年增长率

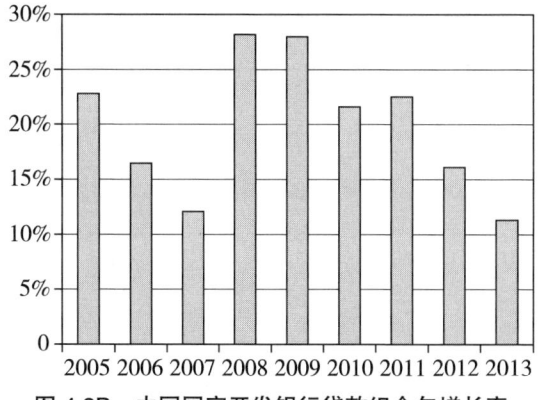

图 4.3B　中国国家开发银行贷款组合年增长率

---

① 必须将其视为一种探索性、非系统性的尝试，这种尝试主要基于来自年度报告的现有数据来研究开发银行是否在最小化特定国家的不确定性上发挥了作用。

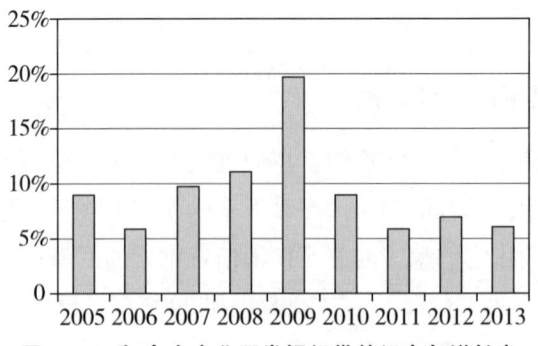

图 4.3C　加拿大商业开发银行贷款组合年增长率

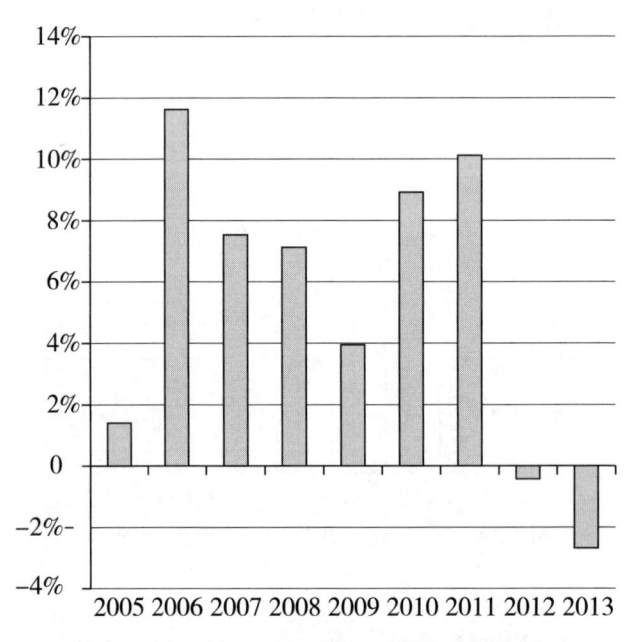

图 4.3D　德国复兴信贷银行银行贷款组合年增长率

数据来源：各家开发银行的年度报告。

注：中国国家开发银行的财政年度与众不同，其跨度是从当年的四月份到次年的三月份。出于比较分析的考虑，我们选用次年三月份的头寸。

Conference Board of Canada（2010，第 1 页）强调了预先建立有效的开发银行对促进经济稳定的重要性：

> 一旦金融危机来袭，政府就来不及建立起提供替代性信贷支持的机构。这种机构必须已经存在，必须具有清晰的行动授权、经验丰富的专业人员和应对金融需求的财务能力，并在私人市场失灵时加强运营。

最近的危机显示了一个重要的教训：对于想维持一个稳定而健康的金融体系的国家，维持一家活跃的开发银行不是一件可有可无的事情，而是一件必不可少的事情。

6.2 来自长期限的不确定性

基础设施投资是典型的资本要求高、到期期限长的投资。这些特征不但意味着项目难以评估和融资，而且意味着项目缺少经济可行性并难以引起私人部门的兴趣。

Bloomberg（2014）估计，从2007年到2013年，开发银行发放给能源部门（输电线路、能源效率以及可再生能源）的资金高达5 092亿美元。在此期间，第一年的融资额高达387亿美元，然后是稳定增长，当前达到了每年900亿美元的水平。2013年，各国开发银行所承担的比例是73%，而多边和区域组织则承担了剩下的27%。

正如图4.4所示，巴西的基础设施投资与巴西国家开发银行对该部门的贷款之间存在着密切的关系。从2007年到2013年，中型水电厂的发电容量从1.8吉瓦扩大到3.3吉瓦，风力发电的容量从247兆瓦扩大到2吉瓦。在两种发电容量的扩大中，巴西国家开发银行所支持的投资分别占到61%和55%。

某些国家设法让私人主体通过私人银行或资本市场参与到基础设施的长期融资当中。然而，由于制度、政治、历史和经济上的困难，甚至由于需要创立机制来满足增长的迫切需要，其他国家则需要公共机构来促进充足的融资。

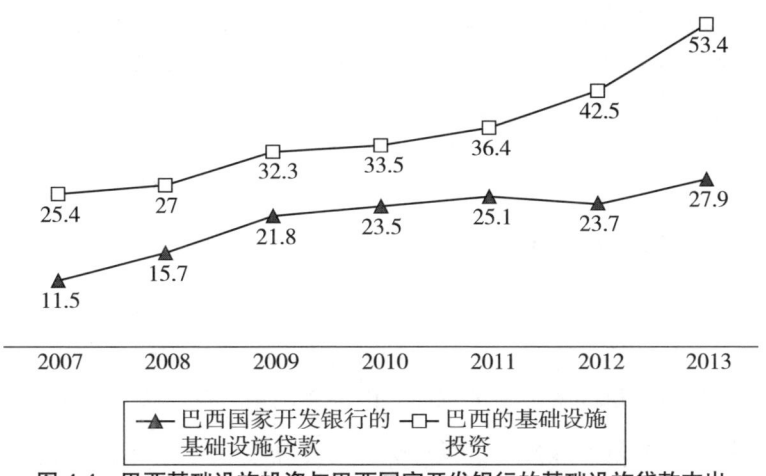

图4.4 巴西基础设施投资与巴西国家开发银行的基础设施贷款支出

数据来源：巴西国家开发银行、巴西基础设施和基础产业协会、巴西国家能源管理局、巴西联邦能源开发公司、巴西国家电信公司。*2013年的数据是估计值。

考虑到日本和德国处于先进的发展阶段，它们的案例是很有启发性的。在日本，以被私有化为目标的日本开发银行（Development Bank of Japan, DBJ）在基础设施的融资上发挥了很大的作用。但是，随着私人信贷市场在该部门的发展，对公共资源的需要量降低了。但是，即使在该银行转变成为私人部门之后，国家仍有允许其成为（利用财政资源的）融资提供方的条款，在该条款下，它或者在非常事件（危机或自然灾害）中提供融资，或者为如下旨在提高日本产业竞争力的特殊情况提供融资：可持续产品的开发（《低碳投资促进法》）、工业复兴以及创新（《工业复兴法》）。

在德国，复兴信贷银行的融资在国家基础设施的开发中发挥了关键的作用，比如战后重建和德国的现代化。然而，随着私人长期信贷的发展，利用公共融资工具来为国家重大基础设施项目提供资金的情况有所减少。从2006年到2009年，基础设施的公共融资在全部贷款中仅占30%左右（Wagenvoort, Nicola, and Kappler, 2010）。这使得这家德国银行将其这方面的国内业务集中于市政与社会基础设施（城市结构、建筑的能源效率、学校、医院、幼儿园等）和可再生能源的基础设施上。

LES Growth Commission（2013，第25页）所做的一项研究建议，英国政府设立一家为基础设施提供资金的银行，因为该部门的投资还不足以随时满足需要。

> 创立一家这样的银行有很充分的理论依据：它能以直接和有益的方式帮助克服主要的资本市场失灵问题。特别是它能帮助降低政策风险，并且通过伙伴关系以有效减轻和分担风险的方式来构造金融。这就需要一整套金融工具，包括股权和结构化担保。

6.3 来自创新的不确定性

开发银行在支持创新项目方面表现突出。诸如健康部门的研究等许多创新投资除了提高企业的竞争力，还超越特定的经济利益，为社会带来正面的外部性。公共机构所提供的资金至关重要，因为创新项目的结果具有更大的不确定性，从而阻碍了来自私人金融业的兴趣。

图4.5显示了德国复兴信贷银行在各大类创新项目融资上的表现。这家德国银行每年拨付240亿欧元给那些诱导创新型经济的活动。

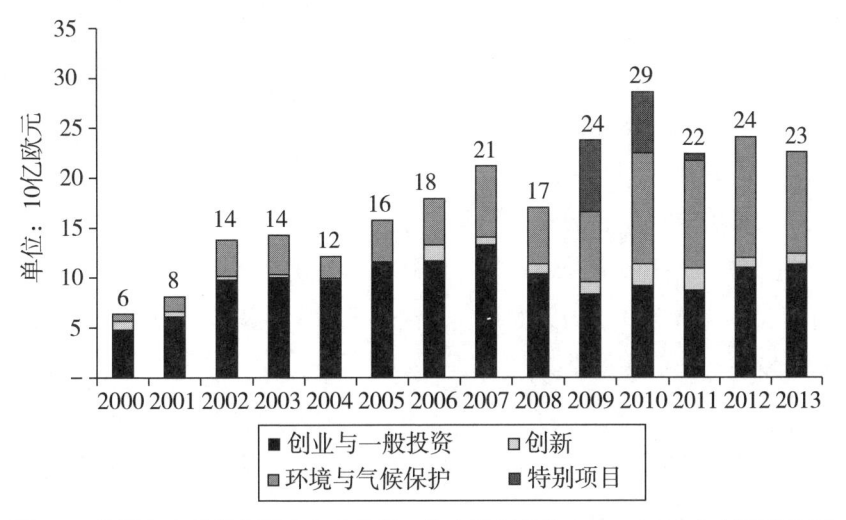

图 4.5　德国复兴信贷银行中小企业部：按大类划分的 2000—2013 年创新贷款额

巴西的显著特征是巴西国家开发银行所从事的创新融资业务经历了高速增长的过程（见图 4.6）：从 2007 年的 1.44 亿美元增长到 2013 年的 32 亿美元。

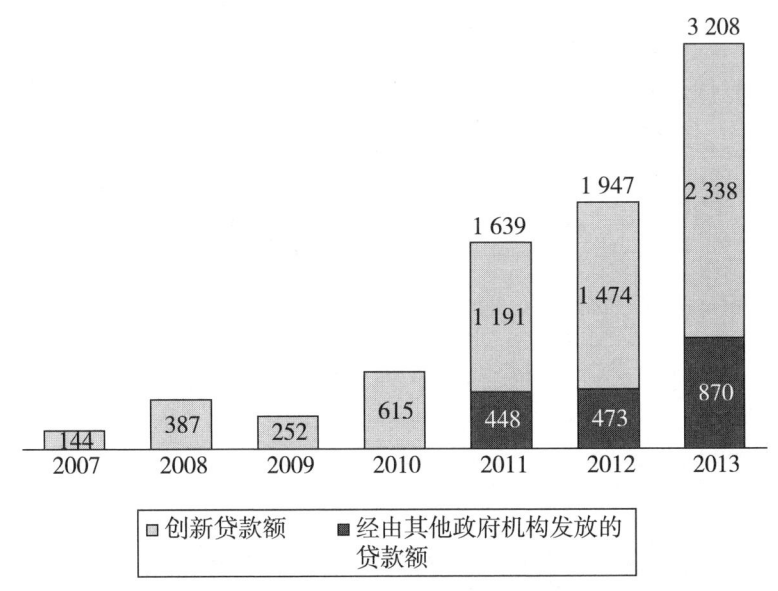

图 4.6　巴西国家开发银行发放的创新项目贷款（单位：当年的百万美元）

6.4　来自意料之外的发展挑战的不确定性

气候变化问题已经日益受到社会的关注。有许多争论涉及气候变化的事实、程度以及各方（发达与发展中国家，公共、非政府组织和私人主体，公共与私人研究，金融业等）应该采取的缓解措施。无论是在国际协定还是当地行动中，气候变化都已经强势进入了开发银行的优先议程之中（IDFC，2014）。这也就是说，环境可持续的项目构成了开发银行日益关注的部门。① 图 4.7 就 2012 年气候变化和适应的资金来源提供了一个比较视角。开发性金融机构在这个新的、急需投资的前沿领域所发挥的战略性作用是显而易见的：在全部融资中，将近 35% 或 1 230 亿美元的投资是由开发性金融机构提供的，其中的 60% 由国家开发银行来负责提供。

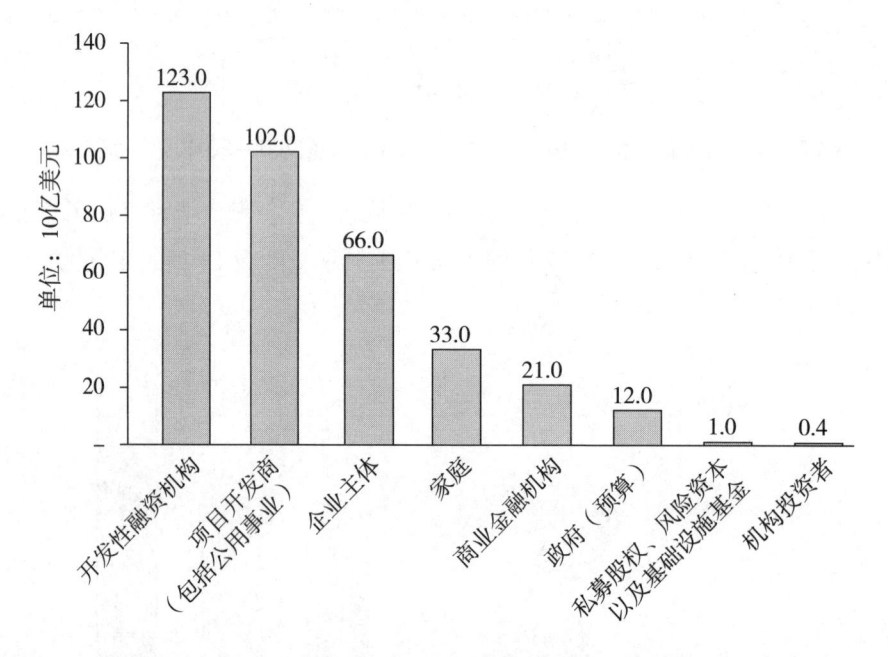

图 4.7　2012 年适应或缓解气候变化的项目的资金来源

数据来源：凯塔诺·彭纳（Caetano Penna）和马里亚纳·马祖卡托（Mariana Mazzucato）于 2014 年 7 月 28 日在里约热内卢思想研讨会上的报告，该报告是在气候政策倡议（Climate Policy Initiative，2013）的数据基础上形成的。

在这些前沿领域，开发银行可能不仅仅是开路先锋，它们还在促进私人金融企业的早期参与方面发挥着决定性的作用。为此，它们使用各种金融工具，比如参与长期基金；它们还通过风险资本、证券化、（公司和固定收益市场的）

---

① 创新和环境可持续性具有清晰而相关的交集，因为追求更高的能源和环境效率通常需要或带来各种类型和强度的创新。

持股以及为分摊风险而进行的联合融资等方式投资。

通过风险资本进行投资是开发银行促进资本市场发展的重要手段，当然也是促进创新型企业发展的重要手段。开发性金融机构通过私募股权来为现有的公司融资，促进其成长，以随后的 IPO 来增强其资本结构。有了风险资本，开发性金融机构的业务便涉足了中小企业和创新型公司。

7. 结论

开发银行是具有韧性的金融体系的支柱之一，因为它们是任务导向型的机构，具有长期资产和负债的基础，对于促进经济的结构性转型具有潜在的贡献。无论是在经济稳定时期还是经济危机时期，它们对于不同发展阶段的国家都具有重要的意义。正是在不确定性的环境里，这些机构才能发挥最大的作用，即促进市场和企业，包括促进金融市场的发展。

在减轻不确定性方面，开发银行能够动员独特的资源和力量：

- 提供适用于各类不确定性的大量债务或股权工具。这些工具包括具有特殊条件的信贷额度、拨款、信贷增强机制、直接投资、种子和风险资本或股权基金。
- 支持和促进相关经济主体之间的协调。
- 参与政策设计和实施长期规划。

如果要对风险密集型企业成功地进行长期投资，开发银行当然是一个必要条件——但它本身并不是一个充分条件。社会还需要愿意在熊彼特意义上进行冒险的企业家和一个充满活力的市场。此外，一个甘冒风险、愿意长期融资的金融业也是至关重要的。如果投资的前沿领域范围广阔并且超越了单一机构的能力范围，则这些问题就至关重要了。

2008 年至 2009 年的危机表明，合格的公共金融机构在阻止投资的资金来源突然减少方面具有重要的作用。脆弱的金融形势要求迅速而高效地行动：发达国家和发展中国家的开发银行之所以取得了成功的绩效，是因为它们已经是合格的机构，具有丰富的经验。因此，这些银行绝不是奇异的机构，而是基本的公共金融工具和私人金融体系的合作伙伴。因此，它们是金融体系的关键工具,该体系寻求一个可持续、有活力的经济,以应对每个国家所面临的挑战。

经济学和政治学尚未将这些机构的分析置于重要的位置。当务之急是要根据它们在不同社会中所发挥的作用而努力加强合理的评估。

如下5个研究领域应该进一步做深入的探讨:

第一,**必须建立分析框架**。有必要将模型建立在合理的概念基础上。在这个阶段,有必要评估诸如市场失灵、信贷配给、金融压制以及不确定性下的投资和融资等概念在多大程度上能够并足以充实经济学导向的分析框架。从政治学和政治经济学的角度来看,我们必须考察诸如任务导向型实践、官僚主义隔离、公私之间的相互作用以及国家与市场之间的调和等概念。

第二,为了系统地揭示这些机构的最新演变,我们应该用**恰当**的单个机构**经济和财务业绩指标进行定量分析**,或者进行机构之间的比较分析。这些分析可以提供机构的基准点或与私人产业相关的比较信息。

第三,为了界定最佳实践,**对制度上和经济上的优劣势的功能和源泉进行深入分析和比较研究是必不可少的**。

第四,**开发银行发挥任务导向作用的程度**是核心的研究议题,应该在实验研究中加以尝试。

第五,**我们必须评估开发银行的效率和效果**。由于开发银行是公共机构,它们必须展现出对社会的贡献。为了最大限度地完成它们的使命,这些研究也可以成为内部学习的源头。

第5章 开发银行的作用：如何促进对欧洲乃至全球的投资[①]

斯蒂芬妮·格里芬斯-琼斯　乔瓦尼·科齐

金融部门应该帮助支持实体经济。为了发挥这种关键的积极作用，金融部门需要鼓励和调动储蓄，低成本地使用这些储蓄提供中介性的融资服务，确保储蓄被引导到（体现于创新和结构变革的）高效投资上，以及帮助管理个人和企业的风险。在产业政策方面，金融部门应该有助于为新的部门提供资金，深化既有的部门，支持全国性和区域性的发展战略。理想情况下，金融部门能够有助于社会团体获得和积累知识，这对于提高生产率弥足珍贵，特别是在动态意义上（Stiglitz and Greenwald，2014）。

由于金融部门对整个经济具有如此重要的影响，它还需要遵守避免损害其他经济部门的原则。因此，源于金融部门的危机应该尽量地既少又小，因为这些危机成本巨大并有害于增长、就业和投资。

在最近的数十年中，私人金融部门通常并没有很好地发挥这些功能。[②] 它创造了风险，而非管理了风险，从而引起了许多重大的危机。它始终具有严重的顺周期倾向：在经济繁荣时期，它倾向于过度放贷；在经济危机期间以及危机过后的很长时间里，它配给信贷，这对于营运资本以及对投资至关重要的长期融资产生了限制。无论是在平静时期还是（尤其是）动荡时期，它都没有为创新和技能的长期投资提供足够多的资金，而企业却需要这种长期投资来谋求

[①] 感谢阿克巴·诺曼和约瑟夫·E.斯蒂格利茨邀请我们撰写本文，感谢日本国际协力事业团给了我们在2014年6月约旦讲习班上宣读本文初稿的机会。我们感谢爱德华·格里芬斯-琼斯（Edward Griffith-Jones）提供了优秀的研究协助。

[②] 最显著的例外也许是某些非常成功的东亚经济体。

成长、创造就业；诸如基础设施、可再生能源以及能源效率这样的重要部门也没有得到足够多的资金。在产业政策方面，私人金融部门通常不想承担太多的风险，特别是最近以来，它往往不愿意以足够的规模提供发展新的部门和技术所需的长期资金。

私人金融部门的这些问题导致人们越来越多地关注有效的公共开发银行所能发挥的积极作用。国家性、区域性和多边开发银行能够并且通常确实发挥了重要的作用，这种作用近年来在日益增加的圈子中获得了更多的认可。在始于2007年的北大西洋危机期间，发展中国家自有以及流入的私人信贷急剧地下降，此时，这些开发银行通过提供反周期融资发挥了重要的作用。此外，对用以实施更长远的国家性或区域性发展战略的工具的需要变得更强烈了，这一点已经获得了越来越高的认同。与此同时，人们不断地认识到现代"产业政策"的价值和"创业与发展型国家"的重要性，因为这种国家通过提供关于私人创新和结构转型的愿景并对其施以强劲助推，鼓励和引领经济发展（Chang，2002；Wade，2003；Mazzucato，2013）。Stiglitz and Greenwald（2014）对如下重要方面做了补充：成功和持续的增长要求创造学习型社会和知识型经济以提高生产率——而公共开发银行正是一种重要的支撑性制度载体。实际上，开发银行能够有助于同时克服金融和知识市场上的市场失灵。

因此，多边、区域性和国家性开发银行（通过向公共和私人部门提供资金）为发展战略和愿景的实施和融资提供帮助的能力获得了更大的支持。同样令人感兴趣的是，人们不但强调开发银行在发展中国家和新兴经济体中的重要作用，还越来越强调开发银行在发达经济体中的重要作用。正因为如此，在欧元区债务危机期间和危机过后，由于私人贷款减少，欧洲投资银行（European Investment Bank，EIB，欧盟成员国的银行）已经在长期贷款的提供上发挥了显著的作用。自1956年成立以来，欧洲投资银行与欧盟结构基金一起为各国基础设施的大规模互联互通提供了大量的资金，以支持共同市场的创立和贫富国家经济差异的缩小（参阅Griffith-Jones et al.，2006）。最近以来，欧洲投资银行正忙于提供资金为"智能"的欧洲内部电网的建立助一臂之力，助力可再生能源的传输。

在欧洲的国家层面上，德国的公共开发银行，即德国复兴信贷银行，如今是德国第二大商业银行，它在如下方面发挥了非常积极的作用：在经济危机时期增加逆周期贷款（比如向中小企业提供贷款）；向诸如可再生资源和创新的投资项目提供大量的资金。在欧洲,这些行动被视为其他国家的宝贵榜样。例如,法国刚刚成立了一家新的公共开发银行,英国正在考虑成立一家类似的机构。用于应对欧元区债务危机的少数积极政策之一就是爱尔兰、希腊以及葡萄牙等国家创立开发银行和/或发展性融资机制,尤其是为中小企业提供融资,并且常常得到德国复兴信贷银行和欧洲投资银行的大力支持。

对于新兴市场和发达经济体来说,许多新兴经济体开发银行的成功经验同样非常重要,它们代表了积极的经验;这些开发银行包括巴西的国家开发银行、安第斯地区的拉美开发银行(它在拉丁美洲正不断扩张)以及中国、韩国和印度的开发银行。例如,巴西国家开发银行为生物工程和可再生能源等重要的新部门提供资金,从而承担了大量的风险。此外,诸如智利这样的国家利用其开发银行来促进和资助林业等部门的私人投资,而林业是木材、纸张和纤维素出口的主要来源。在所有这些实际操作中,开发银行按照政府肯定的国家或区域性优先级别,经常与私人部门协商,在新的部门和技术中做了开拓性投资。

为何开发银行需要在发展中经济体、新兴经济体和发达经济体中发挥更大的作用?"优良投资银行的分析性论证"一节将详细阐述其分析性理由。

通过向将要带来长期转型和创新的投资项目提供资金,开发银行能够发挥积极的作用,帮助各个经济体在危机之后实现复苏和更普遍的增长。"从维持现状到投资引领的全球新政"一节给出了一个强有力的例证。在关于全球体系和欧洲经济治理体系的各种备选假设下,本章使用全球非均衡剑桥阿尔法度量模型,就迄至2020年可能发生的经济发展状况做出了预测,从而提出三种主要的情形:"维持现状""欧洲的投资引领性复苏"以及"全球性投资刺激"。

"维持现状"情形所设想的世界是,政府刺激增长和就业的倡议由于全球投资率的停滞不前而受到限制。由于欧元区南部(意大利、西班牙、希腊以及葡萄牙)紧缩政策的有害影响,也由于缺少意义深远而有效的投资策略,预计欧洲的宏观经济表现将是一个漫长的低增长期。

在"欧洲的投资引领性复苏"情形中,由于缺少相互协调的全球性投资刺激,全球经济依然在挣扎着谋求复苏。但是,假如欧洲为支持经济增长和创造工作职位而采取扩张性的财政政策立场并大力推动私人投资,则欧洲的宏观经济表现会更加积极。欧洲投资银行和各国开发银行的大规模使用将在鼓励私人投资方面发挥重要的作用。

第三种情形,即"全球性投资刺激",表明全球性经济行动可以带来显著的经济利益。本着投资引领的"全球新政"精神，我们假设发达国家和发展中国家都大力推动私人投资。这种政策最终将带来更高的全球增长率和显著的额外就业量。我们假定开发银行将在欧洲和全球私人投资的融资上发挥重要作用。欧洲的增长和就业目标不但由私人投资来维持，也由政府支出和投资来支撑。总的来说，这种情形假定欧洲的投资引领性复苏与全球的投资引领性复苏相结合。

在这里所说的两种备选投资情形中，我们假设投资大幅上升，因为作用扩大了的区域开发银行和国家开发银行将提供必要的融资。我们将在欧洲和全球背景下提供这种作用的模拟结果，尤其是发展中国家的模拟结果。这个政策方法的重要优点之一是，能够用相当有限的公共资源，通过杠杆效应达成非常大的效力。实际上，在这种情况和其他情况下，公共开发银行拥有一个优势，即当它们通过在私人资本市场上发行债券或者与私人银行和/或私人投资者从事联合融资来为它们的贷款提供资金时，它们能够用公共资源产生杠杆效应。公共资源主要通过增加实收资本来做出贡献。

欧洲的领导人采取了一项富有远见的举措，在2012年使欧洲投资银行的实收资本实现了翻番，其增量达到100亿欧元，这至少使欧洲投资银行的贷款增加600亿欧元。此外，由于欧洲投资银行的贷款要求有50%的联合融资，实收资本翻番之后的全部额外贷款至少达到1 200亿欧元。我们的提议是，他们将实收资本再增加100亿欧元，这将会使贷款至少增加类似的数额，从而使私人投资显著上升。如果同时实行比较温和的财政政策，不让公共投资下降，则模拟结果显示，采用这种政策战略可以在欧盟创造出500万个急需的额外工作岗位。

1. 优良投资银行的分析性论证

1.1 理论框架

尽管开发银行在经济中具有可观的规模和重要的作用，但是，关于这些银行的作用和基本原理的学术研究却少得惊人。这个问题的讨论需要置于金融部门的合意性质和结构的更广泛辩论的背景之下。

在第二次世界大战之后的30年中，无论是发展中国家还是发达国家的金融部门可以说都运行得非常健康。国家和多边的开发银行被设立起来并发挥了重要的作用。国内私人金融部门的规模相对较小，监管相当严密。

但是，也存在一种政策上的忧虑，即当时被称为"金融压制"的系统效率低下。从理论的视角来看，金融市场无效率的想法推动了金融自由化，即尽量减少甚至取消监管（Gurley and Shaw，1955；McKinnon，1973）。金融自由化过程之后是频繁发生和代价高昂的危机。Diaz-Alejandro（1985）早就敏锐地将这种关系概括为："送走金融压制，迎来金融危机。"在有效金融市场学派里，诸如开发银行这样的公共金融机构的存在（根据定义几乎）被看作是负面现象。因此，开发银行受到（公正和不公正的）批评，它们在许多国家的作用受到了极大的削弱。最大的悖论之一是，在这个"新自由主义方法"占支配地位的时期，世界银行本身作为一家非常重要的公共开发银行，通过对其贷款附加政策条件，在推动发展中国家削弱其国家开发银行的作用上发挥了重要作用。

一个备选的理论方法强调信贷配给，即经济行为人愿意支付高额利率来获得投资所需要的资金，但银行可能拒绝发放贷款。从这个角度来看，信贷配给方法证明了开发银行存在的合理性：开发银行愿意为投资提供必要的信贷，而这些信贷是不能从私人金融系统获得的。

另外一个研究方法与金融市场的市场失灵理论相联系（Stiglitz and Weiss，1981；Stiglitz，1990）。信贷配给因金融市场的失常而产生，金融市场的失常由不完全信息或信息不对称所引起，不完全信息和信息不对称阻碍了金融市场的运行。如果借款人对其项目的预期收益要比贷款人拥有更多的信息，则信贷的需求就大于供给，但是，供求调整的方式不会是提高利率。此外，逆向选择和道德风险也加重了这些市场不完善性。

Stiglitz（1994）主张，金融市场的失灵很可能是一种普遍存在的现象，因为金融市场是信息特别密集的市场，从而导致契约不完全、信息不完全和信息不对称的问题要比其他经济部门更严重、更有破坏性。因此，Stiglitz（1994）富有洞察力地指出，在大部分金融市场上，市场失灵问题往往大于政府失灵问题。在这种情况下，只要收益超过成本，金融市场上的政府干预就比其他部门的干预更为可取。有效的公共开发银行和对私人金融市场的密切监管提供了第一个支持"看得见的政府之手"的强大论据。

Stiglitz and Greenwald（2014）进一步指出，知识和信息市场也具有巨大的市场不完善性，知识和信息在本质上是公共物品。因此，在推进学习型社会、帮助提高生产率方面，政府具有明显的作用。帮助建立这样一个学习型社会的制度工具之一是优良的开发银行，也许发展中国家和新兴经济体尤其如此。除了提供长期融资之外，开发银行还能够通过其贷款提供特定的创新激励。此外，由于它们的视野长远，它们能够帮忙资助、积累和协调特定创新领域和"学会学习方法"的专门知识。当然，在完成这个任务的时候，它们需要并且确实与其他公共或私人行动者进行协作。现有文献并没有充分地探讨开发银行在积累、推动知识和学习方面的作用，大多数私人金融机构并不能有效地发挥该作用，因为它们主要甚至完全关注短期利润，对过去的经验和将来的外部效应并不感兴趣。因此，需要开发银行帮助填补这个空白。

一些评论家（例如 Ferraz, Além and Madeira, 2016; Kregel, 1998; Wray, 2009）从互补的理论视角指出，银行和投资者具有流动性偏好，从而造成经济中的信贷供给限制。即使在国家和国际金融体系相当发达的情况下，也可能缺乏投向投资的信贷。因此，正如前文指出的那样，开发银行的重要性建立在市场失灵问题的基础上，但又超越了市场失灵问题。鉴于将来的不确定性，根据需要资源的新部门和新项目的特性，即使金融体系得到了充分的发育，银行也常常完全不提供或者不充分提供信贷（尤其是长期信贷）。

因此，为了将来经济的发展，未来成功具有高度不确定性的部门和投资项目需要获得资金，从而需要开发银行的存在（Mazzucato, 2013）。正因为这些部门和投资项目存在高度的不确定性，它们可能得不到私人金融系统的融资，因为后者偏爱预期收益更加确定的部门和投资项目。这些部门和投资项目往往高度复杂而昂贵，需要精巧的专业知识来做评估，这种评估要考虑对整个经济的正面影响（正的外部性，例如可再生能源带来较少的碳排放，这有助于缓解气候变化）和/或社会收益大于私人收益的情形。

几乎所有金融市场的运行都有一种重大的不完善性，那就是存在大起大落的倾向，无论是国内金融还是国际金融，都是一场盛宴紧接着一场饥荒。基于Keynes（1936）和 Minsky（1977）的理论传统，Kindleberger（1978）提出了一种理论分析，认为金融危机是对以前的过度行为的一种反应。在自由化程度更高、没有得到恰当监管的金融和银行业市场上，这种过度行为显然要严重得多。私人融资的顺周期性质意味着不但需要银行业和金融市场的逆周期监管，还需要公共开发银行提供的短期，特别是长期逆周期融资（Griffith-Jones and Ocampo, 2014）。Griffith-Jones 等（2012）和 Ocampo 等（2012）为区域和多边开发银行的逆周期反应提供了经验证据，而 Brei and Schlarek（2013），Luna-Martinez and Vicente（2012）为国家开发银行所发挥的逆周期作用提供了重要的经验证据。

1.2 开发银行合意的功能与特性

上述理论背景和经验证据有助于界定开发银行确实发挥和需要发挥的作用。

为了使国家、区域和多边开发银行发挥作用，四个有益的功能似乎至关重要：（1）提供逆周期的融资，尤其是用于配套投资；（2）为实现动态愿景和增长战略，通过提供资金来支持结构转型和知识增进；（3）动员广泛的金融资源，比如利用杠杆作用和定向补贴；（4）为公共物品提供融资（Culpeper, Griffith-Jones, and Titelman，即将出版）。

第二个功能强调开发银行所能发挥的特别重要的作用：在新部门的开始阶段或现有部门的深化阶段为投资提供资金，因为私人部门本身由于过于厌恶风险而不愿意投资。在这些情形下，开发银行能够提供愿景——以及通过贷款或股权提供部分资源——去做这些目前尚未做的事情（Mazzucato, 2013）。为了为新部门和新技术提供资金，要求开发银行具有专业知识和战略视野。

开发银行能够提供长期贷款，具有长期的发展观点，要求较低的回报率，这些事实进一步强化了这个功能。开发银行不但能够使自身的专业知识不断地增加，还能够促进专业知识的发展，而这些专业知识可以传导给投资者和借款人。因此，开发银行可以结合起来使用，帮助填补知识和资源方面的缺口。对于开发银行来说，这是最具挑战性的事情，但可能也是其最重要的作用。例如，为了促进可再生能源的传输，欧洲投资银行参与帮助创立"智能"欧洲电网，为其提供资金。

但是，重要的外部性的部门或活动，即社会收益高于市场收益的部门或活动，同样需要开发银行来提供资金，这些情况通常存在环境外部性。有趣的是，公共开发银行——尤其是欧洲投资银行——既在纯商业的基础上评估项目，也用包含"影子"碳价格（高于市价）的环境方法来评估项目。这可能需要向特定的先行项目提供定向和限时的补贴；在欧盟，这可能就是来自欧盟委员会的资源。最后，在私人贷款下降和枯竭的时候，开发银行的逆周期作用对于帮助维持投资、创新、创造就业以及经济增长都是至关重要的。资金供应的不确定性和需求低迷可能是私人投资的主要障碍，也可能导致经济停滞和低速增长的时间过度拉长。开发银行可以介入，从而帮助解决这两个问题。

更加广义地说，从多样化的好处来看，有另一种情形支持开发银行。金融结构更加多样化，而不是主要集中于私人银行（常常是大型私人银行），这具有多个方面的优点。首先，多样化可以鼓励不同类型的金融机构之间的竞争，而这种竞争会使这些金融机构变得更有效率，比如可以使它们的利差更低。其次，更加多样化的金融体系，尤其是没有关联风险的金融体系，可以降低系统性风险，从而促成金融稳定。最后，如果不同种类的金融机构具有不同的优势，[1] 则拥有更加分散化的金融体系——而不是随机决定的金融部门结构或由一种金融机构所支配的金融部门结构——可以增强金融部门的功能，而这些功能有助于实现包容、动态的增长。

实际上，考虑到金融市场（特别是自由化的、监管非常松散的金融市场）可能给经济增长带来问题，追求务实的金融部门发展政策——不为自由市场意识形态所驱使，也不受金融部门行为人的利益所制约——是必不可少、非常重要的。不是采用两可的态度，而是着眼于实现不同类型的机构（比如公共与私人机构）之间的协同效应，鼓励它们采用最佳实践，这是问题的关键。对于更有活力的部门，开发银行的初期催化作用可能是决定性的。公共开发银行通过私人银行进行联合融资并不断地增加贷款，尤其是中小企业的融资和贷款。此外，它们的许多贷款是发放给私人企业的。如果一个金融系统要满足包容、环境可持续的增长的需要，那么，将私人和公共金融部门创造性地结合起来，最好是让它们建设性地进行合作，这种能力是一个金融系统的基本特征。从这个意义上讲，德国金融部门所完善和使用的方式——例如，通过公私银行（以及合作银行）与私人投资者之间的协作，成功地帮助可再生能源部门获得资金——就提供了一个非常好的例子，尽管它绝不是一个完美的例子。

对于公共部门银行和私人部门银行来说，在积极的相互协同基础上相互协作和谋求发展确实是非常重要的。然而，同样重要的是，不让一个部门的不良行为——比如私人投资银行和对冲基金承担过多的风险或者使用过于复杂和模糊的工具——传递到公共开发银行，因为它们可能引起将来的风险。尽管公共开发银行能够并且应该承担进入新部门、新技术和新市场等所带来的不确定性

---

[1] 我们来列举一些特征化事实：开发银行善于为新部门的投资和创新提供支持，也善于为私人基础设施投资提供长期融资；私人银行善于为大公司的需要提供资金和提供国际贸易信贷。

和风险,但是,它们不应该通过复制和购买私人金融部门工具而承担纯粹的金融风险。这些金融工具可以提供财务上的短期高收益,但是,也隐含着潜在的高风险。对于开发银行来说,偏好简单而透明的工具——比如"普通贷款"或简单的入股——似乎是有道理的,在北大西洋金融危机的背景之下尤其如此。股权或股权型工具的优点是,它们可以允许开发银行补偿它们所承担的较高风险,例如,在新部门和/或新技术的利润非常可观时,帮助这些部门和技术进行开发和融资可以获得一部分"额外报酬"。由此获得的盈利项目的部分利润可以为开发银行带来利润,而开发银行可以通过增资等方式将这部分利润投入新的项目。

另一个重要的考虑是开发银行的贷款规模在全部贷款中所占的比例。似乎有充分的理由支持大规模的开发银行贷款:为了使它们能很好地履行其职责,尤其是为关键的投资提供资金,对创新和结构变革产生重大的影响,必要的时候发挥强大的反周期的作用(北大西洋危机期间和危机过后的情况显然就是如此)。同样,似乎有充分的理由支持公共物品——比如可再生能源的投资——的融资。值得注意的是,德国复兴信贷银行是德国的第二大商业银行,在德国经济的全部银行信贷中占 12.7%。如果加上区域和其他开发银行的作用,则开发银行在德国全部银行信贷中的份额高达 1/4。这个现象具有特别重要的意义,因为德国经济是欧洲最具活力的,在包括先进的工业产品等方面具有强大的创新和国际竞争能力。德国复兴信贷银行在这种创新、增长和就业创造上所发挥的促进作用是一个研究得非常不够但又非常重要的课题。就巴西的情况来说,巴西国家开发银行在全部信贷中所占的份额甚至更高(21%),而长期融资的比重尤其高,从而成为创新和产业政策的重要工具(参阅 Ferraz, Além, and Madeira, 2016)。

有效的开发银行的最后一个合意特征是,它们应该与私人部门进行密切的对话,以便形成为战略性部门的好项目提供资金的共同愿景和专门知识。但是,开发银行不应该被狭隘的私人和政治利益所捕获,因为这种捕获将滥用资源、使开发银行偏离它的主要作用。因此,开发银行的良好治理是至关重要的。

2. 从维持现状到投资引领的全球新政

本节考察全球经济和欧洲在 2015 年至 2020 年间所能采用的三种方案。第一种方案是维持现状，即维持欧洲的从紧政策，设法将财政赤字降至 GDP 的 3%、债务水平降至 GDP 的 60%。换言之，为了降低政府债务并控制政府收入的增加，欧洲各国政府将继续削减开支。欧元区南部和英国的情况尤其如此：欧元区南部国家的政府开支计划从 2014 年 GDP 的 23% 降至 2020 年 GDP 的 21%，英国的政府开支计划从 2014 年 GDP 的 23% 降至 2020 年 GDP 的 22%。

该方案特别关注 3 150 亿欧元的新欧洲投资计划，即众所周知的容克计划（European Commission，2014）。其结果是，欧盟投资在 GDP 中所占的比重从 2015 年的 15% 上升到 2020 年的 17%。因此，本方案假设，在将来的 5 年中，欧洲投资计划所配置的 85% 的资源将反映到整个欧盟的更高的投资率上。不过，考虑到人们担心投入这项计划的资源可能并不足以促发如此之大的投资，这种假设可能有些过于乐观了。

维持现状的方案设想，由于盈利预期不佳、某些高债务国家的持续紧缩以及相对低速增长的环境，全球范围的私人投资依然低迷。因此，全球投资率将仅由 2014 年 GDP 的 21.4% 上升至 2020 年 GDP 的 22%。

不同于维持现状的方案，在另外两套备选方案中，公共与私人投资的显著增加构成可持续复苏的基础。在第一种备选方案——欧洲投资引领复苏——中，欧盟的私人投资显著增加，从 2014 年 GDP 的 15% 增加到 2020 年 GDP 的 20%。按照名义价值来计算，这意味着欧盟在 2020 年之前用于投资的资源与维持现状的方案相比将增加大约 5 300 亿欧元。这笔可观的投资增量是以波兰财政部部长马特乌什·施楚莱克（Mateusz Szczurek）最近提出的建议为基础的，他呼吁实施 7 000 亿欧元（相当于欧盟 GDP 的 5.5%）的欧盟范围内的投资计划（Szczurek，2014a）。

至于这项投资的资金筹措，欧盟成员国和欧洲机构应该发挥作用，向贷款机构提供资本，使私人投资的增长能够得到信贷扩张的支撑。当前有许多关于这个方面的建议。例如，Cozzi 和 Griffith-Jones（2014）强调，为了实现重要的乘数效应，两种使用有限的公共资源的方式非常有前途。第一种方式是增加欧洲投资银行的实收资本。2012 年成功实施了欧洲投资银行实收资本增加 100 亿欧元的计划，以此为基础，他们建议将欧洲投资银行的实收资本进一步增加 100 亿欧元。2012 年的增资计划至少额外带来了 800 亿欧元的欧洲投资银行贷款和 1 600 亿欧元的全部贷款。

谋求杠杆的第二条途径是欧盟预算。大型项目可以通过欧洲投资银行和来自共同基金与保险公司的私人资本进行联合融资。但是，由于大型投资项目的高风险，共同基金和保险公司目前并没有为它们提供资金。在这次金融危机爆发之前，这些风险为荷兰国际集团这种单一险种保险公司所吸收。但是，在这次金融危机过后，单一险种保险公司承担这种任务变得更加困难了。为此，我们建议每年50亿欧元的小额（按占欧盟预算的比例计）资金可以拨作风险缓冲基金。这样的资源可以来自现有的欧盟预算并且意味着欧盟预算的小幅调整。每年50亿欧元的基金将允许欧洲投资银行每年多发放100亿欧元的贷款，这些贷款每年将带来高达200亿欧元的投资（Cozzi and Griffith-Jones，2014；Griffith-Jones and Cozzi，2016）。

关于为投资提供资金的其他可行建议包括建立规模为7 000亿欧元的欧洲投资基金（European Fund for Investment, EFI）。该基金将通过所有欧盟成员国注入实收资本和担保而获得资金，其总金额达到1 050亿欧元，然后，通过金融市场上的借款进行资金的杠杆化利用（Szczurek，2014b）。这可能是一个可行的并行倡议，但是，关键是在界定《稳定与增长条约》下的财政调整目标时不要考虑欧盟成员国的缴款。各国开发银行可以在所在国的私人投资的联合融资中发挥重要的作用。一个有趣的典型是爱尔兰最近创立的为中小企业提供资金的公共投资新工具，它拥有来自欧洲投资银行和德国复兴信贷银行的信贷额度，由爱尔兰公共养老基金提供运营资本。

欧洲投资引领复苏方案的第二个重要方面是在欧盟层面上采取更加扩张（有时是不那么紧缩）的财政政策立场。从某种意义上说，在这一方案下，欧洲各国政府必须维持或增加开支在GDP中所占的份额，以便创造为投资、就业和经济增长的大幅度上升所必需的经济动力。欧元区南部政府开支将更大幅度地增加，我们假设该地区的政府开支在GDP中所占的百分比将从2014年的22.8%上升至2020年的23.8%。欧元区北部将经历政府开支的较少增长，其占GDP的百分比将从2014年的23%上升至2020年的23.5%，而英国的政府开支在整个时期将维持在2014年的水平（GDP的23%）。

在本方案中，政府开支的增加将主要通过更多的税收收入来补偿，而欧洲的投资引领战略所产生的额外经济产出则带来更多的税收。此外，为了抵消政府开支增加所可能引起的任何预算赤字压力，我们假设政府收入的增加来自直接税——尤其是对高收入者的直接税——的增加，也来自对税收欺诈和避税所采取的更加严格的控制行动。在欧元区南部，政府收入在GDP中所占的百分比将从 2014 年的 16.3% 上升至 2020 年的 19%；在欧元区北部，政府收入在 GDP 中所占的百分比将从 2014 年的 12% 上升至 2020 年的 22%；而英国同期的财政收入在 GDP 中所占的百分比将从 17% 上升至 19%。

最后也是最有希望的全球复苏方案是全球投资刺激。这个方案的目标是在全球背景下设计欧洲投资引领复苏的方案，在全球范围内推进投资和可持续增长。这个方案假设发达国家和发展中国家都将提出刺激私人投资的倡议。在此背景之下，国家和区域的开发银行可以在发展中国家发挥重要的作用：弥补市场缺口，支持基础设施项目和技术开发的资金供应，提供逆周期融资（Griffith-Jones and Tyson，2013）。正如上面所讨论的那样，诸如巴西、印度、中国等国家以及其他国家已经拥有成功的开发银行，它们在私人和公共投资的融资和推进上发挥了重要的作用；在其他新兴经济体、发展中国家以及发达国家建立开发银行或扩大现有的开发银行也许是可取的。这种国家开发银行的活动可以通过现有的区域和多边开发银行增加贷款和股权来加以补充；此外，新的亚洲基础设施基金和金砖国家领导下的新开发银行的创立（参阅 Griffith-Jones，2014）可以为发展中国家和新兴经济体的更多投资提供进一步的重要支持。

在全球投资刺激方案中，全球私人投资在世界 GDP 中所占的百分比从 21.4% 上升到 2020 年的 23.8%。与维持现状的方案相比，这是一个显著而现实的上升：在维持现状的方案中，全球私人投资增加得较少，在 2020 年之前仅达到 22%。

剑桥阿尔法度量模型（关于该模型的更多信息请阅读专栏）将世界分成区域（例如低收入的非洲、南美、欧盟、欧元区南部以及欧元区北部）和大国（例如美国、巴西、中国、印度）。考虑到剑桥阿尔法度量模型的结构，我们在国家或区域层面上对私人投资的增加进行编排。例如，在低收入的非洲地区，全球投资刺激方案中的私人投资从 2014 年的 16.4% 上升至 2020 年的 17.8%。这种推测与维持现状的方案形成鲜明的对照，维持现状的方案没有做出关于私人投资的具体假设，历史趋势被向前推测到 2020 年。在维持现状的方案中，该地区的私人投资率将在 2020 年之前急剧地下降至 14.4%。在全球投资刺激方案中，巴西的私人投资在 GDP 中的份额将从 2014 年的 16.3% 上升至 2020 年的 17.8%，而在维持现状的方案中，巴西的私人投资在 2020 年之前将下降至 15.4%。

专栏：剑桥阿尔法度量模型

世界经济的剑桥阿尔法度量模型不是一个常规的宏观经济模型，它的主要用途是对全球经济、国家集团和个别重要国家的历史趋势进行中长期预测。这个宏观模型并不存在中长期经济赖以收敛的唯一、明确的均衡路径。它是一个开放的均衡系统，可以用不同的增长率和端点条件模拟出众多的结果（Cripps，2014）。

剑桥阿尔法度量模型利用连续的历史数据预测，这些数据的分布从1970年一直到模型变量所能得到的最新年份（在本研究中，最新年份是2014年）。该数据库包含欧盟组织所公布的时间序列，以美元和其他单位计价。

在剑桥阿尔法度量模型中，世界经济被认为是一个一体化的系统，不同的国家和集团具有不同的行为，其行为随着时间的变化而变化，因为它们在地理、发展水平、金融状况等方面具有独特的情况。在这个宏观模型中，所有的国家集团都具有一套相同的恒等式和行为方程式，其中反映出来的观念认为它们是同一个世界经济的一部分。共同的架构为面板估计方法留下了余地（Cripps，2014）。

在本模型中，总需求和技术进步是主要的驱动因素，除非其他重要的行为约束被引入本模型。因此，我们最好做如下理解：长期增长率反映了整个世界的总量投资和政府支出的增长。这些变量相应地又反映出信心、预期和政策（Cripps，2014）。

在发达国家，该方案同样假设投资大幅上升。在欧盟，全球投资刺激方案承接了欧洲投资引领复苏方案关于投资、政府支出和收入的假设。在美国，全球投资刺激方案假设私人投资在GDP中的份额从2014年的15.8%上升至2020年的19.5%。更多的公共投资和/或有助于私人投资获得资金的公共机构或机制的创立可能性可以构成私人投资的手段。私人投资的增加将使美国的投资水平回升到21世纪初的水平，这相对于维持现状的方案是一种显著的上升；在维持现状的方案中，2020年的投资将仅占GDP的17.2%（关于维持现状方案和全球投资刺激方案下的投资在GDP中所占的比重，表5.1以更完整的方式列出了历史水平和预测水平）。

表 5.1 某些集团和国家投资占 GDP 的百分比：历史水平（1990–2014 年）和预测水平（2015–2020 年）

水平		历史水平						预测水平					
年份		1990	1995	2000	2005	2010	2014	2015	2016	2017	2018	2019	2020
欧盟*	维持现状	18.7%	16.6%	18.6%	17.9%	16.0%	15.3%	15.8%	16.3%	16.8%	17.2%	17.6%	17.7%
	全球投资刺激							16.0%	16.8%	17.7%	18.5%	19.2%	19.7%
美国	维持现状	18.8%	18.4%	20.5%	20.3%	15.5%	15.8%	16.2%	16.5%	16.8%	17.0%	17.1%	17.2%
	全球投资刺激							17.1%	18.0%	18.6%	19.0%	19.3%	19.5%
巴西	维持现状	18.0%	15.9%	15.0%	14.2%	16.5%	16.3%	16.2%	16.1%	15.9%	15.7%	15.5%	15.4%
	全球投资刺激							16.8%	17.2%	17.4%	17.6%	17.7%	17.8%
南美（巴西除外）	维持现状	11.6%	18.5%	15.7%	17.2%	18.6%	20.7%	20.4%	20.1%	19.8%	19.5%	19.3%	19.1%
	全球投资刺激							20.8%	20.8%	20.9%	20.9%	20.9%	21.0%
印度	维持现状	21.6%	22.8%	21.0%	27.1%	28.9%	25.4%	24.5%	24.5%	24.3%	24.2%	24.1%	23.9%
	全球投资刺激							25.6%	26.2%	26.0%	26.0%	26.0%	26.0%

(续表)

水平		历史水平							预测水平					
	年份	1990	1995	2000	2005	2010	2014	2015	2016	2017	2018	2019	2020
中国	维持现状	22.0%	29.5%	31.1%	34.6%	40.3%	37.9%	35.8%	35.7%	35.4%	35.1%	34.9%	34.7%
	全球投资刺激							35.5%	35.8%	36.2%	36.4%	36.6%	36.8%
南非	维持现状	16.3%	13.2%	12.7%	14.4%	16.4%	16.7%	16.8%	16.7%	16.4%	16.1%	15.7%	15.4%
	全球投资刺激							17.1%	17.4%	17.6%	17.7%	17.8%	17.8%
低收入的非洲国家	维持现状	11.7%	12.0%	11.4%	11.7%	15.2%	16.4%	17.2%	16.6%	16.0%	15.3%	14.8%	14.4%
	全球投资刺激							16.9%	17.2%	17.5%	17.6%	17.7%	17.8%
整个世界	维持现状	20.3%	19.5%	19.8%	20.5%	21.1%	21.4%	21.4%	21.6%	21.8%	21.9%	22.0%	22.0%
	全球投资刺激							21.7%	22.3%	22.8%	23.2%	23.5%	23.8%

*全球投资刺激方案和欧洲投资引领复苏的方案关于欧盟投资的假设是一样的。

3. 各个方案的结果

本节呈现剑桥阿尔法度量模型在三个方案所描述的假设和设定的基础上所做出的预测。表5.2展现了每个方案下的GDP平均增长率的历史水平和预测水平。在全球投资刺激的方案下，世界经济增长得更快，因为世界上大多数地区将获得较高投资率所带来的好处。

在维持现状的方案下，由于欧盟缺少协调的投资刺激政策和延续紧缩政策，2015-2020年世界GDP的平均增长率下滑至2.7%。

在维持现状的方案下，欧盟的GDP平均增长率在2015-2020年间仅有1.8%，依旧远远低于21世纪头十年初期的水平。正如人们所期望的那样，由于在提议的欧洲投资计划下有更多的可用资源，2020年欧盟的私人投资将从15%上升到18%左右（参见表5.1）。但是，该计划显然还不足以刺激欧洲经济。该计划的潜在积极影响因政府开支的持续削减而进一步削弱，它最终将抑制总需求和经济产出。

实际上，欧洲投资引领复苏的方案表明，更大的欧洲投资计划（今后5年的规模大约是7 500亿欧元，欧洲投资银行和各国开发银行可以在其中发挥重要的作用）与更松的财政政策立场将带来更加积极的经济增长表现，2015-2020年间GDP平均增长率将达到3%。这对欧元区南部尤其有利，因为2015-2020年间GDP平均增长率将由维持现状方案下的1.6%提高至欧洲投资引领复苏方案下的3.3%。此外，鉴于欧洲经济相对于世界其他国家和地区的规模，这种可供欧洲选择的政策立场还将对世界的经济产出产生有益的影响。

表5.2 GDP平均增长率的历史水平与预测水平

水平	历史水平			维持现状	欧洲投资引领复苏	全球投资刺激
时期	2000-2004年	2005-2009年	2010-2014年	2015-2020年	2015-2020年	2015-2020年
世界	3.0%	2.2%	2.9%	2.7%	3.1%	4.3%
欧盟	2.3%	1.0%	1.0%	1.8%	3.0%	4.1%
美国	2.7%	0.9%	2.4%	1.3%	1.4%	2.5%
巴西	3.0%	3.6%	3.1%	3.0%	3.2%	4.7%

（续表）

水平	历史水平			维持现状	欧洲投资引领复苏	全球投资刺激
时期	2000–2004年	2005–2009年	2010–2014年	2015–2020年	2015–2020年	2015–2020年
其他南美国家	2.3%	5.5%	4.5%	2.8%	3.0%	4.3%
印度	5.9%	8.1%	6.0%	6.0%	6.2%	7.5%
中国	9.2%	11.4%	8.6%	8.9%	9.1%	11.4%
南非	3.6%	3.7%	2.7%	0.8%	1.0%	2.4%
低收入非洲国家	6.0%	6.4%	6.0%	3.1%	3.3%	4.8%

全球投资刺激方案展现的是一种更加乐观的全球背景：全球不同区域都采取行动，进行更高的公共投资，让国家和区域开发银行发挥更大的作用，从而提高投资率。在这种方案下，从2015年到2020年，全球私人投资的平均增长率为7%，显著高于维持现状方案下的水平。更高的投资率转变为更高的全球GDP增长率。例如，在2015–2020年间，南非的GDP平均增长率达到2.4%，然而，在维持现状的方案下，南非同期的GDP平均增长率仅有0.8%。在全球投资刺激方案下，非洲低收入地区的GDP平均增长率是4.8%，但是，在维持现状的方案下，该地区的GDP平均增长率为3.1%。总之，全球经济产出明显受益于更高的全球投资，从2015年到2020年，世界GDP的平均增长率达到4.3%。

审视可供选择的政策策略对欧盟、就业、政府债务及财政赤字的影响是同样重要的。这一点特别重要，因为主流评论者轻视紧缩政策的替代选项，认为它们将带来更高的政府债务和更大的财政赤字，从而在经济上是不可行的。

图5.1呈现了欧元区南部和英国的政府债务在GDP中所占的百分比。与维持现状的方案相比，可供替代的投资引领方案带来更低的政府债务—GDP比率。尽管三种方案下的债务—GDP比率的预测水平都保持在《稳定与增长条约》所规定的60%之上，但是，投资引领方案所获得的GDP的重要增长导致较低的债务水平。在全球投资刺激方案下，欧元区南部的债务—GDP比率在2020年平稳收敛于135%，而在欧洲投资引领复苏的方案下，债务—GDP比率温和地上升至144%。维持现状方案下的债务—GDP比率的变化轨迹尤其令人

担心，它因经济增长乏力而持续激增，2020年将高达168%。在全球投资刺激方案下，英国的债务—GDP比率在2020年将达到94%；在欧洲投资引领复苏方案下，英国的债务—GDP比率在2020年将达到98%；但是，在维持现状的方案下，英国的债务—GDP比率将继续沿着其历史轨迹增长，在2020年达到107%。

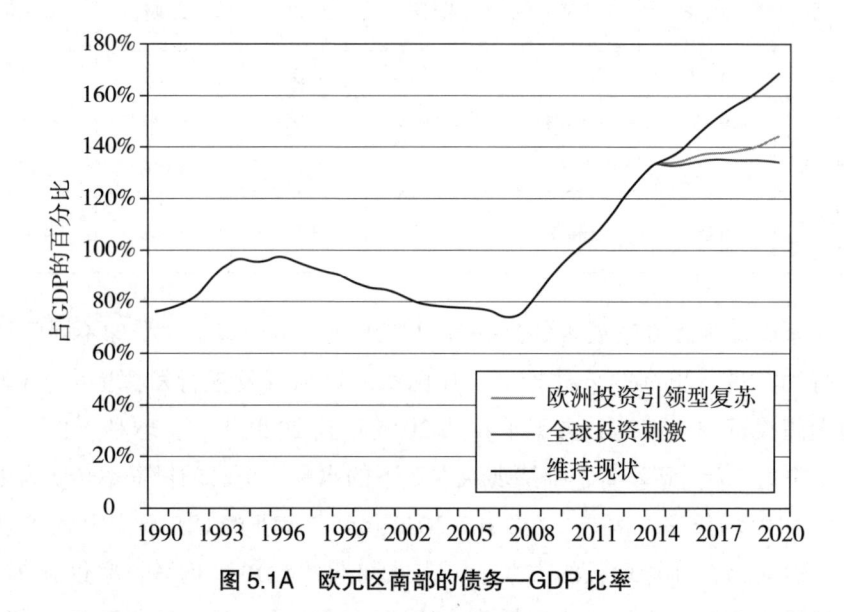

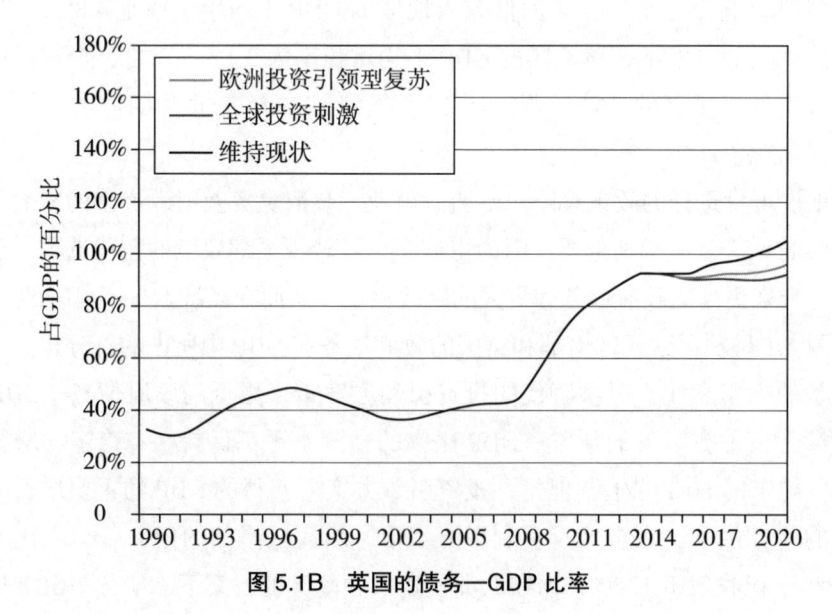

图 5.1A　欧元区南部的债务—GDP 比率

图 5.1B　英国的债务—GDP 比率

特别是与维持现状的方案相比，可供选择的投资方案还导致欧盟财政赤字的显著改善。开发银行此时再一次发挥了特别重要的作用，它们将有限的公共资源用于增加实收资本，与私人银行和投资者一起进行联合融资和共同投资，从而能够撬动大量的私人投资。表 5.3 呈现了欧元区南部和英国的政府贷款在 GDP 中所占百分比的预测结果。自北大西洋金融危机爆发以来，欧盟的这两个地区显示出了最高的财政赤字。

表 5.3 欧元区南部与英国 GDP 的百分比

历史值和推算值		历史值			推算值	
年份		2000	2008	2012	2015	2020
欧元区南部	维持现状				−5.9%	−5.1%
	欧洲投资引领复苏	−1.0%	−4.0%	−6.1%	−4.9%	−4.0%
	全球投资刺激				−4.9%	−3.6%
英国	维持现状	3.5%	−4.9%	−7.9%	−4.7%	−4.3%
	欧洲投资引领复苏				−4.6%	−3.9%
	全球投资刺激				−4.5%	−3.9%

在欧元区南部，全球投资刺激方案对减少财政赤字的影响更加积极。在此方案下，政府净贷款在 GDP 中所占的比重由 2012 年的 −6.1% 下降到 2020 年的 −3.6%。欧洲投资引领复苏方案的成效也要比维持现状的方案更好，因为到 2020 年，前者将使政府净贷款下降到 GDP 的 −4%，而后者将使政府净贷款维持在 −5% 的水平上。在英国，这两种可供选择的投资方案将产生类似的减少赤字的效果。在两种方案下，政府净贷款在 GDP 中所占的百分比到 2020 年都降至 −3.9%。与维持现状的方案相比，这是一种改善；在维持现状的方案下，英国的财政赤字到 2030 年将降至 GDP 的 −4.3%。

三种方案下的债务—GDP 比率和财政赤字的分析表明，欧洲和全球的投资引领战略将为欧洲带来重要的收益：不但经济产出提高，而且政府债务下降、财政赤字改善。此外，这些可供选择的投资方案也将使欧盟的失业问题有重要的缓解。表 5.4 对比了三种备选方案下欧元区北部和南部的失业率。

表 5.4　欧元区北部和南部失业占劳动力的百分比

历史值和推算值		历史值			推算值	
年份		2000	2008	2012	2015	2020
欧元区南部	维持现状				19.0%	15.5%
	欧洲投资引领复苏	11.1%	8.8%	17.8%	18.8%	14.2%
	全球投资刺激				18.7%	13.3%
欧元区北部	维持现状				6.0%	6.7%
	欧洲投资引领复苏	6.9%	6.8%	5.7%	5.9%	6.1%
	全球投资刺激				5.7%	5.3%

在全部三种方案下，由于容克计划（Juncker Plan）使更多的资源配置于投资方面，欧元区南部的失业率将显著地下降。但是，对于欧元区南部来说，全球投资刺激方案将带来最低的失业率，失业率将从 2012 年的 17.8% 下降到 2020 年的 13.3%。在这次经济危机期间，欧元区北部的失业并没有出现急剧上升。在可供选择的投资引领方案下，欧元区北部的失业率还会有更大幅度的下降。

4. 结论

近年来，国家、区域和多边开发银行能够并且常常确实发挥的重要作用正在得到广泛的认可。在始于 2007 年的北太平洋金融危机期间，随着私人信贷的枯竭和发展中国家资本流入的暴跌，这些开发银行在提供逆周期的融资上发挥了积极的作用，人们普遍认为这种作用非常重要。此外，人们日益认识到，各国迫切地需要多种政策工具来实施国家或区域的长期发展战略。与此同时，人们也日益认识到现代产业政策的价值和"创业型"、发展型国家（它鼓励和引领经济发展，提供私人创新和结构转型的愿景及强大动力）的重要性。Stiglitz and Greenwald（2014）补充了一个非常重要的观点：成功、持续的增长要求创造一个提高生产率的学习型社会和知识经济，而公共开发银行则是一种提供支持功能的重要制度工具。开发银行确实有助于同时克服金融市场和知识市场的市场失灵。

在分析了开发银行所能发挥的作用及其理论基础之后，我们对三种可供选择的方案进行了模拟，结果显示开发银行具有非常积极的影响：开发银行——结合近年来趋于缓和的财政整顿——能够对投资、增长、就业以及降低债务——

GDP 比率产生更大的作用。这些模拟同时从欧洲和全球的层面审视了全球投资刺激方案，结果表明投资、增长和就业受到的影响甚至更大。总之，本章的分析为如下结论提供了强烈而肯定的例证：为了经济复苏和可持续发展，必须采用一系列的经济政策选项；在推进可持续、就业导向的投资战略方面，开发银行能够发挥重要的作用。

第6章 打开日本产业政策制度的"黑匣子"：对开发银行、私人部门和劳动的制度性分析

岛田刚[*]

1. 制度作为成功的要素，其内涵是什么

新开发银行（原先叫金砖国家——巴西、俄罗斯、印度、中国和南非——开发银行）的成立反映了公共开发银行的重要作用重新得到了强调。[①]在最近的几十年中，私人金融体系没有充分地发挥作用。公共开发银行的基本原理是，它们向需要资金的经济主体提供必要的长期信贷，这种信贷是没法在私人金融市场上得到的（Griffith-Jones，2014）。[②]然而，关于金融市场的效率，特别是关于开发银行的作用，几乎没有达成共识。例如，World Bank（1989）讨论了许多国家的开发银行和政策性融资的成果，发现它们并不令人满意，浪费了许多稀缺资源。

尽管开发银行受到了负面的评价，但是，我们从东亚，比如日本和韩国（Vittas and Cho，1996）的成功案例，以及更新近的新兴市场经济体，比如中国和巴西的例子中所了解到的情况与此相矛盾。许多学者质疑这些国家的案例是否过于独特而没有可复制性。Calomiris and Himmelberg（1995）研究了1963年

---

[*] 岛田刚是静冈大学副教授，哥伦比亚大学和日本国际协力事业团研究所的访问学者，早稻田大学的兼职研究员。
[①] 这些公共开发银行包括欧盟的欧洲投资银行、德国的复兴信贷银行、巴西的国家经济社会发展银行等。
[②] 金融部门的经济作用是促进储蓄和投资，推动创新和结构性变革，从而实现持续、包容的增长。

至1991年日本的机床产业，发现政府的金融中介活动有助于促进日本的投资。与此同时，他们主张日本是"不具代表性的案例"并指出了政治俘获的风险（Calomiris and Himmelberg，1995，第27页）。[1] 如果这个主张是正确的，那么我们就不应该在其他国家复制这种模式。

本文将讨论日本的案例所能提供并应用于新兴经济体和欠发达国家的普遍教训。许多作者肯定了制度因素为日本开发银行的成功做出的贡献，比如广泛地使用公私合作（public-private partnerships，PPPS）模式、创立有效的监管体系、发展和传播可信的愿景（Vittas and Cho，1996，第292页；World Bank，1993）。如果制度建设是主要因素，那么，我们如何在特定国家建设制度框架或改变成一种有效的制度框架呢？没有文献从制度变迁的框架内分析开发银行系统（Mahoney and Thelen，2010；Matsuoka，2011）。本文旨在通过考察日本的案例和重点研究日本的开发银行来弥补这一研究缺口。但是，在本文的研究中，开发银行只是作为产业政策的制度框架的一部分。

本文的其余部分按如下顺序来组织。下一节将开始考察赞成或反对开发银行的理由。接着，我们将考察日本的案例，其重点是复兴金融银行和日本开发银行。在最后一节，日本的开发银行业作为产业政策的制度框架的一部分，我们将对它们进行分析。

1.1 赞成或反对开发银行的理由

基于以下理由，公共开发银行受到了批评。首先，它们和受到更严格的监管的相关国内金融环境一起使得名义利率低于竞争性市场上原本应该有的水平（扭曲了借贷双方的经济激励），从而导致金融市场效率低下。[2] 其次，有人认为这种类型的干预常常导致寻租、腐败和挤出效应。再次，开发银行计划经常被用于非优先用途，从而最终带来不良贷款。此外，贷款一旦推出，就很难从开发银行撤掉。这个问题被称为政治俘获。[3] 最后，人们可能要问：开发银行的正当理由是什么？

---

[1] "……值得注意的是，日本的产业直接信贷的有效运行，似乎是一个不具代表性的案例。在许多国家，通过为无效率的借款者提供了资金，并使特殊利益集团夺取了公共资金，政府干预产生了高昂的代价"（第27页）。

[2] 换言之，这就是金融抑制（McKinnon，1973；Reinhart, Kirkegaard, and Sbrancia，2011）。

[3] 因为这些担忧，"西方国家政府（直接并通过国际金融机构）强力推动发展中国家对它们的金融市场实行去管制和自由化"（Stiglitz and Greenwald，2014，第402页）。

1.2 市场失灵：信息的不对称

市场失灵理论提供了支持开发银行的理论背景。市场失灵的一个例子是信息不完全和信息不对称（Stiglitz and Weiss，1981；Stiglitz，1994；OECF，1991）。[①]这在发展中国家尤为重要，它们的私人公司的信息披露比较有限，从而导致"逆向选择（为不能生存的申请人提供资金）""道德风险（向不负责任的借款人提供资金）""信贷配给"（Jaffee and Stiglitz，1990）。很难知道贷款的风险。因此，私人银行无力向发展中国家发放贷款。为了补偿贷款风险，借款人所支付的利率变得非常高。[②]私人公司的资金成本极高，可以获得的资金要远远低于合适的数量。由于金融机构难以知道公司的当前状况、考察贷款风险并向它们发放贷款，贷款人变得厌恶风险。在这样的条件之下，金融的供求不能达到最优水平。例如，新的部门和技术往往得不到足够的资金，因而学习受到了阻碍。[③]这是投资不确定性的直接后果。

在此情况下，如果有一家银行为一家新企业提供融资，则其他银行可以通过观察该企业的信用历史而知悉相应的信息。这将显著地降低贷款风险。但是，由于给了其他银行"免费搭车"的机会，最初发放贷款的那家银行就不能收回其所承担的经风险调整的成本。这就阻碍了各个银行去充当发起人的角色（Calomiris and Himmelberg，1995）。通过提供贷款担保和/或再贴现贷款，促进创新和结构转型，按"合适的"条件（通常意味着补贴）发放长短期贷款，政府的开发银行可以在纠正市场失灵方面发挥重要的作用。

就日本来说，诸如日本开发银行和进出口银行等公共金融中介加入私人银行管理的辛迪加并取得了预期效果（份额小，但起到政府担保的作用）。对于

[①] 海外经济协作基金（Overseas Economic Cooperation Agency, OECA（1991）讨论了以下情况下政府干预的必要性：（1）特定活动的投资风险太高（由于需要较大的规模、较长的酝酿期、较高的技术和市场开发）；（2）私人和社会收益之间存在显著的差异（例如，农村的产业可以增加农村地区的就业机会，防止城市地区过度集中）；（3）节省外汇的产业可以缓解国际收支对其他成长性产业的制约；（4）污染控制和环境保护方面的投资；（5）幼稚产业面临庞大的社会体制成本；（6）信息问题阻碍向中小规模的产业发放贷款（引自 Calomiris and Himmelberg，1995，第 3-4 页）。2008 年，海外经济协作基金被重组为日本国际协力事业团。

[②] 另一方面，这也是穷人需要小额贷款的原因。如果没有小额贷款机构，穷人就没有办法借到钱。

[③] Stiglitz and Greenwald（2014）还强调了学习外部性的重要性。由于存在外部性，私人收益率与社会收益率之间差异极大。这是市场失灵的另外一个例子。

难以获得融资的公司,这种贷款对于它们的成长是不可或缺的。[1]

1.3 市场失灵：外部性

市场失灵的另外一个例子是外部性。例如,环境污染是一种典型的外部性。市场运行不能使环境污染的成本内部化(私人收益与社会收益之间存在显著的差异)。有必要由政府来鼓励那些防止环境污染及其风险的投资。在此情况下,为了平衡外部性并使其内部化,政府可能需要引入一种税收,比如环境税(或污染税)。然而,政府引入这样的税收在政治上可能有困难。

一种可供选择的做法是,政府可以提供作为一种补贴的长短期低利率融资。一旦引入这种贷款或补贴,私人公司将为得到贷款或补贴而相互竞争。如果存在与这些私人公司进行持续和长期交易的政府银行,则它们就能够有效地评估提供这种补贴或贷款的必要性。这是政府银行存在的另一种正当理由(OECF,1991；Okuda and Kuroyanagi,1998)。

外部性并不总是负面的,经济发展也有正面的外部性。例如,存在先行企业承担的"发现成本",它使模仿者受益,通过创造就业机会、纠正经济活动过度集中于城市地区,农村地区的投资可能使全社会而不仅仅是私人企业获利。对于为经济发展而发挥作用的产业政策而言,正面的外部性可能是至关重要的。

1.4 风险、规模经济以及其他

除了信息不对称性和外部性,风险是需要政府干预的另一个领域。如果特定活动的投资风险太高,政府中介机构可以成为汇聚、社会化和分散风险的最有效的工具(OECF,1991)。高风险的情形包括：较长的产业孕育期(私人公司不能耐心等待收回成本),创新(未知技术,但它可能是有利的),规模经济(如果投资少,则收益率低甚至无利可图)。发展中国家不存在长期贷款市场,因此,即便是相当有利可图的经营项目,私人公司也难以进行投资。在这种情况下,政府需要进行干预,以便建立市场并提供贷款,从而促进业务或投资

---

[1] 除此之外,Stiglitz and Greenwald(2014)认为,国内银行能够促进当地投资,但外资银行不能。外资银行从当地金融机构吸走存款,投资到国外去,从而阻碍学习型社会的创造。即使外资银行投资于国内,它们也只能向中小企业提供较少的资金,因为它们不大了解这些中小企业。因此,斯蒂格利茨与格林沃德认为,国内资本的获得是一种重要的产业政策工具。

(Okuda and Kuroyanagi，1998)。

最后，在发展中国家，金融市场通常是寡占市场，银行获得超额利润。理论上，政府需要进行干预，以便消除卡特尔并促进新的金融机构进入市场。然而，对于发展中国家的政府来说，这种政策在政治上是困难的，因为现有银行将反对这类举措。开发银行可以成为提高市场竞争力的有效工具，而不是通过消除卡特尔的方式来避开寡占市场（Okuda and Kuroyanagi，1998）。[1]

由于这些理由，开发银行确实在各种经济体中发挥着重要的作用。例如，根据 Griffith-Jones（2014）的观点，德国复兴信贷银行，这家为德国政府所拥有的开发银行，占德国银行信贷总额的 12.7%；巴西国家开发银行的比重是 21%。尤其在东亚，金融部门的政府政策促进了投资并带来了鼓励储蓄的稳定的银行体系。这改善了本地区的金融准入并通过提供长期融资，特别是向学习密集型部门提供长期融资，成为产业政策和结构转型的主要工具（Stiglitz and Uy，1996；Stiglitz and Greenwald，2014）。[2]

尽管有这些正当理由，但也存在一些困难（Okuda and Kuroyanagi，1998）。困难之一是，评估贷款申请，尤其是那些被私人银行拒绝了的贷款申请，复杂而费钱。其中包括来自微型、小型和社会企业的贷款申请。给予这些公司贷款在财务上并不总是成功的，这将开发银行置于压力之下。我们通常期望开发银行在财务上保持健康和盈利。然而，它们的工作性质是有风险的、复杂的。

我们需要关注难以量化的经济和社会收益，而不是细究财务盈利性。换言之，很难客观地衡量和评估开发银行的影响，这将开发银行置于弱势地位。此外，如果政府需要为开发银行提供资金，则可能导致预算赤字恶化、通货膨胀的压力上升（Okuda and Kuroyanagi，1998）。

另一个困难是寻租问题。例如，日本发生了 1948 年昭和电工丑闻，印度尼西亚发生了 1994 年国有开发银行 BAPINDO 不公正信贷担保丑闻。[3]

---

[1] 基于历史的视角，Kindleberger（1978）暗示金融危机是由以往的过度行为造成的。私人金融顺从经济周期，市场没有受到良好的监管。这为短期和长期的逆周期金融提供了另一个正当的理由（Griffith-Jones and Ocampo，2014；Ocampo et al.，2012）。

[2] Stiglitz and Greenwald（2014）认为，它是金融约束（温和地限制银行业的准入和存款利率）。

[3] 向一家名为"金钥匙"的印尼联合企业开了一张价值 4.3 亿美元的信用证。这张信用证是为了给一家位于西爪哇的石化工厂提供设备而发出的。"金钥匙"用该信用证做了提现，但并没有提供任何设备。该公司还卷入其他的欺诈指控。

2. 日本的情形：作为产业政策一部分的开发银行

正如我们所见，开发银行业具有挑战性和优缺点。那么，我们如何评估日本的情形呢？日本在战后因其产业政策而闻名，而开发银行在这一政策中发挥了至关重要的作用。日本政府承担了"初始银行"的任务，通过日本开发银行和进出口银行等机构提供信贷和提升企业。[1]这两家银行之间是相互补充的关系。[2]

然而，还有吸收存款的金融中介机构，最主要的是邮政储蓄系统。这也就是说，日本政府在筹集存款和在产业发展中配置金融资产方面，都发挥了重要的作用。在1980年代，日本的邮政银行系统拥有22 000家门店并在全部存款中占大约20%的份额（Sakakibara and Feldman，1983）。[3]日本邮政也是最大的金融机构，拥有超过300万亿日元的资产。它通常将75%左右的资产配置给日本政府债券。这笔资金被委托给财政部的资产组合管理部（Portfolio Management Department, PMD）。[4]根据神原英资（Sakakibara）与费尔德曼（Feldman）的研究，直到20世纪50年代初，资产组合管理部都还是主要支持中央和地方政府。1949年道奇计划线的平衡预算规则出台后，资产组合管理部开始通过财政投资和贷款计划（Fiscal Investment and Loan Program, FILP）将资金分配给开发银行，被分配出去的资金变为"预算外资金"。[5]

为了考察开发银行的作用而不是仅仅关注日本开发银行，我们有必要将其他利益相关者也包括进来。我们应该将开发银行作为产业发展制度的一个部分来加以考察。许多现有的文献也强调东亚制度的重要性（例如，Vittas and Cho,

---

[1] 以日本为例，私人公司主要向私人银行借款（1959年至1963年，从私人银行获得的借款占29.4%，从政府信贷获得的借款占2.7%）。在美国，1959年至1963年，政府信贷的比率是0.1%；在英国，1964年至1968年，该比率为1%。通过这些数字比较，可以断定政府信贷在日本所发挥的作用要相对大于美国和英国（Horiuchi and Otaki, 1987）。

[2] Calomiris and Himmelberg（1995）在调查机床产业时发现，进出口银行的作用随着日本开发银行作用的下降而提高。

[3] 遍布全国的营业点使得在农村地区吸收存款变得更加容易。Sakakibara and Feldman（1983，第20页）还提到，该系统迫使其他机构为吸收存款而竞争。

[4] 资产组合管理部也从国家养老基金那里获得资金。

[5] 根据Sakakibara and Feldman（1983，第21页）的研究，这些资金流向政府主要直接投资者，即财政投资和贷款计划，其中的一半专门拨给日本开发银行和住房融资公司等政府金融中介机构。

1996）。[1] 例如，World Bank（1993，第358页）指出：

> 日本、韩国和中国等迅速成长的经济体有称职、独立的官僚体制和银行来选择和监控项目，它们都用出口绩效作为信贷分配的主要标尺……如今，少量发展中经济体拥有制度资源来始终如一地使用以绩效为基础的信贷分配标准。

换言之，他们认为制度质量将高度成功的东亚国家与其他发展中国家明确地区别开来。因此，更仔细地考察开发银行和有关的利益相关者的制度方面将是有益的。

制度包括许多在正式（比如法律）和非正式（比如传统规则和社会规范）的结构上相互影响从而形成社会的行动者（Shimada, 2015a；Matsuoka, 2009；North, 1990；Olson, 1982）。[2] Ostrom（2005）将制度界定为由规则来安排的情境，它使个人能够作为团体或网络来集体行动，以便解决他们所面临的问题。如果恰当地实施，法治和法院系统就可以降低不确定性和交易成本。

在开发银行方面，那些行动者包括：政策体制（政策制定者）；政府部门（官僚），比如通产省和大藏省；开发银行，比如复兴融资银行和日本开发银行；私人部门（行业协会和私人公司）。此外，本章还包括劳工组织。正如我们稍后将看到的那样，在战后的日本，劳资关系和生产率运动对开发银行的工作做了一个补充。

North（1990）、Olson（1982）、Aoki（2010）以及Ostrom（2005）等研究了制度因素在经济表现中的作用。诺斯（North）与奥尔森（Olson）指出，"传统"生产要素（比如土地、金融资本、自然资源以及技术）的人均分布并不能完全解释人均收入的不平等。根据他们的观点，制度和社会资本是决定差异的主要因素（Shimada, 2014, 2015b）。

---

[1] Vittas and Cho（1996，第292页）分析了日本和韩国的成功因素，包括特定经济和制度因素的存在。经济因素有：维持价格稳定、生产面向出口、鼓励国内竞争、依赖私人部门以及工业化导向。制度因素有：广泛利用公私合作模式、创立有效的监控系统、可信愿景的发展和传播。

[2] North（1990，第3页）视制度为社会的"一套游戏规则"，它影响了人们的行为方式。

第6章 打开日本产业政策制度的"黑匣子":对开发银行、私人部门和劳动的制度性分析

如果制度得以加强,则一个经济体或社会的能力也将得到改善(Shimada, 2009)。随着一项制度变得更加强大,它的能力也将得到加强(Matsuoka, 2009)。① 日本产业发展的制度框架可以用图6.1加以概括。随着整套制度——我们可以把它们当成一项制度——变得更加强大,日本的增长能力也得以增强。

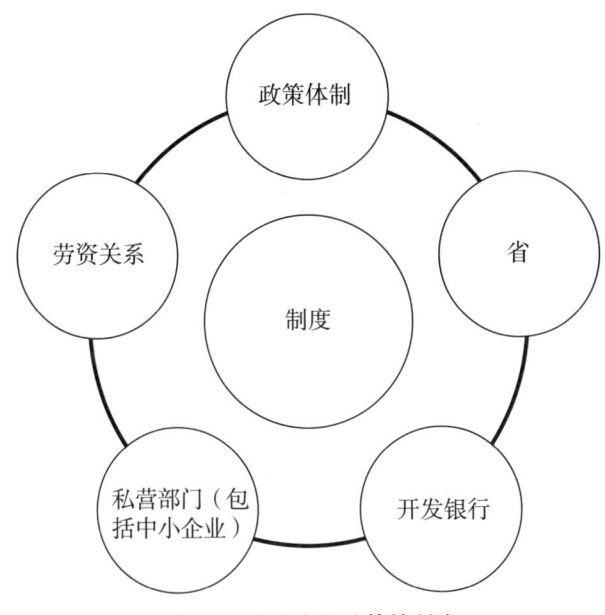

图6.1 日本产业政策的制度

数据来源:作者。

那么,日本是如何建立和改变这套制度的?下一节将考察开发银行在战后时期的起源。我们这样做的理由是战后时期对于界定制度(路径依赖)的性质非常重要。

正如Sydow和Koch(2009)所述,制度的路径依赖可以分为三个阶段:(1)预成期(包括"重要关头");(2)形成期;(3)锁定期(参见表6.1)。重要关头发生在前进路径选定之时。在形成期,选定的路径形成制度,制度为社会和经济效益最大化而设计。在锁定期,所有选择都是在先前的模式基础上做出来的,不允许有任何灵活性。如果允许有灵活性,则制度将不再有效地运行。一个著名的例子是QWERTY键盘布局:ABC布局可能更加方便,但是,由于QWERTY布局被锁定并且已经被大家学会了,因此,该技术就维持下来

---

① Matsuoka(2009)将制度变迁分为三个阶段:制度制定阶段、制度运作阶段和自我管理阶段。

了（David，1985）。

表 6.1 制度的三个阶段

阶段一	阶段二	阶段三
预成期	形成期	锁定期
第二次世界大战结束之前、从第二次世界大战到日本开发银行建立之间的重要关头	1952 年至 20 世纪 70 年代	20 世纪 80 年代以来

数据来源：作者在 Sydow 和 Koch（2009，第 692 页）的基础上做了调整。

我们将在下一节看到，在使用该框架的情况下，第二次世界大战到日本开发银行建立之间的时期是重要关头。因此，下一节首先考察日本的制度起源，特别关注开发银行的建立。我们将从如下 6 个主要方面审视制度：（1）开发银行的自主性；（2）开发银行强大的评估能力；（3）部门之间的互补性（横向与纵向外溢）与银行之间的互补性；（4）包容、分散的公私合作；（5）利益相关者之间的长期交易；（6）劳资关系。

3. 制度的形成：形成期的重要关头

3.1 复兴融资银行

第二次世界大战之后，日本设立了复兴融资银行，在 1947 年至 1949 年间向关键产业提供资金。[①]当时，日本经济停滞不前，工业生产尤为严重。[②]由于驻日盟军总司令部（General Headquarters, GHQ）的决定，1946 年的煤炭产量仅为前一年的 39.1%。这些决定想要限制进口数量（这造成了原材料的短缺以及生产成本的上涨）和解散大型财阀（在日本叫 Zaibatsu）。

考虑到产业发展制度在后期的发展，这两项决定是重要的。由于缺少原材料，政府需要与私人部门密切合作。此外，为了有效地利用稀缺资源，提高生产率也成为一个政策问题。大型财阀的解散改变了政府—私人部门关系的性

[①] 复兴融资银行成立于 1947 年，其目的是重建日本经济，其资金来源是发行由日本银行购买的债券。

[②] 战后时期的一个重要方面是所有的政客和政府官员都有一种危机感。时任经济稳定署副署长的 Syuzo Inaba 指出："1947 年至 1948 年，制定第一个经济复苏计划的基本观念是……没有经济独立就没有政治独立的可能性。换言之，如果我们能够恢复战前的经济水平并使贸易得以平衡，则日本就能够成为一个独立自主的国家。"（Inaba，1990）

第6章 打开日本产业政策制度的"黑匣子": 对开发银行、私人部门和劳动的制度性分析　　127

质。我们将逐步探讨这些变化。

当时，由于坏账的累积，金融机构难以为重建提供资金。除了这些限制，经济政策的处置不当（比如价格管制）和电力短缺导致日本经济陷入极其严重的衰退之中。由于各种商品供不应求，日本政府对如何应对经济状况的基本认识是双重的。

提高产量是要解决的首要问题。当时有一个争论：首要任务是提高产量还是控制通货膨胀？但是，石桥湛山（Tanzan Ishibashi，1965 年成为首相）等政治家强烈支持提高产量（Okita，1990）。[①] 为了提高产量，政府需要为生产提供资金。但是，这种融资预计会引起通货膨胀。与这种观点相反，有人认为随着产量的增加，商品市场最终将达到供求平衡，通货膨胀问题将逐步得到解决。

待解决的第二个优先事项是提高煤炭产量。当时，大部分煤炭都被美国占领军用于铁路系统和取暖。工业生产没有煤炭可用，尤其是出口导向型机械产业。[②] 为了解决这个问题，在安川平美（Hiromi Arisawa）的领导下，日本成立了一个政府煤炭委员会。安川是东京大学的教授，也是著名的优先生产系统的策划者。在该系统中，为了提高产量，所有必需的资源被分配给了煤炭部门。由于煤炭产量的提高，钢铁、化肥和电力等基本商品也得到了供应。这些基本商品产量的提高创造了一个反馈回路，后者进一步促进了煤炭、大米和小麦的生产。

当时，生产煤炭的私人公司也缺钱，需要得到融资。为了解决资源和资金短缺的问题，日本创立了优先生产系统，复兴融资银行在该系统中发挥核心作用。该政策的四大优先部门是煤炭、电力、化肥和运输（1948 年，复兴融资银行 70% 的融资流向这些部门）（Okazaki and Ueda，1995）。正如冈崎（Okazaki）与上田（Ueda）所述，由于缺少税收收入，日本政府无法为各个产业提供补贴，因此，复兴融资银行的资金被当作给企业的隐性补贴。来自复兴融资银行的金融支持一直持续到道奇计划（金融和货币紧缩计划）实施

---

① 日本产业银行前行长中山素平（Nakayama 1990）也提到，尽管存在超借和超贷问题，提高产量依然是优先事项。战后不久和复兴融资银行建立之前，日本产业银行设立了复苏借贷局，中山素平任董事总经理。
② 出口导向型机械产业被认为是日本复苏的驱动力。人们期待该产业吸收剩余劳动力，这些劳动力来自衰落的纺织业，而纺织业衰落的原因是它落后于其他亚洲国家（Okazaki，2001）。

之时，即1949年4月。①

关于复兴融资银行的贡献，人们有多种观点。一方面，该银行对煤炭和钢铁的金融扶持被认为是促进日本重建的重要因素；另一方面，该银行被认为是通货膨胀的主要根源，因为它的融资不是来自储蓄，而是来自日本银行（Bank of Japan, BOJ）。日本银行购买了大部分的复兴融资银行债券并向市场增加了货币供给，从而造成通货膨胀。②这场通货膨胀被称为复兴融资银行通胀或Fukkin通胀，但是，它也是政府计划达到的结果（Tanimura, 1981）。尽管出现了通货膨胀，生产获得了显著的复苏；相应地，政府的主要政策优先事项由恢复生产转向了控制通货膨胀。在驻日盟军总司令部的支持下，政府实施了强有力的通货紧缩措施。货币紧缩措施包括停止复兴融资银行的新贷款。③

此外，复兴融资银行被认为是寻租活动（贿赂、政治影响力以及对不健康企业的财政资助）的中心。在1948年6月发生了昭和电工丑闻之后，这种批评更多了。④当时，谷村裕（Hiroshi Tanimura）先生是大藏省的司长（数年后成为副首相），负责复兴融资银行的事务。他在发表于中国的一次演讲中提到，"复兴融资银行的工作极其繁忙和困难，很多危险的诱惑"（Tanimura, 1981, 第4页，由日文翻译过来）。⑤正如我们稍后将看到的，该丑闻对日本开发银行本身的制度架构和外围的利益相关者具有重要的影响。

决策机制决定了复兴融资银行的自主权很弱，这导致外部组织干预决策过

---

① 复兴融资银行的大多数贷款是赤字融资贷款，其目的是弥补私人公司的赤字，从而使它们的经营成为可能。道奇计划禁止为弥补当前赤字而发行国债。政府未能从金融市场借款，然而，政府从邮政储蓄存款中借到了钱（Sakakibara and Feldman, 1983）。
② 在其营运期间（从1947年到1949年），复兴融资银行发行了1 090亿日元的债券。日本银行承销了其中的70%，从而增加了38%的银行券（Horiuchi and Sui, 1993）。
③ 利用个体企业层面的数据，Okazaki和Ueda（1995）发现复兴融资银行的贷款流向表现不佳的企业，但是，得到日本开发银行融资的企业却要比其他企业表现好得多。基于这些研究结果，冈崎（Okazaki）与上田（Ueda）得出了如下结论：复兴融资银行贷款政策的改变具有积极的影响，最终对战时统制经济转向市场导向型经济发挥了重要作用。
④ 为了获得复兴融资银行的贷款，昭和电工株式会社总裁先后贿赂前首相芦田均（Hitoshi Ashida）和副首相西尾末广（Suehiro Nihio）。
⑤ 由于这些原因，复兴融资银行改变了贷款政策，放弃了赤字融资贷款，仅支持"伴随着价格修订的产业融资应急措施基础上的"基本设备采购。驻日盟军总司令部的"经济稳定三原则"也影响了政策变化。

程。这些组织包括经济稳定署和复兴基金委员会。贷款决策的责任分散在那些组织之间。当复兴融资银行被废除的时候（RFB，1950），人们发现它具有双重角色，即一家金融机构和一个政策实施组织，其中后者更受到强调。由于认识到这种弱点，具有更大自主权的日本开发银行成立了（公共金融机构独立性的重要性）。[①]

3.2 日本开发银行的建立：自主权和评估能力

日本开发银行成立于1951年，接管了复兴融资银行的活动。但是，为了促进产业发展，日本开发银行在更大程度上独立于各种政治力量之外。在根据自己的评估毫无政治偏见地做出贷款决定方面，日本开发银行拥有更大的自主权。这种政治独立性对于开发银行合理的制度设计来说是非常重要的。开发银行业的风险之一是非生产性寻租和政治俘获。日本开发银行的自主权使得政客与政府/开发银行之间的关系比较恰当，这使得日本开发银行能够避免寻租活动。更准确地说，复兴融资银行的失败导致自主融资原则的建立。日本开发银行设立了两条重要的原则（Takeda，2009）：一是自主融资原则，二是与私人银行互补的原则。我们将在下一节看到这一点。

这种独立性受益于日本开发银行高质量的现场贷款评估和项目监控。[②] 这种能力和财务独立性使它们的贷款违约率保持在非常低的水平上。[③] 日本开发银行坚持自主融资原则并保持较低的违约记录，从而赢得了可依赖和能力高的声誉。由于它的声誉，日本开发银行所做的融资成为私人银行的"信号"。在1956年至1965年这段贷款高峰期，日本开发银行的违约纪录是0.01%，远远低于私人银行的违约率。[④] 日本银行的高能力和自主权是这项制度的两个重要方面。

[①] Okazaki（2009，第36-41页）详细记录了使日本开发银行独立自主的过程和方法。
[②] 正如Calomiris and Himmelberg（1995，第4页）所强调的，"（日本开发银行）对成功地为私人债权人提供便利而感到骄傲"。
[③] 资金来源不是发行债券，而是邮政储蓄。与日本进出口银行和小企业融资系统一起，日本开发银行在为产业提供必要的信贷方面发挥了重要作用（Calomiris and Himmelberg，1995）。
[④] 日本开发银行的利率要比私人银行低一两个百分点。

4. 作为产业政策一部分的日本开发银行贷款：互补性和正的外部性

日本开发银行贷款的另一个重要方面是它嵌入日本政府的产业政策，比如生产率运动、税收、补贴等。① 国家五年计划提供了广泛的指导方针。然后，包括日本开发银行在内的贷款机构决定它们的贷款政策和贷款的发放对象。这些决定都是独立做出的。

4.1 互补性：横向和纵向外溢

最初，日本开发银行的主要业务是以大大低于市场利率的特殊利率为基础产业提供融资（Ogura and Yoshino, 1984）。基础产业包括电力、钢铁、造船和采煤。这些产业之间存在互补性。各部门之间有互利性合作（正面的外部性），我们将马上回到这一点上。由于产业部门之间存在互补性，在不忘"挤入效应"的条件下，贷款被用作对目标产业的一种补贴。②

在基本产业发展起来之后，目标产业变成了机床和汽车配件等制造业产业。③ 选择这些产业的原因是它们被认为对其他产业具有较高的外溢效应（Calomiris and Himmelberg, 1995）。因此，这种类型的干预不纯粹是凭空挑选出赢家。由于产业部门之间的互补性，可以根据具体情况灵活地改变目标产业。当我们将银行视为制度的一部分，部门之间的互补性或外溢效应是日本开发银行贷款的重要特征之一。

正面的外部性有两种类型，一类是横向的，另一类是纵向的。前者是由一个部门到其他部门（部门之间）的外部性（见图 6.2）。后者是从大公司到支撑

---

① Vittas and Cho（1996，第 282 页）将日本产业政策的目标概括为四个方面：挑选拥有动态比较优势的产业，支持衰落产业的平稳转型，支持中小企业，为增长型企业提供必要的基础设施。

② 某些研究者管这个效应叫信息效应（Horiuchi and Sui, 1993）、牛铃效应（Higano, 1986）、焦点（Ito et al., 1988）以及泵起动装置（Calomiris and Himmelberg, 1995）。它们提供两种信贷：特殊利率信贷和标准利率信贷。Horiuchi and Sui（1993）强调，日本开发银行向单个企业所提供的信贷量要比私人银行小得多。日本开发银行的贷款份额在 20 世纪 50 年代前半期是 3.5%，在 20 世纪 50 年代后半期则下降到了不足 2.0%。

③ 然而，有趣的是，Horiuchi and Sui（1993）主张目标产业不是迅速成长的产业，而是那些停滞不前和正在衰落的产业（电力、海运和煤炭）。Calomiris and Himmelberg（1995）也提到了这一点。采煤业由于其外溢潜力而获得了资助，但后来支持它是为了监督工人们退出该部门。

性产业的外部性，这些支撑性产业通常由中小企业构成。

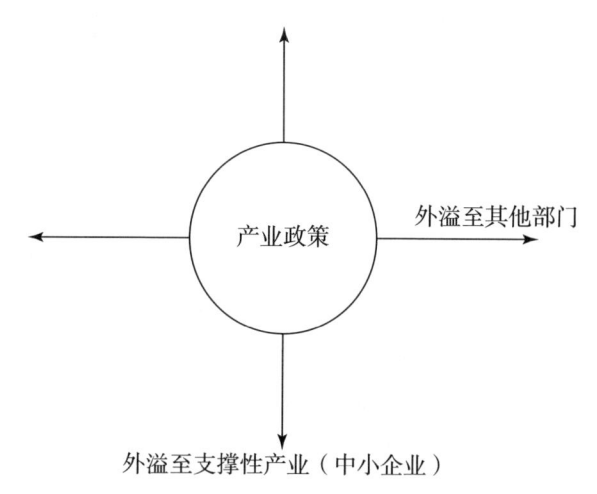

图 6.2 正面的外部性

数据来源：作者。

追求纵向外部性是该制度的特征之一。在日本，中小企业创造了 99% 以上的就业。中小企业对于提高日本经济的竞争力和日本人民的生活水平都很重要。1948 年，为了支持纵向外部性，在盟军总司令部的指导下，商业产业省（后来重组为通商产业省）下面设立了中小企业厅。

盟军总司令部声称，在第二次世界大战之前和第二次世界大战期间，大财阀在制度上支持日本军国主义。因此，从占领之初开始，解散财阀是盟军总司令部所要实施的首要任务之一。1947 年，也就是中小企业厅成立之前的一年，《反垄断法》通过了。盟军总司令部的目的是防止经济权力过度集中并给予每个想创业的人以平等的机会。

为了支持这些运动，日本也成立了其他金融机构，因为那些公司规模太小，无法获得日本开发银行的贷款。1949 年，为支持小企业的需要，成立了国家融资公司。1953 年，为了向中小企业提供长期信贷，还成立了作为政府金融机构的日本中小企业融资公司。从某种意义上说，对中小企业的外溢效应在第二次世界大战后不久就植入日本的新制度了。这个问题与下文要讨论的劳资关系相关联。

4.2 银行之间的互补性

互补性还有另一个方面：银行之间的互补性。这是日本开发银行另一项重要的经营原则。关于日本开发银行的贷款，贷款的数量并不那么重要，重要的是宣布特定公司可以从日本开发银行那里借款。这给准备发放贷款的私人银行传递了一个重要的信号（政府产业政策的信号效应降低了代理成本）（Horiuchi and Otaki, 1987; Horiuchi and Sui, 1993; Ueno, 1978）。通过降低风险，日本开发银行推动了私人银行的贷款量。

以日本为例，金融市场上的信息不对称是一个重要的问题，因为私人公司主要向特定银行借款，这家银行就是所谓的主银行。[①]一家公司和一家主银行之间的关系是通过长期交易培育起来的。这种主银行制度是许多公司填补信息缺口的另一种方式。然而，除了主银行之外，其他私人银行却被忽略了。日本开发银行的贷款为那些局外银行提供了重要的信息。换言之，日本开发银行所发挥的作用是填补了金融市场信息不对称所造成的信息缺口。此外，在这个时期，股票市场依然欠发达，因此，股权资本在公司融资中的作用较小。

这一点在战后重建开始的时候尤其重要（Shimada, 2015c）。许多中小企业历史短暂，没有银行交易记录，这造成很难评估发放给这些公司贷款的风险。日本开发银行的贷款告诉外界这个部门和这些企业有政府的支持，从而降低了这种风险。由于日本开发银行的贷款具有比利润最大化更广泛的目标，它们所传递出来的信息也被认为是不偏不倚的（可靠的）。在这个方面，Horiuchi and Sui（1993）发现，日本开发银行的贷款通过信息效应对借款者的投资支出产生了积极的影响。[②]

4.3 向私人银行过渡

Horiuchi 与 Sui 还主张，随着银行业变得更有效率，除了向尚未建立长期关系的新兴企业提供信贷之外，日本开发银行的重要性下降了。日本开发银行把

[①] 在我们考虑日本开发银行与挤入私人融资之间的关系时，我们还需要对主银行制度做一番思考。如果不将银行体系作为一个整体来考虑，那么，新兴经济体和欠发达国家所学到的教训就有可能是误导性的。诸如希尔德（Sheard 1989）等一些学者主张，通过银行间的协调来分摊贷款的收益和成本（在监督成本上不存在免费搭车），主银行制度是一种使相互之间的外部性内部化的制度。

[②] Horiuchi and Sui（1993）比较了得到（处理组）和没有得到（控制组）日本开发银行资助的中小企业从 1964 年至 1988 年的投资支出。该研究发现，与控制组相比，日本开发银行的贷款提高了处理组的投资。研究还发现，在获得日本开发银行三年的资助之后，处理组的中小企业开始得到私人银行的金融资源。这表明了日本开发银行的资助具有信息效应。研究还发现，如果中小企业没有主银行，则信息效应会更显著。基于这个研究结果，他们主张日本开发银行和主银行的作用相互重复了。

自己看作新企业的最初贷款者，但是，一旦私人资金准备好向这些企业提供贷款，它就会退出。① 这个过程需要大量的监管。Calomiris and Himmelberg（1995）主张，日本不同于其他国家，它的信贷计划没有造成高昂的社会成本。他们调查了日本银行对机床产业的贷款，将进出口银行和日本开发银行的贷款与长期信贷银行（Long-Term Credit Bank, LTCB）和日本产业银行（Industrial Bank of Japan, IBJ）的贷款进行了比较，得出了政府资金没有被长期俘获的结论。进出口银行和日本开发银行向相同的公司发放贷款的频率和时间都不如私人银行。

4.4 公私合作关系：包容和分散的机构多元主义

包容性

关于寻租和政治俘获的风险及其规避方法，许多研究日本的学者提到了政府和私人之间的合作（Calomiris and Himmelberg，1995；Vittas and Cho，1996）。一种在日本使用得非常广泛和频繁的合作方式已经在其他地方被采用，现在被称为公私合作关系。

20世纪50年代中期，钢铁的短缺导致经济复苏受阻。该问题通过"议事委员会制度"——一种协调利益相关者的公私合作关系论坛——得到了解决。委员会的成员包括产业代表、政府官僚以及其他人员。这些委员会做出全部重要的产业政策决定。

通产省以及相关的产业协会成立了出口机械用钢筛选委员会。它们为确保必需的25 000吨钢铁供应而通力合作（Okazaki, 2001）。为了建设必要的基础设施和解决行业间（比如钢铁和造船产业协会之间）诸多的问题，通产省还与运输省等其他政府部门合作。② 这些安排使日本公司变得有竞争力。例如，由于这些计划，钢铁的价格下降到了足以与美国相竞争的水平。这也使得日本的机械产业变得有竞争力了。换言之，公私合作模式被用来解决阻碍日本经济增长的瓶颈问题。

---

① Vittas and Cho（1996，第286页）比较了对通用机械生产商的贷款。他们发现，日本开发银行的贷款随着时间的推移而下降。20世纪60年代后期，它的贷款是在3.7%至5.3%之间；20世纪80年代降到了0.8%至2.6%之间。另外，在相同的时期里，私有的日本产业银行却没有经历同样的贷款下降；它的贷款前后保持在相同的水平上。换言之，日本开发银行对日本经济的结构性变化做出了灵活的反应。

② Okazaki（2001）描述了协调的细节。

公私合作不但是积极的，而且是包容的。它涉及各种利益相关者，比如产业（整个产业部门）、工人、学者、政客和官僚。利益集团需要竞争，才能为被确认为国家的重点。Horiuchi and Sui（1993）称此为日本开发银行的信息效应，它调节通产省与私人公司之间的信息交换。[1] 通产省在20世纪50年代末启动其产业政策时的情况尤其如此。[2] 他们提到，通产省和日本开发银行之间的信息交换是双向的，通产省根据其监控调查向日本开发银行推荐个体企业。为了帮助通产省制定产业政策，日本开发银行也积极地向通产省提供关于私人企业的信息和产业发展的可能性。[3]

机构多元主义

Aoki（1988）管这种公私合作关系称为机构多样主义或分区多元主义。[4] 当时，组织之间的劳动力流动性比较低，因此，对各个组织的归属感（或忠诚度）是非常高的。日本的劳动市场不同于其他国家，终身就业通常是惯例。一个组织的每个成员（尤其是领导人）具有强烈的动机来最大化其所属组织的生产率。每家公司的利益被汇总为一个经济或产业协会，比如日本钢铁协会。[5] 然后，强大的通产省下的对口产业局在政府内部进行谈判和协调。Okazaki（2001）将该制度描述为多元的和官僚主义的制度。[6] 它是多元的，因为主管机构协调所有利益相关者；它是官僚主义的，因为政府部门的行动是以经济协会的意愿为基础的。[7] 在这一点上，冈崎（Okazaki）指出了一个有趣的事实：机构多元主义和公私合作关系是日本的创新现象。

尽管战前时期也有类似的组织方式，但是，冈崎的分析有三点差别。首先，战前时期，在政府组织的会议上，产业协会的代表寥寥无几。其次，大多

---

[1] Higano（1986）管它叫作牛铃效应。
[2] 一个例子是1956年制定的《促进机械工业发展的特别措施法》。
[3] 根据 Horiuchi and Sui（1993）的研究，日本开发银行所拥有的信息被认为是政策制定者和单个企业的内部观点，因而为私人银行传递了某种含义。
[4] Calomiris and Himmelberg（1995）将这个过程与美国的政治体制进行了比较。在美国，影响国会委员会的势力是特殊游说集团。
[5] 根据 Okazaki（2001）的研究，日本在20世纪70年代有多达528家产业协会。
[6] 为了考察机构多元主义的组织层面和历史起源，Okazaki（2001）研究了设在通产省下面的产业结构委员会。
[7] Okazaki（2001）称该制度为"高度分散化的制度"。在其分析中，该制度没有任何强大的中心来协调低级别的工作。

数成员来自财阀和商会。换言之，他们并不汇总特定产业的利益。相反，它是一部基于选定的大企业主和地域代表（商会）的机器。最后，许多成员是政客，因为，不同于战后时期，大部分协调作用是由政客而不是官僚来发挥的。总之，在战前时期，政府与企业之间的关系非常不同于战后的机构多元主义。用制度变迁的框架（如表6.1所示）来表述，这个阶段可以称作预成期。

变化发生在第二次世界大战与日本开发银行建立之间的这段时间里，这是一个重要关头。其原因是，日本政府在战争期间需要巨大的资源来生产飞机和船舶，于是，为此设立了一个调动这些资源的协会，如钢铁管制协会（Okazaki，2001；Okazaki and Okuno-Fujiwara，1999）。根据Okazaki（2001）的研究，随着与政府合作经验的不断积累，产业协会的地位在第二次世界大战期间有了巨大的提高，产业协会成为战后经济体系的重要基础。① 我们前面看到的**优先生产政策**就是主要的例子之一。

公私合作关系是日本产业发展制度的核心。有了公私合作关系，日本政府的产业政策变得可行而实用。公私合作关系还使日本开发银行的贷款成为产业间互补性（纵向和横向）和银行间互补性的关键驱动力。然而，还有一个因素需要考虑，就是劳资关系或生产率运动的作用。

4.5 劳资关系：生产率与分享型增长

第二次世界大战结束之后不久，作为解放日本的一部分，盟军总司令部释放了日本共产党领导人德田球一（Tokuda Kyuichi）和志贺义雄（Shiga Yoshio）等政治犯。更准确地说，盟军总司令部的目的是要让日本成为一个非独裁、非军事化的国家。从今天的观点来看，这是一个奇怪的决定，但是，在军事占领之初，盟军总司令部与共产党领导人开展了密切合作。根据盟军总司令部的政策，任何有关工人权利的法律和规章都在1945年和1946年被通过了。

然而，这种合作并没有持续很长时间。劳工运动变得过于活跃和激进。1946年，也就是战后第一个五一节后不久，该团体的某些人就开始示威游行，要求得到食品。示威游行扩散至日本全国各地，甚至冲击了日本皇宫。1946

---

① 1948年，为了制定经济复苏的长期战略，日本政府设立了经济复苏计划委员会。该委员会有四个按产业划分的分委员会：采矿与制造业、食品与必需品、国际贸易以及运输。这些分委员会大多由产业协会的会长来担任主席，比如日本煤炭协会、日本钢铁协会、日本棉纺协会以及日本化学工业协会。

年5月20日，道格拉斯·麦克阿瑟（Douglas MacArthur）总司令发表了一个声明，对示威游行和大众骚乱发出了警告。

即使盟军总司令部的政策发生了变化，劳工运动依然继续向整个日本扩散。1946年10月，不下30万名私人部门的工人加入了罢工并争取到了更高的工资和更短的工作时间。随着劳工运动变得更加激烈，政府与劳工运动之间的冲突也加剧了。劳工组织要求在1946年2月1日举行总罢工。局面变得非常紧张，似乎没有任何解决的办法。一名劳工运动领导人甚至在冲突中受了伤。最后，盟军总司令部禁止了最后一天的总罢工。对于盟军总司令部来说，这代表了一个转折点。

盟军总司令部的劳工政策也受到国际形势的影响，比如中华人民共和国于1949年成立和美苏两国之间的冷战。即使盟军总司令部试图压制劳工运动，冲突依然在1949年变得更加严重，先后发生了下山事件（7月）、三鹰事件（7月）和松川事件（8月）。尽管真相依然未明，但是，劳工运动的参与受到了广泛的怀疑。1950年，盟军总司令部发动了一次对政府、新闻界和私人公司的红色清洗。

这个时期正是日本开始增加生产能力和建立产业政策制度的时候。因此，为了提高产量，政府和私人公司管理好劳资关系是至关重要的。此外，为了用较少的资源来最大化产出，资源短缺使它们自然而然地考虑提高生产率。

例如，1949年，盟军总司令部实施的反通货膨胀措施导致丰田公司的产量急剧下降。1950年，在与工会进行了长期、激烈的斗争和多次罢工之后，丰田公司解雇了大约2 000名工人，公司创办人丰田喜一郎（Kiichiro Toyota）辞职。这次解雇违背了当初与工会达成的协议，情况因而变得更加糟糕。然而，在同一年里，朝鲜战争爆发，美国开始订购大量的卡车。丰田有必要提高产量，但工人的数量却比以往少（Van Driel and Dolfsma，2009，第62页）。在这些条件下，人们对提高生产率有着巨大的需求，进而要求管理层与劳工组织进行建设性的合作。

4.6　美国在第二次世界大战后的援助政策

1951年，产业合理化审议委员会建议政府成立一个生产率组织。这项运动得到了美国政府的外国企业管理局（Foreign Operation Administration, FOA）的支持。它是美国国际开发署（United States Agency for International Development, USAID）的前身。

在此期间，美国非常积极地支持作为马歇尔计划和第四点计划一部分的生产率运动。在美国的帮助下，英国成立了英美生产率委员会（Anglo-American Council on Productivity, AACP）。从1948年到1952年，美国接待了来自英国的大约66个使团和900名人员，大部分费用都由美国政府来承担。在英美生产率委员会之后，欧洲成立了多个类似的生产率中心：丹麦（1949）、土耳其（1949）、奥地利（1950）、西德（1950）、荷兰（1950）、的里雅斯特（1950）、比利时（1951）、意大利（1951）、瑞士（1951）、希腊（1953）、瑞典（1953）以及法国（1954）等。作为生产率运动的中心，欧洲生产率机构（European Productivity Agency, EPA）也成立了。

实际上，正是美国政府建议日本建立一个由政府、私人部门和劳工组织构成的三方联合体，从而建立日本生产率中心（Japan Productivity Center, JPC），因为这是欧洲国家的标准做法（JPC, 2005）。1954年，日本和美国政府举办了一次会议，就生产率问题达成对日本的援助协议。就在这次会议之后不久，通产省决定以准公共基金的形式成立日本生产率中心，并且日本内阁也同意接受美国的援助。[1]

然而，劳工组织一方（日本工会总评议会）反对这个运动。他们认为生产率运动是征服劳动者的工具。日本生产率中心于1955年成立的时候，日本工会总评议会并没有参与其事。同年，日本政府宣布了生产率运动的三项指导原则，试图与劳工组织一方进行合作。[2] 这是一种由管理层向劳工组织做出的建设性工作的承诺。这三项原则具体是：

1. **扩大就业**。从长远来看，提高生产率将带来更多的就业机会。然而，从国民经济的角度来看，为了通过再就业和其他措施来阻止剩余人员的失业，政府需要制定有法律效力的政策，而公私合作关系对于这种政策的制定是必不可少的。

---

[1] 当德永久次（Tokunago Hisatsugu）从经济稳定局离开加入通产省后，美国邀请他研究生产率改善运动（美国也承担了全部的运输费用）。数年之后，他成为通产省的副大臣。生产率改善运动背后的思想是让股东、劳动力和消费者分享利润的果实。德永在回首往事时说："我认为这是改善劳资关系并推动它在私人公司中传播的好手段。"（Tokunago, 1990, 第1页，由日文翻译过来）然后，他建立了日本生产率中心。日本政府对该运动资助了3年，每年的开支是300万日元。

[2] 日本政府的这个公告受到国际劳工组织1944年发表的《宾夕法尼亚宣言》的影响。

2. **劳资合作**。劳资双方必须相互合作，在考虑到特定企业环境的基础上研究和讨论提高生产率的具体方法。

3. **生产率成果的公平分配**。生产率的成果应该根据国民经济的状况在劳动力、管理层和消费者之间进行公平的分配（JPC，2005，第 38 页）。

正如人们所见，这些原则旨在促进就业、增加实际工资和提高生活水平，而不仅仅是为了提高竞争力。对于理解日本生产率运动的性质来说，这一点是非常重要的。

1955 年 6 月，作为对这些原则的回应，劳工组织一方发表了八条生产率运动的原则。它们强调了**产业民主**的重要性。总的来说，劳工方的原则与日本生产率中心的三条指导原则是一致的，它们于当年 9 月份达成了一项合作协议。这改变了劳资关系的性质，从斗争关系变成了合作关系。

美国的援助从 1955 年开始，一直持续到 1961 年。该项援助由国际合作署（International Cooperation Administration, ICA）负责管理，该机构是由外国企业管理局改组而成的。在那 7 年时间里，日本的 393 个团队（3 986 名人员）受到了美国的邀请。每个团队代表一个产业，比如钢铁、电力、制鞋以及汽车配件等。即使在美国的援助终止之后，日本依然继续向美国派遣使团。1965 年，日本派出了 568 个使团、6 072 名人员（JPC，2005）。

4.7　分享型增长

在美国的帮助下，许多官僚和商务人士研究了生产率的改善。这对日本的制造业部门产生了显著的影响。丰田生产系统（Toyota Production System, TPS）或称持续改进（Kaizen）起源于生产率运动并扩散至整个日本。它极大地提高了日本的生产率。此外，受生产率运动三个指导原则的影响，经济增长是包容性的（Shimada et al.，2013）。

日本经济增长史的特点是其卓越的成绩，而更重要的特点是其收入分配相当平等（Birdsall and sobot，1993；World Bank，1993）。[1]尤其是在 20 世纪 60

---

[1] 正如 World Bank（1993）所述，在 20 世纪 70 年代与 20 世纪 80 年代，该地区包容性增长的主要力量是制造业。在生产中，工业部门提供就业机会并利用农村非熟练劳动力。在那个迅速工业化的时期，主要城市的工业吸引着外来的工人。

年代，基尼系数非常迅速地得到改善。1963 年，该系数为 0.31，1971 年，它降到了 0.25（Dtake，2003）。

如果没有劳工合作关系，包括开发银行干预在内的产业政策将具有不同的影响。整个这种制度框架推动日本在 20 世纪 60 年代和 20 世纪 70 年代取得了很高的经济增长。

5. 日本的制度：分散化结构和共享性繁荣

到此为止，我们考察了日本产业政策制度的利益相关者是如何将日本开发银行情境化的。总的来说，该制度的特征由如下关键概念构成：（1）开发银行的自主权；（2）开发银行较高的评估能力；（3）部门间（横向和纵向）和银行间的互补性；（4）包容、分散的公私合作关系；（5）利益相关者之间的长期交易；（6）协作型劳工关系。

这些特征的背后是两个重要的考虑：一是分散化结构，二是共享型繁荣。正如我们所见，该制度不是从上到下的，而是分散化的。首先，日本开发银行的自主权意味着它可以有自己的退出政策，并选择何时将责任移交给私人银行等机构。这有助于日本开发银行躲避政治俘获和寻租。其次，即使在省里，权力也并非集中于顶层。实际上，省里的每一个机构都有制定和协调政策的自主权。最后，通过各种政策干预、生产率运动（自下而上的管理方法）和法律（比如反垄断法和劳工权利法），分散化机制被植入整个制度之中。

共享型繁荣与该制度的分散化性质是一枚硬币的两面。正的外部性使得各个产业部门之间相互受益。由于产业部门之间相互受益，其他部门也从产业政策中获利。如上所述，在政府的金融支持（包括提供长期信贷）下，中小企业分享了这一利益。中小企业甚至受益于与大公司（财阀）进行长期交易。有了这种长期联系，大公司在许多情况下为中小企业提供技术培训，这种培训对中小企业的发展具有显著的影响。最后，正如我们所见，在劳资之间公平分配利益的机制在生产率运动之初就已经被植入了。可以说，该制度的这两个内置特征是推动日本经济高速增长的动力。

在我们分析发展中国家所受到的政策影响之前，简要地谈一下锁定期可能是合适的。

5.1 锁定期

20 世纪 80 年代末以来，过去运行得很好的制度架构无法对经济环境的变化做出反应了。根据我们的制度框架（如图 6.1 所示），该制度进入了锁定期。

锁定期与日本经济的结构性变化有关。战后时期，各个产业（比如重工业和其他制造业部门）之间存在互利性和正的外部性（没有利益冲突）。给煤炭产业带来好处，也会给钢铁和建筑产业带来长期的利益。[①] 在此条件下，日本的公私合作关系是一种具有分散化结构、非常有效的决策体系。当产业发展成为一个国家的优先事项时，该体系运行得非常有效。然而，数十年之后，在经历了快速的经济增长和结构转型之后，国家的政策议程从产业发展扩大到了环境污染和增长质量等其他问题上。

在产业间和企业间相互补充的时期，同样的体系也发挥了作用。在存在互利互惠的时候，政府的产业政策随着时间的推移而有所调整。然而，一旦这种联系变得过于紧密，它就变成变革的阻力，同样的体系就成为经济的负担。换言之，各省和现有公司的既得利益阻碍了改革，因为它们反对变化。对日本开发银行融资的需要也下降了，人们设想出了日本开发银行的新作用。

这种锁定期对于任何制度来说都是不可避免的。一旦被锁定，制度就需要设法重新获得其动态性质。然而，这个问题超出了本文的范围。我们现在来考虑如何建立一种有利于经济增长的制度。

6. 开发银行所做与未做的事情

在巴西、中国和马来西亚等新兴经济体的迅速发展中有许多成功的开发银行，正如在韩国等经济体的迅速转型中出现的情况一样。为了克服寻租和政治俘获等问题，为了补充市场运行，每一家开发银行都按其自身的方式来运作。由于对产业政策的兴趣最近复活了，开发银行所能发挥的作用被作为一个问题提出来了。因此，在振兴开发银行业方面，我们可以从日本的制度中吸取到怎样的教训？

[①] 另一方面，我们可以说这是政府和私人公司所享有的集体风险分担框架。

6.1 自主性与高能力

正如日本的案例研究所示，任何国家、任何情况都可能发生寻租活动。问题是国家或银行如何在事件发生后把问题解决了。如果一个国家能够应对问题，则避免寻租和政治俘获的系统更有可能保持着正确的状态。正如我们从日本开发银行所看到的，自主性是该银行和整个制度的基础。由于它的自主性，私人银行对它的贷款评估有很高的评价（信号传递效应）。如果没有这种自主性，它可能轻易地屈服于寻租和政治俘获。

可以有多种途径来确保现有制度的自主性。Mahoney and Thelen（2010，第15页）将这些途径划分为四大类型的制度变迁：（1）取代；（2）分层；（3）渐变；（4）转变。

1. 取代：移除现有的制度和/或规则，引入新的制度和/或规则。
2. 分层：在现有制度和/或规则的基础上引入新的制度和/或规则。
3. 渐变：现有制度和/或规则的含义和影响因环境变化而变化。
4. 转变：现有规则的制定因其战略性调整而改变。

根据如下两个因素的强弱度，他们的框架还可以做进一步的分类：（1）政治的现有取向；（2）制度变迁的阻力（Matsuoka，2011；Kitayama，2011）（见表6.2）。

表 6.2 制度变迁的分类

政治的现有导向	制度变迁的阻力	
	强	弱
强	渐变	转变
弱	分层	取代

数据来源：作者在 Kitayama（2011，第54页）的基础上做了调整。

就日本开发银行而言，为了克服日本融资银行的功能障碍问题，制度是用这个框架中的"取代"方法来建立的。这就是日本开发银行获得贷款决策自主权的方式。有多种方式可以确保自主权，比如分层和转变，这取决于一个国家的具体情况。如果一个国家正在建立或经营一家开发银行，那么，给予它自主权是至关重要的。

贷款评估能力的建设也是日本开发银行成功的基础，该银行实际上是建立在现有的银行制度基础上的。在我们的框架中，这就是分层。在日本开发银行成立的时候，只有 10.6% 的人员是新招录的。日本开发银行几乎保留了日本融资银行所有希望留任的职员。但是，高级管理团队则属于例外的情况。日本开发银行所有的高级职员（部门主管级别以上）都是来自日本融资银行之外的新任命的人员（Okazaki, 2009）。他们来自日本银行、抵押银行和日本产业银行。造成这种情况的原因基于如下说法：用日本融资银行的同一批管理人员来经营日本开发银行是不合适的。任何制度都不可能突然平地而起。因此，通过对有能力、有经验的工作人员进行分层，日本开发银行很好地替换了高级管理人员。如果员工（人力资本）没有知识和经验的积累，日本开发银行就难以维持其贷款评估的质量。

6.2 网络

作为一种制度，日本开发银行的一项成功元素是具有强大的利益相关者网络。日本开发银行与其他私人银行之间具有良好的劳动分工关系，因此，它获得了私人银行的信任。纵向和横向外部性也有助于加强这种网络。在该制度内部，劳动力是有建设性的。所有参与者都具有长期的视野，并且由于这种长期交易，他们的交易费用被认为相当低。

因此，有一个稳健的网络似乎是产业政策制度获得成功的另一个因素。为使一个制度网络变得强大，预期利益需要在成员之间进行分享。如果存在这种预期，则所有的利益相关者都将渴望去共同努力。产业政策需要审视这种广泛的基础是如何建立起来的。

6.3 分散化系统

当我们把日本历史上的政策含义运用到其他国家时，某些方面仍然为日本所特有。如果不承认这一点，而是自动地将日本的模式套用到其他国家身上，这将是危险的。一个独特的方面是劳动力在不同组织之间的低流动性。日本因其终身就业制度而闻名。一旦人们在大学毕业后找到一个工作职位，他们通常会终生待在同一个组织中。在短期里，工资并不是太高，但是，为一个公司或组织工作的时间越长，工资就会变得越优厚。因此，有一种使工人们久留在同一个组织中的激励结构。高级管理人员也是如此。

在终身就业制度下，人们对如何在他们所属的公司或组织中工作的问题可以有一个长期的看法。他们也有很强烈的激励制度来最大化组织的利益，而不是最大化个人的短期利益。

在其他国家，人员的流动性往往高于日本。在这些国家，机构里的利益相关者之间的网络结构将有所不同。无论如何，长期交易本身将有助于信息不对称的最小化。因此，需要根据国家和机构的背景来考虑网络的强化方式。

与其他国家相比，日本的决策方式更加分散化，从机构多元主义到自下而上的方法，再到工厂的车间管理（比如质量控制圈），情况无不如此。这也是日本制度的另一个独特之处。用自上而下方法的国家将有必要考虑一下使该制度强大的途径。即使在这种情况下，共享型繁荣依然非常关键，因为它具有使利益相关者团结起来的能力。

7. 结论

正如我们所见，两个基本因素为日本带来了有效的开发银行和制度：开发银行的自主权和高能力。建立这些基本因素的方式有多种。就日本开发银行来说，它发端于一次贿赂事件，这个事件带来了自主权和分层能力。

对于日本开发银行来说，即使它的能力非常高，也存在用组织的人力资源来解决问题的极限，比如向中小企业提供融资。如果该银行的工作负荷过大，它就难以保持贷款评估的质量。因此，这种制度框架内部的劳动分工对于产业政策的有效性具有重要的作用。如果利益相关者之间界限分明，它们之间的共同合作就会比较容易，从而降低交易费用、共担交易风险。经由这个过程，这种制度将变得更加坚实。即使日本的案例由于其人员流动性低和决策过程分散化而显得有些独特，上述各点依然是使制度为经济和社会而运作的普遍教训。

最后，在制度停滞不前的时候，锁定期是不可避免的。一个国家转变其制度的速度是保持制度的动态性质的关键。如果在建设和改革制度的时候考虑到这些方面，成功的机会将大大增加。

第7章 开发银行与产业融资：印度的实践与教训[①]

迪帕克·内亚尔

本章的目标是分析1950年以来开发性金融机构在发展中世界的作用。但是，我们重点围绕印度来概述故事、评估经验和引出教训。这些经验和教训对于其他工业化的后发国家也许是有价值的。第一节将讨论置于更广泛的背景之下，以勾勒出一幅发展中国家在工业化中实现赶超的图画，其中，政府的支持作用形式多种多样，即使并非处处至关重要，也是必不可少的。第二节从手段和目的两个角度，在宏观、中观和微观三个层面来考虑产业政策的逻辑，以便解释开发银行的基本原理。第三节概述印度的开发性金融机构从20世纪40年代后期到21世纪早期的演变，以及它们在此后显著的收缩。第四节讨论印度此类机构在工业化融资上的宏观经济意义、导致它们最近衰落的潜在因素以及浮现出来的替代性产业金融资源。第五节评估印度开发性金融机构的绩效，以便突出可以从其成败当中吸取的教训。第六节从国际角度将印度的经验与其他晚近的工业化国家的经验进行比较。

1. 工业化中的追赶

发展中国家在20世纪后半叶和21世纪的头10年见证了迅速的工业化，尽管其在各区域和国家之间的扩散并不均衡。工业化的这种赶超始于1950年代初，在20世纪70年代初形成了势头。产出和就业结构的变化——导致农业

[①] 我要感谢2014年6月5-6日在约旦和2015年2月19-20日在纽约哥伦比亚大学召开的IPD-JICA研讨会的参与者，他们对我的报告提出了敏锐的问题和有益的评论。我还要感谢阿图尔·桑格内利亚（Atul Sanganeria）宝贵的研究帮助。

的份额下降、工业与服务业的份额上升——是支撑该进程的重要因素。

从 1970 年到 2010 年，短短的 40 年发生了巨大的变化（Nayyar，2013）。如果按不变价格计算，发展中国家在世界制造业附加值中的份额从 1/12 上升到了 1/3；如果按当前价格计算，则该份额从 1/8 上升到了 2/5。类似地，发展中国家在世界制成品出口中的份额从 1/12 上升到了 2/5。工业化导致发展中国家的贸易结构发生了显著变化，初级产品和资源类产品的进出口份额下降了，与此同时，制成品尤其是中高技术产品的进出口份额上升了。

但是，这场工业化在各个区域之间是非常不平衡的：大部分集中于亚洲，拉丁美洲几乎原地踏步，非洲则落后得更远。在区域之内的各国之间，工业化的扩散更加不均衡。工业化高度集中于少数国家：拉丁美洲的阿根廷、巴西、智利和墨西哥；亚洲的中国、印度、印度尼西亚、韩国、马来西亚、泰国和土耳其；非洲的埃及和南非。实际上，从它们的规模（反映在国内生产总值和人口上）、对世界经济的参与（反映在贸易、投资和移民上）以及工业化水平（反映在制成品的出口和工业生产上）在发展中国家的总量中所占的比例来看，这些被称作"后十三国"的国家具有巨大的经济重要性（Nayyar，2013）。当然，后十三国之间也存在巨大的差异性。尽管它们存在明显的差异性，我们依然有可能基于地理、规模、经济特征以及发展模式的相似性而将它们分成几个组。各组之间在让它们走上工业化之路的三个因素上存在更多的共同点：初始条件、制度赋能和政府支持。需要指出的是，对于工业化的早期后发者（如今是工业化国家）来说，无论是亚洲的日本还是欧洲的芬兰，这些因素都同样重要。

制造业产出和工业生产的观察结果在很大程度上归因于后殖民地时代的发展战略和经济政策，它们为工业化的后发国家打下了重要的基础。回顾过去，显而易见的是，在后十三国的发展进程中，国家在创造初始条件、建立制度以及进行战略性干预方面发挥了核心作用（Nayyar，2013）。实际上，在追求工业化的过程中，政府的作用几乎在发展中国家的任何地方都至关重要（Evans，1995；Wade，1990；Lall，1997；Amsden，2001），尽管在作用的性质和目标上存在差别。对于强调市场和开放的那些国家，政府的作用是最大限度地减少市场失灵。其着重点是恢复价格的正常作用和购买工业化所需的技能和技术。对于那些强调国家干预以及适度、精确和可控开放的国家，政府的作用是最大限度地限制政府失灵。重点是发挥制度应有的作用并培育工业化所需的技能和技术。当然，该作用的界定并非一劳永逸，而是随着工业化和经济发展而逐步变化（Bhaduri and Nayyar，1996；Nayyar，1997）。

在早期阶段，政府的作用在于通过物质基础设施建设来创造初始条件和通过教育来发展人力资源，其中，物质基础设施建设需要政府对能源、运输和通信进行投资。在工业化后期，政府的作用在性质和程度上发生了变化，具体表现在三个方面：功能、制度和战略。功能性干预试图纠正具体和一般的市场失灵。制度性干预试图通过为市场主体设立游戏规则而治理市场，试图创立市场监管的框架和监控市场运行的制度。战略性干预试图引导联结各个部门的市场，目的是实现工业化的长期目标，所用的手段不但包括产业政策和技术政策，还包括汇率政策和利率政策。

在这些国家中，支持或促进工业化的扶持性框架是在 20 世纪 50 年代后期或 20 世纪 60 年代早期建立起来的。这种时间安排并不是巧合。它是亚洲和非洲后殖民时代的开始时间和作为意识形态的发展计划在包括拉美国家在内的大多数国家兴起之时。在谋求赶超的过程中，工业化是人们的共同愿望。积极有为的政府制定了这种制度框架的基础，中国和印度如此，阿根廷、巴西、智利、墨西哥、印度尼西亚、韩国、泰国和土耳其也是如此，埃及政府的所作所为也大体如此（Amsden，2001）。这种框架都是关于产业促进和产业投资的，其手段要么是使用产业政策、贸易政策和技术政策，要么是建立计划办公室、产业委员会和金融机构。在这个范围内，为产业部门提供长期融资的开发银行尤其重要。其目标是培育国内企业的生产能力、投资能力和创新能力，与此同时，各国对公共部门和私营部门的重视程度不同（Lall，1990）。这些制度的创立和演变是工业化和经济发展进程的一个组成部分（Chang，2007）。扶持性制度并非像正统经济学所建议的那样仅仅局限于保护产权和降低交易费用上（North，1990）。显然，它并非仅仅是政策体制问题。在早期阶段，国家在创立扶持性制度上的作用至关重要，这种制度支持这些后发国家的工业化进程，尽管它们未来的转变路径各不相同。

2. 产业政策与发展融资

不同的人对产业政策的含义有不同的理解。对于某些人来说，它包括范围广泛的干预：从产业促进、关税保护、公共投资、研发支持到区域政策和政府采购，再到支持有前途的产业或建设熟练的劳动大军（Reich，1982；Pinder，1982）。对于另外一些人来说，它是政府干预的概括性术语，这种政府干预的目的是为了保持全球竞争力而发展或收缩一国经济中的特定产业（Johnson，1984）。对于其他一些人来说，它是各种选择性或歧视性干预，这种干预针对特定地区、产业和企业（Lindbeck，1981；Landesmann，1992）。在这样一个连续的范围之内，它还可以被更加精确地定义为：为了实现国家认定的对整个经济来说是有效率的结果而针对特定产业或企业所实施的政策（Chang，1996）。就产业政策的含义展开讨论可能没有太大的意义。无论如何，有大量的文献涉及这个主题，这些文献可以扩展到经济理论中的战略性贸易政策和经济实务中的战略性技术政策等相关领域。但是，我们应该认识到，产业政策的构想和设计在空间和时间上都具有独特性，因为它是由背景和场合所决定的。因此，空间和时间不同，手段就可能不同。然而，目标始终是关于工业化的结果，实现这种结果不能仅仅依靠市场，还需要国家干预。

某种形式的产业政策是开启和维持后发国家工业化进程的一个组成部分。对于创造某些初始条件，它至关重要；对于创立扶持性制度，它必不可少。不管政府是作为领导者还是作为促进者，产业政策都是政府的支持作用的重要基础，这种干预在不同的发展阶段可以而且确实呈现不同的形式。但是，产业政策总是很重要，因为工业化就是在实践中学习的过程。反事实推理可以证实这个命题。某些国家过去的去工业化是不做不学的过程。许多国家当前缺失工业化，从而可能因迟滞而产生长期后果。

就结果而言，成败取决于干预的性质和质量。因此，产业政策不是万应灵药，既有收益，也有成本。在那些成功的国家，收益远超成本；在那些遭受灾难性失败的国家，则成本远超收益。然而，结果并非非此即彼，通常是成功和失败的某种组合，并且这种组合随着时间的变化而变化。此外，在学会工业化的过程中，成本显现在前，一段时滞之后才会获得收益。因此，产业政策的评估必须在一段时间内进行，而不能在一个时点上进行。当然，产业政策的逻辑既有静态方面，也有动态方面。但是，跨时考虑工业化的重要性决定了动态方面要重要得多。于是，真实的问题是如何使产业政策更有效地实现理想的结果。与此同时，与产业政策相关的风险必须与产业政策缺失所造成的风险相平衡。政府失灵和市场失灵毕竟都是无法改变的事实。

抛开关于含义的讨论，我们可以从宏观、中观和微观层面上来思考产业政策。它模糊了一般性干预与选择性干预之间的区别，却反映了观察到的实际做法。

在宏观的层面上，对于整个经济而言，政府试图通过对国内市场上的制成品进行产业保护和进口替代而促进工业化，或者试图通过对世界市场上的制成品实行出口导向政策而进行产业促进。大国强调前者的动机是实现学会工业化的目标，其中不但包括消费品的工业化，还包括中间物品和资本物品的工业化，因此，出口是企业市场扩张之路的终点。小国强调后者的动机也是实现学会工业化的目标，但是，其重点在于劳动密集型的消费制成品，因此，出口是企业市场扩张之路的起点。在两组国家中，某些工业化后发国家为战略性目的而使用贸易政策和汇率政策的一个组合。贸易政策的特征是不对称性，因为，它对出口部门实行开放政策，但对其他部门实行限制措施。然而，汇率的低估是长期的，因此，国内产业在世界制成品市场上变得有竞争力了。

在中观层面上，对于特定产业而言，政府的干预试图发展朝阳产业或收缩夕阳产业。在这么做的时候，某些工业化的后发国家以战略性的方式使用货币政策，对不同的产业制定不同的利率，以此来影响可供投资的稀缺资源的配置。这种做法在日本和韩国表现得淋漓尽致。然而，对于那些通过资本项目自由化而融入国际金融市场的国家，如此战略性地使用利率即使并非不可行，也是要困难得多。但是，保持资本管制的国家则依然具有可行性。当然，用其他政策工具对选定产业进行战略性的政府支持是可行的，只要这些政策工具并不违背世界贸易组织的义务和规则。多边规则确实压缩了这种政策的空间，尽管某种程度的自由依然存在。

在微观层面上，对于被选定的企业，政府在国内或世界市场上的支持试图培育其管理或技术能力，或者试图鼓励它们进行横向和纵向的扩张，使它们能够实现生产和营销的规模经济，从而开发全球性品牌和创建大型跨国公司。正如日本和韩国所做的或中国和巴西试图要做的，基本目标是挑出赢家和创造冠军。现实情况要复杂得多，而且它可能沦为租金和利益输送。其成功依赖于国家的性质和行政系统的效能。这反过来又需要制度化的控制机制。

开发银行的经济逻辑是简单的。在工业化的后发国家，资本市场是不完善的。因此，试图进入产业部门的新企业发现，在大致相当于社会贴现率的利率水平下，它们极难为其初始投资获得融资，更别提为弥补它们在学习期的亏损而获得融资。如果这种投资具有不稳定性和在一段酝酿滞后期之后才能收到投资回报，则该问题就更加复杂。在这种情况下，企业可能少投资或不投资于需要学习资本的制造业方面。在资本市场分散的地方，大多数融资是自筹资金，因为新的创业者或企业根本无法以任何价格获得资本——即使它们能够获得资本，利率也可能高到使投资无利可图的水平。在长期融资中，该问题要严重得多，因为在初始亏损大、学习期长的情况下，新企业所需的资本具有不可分割性。需要指出的是，这组约束是幼稚产业论基本原理的基本组成部分之一（Cordon，1974；Chang，2002）。

工业化的后发国家设立开发银行的基本目的是满足缺失或幼稚的制造业部门的先驱企业的融资需要。资本市场和商业银行没有满足这种需要，因为它们计算下来觉得风险太高。实际上，开发银行代表了风险的社会化，即由社会而不是个人来承担为工业化早期提供融资的有关风险。只要社会目标不同于私人目标，开发银行在中短期内接受较低的回报率显然是合情合理的，因为，对于受益于内部信息的有耐心的资本来说，这些回报率在长时间里要高得多。实际上，我们有理由认为，开发型金融机构可以向社会补偿其在学习期间所承担的费用，具体途径是利用它们在政府占用租金和解决市场特有的协调失灵问题上的影响力。

3. 印度开发性融资的演变

印度开发性融资的基本原理与其他欠发达国家几乎一样，都受到通过工业化实现赶超的强烈愿望的影响。殖民地时代的特点是经济开放和市场得不到监管，这造成了去工业化和经济欠发达。因此，在独立的时候，局面并不有利于经济发展：国内储蓄率和投资率都很低，金融部门欠发达，中央银行所拥有的金融资产在整个经济中几乎占到一半之多（Goldsmith，1983）。商业银行的相应份额大约是三分之一，但是，由于当时的制造业或基础设施投资所涉及的团块性、风险和酝酿滞后期，它们在为工业化融资方面未能起到显著作用。该问题因流动性和到期日的错配——提供产业融资的银行是避免不了这些错配的——而变得更加严重。国内实业家自身的资本积累不够充足，与此同时，几乎没有长期融资市场，比如债务市场（更不要说股权市场），而这些市场原本可以成为企业的融资来源。因此，创立为制造企业或产业部门提供开发性长期融资的机构几乎势在必行了。

回首过去，我们可以发现印度的这些机构经历了三个发展阶段：从20世纪40年代末到60年代中期、20世纪80年代以及从20世纪90年代末到21世纪初期。

第一个时期最重要，它是工业化的启动时期。该时期有三个组成部分：全国性的长期贷款机构、各个邦的机构以及所谓的投资机构。

不同时期设立了各种长期贷款金融机构。印度工业与融资公司（Industrial

Finance Corporation of India, IFCI）创立于 1948 年，其设立依据是一项议会立法法案，其目的是为企业和合作部门的大中型工业企业提供长期信贷。印度工业与信贷投资公司（Industrial Credit and Investment Corporation of India, ICICI）设立于 1955 年，其设立依据是当时的《1913 年公司法》，其目的是促进私人部门的产业并在世界银行的支持下满足其投资的外汇需求。作为结点性金融机构，印度工业发展银行（Industrial Development Band of India, IDBI）设立于 1964 年，其设立依据是一项议会立法法案，其目的是为产业发展提供长期融资并根据国家的优先事项来协调此类贷款活动。其明文规定的作用从融资延伸到再融资贷款、技术开发以及银行服务，并且发挥项目、管理和重组的顾问角色。这三家国家级机构的基本目标是为产业部门的私人投资提供长期融资。相应地，其资金来源主要是印度储备银行的优惠性融资和政府担保的债券，该债券的利率要比市场利率低，商业银行可以持有这种债券并用来满足对流动性比率的法定要求。

在同一个时期，为了满足联邦系统中各个邦的需要，印度还创立了多种机构。20 世纪 50 年代，根据 1951 年的一项国民议会法案，制定了一个扶持性制度框架，从而创立了邦金融公司（State Financial Corporation, SFC），这些公司的目标是为各州制造业部门的中小企业提供长期融资，这种融资可以促进投资、创造就业以及推广产业。为了追求同样的目标，各邦设立了邦产业开发公司（State Industrial Development Corporation, SIDC），设立依据是 1956 年《国家公司法》，目的是促进制造业中小企业发展，具体的帮助措施包括卢比贷款、债券认购、股票承销、风险投资、设备租赁以及商人银行业务。两套机构的主要目的都是让中小企业获得产业融资并推动工业化的地理扩散。这些机构反过来也从各自的政府那里以优惠的条件获得资金。实际上，邦政府是邦产业开发公司唯一的所有者。

第三个组成部分是投资机构，它在这种角色上发挥不寻常的作用。它始于 1956 年保险业务的国有化，后者导致印度人寿保险公司（Life Insurance Corporation, LIC）的创立。该公司为政府所独有，其目标是让全国的农村地区和贫困人口获得人寿保险。印度单位信托（Unit Trust of India, UTI）紧随其后，它作为一种共同基金成立于 1964 年，成立依据是一项议会的立法法案。其目标是为小型储户提供投资机会。通用保险公司（General Insurance Corporation, GIC）于 1973 年最后一个加入这组机构，它当时是被作为一家持股公司来组建的，其下有四家从事具体保险业务的分支机构，这些机构已经被国有化了。其目标是扩大各种保险的获得机会。这些机构筹集资金的方式包括调动家庭储蓄、推广保险习惯以及为个人的金融储蓄开辟赚取更高回报的途径。显然，它们的融资来源无论是家庭还是个人，几乎都是小型储户。以贷款或股权的方式提供长期的开发性融资成为这些机构的次要目标，这几乎是一个必然结果。至于投资机构，其业务的性质解决了到期日错配的问题，而政府所有制使它们成为产业融资的一个潜在来源。

第二个阶段集中于20世纪80年代。该阶段的特征是再融资机构和特定部门或专业化机构的创立。为了满足先前未曾认识到或在后来的发展阶段才浮现出来的需要，这些机构的目标超越了为产业部门进行融资和向制造业企业发放长期贷款的范围。设立的再融资机构为数不多。国家农业和农村发展银行（National Bank for Agriculture and Rural Development, NABARD）设立于1981年，其设立依据是一项议会立法法案。作为一家全国性的最高机构，它为农业、农村工业化、村镇产业、手工产品以及其他经济活动提供信贷，从而促进农村地区的发展。在那之前，印度联邦银行和农业再融资公司发挥了这种作用。国家住房银行（National Housing Bank, NHB）设立于1988年，是印度储备银行的全资附属机构，其设立依据是一项议会立法法案，其目标是促进专业化的住房融资机构和动员住房贷款的资源。除了再融资角色，它还是住房融资公司的监管机构。印度小型产业开发银行（Small Industry Development Bank of India, SIDBI）设立于1989年，是印度产业开发银行的全资附属机构，其设立依据是一项议会立法法案，其目标是为工业部门的小型企业提供融资并协调从事类似活动的机构的职能（Reserve Bank of India，2004）。

然而，针对特定部门而设立的专业化机构却数量众多。住房和城市发展公司（Housing and Urban Development Corporation, HUDCO）创立于1970年，其目标是为公共部门的住房供给提供融资。不久，其目标扩展到合作和公司项目的融资。农村电气化公司同样创立于1970年，其目标是为农村和城郊的电力项目提供融资。然而，大多数此类项目诞生于20世纪80年代。印度进出口银行（Export-Import Bank of India, EXIM Bank）设立于1981年，其设立依据是一项议会立法法案，其目标是为出口部门提供信贷并促进国际贸易。1986年，印度航运信贷投资公司（Shipping Credit and Investment Corporation of India, SCICI）、电力金融公司（Power Finance Corporation, PFC）以及印度铁路金融公司（Indian Railways Finance Corporation, IRFC）创立了，其目标分别是为航运、电力和铁路部门提供机构融资。1987年和1989年，印度还先后为可再生能源和旅游设立了开发性金融机构（Reserve Bank of India，2004）。

第三个阶段是从20世纪90年代初到21世纪头10年中期。这段时间恰逢金融部门实行改革和放松管制，见证了印度开发性融资机构的大转型。因此，10年之后，也就是21世纪10年代中期，印度开发性金融部门的局面大不相同。

这种变化在很大程度上归因于金融部门的改革，这场改革始于20世纪90年代后期并在其后集聚了强大的动力。除了印度产业融资公司之外，各家开发银行都被转变为商业银行。印度产业信贷投资公司的转型获得了成功，印度小型产业开发银行的转型却没有成功。投资机构也逐步退出了这个领域。因此，印度产业信贷投资公司于2001年至2002年、印度小型产业开发银行于2004年至2005年、印度单位信托于2003年至2004年终止了对产业部门的长期贷款。邦金融公司和邦产业开发公司也于2003年至2004年停止了付款。

替代机制似乎并没有被创造出来，以填补这种空白，但创立了两家致力于基础设施的新机构。基础设施开发金融公司（Infrastructure Development Finance Company，IDFC）成立于1997年，是一家有权引导资本进入基础设施部门的私有公司，其目标是在商业可行性的基础上促进用于基础设施融资的私人资本流动的增长。印度基础设施金融有限公司（India Infrastructure Finance Company Limited，IIFCL）成立于2006年，是一家政府的独资公司，其目标是为切实可行的运输、能源、水务、卫生、通信以及商业等领域的基础设施项目提供长期融资。其资金来源是国内资本市场上的借款，其中包括政府担保债券这样的低成本资金，这种债券的持有人可以免交利息税。它优先考虑公私合作项目。这种规模收缩导致开发性银行业的作用急剧地下降。唯一保留下来的长期贷款金融机构是印度小型产业开发银行，而依然向产业部门发放贷款的投资机构是印度人寿保险公司。有趣的是，它们的贷款活动居然有利可图。再融资机构——国家农业和农村发展银行、国家住房银行和印度小型产业开发银行——继续经营并实现盈利。在特定部门的机构中，进出口银行、农村电气化公司、电力金融公司、印度铁路金融公司以及住房和城市开发公司经营活跃且有利可图，但是，其他机构的经营则并不那么活跃和有利可图（Reserve Bank of India，2004）。

4. 工业化的融资

这些政府主导型机构在工业化融资中的作用变化反映了开发性融资的演变。表7.1展现了放贷总额的数据，机构类别分为成长期贷款机构、投资机构

表 7.1A　印度开发型融资机构 1970/71 财年至 2000/01 财年放贷额（单位：10 亿卢比）

财年	印度工业与融资公司	印度工业与信贷投资公司	印度工业发展银行	印度小型产业开发银行	投资机构*	邦机构**	合计
1970–71	0.2	0.3	0.6	—	0.1	0.4	1.6
1971–72	0.2	0.3	0.8	—	0.1	0.5	1.9
1972–73	0.3	0.4	0.8	—	0.2	0.6	2.3
1973–74	0.3	0.4	1.4	—	0.3	0.8	3.2
1974–75	0.4	0.5	2.0	—	0.6	1.1	4.6
1975–76	0.3	0.6	2.2	—	0.3	1.3	4.7
1976–77	0.5	0.7	3.4	—	0.5	1.4	6.5
1977–78	0.6	0.9	4.1	—	0.6	1.5	7.7
1978–79	0.7	1.1	6.2	—	0.5	2.0	10.5
1979–80	0.9	1.4	7.5	—	1.9	2.7	14.4
1980–81	1.1	1.9	12.6	—	1.6	3.7	20.9
1981–82	1.7	2.6	15.0	—	2.3	5.1	26.7
1982–83	2.0	2.8	16.0	—	2.0	6.1	28.9
1983–84	2.2	3.3	19.8	—	3.6	6.7	35.6
1984–85	2.7	3.9	22.0	—	5.1	8.0	41.7
1985–86	4.0	4.8	28.0	—	9.0	9.7	55.5
1986–87	4.5	7.0	32.6	—	9.4	12.2	65.7
1987–88	6.6	7.7	40.0	—	11.5	13.9	79.7
1988–89	10.0	10.9	33.8	—	16.1	15.3	86.1
1989–90	11.2	13.6	51.2	—	16.5	17.0	109.5
1990–91	15.7	19.7	45.0	18.4	28.4	18.7	145.9
1991–92	16.0	23.5	57.7	20.3	42.1	22.2	181.8
1992–93	17.3	33.2	67.1	21.5	94.0	22.5	255.6
1993–94	21.6	44.1	81.0	26.7	78.8	22.6	274.8
1994–95	28.4	68.8	106.7	33.9	65.1	29.3	332.2
1995–96	45.6	71.2	107.0	48.0	65.0	41.5	378.3
1996–97	51.6	111.8	114.7	45.8	71.2	42.8	437.9
1997–98	56.5	158.1	151.7	52.4	86.1	35.3	540.1
1998–99	48.2	192.3	144.7	62.9	96.5	38.0	582.6
1999–00	32.7	258.4	170.6	69.6	127.6	35.8	694.7
2000–01	21.6	316.6	174.8	64.4	127.9	36.4	741.7

数据来源：印度储备银行，《印度经济统计手册》和《通货与金融报告》，各期。

注释：最右边那一列里的数字是印度工业与融资公司、印度工业与信贷投资公司、印度工业发展银行、印度小型产业开发银行、印度人寿保险公司、通用保险公司、印度单位信托、邦金融公司和邦产业开发公司的实际放贷额之和。在 1990/91 财年之前，印度小型产业开发银行是印度工业发展银行的一部分。

* 投资机构包括印度人寿保险公司、通用保险公司和印度单位信托。

** 邦机构包括邦金融公司和邦工业发展公司。

154 产业政策的选择及其经济后果

表 7.1B　印度开发型融资机构 1901/02 财年至 2012/13 财年放贷额（单位：10 亿卢比）

财年	印度工业与融资公司	印度工业与信贷投资公司	印度工业发展银行	印度小型产业开发银行	投资机构[*]	邦机构[**]	合计
2001–02	10.7	258.3	110.1	59.2	116.5	17.5	572.3
2002–03	17.8	—	66.1	67.9	79.0	27.0	257.8
2003–04	2.8	—	49.9	44.1	169.9	8.6	275.3
2004–05	0.9	—	61.8	61.9	89.7	—	214.3
2005–06	1.9	—	—	91.0	117.7	—	210.6
2006–07	5.5	—	—	102.3	277.6	—	385.4
2007–08	22.8	—	—	151.0	284.6	—	458.4
2008–09	33.1	—	—	283.2	623.6	—	939.9
2009–10	60.5	—	—	319.4	537.6	—	917.5
2010–11	84.0	—	—	388.0	401.4	—	873.4
2011–12	56.8	—	—	418.1	519.7	—	994.6
2012–13	15.0	—	—	406.8	466.5	—	888.3

数据来源：印度储备银行，《印度经济统计手册》和《通货与金融报告》，各期。

注释：最右边那一列里的数字是印度工业与融资公司、印度工业与信贷投资公司、印度工业发展银行、印度小型产业开发银行、印度人寿保险公司、通用保险公司、印度单位信托、邦金融公司和邦产业开发公司的实际放贷额之和。在 1990/91 财年之前，印度小型产业开发银行是印度工业发展银行的一部分。从 2003/04 财年至 2012/13 财年，在印度人寿保险公司、通用保险公司和印度单位信托等投资机构的贷款中，印度人寿保险公司的贷款占了绝大部分。值得注意的是，从 2003/04 财年至 2012/13 财年，通用保险公司的放贷额仅占印度人寿保险公司放贷额的 4%。

* 投资机构包括印度人寿保险公司、通用保险公司和印度单位信托。
** 邦机构包括邦金融公司和邦工业发展公司。

和邦机构，时间是从 1970/71 财年到 2012/13 财年。当然，这种贷款开始的时间要早得多，但是，在 20 世纪 60 年代后半期，年均放贷总额只有区区 8 亿印度卢比。1970/71 财年，这项放贷总额为 20 亿卢比，1980/81 财年增长到 140 亿卢比，1990/91 财年增长到 1 460 亿卢比，2000/01 财年增长到 7 420 亿卢比，但是，2005/06 财年回落到 2 110 亿卢比，2012/13 财年又回升到 8 880 亿卢比。图 7.1 描绘了放贷总额的时间序列数据及其分解后的组成部分，它更清楚地显露出了这种趋势。该图还显示，这项放贷总额经历了 20 世纪 70 年代的适度增长、20 世纪 80 年代的迅速扩张、20 世纪 90 年代的显著增长，随后是 21 世纪头 10 年上半期的急剧下降，此后又恢复并超过了以前的峰值，尽管金额都是

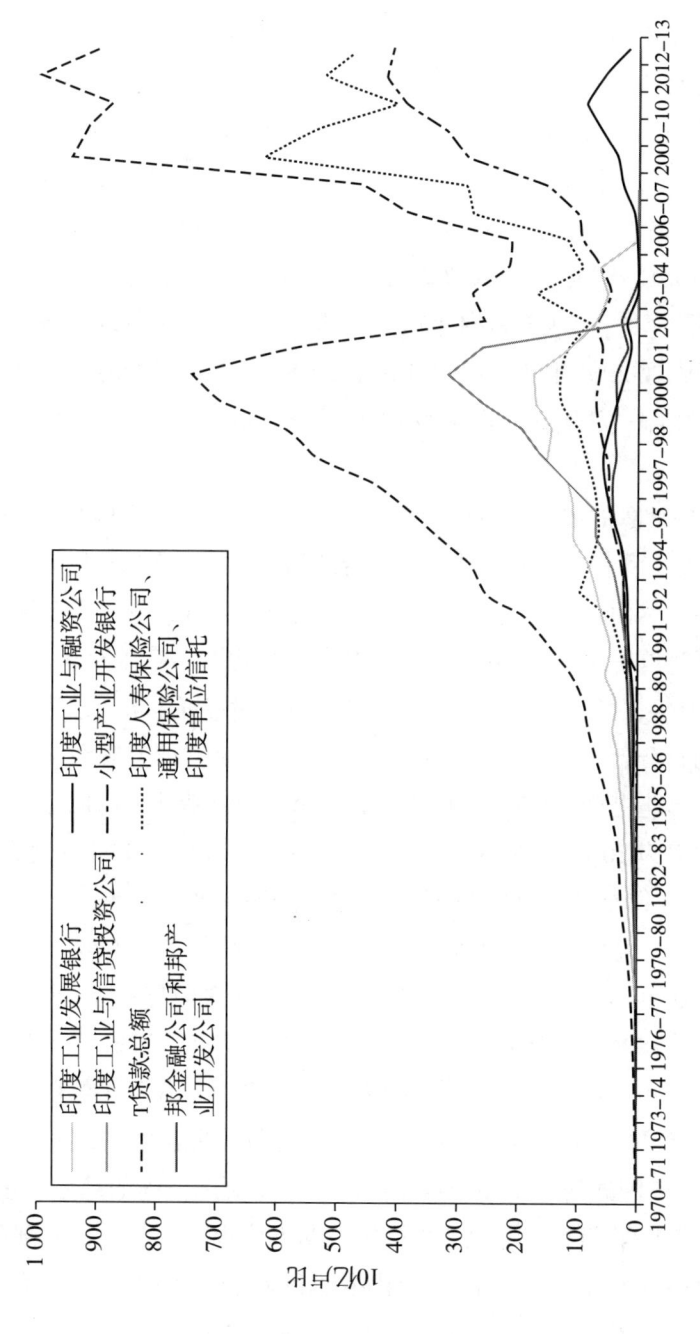

图 7.1 印度开发性融资机构 1970/71 财年至 2012/13 财年放贷额

数据来源：表 7.1。

按名义数量来计算的。

不同机构的相对重要性随着时间的推移而变化。从 1970/71 财年到 2000/01 财年的 30 年里，长期贷款机构（印度工业与融资公司、印度工业发展银行、印度工业与信贷投资公司）在全部放贷额中大约占了 2/3 至 3/4 的比重。在 1989/90 财年之前，邦机构（邦金融公司和邦产业开发公司）和投资机构（印度人寿保险公司、通用保险公司和印度单位信托）在其余支出中所占的份额大致相同，但是，前者所占的份额此后急速下滑，因为印度小型产业开发银行于 1990/91 财年开始放贷并稳步扩大放贷额。从 2001/02 财年开始，长期贷款机构的放贷额急剧下降并于 2005/06 财年达到底部，降到了几乎可以忽略不计的水平。放贷总额从 2006/07 财年开始回升并于 2008/09 财年略微超过了前期高点，但是，这种回升几乎完全归功于印度小型产业开发银行和印度人寿保险公司的放贷额。

按现行价格计算的放贷总额趋势可能夸大了开发型融资机构发放的此种贷款的增长。但是，我们不能轻易找到一种合适的平减指数来构造以不变价格计算的时间序列。然而，通过与适当的宏观经济变量进行比较从而对绝对数进行正规化则要简单得多。表 7.2 显示了放贷贷额的趋势，期限是从 1970/71 财年到 2012/13 财年，指标分别是贷款总支出占国内固定资本形成总额和制造业部门附加值的百分比。该表显示了开发型融资机构贷款的宏观经济意义随着时间的推移而迅速上升。1970/71 财年，放贷总额与制造业部门固定资本形成总额之间的比率为 10%，1980/81 财年上升到 30%，1990/91 财年上升到 36%，2000/01 财年上升到 49%，2005/06 财年却下降到 6%，2012/13 财年仅仅小幅恢复到 14%。值得注意的是，私人部门的这些比率要高得多，1970/71 财年大概是 25%，2000/01 财年上升到 75%。1970/71 财年放贷总额与制造业附加值之间的比率为 3%，1980/81 财年上升到 9%，1990/91 财年上升到 20%，2000/01 财年上升到 24%，2005/06 财年却下降到 4%，2012/13 财年仅仅小幅恢复到 7%。当然，跨越 10 年的观察值所掩盖的信息可能与所揭示的信息一样多。

图 7.2 描绘了同样的时间序列数据，展现出了更加清晰的趋势。它显示，从 20 世纪 70 年代早期到 20 世纪 90 年代中期，放贷总额与制造业部门资本形成总额之比持续上升，20 世纪 70 年代中期和 20 世纪 80 年代早期有短暂的下降。但是，20 世纪 90 年代晚期有显著的下降，2000/01 财年又达到峰值，2005/06 财年降到了最低水平，随后的数年有所回升，但要比之前的高点低得

多，仅仅与 20 世纪 70 年代中期持平。在这 40 年里，放贷总额与制造业附加值之比显现出了几乎相同的趋势。实际上，除了两组比率的水平有所不同并且后一比率的波动幅度相对较小之外，两条序列图的路径非常相似。

表 7.2　1970/71 财年至 2012/13 财年开发性融资机构贷款的宏观经济意义

财年	总支出与制造业部门固定资本形成总额之比	总支出与制造业部门附加值之比	财年	总支出与制造业部门固定资本形成总额之比	总支出与制造业部门附加值之比
1970–71	9.4%	2.6%	1991–92	36.6%	19.5%
1971–72	10.9%	2.8%	1992–93	44.3%	23.6%
1972–73	11.0%	3.1%	1993–94	43.7%	21.9%
1973–74	14.5%	3.5%	1994–95	46.6%	21.5%
1974–75	14.1%	3.9%	1995–96	31.5%	19.5%
1975–76	11.3%	3.9%	1996–97	30.4%	19.9%
1976–77	16.0%	4.8%	1997–98	34.1%	23.5%
1977–78	16.5%	5.1%	1998–99	34.8%	23.3%
1978–79	19.9%	6.1%	1999–00	45.2%	25.6%
1979–80	27.0%	7.3%	2000–01	48.9%	24.2%
1980–81	29.8%	9.4%	2002–03	17.7%	7.4%
1981–82	26.9%	10.3%	2003–04	14.5%	7.0%
1982–83	25.9%	10.2%	2004–05	7.4%	4.7%
1983–84	26.4%	10.6%	2005–06	6.1%	4.0%
1984–85	25.0%	11.0%	2006–07	8.6%	6.1%
1985–86	29.2%	13.2%	2007–08	8.3%	6.3%
1986–87	31.3%	14.2%	2008–09	20.7%	11.5%
1987–88	35.5%	15.1%	2009–10	16.2%	9.9%
1988–89	30.8%	13.9%	2010–11	12.8%	8.1%
1989–90	31.9%	14.6%	2011–12	14.7%	8.0%
1990–91	35.8%	17.0%	2012–13	14.0%	6.7%

数据来源：表 7.1 和印度中央统计组织的《国民账户统计》。
注释：百分比是在如下基础上计算出来的：表 7.1 中的放贷总额数据和印度中央统计组织出版的《国民账户统计》各期中的制造业固定资本形成总额数据和制造业附加值数据。

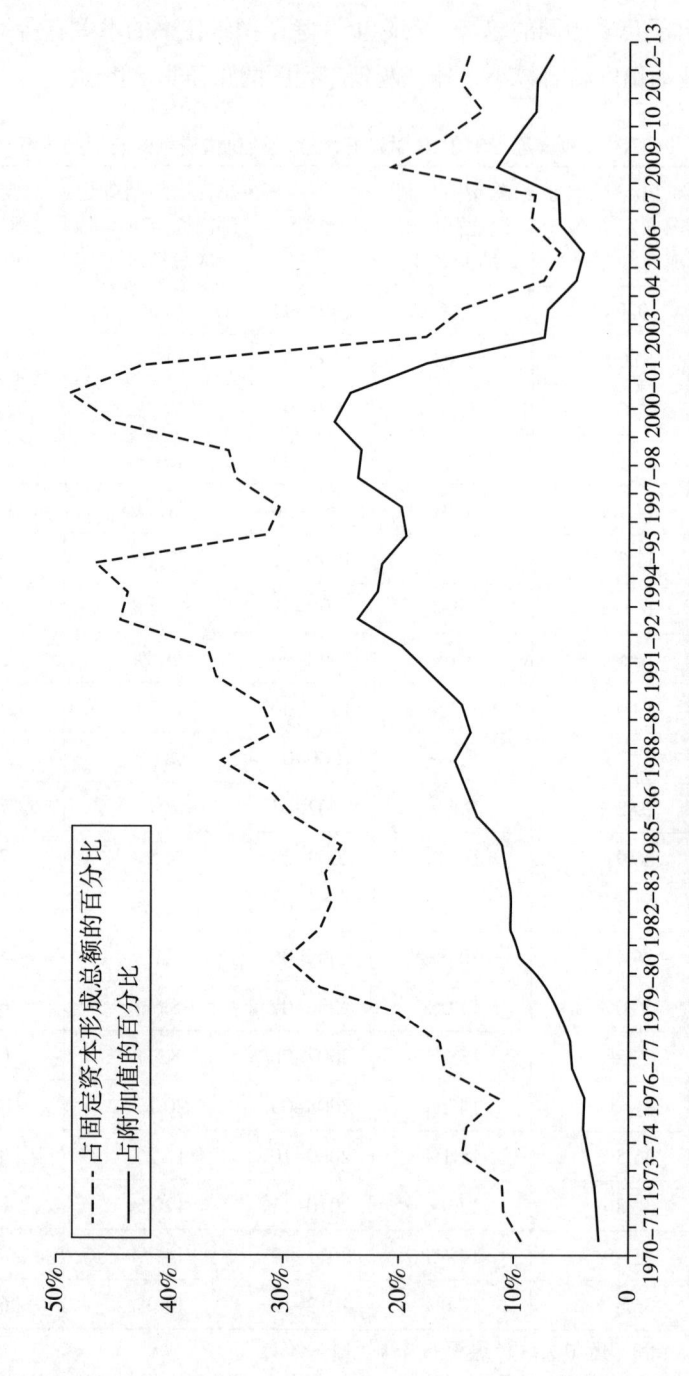

158　产业政策的选择及其经济后果

图 7.2　1970/71 财年至 2012/13 财年开发性融资机构的总贷款额与制造业固定资本形成总额和附加值之比

数据来源：表 7.2。

印度开发性融资机构放贷额的产业构成也值得关注。但是，从 1980/81 财年到 2002/03 财年，这方面的手头数据仅限于三家长期贷款金融机构——印度工业与融资公司、印度工业发展银行和印度工业与信贷投资公司。即便如此，浮现出来的曲线也应该是一个合理的近似值，因为这三家机构几乎占了 20 世纪 80 年代和 20 世纪 90 年代放贷总额的 2/3，而放贷总额是在 2000/01 财年达到最高水平的。表 7.3 呈现了主要产业部门的这种数据。为了使统计数字保持在可控的比率之内，数据的形式是为期 5 年的年平均值。该表显示，资源型制造业和水泥产业的份额稳步下降，从 20 世纪 80 年代上半期的 1/4 下降到了 21 世纪头 10 年初的 1/10。金属与金属制造业的份额从 20 世纪 80 年代的 1/12 上升到 20 世纪 90 年代的 1/8，但在 21 世纪头 10 年初有所下降。机械与运输设备业（广义上的资本物品部门）的份额没有太大的变化，大约是 1/8，尽管在

表 7.3　1980/81 财年至 2002/03 财年印度开发性融资机构的支出结构（年均百分比）

产业	1980/81 –1984/85	1985/86 –1989/90	1990/91 –1994/95	1995/96 –1999/00	2000/01 –2002/03
资源型制造业 *	27.6%	18.3%	21.2%	14.7%	10.6%
化学制品、化肥与药品	13.6%	17.2%	20.4%	16.1%	11.7%
炼油厂与石油	0.0%	0.0%	0.8%	9.0%	7.7%
水泥	6.4%	5.9%	5.8%	4.3%	3.4%
金属与金属制造业	7.6%	9.4%	13.3%	12.8%	9.4%
机械与运输设备	11.8%	11.1%	12.4%	12.4%	8.3%
基础设施 +	6.7%	9.8%	8.0%	14.1%	15.9%
服务 ++	15.5%	16.1%	8.0%	9.8%	23.7%
其他产业	10.8%	12.2%	10.1%	6.8%	9.3%
合计	100.0%	100.0%	100.0%	100.0%	100.0%
总支出（10 亿卢比）	(95.5)	(247.9)	(619.3)	(1704.8)	(701.5)

数据来源：印度工业发展银行，《印度开发银行业报告》，各年。

注释：开发型融资机构是指印度工业与融资公司、印度工业与信贷投资公司和印度工业发展银行。为期五年的年平均值是从部门支出的年度数据中计算出来的。然而，2000/01 财年至 2002/03 财年期间的平均数是在三年的基础上计算出来的。本表中的总指数数据与其他图表中的数据并不相对应，因为数据来源不同，并且本表中的数据仅涉及三个长期贷款机构。

* 资源型产业包括食品、纸张、橡胶、纺织品和黄麻纤维。

+ 基础设施包括发电、通信、道路／港口／桥梁和工业园区。

++ 服务包括酒店、医院、道路运输、娱乐等。

10年初有所下降。化学制品、化肥与药品业的趋势呈倒U形，20世纪90年代上半期达到最高水平，大约是1/5。服务业正好相反，其份额呈现U形趋势，21世纪头10年初达到最高水平，即接近1/4。基础设施部门的份额随着时间的推移而上升，但是，即使是在21世纪头10年初达到的最高水平也依然没有超过1/6。此外，特定部门的机构确实为农村电气化、电力和铁路等基础设施提供了一些资源，但数量不是太大。因此，基础设施投资的融资在很大程度上依赖于国家和邦政府所配置的资源。

21世纪头10年初，国家和邦级的长期贷款金融机构在如此短暂的时间内衰落了——与大多数投资机构退出提供产业融资的角色不谋而合——这似乎让人感到费解。然而，这既不是意外，也不是巧合。恰恰相反，其直接或间接原因是始于20世纪90年代中期的金融部门改革，这场改革即使不是由世界银行驱动，也受到世界银行的影响，是其结构调整贷款条件中的一个关键因素。在此过程中，存在减少此类贷款和逐步废除开发型融资机构的直接压力。改革的其他组成部分也间接地加强了这一进程。由于印度联邦银行和政府担保债券所提供的优惠资金大幅下降，这些机构的贷款成本显著上升了。与此同时，来自有权从事项目融资的商业银行的竞争也加剧了。逐步下降的利润率成为一个自我实现的预言。开发型融资机构问题因其以往的过错而变得更加复杂了，而这些过错导致其不良资产的积累。由于开发型融资机构之间相互持股，这些问题通过传染效应而变得更加突出。当时，一些观察家和分析家在他们的批评中也强调了这些问题（Mathur，2003；Bajpai，2004；Karunagaran，2005）。然而，大多数批评家赞成采取纠正性措施，不建议用关闭开发型融资机构的办法来解决这些问题。实际上，政府已经做出了实质性的决定，但是，盖棺定论来自由印度储备银行设立的委员会的报告。该报告的结论是，如果没有政府的支持（将不再有这种支持），开发型融资机构的业务模式是不可持续的，商业银行和资本市场至少可以同样好地发挥它们的作用。因此，该委员会建议关停邦级长期贷款机构并将国家级长期贷款机构转变成银行或非银行金融公司。实际上，印度储备银行委员会明确提议，在依据议会法案而设立的开发型融资机构中，只有再融资机构——国家农业与农村发展银行、国家住房银行和印度小型产业开发银行——外加印度进出口银行将继续经营（Reserve Bank of India，2004）。所有建议都得以接受和执行。反对的声音很少（EPW Research Foundation，2004）。当然，除了人寿保险公司之外，投资机构从来没有收到这种正式要求，它们只是简单地退出了这类贷款。它们不需要政府作为所有者发出正式的指令。

　　该政策导致开发型融资机构的式微并明显造成了需要用其他融资来源来填补的空白，而在此之前，这些机构都是产业部门投资资源的重要提供者。首先，未分配利润和现有准备金等企业内部资金减轻了资金来源缺口的程度。从1985/86 财年到 1999/00 财年，企业内部资金来源在企业融资总额中所占的比重大约是 33%，而从 2000/01 财年到 2004/05 财年，该比重上升到了 60% 以上（Reserve Bank of India, 2006，第 268 页）。如下这些推高利润的基础因素造成了这种可能性：经济繁荣推动了销售，生产率提高了但工资并没有显著变化，名义利率大幅度下降，税收减免降低了企业所得税。剩余的外部资金来源在企业融资总额中所占的份额相应地从大约 66% 下降到不足 40%。其中，由于利息和摊销支付超过贷款总金额，因此，开发型融资机构的份额从 20 世纪 90 年代的 10% 左右下降到了 21 世纪头 10 年前期的 2%。但是，来自商业银行的贷款却成为一种替代性资金来源，其具体表现是：在 20 世纪 90 年代上半期，商业银行在企业融资总额中所占的份额是 8%，20 世纪 90 年代下半期上升到 12%，21 世纪头 10 年上半期则上升到了 18%。足够令人感到惊讶的是，虽然股市繁荣，但股权资本的份额却从 20 世纪 90 年代上半期的 19% 下降到了 21 世纪头 10 年上半期的 10%，与此同时，企业债券的份额也从 7% 下降到了 –1%（Reserve Bank of India, 2006，第 268 页）。

　　即便如此，通过股票发行所动员的资本也增加了两倍，即从 1990/91 财年的 430 亿卢比增加到了 2004/05 财年的 1 310 亿卢比。2007/08 财年，这种通过股票发行所动员的外部资金来源进一步增长到了其最高水平，即 6 360 亿卢比。但是，在全球金融危机之后的 2008/09 财年，又急剧下降到了 1 610 亿卢比，而 2012/13 财年同样是 1 610 亿卢比（Reserve Bank of India, 2013，第 146 页）。值得注意的是，这种资金的绝大部分是采用私募而不是公开发行的方式来筹集的。

　　在此背景下，我们需要注意有两种重要的产业融资新来源出现了。国内债券市场通过私募途径成为重要的资金提供者。然而，在金融危机过后，国内利率飙升，外加资本项目自由化和外国利率水平低下，从而使外部借款成为越来越重要的融资来源。这带来了两种后果。对于借款企业来说，随着时间的推移，外币贬值进一步强化了利率差异。对于整个经济而言，2001 年 3 月底的外部债务规模是 1 010 亿美元，2007 年 3 月底猛增至 1 720 亿美元，2013 年 3 月底飙升至 3 900 亿美元。其中，政府外债从 400 亿美元先后上升至 460 亿美元和 680 亿美元，而非政府外债则从 610 亿美元先后飙升到 1 260 亿美元和 3 220 亿美元。在非政府外债中，外部商业借款（其实是企业借款）先后从 240 亿美元飙升到 410 亿美元和 1 210 亿美元（Reserve Bank of India，2013，第 243 – 246 页）。显然，以这种模式为产业部门的投资筹集资金给企业部门和整个经济带来了巨大的外部债务偿债负担。

5. 绩效评估和经验教训

前文的讨论试图大致刻画印度产业融资的发展及其在工业化融资中的作用。下一个逻辑步骤是评估印度开发型融资机构的绩效，这也可以为工业化的后进国家提供印度的经验和教训。有趣的是，印度的成功和失败都有可供借鉴之处。

回首过去，我们可以清楚地发现，在独立后的印度，开发型融资机构为产业融资的提供做出了重大贡献。1950/51 财年，在印度制造业部门并不算大的固定资本形成总额中，它们的贷款总额仅仅提供了 1/10 的融资额。但是，到了 2000/01 财年，该比率上升到了 5 倍，即达到 1/2 之多。公共部门依赖政府分配的资源来为其投资提供资金，只获得了这些贷款中的一个微不足道的部分，因而这种贷款几乎全部流向私人部门。因此，它的意义更显重大。它们的全部贷款在私人部门固定资本形成总额中所占的比重由 1950/51 财年的 1/4 左右上升到 2000/01 财年的 3/4。由此得出结论，如果没有这些机构，产业部门如此大规模的私人投资将会难以用其他来源来提供资金。这种反事实的情形是重要的。

还值得注意的是，范围广泛的开发型融资机构创造了一个复杂的结构。其中有全国和邦级长期贷款机构，除了数量各不相同之外，这些机构都是传统的融资机构，与其他国家和地区相比并无不同之处。20 多年来，这种机构是印度工业化最重要的资金来源，尽管它们的相对重要性在 20 世纪 90 年代有所下降并在 21 世纪头 10 年初迅速下降。还有不同于其他国家的非传统型投资机构，它们通过政府所有的保险公司或为小型储户而设的共同基金来调动家庭储蓄，以产业部门重要的长期贷款人身份发挥作用。这是一种新型的方法，它在将家庭储蓄转变成企业投资的时候并没有带来期限错配的问题。20 世纪 90 年代，它们的相对重要性有所上升，21 世纪头 10 年则更是如此。但是，那是长期贷款机构消失了的缘故。专门针对农业农村开发、住房和小型产业等领域的再融资机构具有贷款人、诱导者和监管者（并不常见）的多重作用。但是，它们的影响却有效而可观，具有显著的乘数效应。此外，还有专为特定部门而设的专业化机构。其中，进出口银行这样的机构非常常见，存在于大多数国家之中，但是，其他机构则并不常见，是印度特有的机构。所有这些专业化机构都发挥了有益的作用，但其影响比较有限，因为其规模和范围不够大，政府所提供的优惠性融资日益减少更是加剧了它们的问题。

令人吃惊的是，开发型融资的部门配置并没有显露出任何基础性原理或系统性方法。国家级长期贷款机构在制造业各产业分部门之间进行的贷款分配似乎并没有与中观或微观层面的产业政策相联系，更遑论由它们所驱动。令人瞩目的是，制药部门竟然都没有受到重点关注。别忘了，1970年《专利法》——它承认流程专利，但不承认产品专利——实际上是一种战略性产业政策，它将印度的制药产业转变成了发展中国家的药房。但是，20世纪90年代中期之后，它在产业融资贷款中的相对重要性却下降了。纺织和服装部门——为大规模出口而从事制造业——的命运也没什么差异。类似地，制造两轮挂车、商用汽车或汽车零件的企业也没能获得特殊或优惠的产业融资。在此情况下，信息技术姗姗来迟也就毫不奇怪了。我们有理由说，资金资源在各部门之间的配置决定于借款人而不是贷款人。事实上，某些创业者、企业或商号可以从开发型融资机构获得优惠资金，这可能是一个重要的贷款决定因素。政府的资助显然产生了重要的影响。几乎不可避免的后果是，不良资产在这些机构的资产组合中的份额不断上升。

在此背景之下，我们还需要注意，开发型融资机构与借款企业之间的联系很少超越贷款的范围。发放贷款的尽职调查程序有时是有限的或不完整的。在发放了贷款之后，有时甚至连借款人的偿债能力都没有得到审查或监控。类似地，当贷款或投资机构获得了制造业企业的股权时，它们有权向董事会委派自身的名义持有人，但是，他们的作用常常是沉默的合伙人。可以毫不夸张地说，它们所提名的董事很少独立于发起人或大股东之外而发挥作用，基本上只维持现状而不是去保护他们所代表的机构的利益，更不要说保护小股东的利益了。

在这个领域，我们可以从印度的经验当中得到一些明显的教训。基本的教训并不复杂。在工业化初期，开发性融资是必不可少的。实际上，它几乎是经济起飞的一个必要条件。当然，这类机构必须在商业规范和发展需要之间寻求一个平衡。但是，如果没有易得又价廉的开发性融资，幼稚的制造业部门的私人投资显然是极其困难的，甚至可能根本无法实现。

印度开发型融资机构复杂的结构还带来某些积极的教训。首先，这些机构的多样性具有战略性意义。长期贷款机构向私人部门的制造业企业提供长期的开发性融资。与此同时，它们将有些权力下放给了邦级机构，后者确保了这个大国的不同地区的小型产业获得长期开发性融资。其次，一家在全国范围内运营的开发银行专门针对小型产业，加强了对中小型企业的重视。农业、农村发展和住房等重要领域的再融资机构得到了优惠融资的支持，产生了乘数效应，促进了地理扩散。通过向资金来源可能不足的其他部门提供开发性融资，特定部门的专业化开发型机构发挥了宝贵的作用，成为一种有用的补充。最后，开发型融资机构所提供和得到的支持的性质具有重要的作用。它们向产业部门的企业提供贷款，这些企业原本可能无法获得足够的和优惠的信贷用于投资。这种情况之所以可行主要是由于政府或中央银行向那些机构提供了优惠性融资或者通过政府担保债券或免税债券帮助它们优先进入国内资本市场。

　　印度的经验也显露出某些作为和不作为的错误。从这些错误中吸取教训是重要的，必要的纠正措施也是足够清晰的。不同于大多数工业化的后进国家，印度的开发型金融机构并不向基础设施提供贷款。在这个问题得到纠正的时候，已为时已晚。基础设施投资的融资完全依赖中央政府和邦政府是错误的。在后来的阶段，期望本国或外国私人投资来为基础设施提供开发性融资同样是错误的。私人投资最多是一种有益的互补方案，但它绝不是一种替代方案。另一种不作为的错误是在开发型融资机构的贷款与产业政策目标或部门配置的优先事项之间缺少任何协调。在这个问题上，即使微观层面上的协调是困难的，中观或宏观层面也本应该考虑到某些战略性意图。实际上，产业部门的某种战略性选择——这些产业可以优先获得产业融资，比如制药产业——原本既可行又可取。所犯的严重错误是过早地收缩并关闭了各种开发银行。这件事情印度做得太早了。事实上，在巴西、中国和韩国等数个发展中国家和德国与日本等一些工业化国家，开发银行持续地繁荣着。

　　重要的是要认识到，印度的贷款和投资机构提供了工业化投资的融资手段，但不可能成为产业政策的工具，因为必要的控制机制尚付阙如。对于控制机制来说，两个属性是必不可少的，但印度根本没有这些属性。首先，必须在激励和惩罚之间保持一种平衡，同时从信贷价格和数量两个方面来奖励优良借款者、惩罚不良借款者。其次，必须建立一个制度化的制衡制度，这种制度可以防止政府或开发银行为攫取租金而与企业实行合谋。如果没有这种制度，不良资产的积累将是不可避免的结果。随着时间的推移，此类流程的制度化将导致控制机制的发展,而每个利益相关者在追求利益的时候都对该控制机制施加了一定的影响。但是,此类制度化流程对企业、开发银行和政府的经济行为施加了一种约束,这种约束限制了任何一个利益相关者甚至两个想要合谋的利益相关者的过度自利行为。然而,这些结构性缺陷内置于印度开发型融资体系的构想与设计之中,因此,很难引入纠正性措施。这种失败也带来了重要的教训。

6. 国际视角

开发银行业的历史渊源可以追溯到西欧国家,它们建立了以银行为中心的金融体系来为工业化融资,这与英美两国以股票市场为中心的金融体系形成了鲜明的对照。法国于19世纪40年代后期创立了长期融资机构,以便为工业和基础设施的发展提供资金。在德国,信贷银行(Kreditbanken)创立于20世纪70年代,其目的是为幼稚的制造业部门投资提供资金(Gerschenkron,1962)。这些机构都是德国和日本在第二次世界大战结束时为支持其重建和工业化而提供产业融资的榜样。德国复兴信贷银行设立于1948年,是一家政府所有的银行,刚开始是马歇尔计划的一部分。类似地,日本政府于1951年设立了日本开发银行。

拉美和亚洲的工业化后进国家在20世纪下半叶所经历的事情也凸显了开发银行的重要性。举几个例子,这些例子都是解释性的而非穷尽性的。最早的例子是1934年的墨西哥国家金融公司(Nacional Financiera, NAFINSA)和1939年的智利生产开发公司(Corporacion de Fomento de la Produccion, CORFO)。但是,在其他国家和地区,大多数开发型融资机构创立于20世纪50年代:在印度,印度工业金融公司、印度工业与信贷投资公司和印度工业发展银行分别创立于1948年、1955年和1964年;在巴西,巴西国家开发银行创立于1952年;在韩国,韩国开发银行(Korean Development Bank, KDB)创立于1953年;在土耳其,土耳其产业开发银行(Development Bank of Turkey, TSKB)创立于1950年;在泰国,泰国产业金融公司(Industrial Finance Corporation of Thailand, IFCT)创立于1959年。在马来西亚和中国台湾地区,商业银行得到了政府的支持,履行着与代理性开发银行完全相同的功能。新加坡开发银行(Development Bank of Singapore, DBS)成立于1968年的晚些时候,作为一家上市公司挂牌交易,其中有外资参股;然而,中国国家开发银行设立于1994年,是政府所有的独资公司。这些形形色色的机构具有共同的目标,即通过长期贷款来为投资提供资金,从而促进产业发展。

在工业化的早期阶段，从 1950 年到 1980 年，在拉美和亚洲开发银行的贷款总额中，基础设施投资贷款占了很大的比率，巴西、墨西哥和韩国的比率分布在 1/4 到 1/2 之间。但是，在随后的数十年中，随着基础设施的融资需求逐步得到满足，这些国家的该项比例也在逐渐下降。唯一的例外是印度的开发银行，其基础设施投资贷款在其贷款总额中所占的比率不到 1/20（Amsden，2001）。在工业化的后期，开发银行向国内公共和私人部门的企业发放贷款，为制造业的投资提供融资。实际上，20 世纪 80 年代，巴西、印度、韩国、墨西哥、泰国以及土耳其等国的开发银行在制造业部门的总投资中所占的份额在 1/5 到 2/2 之间（Amsden，2001）。20 世纪 90 年代，巴西和印度的该项比率保持在高位水平。在这些国家中的大多数国家，开发性融资的提供与制造业部门在固定资本形成总额中所占份额的上升相联系，即使融资来源随着时间的推移变得越来越多样化了。

开发银行的资金来源具有多样化的特点，因为不同的国家、不同的时期具有不同的组合。首先，其融资直接或间接地来自政府，包括来自财政部的拨款和来自政府的免息长期贷款，在某些情况下，还得到双边捐赠者或世界银行和区域性开发银行等多边机构的外国贷款的支持。然而，这种支持越来越多地来自预算外交易，而这些交易又依赖于国有银行、邮政系统和养老基金的公共存款。这些交易通常都在政府总预算之外，从而超越了议会审查和政治进程。但是，政府对资金来源的分配施加了巨大的影响。

作为产业政策的工具，开发银行的成功取决于背景和环境。在韩国，韩国开发银行取得了巨大的成功。在巴西，巴西国家开发银行发挥了极其重要的作用。在少数国家，寻租行为可能造成不良资产。国家和时间不同，该比例也明显不同。但是，毫无疑问，就像马来西亚和中国台湾地区的开发银行一样，巴西、智利、印度、墨西哥、新加坡、泰国和土耳其的开发银行为工业化的融资提供了不可或缺的支持。阿根廷从未设立这种机构，从而产生了相应的后果。更久之后，在开始于 20 世纪 90 年代初的中国工业化浪潮中，国家开发银行发挥了有效而宝贵的作用。

回首过去，显而易见的是，开发银行发挥了多重功能，构成亚洲和拉美国家三大共同因素的一个重要部分，这些因素使这些工业化的后进国家开拓出了自己的道路。首先，它们为基础设施投资提供资金，从而为启动工业化创造了初始条件。其次，它们是扶持性机构的一个重要部分，这些机构为制造业部门的投资提供市场不愿意单独提供的融资。最后，它们是中观和微观层面的政府产业政策的重要工具,这种工具将稀缺的投资资源分配给选定的产业或企业。

进入新世纪之后,在印度和其他国家,开发银行作为产业融资来源的重要性下降了。2003 年,新加坡将新加坡开发银行改造为一家商业银行,重新命名为 DBS 银行。2004 年,泰国产业融资公司被卖给了泰国军事银行并融入商业银行业。在土耳其,土耳其产业开发银行如今是一家私有的投资银行,土耳其最大的商业银行持有其多数股份。需要指出的是,日本不同于这些国家。1999年,日本开发银行在存在了将近 50 年之后被解散了,取而代之的是日本发展银行,后者获得了重点关注区域发展的授权。此外,2008 年,在四家政策性融资机构合并之后,政府独有的日本金融公司成立了。

21 世纪头 10 年,开发银行的作用似乎式微了,不仅印度是这样,几个发展中国家也是如此。这是由于各国政府提供的优惠资金被逐步撤回,这又是几乎所有国家和地区的金融部门放松管制和改革的一个组成部分。随着时间的推移,工业化后进国家国内资本市场的发展也可能导致开发银行的相对重要性不断下降,因为无论是在私营部门还是在公共部门,商业银行都在为产业部门的投资提供长期融资。然而,只有在国内资本市场得到充分发展一段时间之后才有这种选项。但是,即使是开发银行,无论它们在哪里继续运营,都会受益于国内资本市场的兴起,因为这种兴起开启了没有政府直接支持的借贷的可能性。

毫不奇怪的是,在那些遵循这种发展顺序的国家,开发银行的宏观经济意义下降了。但是,重要的是要认识到并非到处都是这种情况。进行国际比较是困难的,因为大多数国家都没有贷款发放量的统计数据。表 7.4 呈现了 2000 年底、2005 年底和 2010 年底选定国家的开发型融资机构未偿还贷款在国内生产总值中所占百分比的现有数据。表 7.4 中的数据显示,在墨西哥和土耳其等国家,该比率在 21 世纪头 10 年稳步下降,2010 年降到了 1% 以下。在印度,该比率的下降幅度要明显得多,2000 年是 7.4%,2005 年降到了 2.2%,2010 年降到了 0.8%。[①] 然而,在韩国,该比率的下降幅度则要小得多,仅从 2000 年的 8.6% 下降到 2010 年的 6.8%。巴西和中国的趋势正好与此相反。从 2000 年

[①] 21 世纪头 10 年,人寿保险公司继续向产业部门发放贷款。表 7.1 呈现了年度贷款发放额的数据。然而,人寿保险公司未偿还贷款的数据是贷款总额数据,它包括保险单贷款和所有其他贷款,因此,关于向产业部门提供的未偿还长期贷款,每年年底并无单独的统计数字。所以,前文所引用的比率涉及印度工业与融资公司、印度工业与信贷投资公司、印度工业发展银行以及印度小型产业开发银行,但不包括印度人寿保险公司。

到 2010 年，巴西的该项比率从 6.4% 上升到了 9.7%，中国的该项比率从 6.8% 上升到了 11.2%。德国和日本两个工业化国家提供了更加鲜明的对比。从 2000 年到 2010 年，德国的该项比率从 8.5% 上升到了 15.9%，而日本的该项比率从日本开发银行停业之前的 3% 左右的低位上升到了 7.2%，后者是日本发展银行和日本金融公司的总和。在工业化方面，巴西和中国在这个时期的表现之所以要好于墨西哥和印度，其原因是多方面的、复杂的。但是，如下事实必然构成一部分解释：在前两个国家，开发性融资机构有强大的存在；在后两个国家，它们即使没有消失，也不过是一种边缘的存在。

表 7.4　开发型融资机构的未偿还贷款占国内生产总值的百分比：国际比较

年份	2000	2005	2010
巴西（巴西国家开发银行）	6.4	6.5	9.7
中国（中国国家开发银行）	6.8	9.4	11.2
印度（印度工业与信贷投资公司、印度工业与融资公司、印度工业发展银行和印度小型产业开发银行）	7.4	2.2	0.8
韩国（韩国开发银行）	8.6	6.2	6.8
墨西哥（墨西哥国家金融公司）	2.7	1.7	0.9
土耳其（土耳其产业开发银行）	—	0.04	0.1
德国（德国复兴信贷银行）	8.5	11.5	14.9
日本（日本发展银行和日本金融公司）	3.2	2.8	7.2

数据来源：巴西国家开发银行、中国国家开发银行、印度工业与信贷投资公司、印度工业与融资公司、印度工业发展银行、印度小型产业开发银行、韩国开发银行、墨西哥国家金融公司、土耳其产业开发银行、德国复兴信贷银行、日本发展银行和日本金融公司的年报。

注释：没有 2000 年日本发展银行的数据，3.2% 是 2002 年的未偿还贷款—国内生产总值比率，这里作为近似值来使用。2010 年日本的数字是日本发展银行和日本金融公司的合计，后者占了其中的 44%。

第三部分

实践与建议

第8章　重新审视产业政策：新结构经济学视角 ①

林毅夫

1. 引言

自亚当·斯密于1776年出版《国富论》(*The Wealth of Nations*) 以来，如何促进经济增长的问题就已经成为经济论述和研究的一个主题。尽管过往的理论已经研究了市场和政府在促进（或抑制）经济发展中如何发挥作用，但是，在识别可行的政策工具以维持和加快特定国家的经济增长方面，增长研究依然面临着重大的方法论困难和挑战。特别是政府在经济发展中的作用是有争议的。主流经济学认为，在确定正确的相对价格从而促进资源的有效配置上，市场机制是必不可少的。但是，成功国家的经验同样表明，政府经常在促进产业转型方面发挥关键的作用。

无论是历史上还是在当下，产业政策都是各国政府积极用于促进经济发展的重要工具。历史证据表明，所有成功地实现了由农业经济向现代发达经济转型的国家，包括西欧和北美的老牌工业大国和亚洲新兴工业化经济体，其政府都积极帮助企业个体克服不可避免的协调和外部性问题。实际上，高收入国家的政府现在依然这么做。可是，可悲的事实是，尽管几乎每个发展中国家的政府都在某个时点尝试发挥那样的促进作用，但大多数都失败了。

在第二次世界大战之后，大多数社会主义和发展中国家的政府都试图建立普遍存在于发达国家的资本密集型产业（Lin, 2011）。结构主义通常提倡这种**违背比较优势**（comparative advantage defying, CAD）的战略，而这种发展思想

---

① 本文最初发表于《中国经济杂志》2014年第7卷，第382页。

在20世纪50年代和60年代占据主导地位（Lin，2003 and 2009）。在违背比较优势的发展战略之下，政府用各种产业政策保护优先发展的产业中的企业，这些政策包括给予优先企业市场垄断地位、压低利率、高估本币以及控制原材料的价格，以便降低这些企业的投资和运营成本。

在违背比较优势的战略之下，政府干预，包括社会主义国家的国家计划和非社会主义发展中国家的信贷配给、投资和准入制度，不可避免地引起了资金、外汇和原材料的普遍短缺。因此，尽管实行违背比较优势的产业政策可以在社会主义和发展中国家建立起某些先进的产业，但是，它不可避免地导致资源配置低效、工作激励受抑、寻租行为蔓延、收入分配恶化以及经济表现不佳。如果产业政策的目标是缩小发展中国家与发达国家之间的差距，那么，第一代产业政策几乎无一例外地失败了。

尽管产业政策在有效性上遭遇到了这些失败，所有的国家依然继续采用产业政策来促进经济发展。幸运的是，几个成功的案例显示，某些发展中国家通过积极实施产业政策而赶上了发达工业化经济体或者显著缩小了与它们之间的差距。例如，日本在1950年是一个发展中国家，人均收入只有美国的1/5，但是，日本最终变成了一个高收入国家和世界第二大经济体。在20世纪50年代和60年代，由于日本实现了从农业经济向工业经济的转型，日本的经济增长表现惊艳，年均增长率高达9.6%，日本因此而崛起。从20世纪60年代初到90年代初，亚洲四小龙——中国香港特别行政区、韩国、新加坡以及中国台湾地区——利用外向型和市场友好型的发展战略，实现了7%以上的年均增长率，显示了发展中国家和地区有可能保持高速经济增长、缩短与发达经济体之间的差距。

最近，在数个大型经济体，诸如中国、巴西与印度的经济增长实现了起飞，使得这些国家成为新的全球增长极（World Bank，2011）。这种高增长率已经带来了贫困人口的显著减少。从1981年到2005年，每天生活费用在1.25美元以下的人口数量下降了一半，即从52%下降到了26%。这种贫困率下降在中国最为明显。1981年，84%的中国人生活在贫困之中，令人震惊不已。到了2005年，贫困人口的比例已经下降到了16%——远远低于发展中世界的平均水平。正如《增长报告》所确认的那样，所有经历了快速增长的国家都拥有一个尽职、可靠、能干的政府（Growth Commission，2008）。毫无疑问，有效地实施产业政策仅仅是有能力的政府的特征之一。

但是，为何某些产业政策的实施成功了，而另一些则失败了？经济发展过程真的需要政府行动吗？如果需要，那么政府如何才能确定正确的发展战略并通过适当的产业政策来促进经济发展？如果我们能从失败的发展尝试中吸取教训并从少数成功的例子中学习经验，探索经济增长的本质和决定因素，向政策制定者提供释放本国经济增长潜力的工具，则贫困将在一两代的时间里成为记忆中的过去。

我将在本章进行新结构经济学分析，分析为何利用产业政策来促进经济发展的做法并没有获得成功。我认为，普遍的失败多半是由于政府未能获得一种好的判断标准，从而不能甄别出适合特定国家的禀赋结构和发展水平的产业。本章其余部分的结构按照如下方式安排：第二节介绍新结构经济学的主要思想。第三节解释国家助推动态经济增长过程的基本原理，简要地回顾世界各国早期工业发展战略的某些重要教训，分析当今发达国家在结构变革过程中的作用。该节还研究发展中国家政府所做出的类似尝试，即采取政策干预来推动产业升级和经济多样化，分析其成功或失败的原因。第四节在新结构经济学的基础上提供一个分析框架，用于制定基于新方法的产业政策，这个新方法名叫**增长甄别与协调**（Lin and Monga，2011）。第五节是本章的结论。

2. 新结构经济学

经济发展和转型是当代经济研究中最具挑战性的问题之一。当前这场全球经济危机是大萧条以来最为严重的经济危机，它要求我们对经济理论进行反思。因此，眼下也是经济学家重新审视发展理论的好时机。

新结构经济学（New Structural Economics, NSE）（Lin，2011 and 2012）以现代经济增长的本质的分析为基础，提出了一个反思经济发展和产业政策的分析框架。首先，它观察到现代经济发展的主要特征是持续的技术创新、产业升级以及经济多样化，这使得劳动生产率持续上升，进而使人均收入持续上升成为可能。

新结构经济学主张，分析现代经济发展的出发点是经济的要素禀赋，即劳动、资本与自然资源的可用量。一个经济体的要素禀赋在任何特定时间都是给定的，但是，它随着时间的变化而变化。一个经济体的最优产业结构——这种产业结构会使该经济体在任何特定时间都具有最大的国内和国际竞争力——内生于它的比较优势,而比较优势又决定于该经济体在特定时间上的既定禀赋结构。① 试图脱离其比较优势的经济体必然具有不佳的表现。

经济的要素禀赋结构随着资本积累而变化,从而推动其产业结构偏离由原先的要素禀赋结构所决定的最优产业结构。如果试图在现有的产业基础上加入越来越多的物质资本或劳动,经济最终将会遭受报酬递减之苦。为了维持市场竞争力,企业需要相应地升级它们的产业和技术。

如果一个经济体在产业发展中遵循它的比较优势,那么,这些产业将在国内和世界市场上具有最大的竞争力。因此,它们将获得最大的市场份额和最多的盈余。资本投资也将获得最高的回报率。结果是家庭将具有最高的储蓄倾向,进而导致该国的禀赋结构升级得更加迅速。

在比较优势的基础上建立产业的发展中国家也能够在升级过程中受益于后发优势,从而比发达国家更快地增长。通过向发达国家学习和借鉴,获得与新的比较优势相一致的产业和技术创新,发展中国家的企业能够受益于与发达国家之间的产业和技术差距。

那么,主要的问题是如何确保经济增长与比较优势相一致。一旦资本、劳动和自然资源的相对价格反映出这些生产要素在禀赋结构中的相对稀缺度,则大多数利润最大化的企业将被导入符合其比较优势的产业,因为这是最小化生产成本、维持市场竞争力的途径。这种相对价格体系仅仅存在于竞争性市场制度中。在发展中国家,市场通常是非竞争性的,为了创立并保护产品和要素市场的有效竞争,需要采取政府行动来改进各种市场制度。

但是,持续产业升级的某些成本和收益不能被个体企业内部化。首先,为了进入一个新的产业,企业需要生产技术和产品市场的信息。如果此种信息不

---

① 一个国家的竞争优势是指国内产业满足如下四个条件:(1)它们密集使用本国充裕而相对廉价的生产要素;(2)它们的产品拥有庞大的国内市场;(3)每一个产业形成一个集群;(4)每一个产业的国内市场是竞争性市场(Porter,1990)。一个国家的比较优势是指该国生产商品和服务的机会成本低于其竞争对手。波特所列出的竞争优势的第一个条件意味着,一国的要素禀赋决定了哪些产业应该是该国的比较优势。仅当产业符合该国的竞争优势时,第三个和第四个条件才能成立。因此,四个条件可以简化为两个相互依赖的条件:比较优势和国内市场规模。其中,比较优势是更为重要的条件,因为只要一个产业符合国家的比较优势,其产品就会有全球性的市场。这就是为何世界上许多最富裕的国家都非常小的原因(Lin and Ren,2007)。

能免费获取，每个企业就必须为搜寻、采集和分析信息而投入资源。率先试图进入新产业的企业可能因为选错产业而失败，也可能因为所选产业符合该国的比较优势而成功。在获得成功的情况下，它们的经验为未来的进入者提供宝贵的免费信息。由于新进入者的竞争，率先进入的企业将不会获得垄断租金。此外，率先进入的企业常常需要投入资源，在新的业务流程和技术上进行工人培训，而这些工人有可能被其竞争者所雇用。即使率先进入的企业失败了，它们的失败教训依然为其他企业提供有用的知识。但是，它们必须自己承担失败的成本。换言之，先行者投资的社会价值通常要大于私人价值，先行者成功的收益与失败的成本之间存在不对称性。所有这些外部性问题将使得单个企业不愿意独自升级产业结构。

其次，随着一个国家实现了产业和技术升级，它将要求做出许多其他改变：企业所使用的技术变得更加先进，资本的需要量增加，生产和市场规模扩大。市场交易日益按公开公正的方式进行。因此，灵活而顺畅的产业和技术升级过程要求包括教育、金融、法律制度的软基础设施和包括道路、公路、港口设施、电力供应的硬基础设施同时改进，以便新近升级了的产业中的企业能够降低交易费用并到达生产可能性边界（Harrison and Rodríguez-Clare，2010）。软硬基础设施的改进需要超越个体企业决策之外的协调。

因此，经济发展是一个动态过程，具有外部性，需要协调。毫无疑问，在每一个既定的发展阶段，市场是有效资源配置所必需的基本机制。但是，对于意欲从一个阶段进入另一个阶段的经济体，动态经济增长要求政府发挥积极的促进作用，以便克服外部性和协调问题。政府通过以下行动就能发挥它的作用：（1）提供与新的比较优势相一致的新产业的信息（禀赋结构的变化决定新的比较优势）；（2）协调相关产业的投资与基础设施必要改进之间的关系；（3）在引入新产业和新技术的初期，为具有外部性的活动提供补贴；（4）通过孵化或吸引外国直接投资来克服社会资本的不足和其他无形的约束，从而促进新产业的发展。

总之，新结构经济学的分析框架包括三个方面：对国家比较优势的理解，将国家比较优势界定为禀赋结构的发展潜力；任何既定的发展阶段都要将市场作为资源配置的最优机制；认识到国家在产业升级方面的促进作用。新结构经济学有助于解释最成功的发展中国家的经济表现。

3. 结构变革、高效市场与促进型政府

根据新结构经济学的原理，经济发展显然不能缺少产业政策，尽管市场为高效的资源配置提供激励，但是，这种激励是不充分的，因为经济发展涉及产业升级和软硬基础设施的相应改善。这种升级和改善需要内在的协调，对企业交易费用和资本投资收益具有大量的外部性。因此，除了有效的市场机制，政府也应该在促进结构变革方面发挥积极的作用。

发达国家的产业处于全球产业前沿，它们的产业升级和多样化依赖于它们自身通过试错过程而获得的新知识。与发达国家相比，处于赶超进程中的发展中国家在全球产业边界内移动，具有后发优势。换言之，它们可以依赖于借鉴发达国家现有的技术和产业理念。与发达国家的企业所使用的创新方法相比，这种实现创新的方法具有更低的成本和风险（Krugman，1979）。因此，在采用市场制度的发展中国家，在产业升级和多样化的过程中，如果企业知道如何利用后发优势的潜力，如果政府积极提供信息、外部性补偿并努力进行协调，则该国的增长速度就会远远快于发达国家，该国就会实现趋近高收入国家的目标（Lin，2009）。我们别忘了以下国家和地区就是这种情形：18 世纪的英国，19 世纪的德国、法国和美国，20 世纪的北欧国家、日本、韩国、中国台湾地区、新加坡、马来西亚以及其他东亚经济体（Amsden，1989；Chang，2003；Gerschenkron，1962；Wade，1990）。

回顾国家干预的历史与当代的经历，包括许多失败的教训和少数成功的经验，有利于理解产业政策构成促进型政府重要政策工具的另外两大实际理由：（1）协调的内容可能因产业的不同而不同；（2）政府的资源和能力是有限的。政府需要战略性地使用它们。

大量的历史证据表明，为了引发、推进经济起飞和赶超的进程，大多数当今发达经济体都曾经严重地依赖政府干预。政府干预使得它们建立起了强大的工业基础并且长期维持经济增长的势头。List（1841）在一项著名的研究中调查了引起西方世界实现早期转型的贸易和产业政策，记录了各国政府使用各种政策工具来保护国内产业，甚至为支持特定产业的发展而进行干预——其中的许多产业获得了成功并为各国工业发展提供了坚实的基础。

Chang（2003）回顾了大多数当今发达经济体所经历的工业革命时期（从拿破仑战争结束的 1815 年到第一次世界大战开始的 1914 年）的经济发展。他

记录了使得这些国家成功地实施赶超战略的各种国家干预模式。传统观念常常将西方国家的工业成功归因于自由放任和自由市场政策。与此相反，历史证据表明，产业、贸易和技术政策的使用才是西方国家成功实现结构转型的主要因素。这些政策包括：（1）为保护幼稚产业而频繁使用进口关税甚至进口禁令；（2）通过专营特许和廉价物资来促进工业发展，而廉价物资又来自政府工厂、各种补贴、公私合作以及国家直接投资，英国和美国在这个方面表现得尤其显著（Trebilcok，1981）。所有试图赶超英国的欧洲国家都曾极力使用技术政策。直到第一次工业革命中期，技术转移的主要渠道依然是掌握新知识的熟练劳动力的流动。诸如法国这样的工业化进程的后来者试图从英国获得大量的熟练劳动力。但是，从1719年开始，在长达一个多世纪的时间里，英国政府禁止熟练劳动力移居国外。随着新技术在机器中得以体现，这些机器也被置于政府的控制之下：在整个18世纪和19世纪中，各种法律被用来禁止"工具和器具"的出口。

在工业化早期，政府干预的形式多种多样。在日本，政府设立了造船厂、采矿场、纺织厂等许多工厂（试验工厂），其中的大部分工厂随后都卖给了私营部门，售价很低，还有额外补贴。这种做法有助于启动工业化和多样化的进程。即使在政府经营的企业表现欠佳的时候，许多倒闭事件依然带来了一个迅速成长的私营部门。这在日本明治维新时期尤其明显，当时，经营不善的国有企业的倒闭催生出了一个生机勃勃的纺织工业。私营企业成功了，因为它们向国有企业学习了技能和管理，为了用廉价的劳动力替代昂贵的设备而引入各种流程创新，而劳动密集型行业当时是日本的比较优势所在（Otsuka, Ranis, and Saxonhouse，1988）。

发达国家持续采用各种措施来支持产业升级和多样化，尽管可能并没有以**产业政策**的正式名义对外宣布这些政策。这些政策措施通常包括对基础研究的支持、授权、国防合同的分配以及大规模的公共采购。地方政府也常常向私营企业提供各种激励，吸引它们进入特定的地理区域，诱导新的投资。所有这些措施的使用都需要甄别出特定的产业和产品，即"挑选赢家"。

几乎所有发展中国家都曾试图复制早期的国家主导型结构变革模式，特别是在第二次世界大战之后。从东欧和亚洲的计划经济国家到拉美、亚洲、非洲以及整个阿拉伯世界的左倾甚至自由主义政权，许多政府都采用了各种各样的政策措施来促进工业发展和产业升级（Chenery，1961）。尽管有几个亚洲国家成功了，但是，这些尝试大都未能实现预期的结果（Krueger and Tuncer，1982；Lal，1994；Pack and Saggi，2006）。

20世纪50年代埃及的工业化项目就是一个很好的例子，它以钢铁和化工等重工业为特色。该国的人均收入大致为美国的5%，后者当时是世界上最大的钢铁生产国。只有埃及政府持续提供昂贵的补贴和保护，埃及企业才能吸引私人投资。我管这些企业叫作**不能自生的**企业。① 换言之，这些不能自生的企业即便得到良好的管理，也不能在竞争性的公开市场上存活下来；除非政府提供补贴和（或）保护，否则，没有人愿意投资或经营这样的企业。因此，发展中国家之所以缺少资本密集型产业，其原因并不在于存在结构主义所说的市场刚性，而是企业在非扭曲的竞争性公开市场上不能自生。②

由于国家的财政资源数量有限，对这些不可自生的企业提供大规模的保护和补贴是不可持续的。在此种情况下，为了降低不可自生的公营企业的投资成本和持续经营的成本，政府不得不动用行政性措施——向所谓的优先发展部门的企业授予市场专营权、压低利率、高估本国货币以及控制原材料的价格（Lin 夫，2009）。在这种情况下，政府支持的企业不能在竞争性公开市场上自我生存下来。它们的生存依赖于大量的保护和补贴，具体手段包括高额关税、配额限制以及信贷补贴。这些政策措施所包含的大量租金很可能成为政治俘获的目标，从而造成棘手的治理问题（Lin，2011）。

相比之下，作为最成功的非洲经济体之一，毛里求斯将诸如纺织业和服装

---

① 在没有政府保护和补贴的竞争性自由市场上，如果一家得到正常管理的企业可望获得为社会所接受的利润，则该企业是可以自生的。可能有许多因素影响企业的自生能力。我用"非自生性"这个术语来描述如下情形：正常管理的企业因产业、产品和技术的选择偏离了经济的禀赋结构而无力赚到社会认可的利润。

② 基于报酬递增的模型，比如 Krugman（1981，1987，1991）和 Matsuyama（1991），和基于投资协调的模型，比如 Murphy、Shleifer and Vishny（1989），都假设每个国家的资源禀赋完全相同，因此，一旦政府帮助企业克服市场失灵和摆脱贫困陷阱，企业就可以在非扭曲的竞争性公开市场上具有自生能力。这样的模型可能适用于分析政府在协助企业与处于类似发展阶段的其他国家的企业进行竞争方面的作用。但是，这样的模型不适合作为正在试图赶超发达国家的发展中国家的政策指导，因为发展中国家的禀赋结构不同于发达国家。有了政府的帮助，发展中国家也许能够设立资本密集型的高级产业，这种产业具有规模经济效应。但是，在该行业中，由于人力和物质资本的稀缺性，发展中国家企业的比较生产成本将高于发达国家的企业。因此，发展中国家的企业依然不能在非扭曲的竞争性公开市场上生存下来。正因为如此，在这些企业设立了之后，政府需要持续地支持和保护它们。

业这样的劳动密集型产业作为发展目标，从而于20世纪70年代实现了经济起飞。这些产业是中国香港的成熟产业，而中国香港是毛里求斯的"北斗经济体"。两个经济体具有共同的禀赋结构，但是，在20世纪70年代，毛里求斯的人均收入大约是中国香港的一半。为了吸引中国香港对其出口加工区的投资，毛里求斯政府创立了工业发展局和出口加工区发展局。其愿景是使毛里求斯成为中国香港那样的世界级出口中心。此外，它们还有助于该国崛起成为一个经济强国。

历史证据表明，所有在赶超阶段获得了成功的国家都使用产业政策来促进其产业升级，它们的产业政策都瞄准具有类似禀赋结构、经济增长活跃、人均收入略高的国家的产业：（1）16世纪和17世纪，英国以荷兰的产业为目标，它的GDP大约是荷兰的70%。（2）19世纪后期，德国、法国和美国以英国的产业为目标，它们的人均收入大约是英国的60%到75%。（3）明治维新时期，日本以普鲁士的产业为目标，它的人均GDP大约是普鲁士的40%。20世纪60年代，日本以美国的产业为目标，它的人均GDP大约是美国的40%。（4）从20世纪60年代到20世纪80年代，韩国、中国台湾、中国香港以及新加坡以日本的产业为目标，它们的人均收入大约是日本的30%。（5）20世纪70年代，毛里求斯以中国香港的纺织业和服装业为目标，它的人均收入大约是中国香港的50%。（6）20世纪80年代，爱尔兰以美国的信息、电子、化学和制药产业为目标，它的人均收入大约是美国的45%。（7）20世纪90年代，哥斯达黎加以内存芯片包装和测试产业为目标，它的人均GDP大约是中国台湾的40%，而中国台湾是这个部门的主要经济体。

因此，如果产业政策要成功，就必须瞄准符合本国潜在比较优势的部门。一个经济体的**潜在比较优势**是指生产要素成本低的产业，但是，由于交易费用太高，该产业在国内和国际市场上缺乏竞争力。一旦政府帮助企业克服协调和外部性问题，降低经营风险和交易费用，企业将具有自生能力，该部门将具备竞争力。但是，问题是政府如何才能挑选出符合潜在比较优势的部门呢？

简而言之，要盯住禀赋结构类似、收入水平稍高、经济增长强劲的国家的产业。根据新结构经济学原理，产业升级要以比较优势的变化为基础，而禀赋结构的变化引起比较优势的变化。资源结构类似的国家应该具有类似的比较优势。经济增长强劲的国家的产业应该符合该国的比较优势。随着经济增长和禀赋结构升级，某些产业将丧失比较优势。那些"夕阳产业"将成为后进国家的潜在比较优势。对于禀赋结构类似的国家，先发国家成功、活跃的产业政策为后进国家提供了产业政策的蓝图。第四节提出了一个详细的指南，用来甄别和促进具有比较优势的产业。

4. 增长甄别和因势利导的框架

历史和当代的证据表明，所有成功国家的政府常常在促进产业升级和多样化上发挥重要的作用。但是，这些证据可能还不足以证实一个争论了如此长时间的观念。许多经济学家赞成如下普遍观念：政府干预是结构转型的必要组成部分。但是，他们又对产业政策持反对的态度，因为缺少可以用来指导产业政策制定的总体框架。

为了证明产业政策对于促进经济发展的必要性，本章归纳和总结出了某些能够对制定成功的产业政策进行指导的基本原理。第一步是甄别出一个国家可能具有潜在比较优势的新产业，第二步是消除阻碍具有潜在比较优势的产业出现的制约因素，创造条件使这些产业成为该国的比较优势。具体地，我推荐如下包含6个步骤的流程。

（1）发展中国家的政府可以确定如下可贸易商品和服务的清单：它们在经济增长强劲、禀赋结构类似、人均收入大约是本国的一倍或20年前的人均收入与本国类似的国家已经生产了大约20年的时间。这个步骤可以防止政府做错事情或者被既得利益集团因为寻租而捕获。

（2）对于列在清单中的产业，政府可以优先考虑国内私营企业已经自发进入的产业，或者可以试着甄别出如下这些障碍：（a）阻碍这些企业提高产品质量的障碍；（b）限制其他私营企业进入那些产业的障碍。可以通过各种方法的组合来加以甄别，包括价值链分析或增长诊断框架，其中后者是由Hausmann、Rodrik and Velasco（2008）提出来的。然后，政府可以采取政策来消除那些刚性约束，使用随机控制试验来检验其效果，以便确保这些政策在推广到全国范围之后的有效性（Duflo，2004）。这个步骤利用了国内现有企业的隐性知识。

（3）清单中的某些产业对于国内企业来说也许是全新的，或者仅有少数国内企业正在出口产品。在此情况下，政府可以采取特定措施，鼓励由第一步甄别出来的高收入国家的企业投资于这些产业，以便利用劳动成本较低的优势。为了促进国内私营企业进入这些产业，政府也可以设立孵化项目。如果不存在隐性知识，则政府可以帮助引进或培育它。

（4）首先在可贸易商品和服务的潜在机会清单中甄别出一些产业。除此之外，发展中国家的政府应该密切关注私营企业成功的自我发现，帮助这些产业扩大规模。如此一来，一个经济体就不会因为第一步的疏忽而错失新技术或本国的独特优势所带来的机会。

（5）在基础设施不完善、商业环境不友好的发展中国家，为了吸引愿意投资于目标产业的本国私营企业和／或外资企业，政府可以投资于工业园区和出口加工区。基础设施和商业环境的改善可以降低交易费用并促进产业发展。但是，由于预算和能力的约束，大多数国家的政府都未能在合理的时间范围内对整个经济做出合意的改进。集中改进工业园区和出口加工区的基础设施和商业环境则是一个更加可行的备选方案。工业园区和出口加工区还具有鼓励产业集聚的优势。这一步确保政府务实地发挥协调功能。

（6）对于由第一步所确定的产业清单中的国内先行企业或外国投资者，政府还可以向它们提供激励措施，以补偿由它们的投资所创造的非竞争性公共知识。这些激励措施的时间和金额都应该有所限制。它们可以采用如下形式：年数有限的企业所得税免税期，向联合融资投资直接提供信贷，或者优先获得用于进口关键设备的外汇储备。这些激励措施不应该且不需要采用垄断租金、高额关税或者其他扭曲形式，因此，可以避免寻租和政治俘获的风险。第四步中的企业全靠它们自己成功地找到新的产业，对于它们对经济发展的贡献，政府可以给予特别的表彰。本步骤设法解决外部性问题。

通过上述过程甄别出来的产业应该符合一国的潜在比较优势。一旦先行企业获得成功，则许多其他企业也将进入这些产业。政府的促进作用主要限于提供信息、协调软硬基础设施的改善以及外部性的补偿。基于上述方法的政府促进作用必然有助于发展中国家利用后发优势的潜力，实现强劲而持续的经济增长。

在第六步的解释中，我提到了甄别刚性约束的几种方法。下面我接着说明增长甄别和因势利导框架是如何补充了现有方法并为现有方法增加了新的知识的。

（1）**商业与投资的环境**。存在可靠的经验知识，它们的基础是关于企业绩效的数量数据和发展中国家企业所面临的诸多潜在约束的严重性的感知数据。但是，这些观念是以华盛顿共识为基础的，其目标是引入全套的最优制度（它们满足所有的最优化条件）。例如，它指出，在大多数撒哈拉以南的非洲地区，企业往往认为投资气候的许多方面构成企业发展和采用先进技术的主要障碍。融资和获得土地似乎是小企业特别关注的领域；大企业通常认为劳动法规和熟练劳动的可用量是其活动的主要约束；所有企业都关注腐败和基础设施，特别是诸如电力、通信、交通以及供水等网络化公用事业（Gelb, Ramachadran, Shah, and Turner, 2007）。

投资环境调查试图捕捉政策和企业经营的制度环境。它们虽然有用，但可能被误用或曲解。首先，对于发展中国家增长战略的成功，政府可能并没有能力来推行所有那些变革。经济政策必须反映国家的实施能力。事实上，新产业的甄别和用来促进那些产业发展的政府稀缺资源的排序都是必不可少的。由于财政资源和实施能力有限，为了使经济大获成功，那些国家的政府都必须设立优先顺序，决定何种努力和设施应该加以改善，或者决定这些公共设施的最优位置。在中国向市场经济转型的初期，邓小平阐释了那种务实的智慧，他主张允许少数地区和人民先富起来，最终实现中国全体人民的共同富裕。那些地区和产业的强劲增长将提高财政收入，政府可以得到更多的资源进而改进其他地区的基础设施。

其次，关于投资环境调查的另外一个担忧是最优制度可能在经济发展的不同阶段有所不同。一个国家在不同的发展阶段常常有不同的禀赋结构，从而有不同的经济结构。在经济发展的早期阶段，一国的生产活动往往是劳动密集型或资源密集型的，通常依赖于传统的成熟技术，生产"成熟"、成型的产品。除了采矿业和种植园之外，这种劳动和资源密集型的生产活动具有有限的规模经济效应。它们的企业规模通常非常小，市场交易常常是非正式的，局限于当地市场上的熟人之间。用于促进这种类型的生产和市场交易的软硬基础设施数量有限，比较简单、简陋。在经济发展层次排列的另外一个极端，高收入国家展现出了完全不同的禀赋结构。它们的相对充裕要素通常是资本而不是自然资源或劳动力。它们往往在资本密集型产业上具有比较优势，而资本密集型产业的生产具有规模经济效应。所需的各种硬基础设施（电力、通信、道路、港口设施等）和软基础设施（法律法规框架、文化价值体系等）必须符合全国和全球市场的需要，而这些市场上的商业交易距离长、金额大。

因此，最优的制度也许随着经济发展水平的变化而变化。对于处于不同发展阶段的发展中国家，罗列出最优的制度或多或少是无关紧要的。

投资环境调查还有两个局限。首先，对于一国尚未建立但具有潜在比较优势的产业，投资环境调查提供不了它们的信息。接受了调查的现有产业可能并不符合该国的比较优势，其原因要么是这些产业过于高级（发展战略违背比较优势所造成的后果），要么是这些产业已经变得完全没有竞争力了（经济发展所引起的总体工资水平上升的后果）。其次，这种调查不会暗示对先行企业进行补偿或减轻与先行企业所传递的信息相关的外部效应。

（2）**增长诊断法**。与必要的改革的详细清单相比，增长甄别与因势利导框架关注刚性约束而不是全套的最优制度（Hausmann et al.，2008）。增长诊断法提供决策树方法，它有助于为任何特定国家甄别出相关的刚性约束。它首先对发展中国家低速增长的可能原因进行分类，这些国家通常有着高昂的融资成本（要么因为经济和社会回报率低，要么因为社会回报率与私人回报率之间的差距大）或者低下的私人投资回报率。诊断分析的主要步骤在于厘清哪些条件较准确地刻画了相关国家的特征。

尽管增长诊断框架试图推进经济增长的政策讨论，它的重点和模型设定依然相当宏观。这是可以理解的，经济增长毕竟是一个宏观经济学的概念，如果将分析扩展到部门层面，会引起部门间相互影响和彼此取舍的问题。

增长诊断框架的主要问题仍然是如下事实：它依赖现有生产活动所提供的信息。这些生产活动可能属于该国没有比较优势的产业。这个国家拥有潜在比较优势的新产业可能并没有企业。用增长诊断框架来找到具有潜在比较优势的产业是相当不方便的。

（3）**产品空间**。Hausman 和 Klinger（2006）研究了一国出口的复杂度，发现在产品空间的"临近"产品上实现产业升级是比较容易的。这是由于每一个产业需要高度专用的投入品，比如知识、物质资本、中间投入品、劳动技能、基础设施、产权、监管要求以及其他公共产品。已有的产业以某种方式解决了许多潜在的失灵，而这些失灵关系到确保所有这些投入品的存在。临近产业只需对现有投入品进行轻微的调整，因此，阻碍新产业出现的障碍的约束力相对较弱。

这个想法是以如下事实为基础的：现有部门的企业拥有隐性知识，这些知识有助于对产品空间中的临近部门实行成功的升级和多样化。但是，从新结构经济学的角度看，现存部门可能因为过去的错误干预而不是正确的部门。一国具有潜在比较优势的某些部门对于该国来说可能是全新的部门，外国直接投资可以引入隐性知识。比较优势和增长甄别与因势利导思想本质上类似于猴子跳向附近的树，但是，我们在这里提出的步骤要比他们提出的产品空间分析容易实施得多。

（4）**随机对照试验**。麻省理工学院贫困实验室的研究者们使用这个概念，他们认为对经济增长的探索无非是评估发展方案或项目（相对于明确的反事实结果）的影响。他们的基本想法是，为了确保最有效的项目得以在全国或国际范围内推广，可靠的影响评估是必需的。他们在此想法的基础上设计了随机对照试验（randomized control trial, RCT）或社会试验，它们可以用来扩大因了解项目好坏而带来的利益（Duflo and Kremer，2003）。他们的研究方法是以如下见解为基础的：标准的总量增长范式在很大程度上错误地依赖代表性理性行为人的假设。这拨新的研究强调国家环境和微观主体的异质性，试图在经济发展的分析和政策中明确解释个别家庭和厂商的异质性。它已经研究出了某些有用的工具，用来理解某些微型项目的有效性。但是，即使假设它们实际上能够将本地经济发展的经验教训转移到不同的地理或文化区域，随机对照试验依然不能向设计发展战略的政策制定者提供有用而全面的指导。总之，他们寻求的是原料而不是配方。

5. 结束语

关于产业政策，特别是发展中国家的产业政策，我在本章提供了新结构经济学的观点。经济发展反映不断提高的平均劳动生产率和人均收入，是一个技术、产业与软硬件的持续结构变化过程。禀赋结构的差异导致不同发展水平的国家具有不同的经济结构。仅当一个产业符合由一个经济体的禀赋结构所决定的比较优势时，该产业中的企业才能在竞争性的公开市场上生存下来。以往的发展思路用发达国家作为参照，建议发展中国家逐步建立仅仅存在于发达国家的产业（结构主义中的大型现代资本密集型产业）或者去做发达国家相对于发展中国家来说更擅长的事情（新自由主义华盛顿共识中的商业环境或治理）。第三波新的发展思路，即新结构经济学，建议发展中国家根据它们的现有资源（它们的禀赋）多做它们擅长的事情（它们的比较优势）。

只要政府使用正确的产业政策来促进私营部门按照本国的比较优势来发展并充分利用后发优势，每一个发展中国家就都具有可能在几十年里实现强劲的增长并在一两代的时间里成为中等收入甚至高收入国家。政府的产业政策要实现理想的结果，则必须改变发展思路。

第 9 章 产业政策的种类：模式、政策篮子与转型周期

安东尼奥·安德雷奥尼

1. 引言

在过去的 20 年里，意义深远的结构转型已经重塑了全球制造业的格局。驱动这些结构变化的主要因素包括国内制造业体系**内部**的变化、日益增加的**跨体系**相互依存性以及制造业的基础部门和技术的变化。在这一点上，全球金融危机加速了正在发展的结构性趋势，例如，加速了制造业生产在不同国家和区域之间的重新配置和两极分化。去工业化（战略性制造业的流失）、贸易不平衡不断上升以及技术活力不断下降等问题都是工业化发达国家的重大关注点。与此同时，新兴巨头抢占全球制造业生产和出口的市场份额，在全球技术竞争中大幅领先，这使得中等收入国家的政府惊恐不安。最后，对于以自然资源开采为主要核心的增长方式，发展中国家越来越质疑其可持续性并试图采取部门**内**和部门**间**的升级措施。

最近为了调控这些转型和应对转型所引起的挑战，许多重要的工业化经济体设计和实施了各种产业政策，本章对这些产业政策进行分析和对比。本章尤其关注三个主要的发达经济体，即美国、日本和德国，它们的产业政策历来构成相关大陆各地区的"学习基准"。此外，我们也考察处于经济赶超阶段的三个主要经济体，即巴西、中国和南非，它们是产业政策试验和创新的主要参照点，尽管它们的经济规模和基本情况各不相同。

各国产业政策实践上的差异取决于它们在如下方面的差别：国家背景（制

度和结构)、政治经济、用于政府行动的政策空间和理论依据。本章在各国产业政策的分类和比较的基础上,根据官方的政府政策文件所披露的信息,揭示和对比产业政策实践的新兴模式和趋势。本章通过详细介绍特定的制度性解决方案和政策工具来讨论这些模式和趋势。本章特别关注选定国家在不同时期(不同**转型周期**)所采用的不同产业政策**治理模式**和政策**措施篮子**。

关于产业政策的治理模式,本章说明了自上而下和自下而上政策干预相结合的多层模型的存在。这些措施由地方、区域、国家或联邦政府来管理。多层治理模式为产业政策篮子的构成提供了更大的灵活性,并在政策设计、更好的监管以及政策实施方面提供了更大的余地。但是,它也要求建立明晰的制度性基础设施并实现所有政府实施者之间的**产业政策治理协调**。

当然,个别政策措施能够瞄准一国制造业体系的不同要素投入(比如技术、金融和基础设施),以不同的效力影响体系的不同层面(企业、部门、制造业和工业体系、宏观经济框架)。然而,本章强调总体**产业政策篮子**的构成和管理如何日益成为一国比较优势的重要源泉。政策措施具有内在的相互依赖性,并以循环和累积的方式相互联系在一起。**产业政策措施**在整个政策篮子内的**调整**是对一项基本需要的回应,即管理不同产业政策及其累积性效应之间的相互依存性。不同产业政策之间的相互依存性取决于许多因素,其中包括规模、"紧密的政策互补性"(比如技术与部门政策之间)以及时间范围或跨度。

根据正在处理的具体目标或挑战的不同,政策措施的运作往往具有不同的时间范围。有两个因素决定了政策措施能否获得成功:政府能够在多大程度上管理政策时间框架(有两种手段:有些时候保证长期的支持;如果政策的实施适得其反或者产生了非生产性租金,则收回政策)和政策措施与随后的**转型周期**之间的同步性。这种思想超越了那种认为政策周期与政府的某项具体行动相联系的标准观念,之所以在这里提出,是为了确定产业政策行动的周期,这些行动包括政府在某一特定时期的产业政策措施以及往届政府引入并依然有效的措施和制度。总而言之,这些措施构成了影响国家制造业体系相关的产业政策篮子。

本章共分五大节。"引言"之后是第二节"产业政策多样性的驱动因素",它介绍产业政策多样性的主要驱动因素,即产业政策背景和政策空间的差异。根据国家的产业结构,政府不但面临着不同的政策问题(比如某些部门的结构转型、技术升级以及全球价值链的一体化），还迎来种种政策机会（比如独特的技术能力、市场准入以及制度优势）。政府解决这些问题并抓住某些机会的方式依赖于国家特有的具体制度背景，包括其制度结构和政治安排。除了其他因素之外，产业政策空间还取决于在某一历史时刻占主导地位的那套政策理论依据。

第三节是"产业政策的多样性与挑战：分类框架"，它阐明主要的分析方法，用于分析各种产业政策模式和构成国家政策篮子的各套产业政策措施。根据每个政策篮子里的不同政策措施的时间范围或跨度，不同的转型周期被区分开来。本章在许多研究贡献的基础上提出了一种先进的用于产业政策分析的分类法。

第四节是"产业政策的多样性"，它将前述方法应用于6个选定国家的情形，即美国、日本、德国、巴西、中国以及南非。对于每一个国家的情形，我们详细描述所经历的产业政策路径和其产业政策的模式、篮子、转型周期。在已经得到确认的多种政策措施和制度中，本章集中关注每个国家所采用的独特措施、工具或制度。这些措施、工具或制度处于当今产业政策行动的前沿。本章的最后一节是"新的产业政策前沿：新兴的全球趋势和实践"，它对多国比较性分析进行了盘点，以便总结出主要工业化经济体正在形成的趋势、多样性和收敛点。

2. 产业政策多样性的驱动因素

在过去的200年里，所有设法达到了一定程度的工业化和经济发展的国家都实行了各种产业、技术和制造业政策。尽管各国具有许多类似的产业政策经验和共同的产业政策目标（比如产业结构和技术基础设施的转型），但是，大量的历史证据证明了产业政策的路径非常多样化（Johnson, 1982; Hall, 1986; Dore, 1986; Okimoto, 1989; Amsden, 1989; Wade, 1990; Evans, 1995; Stiglitz, 1996; Chang, 2002; Cimoli, Dosi and Stiglitz, 2009; Noman et al., 2011; Stiglitz and Lin, 2013; Mazzucato, 2014; Salazar-Xirinachs, Nubler, and Kozul, -Wright 2014）。

这种多样性来自如下事实：在每一个时点上，一个国家的产业政策（它的特定目标、工具和措施组合）都将源于历史和情景的冲突之中。具体地说，一个国家的过去（它的既有产业结构和制度背景）和它的未来设想（其政府的产业愿景）之间的矛盾触发了新的政策。为了理顺我们目前观察到的产业政策多样性，关键是要理解每个国家在其发展路径上制定、贯彻和实施产业政策的**政策背景**。此外，在政府形成产业愿景和政策的过程中，占主导地位的那套产业政策理论将产生促进（或制约）作用。鉴于此，明确不同历史阶段的不同政策理论所开启或关闭的"政策空间"是重要的。换言之，政策制定者可用的回旋余地反映了政府如何理解它们在经济发展和转型中的关系和作用。

2.1 产业政策的环境：产业结构与制度背景

产业政策环境的基本定义是一个国家的产业结构（与它在全球市场上的主要竞争者尤其相关）以及直接或间接地设计、贯彻和实施产业政策措施的制度背景。在不同的经济发展阶段，一国的产业结构具有不同的特征，即部门与出口篮子的构成、技术基础设施、制造业体系的组织以及市场集中度各不相同。表 9.1 所展示的产业诊断法初步呈现了选定国家在那些方面的差异。

由于这些结构性差异，诸如中国、巴西和南非等发展中国家的产业政策面临着许多挑战，其中包括创立全新的部门（比如部门政策）、技术的吸收和开发、达到某种产品质量标准（例如，技术、贸易和标准化的政策）等。与此相反，工业化经济体依赖不同的政策措施来应对始于 20 世纪 90 年代中期的全球制造业格局的巨大变化和全球金融危机期间所经历的"制造业流失"（Andreoni，2015a）。具体地说，这些国家越来越多地依赖各种政策的组合。这些政策组合的目标是：(1) 重建它们的制造业基础（比如为提高内部生产能力而实施的激励、补贴和公共投资）；(2) 在技术前沿上赢得全球竞赛（比如任务导向的政策和高技术政策）。

表 9.1　入选国家的产业结构（2000 年的美元价值）

	人均制造业附加值/美元	人均制造业出口/美元	中高技术制造业附加值占全部附加值的百分比	制造业附加值占GDP的百分比	中高技术制造业出口占全部制造业出口的百分比	制造业附加值占出口总额的百分比	制造业附加值占世界制造业附加值的百分比	制造业出口占世界制造业贸易的比例
日本	7 993.99	5 521.02	53.70%	20.39%	79.75%	91.62%	14.13%	6.53%
美国	5 522.09	2 736.13	51.52%	14.85%	64.74%	76.76%	24.04%	7.97%
德国	4 666.91	13 397.43	56.76%	18.57%	72.34%	86.81%	5.32%	10.22%

（续表）

	人均制造业附加值/美元	人均制造业出口/美元	中高技术制造业附加值占全部附加值的百分比	制造业附加值占GDP的百分比	中高技术制造业出口占全部制造业出口的百分比	制造业出口占出口总额的百分比	制造业附加值占世界制造业附加值的百分比	制造业出口占世界制造业贸易的比例
中国	820.02	1 123.62	40.70%	34.16%	60.52%	96.25%	15.33%	14.06%
巴西	622.10	667.55	34.97%	13.51%	36.30%	67.30%	1.71%	1.23%
南非	567.27	991.15	21.24%	14.93%	45.66%	68.32%	0.39%	0.45%

数据来源：联合国工业开发组织 INDSTAT 数据库和联合国 UNCOMTRADE 数据库。

即使在诸如美国、德国和日本这样的工业化经济体之间，产业结构的差异（例如，它们的部门和技术的实力）也造成了产业政策干预的不同思路。日本的出口表现通常依赖于两大部门（汽车和电子），因此，日本实施政策措施来丰富其工业基础并提高其工业基础的适应力。与此相反，由于德国拥有多样化、组织有序的制造业体系，因此，德国能够致力于由一个全国绿色议程所驱动的技术转型。最后，美国的制造业基础已经萎缩多年了（降至不到 GDP 的 15%），诸如杜邦和 IBM 这样的美国龙头企业已经将生产和研发活动离岸化。因此，美国又采用了不同的政策方法。联邦政府已经增加了投资，以便重建关键的生产和制造的提升能力（O'Sullivan et al.，2013）。

这些不同政策措施（发端于不同的产业结构）的设计、贯彻和实施方式极大地依赖于各国的制度背景。实际上，一个国家的制度背景在一定程度上是与其产业结构共同发展的。处于工业化初级阶段的国家（例如最不发达国家）或者诸如英国这样经历了快速去工业化过程的国家所面临的问题并不仅仅是重建制造业基础的结构性问题，其理由就在于此。相反，它们还面临着一个制度性的问题，即重建能够支撑其产业部门及其政府政策的地方性、地区性和全国性的制度。

在一个国家的制度背景下，我们能够观察到各种各样的制度，例如政府机构和部门、开发银行、中间研发机构、产业协会以及商会组织。每一种制度可以采用不同的形式、发挥影响产业的多种功能。Chang（2007，第 23 页）在强调区分制度形式与制度功能的重要性时特别指出："我们可以在非常一般的层面上说，如果制度要促进经济发展，它们就必须发挥某些功能，而某些制度形式最能发挥这些功能。但是，困难在于我们无法提出一个为各方所认同的'基本'功能的清单,也不能将这些功能与特定形式的制度明确地搭配起来。"

实际上,同样的制度功能可以由不同的制度来履行,而这些制度可以有不同的形式。此外,制度并非孤立地发挥作用。它们通过历时与共时的互补性联系在一起(Aoki, 2001)。例如,德国制造业体系的"深厚"制度基础包括金融基础设施(开发银行和以生产为中心的地方银行)和技术基础设施(诸如弗劳恩霍夫协会和行业协会这样的中介机构)。关键是,这两种基础设施长期以来协同发展,为制造业公司提供**联合**支持。鉴于制度和功能之间普遍存在这种复杂的相互联系,那些试图引进某些制度的国家常常并不成功。

监管理论和关于资本主义多样性的文献指出,利益集团冲突所产生的不同制度背景的相关性是理解这种背景的一种方式。多项研究确认了资本主义制度的程式化类型,洞察了劳动市场关系、自然资源管理制度、公司治理模式以及创新体系的多样性(Boyer, 1990; Hall and Soskice, 2001; Hancke, Rhodes, and Thatcher, 2007; Stortz et al., 2013; Walker, Brewster, and Wood, 2014)。人们忽视了产业政策实践的多样性,也忽视了各国产业政策路径是如何因产业结构转型与体制背景变化之间的相互作用而发展的(Chang and Rowthorn, 1995; Andreoni and Scazzieri, 2013; Chang, Andreoni, and Kuan, 2013; Akram and Andreoni, 2015)。无论是在国内还是在国际上,产业结构和制度背景根植于(并表达了)不同利益群体相互影响和冲突的争议领域(Khan and Jomo, 2001)。

制度背景是产业政策多样性的一个基本来源,因为前者代表了特定国家不同群体的利益分配和相对势力。利益分配和势力关系又根植于相同的产业结构,反映了特定部门的影响度(例如,金融相对于产业、高级制造业相对于传统产业或农业)。它们还反映了同一个部门内部不同群体的影响力(例如,外向型公司相对于内向型公司、高技术公司相对于低技术公司,部门价值链上的下游公司相对于上游公司、本国公司相对于外国公司)。因此,一个国家的政治解决方案决定了"不同类型企业的支撑力"和"特定治理机构及其政策工具选择的有效性",特别是其学习租金管理的有效性(Khan, 2013,第274页)。

总之,我们如今在发达国家和发展中国家观察到的产业政策路径的多样性及其成功率的差异取决于产业结构、制度背景以及政治解决方案之间的循环和累积关系。因此,我们这里所做的产业政策多样性的比较分析主要关注所考虑的每个国家的某几种结构、制度和政治经济维度。

2.2 产业政策空间：改变政策基本原理

第二次世界大战以来，各国已经经历了三大产业政策浪潮（1940 年至 1970 年、20 世纪 90 年代至 21 世纪初、2005 年以来）。产业政策浪潮仅仅在一段时期（1970-1990）被中断过，这段时期的主导观念认为最好的产业政策就是没有产业政策。在前两次产业政策浪潮中，产业政策空间是由两套主要的政策理论来确定的。它们是与需求和技术互补性相关的**结构协调问题**，资源稀缺性和生产要素的专用性，以及由信息不对称、外部性和公共物品所决定的**市场失灵**（Pack and Saggi, 2006; Rodrik, 2007; Chang et al., 2013; Andreoni and Chang, 2016）。

所有这些失灵都具有静态和动态的含义，因而意味着"配置"效率和"增长"效率之间的权衡。由于产业政策和创新政策的辩论相互交织在一起，在过去的 10 年里（从 2005 年开始），人们日益认识到了一组新的**系统性失灵**。至少在最发达经济体的情形中，人们相对较少地强调技术推动和需求拉动的动态变化的部门解释（Soete, 2007; Laranya, Uyarra, and Flanagan, 2008）。在本小节里，我们将更详细地分析这三种政策理论。

结构协调问题往往以动态市场失灵的形式出现，其主要原因是**战略不确定性**（Chang, 1994; Lin and Chang, 2009; Aghion et al., 2012; Lin, 2012）。协调中的第一个问题与制造业存在需求的互补性和规模报酬递增有关（Roseinstein-Rodan, 1957; Nurkse, 1952）。许多部门和产业在其早期发展阶段需要对相互关联的活动进行一系列的互补性投资。其原因在于，它们的回报率（有时甚至存在盈利与否的问题），取决于是否通过一个前后向关联的网络而在结构上全部联系起来（Hirschman, 1958）。

这种观点不但适用于发展中国家，也适用于处于技术和生产前沿的国家，这些国家也需要在相互关联的关键新技术和生产活动上进行互补性的投资。鉴于制造业生产和技术的系统性（和跨部门性），这种情况将越来越普遍（Tassey, 2007）。各国政府可以采取行动，克服国家转型轨迹上的结构性瓶颈，促进战略投资随着时间的变化而进行动态调整（Andreoni and Scazzieri, 2013）。具体地说，它们可以采取一系列具体的补贴和激励政策，这些政策甚至不必要进行货币让渡，例如事前的担保计划（Rodrik, 2014, 第 14 页）。

如果存在"相互竞争的投资"，结构协调中的第二个问题就会产生。在现代产业中，大型企业在机器和生产能力上做出巨大的初始投资，以便实现有效率的生产规模。由于这些初始成本通常是专用和"沉没"成本，这些部门的寡头竞争就可能导致价格战，而价格战可能毁掉企业的部分资产或导致企业破产。为了防止专用资本的这种损失，国家可以采取许多事前的干预措施。例如，日本采取"进入许可"制度，韩国实行"有条件的进入制度"，这些制度试图根据需求的变化来调整供给，从而人为地使市场得以"出清"（Chang，1994）。

但是，集体行动问题不仅与投资有关，还与产业部门的暂时撤资或结构变化的状况有关。在要素流动性有限的情况下，撤退卡特尔和协商退出机制已被广泛地用于应对经济危机或为减少损失而配合结构改造。在这些情况下，产业政策引入"一种'保护性'因素——通过暂时地保护失败者免受市场力量的影响来帮助失败者"（Chang，2003，第262页）。更加一般化地说，国家可以引入风险的社会化机制，以鼓励和支撑结构变革的过程、经济多样化以及整个生产率的增长。

市场失灵原理建立在关于信息问题的看法的基础上，也就是说，无效率的信息和稀缺的价格信号导致投资不足（Greenwald and Stiglitz，1986；Stiglitz and Greenwald，2014）。非传统的新产业部门的投资可能受制于资本市场的失灵、有效股权市场的缺乏或者企业内部低效的融资资源。此外，价格机制并不"明确地显示那些实际上并不存在的资源的盈利性（例如新技能和技术）"（UL-Haque，2007，第3页）。

为了对付市场失灵，政府可以通过开发银行来直接代替金融市场，而开发银行的业务重点是长期贷款、风险资本计划以及通过救援来实现的其他风险分担活动（Stiglitz and Yusuf，2001）。为了培育幼稚产业，政府还可以在有限的时间内向企业提供补贴，与此同时，相应地要求企业必须有良好的业绩，比如要求满足出口市场方面的最低要求（Chang，1994）。其中的某些政策还可以解决自我发现过程中的**信息外部性**和"所有权侵吞"问题，这些问题对新活动和新技术的投资有重大的影响（Hausmann and Rodrik，2004；Rodrik，2004）。当我们处理高度专用的公共物品（Tassey，2007）和通用制造能力（Pisano and Shih，2012）的时候，收益侵吞以至于投资不足的问题也变得非常严峻。

近年来，人们对技术创新的动态变化和现代全球经济围绕着多个供应链的日益上升的系统性有了新的理解，于是，全球经济结构协调和市场失灵理论得到了丰富和部分重述（Milberg and Winkler，2013）。Freeman（1987）、Lundvall

（1992）以及 Nelson（1993）所开创的创新文献体系让位给了新的创新政策原理。这些原理包括：基础设施和制度问题，技术锁定、路径依赖以及转型失败，关联质量和网络配置故障，以及与企业学习动态、局部网络和系统级别有关的问题（Lall, 1992; Metcalfe, 1995; Edquist, 1997; Malerba, 2002; Klein Woolthuis, Lankhuizen, and Gilsing, 2005）。

其中的某些政策原理已经在**系统或网络失灵**的标题下逐步为产业政策辩论所采用（Chaminade and Edquist, 2006; Coe, Dicken, and Hess, 2008; Cimoli, Dosi, and Stiglitz, 2009; Dodgson, Hughes, Foster, and Metcalfe, 2011; Kuznetsov and Sabel, 2011; Wade, 2012; Stiglitz and Greenwald, 2014）。这些研究贡献都具有创新过程的整体构想。更特别的是，它们还具有对产业体系的多层陈述，其中，行为主体（企业、研究中心、中介机构等）内置于纵横互依的网络中，而这种相互依赖性又决定了行为主体的生产和创新的绩效。系统失灵既可能在地区和国家的产业体系之内发生，也可能在地区和国家的产业体系之间发生，所有情形都通过全球供应链而相互联系在一起。

在形成愿景和制定政策的时候，发达国家和发展中国家的政府正在越来越多地依赖于一种新的**政策原理的综合**。这种综合将经典的市场失灵和结构协调理论与在创新和制造业体系的研究中发展起来的新兴的学习和系统失灵学说结合起来。现代制造业公司通过跨越国家和产业部门的复杂的生产网络来统筹生产过程。现代制造业体系由多种复杂的、常常横跨多个产业的相互依存关系构成，它带来各种各样的零部件、原材料、生产系统和子系统、生产者服务以及与产品相关的服务体系（Tassey, 2007, 2014; Berger, 2013; Milberg and Winkler, 2013; Locke and Wellhausen, 2014）。

我们现在将要阐述的分类方法是用来分析最近的产业政策篮子的多样性的，它被专门设计出来用于区分并突显在该系统层面上起作用的各种政策。实际上，正如我们将要在"产业政策的多样性与挑战：分类框架"和"新的产业政策前沿：新兴的全球趋势和实践"等两个小节中讨论的那样，这种新的政策原理的综合所要传递出去的一个主要观点是，政府日益地依赖于在制造业体系层面上实施的政策措施，这种政策措施的作用范围超出了经典的部门界线。

3. 产业政策的多样性与挑战：分类框架

市场失灵、结构失灵与制度失灵为政府提供了一整套政策理论，这些政策理论反映了正在变化中的全球产业体系的状况。这些失灵还扩大了产业政策的空间，促使人们重新思考地区、国家和超国家政府的作用。产业政策的定义受到了这些原理的影响，人们基于**选择性**（又叫**纵向**）政策和**横向**政策之间的差异阐述产业政策的定义，其中，纵向政策是指基于企业或部门的政策，横向政策主要是指宏观经济政策。

各国产业政策篮子的比较分析常常依赖于政策原理和不同政策措施的可选择性。例如，Weiss（2011）提出了一种分类方法，它根据政策原理及其覆盖范围（可选择性的大小），将"市场化措施"进行排列。Kuznetsov and Sabel（2011）在区别纵向和横向政策的基础上，比较了不同国家在不同时期的产业政策。Benhassine and Raballand（2009）在不同补贴范围里考虑了不同的可选择性程度。Cimoli et al.（2006）提出了一种探索性的分类方法，它区分了政策干预的领域以及各个领域下的政策措施，而这些政策措施是以不同的政策原理为基础的。最后，Warwick（2013）提出了一种"产业政策工具的分类法"，它根据政策领域以及政策是否属于水平型或选择型而进行排列。

国家创新和制造业体系的文献也使用了这些类型的分类方法。例如，由Klein Woolthuis, Lankhuizen, and Gilsing（2005）所创立的创新政策框架体系对比了"规则"（不同的系统失灵）和"行动者"（消失的行动者）。Dodgson et al.（2011）建立了一个政策方法纲要，根据市场和协调方法的搭配，对各国的发展轨迹进行了比较。为了研究若干OECD国家的新兴产业政策，O'Sullivan et al.（2013）提出了另外一个产业政策矩阵。该矩阵根据国家制造业体系的不同"政策干预水平"和各种"要素投入"来描绘各国的产业政策搭配。

在我们的比较分析中，我们在这些研究贡献基础上来分析产业政策的多样性。我们为了比较分析而在此建立的分类方法将每个国家的产业政策 i（$i=1,2,\cdots,n$）与两大主要的复合维度（政策治理模式和产业政策篮子）和时间维度（转型周期）相对应。图9.1概括了总的分类法和政府在制定产业政策时所面临的三大挑战。第一个问题是不同产业政策主体在多层产业政策治理模式中的协调（**政策治理模式和协调**）。在产业政策篮子中，不同的政策措施之间存在累积的相互依存性；第二个问题正好与此相关联（**政策篮子与措施的调**

整）。第三个问题是与政策措施和篮子的长期同步化相关的挑战（**转型周期中的政策同步化**）。

3.1 政策治理模式和协调

在第一个维度中，我们解释不同政策治理模式的可能性。我们根据一国设计其产业政策的方式和产业政策的设计、贯彻、实施所涉及的不同因素来界定政策模式。各国也许是在**基于中央计划的战略**下设计其产业政策，也许是在多重**基于分散化倡议的措施**下设计其产业政策。在前一种情形中，政策模式往往是从上到下，即国家或联邦政府设计、贯彻和实施产业政策。在后一种情形中，政策模式是从下到上，即国家或联邦中的多个地区性或全国性政府机构精心安排多重产业政策。

尽管这种从下到上的模式考虑到了更具选择性的干预措施并引入了一定程度的政策行动灵活性，但是，如果一国没有大量的制度和充分的政府能力，它就不能采用这种模式。此外，基于分散化倡议的多重措施可能缺少一致性或可能相互冲突和重叠。为了避免此等产业政策协调问题，那些可以依赖成熟的制度背景的政府采用多层政策模式，这种模式将从上到下的措施与从下到上的模式结合了起来。

在从上到下的模式中，政策行动的对象、目标和路线在国家的计划和战略中得以确定（就像东亚经济体和巴西、印度、南非等国一样）。采取层次更加多样化的政策模式的国家依赖几种特定的政策行动和倡议。然后，这些政策行动和倡议又在更加广泛的政策战略下得以重新联系起来。当这些政策达到一定规模的时候，即当政策行动要求有大规模的投资或影响到更广泛的国家或联邦利益的时候，这些政策战略的主要功能是要确保政策的一致性。这通常就是在美国和德国所发生的情形，而日本的情况则相对来说有所不同。

3.2 政策篮子与措施的调整：政策干预的对象与层面

我们的分类法所考虑的第二个维度包括产业政策篮子中的两套政策措施：供给侧措施和需求侧措施。供给侧措施又细分为具体的要素投入政策。在供给侧政策清单中，首先是影响创新和技术基础设施的政策（通常是创新和技术政策，包括投产前采购），然后是高等教育和工人培训（通常是教育政策），接着是产能与营运提升（通常是制造业政策、有条件的补贴和激励、匹配补助计划

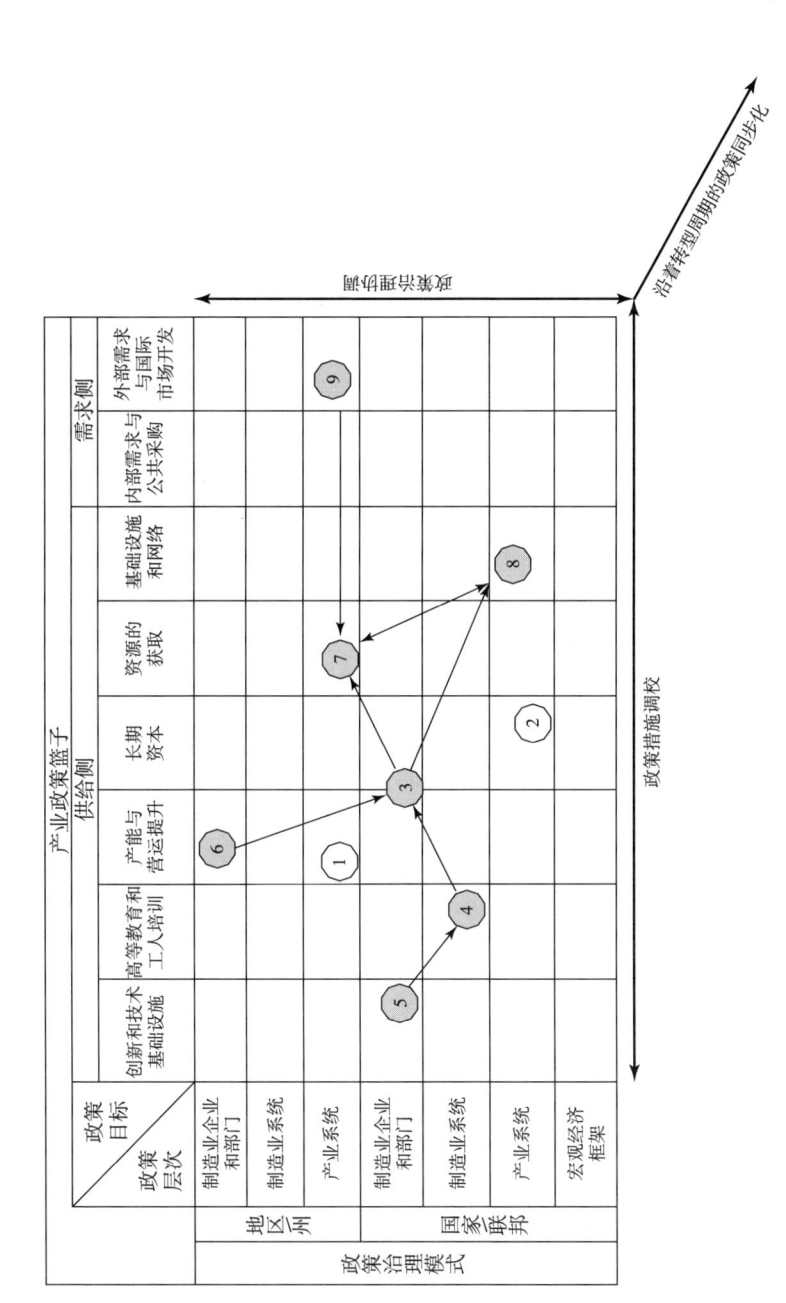

第 9 章　产业政策的种类：模式、政策篮子与转型周期　195

图 9.1　政策篮子矩阵与产业政策的挑战

注释：在这个解释性政策篮子矩阵中，国家拥有九大政策措施（其中的两大措施——第一和第二——是新的，在以往的转型周期中并不常用）。箭头强调了不同政策措施之间的相互依赖性。在第四节的国家案例中，我们将仅仅报告矩阵中的政策措施；转型周期将在单独的表格中报告。政策关联性将在国家分析中子以讨论。

等），再接着是长期资本的获取（通常是银行和金融监管、中小企业融资政策、开发银行以及利率的宏观政策）、资源的获取（通常是能源和技术政策），最后是基础设施和网络（通常是基础设施和标准化政策）。需求侧措施包括公共采购的标准方式（或多或少具有战略导向性质）和旨在使本国公司进入现有外部市场和开发新市场的措施。

无论是国家/联邦政策还是地区/州政策，无论是供给侧措施还是需求侧措施，我们都考虑三个**层面的政策行动**：个别制造业部门、制造业体系以及产业体系。全球制造业体系的动态变化（Tassey，2007；Andreoni and Gregory，2013）要求采取标准层面之外的政策行动，即**部门**（当部门高度集中时，那就是特定企业）和**宏观经济框架**。因此，我们还确定了作用于**制造业体系**（因而横跨多个制造业部门）和整个**产业体系**（包括建筑、能源和农用工业的活动）的政策措施。

我们对于每一个国家都从两个主要维度来描绘每一项得到确认的政策措施（就像图 9.1 那样），单独的表格提供了关于分配到的数量和管理该项政策的政府机构的信息（表 9.2、表 9.3、表 9.4、表 9.5、表 9.6 和表 9.7）。对各国产业政策的传统比较分析强调单项政策措施的选择性和有效性，而我们的分类方法超越了传统的比较分析，将各个单项产业政策措施联系起来，把它们当作**产业政策篮子**的一部分来进行分析。

有两个主要的理由证明了这种方法的合理性。首先，单项政策措施的有效性依赖于它与其他政策措施之间的关联性，后者同样影响制造业体系里的这些公司、部门和具体机构。由于政策并非孤立地发挥作用，政策的有效性可以通过改变或引入互补性措施而得以提高。此外，正如越来越多的文献所认识到的那样（Aiginger and Sieber，2006；Chang，2010），横向措施往往具有意料之外的纵向效应。因此，即使在同样的政策干预层面，政策措施可能或多或少是选择性的，选择的依据是政策措施如何影响要素投入的生产率以及每一种要素投入在不同制造业部门和不同价值链中所发挥的不同作用（Okimoto，1989，第9页）。换言之，为了掌握选择性的程度和每一项措施的有效性，我们需要考察整个产业政策篮子内的政策互补性。

其次，不同政策的联合效果（例如技术、教育和公共采购政策）往往不同于政府在不同时期通过单独实施这些政策所能获得的效果。一个重要的结果是政府实际上可以通过政策组合来改变激励制度、企业行为或租金分配，这些政策甚至包括那些乍看似乎相互冲突的政策。

Stiglitz（1996）在关于东亚经验教训的叙述中强调，如果想要理解这些国家，我们必须分析这些国家的"一揽子相互影响的政策措施"，在这些政策之下，公司面临各种类型的内外竞争压力。Chang（2010）也强调了这种政策选项，他是这样写的："在东亚，无论是对于不同部门（因此，总会有一些产业受制于每一类政策，有时同时受制于多种政策）还是不同时间（因此，同一个产业可能在不同时间受制于多种政策），自由贸易、出口鼓励（它当然不是自由贸易）以及幼稚产业的保护都被有机地结合在一起。"最后，对于斯堪的纳维亚国家，Landesmann（1992）强调了它是如何采取了"防御性政策和建设性政策的有趣组合"的。我们的分类方法能够处理这些种类的政策组合并研究它们在系统层面上的产业效应。

3.3 政策同步化与转型周期

政策措施具有不同的时间范围。产业政策篮子刻画了特定国家在每一个时点上的特征，而为了对这些产业政策篮子进行重新安排，我们引入转型周期（T周期）的想法。政策周期概念通常与特定的政府行动相关联，而**转型**周期的界定则始于一套政策措施，这些政策措施在特定的时间内有效并构成这个时间范围内的综合性政策篮子。转型周期的界定独立于执政的政府以及该政府在其政策周期内引入的政策措施。在每一个转型周期中以及从一个周期过渡到另一个周期（从而从一个到另一个连贯的政策篮子）的过程中，各国都存在进行**长期的政策同步化**的困难，而这种困难有助于解释工业化路径的非连续性。

在国别案例研究的比较分析中，我们从最后的转型周期出发，审视了各种产业政策措施。每当得到确认的政策措施似乎与先前的转型周期所采用的积极政策相关联时，这些政策措施便被纳入当前的产业政策篮子之中。转型周期的考察使得我们能够在产业政策分析中避免一个典型的问题，即将本届政府所推行（或者仅仅是重新包装）的政策与公司所面临的整套产业政策措施分开来理解。由于同样的原因，各国政府常常发现很难全面地重新安排积极的产业政策措施来解决它们潜在的重叠问题和不一致性。因此，本项分析在政策制定层面上也能有所帮助（Andreoni, Frattini and Prodi, 2016）。

由于我们的目标是确定新兴趋势、共同主题以及政策实践，随后的国别分析部分将主要关注最近的转型周期。但是，每个国家的政策措施清单连同分配的数量和涉及的政府机构将报告每一项政策措施的具体转型周期，而政策措施将形象化地集中在像图9.1那样的矩阵中。最后，由于报告地区或州级政策措施存在越来越多的多样性和困难度，我们仅仅讨论了其中的一些具有代表性的政策措施。

4. 产业政策的多样性

下面详细阐述三个主要工业化国家和三个主要赶超型经济体的产业政策的多样性。在诸多已确定的政策措施和制度中，本章关注某些为每个国家所采用的独特的措施、工具和制度。这些措施、工具和制度属于当今产业政策行动的前沿。最后一节"新的产业政策前沿：新兴的全球趋势和实践"确认新兴的核心政策领域。

4.1 美国：重建制造业的基础

自从亚历山大·哈密尔顿（Alexander Hamilton）的《关于制造业的报告》（*Report on the Subject of Manufacture*）发表以来，美国政府通过实行和改进各种产业、贸易和技术政策而发挥了重要的发展和创业作用（Chang, 2002; Chang et al., 2013）。在第二次世界大战和随后的冷战期间，美国实行了包括长期采购合同、补贴、投资担保以及战略性救援措施在内的产业政策篮子（Markusen, 1996）。更关键的是，美国联邦政府创立和发展了一种产业政策制度基础设施，该基础设施不但从事基础的研发（research and development, R&D）活动（比如国家实验室），还对重大产业倡议和技术创新活动进行管理并提供资金（Block, 2008; Tassey, 2010; Mazzucato, 2014）。当前的主要参与方包括国防部、国家卫生研究院、国家科学基金会（National Science Foundation, NSF）、国家标准和技术研究所（National Institute for Standards and Technology, NIST）、能源部、农业部以及国家航空航天局（National Aeronautics and Space Administration, NASA）。

当今某些最为成功的美国产业政策措施是在各个转型周期引入并得到持续支持的（见图9.2）。由小型企业管理局所管理的两个项目就是如此，它们是小型企业投资公司（Small Business Investment Company, SBIC）项目和小型企业创新研究（Small Business Innovation Research, SBIR）与小型企业技术转

第 9 章 产业政策的种类：模式、政策篮子与转型周期 199

图 9.2 美国政策篮子矩阵

让（Small Business Technology Transfer, STTR）项目。这些项目与贷款、研发补贴以及试运行公共采购相结合，对那些从事技术系统和部件的开发和培育（有时候是为了进入缝隙市场）的小型企业、原始设备制造商（original equipment manufacturer, OEM）和专业制造承包商给予支持。随着《美国小型企业创新增强法案》（SBIR Enhancement Act）的颁布，美国小型企业创新研究项目的营运和财务能力得以增强，为美国经济提供了 25 亿至 30 亿美元的金融资本（Wessner and Wolf，2012）。制造业扩展伙伴关系（Manufacturing Extension Partnership, MEP）是始于 20 世纪 80 年代的另一个项目，它在布什政府时期被重新启动，其最近的预算增加了 100%。如今，制造业扩展伙伴关系囊括了 60 个州和区域中心，拥有 1 300 名工作人员（Ezell and Atkinson，2011）。

自 2000 年以来，美国联邦和州政府经历了三个主要的转型周期。第一个周期（2000-2008）是在布什政府时期（**美国竞争力倡议**），主要关注美国产业政策的传统支柱。具体地说，该周期的主要目标是：(1) 通过提供技能、融资和税收友好的商业环境来改善产业体系的竞争力；(2) 通过双边和多边协议来确保国际市场的准入；(3) 推动各种基于倡议和使命导向的技术政策。联邦级别的倡议用州级别的部门政策加以补充，后者反映了不同州在制造业上的专业化。这些倡议包括设立**经济机会区**和各种与页岩气压裂技术相关的能源政策和倡议（O'Sullivan et al.，2013）。

2007-2008 年，金融危机以及随后的制造业暴跌和就业危机开启了新的产业转型周期，它包含了前所未有的 7 870 亿美元的一次性刺激篮子。2009 年《美国复苏与再投资法案》（American Recovery and Reinvestment Act, ARRA）是一个非常明确的政策篮子，涵盖几乎所有的政策领域。在表 9.2 中，我们将重点放在 ARRA 倡议的一个子集上，该子集与产业的联系更加密切。某些政策措施解决国家当前的优先事项，比如对汽车部门中的整个产业集团（例如通用汽车公司或克莱斯勒公司）进行紧急救援。其他政策则对付美国经济中的新兴问题。

表9.2 美国的政策措施、模式、治理、转型周期和预算

代码	名称	R/N	转型周期	机构/部	10 亿美元
1	小企业投资公司	N	1958 持续	小型企业管理局	23
2	小企业创新研究（1992 年之后是SBIR/STTR）	N	1982 持续/更新	小型企业管理局和 11 家联邦部委	–

（续表）

代码	名称	R/N	转型周期		机构/部	10亿美元
3	制造业拓展合作关系	R	1988	持续/更新	国家标准与技术研究所	-
4	美国竞争力倡议（ACI）	N	2006	2008	美国国会（108）	5.9
5	经济机会区	R	2006	2016	联邦与州议会（108）	10
6	水力压裂与页岩气计划	R	2005	持续	各州	-
7	纳米制造、加氢技术、智能集成制造的政府融资	N	2008	持续	国家科技委员会	128
8	《美国复苏与再投资法案——教育》	N	2009	持续	住房事务部与教育部	94
9	《美国复苏与再投资法案——运输》	N	2009	持续	联邦交通管理局、运输部（DOT）、美国环保署运输与空气质量办公室（OTAQ）、能源部（DOE）	40
9	《美国复苏与再投资法案——基础设施》	N	2009	持续	联邦各部	34
10	《美国复苏与再投资法案——能源与环境》	N	2009	持续	能源效率与再生能源（EERE）、美国能源部	51
11	《美国复苏与再投资法案——研究与开发》	N	2009	持续	联邦各部	16
12	《美国复苏与再投资法案——培训》	N	2009	持续	联邦各部	5
13	《美国复苏与再投资法案——农业》	N	2009	持续	农业部	1
13	《美国复苏与再投资法案——医疗补助计划医疗保险》	N	2009	持续	医疗保险和医疗补助服务中心（CMS）	105
13	《美国复苏与再投资法案——制造业》	N	2009	持续	美国国会（111）、能源部	7.3
14	全国出口倡议（NEI）	N	2010	2014	国际贸易署	6
15	力争上游计划	N	2010	2015	联邦各部	6.9
16	进出口银行	N	2010	持续	美国国会（111）	-
17	小企业就业法案	N	2010	2010	美国国会（111）	30

（续表）

代码	名称	R/N	转型周期	机构/部	10亿美元
18	先进制造合作计划（AMP）（机器人、先进材料、流程效率、信息技术）	N	2011	持续	总统科技顾问委员会（PCAST）	1
19	全国制造业创新网络（NNMI）	N	2011	2019	总统科技顾问委员会（PCAST）	1
20	先进制造合作计划（促进区域协议、纳米技术的额外投资、材料等）	R	2012	持续	国家科技委员会（NSTC）	—

为了处理这些经济弱点，奥巴马政府通过大约1 000亿美元的联邦投资和州一级的倡议，首先解决科学、技术、工程和数学专业毕业生以及熟练工人的严重短缺问题。卫生部门（及其产业）也获得了1 000亿美元的大额资助。与此同时，政府出台了一项雄心勃勃的基础设施计划，以解决通信、能源和运输基础设施（比如道路、电网和网络）问题。最后，诱发能源部门发生技术范式转变的可能性被人们当作系统性结构变革和持续增长的新路径。清洁能源倡议、可再生能源的混合贷款担保、输电项目、智能电网以及对电池和先进材料的补助都得到了融资。此外，高级研究计划局能源组（Advanced Research Project Agency-Energy, ARPAE）对一个任务导向的能源研究项目进行了协调。

金融危机并非仅仅揭示了金融部门的根本问题。它还显示了美国的增长和创新引擎——它的国家制造业体系——受到许多结构性问题的困扰。持续的贸易失衡、诸如IBM和杜邦这样的全国性大企业将生产和研发中心离岸化、相对较低的技术活力、关键产业竞争力的丧失都是这些问题的体现（Pisano and Shih, 2012；Berger, 2013；Andreoni, 2015a）。这就解释了奥巴马政府为何在实行ARRA政策篮子和确保竞争力战略的持续性（比如COMPETES法案和《小企业就业法案》）的同时还开启了从2010年开始的第三个转型周期。新的产业政策篮子越来越面向制造业体系，也日益关注许多增强国内制造业基础及其国际市场地位的选择性措施。

为了重建美国的制造业和技术基础，政府采取了许多政策措施。除了支持制造业扩展伙伴关系项目，美国政府将工作重点放在全国制造业创新网络上。

这是一个地区协会的网络，这些协会从事先进制造技术的开发与利用。此外，美国政府还启动了一些以先进材料（比如材料基因组计划）和生产技术（比如机器人中心和叠层制造）为中心的高技术倡议，其明确的目的是投入全球技术竞赛。在 2012 年和 2013 年，其中的一些倡议获得了国会的预算拨款。最后，政府引入了一些金融刺激和税收减免计划（比如对制造业生产的国内采购给予 20% 的所得税抵扣）。这些政策措施的目的是在关键部门恢复生产规模、重建产业公地（O'Sullivan et al.，2013）。

为了改善美国出口的表现，美国政府启动了两项主要的倡议。2010 年的国家出口倡议推进了贸易使团、双边倡议和贸易协议，便利了机构间贸易执行中心的设立和融资。进出口银行的营运和融资能力提高了，出口导向型公司进而获得了专项资金的支持。

4.2 日本：重构产业和能源体系

日本从 1950 年到 20 世纪 80 年代中期的产业政策经历在各种著述中已经有非常详尽的记录（Johnson，1982；Okimoto，1989；文献回顾参见 Chang et al.，2013）。日本实施（并试验）了各种产业、贸易和竞争政策（比如出口、投资、研发以及公用事业开支的补贴、特别税收优惠、外汇配给、卡特尔管理等）。日本还采用了以审议委员会和通商产业省为核心的有效治理模式。

日本的产业政策体系在它的黄金时代是围绕着主要的驱动产业来打造的（最初是重化工产业，后来是汽车和电子部门）。它还培育了一个密集的中小企业（small and medium enterprises, SMEs）网络，这些企业专门从事机械、自动化/机器人、材料加工以及复杂系统部件的生产。中小企业被"金字塔形"产业体系（被称为企业集团）所整合（和滋养），并且从公共部门那里获得财务和技术支持。纵观上一个世纪，对中小企业的公共支持是日本产业政策最显著的特点之一。在 1990 年股票市场崩溃之后的那个转型周期中，中小企业发展和少数其他倡议（比如研发投资和出口信贷保险）在总支出中的比例达到 90%（Chang et al.，2013）。

正如德国模式那样，日本的金融基础设施通过日本开发银行和其他金融机构（比如日本长期信贷银行和日本兴业银行）来提供长期融资。日本的技术基础设施名叫 Kohsetsushi 中心，它设立于 1902 年，以美国的农业推广网络和工程试验站为模型（O'Sullivan et al.，2013；Andreoni and Chang，2014；

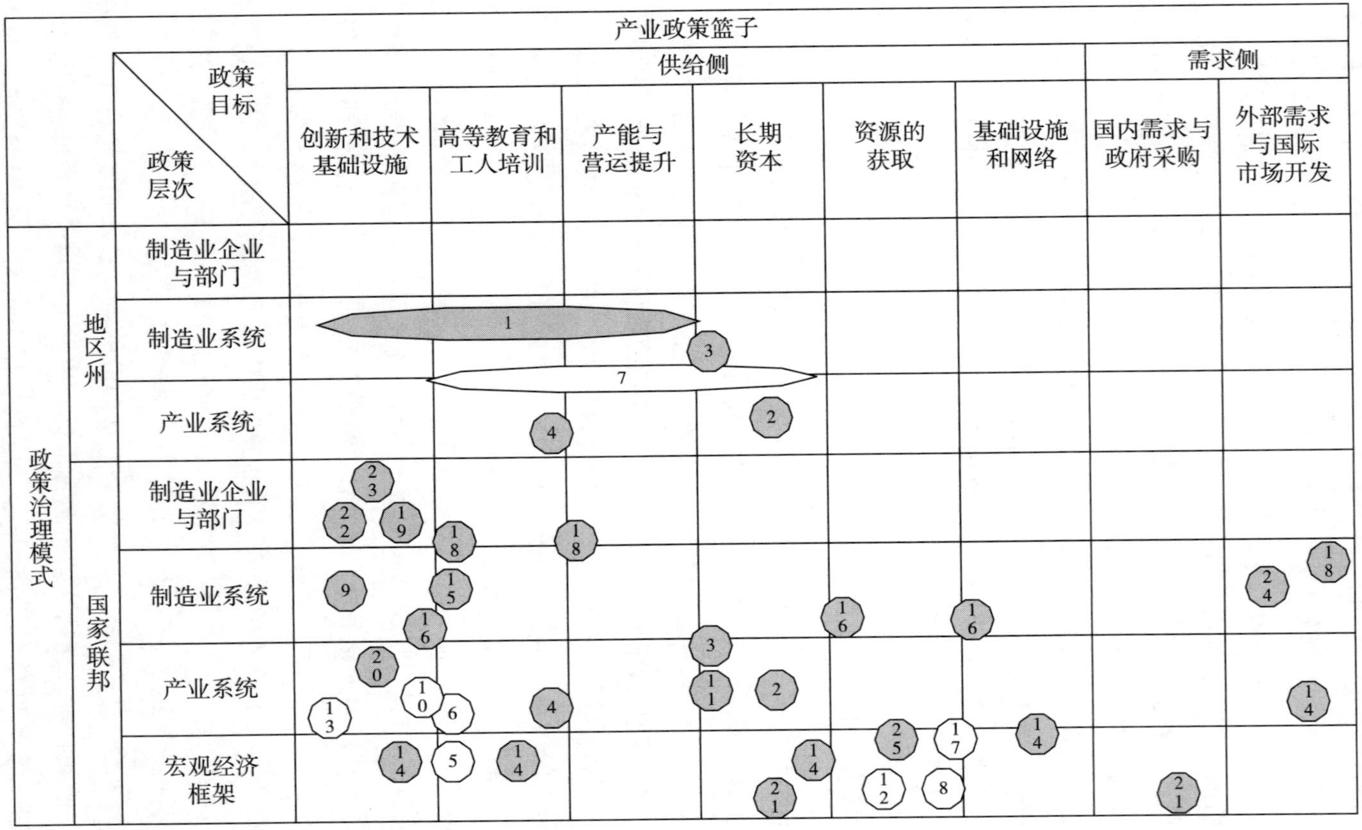

204 产业政策的选择及其经济后果

图 9.3 日本的政策篮子矩阵

Andreoni，2015b）。这些中心由各个地方行政区来运行，向当地中小企业提供多种用于测试、产品试制、中试放大以及培训服务的准公共物品技术。许多以部门为重点的中心也支持中小企业采用新的先进技术和从事联合应用研究。即使在当今，金融和技术基础设施依然是日本产业政策计划的支柱。例如，Kohsetsushi 中心拥有大约 262 家办事处（182 个中心），并辅以诸如国家先进产业科技研究所（Advanced Industrial Science and Technology，AIST）这样的前沿研究所（Ezell and Atkinson，2011；O'Sullivan，2011）（参见图 9.3）。

自 20 世纪 90 年代中期以来，放松管制成为日本的首要议程，日本的产业政策被显著地缩减了。新设立的经济产业省（Ministry of Economy, Trade and Industry，METI）开始采用为期 5 年的科技计划（Science and Technology Plan，STP）。这些计划主要侧重于该国知识基础的增强（政府用"控制塔"模式进行高等教育资金的纵向配置）和一些技术领域的投资（生命科技、信息和通信技术、环境以及纳米技术材料）。第三个科技计划推动了经济实现从"硬"经济到"软"经济的转变，后者主要根植于服务业、数字化、数字消费电子产品、机器人以及燃料技术。在本文所研究的第一个转型周期（1996–2009）中，另一个重要倡议是产业集聚计划。其目的是建立新的地区性创新体系（"有活力的地区"），即地区性产业与共生的大学和研究中心之间的地方性合作关系（Nezu，2007）（参见表 9.3）。

表 9.3 日本的政策措施、模式、治理与预算

代码	名称	R/N	转型周期		机构/省	10亿日元
1	Kohsetsushi 中心	R/N	1902	持续	经济产业省/文部省/县	–
2	日本开发银行	N	1951	持续	经济产业省/文部省	–
3	《中小企业基本法案》（最新的 2013 年版）	N	1963	持续	经济产业省/文部省	–
4	中小企业大学	R/N	1980	2001 年版	文部省/县	
5	第一次科技基本规划		1996	2000	经济产业省	17
6	第二次科技基本规划	N	2000	2005	经济产业省与科技政策顾问委员会（CSTP）	24
7	产业集聚计划	R/N	2001	2010	经济产业省	
8	能源政策基本法案	N	2002	2006	经济产业省与科技政策顾问委员会	–

（续表）

代码	名称	R/N	转型周期		机构/省	10亿日元
9	产业技术综合研究所	N	2001	持续	经济产业省	–
10	第三次科技基本规划	N	2006	2010	经济产业省与科技政策顾问委员会	25
11	中小企业制造业增强法案	N/R	2006	持续	经济产业省、国际能源署（IEA）	–
12	新的国家能源战略（NNES）	N	2006	2010	经济产业省、国际能源署	–
13	服务业政策	N	2007	2007	经济产业省	–
14	新的增长战略	N	2009	持续	经济产业省	–
15	工业振兴与创新的专项措施	N	2009	持续	经济产业省	–
16	日本创新网络公司	N	2009	2025	经济产业省	–
17	新的基本能源计划	N	2010	2013	经济产业省、国际能源署	–
18	新产业结构愿景	R/N	2010	持续	经济产业省	–
19	下一代汽车计划	N			经济产业省	–
20	第四次科技基本规划	N	2011	2015	文部省、经济产业省	–
21	工业竞争力增强法案	N	2013	2013	经济产业省	–
22	用于护理的机器人设备	N	2013	2017	经济产业省	–
23	信息政策	N	2013		经济产业省	–
24	支持中小企业海外业务（比如医疗技术）的新框架	N			经济产业省	–
25	战略性能源计划	N	2014	持续	经济产业省、国际能源署	–

两大事件使得产业政策重回日本，即全球金融危机和2011年3月的日本东部大地震。这两大事件都凸显了日本产业和能源体系存在许多薄弱之处，因而需要加以重建。当前的转型周期始于2009年的名为**新增长战略**的综合性政策篮子。许多政策倡议紧随其后。

首先是日本创新网络公司（Innovation Network Corporation of Japan, INCJ）的建立。这是一个公私合伙组织，其目的是促进各个领域（从绿色能源、电子、信息技术、生物技术到诸如供水这样的基础设施相关部门）的创新和提高日本企业的价值。日本创新网络公司的市值高达3 000多亿日元，其中的2 860亿日元来自政府，其余的260亿日元来自私有公司。其次，为了制订新的产业愿景，即后来所称的 **2010 年产业结构愿景**，建立了（产业结构委员会之下的）产业竞争力委员会。为了支持日本的产业，新战略的表述围绕着五大战略性领域和大量跨领域的政策展开。

为了使日本的产业结构多元化（从"单一高峰"模式转向"山脉"模式），产业竞争力委员会确定了 5 个前景良好的产业：基础设施相关产业（核电、水和铁路）；解决环境和能源问题的产业（智能社区、下一代汽车等）；医疗、护理、保健以及儿童保育服务；前沿产业领域（机器人、太空等）；创意产业。对于每一个产业，许多政策措施被设计了出来，并且这些政策措施当前已经被整合进了更加广泛的政策篮子之中（参见表 9.3）。

在跨领域的政策中，政府组合使用了各种相对标准化的措施（改革公司税、推动研发活动、采用信息与通信技术、建立国家职业资格制度）。政府还引入了一些更具选择性的措施，其目的是重构产业体系组织。首先，日本政府力求通过税收优惠、补贴以及定制化的移民程序来吸引公司和人员进入日本，从而使日本转变为亚洲的"高价值产业中心"。其次，为了打开新的市场，日本政府推动标准和证书的国际标准化和战略性管理。最后，日本政府和各个地区对 420 万家中小企业给予支持，支持它们扩大海外业务并直接获取全球制造业商机，而不是仅仅依靠全国性大机构的中介服务。

次债危机引发了一个重构和复兴日本产业结构的重要计划，而东电福岛核电厂的灾难则极严重地打乱了日本的战略性价值链（特别是在电子和汽车产业），以至于需要一个新的能源计划。就在地震发生之前，日本实施了新的基本能源计划，其中包括一些雄心勃勃的目标，这些目标涉及能源自立、可再生能源的开发、核电以及二氧化碳的减排（Duffield and Woodall，2011）。最近的战略性能源计划和第四次科技基本规划反映了日本对能源体系的重大关注，以及提高其适应力、稳定性和灵活性的必要性。该计划需要许多重大改革，包括引入一个"多层次、多样化、灵活的能源供求结构"，发展高级的能源节约型社会，以及在中长期里实现市电同价。最后，它还包括重建核能政策。

4.3 德国：综合"优势"

在第二次世界大战之后的头 20 年里，驱动德国经济复兴的力量是资本货物出口的增加和战略性产业的大规模投资（始终占国民收入的 20% 左右）。诸如化学工业中的拜耳和巴斯夫及电子、发电和通信行业中的西门子这样的公司成为整个制造业体系的产业驱动力量。与此同时，一个高技术中型公司和专业化承包商的密集网络——所谓的 Mittelstand——正在进行复杂生产技术（特别是在机床部门）的开发。即使诸如大众和德国电信这样的国有公司被私有化了，联邦和州政府依然保留了可观的股份（Chang et al.，2013）。

1949 年，弗劳恩霍夫协会——当今德国产业政策的主要支柱之一——诞生了（Andreoni，2015b）。它们从事协作性的制造业研究，解决整个工业体系（包括公共部门的大小型公司）所面临的技术挑战。这些年来，该网络已经成长为 57 个研究所（18 000 名职员），专门从事竞争前联合研究、原型机制造、制造业规模的扩大、产品理念的商业化、与单个企业之间的双应用研究以及技术转让计划。前沿研究包括各个部门和技术平台，比如光学、光子学、微型机电系统、先进复合材料、先进机械加工等。这些年来，该中间研发网络得到了其他研究机构和项目的补充，例如斯坦贝斯中心（拥有 4 600 名职员）和其他以部门为中心的项目，后者又受到了各个产业协会的推动（例如德国产业研究联合会或 AIF）。高等教育和基础研究机构也得到了发展（例如马普学会）（Atkinson and Ezell，2012）。

德国的产业政策后来以德国模式（Modell Deutschland）而著称，其第二大支柱是金融基础设施，它由专门从事产业融资的公共或者准公共银行构成。德国复兴信贷银行创建于 1947 年，其业务逐渐撤离直接放贷并成为一家长期再融资银行，专门向与产业合作的银行发放贷款。如今，德国复兴信贷银行除了为贷款人所拥有（占 20% 的股份）之外，也依然为德国联邦政府所拥有（占 80% 的股份）。德国的金融基础设施还包括德国清算银行和一个范围明确的多层次体系，后者由公共储蓄银行和信贷合作机构构成，它们与中小企业合作共事。

德国模式的第三大支柱是劳资关系的监管（Vitols，1997）。20 世纪 50 年代以来，《劳资联合委员会组成法》和《集体谈判法》在雇主协会和工会之间引入了一系列在法律上具有约束力的部门协议。这样的"刚性"为一个一体化双训系统（《职业培训法》）所抵消，该系统包括学徒计划、公认技能与培训准则以及采用所谓的**协同灵活性**。

尽管由施罗德（Schroeder）于 2003 年所推行的劳动市场的哈茨改革常常被认为是德国产业竞争力新的主要驱动力，但实际情况却更加复杂。在哈茨改革之前，德国劳资关系在产业和制度基础结构的基础上，经历了"工资设定过

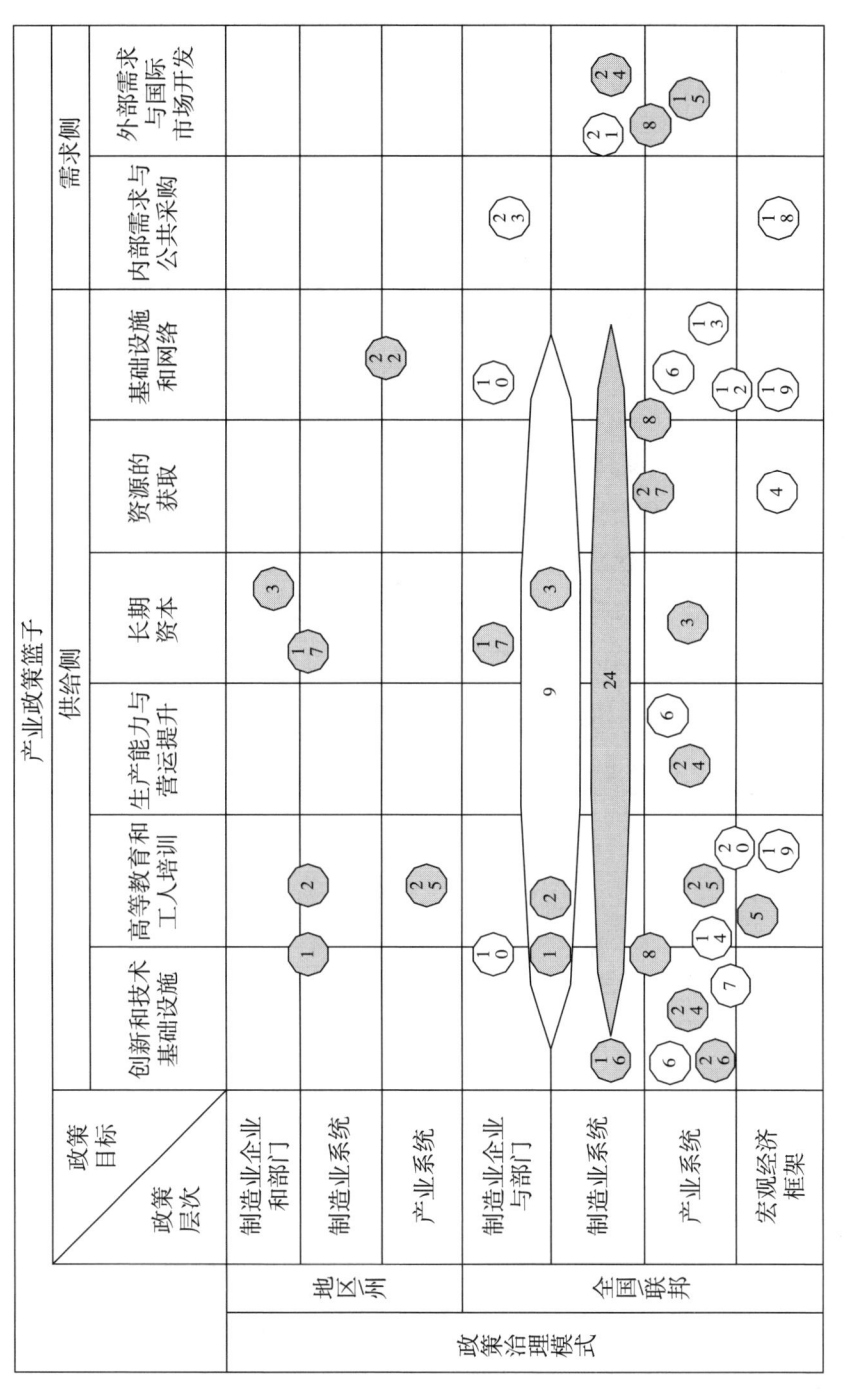

第 9 章　产业政策的种类：模式、政策篮子与转型周期　209

图 9.4　德国政策篮子矩阵

程分散化程度"提高的过程,即"从产业层面提高到企业层面"(Dustmann et al.,2014,第168页)。这种劳资关系的分散化过程和第一个产业政策转型周期(2000-2005)具有共同的特点,即越来越强调环境可持续性、能源效率以及可再生能源(《德国可再生能源法》)。这些能源政策的结果是德国成为当今世界上最大的光伏市场(欧洲75%的电池产能和60%的模块产能)(O'Sullivan et al.,2013)。德国还拥有欧洲风电产能的30%(世界风电产能的12%)(O'Sullivan et al.,2013)。在德国产业竞争力中,这种转变所发挥的作用至少与劳工关系改革同样重要(Storm and Naastepad,2015)(参见图9.4)。

自21世纪头10年中期以来,德国的产业体系经历了两大转型周期。在两种情形之下,政策愿景和主要政策路线都是在一个名为**高技术战略**(High-Tech Strategy,HTS)的联邦计划内制定的。但是,将该计划转化为特定政策项目和措施以及实施这些项目和措施都同时涉及联邦政府各个部门和各州。德国模式是一种真正的多层次政策体制,它不但包括各州和联邦,还包括各州的市政当局(下)和欧洲层面的机构(上)。考虑到描述这些政策的极端复杂性和支持类型(例如补贴、贷款、拨款、担保以及参与)的多样性,表9.4仅仅关注主要的政策路线。

表9.4 德国的政策措施、模式、治理、转型周期与预算

代码	名称	R/N	转型周期		机构/部	10亿欧元
1	弗劳恩霍夫协会	N/R	1949	持续/更新	德国联邦政府等	—
2	职业培训法和斯坦因贝斯中心	N/R	20世纪70年代	持续	联邦教育与研究部(BMBF)	—
3	长期金融支持(贷款与货币放贷)	N/R	1950—1980	持续	联邦经济部、联邦教育与研究部	—
4	德国可再生能源法案	N	2000	2010	德国联邦政府等	—
5	2010年议程		2003	持续	德国联邦政府等	—
6	高技术战略(创新的研发投资)	N	2006	2009	联邦教育与研究部、联邦经济与技术部(BMWi)	6
7	高技术战略(基础研究的投资)	N	2006	2009	联邦经济与技术部、联邦教育与研究部	13
8	2020年信息与通信技术战略(为可再生能源出口技术)	N	2006	2009	联邦经济与技术部、联邦教育与研究部	2

第 9 章　产业政策的种类：模式、政策篮子与转型周期　211

（续表）

代码	名称	R/N	转型周期		机构/部	10亿欧元
9	高技术战略：纳米技术	N	2006	2009	联邦内政部（BMI）、联邦经济与技术部、联邦教育与研究部、联邦劳动与社会事务部（BMAS）	0.64
	高技术战略：生物技术	N	2006	2009	联邦食品与农业部（BMELV）、联邦经济与技术部、联邦教育与研究部	0.43
	高技术战略：微系统技术	N	2006	2009	联邦教育与研究部	0.22
	高技术战略：光学技术	N	2006	2009	联邦教育与研究部	0.31
	高技术战略：材料	N	2006	2009	联邦内政部、联邦经济与技术部、联邦教育与研究部	0.42
	生产技术	N	2006	2009	联邦内政部、联邦经济与技术部、联邦教育与研究部	0.25
	信息技术	N	2006	2009	联邦经济与技术部、联邦教育与研究部	1.20
10	航空航天	N	2006	2009	联邦经济与技术部、联邦交通部和数字基础设施部（BMVBS）	3.90
11	汽车与交通	N	2006	2009	联邦内政部、联邦经济与技术部、联邦教育与研究部	0.77
12	安全和服务	N	2006	2009	联邦经济与技术部、联邦教育与研究部	0.11
13	医疗保健	N	2006	2009	联邦卫生部（BMG）、联邦教育与研究部	0.80
14	跨部门高技术倡议（中小企业，支持技术型创业公司，在工业和科学之间建立联系）	N	2006	2010	德国联邦政府	2.66
15	国际专利权和数字国际专利法制度	N	2007	持续	联邦环境、自然保育及核能安全部（BMU），联邦教育与研究部	–
16	标准化行动（DIN）	N	2007	持续	联邦经济与技术部	–
17	中小企业核心创新计划（ZIM）	N/R	2007	持续	联邦经济与技术部	3

（续表）

代码	名称	R/N	转型周期		机构/部	10亿欧元
18	经济刺激计划 I 和 II	N	2008	2009	联邦经济与技术部	20
19	公共基础设施和教育	N	2008	2010	联邦交通部和数字基础设施部、联邦教育与研究部	14
20	就业机会的保护和联邦共和国的现代化	N	2008	2010	德国联邦政府	50
21	大型企业专项计划	N	2008	2010	联邦经济与技术部	-
22	地方基础设施现代化	R	2008	2010	联邦交通部和数字基础设施部、联邦经济与技术部	10
23	推动新车的内需	N	2008	2010	联邦经济与技术部	5
24	2020年高技术战略	N	2010	2020	联邦内政部、联邦经济与技术部、联邦教育与研究部	7.4
25	卓越倡议	N/R	2011	2017	联邦教育与研究部	2.7
26	研究与创新协议	N	2011	2015	德国联邦政府	-
27	能源观念与能源政策	N	2011	2050	联邦交通部和数字基础设施部、联邦经济与技术部、联邦教育及研究部	-

2006 至 2010 年的那个转型周期由高技术战略入手，它是一个雄心勃勃的计划，其目标是对各种技术、创新与制造业的政策和规章进行协调（并利用其互补性）。该战略的设计目的是解决全球化所引起的新挑战。该战略的出发点是"德国不能靠成本来竞争"这样一个基本前提。首先，它的设计目标是利用如下领域里的新机会：健康（医疗技术和创新服务）、可持续性（资源高效和能源高效的生产流程）、通信和移动（包括信息与通信技术、机械技术以及先进运输材料）。其次，该战略面向跨领域活动中的许多合作关系，各种横向机会会在跨领域活动中出现（比如新的平台技术和先锋市场）。该战略还认识到有必要将这些新的高技术工业企业与知识产权、产品标准以及公共采购体系的治理的新法规匹配起来。

国际金融危机带来了许多逆周期的扩张性措施，涉及的领域包括基础设施、教育以及经济体系的现代化。尽管德国产业体系的基础（德国中小企业）获得了技术和金融基础设施的重大支持，但是，为了支持中小企业投资、技术创新和出口市场战略，德国政府引入了一个名为（中小企业创新核心计划）的新方案。大型企业也成为专项计划的目标（例如担保计划和贷款），由德国复兴信贷银行来负责协调这些方案。除此之外，战略性部门（例如汽车部门）的内需得到了提升。对于这次经济危机的回应同样是系统性的（整个系统都成为目标，无论是工业驱动巨头还是中小企业），政策措施被调整到与更广泛的政策篮子相一致的状态。

当前这个转型周期始于 2010 年，其标志是新的 2020 年高技术战略和新的能源政策篮子（包括 120 项以上的措施）的启动。尽管新的高技术战略建立在 2006 年的框架基础上，但是，德国联邦政府进一步强调了卓越研究的重要性。它还更加密切地关注如下必要性：以任务导向的技术项目（比如作为高技术战略的一部分而启动的新的 2020 年信息与通信技术战略）和出口提升倡议（比如双边商会网络）并用的方式来获得将来的市场。**工业 4.0** 的文献包含了新的"智能"工业愿景，而后者最近重申了德国产业政策的系统性和跨领域性。在这里，**智能**意味着不同制造业行业之间以及制造业与其他行业之间的技术集成，因此，它包括服务、智能产品、嵌入式系统、"物联网"以及许多其他的智能应用。

4.4 巴西："农业制造业"、产业金融以及新的工业化路径

自从第二次世界大战结束以来，巴西的工业发展经历了三个主要阶段，每一个阶段都有相应的政策体制（Ocampo，2006；Chang, et al.，2013）。第一个阶段一直持续到 1980 年，其特征包括贸易保护（比如从价关税和相似性定律）和部门发展领域（比如钢铁、石化以及可再生燃料政策）存在广泛的国家指令性计划。国家还在技术升级（比如巴西农业研究公司的农业技术研究和部署在巴西航空工业公司的飞机技术）上发挥关键作用。战略性制造业部门成长出了许多国有企业，比如 1953 年的巴西石油公司、1956 年的 Usiminas、1962 年的巴西电力公司、1969 年的巴西航空工业公司等。此外，巴西于 1952 年设立了一家公共开发银行。

其中的某些公司和机构如今是巴西工业、金融和农业系统的支柱。例如，巴西国家开发银行是巴西长期融资的主要提供者。如果以资产、股本和贷款发放额来衡量，巴西国家开发银行是世界上最大的开发银行之一（Ferraz et al., 2013）。巴西农业研究公司如今是拉美最大的研发机构。它包括遍布全国的 47 个研究中心（15 个国家议题中心、16 个国家商品中心、16 个区域资源中心）。它拥有 9 248 名雇员，年度预算超过 10 亿美元。就像德国的弗劳恩霍夫研究

所一样，巴西农业研究公司在农业与制造业研发、教育、市场以及农场农业生产之间发挥着重要的中介作用。它还在不同部门之间进行知识、技术解决方案以及创新的桥接和转让，从而促进了各种形式的部门间学习（Andreoni，2014；Andreoni and Chang，2014）（参见图9.5）。

在20世纪80年代和20世纪90年代，债务危机迫使巴西政府减少了其产业政策干预，更加重视结构调整政策和宏观经济稳定（Real计划）。在此阶段（第二个阶段），特别贸易体制和关税税率被大幅削减，大量的公有企业被私有化。

创立于1985年的巴西科学、产业和创新部（Ministry for Science, Technology, and Innovation, MCTI）仅仅在20世纪90年代后半段才开始推动实施一些创新政策。尤其是在1997年，MCTI设立了各种部门基金，为国家科学与技术发展基金（National Fund for Scientific and Technological Development, FNDCT）提供支持。这是一项政府预算资金，它汇集了公共和私人收入，目的是支持可还款（贷款）和不能还款（拨款）的技术项目（参见表9.5）。

产业发展与政策的第三个阶段是从2003年11月开始的，当时是卢拉（Lula）政府的第一个任期。从此之后，巴西的产业政策走过了三个转型周期，这在一定程度上是对形成中的产业挑战和改变了的全球竞争态势的回应（Kupfer, Ferraz, and Marques，2013）。卢拉任内的第一个转型周期始于2003年，政府宣布了一个新的政策篮子，名为**产业、技术与对外贸易政策**（Industrial, Technology and Foreign Trade Policy, PITCE）。巴西产业发展局（Brazilian Industrial Development Agency, ABDI）和产业发展委员会（Council for Industrial Development, CNDI）由23位政府部长、国家开发银行行长以及14位产业代表组成，其创立的目的是协调和实施新的PITCE。这两个机构寻求推动公共和私人部门（私营公司、大学和研究机构、政府部门以及工会）之间的对话。

PITCE有两大目标。首先，它试图通过促进关键部门（半导体、软件、制药以及资本货物）的技术开发而提高产业竞争力，进而推动高附加值产品的出口。其次，它寻求建立（特别是关于生物技术、纳米技术以及生物质能/可再生能源的）科技体制和立法，目的是在诸如油气、农业和制药这样的产业中捕获重要的机会。产业和技术政策都与高度专用的融资项目相搭配，比如Profarma（制药）和Prosoft（软件）。也有两个超越部门的项目，名叫强大的产业和创新的巴西，它们均由巴西开发银行负责管理（总投资为44亿雷亚尔）。

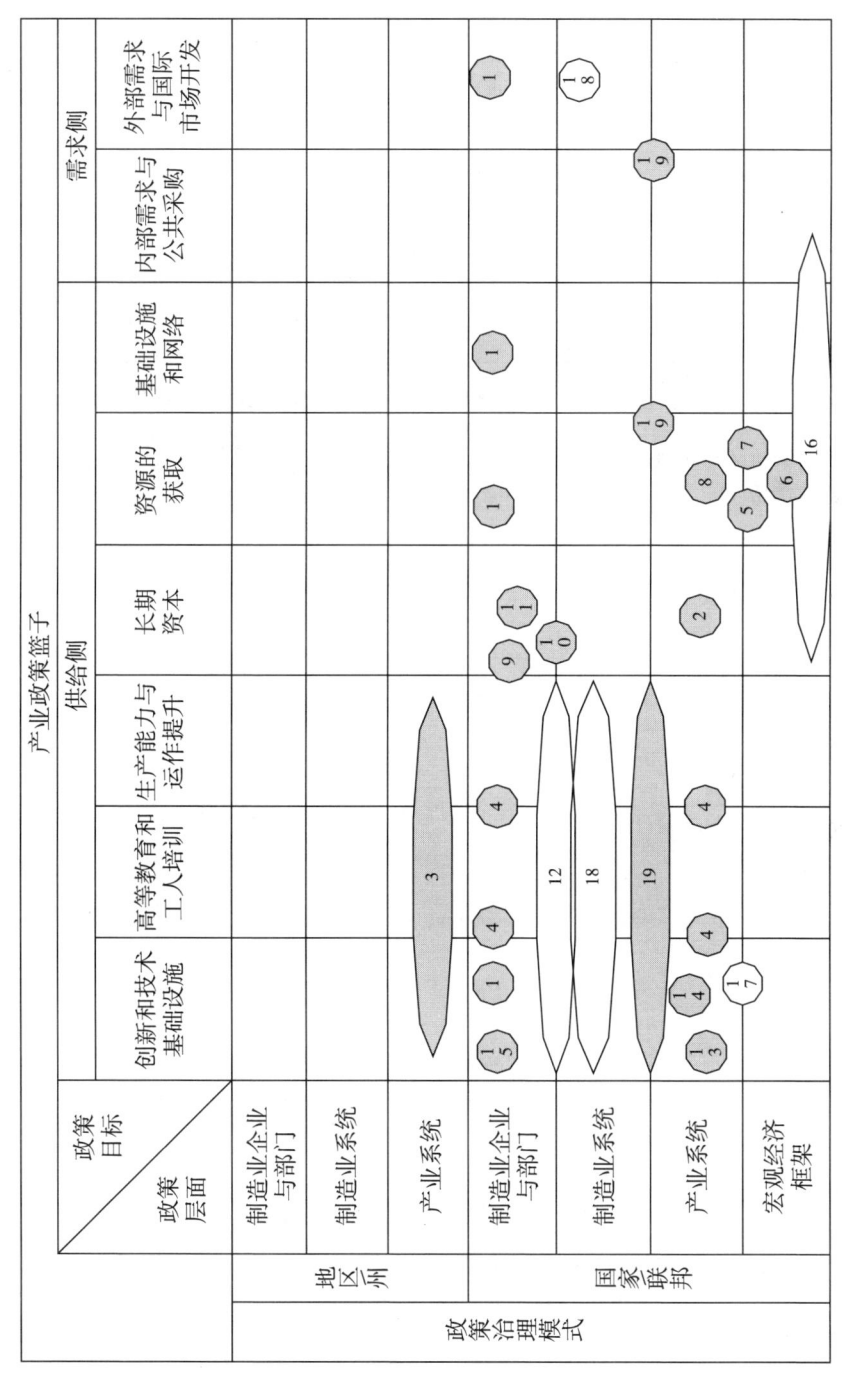

第 9 章 产业政策的种类：模式、政策篮子与转型周期 215

图 9.5 巴西的政策篮子矩阵

表 9.5 巴西的政策措施、模式、治理、转型周期和预算

代码	名称	R/N	转型周期		机构/部	10亿美元
1	国有企业	N	20世纪50年代	持续		–
2	巴西开发银行	N	1952	持续		–
3	巴西农业研究公司	R	1972	持续	巴西农业部	–
4	部门创新支持计划	N	1997	2007	巴西科技、创新和通信部	78
5	部门创新支持计划：能源		1997	持续	巴西科技、创新和通信部	78的分解
6	部门创新支持计划：水资源	N	1998	持续	巴西科技、创新和通信部	78的分解
7	部门创新支持计划：地面运输	N	1999	持续	巴西科技、创新和通信部	78的分解
8	部门创新支持计划：矿产资源	N	2000	持续	巴西科技、创新和通信部	78的分解
9	部门创新支持计划：空间活动	N	2000	持续	巴西科技、创新和通信部	78的分解
10	部门创新支持计划：信息	N	2002	持续	巴西科技、创新和通信部	78的分解
11	部门创新支持计划：农业综合企业	N	2003	持续	巴西科技、创新和通信部	78的分解
12	工业、技术与外贸计划（PITCE）	N	2003	2007	巴西科技、创新和通信部，巴西发展工业外贸部	–
13	部门创新支持计划：生物技术	N	2004	持续	巴西科技、创新和通信部	78的分解
14	部门创新支持计划：健康	N	2005	持续	巴西科技、创新和通信部	78的分解
15	部门创新支持计划：航空	N	2006	持续	巴西科技、创新和通信部	78的分解
16	加速增长计划	N	2007	2010	巴西发展工业外贸部，巴西科技部	505
17	科学、技术与创新行动计划	N	2007	2010	巴西科技部，巴西发展工业外贸部	41
18	生产性发展政策计划	N	2008	2010	巴西发展工业外贸部	–
19	更伟大的巴西计划	N	2011	2014	巴西发展工业外贸部，巴西科技部	571

与此同时，始于 2004 年的许多改革"使得通过符合政策的横向桥接而整合大部分基金投资成为可能"（ADI，2006，第 20 页）。例如，在 2007 年颁布《国家科技发展基金法》（和 2009 年出台后续法令）之后，国家基金开始从 15 家部门基金汇聚收入来源（并采用新的信用工具）。在这些基金当中，有 13 家基金对创新和创业提供针对具体部门的支持（叫作**纵向行动**），有 2 家通过鼓励大学—产业合作、知识转让以及科技制度基础设施构建而向任何部门提供支持（叫作**横向行动**）。这些基金在应用工业研究（包括竞争前研究）、样机研究、创新的商品化、问题驱动的基础研究、知识产权以及公私合作关系的融资上发挥着关键作用。

卢拉时期的第二个转型周期始于 2008 年 5 月，其显著标志是名为**生产性发展政策**（Productive Development Policy, PDP）的宏大产业政策篮子和逆周期的全面**增长加速计划**（Growth Acceleration Program, PAC）。PDP 围绕着四种挑战来安排：（1）通过使固定资本形成总额（gross fixed capital formation, GFCF）的增长率保持在 GDP 之上的方式来维持扩张周期；（2）升级和分散出口市场；（3）鼓励技术投资和创新；（4）重构产业体系，支持中小企业和国家产业驱动者。PDP 是一个复杂的产业政策篮子，它与特定宏观目标相一致，包含 425 项政策措施（分成 34 个计划，包括部门和体系的行动）。部门行动从三个主要方面扩大了 PITCE 的目标：战略性地区的动员计划、竞争力提升计划以及巩固和扩大领导能力的计划（Kupfer, Ferraz, and Marques，2013）。

在这个时期里，巴西国家开发银行的资金基础也得到了大幅度的扩大，从而使该国固定资本形成总额的增长率在 2010 年之前达到 21%，与此同时，资本货物贸易的信贷限额的利差得以大幅度下降。巴西国家开发银行还越来越有助于支持国内公司增加全球市场份额〔关于已经实施的项目和融资计划的综合性清单，请参见 Ferraz et al.（2013）〕。更为关键的是，利率的下降已顺理成章地引起本国货币贬值和出口导向型企业竞争力的提高。

2011 年，更伟大的巴西计划（Brazil Maior Plan, PBM）启动了，它标志着自 2003 年以来的当前这个（第三个）产业政策转型周期开始了。支撑 PBM 的**战略图谱**确定了四个独立的指导方针和目标：首先，增强生产能力、企业研发以及产业技能等关键能力；其次，通过结构性升级和生产体系的改组来改进价值链；再次，PBM 试图扩大国内外市场，超越初级产品的专业化；最后，PBM 还试图扩大社会和环境的可持续发展。为了落实这些指导方针，

PBM 采用了许多不同的政策措施。例如，PBM 强化生产链，通过税收减免、贸易救济（比如反倾销措施）、融资以及对出口商（尤其是中小企业）的贷款担保而对出口进行分散和升级。除了诸如基础设施开发和需求侧干预（比如升级政府采购政策）这样的系统性长期措施之外，更多的短期措施已经被整合起来了。

为了与 PDP 保持一致，PBM 在生产系统概念的基础上对政策目标重新做了设计。它试图找到提高产业政策效力和促成公私合作关系（比如建立包括部门竞争力委员会在内的新的公司治理计划）的新工具（Kupfer, Ferraz, and Marques, 2013）。考虑到上述政策篮子的复杂性和转型周期的短暂性，巴西目前正在为协调多种不同的政策措施而解决相应的制度问题。

4.5 中国：以中国的价格达到日本的质量

在 20 世纪的最后 20 年里，中国实现了面向市场经济的渐进式转型。产业政策是中国战略性五年规划的一个有机部分。尤其是在早期，许多倡议和政策措施是受到日本和韩国的成功经验所启发的。第六个五年规划（1981-1985）的显著特点是外向型发展方式，其重点是引进技术和发展内生的能力。但是，第七个五年规划（1986-1990）首次正式引入产业政策的概念。新设立的产业政策部开始修订总体的产业政策方法，其巅峰之作是于 1994 年 3 月制定了战略性计划，即《20 世纪 90 年代国家产业政策大纲》（Outline of State Industrial Policies for the 1990s）（chang et al., 2013）。

从 1989 年到 1995 年的转型周期以部门政策和一套技术与集群新政策的结合为特点，其目的是提升国内制造业的竞争力和建立完整的产业体系。中国政府确定了五个战略性"产业支柱"，即汽车、电子、机械、建筑以及石化。每一个目标部门都获得了一个包含各种互补措施（比如关税与非关税壁垒、进口配额、当地含量要求、许可证制度、税收豁免、土地补贴以及国有政策型银行的贷款补贴）的政策篮子并越来越多地依赖国有企业（state-owned enterprise, SOE）。例如，汽车和半导体产业获得了以市场保护换取技术转让的保证，而公司生产规模的扩大则通过政府主导型并购来实现（Lo and Wu, 2014）。

最近的转型周期（2001 年之后）持续采用产业整合政策，该政策一直沿用到最新的并购情形（例如中国电子公司收购彩虹集团——一家光伏电设备生产商）中。最新的立法重申，中国有必要建立汽车、钢铁、水泥、造船、铝材、稀土金属、电子以及制药产业的全球领先企业（MIIT，2013）。

在向支柱产业的公司（尤其是国有企业）提供定向金融支持（和特殊条件）上，国家政策性银行和地方政府发挥了关键的作用。中国进出口银行、中国农业发展银行（Agricultural Development Bank of China, ADBC）以及中国国家开发银行如今依然是实施产业政策的重要杠杆。法律也赋予整个金融基础设施以支持产业发展的使命。这一点从《中华人民共和国商业银行法（1995年）》第4章第34条中看得非常清楚。该法律明确地规定，"商业银行的贷款业务必须符合国家经济发展和社会进步的需要，必须在国家产业政策的指导下发放贷款"（Chang, Andreoni, and Kuan，2013）（参见图9.6）。

今日中国最为成功的两项产业政策也是在这一段时间引入的（Fan and Watanabe，2006）。1986年，国家高技术研究发展计划（又叫作**863计划**）引入了第一项明确的国家技术战略。一些关键技术成为该计划的目标，其中包括生物技术、空间技术、信息技术、激光技术、自动化、能源以及新材料。这些年来，此项技术计划得到了升级，从而囊括了诸如通信技术（1992）和海洋技术（1996）这样的新兴技术。第二项计划称为火炬计划，从1988年开始实行。该计划推动了以下几个方面的发展：（1）围绕着科技产业园（science and technology industrials park, STIP）的高技术集群化、软件园以及生产率促进中心（创新集群）；（2）高技术企业创业服务（科技企业孵化器）；（3）技术创新的金融服务（科技型中小企业创新基金和风险引导基金）。

政府使创新集群计划与国家高新区（national high-tech zone, SHTZ）和经济特区（special economic zone, SEZ）的发展保持一致。公共和私人外国投资的地理分布也被纳入中央计划之中。在早期的开放政策中，诸如广东和福建这样的沿海地区得到了优先考虑。但是，内陆地区最近已经成为基础设施投资的主要目标。各个城镇发展特色支柱产业的集群（例如，顺德专门生产电器产品，而制造业城镇小榄专门生产锁具和电声产品、古镇专门生产照明设备）被当成政策重点（Chang，2013）。

类似于美国SBIR/STT计划（见前文）的定向金融支持项目的发展也推动了目标部门和地区的集聚经济发展。科技型中小企业创新基金成立于1999年，它向愿意投资于新兴技术和产品商业化的国内高技术中小企业（雇员少于500名、30%的雇员必须是技术人员的中国公司）提供贷款利息补贴和股权投资。自从创立以来，科技型中小企业创新基金已经为9 000多家公司的项目提供了

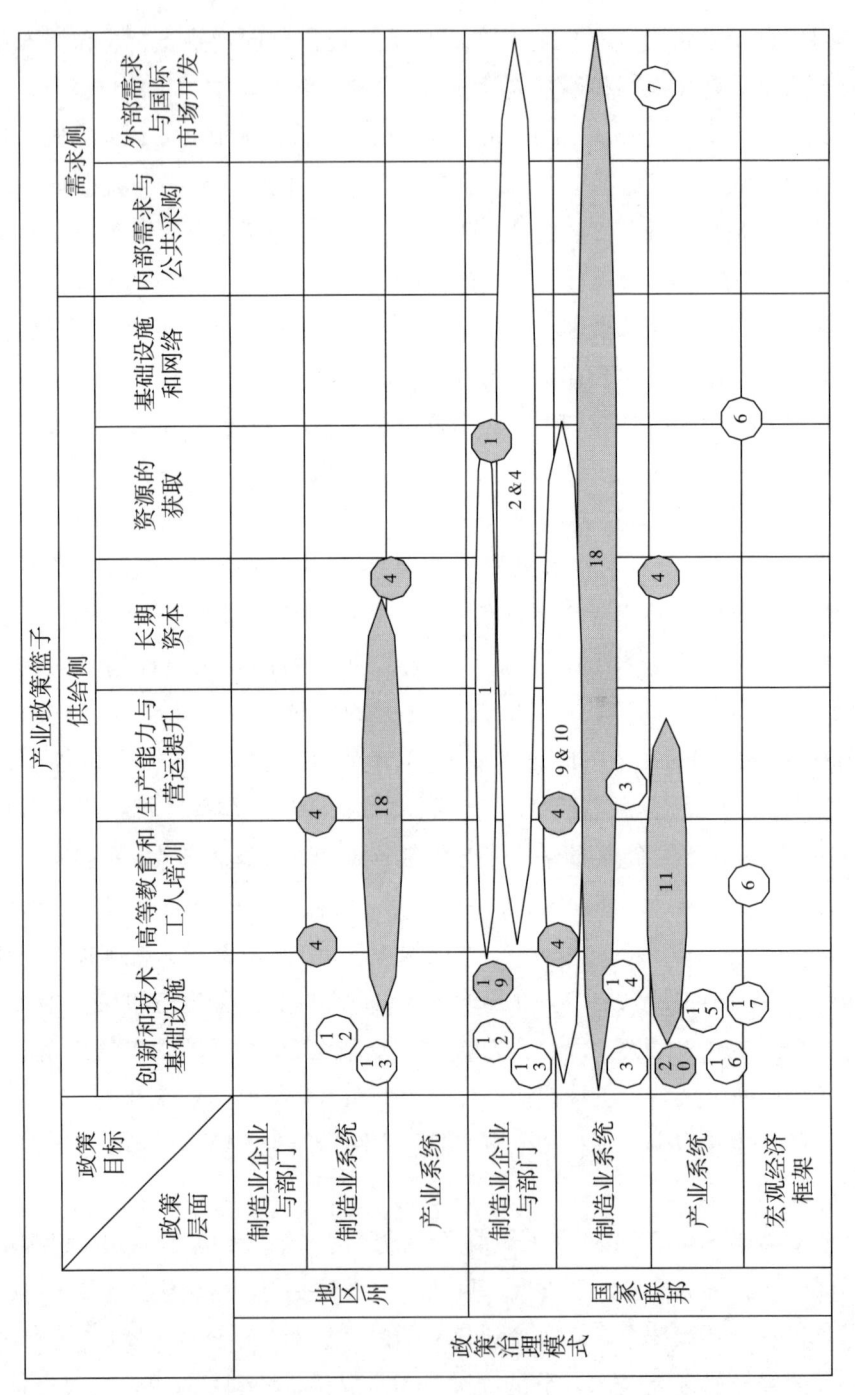

220 产业政策的选择及其经济后果

图 9.6 中国的政策篮子矩阵

将近 10 亿美元的资金。最近，也就是在 2007 年，科技部和财政部用风险引导基金对该计划做了补充。风险引导基金计划的目的是直接投资于风险基金，具有合股投资、拨款以及风险补贴补偿的特点。

20 世纪 90 年代后半期的市场自由化议程确实使中国产业政策行动（支柱产业清单包括农业、基础设施、建筑以及服务业）的力度有所下降。但是，第十个五年计划（2001-2005）标志着系统的产业和技术政策行动重新启动了。中国最近的产业政策转型周期是从 2002 年开始的。当时，第 16 届全国人民代表大会做出了致力于"工业化新路径"的承诺。这种愿景在 2006 年的《科学技术发展的中长期计划》中得到了确认和发展。在该计划中，中国政府的目标是在 2020 年之前将中国转变为"创新导向型社会"，并在 2050 年之前使中国成为"世界科技领导者"。从根本上说，该计划将使中国实现从劳动密集型产业体系转变为高技术和资本密集型的现代制造业体系（参见表 9.6）。

表 9.6 中国的政策措施、模式、治理、转型周期和预算

代码	名称	转型周期		机构/部	10 亿美元
1	第六个五年计划	1981	1985	国家计划委员会（SPC）	–
2	第七个五年计划，国务院关于当前产业政策要点的决定（1989）	1986	1990	国家计划委员会	–
3	国家高技术研究发展计划，863 计划（第七个五年计划）	1986	2001	国家计划委员会	–
4	火炬计划（第七个五年计划）	1988	持续	国家科技委员会	–
5	第八个五年计划，九十年代国家产业政策纲要（1994）	1991	1995	国务院	–
5	国家经济和社会发展十年规划	1991	2000	国务院	–
6	第九个五年计划（基础设施、工业、教育和能源）	1996	2000	国务院	–
7	关于外商直接投资的指导规定	1995–1997	2001	国务院	–

(续表)

代码	名称	转型周期		机构/部	10亿美元
8	2010年的长期目标	1996	2010	国务院	—
9	第十个五年计划	2001	2005	国务院	—
	汽车产业	2004	2012	国务院	—
	产业结构的调整	2005	2012	国务院	—
10	第十一个五年计划	2006	2010	国务院	—
11	科技发展的中长期规划	2006	2020	国务院	—
12	机器制造产业	2006	2012	国家发展和改革委员会	—
13	加快服务部门的发展	2007	2012	国务院	—
14	工业技术政策	2009	2012	工业和信息化部（MIIT）	—
15	信息技术产业	2009	2012	国务院	—
16	物流业	2009	2012	国务院	—
17	文化产业	2009	2012	国务院	—
18	第十二个五年计划	2011	2015	国务院	—
19	产业重建与升级（第十二个五年计划）	2011	2015	中共中央委员会，全国人民代表大会	—
20	支持七大战略性新兴产业（第十二个五年计划）	2011	2015	国务院	—

十五年中长期科技发展计划标志着结构和技术变革由传统的条块化计划转向更加系统化、跨行业的思路。中长期科技发展计划确定了许多社会和技术挑战，它们涉及农业、人口与健康、公共安全、水和矿产资源、制造业以及能源。被认定的最大挑战已经在两大支柱性政策篮子里得到了解决。首先，它包括16项用于开发关键技术的大型科技研究项目。这些技术包括核心电子设备、大型集成电路、宽带无线通信技术、先进大型压水堆、医药产品、大飞机技术和航空电子设备以及新型转基因品种。其次，它还包括8项"前沿技术领域"（先进能源、先进制造、航空航天、生物技术、信息、激光、新材料以及海洋技术）的研发计划。中长期科技发展计划的政策篮子依赖多种政策措施和工具，比如税收激励、补贴、技术标准和知识产权的发展、民用和军事研究的协调以及商业前技术采购（Cao, Suttmeier, and Simon, 2006）。

自 2005 年以来，中国政府引入了许多其他政策措施，作为第十一个和第十二个五年计划的一部分。其政策模式越来越依赖各个省市的参与，尤其是在国家计划（比如与部门政策相关的国家计划）的执行方面。（2011 年之后的）汽车部门政策和其他产业政策（诸如光伏电部门政策）就是这种情况。政策协调由国家发展和改革委员会来完成，该委员会为国务院制订产业发展计划并收集中共中央和省市政府的政策信息（Dorn and Cloutier, 2013）。

新的政策模式使得中央政府能够充分利用竞争性力量来进行技术升级。除了传统的出口驱动型竞争，各省及其公司已经形成了激烈的竞争关系，这种竞争关系进而又提高了国内的技术活力。国有企业也致力于全球技术竞赛，它们与公共财政一道成为基础设施投资的主要驱动力。公路和高铁之类的基础设施的开发相应地促进了汽车的内需，给全国性大企业吸收、适应和改进外国技术（比如高速列车和铁路网络）带来了可能性。在短短的三年中，中国建成了世界上最大的高铁网络并主要依靠国内技术能力生产出了速度高达每小时 500 公里的列车。

在许多被认定的**优先投资目录**和新型支柱产业中，部门政策也已经得到了升级。政府是根据产业的战略性作用来选择产业的（比如 2006 年的国防、煤炭、发电和配电、通信、石油和石化、民用航空以及航运）。政府还因为它们的增长潜力而选择它们（比如 2007 年的替代燃料汽车、生物技术、环境和节能技术、替代能源、先进材料、新一代信息技术以及高端设备制造）。特别地，第十二个五年计划瞄准了一些传统产业，其中包括棉纺服装业、生物化学、资本货物、电气设备、鞋类、石油及其相关设备以及钢铁。该计划还关注七大战略性新兴产业（节能环保、下一代信息技术、生物产业、高端装配与制造产业、新能源、新兴先进材料以及新能源汽车产业）和 35 个分支产业的项目（Shih, 2011）。

由于加速了的结构变革过程和新的产业政策思路，中国已经走上了一条本土创新（自主创新）之路。麻省理工学院的一项最新研究（Berger, 2013, 第 145 页）表明，2005 年之前中国鲜有国内创新能力的证据。可是，在 2010-2013 年这几年里，高技术部门的公司已经建立起了做大做强的能力（日益精通于扩大复杂系统的产品和流程、转化为先进产品设计和先进制造、减少进入市场之前的时间）。这些公司还发展起了设计、逆转以及再造的能力（重组外国零部件，改变功能、材料和产品特性）。这些公司生产具有"日本（上乘）质量和中国价格"的产品的能力越来越强，从而成为中国新工业化政策最显著的成功范例。

4.6 南非：一种新的产业政策方向

在种族隔离制度时期（1976–1993），南非在自然资源优势的基础上相当成功地建立起了某些上游产业。但是，南非的产业政策被许多目标和国内矛盾所拖累，结果是其长期的生存能力受到了削弱（Chang，1998）。"矿物能源复合体"没有带来任何部门多样化现象，仅仅有助于生产半成品商品的专门产业的发展。此外，诸如南非合成石油公司和南非钢铁工业公司这样的战略性国有企业的私有化允许新兴的私有垄断企业从下游制造业公司那里攫取垄断租金，从而损害了后者的竞争力（Fine and Rustomjee，1996）。

随着种族隔离制度的终结，新的南非政府设法建立一套新的产业政策框架，该框架在《改进南非制造业的表现》这份产业政策文件中得到了概括。对新的产业政策努力的相同承诺在贸易与产业部发表于1995年的文件《增强南非产业部门国际竞争力的支持性措施》中一目了然。这些新的产业政策体现了产业促进措施实现了从需求侧向供给侧的根本转变。南非政府采取了一系列新的政策措施，比如投资激励、人力资源开发、研发支持、提供有关生产方法和国际市场条件等方面的信息（参见图9.7）。

尽管强调供给侧干预，但是，这些策略相对忽视了增加物质资本和基础设施投资的紧迫性。不过，这些文件承认有必要进行政策协调及理顺宏观经济、教育和贸易政策等更加广泛的问题。遗憾的是，这样的协调努力至今依然局限于非常宽泛的框架和临时演练上（例如2000年的**新增长路径**框架）。

从1995年到2007年，自由放任的经济改革占主导地位，而产业政策干预依然是零星而不连续的（Zalk，2014；Mahmood, Andreoni and Chang，2017）。其有限的效果归因于许多持续性的背景因素。具体地说，问题在于制度弱点、政府能力缺失以及强大的经济利益集团对该政策的强烈反对。该政策本身也存在问题，它不但缺少愿景和工具协调，更是在中间目标和政策实施上存在困难。

2007年，随着新的国家产业政策框架（National Industrial Policy Framework, NIPE）的通过，南非进入了20世纪90年代以来的首个产业政策转型周期（Zalk，2014；Andreoni and Neuerberg，2014）。四大工业化目标被得以确定：（1）非传统贸易部门的分散化和对高附加值制造业的强力支持；（2）向知识经济的转变；（3）通过劳动密集型制造业的发展来创造就业；（4）边远地区的工业化和弱势人员的包容性发展。这个国家产业政策框架随后分别于2007年、2010年和2013年以三年期滚动项目的形式（产业政策行动计划）加以推行（参见表9.7）。

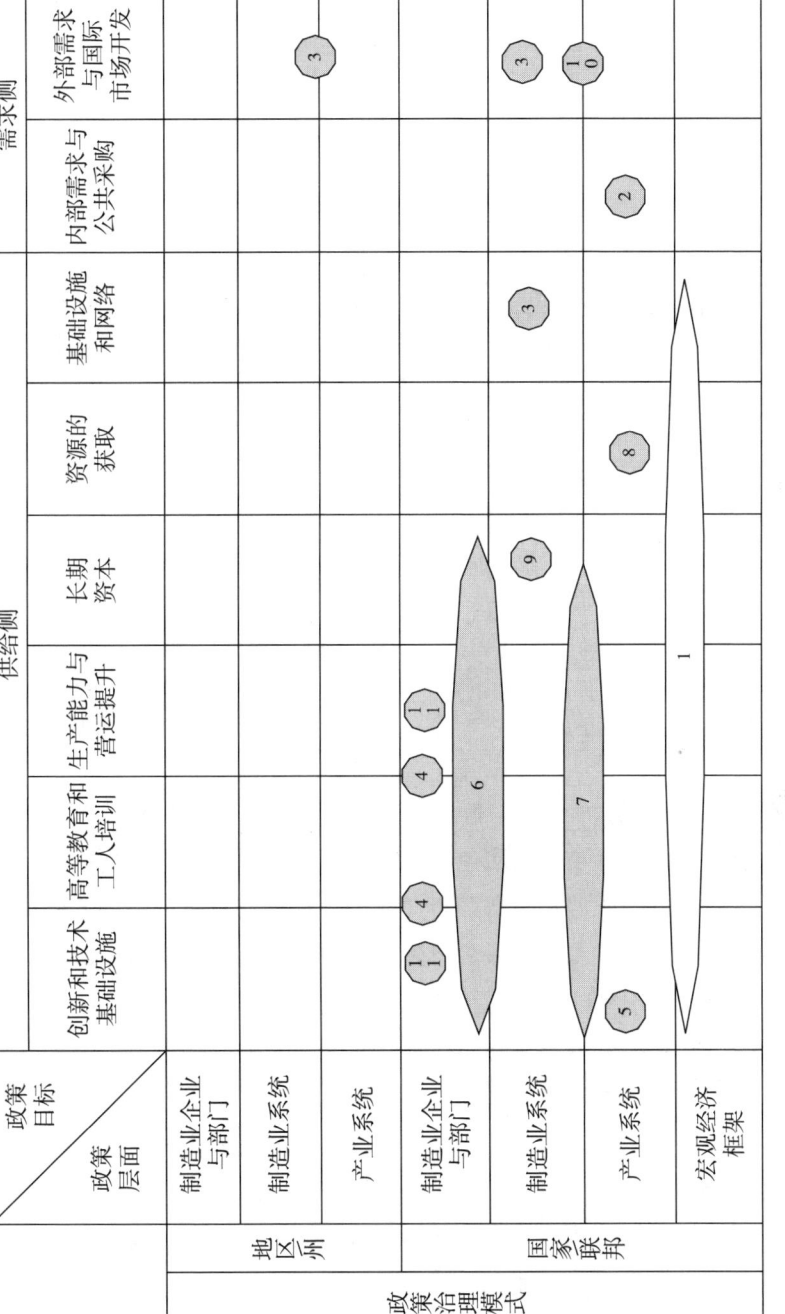

第 9 章 产业政策的种类：模式、政策篮子与转型周期　225

图 9.7　南非的政策篮子矩阵

表 9.7 南非的政策措施、模式、治理、转型周期和预算

代码	名称	R/N	转型周期		机构/部	10亿美元
1	新的增长路径（NGP）	N	2000	持续	贸易和工业部（DTI）	—
2	优先采购政策框架法案（PPPFA）	N/R	2000	2011	贸易和工业部	—
3	工业开发区（2013年之后是经济特区）	N	2000	2013	贸易和工业部	—
4	纺织服装竞争力计划（CTCP）	N	2001	持续	产业发展公司（IDC）、贸易和工业部	—
5	产业创新支持计划（SPII）	N	2005	持续	贸易和工业部	0.01
6	产业政策行动计划1、2、3（IPAP）（部门计划）	N/R	2007	2016	贸易和工业部	—
7	产业政策行动计划1、2、3（跨部门计划）	N/R	2007	2016	贸易和工业部	—
8	可再生能源独立发电厂计划	N	2010	持续	能源部	—
9	产业政策行动计划：制造业竞争力提升计划（MCEP）	N	2012	2015	贸易和工业部、产业发展公司	0.7
10	出口营销投资资助计划（EMIA）	N	2012	持续	贸易和工业部	—
11	汽车生产和发展计划（APDP）：原先的汽车业发展计划	N	2013	2020	贸易和工业部、工业发展局（IDD）	—

产业政策行动计划标志着南非产业政策的制定发生了根本性的转变。首先，政府在设计该行动计划之前与私人部门进行了广泛的磋商，并引入了内阁层面的广泛的政策协调。其次，产业政策行动计划越来越强调统筹协调所有影响工业化的政策的重要性。最后，近年来产业发展获得了越来越多的政府预算份额。根据南非国家财政部的预算数据，花在产业发展政策上的公共开支估算额已经从2010年的58亿美元增加到了2013年的94亿美元，并且预计2016年将达到近120亿美元（Andreoni and Neurburg, 2014）。

产业政策行动计划分两个方面进行安排：**产业政策行动计划部门干预**和**产业政策行动计划跨部门干预**。2013/14财年至2015/16财年的产业政策行动计划以许多部门干预为特征。这些部门干预大体上分为：第一类部门，即已经于2007年得到支持的部门；第二类部门，它们是几个追加的优先发展部门，包括性质上属于新的干预领域的部门。第二类部门包括绿色和节能产业、下游选矿业以及造船业。此外，核能、先进材料和航空航天等先进制造业（第三类部

门）的能力发展也有长期的目标。

在以第一类部门（农产品加工、塑料、制药、汽车、服装、纺织、鞋类、皮革、金属加工以及业务流程服务）为目标的计划中，汽车计划对生产性资产（包括机器和设备）的投资提供现金补助。此外，纺织服装竞争力计划（Clothing and Textiles Competitiveness Programme, CTCP）向个体企业提供补助，用于提升劳动力的技术水平或投资于产品和流程的改进。最后，农产品加工基金与入选的个体企业制定战略和行动计划（DTI, 2012）。

产业政策行动计划跨部门干预包括 8 个主要领域：公共采购、竞争政策、创新与技术、经济技能、经济特区、区域一体化、发展贸易政策以及产业融资。

南非贸易与工业部引入**制造业竞争力提升计划**（Manufacturing Competitiveness Enhancement programme, MCEP），该计划是一种作为产业融资一部分的拨款匹配方案，其目的是帮助当地制造商提高车间层面的竞争力和工作职位维持率（Andreoni and Neuerberg, 2014）。制造业竞争力提升计划由两大子计划构成：生产激励计划（Production Incentive Programme, PIP）和产业融资贷款便利（Industrial Financing Loan Facility, IFLF）。各个公司可以在公司和/或产业类别层面上申请一个子项目或不同子项目的一个组合。符合资格的投资活动包括：用于升级和扩张的资本设备；用于清洁生产和资源效率活动的绿色技术升级；为了新的或扩大的市场准入、产品和流程改进而从事的企业层面的竞争力改善活动；市场和可行性研究活动。为了帮助各个省份的制造业企业，制造业竞争力提升计划在 2012-2013 财年批准了 197 个项目，总价值达到 9.83 亿兰特，预计的总投资大约为 42 亿兰特。

获得大量关注和资金的另一项跨部门干预是经济特区的发展。南非于 2000 年设立了一个工业开发区（Industrial Development Zone, IDZ）计划，其目的是吸引外国直接投资和推动高附加值商品的出口。2013 年，《经济特区法案》被通过。此后，产业政策行动计划通过制定专门的立法框架和规章条例而对经济特区做出了改革，明确地将经济特区与边远地区的区域发展计划联系起来。为了提高产业政策的效果，南非于 2011 年修订了《优先采购政策框架法案》（Preferential Procurement Policy Framework Act, PPPFA），并采用了许多促进战略性采购的机制。

最后，2013-2014 财年的产业政策行动计划承认，创新价值链上存在干预缺口和错位，有必要审查和重建现有的产业创新支持计划和产业技术和人力资源计划。与必要的通用技术（先进材料、纳米技术、微纳电子）相结合的特定部门技术平台得到了优先考虑。可是，由于排除了附属于大学或科学委员会的企业孵化器，这些政策干预大多依赖于部门基金和融资工具。中介机构和其他用于系统性技术升级的基础设施的发展似乎被强调得不多。

5. 新的产业政策前沿：新兴的全球趋势和实践

尽管各国的产业政策路径、模式和构成多种多样，但是，一些核心的政策领域和实践正在变得为各国所共有。首先，所有国家都采取选择性部门政策和制造业体系政策的一个组合。后者的目的是支持互补性产业部门集群的共生发展（或重建）。因此，在制造业政策方面，选择性超过了部门的边界并且关注部门之间的联系。

在诸如美国、德国和日本这样的国家，部门政策往往是在州、地区或城市的层面上使用，但制造业体系政策则是在联邦或国家层面上安排。在这些国家，制造业体系政策主要包括挑选"前提"或"平台"技术和向位于技术前沿的新企业提供选择性金融支持。多层次的产业政策模式将从上到下的方法和从下到上的方法相结合，为产业政策篮子的构成和有效管理提供更大的灵活性。可是，政策如果没有联邦或国家层面的强力推行和协调，多层次政策模式就会存在不同层面的政策相互矛盾、相互削弱的风险。

诸如中国和巴西这样的发展中国家已经越来越多地采用制造业体系政策，日益趋近于我们在发达国家的例子中所发现的多层次治理模式。尤其是中国，在选择性部门政策和地方产业集群发展上，地方政府越来越多地参与了进来，而中央政府则越来越多地在地方政府之间进行仲裁。巴西已经得益于不断提高的政府能力和制度能力（尤其是运转得更好的法律体系）。可是，巴西的部门政策具有较低的选择性（几乎所有的部门都成为目标部门），而巴西的制造业体系政策为技术和基础设施缺陷所损害。最后，在执行其整个部门政策篮子方面，南非依然处于迎头赶上的过程中，其制造业体系政策依然使得高度极化的产业体系持续存在下去（少数传统部门获得了大部分的政府支持）。

文献记录了产业政策的多样性，但是，所有入选的样本国家都已经越来越多地加大了对整个制造业和产业体系的技术和财务支持。正如已经讨论过的那样，在干预范围、功能和制度形式上，入选国家的技术和金融基础设施彼此之间差异极大。德国、美国和日本等国家在 20 世纪建立起了发达的技术基础设施（与制造业体系并行发展），从而在高技术活动中获得了强大的比较优势。德国的弗劳恩霍夫研究所、日本的 Kohsetsushi 中心以及美国的全国制造业创新网络专门从事应用工业和制造研究，以扩大生产以及降低风险（尤其是新兴技术的风险）。"扩散的"技术基础设施也被"适时的"倡议所补充。这些倡议是任务导向的，其目的是针对当前和新兴的挑战（比如环境、健康和社会流动性问题）而提前行动。

成熟产业体系的主要特征就是日益强调**选择性学习**和**产业知识的提供**。诸如中国这样的新兴工业化国家最近已经在支持企业之外加强了对产业研发中介机构扩散系统的支持。这反映了中国正在围绕着国内和外资大企业而加大发展对外经济、供应链和知识密集型产业生态系统的努力。巴西已经成功地建立起了它的农业技术基础设施，并且为了支持制造业的升级，目前正在复制巴西农业研究公司的模式。南非则主要依赖财务支持，较少强调产业发展的中介机构和公私技术基础设施的开发。

所有入选国家都广泛地使用金融支持计划，包括贷款、长期融资、配比补助以及金融担保等（例如，美国的小企业创新研究计划、中国的科技型中小企业创新基金、巴西的国家科技发展基金及南非的制造业竞争力提升计划）。但是，这些计划的有效性依赖于所提供的金融支持的选择性程度（相关的投资条件和技术要求）。这些计划的有效性还取决于是否存在能够贯彻、管理和实施这些金融支持计划的金融基础设施。德国在开发银行领域找到了重要的经营手段，用来实施公共融资计划和指导、协调、支撑公司的长期战略。

所有前述的供给侧措施都被越来越多地与需求侧产业政策结合使用，而需求侧产业政策则重新得到了人们的重视。不断加剧的全球竞争推动所有的国家用更具战略重点的公共采购政策来支撑它们的内需，并通过选择性地支持出口导向型公司来支撑它们的外需。后者的提供方式是税收优惠或专业银行的金融支持（比如美国、日本和中国）。

在接受分析的国家中，当前采用的选择性措施显然受到特殊的逆周期政策的影响（后者有时候放大了前者的效果），而实施逆周期政策的目的是应对金融危机。例如，在美国，《美国复苏与再投资法案》计划不但促进了教育发展，还推动了基础设施升级与开发的投资。同理，在这次经济衰退期间，德国在绿色技术开发、公司技术转型以及可持续发展上的投资具有重大的意义。中国甚至设法增加了数量已极高的现代基础设施的国内投资（比如建设高速铁路网的为期三年的巨大努力）。这些政策不仅提高了产业和基础设施的能力（从而提高了生产率并降低了交易费用），政府有时候还将它们与利率政策结合使用，从而鼓励逆周期的投资和维持经济增长。

产业政策的新前沿变得越来越复杂了。尽管所有的国家具有一些共同的产业政策领域，但是，由于各国具有不同的产业轨迹和政策路径，产业政策的多样性持续存在并在一定程度上有所上升。区域内和区域间也正在出现新的矛盾。尽管产业政策依然在联邦或国家的边界之内发挥作用，但是，各国制造业体系正在变得如此一体化，以至于它们越来越具有全球性的影响。此外，新型制造业体系的复杂性正在使产业政策的协调、调整和长期同步化变得前所未有的紧迫。产业政策篮子被越来越多地使用，但是，即使是采用更加清晰的治理模式的国家，政策措施的调整和实施依然构成重大的挑战。实际上，政策调整问题并不仅仅和产业政策篮子内的政策套件相关，还跟各国的产业政策篮子和宏观经济政策相关。虽然不存在"放之四海而皆准"的产业政策战略，但是，理解各国产业政策经历的多样性将强化政府政策的想象力并指明产业政策篮子的协调、调整和同步化的改善范围。

第 10 章　产业战略：为优质增长而迈向学习型社会

细野明雄

　　学者、发展政策制定者以及实际工作者越来越强调为增长和发展而学习和创新的极端重要性。在学术界，斯蒂格利茨和格林沃德于 2014 年出版了一本专著，书名是《创造学习型社会：增长、发展与社会进步的新方法》（*Creating a Learning Society: A New Approach to Growth, Development, and Social Progress*），其主旨是强调学习的中心地位，主张政府在塑造创新型经济和推动学习上具有重要的作用（Stiglitz and Greenwald，2014，第 7 页）。在最近关于经济增长质量的讨论中，创新被认为是一个重要的属性。例如，2010 年在横滨达成的亚太经合组织（Asian Pacific Economic Cooperation，APEC）增长战略明确指出，创新是优质经济增长的五大特质之一。同样，一年之后在中国大连召开的达沃斯夏季会议——其主要议题是"实现优质的经济增长"——上，中国国务院总理指出，技术和创新共同构成实现优质增长的 5 个方面之一。

　　本章的目的是洞悉各种有效的方法，以建立可实现优质增长的学习型社会。本章利用国际开发合作的案例来审视：（1）包容性、创新型的增长；（2）包容性、创新型与可持续的增长；（3）具有更高适应力的包容性和创新型的增长。本章认为，每个社会或国家都有各自独特的发展议程、不同的资源禀赋组合以及特有的发展挑战。

　　Hosono（2015a，2015b，2015c）分析了产业发展和转型的 7 个突出案例：泰国的汽车产业、孟加拉国的服装产业、坦桑尼亚的大米生产、肯尼亚半干旱地区的农林产业、巴西塞拉托农业与农用工业的发展、新加坡的知识密集型产业以及智利的水产业（鲑鱼和贝壳类）。这些案例表明如下两个方面之间存在双向因果关系：一方面是转型式发展，另一方面是通过学习来持续进行能力和知识的发展。各国政府正是出于这个目的才鼓励学习和能力的发展。在上述案例中，有效的制度充当着推动者的角色。

考虑到这些突出的转型案例都伴随着一个学习过程并以学习能力为前提条件，本章借鉴面向能力发展的国际合作案例，讨论用于启动和保持势头、扩大学习过程的有效方法。本章从"学习的视角"分析这些案例。它们未必像前述重要案例那样直接产生转型，但是，它们依然对一个社会的学习过程产生重要的影响，从而为公司或组织、地方或区域经济甚或各国经济的变革提供了可能性。

我在上述讨论的基础上提出如下研究问题：给定各国所面临的挑战和所依赖的不断变化的资源禀赋，何种产业发展战略和方法能有效地促进学习，以实现具有优质增长的转型？

在"从分析性视角看几个关键问题"一节里，我将讨论多个关键问题并提供一个分析性视角。在"为特定能力而学习的案例""学会学习和提高核心能力的案例"以及"由案例研究所得到的经验教训"等三节里，我呈现并讨论一些案例，这些案例对上述三种类型做了解释。在"结论"一节中，我提供了总结性评论。

1. 从分析性视角看几个关键问题

1.1 学习、创新与增长质量

最近，关于增长和发展的政策辩论越来越关注经济增长的**质量**了，尤其关注经济增长与工作职位、包容性、可持续性、学习、技能和能力的积累、创新等的关系。[①] 在亚太地区，2010 年亚太经合组织领导人于横滨就《亚太经合组织增长战略》(*APEC Growth Strategy*) 达成了一致意见。[②] 该增长战略强调需要提高"增长的质量"，使经济增长变得更平衡、更包容、更可持续、更创新以及更可靠（Hosono，2015a）。10 个月之后，世界经济论坛召开亚洲夏季达

[①] 关于经济增长质量的文献回顾和讨论，参见 Haddad, Kato and Meisel（2015）和 Hosono（2015a）。

[②] 亚太经合组织领导人增长战略于 2010 年 11 月 14 日达成一致，它被称为《亚太经合组织增长战略》。亚太经合组织占全球 GDP 的 55%、全球贸易的 44% 以及全球人口的 40%。亚太经合组织增长战略提到，亚太经合组织高级官员应该于 2015 年为他们就亚太经合组织推动亚太经合组织增长战略的进展所作的回顾向各国领导人进行报告（APEC，2010，第 12 页）。

沃斯年会，会议的主要议题是"掌控优质增长"，强调可持续性、包容性、公平性、平衡性以及技术与创新（World Economic Forum，2011，第3页）。不久以前，亚洲开发银行（Asian Development Bank, ADB）发表了一份关注亚洲经济转型的报告（ADB，2013）。该报告指出，经济发展不同于总量增长，后者可以在没有发生重大转型的情况下发生，比如某些石油资源丰富的经济体。该报告强调了结构转型的关键组成部分。①

最近，亚太经合组织第二十二次领导人非正式会议发表宣言，即《北京纲领：构建融合、创新和互联的亚太》（APEC，2014，第7页）。该宣言指出："为了形成政策协调效应，为本地区稳健、持续、平衡和包容的经济增长创造良好的政策环境，我们同意加强宏观经济政策的协调。"该宣言特别强调创新型增长："我们认识到创新是经济增长和结构改革的重要杠杆……我们认识到亚太经合组织共同繁荣的前景将依赖于该地区的创新型发展、经济改革和经济增长，三者是相互补充、相互促进的。"

在亚洲，认同优质增长的观念转变也发生在国家的政府层面。中国新一代领导人和政府启动了一项巨大而广泛的结构性改革议程，2013年《中国共产党十八届三中全会的决定》对该议程做了阐述。除了再平衡经济、减轻社会不平等、保护环境以及应对气候变化之外，缩小城乡差距和提高增长质量的必要性也被置于该政策议程的重要位置上（Wang, Wang, and Wang，2014，第xi页）。在日本，《2012年日本经济和公共财政年度报告》（*Annual Report on the Japanese Economy and Public Finance* 2012）重点介绍了"优质"经济增长（Government of Japan, Cabinet Office，2012，第226页）。包括马来西亚、泰国、印度、不丹和越南在内的亚洲其他国家也引入了类似的概念。例如，马来西亚在2012年包容和可持续增长的框架内启动了"新经济模式"计划（UN-ESCAP，2013，第8页）。

2015年，日本政府宣布以《发展合作宪章》（*Charter for Development Cooperation*）取代《官方开发援助宪章》[*Official Development Assistance（ODA）Charter*]。《发展合作宪章》指出，最重要的发展挑战之一是"'优质增长'和通过这种增长来消除贫困"，在此过程中，应该强调包容性、可持续性和适应

---

① 结构转型的5个组成部分是：生产要素的重新配置；生产和出口市场的变化、升级和深化；使用新的生产方法和流程、使用不同的要素投入；城市化；社会变革（ADB，2013，第3-5页）。

力（Government of Japan, Cabinet Office，2015，第 5–6 页）。

尽管上述文件对优质增长的精确定义也许各不相同，但是，它们通常都高度强调经济增长的创新、包容和可持续性等方面。

1.2 学习能力是最重要的禀赋[①]

创新在优质增长中的重要性得到了越来越多的认同，与此同时，关于学习、知识的积累以及能力的重要性的讨论也得到了深化。Cimoli、Dosi 和 Stiglitz（2009，第 2 页）指出，"大转型"需要个人和组织层面的知识和能力的重大积累过程。后来，Noman and Stiglitz（2012，第 7 页）强调，"长期成功依赖于社会的'学习'——学习新技术、新的经营方式、新的经济管理方式以及新的国际交往方式"。

最近，Stiglitz and Greenwald（2014，第 26 页）更加系统和全面地分析了什么是学习型社会。他们指出："从我们的角度来看，最重要的'禀赋'是一个社会的学习能力（学习能力又受如下因素影响：一个社会所拥有的知识，一个社会关于学习本身的知识，一个社会关于自身学习能力的知识），这种学习能力有可能专门用于学习某些事情而不是其他事情。"他们进一步指出，一个国家必须制定政策来利用其与竞争者相关的知识和学习能力的比较优势（学习能力又包括学会学习的能力），来帮助进一步发展那些能力（Stiglitz and Greenwald，2014，第 26 页）。

1.3 禀赋、产业转型与优质增长：产业战略的焦点

禀赋变化、产业转型和优质增长之间的关系必须成为产业战略的主要焦点。根据 Noman and Stiglitz（2012）的研究，"旧"政策的重点是在静态框架内提高经济效率。但是，他们主张"发展的本质是动态的。重要的不是现有比较优势，而是动态比较优势"（Noman and Stiglitz，2012，第 7 页）。Lin（2012）在讨论"变化中的比较优势"时指出，"更有效的学习和发展路径是利用后发比较优势，然后根据变化中的比较优势对产业进行升级和多样化，从而进入新的产业，而比较优势的变化取决于禀赋结构的变化"（Lin，2012，第 73 页）。

[①] 禀赋就是那些决定一国家比较优势的资源。关于禀赋与静态和动态比较优势之间的关系的深入讨论请参阅 Stiglitz and Greenwald（2014，第 24–25 页）。

同理，增长质量的讨论也需要在变化中的禀赋和产业转型的背景下进行，因为产业转型是经济增长的一种驱动力并与经济增长的不同属性相关。产业战略必须围绕着基于变化中的禀赋和产业转型而影响增长质量的公共政策。① 总之，产业战略需要考虑禀赋的改善和其他各个方面，比如具有知识和能力积累的学习能力、基础设施、人力资本、自然资本、金融资本、制度等。产业战略需要促进和鼓励产业转型、禀赋变化的充分利用、价值链的深化、多样化等。产业战略还需要在产业转型的过程中获得优质增长的预期属性，这是经济增长的基础和驱动力。

1.4 学习型社会和能力发展

此外，在最近关于援助效果和随后的发展效果的讨论中，尤其是在援助从业者之间的讨论中，能力发展已经成为一个中心问题。2008年，关于援助效果的第三次高级论坛批准了《阿克拉行动纲领》（*Accra Agenda for Action*），它比《巴黎宣言》（*Paris Declaration*）更加强调**能力发展**（capacity development, CD），而《巴黎宣言》将能力发展视为援助效果中的关键性一般问题。② 2010年9月召开的联合国千年发展目标首脑会议的成果文件反复强调能力和能力发展的重要性。这个趋势的基础是捐赠组织、捐赠政府以及伙伴国家日益地认识到能力缺乏已经并必将继续阻碍政策转化为发展成果（Hosono et al.，2011，第179页）。

能力发展中的知识和学习已经日益成为近期讨论的一个特点。Clark and Oswald（2010）认为，相互学习甚至可以被认为是能力发展。如果能力发展被视为一种相互学习的过程，则要求我们改变关于如下两个问题的观念：什么是知识？生成知识的方式如何由传统的知识转移模式转向知识创造模式？（Hosono et al.，2011，第181页）同样地，如果能力发展过程的国际合作非常注重学习、知识的共同创造和创新性解决方案，则它可以被认为是在发展中国

---

① 作者相当广义地使用"产业"这个术语，它不仅涉及制造业部门，还包括农业商业、现代农业、水产业、运输业、物流业、旅游业以及其他行业。这些行业生产该国的新产品和新服务，需要大量的人力（和社会）资本、金融资本、自然（和环境）资本和基础设施，需要学习（知识和能力）的积累。

② 关于能力发展的文献综述，请参阅 Hosono et al.（2011）。

家创造知识型社会的有效方法。①

1.5　为具体能力而学习和为提高核心能力而学会学习

　　Stiglitz 和 Greenwald（2014）对学习能力做了区分并指出："学习能力当然可以是具体的或一般的。"他们还指出："我们可以把我们的努力用在提高具体能力上。如果一个国家追求狭小的目标，则这些能力可能对经济很有帮助。如果一个国家处于迅速转型时期和具有巨大的不确定性，则我们也可以把我们的努力用在提高更加一般化的学习能力上，因为这些能力可能对经济很有帮助。"（Stiglitz and Greenwald, 2014，第 50 页）他们进一步指出："正如**知识**本身是内生的，**学习**能力也是内生的。某些（以某种方式进行的）经济活动不但促进学习，还可能促进**学习能力**。"（Stiglitz and Greenwald, 2014，第 50 页）关于能力发展的几项研究也提到了这两类能力。能力不但包括具体的技术要素，比如特定的医疗保健或道路建设技能，还包括所谓的核心能力（Hosono et al., 2011，第 180 页）。它们包括一般的和通用的能力，承诺和参与的能力，识别需要和关键问题的能力，计划、预算、执行和监督行动的能力，最重要的是掌握知识和技能的能力（UNDP, 1998；ECDPM, 2008；JICA, 2006, 2008）。为具体能力而学习可以为学会学习创造条件，而学会学习的能力又可以促进具体能力的学习。

1.6　学习的决定因素

　　Stiglitz 和 Greenwald（2014，第 56-57 页）识别出了学习的如下主要决定因素：（1）学习的能力；（2）知识的获取；（3）学习的诱因；（4）建立创造性思维倾向——正确的认知框架；（5）能够触发学习，有助于创造正确的认知框架，为学习过程提供重要投入品的社会关系——与其发生互动的人们；（6）学习的情境。

　　关于能力发展的一种新兴观点认为，知识是人类在特定背景下进行连续互

---

① 日本的发展合作方法就反映了此种观点。《日本发展合作新宪章》写道："在发展合作中，日本秉持了如下精神：基于领域导向的方法，通过对话和协作，共同创造适合伙伴国的事物，与此同时，尊重相关国家的所有权、意向和内在特性。日本还坚持与发展中国家建立互惠关系的思路，双方相互学习、共同增长和发展。这是日本对外合作的某些优良传统，它帮助了发展中国家的自助努力，着眼于发展中国家将来的独立发展。"（Government of Japan, Cabinet Office, 2015，第 4-5 页）

动的结果,其中,知识和创新性解决方法是通过相互学习的过程而被共同创造出来的,是通过实际体验而获得的(Hosono et al.,2011,第182页)。在此过程中,5个因素被认为是必要的:利益相关者所有权、特定驱动因素、相互学习、能力发展路径以及催化因素(包括外部行动者)(Hosono,2013,第257页)。

图10.1大致说明了能力发展是一个动态的、内生和持续的过程,为特定能力而学习和学会学习(核心能力)就在此过程中发生。上述"学习的决定因素"在此过程中极其重要,尽管它们之间的顺序和联系可能因不同的背景而不同于图中所示。

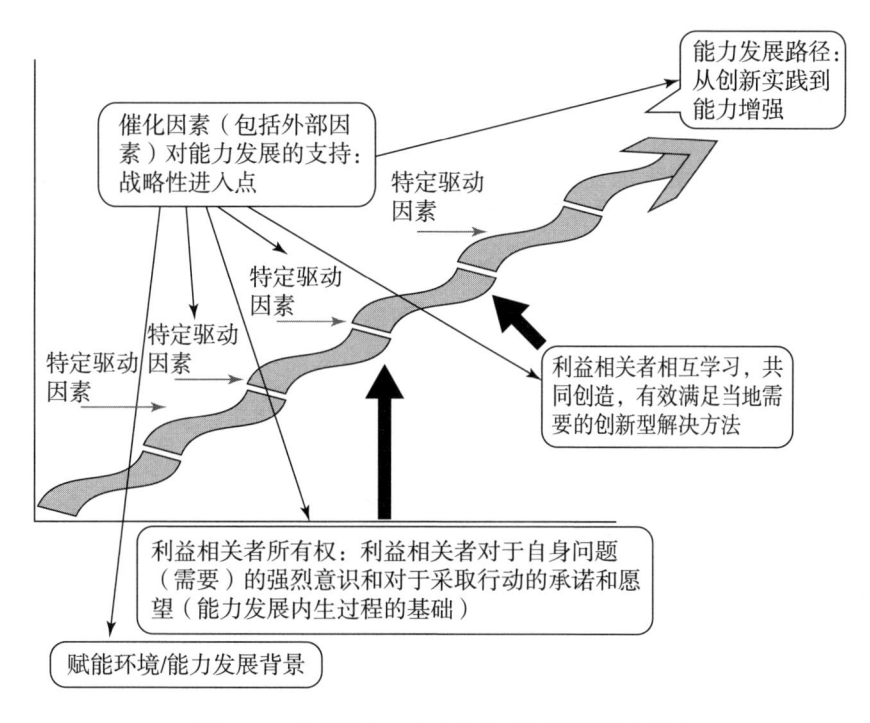

图 10.1 作为动态、内生和连续过程的能力发展

数据来源:作者在Hosono等人(2011)的基础上制作而成。

产业战略和有效的学习方法:研究问题

因此,这项活动的相关问题是:给定一国所面临的各种挑战和所依赖的资源禀赋,为了实现理想的增长质量,何种产业战略和学习方法能够有效地促进学习?我将利用国际开发合作的经验从如下3个领域来讨论这个研究问题:(1)为包容和创新的增长而学习;(2)为包容、创新和可持续的增长而学习;

(3）为包容、创新、提高适应力和人类安全的增长而学习。与上述领域相关的案例选自不同学习背景下广泛应用的学习方法。本章特别关注学习的决定因素在实践中是如何在学习和学会学习的过程中通过相互作用来启动、促进和保持势头的。

为包容和创新的增长而学习

近年来，**包容性发展**引起了国际社会越来越多的关注。2007 年，世界银行行长宣布，促进包容、可持续的全球化是世界银行集团的愿景。日本国际协力事业团在其 2008 年的愿景宣言中引入了**包容性**一词。一年之后，亚洲开发银行为包容性增长做了定位，即其 2020 战略的长期战略框架的 3 个议程项目之一（ADB, 2009）。正如前面所述，在 2010 年达成的《亚太经合组织增长战略》中，**包容性增长**作为 5 个合意的增长属性之一构成该文件的特点。[①]

在这些文件中，包容性增长具有相互关联的两个方面：所有人参与增长，同时，所有人受益于增长。[②]但是，从学习型社会的视角来看，包容性增长远远超出了上述那些方面，它与创新型增长之间具有内在的联系。如果充分利用每一个人的才华，增长就可能是真正的包容和创新。Stiglitz and Greenwald（2014）指出："关于包容性增长为何如此重要的问题，我们的观点要超越标准的观点；标准的观点是对一国最有价值资源——人才——的一种浪费，它不能确保每个人都能尽其所能。"（Stiglitz and Greenwald, 2014, 第 468 页）他们认为，促进更多包容性的政策产生可能促进更多的学习（Stiglitz and Greenwald, 2014, 第 381 页）。

表 10.1 强调了与国际合作项目相关的某些方法，其目的是为具体能力而学习或者为通用或核心能力而学习。从这个角度出发，下文将对这些方法进行分析，以便了解如何通过学习实现包容性和创新型增长。首先，我讨论两个关于为具体能力而学习的案例。一个案例是肯尼亚小农园艺赋权计划（Smallholder Horticultural Empowerment Project, SHEP），它主要讨论个体农民的学习。另一个案例是孟加拉国地方政府工程部（Local Government Engineering, Department, LGED），它主要针对组织的学习。

[①] 关于包容性增长的定义和最近的讨论，请参阅 Kozuka（2014）。
[②] 关于转型和包容性增长的更广泛的讨论，请参阅 Hosono（2015b）。

表 10.1　为特定能力而学习与学会学习的方法

	从为具体能力而学到学会学习	直接关注学会学习（增强核心能力）
主要关注个人的学习	出于具体目的的能力发展逐步使学会学习成为可能（比如小农园艺赋权计划）	为改善生计而学会学习
同时关注个人和群体的学习（协会、合作机构等）	出于具体目的的能力发展使个人和群体学会学习成为可能	"学会学习"的目的是通过一村一品倡议来创立和发展包容性企业
主要关注组织的学习和制度建设	出于具体目的的能力发展使组织学会学习成为可能（比如地方政府工程部）	通过持续改进、即时生产、全面质量管理、知识管理以及其他倡议来使组织学会学习

在这两个案例之后，我讨论另外的三个案例，这些案例主要关注学会学习的能力和通用/核心能力。第一个案例考察生计改善计划，其重点是收入提高之外的其他改进（比如改善烹饪炉子），因为它们的主要目的是让农村妇女认识到日常生活中存在的众多问题并把它们当作需要解决的问题来加以处理。因此，这些计划的目标是通过**干中学**来**学会学习**并努力改善多个方面的生计。这种方法具有其优点，因为这种生计改善方案的风险要比通过生产活动提高收入的方案低得多。但是，发现生计问题的解决之道和改善农村生计的过程可以导致学会学习，进而推动生产活动的发展。日本大分县是"一村一品（One Village, One Product, OVOP）"方案的诞生地，在那里，具有生计改善计划经验的妇女后来有效地推动了一村一品的生产活动。作为第二个案例，我讨论了日本、泰国以及其他国家的一村一品方案。最后，第三个案例是关于学会学习或学习核心能力的，它由企业和组织通常使用的一系列方法构成，例如持续改进、即时生产（Just in time, JIT）、全面质量管理（Total Quality Management, TQM）、知识管理等。

2. 为特定能力而学习的案例

案例一：小型农户对市场需要的反应变得更迅速，其能力发展使得为包容性和创新型增长而学习成为可能：肯尼亚小农园艺赋能项目和小农园艺赋能单元项目[①]

由于良好的市场准入和农户的赋权，肯尼亚在商业性农业多样化方面具

[①] 本案例大量地利用了 Aikawa（2013）的资料。

有可观的潜力。非洲对园艺产品的需求一直在增加。21世纪头10年代以来，肯尼亚园艺生产的年均增长率达到20%。小型农户生产了60%以上的园艺产品，从园艺产品的销售中获得了更高的收入。在肯尼亚，与谷物生产相比，园艺生产属于劳动密集型产业，需要更复杂的技巧和更多的投入，这些投入包括种子、肥料和杀虫剂。管理得当的园艺业拥有较高的土地生产率。基于这个前提，肯尼亚政府于2006年启动了小农园艺赋能项目（Aikawa，2013，第144-145页）。小农园艺赋能项目的主要目的是发展小农园艺农民群体的能力。

启动小农园艺赋能项目和小农园艺赋能单元项目（Smallholder Horticultural Empowerment Projet Unit Project, SHEP UP）的前提是，不管市场的总体规模多么小，也不管单个农户的产量多么小，园艺生产是一种产业。以此为前提，这些项目开展了一系列的活动，鼓励农民养成适应市场需求的行为习惯，将市场需求当作其战略出发点和最终目标。许多非洲国家正在鼓励它们的农户将当前的生存导向型农业转变为更加明确的商业导向型企业。尽管非洲的小型农户已经根据理性的决策进行隐式耕作，就像在企业中所做的那样，但是，他们未必知道实现转型的方法。小农园艺赋能项目和小农园艺赋能单元项目填补了这一空白（Aikawa，2013，第163-164页）。

20世纪90年代以来，许多捐赠机构一直在为价值链的发展提供支持。它们的支持往往集中在从生产到销售的供应链的下游部分，或者靠近采后加工和销售部分。与此相反，小农园艺赋能项目和小农园艺赋能单元项目在从生产到销售的各种阶段向小型农户提供支持，这种支持以农户可以接受的方式覆盖各个方面的活动。在这种情况下，项目在设计它的活动和凝练它的方法的时候总是将农户置于中心位置（Aikawa，2013，第163-164页）。结果是小农园艺赋能项目获得了巨大的成功。[1] 这个方法如今已被引入巴勒斯坦、萨尔瓦多以及10个撒哈拉以南的非洲国家。

Aikawa（2013）解释了小农园艺赋能项目的学习过程。

---

[1] 2009年10月，就在小农园艺赋能项目行将结束之时，人们进行了最后一次监测调查。根据该调查，在114个组织中，平均每组的园艺相关净收入比基准调查时期上升了67%，与此同时，平均每人的净收入比基准调查时期上升了106%。一方面男女收入同时上升，另一方面男女收入差异却从基准调查的31%下降到最终监测调查时的15%。最终监测调查涉及2 177个小型个体农户，它们属于来自122个模范农户群体中的114个群体，它们的数据可以按类似于基准调查的方式获得（Aikawa，2013，第151页）。

各种技能被引进到该项目中。这些技能简单而适用，农户可以轻易获得所使用的材料。实际上，肯尼亚的研究站已经达到了一定的技术水平，因此，问题不在于开发新技术，而是如何从农户的角度来使现有技术得到认可并投入实际应用当中。基于这种认知，该项目重点引进即学即用技能，比如正确使用麻线进行种植的技能。对这些技能的指导是由肯尼亚和日本专家联合提供的，前者具有丰富的园艺经验，后者可以从局外人的角度提供建议。即使在向农民引荐新技术的时候，该项目也要确保这些新技术适用于当地已有的材料和技能。这样的技术包括用沙袋进行道路维护、有机肥的发酵以及轻巧的除草工具。

Aikawa（2013）进一步指出，当农户基于自己所做的市场调查结果自主地决定生产的目标作物时，农户的内在动机得到了显著加强，农户的技能进而得以显著提高。这又反过来提高了人们的意识，激发了农户通过现场培训更深入地学习技能。在农户成功地销售了他们的产品的时候，这种成功的经验进一步提高了他们的能力意识，从而产生了更强烈的动机。因此，我们可以将整个过程描述为内在动机增强和技能水平提高之间的相互作用关系。两者既相互补充，又相互加强。两者的相互作用带来可持续的增长（Aikawa，2013，第159页）。

案例二：通过农村基础设施开发中的能力发展实现为包容性和创新型增长而学习：孟加拉国地方政府工程部（Local Government Engineering Department, LGED）[1]

正如2001年制定的《全国农村发展政策》（National Rural Development Policy, NRDP）第一版（2005）、第二版（2008）中的《减贫战略文件》（Proverty Reduction Strategy Paper, PRSP）所说，农村基础设施的开发和维护是孟加拉国政府的一项优先事务。经过一系列的组织变革，"农村工程单元"演变成为半自治的"地方政府工程部"，而"农村工程单元"又继承了20世纪60年代著名的"库米拉模式"的基础设施部分。[2]根据Fujita（2011）的观点，地方政府工程部在组织发展方面已经表现出了显著的进步。在此期间，员工数量在一万名以上的高度分散化的地方政府工程部在农村基础设施的提供和维护上牢固地树立起了专业和卓越的声誉（World Bank，2009）。地方政府工程部与当地利益相关

---

[1] 本案例大量地利用了Hosono等（2013）和Fujita（2011）的资料。
[2] Wilbur Smith Associates（2008）；Goverment of Japan, MOFA（2006）。

者（政府和受益者）紧密合作，以便确保项目的各个阶段有广泛的参与。它还为了创造就业机会而采用以劳动为基础的技术，并且在基础设施的建造和维护中使用当地的材料。因此，在中央政府职能下放的背景下，地方政府工程部在地方政府和社区团体的能力建设方面发挥出了越来越重要的作用。农村基础设施项目现在已扩散到全国范围。如今，地方政府工程部是孟加拉国最大的公共部门之一，其2009—2010财年的预算占全部政府发展预算的14%（Fujita，2011）。

地方政府工程部的业务模式有利于组织的学习。诸如道路、乡村市场和公共灌溉系统等农村基础设施的规模相对较小，因而可以在一两年的时间里迅速地实施。即使这些项目失败了，地方政府工程部的风险也很低。这些特性使得地方政府工程部可以在短时间内区分出项目的成功和失败并采用新的技术。这些要素对知识和经验的积累做出了贡献。地方政府工程部的2008年评估报告指出："该组织很快就适应了新的试验和技术。"这反映了该机构各级员工相互学习的过程（Wilbur Smith Associates，2008）。对于清晰地理解和识别当地需要来说，通过利益相关者之间的互动进行相互学习是至关重要的。这使得与当地受益方联手确定当地知识和资源并制定创新型解决办法成为可能。这个案例表明，相互学习和相互信任对于找到适合当地情况、满足受益者和利益相关者需要的创新型解决办法是至关重要的。

3. 学会学习和提高核心能力的案例

案例三：日本和发展中国家通过农村生计改善计划实现为包容性和创新型增长而学习[①]

在第二次世界大战之后的20年中，日本全国各地都实施了农村生活改善计划。Sato（2003，第34—35页）强调，如果没有"社会发展"计划，尤其是农村地区各种生活改善的成就，战后日本经济和社会发展的可能性为零。当时，日本农村地区社会发展的关键词是"生活改善"。由于名为农村生活改善运动的社会发展计划早在高速增长时期之前的20年里就已经打好了基础，日本能够迅速而广泛地分配高速增长的成果。

---

① 这个部分来自Hosono（2009a）。

1945 年夏天，日本面临着许多发展中国家当今所面临的一系列问题，比如食物短缺、营养不良、健康恶化以及卫生条件糟糕（Sato，2003，第 36 页）。在这种情况下，生计改善计划得以实施。该计划所使用的方法鼓励妇女自身积极参与找出她们生活条件中的问题、设定问题、制订生计改善计划以及应用和监督这些政策（JICA，2003a，第 1 页）。人们希望日本生计改善计划的推广人员发挥推动者的作用，使农村妇女意识到并承认其日常生活中存在的各种问题。

事实上，日本农村的许多问题都根植于日常生活之中，比如炉灶问题。农村妇女通常要弯腰使用放在地上的炉灶。她们不得不弯腰做饭，这种身体姿势令人精疲力尽，并且由于屋内没有通风设备，烟雾会造成眼睛疾病。为解决日常生活中的这一问题，日本全国引入了诸如齐腰高的炉灶和烟囱。日本也引入了其他的创新，比如经过改进的工装和更有营养的食品。但是，只有农村妇女认识到她们正在使用的炉灶、她们所穿的工装以及她们日常所吃的伙食的问题，她们才开始寻找改进的办法。换言之，推广人员并没有从一开始就迫使对方接受改良的炉灶（Sato，2003，第 39 页）。

导致农村生计改善运动成功的最重要的因素之一是妇女的奉献精神，她们充当了生活推广人员（或"家庭顾问"）。在推广计划中，女性家庭顾问和男性农业顾问（农业推广人员）通力合作。根据 Mizuno（2003，第 24 页）的观点，改善农户农村生活的目的是通过农户生活技能的提高来"改善农户的生活并培育有思想的农民"。其背后的观念是：生产和生计的改善具有同等的重要性，解决生计问题和改善农村生计将促进生产活动。我们可以将这种观念与生产导向观点做比较，后者主张现有生产的改进将自然而然地提高生活质量。

特定问题的专家被派往每一个辖区，为生计推广人员提供支持。这就建立了一项制度，在这项制度中，食品、服装和住房方面的专家向生计推广人员提供咨询意见。推广计划由农林水产省设计，但地方政府要承担部分费用。因此，一方面是总部发布统一的操作指南，另一方面是每个辖区所特有的计划也在地方政府预算允许的范围之内加以实施。诸如健康与福利省（负责营养改善、生育控制以及妇幼保健）和文部省（负责社会教育等事务）等其他政府部门也支持农村生计改善运动。农村生计推广人员分到的交通工具是绿色自行车，而公共卫生护士则骑白色自行车。

综观战后日本农村生计改善计划的最初成果，截至 1956 年 3 月底，家庭生计改善活动小组一共有 5 461 个。最普通的改进目标是炉灶，然后是腌制食品的制备和改良型工装的制作。例如，根据 1956 年全国炉灶改进调查的结果，220 万个家庭（占全部农户的 38%）已经改进了炉灶，158 万个家庭（占全部农户的 27%）已经在农村生计改善计划引入之后改进了炉灶，147 万个家庭（占全部农户的 25%）计划在一年之内改进炉灶（Mizuno, 2003，第 26 页）。

这种方法已经被引入多个亚洲、非洲和拉丁美洲的发展中国家（APO, 2003；Instituto de Desarrolla, 2013；JICA, 2013a）。特别是 8 个中美洲和加勒比海国家（哥斯达黎加、多米尼加、萨尔瓦多、危地马拉、洪都拉斯、墨西哥、尼加拉瓜以及巴拿马），它们对这种方法进行吸收和消化，推动了该地区的网络化，使知识得到更好地传播。为了推动为更好的区域发展所做的协调努力，多米尼加共和国甚至还成立了一个政府机构（JICA, 2013a 和 2015）。

案例四：培育包容性企业，为包容性和创新型增长而学习：一村一品方案

1979 年，日本大分县（人口 123 万）首创一村一品运动。该地区当时处在经济困难时期，导致许多年轻人离开了此地。有鉴于此，人们积极利用一村一品方案来促进经济进步。

最初的设想是鼓励各个地方在它们的社区创造并销售特产。一村一品方案以地方主动性的想法为基础，而地方的主动性又依赖于当地居民利用当地资源来恢复其经济的努力、创造力和愿望。为了得到全球的认可，当地产品的质量必须符合国内和国际市场的标准。由于当地社区的不懈努力，大分县的许多新产品被推入市场，恢复了当地经济的活力。辖区政府不是直接向当地的各个领域提供补贴（这种做法被发现会降低该国其他地区的独立自主精神），而是向每个社区提供技术援助（其目的是改进生产质量）、市场研究和广告服务，以此来支持各个社区。为了增加销售，大分县设立了一村一品公司，以便协助和识别新的市场。这类举措可以被视为培育和促进包容性企业[①]与集群的潜在模式。

一村一品运动的三大基本原理是：（1）以当地的资源为基础，创造行销全球的产品和服务；（2）自力更生和创造性；（3）人力资源开发。Kurokawa、

[①] UNDP（2010，第 3 页）将包容性企业定义为这样的模式：穷人以生产者、受雇者和消费者的身份成为价值链的一个部分。

Tembo and Willem te Velde（2010，第 7 页）指出："三者的共同点是强调地方所有权。"他们进一步解释道："第一条原理的最佳解释是'全球思维，当地行动'。人们期望当地居民创造行销全球的产品和服务，这些产品和服务体现了当地居民对其家乡丰富的物质和文化的自豪感。任何产品及其开发背后的'故事'都有助于吸引消费者的注意力。这种土生土长的特色增加了当地产品的价值，与此同时，利用当地的人力和物力则有助于经济活动的可持续性。"在一村一品运动中，自力更生和创造性被认为是发展适销对路产品和服务的关键，因为当地的知识和本能可以有助于发现当地"隐藏的宝藏"。当地的一切都具有潜在的价值，但是，潜力变成现实的可能性则取决于当地人民的主动性和努力。

因此，学会学习可以被认为是一村一品运动的核心要素之一。Haraguchi（2008，第 12 页）强调，活动中的互动学习过程使一村一品成为有效而可持续的农村发展方法。他指出："对于一村一品的农户来说，将他们的产品交付市场并不是其生产活动过程的终结。生产活动的过程还包括为持续改进而与零售商和消费者进行直接互动，获得有关产品质量、价格和生产数量的信息反馈。从这个意义上讲，生产活动的过程不仅仅是向市场交付产品。"这种学习维度类似于前面讨论过的小农园艺赋能项目。

原口（Haraguchi）进一步写道：

> 为了提高他们的学习能力，某些一村一品农户找到了与他们合作的商店和餐馆，用他们自己的产品烹制菜肴，以此来加强与消费者之间的联系。这些场合允许生产者与消费者进行互动，为直接获得关于其产品的评论提供了机会。引入用他们的产品制作的新菜肴，有助于提高附加值并推广他们的产品。来自消费者的反馈信息被汇集在一起，在一个生产者群体中进行分享，而该群体是为了联合学习和产品与营销的持续改进而建立的。

Haraguchi（2008，第 14-15 页）总结道："其实，从原材料的制作、产品加工、销售到服务，一村一品生产者参与价值链的多个阶段，这可以使他们的学习机会最大化……此外，这种综合信息连同他们在价值链不同阶段的直接体验，有助于他们产生新的想法。通过在活动中增加学习机会并在一村一品小组成员之间分享想法，他们不断地为实现更好的营销组合的目标而努力。"

作为振兴农村经济和使农村经济多样化的一项措施，同时，也作为国家经济结构调整的一个部分，泰国政府于 2001 年启动了官方的"一区一品（One Tambon, One Product, OTOP）发展政策"。正如一村一品方案一样，一区一品计划的目的是社区成员参与当地资源的利用，从而促进农村经济的发展。与从下到上的一村一品方案相比，一区一品计划是一种从上到下的方法，但是，某些重要的影响已经得到了承认。例如，Wattanasiri（2005）指出："一区一品计划不仅仅具有经济上的好处，当地社区的领导力和自豪感也相应地提高了。"由于只有在地方一级才能了解当地的状况，因此，内政部领导下的一区一品计划分委员会在促进权力下放进程中的作用至关重要（Kurokawa, Tembo, and Willem te Velde，2010，第 13 页）。

马拉维于 2003 年引入了一村一品方法。它是第一个这样做的撒哈拉以南非洲国家。人们对一村一品方法的期望是：通过帮助当地原材料升值、尽量高效地推动进口替代，来支持农村社区的经济赋能，促进千年发展目标（Millennium Development Goal, MDG）的实现（Kurokawa, Tembo, and Willem te Velde，2010，第 20 页）。马拉维一村一品方案的参与者在 10 年的时间里增加到了 28 000 名（100 多个小组）。[①]

请注意，一村一品方案之所以是包容性的，不但因为社区成员大量地参与其活动，还因为有妇女的广泛参与。在泰国的东北部，将近 90% 的一村一品方案成员都是妇女；在马拉维和日本，许多一村一品群组可以看到大量的女性成员（Kurokawa, Tembo, and Willem te Velde，2010，第 38 页）。根据日本和其他国家的经验，一村一品方案已经被引入亚洲、非洲和拉丁美洲的许多国家。

[①] 辣木粉是由马拉维一村一品方案产生的最受欢迎的商品之一。它由营养丰富的辣木叶子制作而成，据说所含的蛋白质是酸奶的两倍，所含的维生素 C 比橘子多七倍，所含的钙是牛奶的四倍。它煮熟后可以当药用、当茶喝或者当作作料。马拉维的另一种产品是 100% 纯天然的马潘加蜂蜜，它来自该国南部的杜果花的花蜜。另一个值得注意的例子是由猴面包树制成的产品系列在不断地扩大。在马拉维，从猴面包树果实中提取的油通常被用作烹饪原料。在日本，这种富含维生素的油被广泛地用作化妆品的保湿成分。用这种水果做的糖醋果酱也很受欢迎（JICA，2013b）。

案例五：日本、美国和新加坡等国通过持续改进、即时生产、全面质量管理等方法为包容性和创新型增长而学习

日本的经验[①]

1950年，美国统计学家和企业顾问威廉·爱德华兹（William Edwards）博士为数百名日本工程师和管理者举办了一系列关于生产和质量统计过程控制的讲座，之后，大多数日本制造业公司都首次实施了质量和生产率方案。在戴明博士于1947年来到日本之前，仅有丰田等少数日本公司认识到起源于美国的质量统计控制的重要性。他是应美国军队的邀请而来的，为定于1951年开展的日本全国人口普查规划提供协助。于是，日本公司首次引入了统计质量控制（statistical quality control, SQC）方法，它由美国的抽样和产品检测实践发展而来，其目的是排除缺陷产品。人们尝试降低次品率或提高收益率（在日本被称为"budomari"）。为了实现这些目标的质量控制（quality control, QC）过程同时也提高了生产率。[②]

存在持续改进的质量控制圈：在第一线学会学习的有效方法

当它被应用于车间层面时，日本式的质量控制方法逐渐得到了巩固。不同于在美国和其他国家常见的从上到下的方法，日本采用的是从下到上的方法。通常被称为**质量控制圈**的团队要么被自发地组织起来，要么接受许多日本公司的质量控制专家的指导。来自车间的数名工人（通常是3-10名）加入质量控制圈。他们寻找造成次品的原因和改进产品、生产方法的可能性。根据

[①] 本部分大量引用了Hosono（2009b，第23-29页）和DBJ、JERI（2003）的研究成果。还基于作者在某些关于持续改进、质量和生产率改进的日本合作项目中的经历，例如，我在1995年至2000年间担任"巴西质量和生产率研究所技术合作项目"的顾问委员会主席。

[②] 在日本，质量与生产率之间的密切关系得到了广泛的认同，质量和生产率（质量控制和生产率提高）这对词汇经常被相提并论。一方面，为了明确地界定质量这个概念，必须制定工业规范或标准。这是因为只有不符合质量规范或标准的产品才被认为是有缺陷的。日本法律分别于1949年和1950年引入了日本工业标准（Japan Industrial Standard, JIS）和日本农业标准（Japan Agricultural Standard, JAS）。日本工业标准将质量控制界定为质量管理的一部分；另一方面，在世界范围内，由国际标准化组织（International Organization for Standardization, ISO）制定的ISO 9000被称为质量管理体系的国际标准。

Ishikawa（1990）的观点。① 作为全公司质量控制活动的一部分，质量控制圈活动的基本思想是：（1）为企业文化的改进和发展做出贡献；（2）创造尊重人性的愉快的工作场所，让生活变得有价值；（3）"**运用人们的能力，发挥他们无限的潜力。**"（Ishikawa，1990，第78-79页；粗体字为后加）在这里，我们发现了 Stiglitz and Greenwald（2014）关于包容性增长的真正含义所强调的准确含义，即包容性增长从本质上讲是创新型增长，因为，"**如果不能确保人人尽其所能地自食其力，那是在浪费一个国家最宝贵的资源——人才**"（Stiglitz and Greenwald，2014，第468页；粗体字为后加）。

在日本科学家与工程师联合会（Union of Japanese Scientists and Engineers，JUSE）注册的质量控制圈的数量从20世纪70年代中期的50 000个增长到了2001年的420 000个。在同一时期里，质量控制圈的参与者从500 000人增加到了3 200 000人（日本开发银行与日本经济研究所，2003，第59页）。与质量控制圈一起，日本的许多质量和生产力改进方法已经得到了发展和持续的改进。在日本，用的最广泛的一个方法是"5S"，即 seiri、seiton、seiso、seiketsu 和 shitsuke，这五个词汇分别代表整理、整顿、清扫、清洁和素养。②如今，5S 被认为是持续改进——持续提高质量和生产率等方面的一种日本方法——的有效而顺畅的进入点。Kaizen 是一个日语词，可以直译为"改进"或"持续改进"。很难从严格意义上来定义持续改进，因为它对应于质量和生产力领域中的不断发展变化的倡议和活动，可以非常灵活地根据每一个车间的环境而做出修改。包括5S的多个方法通常由诸如质量控制圈这样的团队来实施。

---

① 武藏理工学院（最近改名为东京都市大学）前校长石川佳郎（Kaoru Ishikawa）博士因为他所做的理论和实践贡献而被认为是日本质量控制的创立者和质量控制圈之父，他的《质量控制导论》(*Introduction to Quality Control*) 首次出版于1954年（Ishikawa，1954），是日本该领域最广为阅读的著作之一。该书的第三版（Ishikawa，1989）被翻译成英文并于1990年出版（Ishikawa，1990）。许多知名的工程师和管理者在许多日本公司推广了质量活动。丰田汽车公司前副社长大野耐一（Taiichi Ohno）就是最著名的人士之一。他是整合丰田生产方式的人士之一。新乡重夫（Shigeo Shingo）博士是另外一位为质量活动做出重大贡献的杰出日本工程师，也是丰田和松下等公司的顾问。犹他州立大学为表彰他的工作而设立了新乡奖。今井正明（Masaaki Imai）曾经在位于华盛顿特区的日本生产力中心工作。他于1986年创建了改进研究所顾问小组并于同年撰写了《持续改进：日本竞争成功的关键》(*Kaizen: The key to Japan's Competitive Success*)。
② 尽管这5个词汇有各种翻译方式，但是，它们大致是指去除不必要的东西，将工具和零件安排在显眼的地方，让工作场所保持洁净，保持个人卫生，以及展现出训练有素的行为。

全面质量管理：一种有效的组织学习方法

日本的质量控制方式从车间逐步推广到了整个公司范围。质量控制被引入产品设计、销售、售后服务、材料及机械的采购以及公司的其他部门。与此同时，包括管理者、工程师、监管者、办事员以及一线工人在内的所有公司雇员都加入了质量控制活动。在日本发展起来的这种从下到上的整体性方法被称为日本式**全公司质量控制**（companywide quality control, CWQC）或**全面质量控制**。

全面质量管理是一种基于全公司质量控制或全面质量控制的管理体系和战略，它在1980年代得到了广泛推广。日本开发银行和日本经济研究所编的《全面质量管理和质量控制圈手册》（*The Handbook for TQM and QCC*, DBJ and JERI，2003，第vii页）解释道："全面质量管理包括许多管理实践、理念和方法，用来改进组织的经营方式、产品生产方式、与雇员和消费者之间的沟通方式等。持续改进就是其中的理念之一。"根据这本手册的观点，"日本企业在加拿大、拉丁美洲、美国和欧洲的成功归功于全面质量管理，一个如今在亚洲已广为实践的概念"。

全面质量控制/管理的影响和学习型企业的创造

日本全面质量控制/管理的一个重要影响往往通过描述20世纪70年代石油危机后的汽车工业发展状况而得到解释。在这个时期，全面质量控制已经扩展到节能活动和资源维护措施。它极大地影响了各个产业，更加牢固地成为日本工业发展的有价值的质量框架。

丰田生产方式被认为是日本最系统、最先进的全面质量控制或全面质量管理系统之一。正如《丰田之路》（*The Toyota Way*）[1]的作者莱克（Liker）所言："丰田发明了'精益生产方式'——又叫'丰田生产方式'或TPS——从而引发了全球几乎每一个行业在过去的10年里转向丰田制造业和供应链的理念和方法。"他进一步说道："丰田生产方式常常被称为'精益'或'精益生产方式'，而如下两本畅销书则使这两个术语得以流行起来：《改变世界的机

---

[1] Liker（2004，第xi-xii页）写道："丰田之路可以用两大支撑性支柱来加以简要地概括，即'持续改进'和'尊重员工'。持续改进通常被称为kaizen，它界定了丰田的基本经营方法。持续改进推崇挑战一切。持续改进的真正价值在于创造持续学习的氛围和不仅接受而且实际上是拥抱变化的环境，这要比个人贡献的实际改进更加重要。只有在尊重员工的地方才能创造出这样的环境——于是有了丰田之路的第二大支柱。为了证明这种尊重，丰田公司通过提供就业保障和积极参与改善他们的工作来吸引团队成员。"

器：精益生产的故事》（*The Machine That Changed the World:The Story of Lean Production,* Womack, Jones, and Roos，1990）和《精益思维》（*Lean Thinking, Womack and Jonnes,* 1996）。这些作者明确指出，他们对精益生产方式的研究基础是丰田公司发展起来的丰田生产方式及其拓展。"（Womack, Jones, and Roos，1990，第3-4页；Liker，2004，第15页）

20世纪90年代，麻省理工学院的国际机动车辆计划（International Motor Vehicle Program, IMVP）及其研究成果所带来的前述畅销书使世界发现了精益生产方式——几位作者所用的术语，指的是丰田在10年前通过关注供应链中的速度而学到的东西：**在流程的每一步消除浪费，从而缩短生产和交货时间，最终可以在获得最优质量和较低成本的同时提升安全性和精神面貌**（Liker，2004，第25页；原文的斜体字此处改为粗体字）。在流程的每一步消除浪费从而缩短生产和交货时间的想法与"即时生产"这个概念相关。"简单地说，即时生产是指在正确的时间按正确的数量交付正确的商品。即时生产的强大之处在于它使你能够对客户需求的日常变化做出回应，而这正是丰田公司一直以来所需要的东西。"（Liker，2004，第23页）

Liker（2004）强调了学习在丰田生产方式中的重要性："我相信丰田已经将持续改进和雇员参与的程度提高到了独一无二的水平，在**人类历史**上创造出了一家为数不多的**真正的学习型企业**——这是一个不小的成就。"（Liker，2004，第xv页；粗体字为后加）他进一步写道："'丰田之路'的最高境界是组织学习。找到问题的根源并防止问题的发生是丰田持续学习系统的重点。"（Liker，2004，第xvi页）学习型企业这个概念类似于Stiglitz and Greenwald（2014，第88页）对学习型公司的探索，学习型公司与学习型宏观环境一起构成学习型基础设施的重要方面。他们强调学习型公司，"因为，如此之多的学习发生在组织内部，如此之多的知识存在于公司之中"。与这种观点相关的是Nonaka, Toyama 和 Hirata（2008，第3页）的专著。他们写道："我们需要关于知识型公司的理论，这种理论可以解释企业如何感知和解读现实，如何与组织内外的各种参与者进行互动，如何将各种主观解读综合成一种被物化和认可为公司通用知识资产的集体知识。"

美国的经验

DBJ、JERI（2003，第46-47页）将全面质量管理在美国的扩散过程概括如下。① 第二次世界大战期间，为了最大限度地提高它们的军事硬件生产，美国陆军和海军积极引入质量控制方法。美国国家标准协会（American National、Standards Institute, ANSI）设立了军工标准并举办研讨会来传播这些理念。但是，在 20 世纪 70 年代，美国的产业在世界市场上不断丧失竞争力。

1980 年，美国全国广播公司在一档节目中创造了一句名言："如果日本可以，我们为什么不可以？"该节目的结论是，日本人的成功是由于戴明的教导和日本人对他的信条的坚持（Anschutz，1995 年，第 17 页）。在这档节目播出之前，戴明并没有得到广泛的认可，但这档节目为能接受戴明想法的更多的美国观众提供了基础。就在节目播出后不久，美国里根政府发起了追赶运动。福特汽车公司引入了全面质量管理，许多公司也紧随其后。已故的里根总统于 1987 年设立了马尔科姆·鲍德里奇国家质量奖，其目的是为超越日本在 2000 年之前所达到的质量水平而迅速加快 255 恢复行动。

1986 年底，麻省理工学院成立了第二次世界大战以来的首届国家重大问题委员会，即工业生产率委员会。研究的目标是解决美国工业表现下降的问题，该问题的严重性在当时被视为威胁到了国家的经济未来（Dertouzos, Lester, and Solow，1989，第 xiii 页）。16 位委员都是麻省理工学院的教职员工。他们的最终目标是构想出一套有助于美国生产率持续快速增长的建议（Dertouzos, Lester, and Solow，1989，第 3 页）。该委员会的报告《美国制造：重获生产优势》(*Made in America: Regaining the Productive Edge*) 发现了一个领域，美国公司在该领域常常落后于其海外竞争对手，但该领域却正在利用其产品和过程的质量与可靠性的持续改善潜力（Dertouzos, Lester, and Solow，1989，第 74 页）。该报告指出："对成熟产品和工艺的连续增量改进和修正可以产生非常大的累积效应，这种效应可能超过为实现技术突破而做的努力。"该报告进一步写道："从长远来看，技术进步建立在增量改进和激进突破的基础上，在两者之间找到正确的平衡是一个不变的挑战。Lewis Branscomb（1987，第 74 页）已经指出，日本公司更有效地将两种方法结合了起来。"②

---

① 本段和下段引用了 DBJ、JERI（2003）的观点。
② 在这个方面，Imai（1986）对持续改进和创新做了比较。用 Dertouzos、Lester and Solow（1989）的话来说，这两个术语分别与"增量创新"和"重大进展"相对应。根据今井（Imai）的观点，持续改进是一种长期而持久的效应，其特点是步子小、人人参与、以无需过多投资的传统技术诀窍和前沿实践为基础，但创新是一种短期而活跃的效应，其特点是步子大，只有少数脱颖而出的"冠军"参与，以需要大量投资的技术突破、新的发明和新的理论为基础（Imai，1986，第 25 页）。

另一方面，Womack Jones and Roos（1990，第 3-4 页）讨论了从事前述麻省理工学院国际机动车辆计划研究的动机：

> 我们的结论是，北美和欧洲汽车产业所依赖的技能与亨利·福特的大批量生产系统相比并没有发生太大的变化，在一套由日本公司所开创、我们甚至还不知道其名称的新理念之下，这些技能根本没有竞争力……西方的公司似乎并不会学习它们的日本竞争者。相反，它们将精力集中于设置贸易壁垒和其他竞争障碍上，一种被我们认为仅仅是推迟解决实质问题的做法……我们担心北美和欧洲会回避日本的威胁并在此过程中拒绝这些新技能所带来的繁荣和更有价值的工作机会。我们认为，防止这种事情发生的最有建设性的步骤是对日本的新技能进行详细的研究。我们在下文里将这种技能命名为"精益生产方式"，以区别于西方原来的大批量生产技能。

然而，根据 DBJ、JERI（2003，第 47 页）的研究，全面质量管理最初在美国的传播并没有得到很好的组织：

> 朱兰博士曾经说过，高层管理者慢慢地才意识到质量领导力的获得不能用啄食的方式——仅仅引进这个或那个工具或技能。相反，他们知道了有必要将整个公司的整套质量知识（质量准则）协调地应用到所有职能、所有部门和所有级别上。全面质量管理一开始并没有公认的标准化定义。其结果是全面质量管理概念在业界甚至一般文献里变得模糊不清。自从国家技术与标准研究所（负责评选美国马尔科姆·鲍德里奇全国质量奖，即鲍德里奇奖）公布了其所使用的准则之后，这种混乱的局面已经减轻了。到 20 世纪 90 年代初，这种广泛的曝光使鲍德里奇奖的标准成为接受面最广的全面质量管理的界定方式。

在这个问题上，Stiglitz 和 Greenwald（2014，第 38 页）做出了重要的评论。他们分别讨论了 20 世纪 70 年代至 20 世纪 80 年代初和 20 世纪 80 年代末至 1990 年代美国制造业部门的表现所带来的启示。

在这两个时期之间，美国制造业生产率的增长率上升了两个百分点，即从 0.9% 上升到 2.9%。与这种生产率的提高同时发生的是美国利率显著上升（通常与技术投资的减少相关)、政府预算赤字、美国研发开支下降以及美国教育的成绩没有得到显著的改善(用标准化考试来度量)。与此同时,它也不能归因于新技术的获得。七国集团中的其他经济体同样可以获得这样的技术。在我们讨论的这个时期里,美国制造业生产率的年均增长率要比七国集团中的其他国家高出1.9个百分点。因此,生产率增长率的提高是美国的现象,而不是全球性现象。使美国制造业发生改变的因素似乎是更加致力于改进营运管理,其手段是严格执行标杆学习、全面质量管理和流程再造等程序——用我们的话来讲就是更加致力于学习。美国似乎已经学会了如何学习。[1]

历史经验证明,美国的学习过程与全面质量管理等方法也存在密切的关系。连同日本的经验一起,这为有效创立学习型企业和学习型社会提供了洞见,而学习型企业和社会是迅速提高质量的动力。[2]

新加坡的经验[3]

新加坡是系统引进质量和生产率倡议的首个东南亚国家。新加坡前总理李光耀曾说:"要向具有强大国际竞争力的知识密集型产业结构转型,唯一的可行途径是对260万人口进行人力资源开发。这260万人口是新加坡所拥有的唯一资源。"(JPC,1990,第1页)[4] 李光耀关心的是如何组织和激发新加坡的劳动力,以便充分利用现代化的工厂和能力建设。1981年4月,来自企业、工会、政府官员以及学术界的代表成立了生产率委员会。

---

[1] Stiglitz and Greenwald(2014,第528页)进一步指出,有趣的是某些学习涉及向外国公司学习,例如关于质量小组和即时生产等管理方法。

[2] 根据Jorgenson、Nomura and Samuels(2015,第21–26页)关于美日产业生产率差异的最新研究,制造业和非制造业的全要素生产率(total factor productivity, TFP)在1955年存在非常大的差距。相对于美国(美国为100)而言,制造业生产率的差距到1980年就消失了,1991年达到峰值103.8,随后开始下降,当前的差距几乎可以忽略不计。从1955年到1991年,非制造业生产率的差距也在收窄,1991年达到8.9%,但随后又扩大了。在"机动车辆""基础金属"以及"其他电力机械"部门,日本的全要素生产率相应地要高于美国。在机械、计算机和电子产品上,美国的全要素生产率要高于日本。在非制造业部门,特别是农业、林业和渔业部门,美国的全要素生产率通常要更高。但是,在医疗保健和通信行业,日本的全要素生产率更高。

[3] 本部分大量利用了Hosono(2015c,第89–94页)和JICA(2014)的研究。

[4] 李光耀总理于1981年6月在会见JPC荣誉社长乡司浩平(Kohei Goshi)时所作的评论(JPC,1990,第1页)。

该委员会回顾了另一个没有自然资源的国家——日本的生产率运动，然后，它向新加坡国家生产率理事会（National Productivity Board, NPB）——被指定为促进新加坡生产率发展的主要机构——主席提交了一份报告。1983年6月，在日本政府的支持下，新加坡生产率发展项目（Singapore Productivity Development Project, SPDP）正式启动了。

大约有15 000名新加坡工程师、管理者和其他专业人士参与了该项目。200名新加坡工程师、管理者和其他专业人士参加了日本的培训课程，200多名日本专家被派往新加坡。此外，还专门为该项目准备了100多种教科书和其他培训资料。在实施新加坡生产率发展项目期间，新加坡制造业产业的劳动生产率年均分别上升了5.7%（1981-1986）、3.0%（1986-1991）和4.8%（1991-1996）。1990年，在新加坡生产率发展项目结束之时，90%的新加坡工人参加了生产率发展活动，而1986年的时候只有54%。2001年，全部劳动力的13%正在参加质量控制圈，与此相比，在新加坡生产率发展项目正式启动的1983年，该比例仅仅是0.4%。

国家生产率理事会的活动集聚了可观的动能，使新加坡生产率发展项目从觉悟阶段（1982-1985，它使公司和员工广泛地意识到生产率的重要性）发展到行动阶段（1986-1988，它将觉悟转变为提高工作场所生产率的具体计划），最后又发展到跟踪阶段（1988年至现在，它鼓励生产率运动的所有权）（参阅Ohno and Kitaw, 2011; Ohno, 2013）。国家生产率理事会与新加坡标准与工业研究所于1966年合并为生产率与标准理事会（Productivity and Standards Board, PSB），将软技能和生产力的技术面结合在了一起。生产率与标准理事会后来又得到了巩固并于2002年被改组为标准、生产率与创新理事会（Standards, Productivity, and Innovation Board, SPRING）。国家生产率理事会、生产率与标准理事会以及标准、生产率与创新理事会在确立横向通用技术（general-purpose technology, GPT）在新加坡产业发展和经济转型中的地位上发挥了关键的作用。同样地，它们促进了该国工人和公司在学会学习方面的进程。因此，持续改进项目为新加坡的经济增长奠定了基础，从而为新加坡产业结构升级做出了贡献（JICA, 2014, 第4页）。

其他发展中国家的经验

JICA在持续改进、质量和生产率上的全面援助可以追溯到1983年它在新加坡启动上述项目之时。在三十年左右的时间里，JICA 在大约 50 个国家推行了各类合作活动，其目的是引进持续改进计划。通过亚洲生产率组织、日本生产率中心、海外人力资源产业发展协会（Human Resources and Industry Development Association, HIDA，原来叫海外技术奖学金协会）以及日本国际协力事业团的努力，与持续改进相关的活动得到了广泛的发展。在非洲，多个持续改进及其相关倡议已经得到了实施（Shimada, 2015）。根据 Garcia-Alcaras, Maldonado-Marcias, and Cortes-Robles（2014）的研究，在今日的拉丁美洲，常见高级管理人员进入生产区巡视，寻找改进、追踪和为持续改进提供支持的机会。特别地，许多生产对美出口产品的墨西哥公司频繁地使用各种精益工具（Garcia-Alcaras, Maldonado-Marcias, and Cortes-Robles, 2014, 第 3-4 页）。

这些经验已经表明，持续改进及其相关倡议可以在多种文化和社会经济背景下运用，而不仅仅适用于具有一些日本特色的背景（Ueda, 2009, 第 63 页; Hosono, 2009b, 第 29-36 页; Shimada, 第 111-113 页）。

4. 由案例研究所得到的经验教训

我们可以从"学会学习"的视角，从上述 5 个案例的讨论中确定几个共同特点，尽管这些案例相互之间存在差异。这些共同特点包括：(1) 学习过程的开始阶段要有简单的进入点；(2) 成本和风险较低；(3) 通过边干边学、相互学习和共创创新型解决方案将提高认知技巧和学会学习的能力；(4) 学习对创新型解决方案、包容性企业、质量和生产率等方面的影响。下面将对每一个方面进行更详细的考察。

4.1 开启学习过程的简单进入点

在肯尼亚小农园艺赋能项目的案例中，研究站已经取得了一定的技术诀窍。已有的知识库是现成的——问题是如何从农民的角度确证现有技术并将其付诸实际应用。基于这种理解，肯尼亚小农园艺赋能项目注重引进即学即用技能。该项目确保这些技能的适用性和与当地现有的原料和技能之间的兼容性。在孟加拉国地方政府工程部的案例中，农村基础设施的特征，比如规模相对较小、风险相对较低等，使得该项目能够在短时间内区分项目的成功与失败并采用新的技术，从而有助于学习和知识库的进一步发展。在生计改善方法的案例中，日本和其他亚洲国家最典型的改善目标是简单供水系统的建设、农忙季节的公共伙食和儿童保育、烹调炉灶和卫生设备的改进、腌制食品的制备以及工装制作的改进。在一村一品方案中，当地人民及其群组被鼓励去"自主发现"有前途的地方特产并开始在当地市场上进行销售。在持续改进方案中，最开始的活动通常是任何工人都能执行的5S战略。

4.2 低成本和低风险

我们需要考虑两类成本，第一类是获得知识和技术的成本；第二类是开展活动的成本（运营成本）和新的投资等其他成本（创业成本）。在全部5个案例中，知识和技术都是免费的公共物品，并且开展活动的费用几乎为零或非常低廉。在5个案例中，成本最低的活动是生计改善，它几乎没有任何风险。在肯尼亚小农园艺赋能项目中，农户自身所做的市场研究降低了项目的风险。农户能够利用免费提供的技能。一村一品活动的发起不需要太多的投资，成本也不高，因为当地的产品和服务仅需合理的生产成本。尽管持续改进及其相关倡议对质量、交付和生产率具有显著的影响，但通常并不意味着大规模的投资，因为执行5S战略和其他活动只需要组织和工作流程等方面的改进。

4.3 通过边干边学、相互学习和共创创新型解决方案来增强认知技能和提高学会学习的能力

正如Stiglitz和Greenwald（2014，第52页）所说，"我们边干边学"。在所有5个案例中，个人和组织通过向他人学或相互学习而学会学习，并且他们共同创造创新型解决方案来解决他们需要解决的问题。在肯尼亚小农园艺赋能项目的案例中，农户在其自身的市场调研基础上做出决策，这也许增强了农户的认知能力和动机。农户已经学会了学习。在孟加拉国地方政府工程部的案例中，利益相关者之间的相互学习对于明确理解和识别当地需求来说是至关重要的。与此同时，这为与当地受益者一道确定当地知识和资源并制定创新型解决办法创造了条件。这个案例说明，相互学习和信任对于为了满足受益人和利益相关者的需要而找到适合当地的创新型解决办法是至关重要的。

在生计改善的案例中，方案鼓励农村妇女自身积极参与查明自己的生活条件问题、确定问题的背景、制定生计改善计划等。因此，这一方案不仅与生计改善有关，而且是一个学习过程，特别是为了提高学习能力的学习过程。在一

村一品的案例中，参与者及其群组参与价值链的多个阶段，包括原材料的生产、加工、营销和维护，他们的学习机会可以最大化。这种基于边干边学和相互学习的综合知识帮助他们产生新的想法和创造新产品。通过在他们的活动中增加学习机会并在一村一品群组成员之间分享想法，他们不断地努力实现更好的营销组合。

在持续改进和相关方案的案例中，质量控制圈可以被认为是一种有效的方法，通过这种方法，一线工作人员有助于并受益于通过持续改进而进行的相互学习，并且提高了学会学习的能力。全面质量管理可以被认为是组织学习的有效方法。这些方法确保人尽其能并为包容性和创新型增长创造条件。

4.4 学习对创新型解决方案、包容性企业、质量、生产率等方面的影响

在已经研究过的5个案例中，学习以各种方式共同创造创新型解决方案、通过包容性企业开创新产业、通过渐进式创新和持续提高质量与生产率而实现产业发展。生计改善方案和地方政府工程部项目两个案例表明，在解决农民所面临的挑战方面，相互学习促进了创新型解决方案的创立。正如我们在小农园艺赋能项目和一村一品方案中所看到的那样，学习对于培育包容性企业、促进创新和包容性增长至关重要。

表 10.2 提高学习能力的各种方法之比较

	传统技术转让	能力发展方法	生计改善倡议（个人）	一村一品倡议（团体和个人）	持续改进、质量控制圈、即时生产、全面质量管理以及相关的方法（组织）
学习	弥合技术差距，没有学习	相互学习，共创创新型解决方法，解决具体的挑战	相互学习，共创创新型解决方法，实现生计改善	相互学习，共创创新型解决方法，孵化和提升包容性企业	相互学习，共创创新型解决方法，提高生产率，实现增量创新
学会学习	并不指望学会学习	并不总是关注学会学习	关注学会学习	关注学会学习	关注学会学习
当地条件	不考虑	充分考虑	充分考虑	充分考虑	充分考虑
包容性和易用性	不考虑	充分考虑	充分考虑	充分考虑	充分考虑
成本与风险	相对较高	相对较低	非常低	低	低

（续表）

	传统技术转让	能力发展方法	生计改善倡议（个人）	一村一品倡议（团体和个人）	持续改进、质量控制圈、即时生产、全面质量管理以及相关的方法（组织）
实施的组织		捐赠机构，包括国际协力事业团	亚洲和拉美是国际协力事业团	亚洲、非洲和拉美是国际协力事业团和 JETRO	亚洲、非洲和拉美主要是国际协力事业团、APO、JPC 以及 HIDA

注释：JETRO——日本对外贸易组织；APO——亚洲生产率组织；JPC——日本生产率中心；HIDA——海外人力资源与产业发展协会。

学习有助于促进生产率提高、质量提升和创新。World Bank（2015，第 128 页）指出，提高生产率是提高生活水平的关键，而生产率提高的原因既可能是生产要素——人力资本、物质资本和技术——的数量增加了，也可能是现有生产要素得到了更好的利用。"学习"通常从两个方面为生产率的提高做出贡献。首先，学习使更有效地利用现有要素禀赋的新方式成为可能。其次，通过提高作为最重要的资源禀赋的学习能力，学习——尤其是学会学习——有助于改变比较优势，从而促成产业转型。表 10.2 从学习的视角对上述不同方法与传统技术转让方法做了比较。

4.5 为创新型、包容性和可持续的增长而学习

正如联合国环境规划署（United Nations Environment Program，UNEP）2011 年为里约 +20 峰会撰写的关于绿色经济的报告（UNEP，2011）所强调的，"绿色经济"可以成为可持续发展和减贫的一条道路。UNEP（2010）将绿色经济定义为在改善人类福祉和社会公平的同时，显著减少环境风险和生态稀缺的经济。因此，实现包容性的绿色经济需要创新型解决办法。

尽管任何发展过程都应该充分考虑到可持续性和环境问题，但是，如果**自然资本**是推动转型的必要禀赋，则这种转型应该特别关注可持续性和环境问题（OECD，2008，第 30 页）。当自然资本在转型中发挥关键作用时，理解增长质量各个重要方面——比如包容性、可持续性、适应性以及创新性等方面——之间的协同作用和权衡关系通常是最困难的。对这些案例的分析可以指明通向具有可持续性和包容性的更有效的高质量增长方法之路。我曾经联系智利的三文鱼产业和巴西的塞拉多农业讨论过这种看法（Hosona，2015a）。

案例六：迈向包容性的绿色经济——肯尼亚的农用林业

肯尼亚有大约83%的地表被易受全球变暖和气候变化影响的干旱半干旱土地（arid and semiarid land, ASAL）所覆盖，因此，这些地区的特点是贫困的发生率很高。因此，该国面临的最严重的挑战之一是需要应对干旱半干旱土地的沙漠化，保护其生态环境，与此同时减少该地区的贫困。这意味着必须引进和巩固"包容性的绿色经济"来维持这些辽阔的地区。

肯尼亚全部能源消耗的70%以上、全部家用能源消耗的90%左右都依赖木柴和木炭。人口增加、过度放牧以及无序耕种共同造成了木柴和木炭的需求增加，从而使林区遭到了破坏。这不仅造成了木柴和木炭供应的巨大困难，而且导致土地生产能力的下降和自然环境的破坏（JICA, 2003b）。此外，气候变化的效应可能使干旱半干旱土地的环境恶化。

解决这些问题的几种方法已经被设计出来并纳入主流做法。最重要的解决方法之一是**社会林业**，其定义是"一种以改善经济和保护森林资源为目的、以委托当地人民管理和拥有森林资源为手段的林业形式"（JICA, 2003b）。这个概念非常类似于前面讨论过的作为可持续发展和减贫途径的包容性绿色经济。一种为促进社会林业而制定和传播的有效工具是**农场森林**。

在为期20多年的时间里，为了壮大肯尼亚半干旱地区的社会林业，三个肯尼亚—日本项目被连续引入，而且效果非常显著。以肯尼亚林业研究所（Kenya Forestry Research Institute, KFRI）为实施机构，这些项目开发了干旱半干旱地区基本苗圃和树木种植技术。与此同时，作为推广肯尼亚—日本技术合作项目所建立的模式的基础，核心农户的能力得到了提高。为了推广该模式，农民田间学校（Farmers Field School, FFS）方法——农业部门现有的已经经受检验的推广办法——对方法进行创新型调整，然后被应用到了林业部门。一系列技能通过农民田间学校得到了传播，比如树苗培育、果树栽培（杧果、银桦等）、家禽饲养、蔬菜种植、堆肥利用以及林地建设等（JICA, 2013c）。由于采取了这些措施，肯尼亚林业局、林业研究所、农民辅导员、农户以及日本国际协力事业团已经逐步找到了应对前述挑战的合适方法。这些方法建立在一系列的技术和制度创新的基础上，它们为了充分利用社会林业而产生了协同效应。

农民田间学校用林业知识开发了所有权，提高了社区和农户的能力（JICA, 2009, 第15页）。通过农民田间学校，单个农户、农户群组以及周边的农户正在持续地培育树苗和植树造林。他们已经开始销售社会林业的产品，比如杧果、秧苗、木材和柴火。通过这些活动，农户正在提高对生计改善方法的认识。随着农民田间学校的农民毕业生向附近和周边地区的农户提供有关农业和社会林业的建议，人们期望会有更广泛的社会林业推广活动（JICA，2009，第15-16页）。最重要的成就是，树木的生长有助于改善农户的生计，实现社会林业项目的总体目标——走向绿色经济。

4.6　来自案例研究的经验教训

在上面的案例中，我们可以观察到上一节所讨论的关于学习的几个方面。简单的进入点也可以在农民田间学校方法中找到，农民可以在农用林业中无偿获得作为公共物品的知识。相互学习和共创创新型解决方案也是有重要意义的。正如已经解释过的那样，肯尼亚林业局、肯尼亚林业研究所、农户辅导员、农户以及日本国际协力事业团已经逐步设计出了应对当地挑战的适当的解决方案。成本和风险都不高，因为生产活动是逐步引入的。在整个过程中，学习是通过创新型和包容性商业发展来启动和巩固"绿色增长"——联合国环境规划署所界定的包容性、可持续的增长——的关键。

4.7　为包容性、创新型、更柔韧的增长而学习

为了制定灾害风险管理的综合性方法、提高发展中国家的快速恢复能力，如下三个方面似乎至关重要。首先是防范和减轻风险的重要性，正如《走向重建：灾难后的希望》(*Towards Reconstruction: Hope Beyond the Disaster*, 重建设计委员会对2011年日本东部大地震所做的回应）所讨论的那样。其次，必须考虑风险的长期变化，比如气候变化、城市化等因素造成的影响。最后，发展中国家尤其应该充分地考虑政府、社区和居民的承受能力。

通常而言，风险管理标准框架的主要方面是规避或防范风险、降低风险和转移风险（保险）。在规避风险方面，除了提高灾害风险管理能力之外，保证公共建设工程、抗震建筑规范和土地使用规章的质量标准也很重要。至于降低风险，灾前投资和抗震强化建筑是必不可少的。正如案例七所证明的那样，为了提高灾害风险管理在这些方面的适应力，包容性和创新型的方法至关重要。

案例七：采取灾害风险管理的综合性方法来增强复原力——中美洲的防灾、抗震住房、Gensai 以及其他措施[①]

众所周知，中美洲是世界上最容易受自然灾害影响的地区之一。中美洲一体化体系（Sistema de la Integración Centroamericana, SICA）成员国的总统们于 2010 年 10 月 30 日批准了中美洲综合灾害风险管理政策。这样做是为了对修订区域性承诺的需要做出回应，而这些区域性承诺的设计目标是减少和预防灾害风险，从而有助于实现中美洲发展与安全的综合愿景。中美洲综合灾害风险管理政策凸显了通过加强社区的自主权和适应力来发展地方减少风险和应对灾害的能力的重要性。该地区的防灾（Bosai）项目得到了日本合作计划的援助，已经成为实施中美洲综合灾害风险管理政策的重要支柱。

2011 年 4 月修订的中美洲兵库行动框架（Hyogo Framework of Action, HFA）区域进展报告为兵库行动计划优先选项设立了两个关于灾害风险管理的指标："存在次区域 / 区域预警系统" 和 "存在次区域 / 区域信息和知识共享机制"。防灾项目最重要的成就之一是它有助于在实现这些区域性指标上取得的进展。在 "风险素养" 方面，防灾项目的重点是让居民充分认识到自己社区的风险并自行采取行动来维持社区、市政当局和国家机关之间的顺畅沟通，与此同时，让社区通过反复讨论和现场检查来实施风险勘查。

防灾背景下的能力发展旨在让社区编制风险地图和灾害管理计划并自行加以改进。从持续改进的角度来看，这有助于社区形成应对不断变化的风险的能力。社区和地方政府层面的能力发展提高了其有效应对各种灾害（包括地震、洪灾和滑坡）并采取各种具体行动（比如风险地图、预警系统、防灾计划、疏散路径以及应急计划）的能力。

在防灾项目中，有几个案例共同创造了低成本的创新型解决方案，目的是降低目标社区的灾害脆弱性，提高管理灾害风险的能力。巴拿马、哥斯达黎加、洪都拉斯以及萨尔瓦多的某些社区建设了诸如废旧轮胎堤坝和挡土墙这样的小型减灾工程并推动了大家积极参与和投身到义务劳动中。其他一些突出的例子包括安装降雨设备或雨量计（fluviometro），它们包括一套用于社区洪水警报的报警单元和一套带有自动警报系统的水位检测仪。通过这一能力发展过程，利益相关者之间的有效相互学习和创新型解决方案的共同创造可以得到明

---

① 本案例大量利用了 Hosono（2012）的成果。

确的承认。

每个国家都基于目标社区的经验开展了全国范围的推广过程。在萨尔瓦多，用于洪水预警的雨量计被推广到目标社区之外。在洪都拉斯的特古西加尔巴，一个在150多个社区设置警报器的计划正在实施当中。青蛙巡回队就是防灾项目成功的活动之一，该活动被广泛推广到目标社区之外。[①]其他捐赠机构也从事青蛙巡回队的活动，并且危地马拉现在计划将其纳入学校课程之中。一项将青蛙巡回队在全国推广的计划已经在危地马拉和巴拿马实施。

在一些自然灾害事件发生之后，项目的强大作用已经得到了承认。飓风"艾达"于2009年11月袭击了萨尔瓦多，引起严重的洪水和山体滑坡，造成300多人死亡和失踪。但是，沿海村庄拉斯霍加斯却没有人死亡。后来的一项调查认为这至少在一定程度上是因为日本国际协力事业团在该村安装了灾害预警系统。如今，萨尔瓦多采取了一种更全面的灾害风险管理方法。除了Taishin（下文再讨论）项目之外，萨尔瓦多还发起了Gensai项目，以便提高基础设施的恢复能力，保护居民的生命线。人们预期这些项目将与Gensai项目一起产生协同效应，从而发展起更加综合和有效的应对自然灾害风险的能力。

根据对萨尔瓦多2001年发生的两次大地震的研究，在被地震摧毁的房屋中，其中的60%为收入不到该国最低工资两倍的穷人所有。应当强调的是，对发展中国家来说，技术和财政上可行的具体选项是必不可少的。应该充分考虑政府的财政和其他约束以及该国最弱势居民的低收入情况。

萨尔瓦多的廉价防震住房（Taishin）项目是解决该问题的一种方法。在1985年的墨西哥中部大地震之后，日本国际协力事业团与墨西哥国家防灾中心开启了一个合作项目。自那时起，由墨西哥国家防灾中心开发的技术和新型方法已经在Taishin项目中得到了应用，该项目的本来目的是推动萨尔瓦多抗震住房的开发。期间，从2003年到2012年，该项目得到了来自日本的协助。

用经改良的砖坯、掺土水泥、砌块板和混凝土砌块建造的房屋在萨尔瓦多

[①] 青蛙巡回队是一个创新型培训系统，教授自然灾害的预防方法，该方法是由日本一家非营利性组织Plus Arts（+Arts）于2005年发明的。在日本，青蛙被认为是一种增进好感的友好象征。青蛙巡回队到学校巡回教学，吸引当地官员、教师和孩子的注意。青蛙巡回队用游戏来教孩子，比如教他们如何灭火或者如何在地震之后营救被困在瓦砾下的人。

大学和中美洲大学的大型结构实验室里进行了各自相应的结构测试。Taishin 项目包括抗震房屋的官方技术标准的设立、负责房屋政策及建筑许可的政府城市和住房发展局制度的建设。墨西哥国家防灾中心—日本国际协力事业团—日本建筑学会—萨尔瓦多 Taishin 联合项目的经验和创新随后被中美洲各国所分享。

最后，需要注意的是，更多的应对灾害风险的努力是必要的，尤其是针对贫困城区的灾害风险。如今，整个世界的半数人口生活在城市地区，发展中国家的城市化进程正在加速，城市扩张、贫民窟和基础设施供应不足是发展中国家城市化进程的共同后果。此外，在许多发展中国家，城市贫民窟在高风险地区不断扩大。因此，国际社会和捐赠机构需要关注城市贫民的灾害防范。

包括土地再调整在内的"城市再开发"计划可以提供有效的方法，以便在解决城市贫困和贫民窟问题的同时促进灾害防范。城市地区在被细分和定居之后，无论是合法还是非法，重新安排产权模式都极为困难，确保土地用于适当的公共用途和设施也是既困难又昂贵。土地再调整以公共—私人合作模式为基础。在该模式之下，对于那些土地利用不充分和/或具有风险的地方，政府、居民和土地所有者承担土地开发的成本并共享其收益。每一个改变过的地块通常都要比原来的地块小一些，因为需要大幅增加公共空间。但是，由于可以更好地利用更多的设施、改进安全和防灾措施，地块的价值将变得更高。[①] 日本国际协力事业团一贯支持巴西、泰国和几十个其他发展中国家的土地调整倡议。为了更好地利用城市土地，考虑高风险地区应该是提高抗灾能力和减少灾害风险的最重要的措施之一。

4.8 由案例研究所得到的教训

我们也可以在综合性灾害风险管理的情形中观察到前几节所讨论的学习的决定因素。人们在项目中找到了轻松的进入点。首先，风险素养提高了，尤其是让居民充分认识自己社区的风险并独立地采取行动。在应对不断变化的风险的防灾项目背景下，从持续改进项目的视角来看，能力发展的目标是让社区制作风险地图和灾害管理计划并独立地加以改进。无论是在社区层面还是在地方政府层面，能力发展过程加强了它们有效应对各种灾害和采取各种具体行动的

---

① 关于"土地再调整项目"和日本合作的案例，请参阅 De Souza（2009，2012）等文献。

能力。社区及其成员的学习在防灾项目中有效地进行着。仅当防灾过程具有包容性，即所有的成员都为防灾活动做出贡献并从中受益时，社区级别的防灾才是有效的。

边干边学、相互学习以及共创创新型解决方案也是防灾及其相关活动的特征。正如上文所述，社区层面的主要成就包括组织的发展和风险地图、疏散路线、预警系统以及应急计划的制定。人们还观察到对自愿劳动的参与和承诺的程度变得更高了。我们可以清楚地认识到，这个进程带来了利益相关者之间的相互学习和创新型解决办法的共同创造。

在 Taishin 项目中，通过尖端实验室的试验而发明的廉价抗震住房技术被作为公共物品免费提供。在诸如萨尔瓦多非政府组织这样的其他利益相关者的参与下，这项技术为其他低收入者开辟了一种新型包容性业务的可能性。如今，该技术已经为某些其他中美洲国家所共享。Taishin 和 Gensai 项目都发生了组织学习和制度建设。因此，学习——包括学会学习——有效地推动了创新型、包容性发展，增强了萨尔瓦多和其他中美洲国家的适应力。这些国家都属于中美洲防灾协调中心的成员。

5. 结论

这些案例研究说明了学习和知识能力的积累在实现包容性和创新型增长方面具有至关重要的作用。我们确定了几种实现理想的增长特性的学习方法，包括与具体能力相关的方法和与核心能力相关的方法（具体和一般的学习能力）。这些方法不但促进了学习，而且推动了学会学习。

我们可以在这些方法中观察到几个共同的特征：（1）有模仿学习过程的轻松进入点；（2）成本和风险较低；（3）其重点是通过边干边学和相互学习来共创创新型解决方案；（4）学习为正在追求的特定目标——包括生计改善、包容性企业、质量和生产率的改进、渐进式创新——做出内在的贡献；学习和学会学习对于绿色经济也是必不可少的，而绿色经济将导致人类福祉和社会公平的改善并显著减少环境风险和社会短缺。为了提高应对灾害风险的适应力，创新型和包容性的方法不可或缺，因为唯有所有的居民和其他利益相关者共同参与进来，灾害风险的管理才有可能得以进行。这些利益相关者必须通过相互学习找到针对当地情况的具体的创新型解决办法。

这些案例研究还表明，为了促进和推动学习过程，基于如下策略的公共政策似乎必不可少：该策略能够解决学习能力、禀赋和转型等问题。我们必须制定这样的策略，与此同时，我们必须牢记持续变化的禀赋和连续不断的转型，它们是实现快速和优质增长的有利条件。

第 11 章　科技能否使自然资源成为一个面向工业化的平台：为拉丁美洲（和其他资源充裕型国家）寻找新机遇 ①

卡洛塔·佩雷斯[*]

那些怀疑自然资源的潜在活力的人认为，某些部门的事实不会随着时间的推移而改变。这种观点反映在许多发展经济学的文献中并渗透进了政策制定者的信念中。但是，演化经济学家主张，技术变革是经济增长的核心，公司、产业和部门的相对活力不断地发生变化。事实上，哪怕是粗略地看一眼自然资源部门，你也会发现战后以来的背景已经发生了很大的变化，许多流行的发展思想就是在这段时间里发展起来的。能源、材料和食品市场的特性已经发生了巨大的变化，所有的市场都已经细分为一个个小市场，全球性公司已经改变了自己的行为，最后且同样重要的是，无论对发达国家还是对发展中国家，环境因素已经作为挑战和增长机会而发挥作用。

无论是在理论上还是在实践上，人们对创新在增长和发展中的作用的认识都已发生了显著的变化。以此为基础，本章考察此类技术变革对于资源充裕型国家的含义。按照新熊彼特和演化理论传统，本章以如下观念为出发点：某些产业 ②在某些时期要比其他产业提供更多的创新和剧变的机会。我们可

---

[*] 英国伦敦经济学院百年纪念教授、爱沙尼亚塔林理工大学纳克斯研究所技术与发展教授以及英国苏塞克斯大学科学政策研究所荣誉教授。

① 感谢塔姆辛·黙里－利奇（Tamsin Murray-Leach）在手稿编辑和准备上的极佳支持，感谢凯塔诺·彭纳（Caetano Penna）所提供的有益评论。

② 在本章中，我们广义地理解"产业"和"工业化"这两个术语，超越对"制成品"和"制造业"的狭隘关注，即不但包括加工业，还包括高技术服务业和所有涉及其任一阶段的技术进步的活动。

以认为,之所以那些拥有更多机会的国家在20世纪大部分时间里并没有出现自然资源产业,很大程度上是历史的原因,并且历史背景已经发生了巨大的变化。

信息和通信技术,连同作为充分利用其潜力的最优方式而发展起来的技术经济范式(Perez,1985 and 2002),正在改变着自然资源中创新的机会空间,进而提高整个上下游活动(从初始投资和开发到最终使用)网络的技术活力。为这种新的机会空间所允许存在的资源密集型工业化战略类型要少于1880年与1914年间的美国,后者当时正在稳步走向世界工业的领先地位(Wright,1997)。然而,至关重要的是,资源密集型工业化战略需要创新的经济、金融和技术政策,以便促成能减轻"资源诅咒"的制度安排(Stevens and Dietsche,2008;Acemoglu, Johnson, and Robinson, 2002)。本章的任务是识别机会而不是设计能够避免其缺点的政策。

1. 机会随着技术的变化而变化

纵观18世纪70年代英国工业革命以来的历史记录,人们可以看到,快速增长和追赶进程往往集中在某些区域或国家,这些区域或国家在特定时期朝着类似的方向前进。正如表11.1所示,这反映了如下事实:资本主义的技术进步以及相伴发生的"经济发展"并非沿着连续的路径发生;恰恰相反,它们已经经历了5次技术革命,每一次技术革命都带来新的"技术经济范式"或最佳实践常识,进而与基础设施的扩散一道带来每五六十年一次的重大发展浪潮并推动所有行业潜在生产率的飞跃(Perez,1985 and 2002;Freeman and Perez,1988;Freeman and Louca,2001)。

这样的重大转型同时依赖于区域的和技术的背景和条件。每一次技术革命的性质和传播方式决定不断变化的发展环境,开启相继的和不同的行动方案或机会之窗,同时也关闭了旧的行动方案和机会之窗。如果旧的领跑者因循于传统知识和结构,而已经掌握社会能力(Gershenkron,1962;Dore,1989)的新的领跑者能够以"蛙跳"的方式直接拥有新的知识和结构,则每一次技术革命也都能改变国家的排名(Perez and Soete,1988;Goldemberg,2011)。

表 11.1 历次技术革命的产业与基础设施

技术革命	新技术与新的或重新定义的产业	新的或重新定义的基础设施
第一次 1771 年以来 **工业革命** 英国	机械化棉纺织工业 锻铁机械	运河与水路 收费公路 水力（大幅改进后的水车）
第二次 1829 年以来 **蒸汽和铁路时代** 从英国扩散至欧洲大陆和美国	蒸汽机和机械（铁制、烧煤） 铁煤开采（在增长中起核心作用）* 铁路建设 机车车辆生产 用于许多工业的蒸汽动力（包括纺织业）	铁路（蒸汽机的使用） 万国邮政服务 电报（主要是国内铁路沿线） 大港口、大仓库以及世界各地的帆船 城市燃气
第三次 1875 年以来 **钢铁、电力和重型机器制造业时代** 美国和德国取代英国的地位	廉价钢铁（尤其是酸性炼钢转炉） 钢制船舶蒸汽发动机的全面开发 重化工与土木工程 电气设备工业 铜和电缆 罐装和瓶装食品 纸张和包装	世界性快速钢船运输（苏伊士运河的使用） 世界性铁路（标准尺寸的廉价钢轨和螺栓的使用） 大型桥梁和隧道 世界性电报 电话（主要是国内） 电网（照明和工业用途）
第四次 1908 年以来 **石油、汽车和大规模生产时代** 从美国扩散至欧洲	大批量生产的汽车 廉价石油和石油燃料 石油化工（合成物） 用于汽车、运输机、拖拉机、飞机、坦克以及电力的内燃机 家用电器 冷冻食品	道路、公路、港口和机场网络 输油管道网络 通用电力（工业与家用） 全球有线和无线模拟通信（电话、电传和电报）
第五次 1971 年以来 **信息与通信技术时代** 从美国扩散至欧洲和亚洲	廉价的微电子产品 计算机、软件 通信 控制仪器 计算机辅助的生物技术和新材料	世界数字通信（电缆、纤维光学、无线电以及卫星） 互联网/电子邮件和其他电子服务 多源、灵活运用的电网 高速物理运输链路（陆运、空运和水运）

数据来源：Perez（2002），第 14 页，表 2.2。

* 在充当铁路和机械世界的材料和燃料时，这些传统工业获得了新的角色和活力。

例如，在 19 世纪 70 年代，美国和德国实现了巨大的飞跃，赶上了工业化的英国，在兴起于钢铁时代的重型机器制造业上做了布局。与此同时，澳大利亚、新西兰、阿根廷等国家也实现了跨越式发展，因为它们得益于来自伦敦

第 11 章 科技能否使自然资源成为一个面向工业化的平台：为拉丁美洲（和其他资源充裕型国家）寻找新机遇

城的资金流入，得益于汽船和越洋电报所带来的反季节贸易，其中的越洋电报又是由重型机器制造业带来的。在下一波浪潮中，战后的美国取代英国成为世界的领跑者，推动了基于廉价石油、汽车和塑料的大众消费新范式，西欧也迅速效仿了这种模式。在该范式的成熟阶段（Perez，2002，第 62-67 页；Perez，2008，第 6-9 页），由于保护性的进口替代工业化（import substitution industrialization, ISI）战略，拉美和亚洲实现了高速的经济增长。① 类似的评论也适用于信息和通信技术的扩散过程与最近（但不同）的跨越式发展之间的关联性：日本率先实现了跨越式发展，然后是亚洲四小龙（中国香港地区、新加坡、韩国和中国台湾地区），接着是印度与中国大陆。

每一次技术革命的具体性质及其相继开启的机会之窗意味着发展的可能性是一个移动的目标，从而意味着发展战略是暂时性的，必须相应地加以升级换代和重新设计。机会不仅随着技术的每一次重大转变而变化，还随着旧范式的背景遗产和新范式的发展阶段而变化（Perez，2001）。必须强调的是，这里提出来的机会之窗观念并不是以静态比较优势为基础的。相反，这个观念的基础是如下评论：技术变革的重大浪潮从根本上改变了发展背景，不仅使旧技术过时，还使为驾驭这些技术而产生的发展观念过时了（Perez，2001）。这就是为什么尽管这里的重点是拉丁美洲的情况，但其他资源充裕型地区应该同样对它感兴趣。

这是如下观点的共同基础：试图直接模仿当前或最近的成功经验是毫无用处的，因为这些成功经验是通过以往的机会获得的。类似地，根据最近几十年的数据来建立政策理论是不明智的。相比而言，对历史的长远看法可以有助于揭示出过往的模式，而当下则可以确定其对等的模式。昨日的成功并不取决于复制最近取得的成功，而是取决于今天对未来的预测。

实际上，当前的机会之窗需要能够将自然资源的**静态**比较优势转化为**动态**比较优势的政策，以便促进知识密集型活动的分散化生产，而这种活动与每个国家选择发展的自然资源部门之间存在着横向、纵向和侧向联系（Marin, Navas-Aleman, and Perez，2010 and 2015）。一项适当的政策将推动技术变革并需要创造学习和创新的条件，而学习和创新将导致新的增值过程和更加专业的产品，这种产品具有更高和更稳定的价格和市场。这意味着当前的机会打开了

---

① 非洲也实施了该政策，但这些国家实施得太晚了，未能通过该政策获得充分的收益。

在资源密集型工业化进程中向自然资源产业添加制造业的一些关键特征的可能性。

2. 晚近的教训和遗产——具有进口替代工业化模式的增长

但是，为了充分利用机会，还必须事先积累起一定水平的能力，包括技术能力和社会能力（Gershenkron，1962）。良好的时机是必不可少的，还有对机会的认识和利用机会的政治与创业决心。因此，结果可能十分不同，并不是所有的进展都是不可逆转的。

从 20 世纪 50 年代后期到 20 世纪 70 年代后期，拉丁美洲和亚洲四小龙利用了进口替代工业化的机会。该政策汇集了两组利益团体：正在寻求市场成长的发达世界的成熟产业和正在寻求发展路径的所谓"第三世界"的政府。在大规模生产革命的这一时刻，许多发达国家的大公司都面临着两大增长限制。在技术方面，无论是为提高现有生产线的生产率而做的流程创新，还是为重振其饱和市场而做的产品创新，它们发现其难度都越来越大了。消费者驱动的"美国生活方式"体现了该范式的特征，它已经被发达国家的劳动力和大多数发展中国家的少数精英人士所接受。市场增长的主要方式是**有计划地淘汰**加上广告和信贷（消费者的债务），而广告和信贷则诱导并使现有消费者能够购买新的替代产品。与此同时，新生的发展中国家既没有技术，也没有市场规模，不能建立有竞争力的产业，基本上是原材料的出口国和制成品的进口国。由于公司面临着生产率和市场的限制，从而试图压缩原材料的价格并向消费者转嫁工资上涨的负担，Prebisch（1950）和 Singer（1950）所指出的低价原材料与高价产成品之间的价格"剪刀差"变得更加严重了。

进口替代工业化模式提供了一种充满活力的解决方案。通过将最后的组装阶段布局在潜在的消费目的地，这种模式在扩大了世界市场的同时，调动了发展中国家的经济。如图 11.1 所示，在拉美国家所采用的模式中，原材料的出口提供税收和外汇收入，从而向因国内市场而受到完全保护的工业化进程中的外国投资提供融资。20 世纪 70 年代中期，跨国银行将欧佩克货币大量地注入拉丁美洲的公共和私有公司（Marichal，1988），政府转向扩大基础产业的公共投资和补贴没有竞争力的出口。

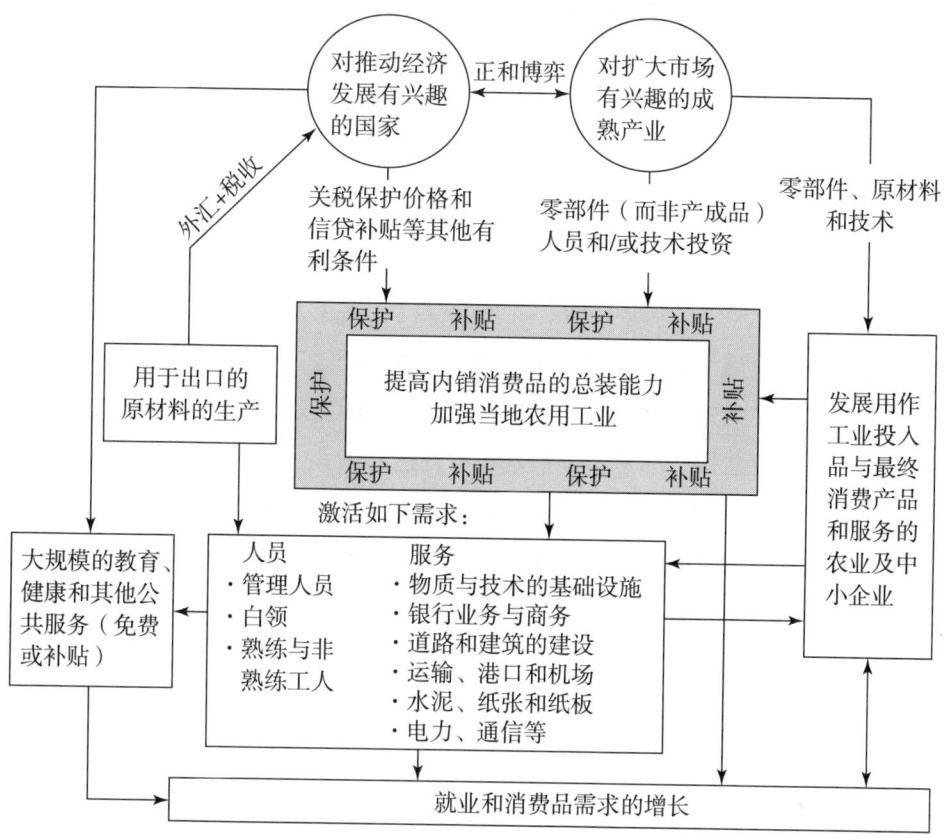

第11章 科技能否使自然资源成为一个面向工业化的平台：为拉丁美洲 （和其他资源充裕型国家）寻找新机遇

图 11.1 进口替代工业化的拉美模式

充足的关税壁垒、对低生产率的认可以及高昂的价格实现了经济增长和就业率的提升。在外国专家的监督下或在加工手册的指导下组装外国设计的产品，将导致技术学习不足、创新空间微小（Bell and Pavitt，1993）。但是，该过程确实引起了对互补性活动的需求，真正的学习和创新可以在这种活动中发生。为了建设、改进和经营港口、机场、道路、电力、电话、供水（通常由国家资金来建设并由国家来控制）以及纸板、印刷、包装、玻璃、塑料、水泥和建材等配套产业（通常由私人部门来建设），需要并获得了当地的技术能力。该模式的这个方面特别重要，因为这些互补性活动中的大多数是加工业（不同于制造业）——正如马上就要进行的讨论所表明的，它们恰好是围绕自然资源建立动态网络可能需要的技能。先前的学习也在自然资源本身方面——采矿、采油、农业、畜牧业等——继续进行着，有时候甚至有所增强。如图 11.1 所示，该战略还创造了对各种职业的中产阶级和训练有素的劳动力的需求，以便管理装配工厂、组织物流和管理从银行到分销的商业服务。此外，尽管品牌和流程技术通常是进口的，但它们有时必须适应当地的产品和消费者的偏好，这就为当地的工程行业留下了某些空间。

虽然进口替代工业化战略遭到了合理的批评，但是，正如拉丁美洲所实施的那样，它可以被视为当时情况下的一项适当战略。装配零件而非产品的进口充当了推动整个经济的启动引擎，在公共部门创造了发展文化；公共部门在基础产业和基础设施上进行了大量的投资，改善和建立了大众教育和健康体系。诸如阿根廷、墨西哥和巴西这样的大国拥有早先建立的制造业基础，进一步建立了完整的工业结构，但是，哪怕是较不发达的国家也能够取得巨大的经济增长。在大约15年的时间里，拉丁美洲大多数国家的增长率都在4%左右；在某些时期，有的国家的平均增长率高达10%。该区域的进口替代工业化战略是一种正和策略，尽管其成果比较有限。然而，随着世界环境的改变和保护措施的移除，技术自主性的缺乏注定了该模式的崩溃。

在亚洲，跨越式发展也始于进口替代工业化战略。实际上，一开始的时候该战略并不那么成功。但是，中国台湾地区、韩国、新加坡和中国香港地区——亚洲四小龙——参与了更深、更广、更系统的学习和增长过程（Amsden，1989；Wade，1992）。缺乏来自原材料的独立外汇收入（与拉丁美洲形成对照）很可能是造成这一差异的重要原因之一。亚洲四小龙必须设计出一种方法，使用进口保护和出口补贴来实现由出口带动的增长。因此，它们为自身的"幼稚产业"提供了保护性的学习时间，为有竞争力的出口公司和工业中心的形成和发展提供便利和帮助，使高生产率与低成本劳动力相结合，以发展中国家的成本生产具有发达国家商品品质的商品。这正是20世纪70年代和20世纪80年代初成熟产业所追求的目标。接下来发生的事情可以说有一定的运气成分。电子产品和电子元器件恰好是下一次革命的核心，因此，它们的装配提供了所需的能力。虽然拉美各国启动得更早，但它们主要从事汽车和家用电器的装配。亚洲国家迅速地认识到了信息通信技术和市场全球化趋势的重要性。它们或明或暗地为自己的经济发展设立了清晰的、全国共享的"愿景"并致力于建立全球性联盟。

然而，亚洲成功的关键在于它们在培训和教育上的巨大努力以及根据需要给予补贴的密集型技术学习。① 其实，它们能够充分利用20世纪60年代出现在自身面前的有限机会，建立起了一个发展平台，而这个发展平台让它们更好地利用了下一个机会之窗。随着信息与通信技术革命的到来，它们得以实现跨越式发展并不断地创新它们的发展方式。

拉丁美洲人民现在能做出这样的飞跃吗？试图复制亚洲的发展道路将会是徒劳无功的。那种特别的机会之窗已经逝去，当前的形势背景完全不同于以往。信息与通信技术革命已经到了其扩散路径的中段，亚洲地区在技术、生产、管理和贸易等方面的知识和经验的积累已经遥遥领先。它已经成为最具活力的市场，不断地纳入新的行业、新的领域和新的消费者。

让我们看看拉美之车能否通过寻找市场的互补性而与亚洲的经济增长挂钩，这将是有意义的。亚洲人民在追赶过程中结成了全球联盟，在**制造业**（电子、电机产品和纺织服装）中进行密集的技术学习和培训工作，而西方发达国家则成为进口市场。拉丁美洲能否在与自然资源相关的**加工**行业中做类似的事情呢？它们能否利用这些条件——亚洲经济发展所需要的大量投入和粮食？在能源产业、材料（基本的和特殊的、天然的和合成的、宏观的与纳米的）以及生物产品（传统的与先进的、生态的与生物技术的）方面，是否有足够的技术活力来推动学习和发展进程？

本章的其余部分将据理证明如下观点：对作为发展基础的自然资源的批评产生于特定的历史条件，也起源于人们将自然资源狭隘地界定为原材料（或初级产品）；围绕自然资源生产的潜在创新网络具有高度的技术复杂性，而且这种复杂性的程度还在提高；那些网络的进步所需要的材料和生命科学的知识积累可以使这个大陆做好准备，以便在下一次技术革命（可能是生物技术、纳米技术和新的绿色材料的组合）中实现跨越式发展。换言之，一种新型的自然资源密集型工业化进程已经万事俱备，自然资源的开发——尤其是自然资源的加工——在此进程中被用作工业化和经济发展的跳板。

---

① 在拉丁美洲，进口替代工业化时期的关税通常是按等价产品的当地生产成本来计算的，因而没有刺激生产力的提高，更不要说刺激创新了。20世纪70年代中期，随着经济模式转向鼓励出口，补贴往往以类似的方式计算，没有及时实行预期中的逐步缩减政策。

3. 自然资源观念的历史性变化：从福分到诅咒再到福分

随着时间的推移，关于自然资源对经济发展的潜在贡献的主流观念已经发生了根本性的变化，并且这种变化取决于现有的主导技术和可用的机会窗口。在大规模生产时代之前，在所谓的第一次全球化（从19世纪70年代至1914年）期间，自然资源曾经被视为经济发展的关键。随后发生的技术革命属于钢铁和重型工程的时代，涉及化学和电力、横贯大陆的铁路和从事世界贸易的轮船、冶金以及重大工程项目。这样的全球性基础设施为肉类、小麦和其他农产品的反季节世界市场创造了条件。自然资源被认为是福分而非诅咒，以至于澳大利亚、新西兰、加拿大、瑞典、美国以及其他国家的成功赶超被部分归因于其资源禀赋。在19世纪80年代和19世纪90年代，阿根廷被认为是下一个美国。但是，正如 Reinert（2004）所强调的那样，这些国家的政策制定者也明白，如果没有相应的高技能技术密集型活动，光有原材料是不可能带来经济发展的。

直到20世纪50年代，也就是战后西方成功地部署大规模生产范式期间，人们才开始对自然资源提出了批评。关于利用富裕资源的新古典主义处方并没有说服结构主义者，他们为拉美和非洲国家的糟糕经济表现而忧心忡忡。Prebisch（1950）和 Singer（1950）强调了多种类型的供求刚性，他们解释了越来越有利于制成品而不利于初级产品的"价格剪刀差"。Nurkse（1958）等学者指出，大宗商品的价格非常不稳定，从而使依赖于自然资源的国家容易受到汇率、税收和当地投资的不断变化的影响。第三群人强调因跨国公司主导发展中国家的自然资源活动而引起的问题。不仅跨国公司的利润被汇回投资国，当地投资对前后向联系的推动作用也非常有限，从而阻碍了将来的发展（Singer，1950，1975）。于是出现了这样的假设：只有制造业才能带来经济发展，自然资源是一条死胡同（Singer，1949；Prebisch，1951）。

从那时候开始，该假设变得更加复杂了。20世纪70年代后期，人们对"荷兰病"——一个繁荣的资源部门导致本币坚挺，从而打击了其他商品的出口，特别是制成品的出口——产生了担忧（The Economist，1977）。自20世纪90年代起，一股实证研究的潮流（Sachs and Warner，1995 and 2001；Auty，

1990 and 1993；Gylfason, Tryggvi, and Gylfi，1999；Torvik，2002）暗示存在"资源诅咒"，而"资源诅咒"会使发展变得困难，因为当这些资源带来集中的经济租金时，腐败应运而生，为创造财富而投资的激励则减弱。这也有可能对民主产生潜在的负面影响，因为政府不需要对纳税人承担责任。

并不是说这些作者在这两个时期都是错误的，而是说背景并不一样——因此，它们提供了不同的发展条件，从而带来不同的观点。如今，许多制成品已经变成廉价的商品，而自然资源则经历了价格高居不下的历程。这些现象可能会使荷兰病和资源诅咒问题变得更加严重。为了克服这些障碍，需要进行制度创新，在制定经济发展战略时考虑到这些条件。

4. 自然资源生产者的背景条件发生了怎样的变化？
——再议技术追赶的潜力

本章以如下观察为基础：如今，自然资源使用的背景条件显著地不同于战后时期。主要有 4 个方面的重大变化：价格趋势、市场性质、技术活力的条件以及新的全球化经济。

4.1　自然资源价格水平的变化

在最基本的层面上，上一个时代的消费者行为和全球全面发展的努力导致新兴国家对材料、能源和食品的需求迅速增长，从而增加了对自然资源的总需求。这导致了最容易获得的资源枯竭并推高了边际成本。此外，气候变化的影响可能会强化这种效应。这意味着，在惯常的波动性没有降低的情况下，原材料的价格很可能会在较高的平均水平上波动（Dobbs et al., 2011；Farooki and Kaplinsky，2012）。这使它们既成为一个宝贵的优势，也成为一种发展障碍。它们可以成为自然资源技术化的资金来源，也可能迷失在腐败之中。

4.2　所有市场的新的超细分性质

与市场成交量及其供给和价格效应一样，市场的性质也发生了变化。如图 11.2A 所示，所有产品和活动的市场如今都存在超分割的现象：分割造成的范围既广泛又变化，包括从量大、价低的大宗商品到一大批量小、价高的小众产品（Anderson，2006）。如图 11.2B 所示，市场的这种分化不仅适用于制成品，也同样适用于服务和初级产品，而且还影响到价值链上的每一项活动。我们在创新的帮助下，由原材料出发，有可能升级到价值更高的产品，或者向前移动到调整性更强的产品上，即可以为特定客户定制这种产品，从而提高价值和价格的稳定性。

尽管自然资源市场依然主要以大宗商品为基础，但是，它在专用材料和优质产品中所占的比例却因上述原因而提高，这些材料和产品是为高端细分市场提供的。从有机食品到美味佳肴，食品市场正在通过各种饮食产品分割为许多专业化的细分市场。材料部门也发生着同样的事情，定制合金、绿色化学、纳米材料以及其他根据需求条件和规格定制的产品正在迅速增加并获得了高额回报。与此同时，有形产品领域也经历了超分割现象。一方面是高端的小众产品（它们需要特殊材料），另一方面我们目睹了大多数标准化组装产品的商品化，这些商品的利润率非常低。这使得拉丁美洲更加难以在开放与自然资源有关的生产空间的同时参与制造业的竞争——因为亚洲拥有成本极低的劳动力并积累了大量的经验。

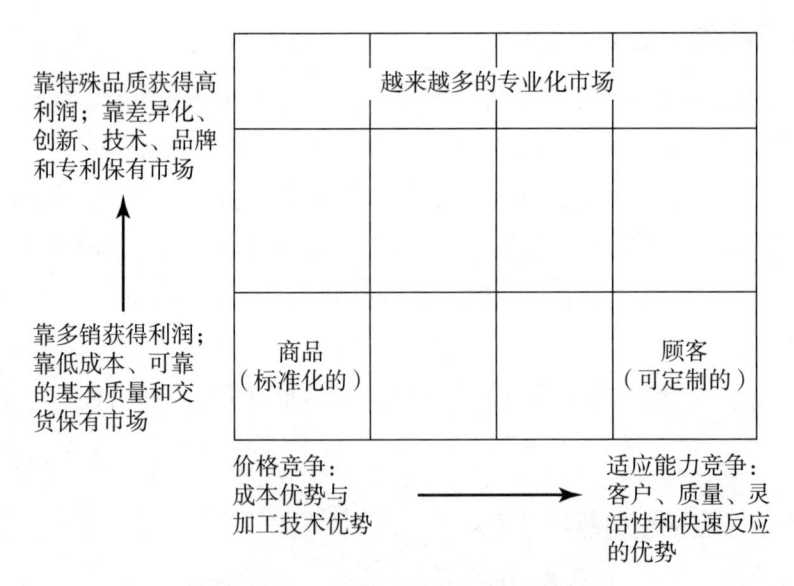

图 11.2A 市场的超分割及其不同条件

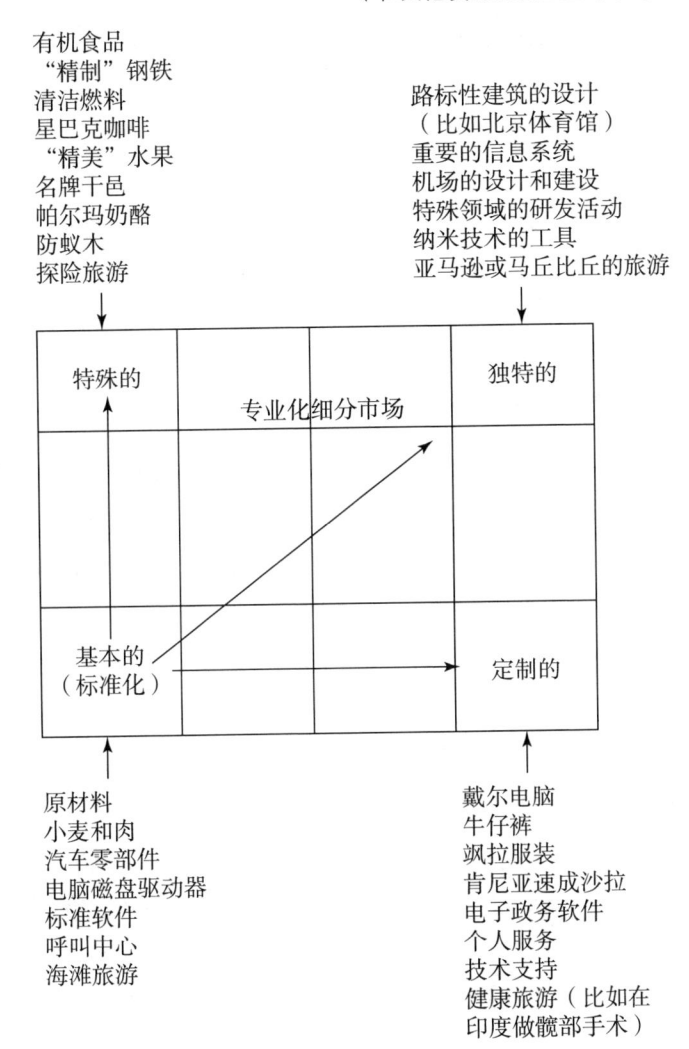

第 11 章　科技能否使自然资源成为一个面向工业化的平台：为拉丁美洲　277
　　　　　　（和其他资源充裕型国家）寻找新机遇

有机食品
"精制"钢铁
清洁燃料
星巴克咖啡
"精美"水果
名牌干邑
帕尔玛奶酪
防蚁木
探险旅游

路标性建筑的设计
（比如北京体育馆）
重要的信息系统
机场的设计和建设
特殊领域的研发活动
纳米技术的工具
亚马逊或马丘比丘的旅游

特殊的	专业化细分市场		独特的
基本的（标准化）			定制的

原材料
小麦和肉
汽车零部件
电脑磁盘驱动器
标准软件
呼叫中心
海滩旅游

戴尔电脑
牛仔裤
飒拉服装
肯尼亚速成沙拉
电子政务软件
个人服务
技术支持
健康旅游（比如在印度做髋部手术）

图 11.2B　某些定位的例子：材料、制造商和服务

数据来源：Perez（2010）。

4.3　依靠信息与通信技术走上信息和全球市场的广阔道路

　　如今，市场上的新来者更容易实现创新。信息与通信技术使信息更加容易获得，为设计提供了便利，为进入细分的产品和服务市场创造了条件。因此，在需求差异化的刺激下，在环境和健康问题的日益影响下，包括自然资源在内的所有部门的技术活力比以往任何时候都要更高。自然资源部门过去的重点是降低同质产品的成本和克服当地的限制，但是，我们如今却看到创新越来越多

地应用于特殊材料和食用产品。

信息与通信技术还使新的运输和分销系统成为可能，这使得中小企业更容易独立地进入市场。这种新的环境造成种类更加多样化的分销网点（从范围狭小的专业化市场到特大型超级市场）和相应的运输系统的发展，从而允许不同数量和特点的生产者在全球范围内以实惠的条件进行贸易。作为全球贸易发生重大变化的一个例子，肯尼亚可以提供装好、洗净的沙拉，每天早上空运到英国，并根据前一天下午的订单配送到全国各个大卖场中（Jaffee and Masakure, 2005）。

4.4 行为的变化：从旧的跨国公司到全球性公司

自 20 世纪 80 年代以来，跨国公司从作为各国飞地的孤立的附属机构转变成完全全球化、高度相互影响的价值网络，因此，它们的行为已经发生了变化。如今，这种全球性公司关注的是如何找到胜任而可靠的供应商和合作者（Urzúa, 2012）。因此，它们现在有财务兴趣来从事培训和适当的技术转让，以便保证整个公司的质量（Ernst and Kim, 2002）。当然，这就提出了新的问题，尤其是利益在价值链参与者之间分配不均的问题（Gereffi, Humphrey, and Sturgeon, 2005）。但是，知识和经验的积累与大家对持续改进的期待为以后的自治开启了学习的可能性，这种可能性在生产率低下的进口替代工业化模式中是不存在的。

全球性公司也不能表现出类似卡特尔的行为，这曾经是西方跨国公司在发展中国家的共同做法。这种市场控制正在被东西方的资源竞争所消除。这为生产国获得强势谈判地位创造了条件，而通过信息和通信技术获得信息的更多机会又巩固了这种地位。

5. 拉丁美洲能否搭上亚洲经济增长之车

亚洲的条件是人口众多、自然资源相对稀缺，与此相反，大多数拉美国家具有相对较低的人口密度和充裕的自然资源禀赋。这些基本事实构成了成功的互补关系的潜力基础。在可以预见的将来，与亚洲在**制造业**的大规模生产上进行竞争的可能性是非常小的，因为亚洲具有低廉的劳动成本和更多的经验积累。相比而言，拉美国家在自然资源生产（农业、采矿和能源）和**加工**行业（农用工业、水泥、啤酒、纸张、玻璃、炼油、化学、冶金等）上所积累的不同程度的经验为它们提供了一个基础平台，便于发展更强的创新能力和改善出口状况的能力。正如本章后面所讨论的那样，该地区较先进的国家也发展起了用于自然资源产业的新型设备的制造行业。此外，物流和制度支持的基础设施也基本到位：从港口、道路和建筑业到电信和银行业。

两个大洲之间的这种互补性至少在几十年内具有带来强大贸易关系的潜力。随着中国、印度和其他新兴国家的数十亿居民逐渐加入中产阶级的行列，恩格尔（Engel，1857）"定律"——食物消费支出随着收入的增加而递减——可能在相当长的时间里不会发挥作用。对食物和材料的需求，无论是标准的还是特殊的，在许多年里都不大会递减。

在拉丁美洲，资源禀赋的多样性可以被视为应对全球市场和从事区内贸易的一种优势。这些相似之处可能有助于技术和创新上的各种合作。无论是本国还是拉美各国，主要的局限是传统权力结构伴随着高度腐败、根深蒂固的贫困、中上层都市中心以外的穷人缺乏良好的教育，后者尤甚。但是，与此同时，整个大陆的社会能力意味着这些地区存在爆发性发展的潜力：长期接受教育的中产阶级的组织和商业技能随着在国外接受教育的全球化的年轻一代的归来而正在迅速地恢复活力。

然而，成功超越单纯的原材料出口商的关键是创新能力，而创新能力又取决于教育和持续的学习（Bell，2006）。在拉丁美洲，缺少这种进步是任何战略的阿喀琉斯之踵，包括我们正在这里讨论的战略。由下节可见，如果自然资源要引领经济发展，它们就必须包含一个参与者和活动非常广泛的网络，其中的每个参与者、每种活动都具有创新的方法。如果教育系统不实现向科学和工程的强烈转变，如果公司和公共部门不付出大量而持续的学习努力，则成功是不可能的，不管采用了什么策略。

6. 网络作为创新体系的重要性

孤立地看，资源禀赋或能力是不充分的。在自然资源的当代背景下，理解问题的关键是网络（尤其是信息与通信技术所带来的网络）在经济发展中所起的作用。把自然资源仅仅看作是一种采掘或耕作活动就其本身而言已经不再有用了。但是，接受和推广完备的网络是很重要的，这些网络使资本货物和其他投资必需品，经由生产和各种加工活动，一直到包装、分销，实现最终用途。

这种参与者和活动的网络现在被理解为一个创新体系（Lundvall，2007）。正如图11.3所示，这种体系包括自然资源流程的每一个步骤——从勘探、研究、设计和工程到运输、营销和分销——的创新潜力，也包括支撑价值链每一个要素的大学、研发和工程机构（research development and engineering, RD&E）以及知识密集型商业服务组织（knowledge-intensive business services, KIBS）的创新潜力（Urzúa, 2012; Perez, 2010b）。

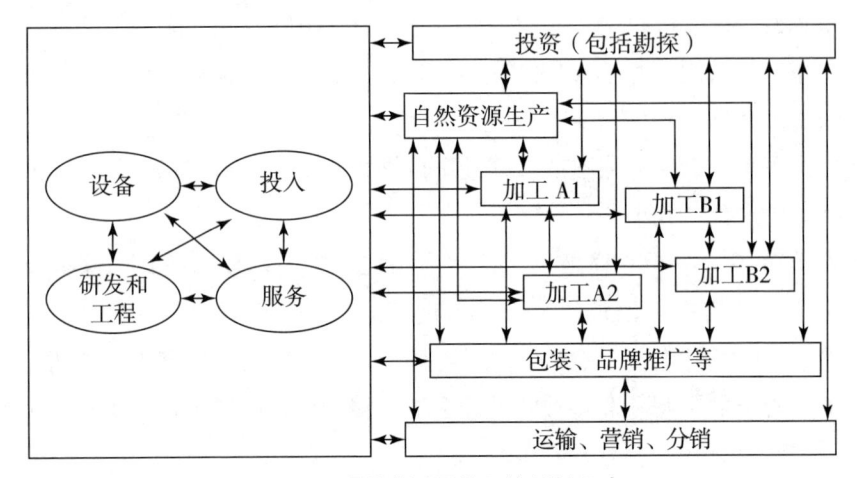

图 11.3　自然资源网络里的创新互动

数据来源：Perez et al.（2014）。

事实上，这就是现今自然资源开发所涉及的许多活动——上游、下游和侧向——之间的一整套复杂的相互作用（Morris, Kaplinsky, and Kaplan，2012），它对于任何试图描绘和确定技术机会空间的发展战略来说都是必不可少的，而该技术机会空间将使这些产业内的动态路径得以蓬勃发展。可能性的范围非常广泛：采矿、冶金、化学制品、石化产品、药品、定制材料、畜牧业、农业、农用工业、水产业、林业、纸张、生物技术、能源、纳米技术、旅游等（每个产业包括从大宗商品到特种产品的整个范围）。自然资源产业的成功依赖于各个网络的技术、公司、产品和人力资本的持续改进。这些网络涉及研究、工程和设计：建造、改造、安装、兼容和维护，软件和系统服务，设备和工具，实验室服务，质量控制、评估、测算和认证，保存和包装，运输、营销和分销，为使用者提供的技术服务，市场情报，改进已有产品和推出新产品，专利律师，合同谈判，专业人员的培训和教育，金融服务等。这与原材料本身存在天壤之别。

7. 自然资源网络中创新的驱动力量

一旦我们明白成功的自然资源战略的分析单位是整个网络,则重要的是证明有新的条件使发展中国家背景下的这种网络创新可行和有利可图。只有这样,追求基于每个国家或区域的自然资源禀赋的创新密集型路径才是现实的做法。

当前,我们可以确定几个驱动自然资源部门创新的活力源(Perez, Marlin and Navas-Aleman, 2014)。某些活力源已经作为不断变化的发展背景中的因素而处在讨论之中。正如图11.4所示,这些驱动源产生自四个主要因素:市场容量的增长、市场背景的变化、市场要求的转换以及信息、信息与通信技术和其他技术的进步。

7.1 市场容量的增长

全球材料和食品需求的迅速增长加剧了对自然资源生产者的传统挑战。利用质量更低、更加难以获得的土地和矿床要求进行"补救性"创新,增加了供给的边际成本并使位置较优的土地和矿床受益。但是,随着需求接近地球的极限,必要的创新努力变得更加复杂并且通常更加昂贵,这往往会提高全球价格波动所围绕的平均价格水平[①](Farooki and Kaplinsky, 2012)。深海石油就是这种情形。随着额外几百万元的需求进入消费阶梯,食品市场也将越来越具有这种性质。

可靠的需求增长所造成的更高价格将刺激新的生产技术的创新和现有生产技术的生产率的提高。在阿根廷和巴西,亚洲对大豆需求的上升导致诸如免耕法这样的生产方法的创新(Ekboir, 2003; Bisang, 2008)和应用通过生物技术所进行的种子品种的创新(Marin and Stubrin, 2015)。它还使中等耕种规模的传统**查卡莱罗**农业转变为高度技术化的土地租赁生产系统(Bisang, 2008)。这些发展可能像20世纪60年代"绿色革命"一样充满争议,这场革命向发展中国家推广了土地管理、灌溉、机械化、杂交种子的大规模生产方法,尤其是石化肥料和杀虫剂的大规模生产方法。关于新技术利弊权衡的社会决策将被摆上桌面,而新的挑战也可能导致有利于环境和社会的替代办法。例如,Marin、

---

① 必须将该效应与金融投机所引起的效应区别开来。

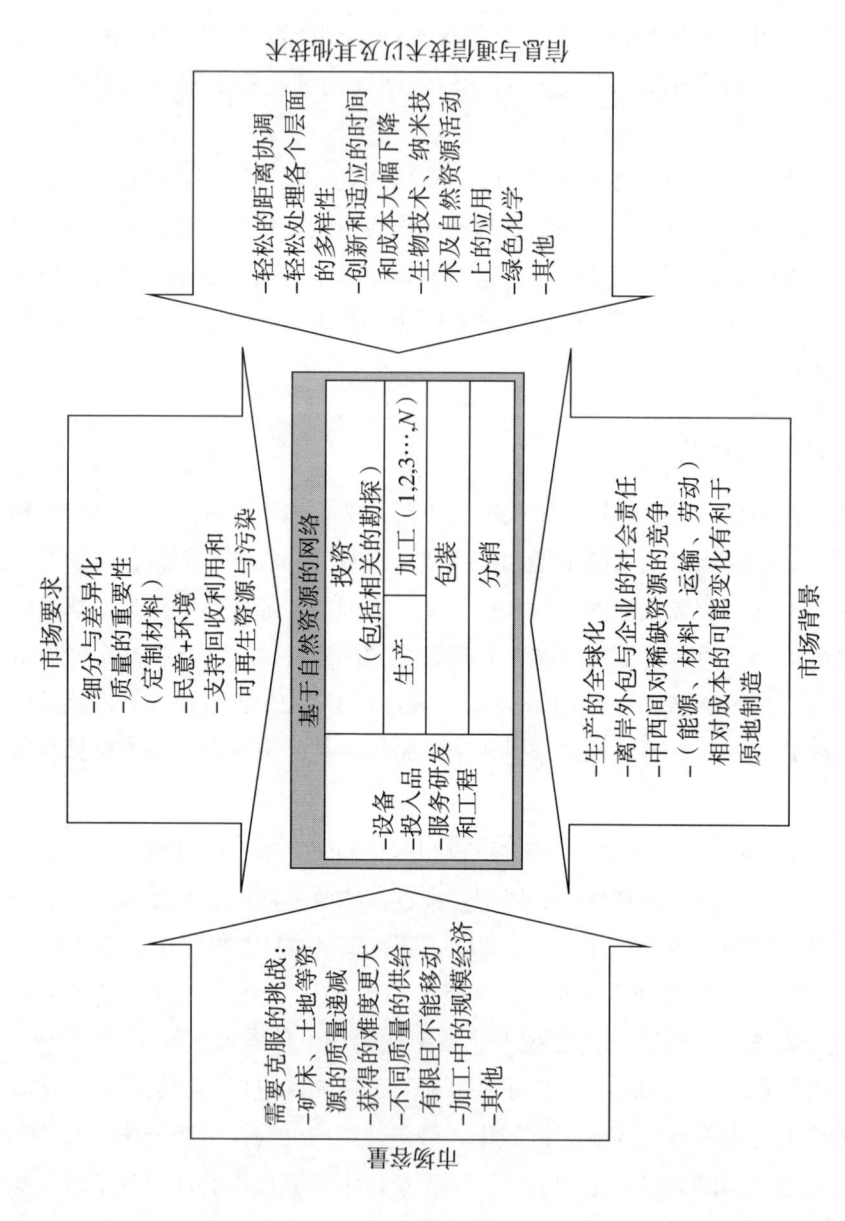

282　产业政策的选择及其经济后果

市场要求
- 细分与差异化
- 质量的重要性（定制材料）
- 民意+环境
- 支持回收利用和可再生资源活动与污染

技术与潜在技术方法
- 轻松的距离协调
- 轻松处理各个层面的多样性
- 创新和适应的时间和成本大幅下降
- 生物技术、纳米技术及自然资源活动上的应用
- 绿色化学
- 其他

基于自然资源的网络
投资（包括相关的勘探）

生产	加工（1,2,3…,N）
	包装
	分销

- 设备
- 投入品
- 服务研发和工程

市场背景
- 生产的全球化
- 离岸外包与企业的社会责任
- 中西间对稀缺资源的竞争
- （能源、材料、运输、劳动）相对成本的可能变化有利于原地制造

自然资源量
需要克服的挑战：
- 矿床、土地等资源的质量递减
- 获得的难度更大
- 不同质量不能移动
- 有限目的供给
- 加工中的规模经济
- 其他

图 11.4　自然资源网络创新的驱动力量

数据来源：Perez et al.（2014）。

Stubrin 和 Van Zwanenberg（2014）讨论了作为替代方法的转基因和杂交育种的效益和后果。实际上，决定技术变革和经济发展的具体方向将需要大范围的社会行动者的参与（Stirling，2008 and 2009）。

一旦创新体系偏离了既定的做法或常规条件，就有必要开发特殊的设备和投入。这正是巴西和阿根廷所发生的情况。在巴西和阿根廷，免耕农业设备推动了机械制造商去开发专用的种子播种机、喷雾器以及残渣管理设备，并导致了一场重大的出口运动（Garcia, 2008）。尽管这些发展活动的规模较小，但是，它们的进程类似于挪威成为专业化的深海石油生产设备和服务的供应商。挪威人在20世纪70年代石油价格飙升之后率先开展这种活动，如今已成为该部门的世界级出口国（Leskinen, Bekken, Razafinjatovo, et al., 2012）。

背景条件也有可能变得有利于在当地进行加工。由于能源和运输成本的上升，原材料的运输可能变得不经济，并且在任何情况下，由于环境政策的原因，它都可能变得不可接受。尤其对于矿物来说，原料出口包含很高比例的废物（在铜的原料中，废物通常占到70%）。背景条件与相对成本和价格的变化必然会推动与外国厂家和买方的谈判，刺激加工业的当地投资和创新，并且其方向也许是更灵活的设施。其实，尽管基本的资源出口将继续成为有关国家"赖以生存"的收入来源，但是，可以有一套刺激上下游创新、投资和技能积累的动态过程，它允许对整个学习网络进行更大程度的控制，开启横向创新的可能性，改善其他具有类似设备或投入要求的部门（Walker and Jourdan, 2003）。

7.2 市场要求的转换

但是，需求的增长并不是内生的。正如前文所做的讨论，为了获得更高的质量或不同的质量，也为了适应特定用户的要求，所有的市场都被分割为多个细分市场。这开启了通过囊括更大比例的特殊产品来提高出口组合的价值而进行创新的可能性。除了传统农业的有机产品之外，这些优质产品可能还包括特殊材料、特殊合金和"精品"水果，其基础是为挽救和出口非标准化的风味产品而开发的保存技术。

在市场差异化的诸多备选方向中，名贵产品成本的降低和普通产品质量的提高是其中的两个方向。巴西是在多个部门中选择这条路线的国家之一。例如，巴西林业部门不但开发了桉树的品种类型和加工方法，使其外形和性能类似于昂贵的红木（Figueiredo，2009），还开发了其他品种，推动了生产率、质量的提升和环保的改善，从而使巴西成为当今世界上纸浆生产领域的质量领先者（Flynn，2003；Figueiredo，2009）。

信息与通信技术所带来的细分市场准入机会对所有生产者都是开放的，无论是大公司还是小农户，无论是传统农户还是创新型高技术公司。生产流程的小众投入品的生产者可以瞄准互联网通信和柔性运输系统所带来的分散化的全球市场。小众的消费品还受益于专业网点（保健食品店、有机产品市场、美食餐馆、奢侈品商店等）的存在和全球买方链、公平贸易网等。信息与通信技术所带来的组织能力可能导致大型终端用户与小型生产商之间进行合作，而这种合作方式在以前是行不通的。例如，为了拥有可靠的优质咖啡供应，全球咖啡连锁店星巴克与多个国家的咖啡种植者合作，向后者提供培训和有保证的市场与价格（Duda et al.，2007）。

另外一个越来越明显的趋势是将健康问题与社会和环境的可持续性相结合，该趋势将改变市场选项的范围。例如，在巴西，有机化妆品部门已占整个化妆品市场的 10% 并正在出口产品和持续成长（Galvao et al.，2011）。

7.3 变化中的市场环境

驱动所有部门创新的另一个重要特征是全球化，它不但改变了生产区位，还改变了全球性公司的特点和潜在生产者的机会。全球性公司正在利用在各个东道国境内所进行的创新活动（Marin，2007），也越来越愿意将需要技术特长的任务外包出去。大多数制造业所从事的外包流程和离岸外包流程都对如下三个方面做了区分：全球性公司所必须拥有的核心竞争力；应该外包给高能力合作方的非核心专业化流程；为了保证质量和交货的可靠性，在密切监视之下可以外包给数个供应商的比较简单的流程——很可能伴有培训。全球性公司的目标是以最低的成本实现最高的质量，与此同时，在整个价值链中形成最优创新能力和可持续的竞争力（Prahalad and Hamel，1990）。因此，全球性公司的空间和行为不同于旧式跨国公司典型的领域，前者提供了进入和攀登价值阶梯的机会，并且存在提高当地上下游生产和就业机会的可能性（Ernst and Kim，2002；Gereffi，Humphrey，and Sturgeon，2005；Navas-Aleman，2011）。

诚然，在加工行业和资源行业，旧模式的转变并不像装配行业那样深入。但是，这种转变已经开始了。钻石生产的传统巨人戴比尔斯集团已经将几个相继的加工阶段外包给了博茨瓦纳，为大家带来了一个当代非洲的成功故事（Warhurst，2008）。必和必拓公司在智利创立并巩固了当地供应商的网络，这些供应商的业务范围从最简单的服务一直延伸到最复杂的技术①（Comisión Minería Desarrollo de Chile，2014）。由于能源与运输和/或环境税之间的相对成本改变了，增加就地加工的趋势就成为现实，这将鼓励外国公司增加与位于源头的价值链之间的关联度。此外，互联网所提供的透明度使外国公司越来越难以忽视它们的经营背景。企业社会责任（Corporate social responsibility，CSR）至少可以是通过捐赠和福利项目为社区福利做出贡献的一种形式。但是，企业社会责任在最理性的情况下可以提升当地的创新能力并有助于增加自身员工和东道国的人力资本。②

与此同时，当地公司实行全球化的可能性也越来越大了，从而创造出了区域性生产网络和全球营销模式。同样，拉丁美洲各国已经在不同程度上发生了这种情况。墨西哥水泥巨头西麦斯集团就是众多例子中的一个，它在全球50个国家从事生产活动，其中大约有10个是拉美国家；另外一个例子是巴西盖尔道钢铁公司；整个食品行业还有一些明显的例子，比如雅可（阿根廷）、宾博（墨西哥）、博能（委内瑞拉）、诺埃尔（哥伦比亚）、JBS（巴西）等。自然资源加工行业的这种扩张是背景变化的一部分，它要求原来的当地公司提高创新和适应能力。

全球和区域地缘政治也在发生变化，为更有效的谈判提供了机会。正如前文所述，东西方对资源的竞争使创新能力和更大规模的加工成为投资和贸易协定的可行目标。国际协定——比如由Cimoli，Dosi and Stiglitz（2009）提出的《新的全球发展公约》——也可能有更大的潜力。在大众消费时代，对工会的官方承认和随后的集体谈判造成了工资随生产率而提高，并且消费需求的增长有了保证；与此相仿，发达国家和全球性公司可能会发现，在一个充满活力和正在上升的发展中国家，拥有先进设备和产品的成长性市场对它们是有利的

---

① 扩大世界级采矿服务的做法现在已经成为智利的国家战略（Corfo，2014）。
② 例如，委内瑞拉圣特雷莎朗姆公司的阿尔卡特拉斯项目通过对年轻人进行培训、教他们从事建筑劳动或者到自己的工厂工作、建立一支参加国际比赛的橄榄球队、让妇女参与社区生产活动以及其他数种社会融合形式，改变了该国相对贫困的中部谷地的氛围，从而将该地区许许多多的年轻人从毒品和暴力中拯救了出来。这个项目非常成功，得到了数个国际和当地组织的支持，并继续扩大其规模和活动。请登录http://www.fundacionsantateresa.org/inicia_pa.php?lang=esp。

(Perez，2013）。美国当时对必要的转变的抵制和现在一样强烈，但是，这种转变确实发生了并且带来了战后的繁荣。

环境挑战是市场背景变化的另外一种形式，它驱动了所有部门的创新，改变了企业和社会的运行背景，重新定义了我们关于"美好生活"的概念，即从大众消费的概念变为可持续性的概念。气候变化和其他可持续性问题正在造成日益增加的监管，后者又正在导致可再生材料和能源、可回收资源、低能耗加工、水基化学、生物降解材料以及其他适应性能力的创新。这些创新也可能是自然资源产业的另一种出路，该产业面临着对更传统的采掘业的强烈抵制，其原因是资源枯竭的危险、空气和水污染加剧、全球变暖的威胁以及对技术进步（比如转基因作物）所引起的意外结果的忧虑。这些发展将进一步刺激为提高生产力和通过创新克服供应制约而做出的努力。

7.4 信息与通信技术以及其他技术的进步

虽然所有上述创新的驱动因素都可以被视为当前技术经济范式的一部分，但是，许多驱动因素——尤其是市场容量的增长以及相关的环境问题——都是先前的浪潮所造成的结果。然而，信息与通信技术对自然资源产业的直接影响是多方面的。现在，为协调生产、服务、物流和行政管理而建立具有密集沟通的交互式网络要比以往容易得多，这使得自然资源产业有能力在当地、区域和全球网络上进行合作。对牲畜、油井、种植园和渔业水域进行远距离监控变得越来越可行了，与此同时，智能控制系统正在被开发出来并应用于灌溉、加工、分拣和配送。无论是来源和需求，其种类和特性在大规模生产时代是不确定的，但信息和通信技术轻易地解决了这些问题。

特别是随着计算机化合成技术的应用，生命科学、材料科学以及化学在定制化方面取得了巨大的进步。获取和处理研究以及创新所必需的信息的时间和成本已经大大减少了。用户产业设计实验样机和测量影响的时间与成本也是如此。创新可以发生在从研究到设计、加工到分销的产品组合中；在分销环节，运输、配送和零售的创新为商品的多去处和小批量创造了便利。

生物技术和纳米技术对自然资源产业特别重要，因为这些产业涉及生物和材料（Hernandez-Cuevas and Palenzuela，2004）。转基因作物、作为植物繁殖手段的组织培养、牛和鱼的疫苗以及细菌在采矿（过滤）和水中溢油以及其他污染物的分解上的利用已经显示出了生物技术在自然资源上的诸多应用方向，而纳米技术正在助推材料和加工的创新，比如用于改善天然产品的处理和包装的防护膜。

目前，生物技术和纳米技术的进步在很大程度上取决于信息处理能力和信息通信技术所提供的仪器的准确性。但是，生物技术和纳米技术有可能引发一场自身的技术革命。下一场技术范式转变的重大突破很有可能来自这些技术。如果在这样的早期阶段就参与这些技术的开发，当这些技术变得普及、廉价和高速成长之后，拉丁美洲国家就能占据跨越性发展的有利位置。在微处理器、个人电脑、移动通信和互联网出现之前，提前参与电子元件和产品的制造正是亚洲人能做的事情。

因此，从根本上说，我们不再有理由拒绝将自然资源作为可行的基础或跳板并在此基础上制定充满活力、技术活跃的战略。信息和通信技术使基于自然资源的部门能够克服 Singer（1950，第 476 页）在如下观点中所正确描述的条件：自然资源并不"为技术知识、城市教育、与城市文明相伴的活力和适应力以及直接的马歇尔外部经济提供增长点"。但是，辛格继续澄清道："毫无疑问，在不同的条件下，商业、耕作以及种植园农业已经证明了有能力成为这种'增长点'。"实际上，新的助推性技术和全球市场环境为自然资源提供了一套全新的可能性，从而可以作为不同方向的工业化跳板。如果我们考虑到如下两个方面，则这一点具有更加强烈的含义：（1）与亚洲国家在消费品的大规模制造上进行竞争的困难；（2）这些亚洲国家对基本和专用工业投入品与食品的进口需求正在增长当中（Kaplinsky，2005）。可以向这些出口市场提供全方位的产品，从基本大宗商品到比例越来越大的高附加值产品，后者具有较高程度的差异化和适应性。

8. 双重的一体化战略

由于拉丁美洲存在收入两极分化的特征，该地区在考虑以自然资源为基础的战略时，最迫切的关注点是其创造充足的就业和减轻贫困的能力。加工业和创新活动不像装配生产那么劳动密集，它们需要越来越多的合格人才。因此，尽管基于它们的战略将为参与者带来不断上升的收入和更好的生活质量，但是，这种战略在单位投资所创造的就业上并不是太有效。这类产业可以促进经济增长，充实人力和技术资本——两者对于赶超来说都至关重要——但是，它们不足以缩小贫富差距、消除失业和克服贫困。

在20世纪80年代那个"失去的十年"期间，拉丁美洲的贫困和失业问题恶化了，这引起了社会不满、怨恨和对变革的渴望。由于"涓滴"效应没有证明自己有能力"普济众生"，我们需要直接面对这个问题。多个国家最近实行的改进是不充分的，这些改进与其说是基于新的、优质的、高生产率的就业，还不如说是基于收入再分配和服务或政府工作。任何有效的发展战略都必须使政策得以优化。否则，社会不能接受，政治也不能稳定。

如图11.5所示，这意味着需要建立两项互补且同步的政策：其一是以经济增长和全球定位为目标的自上而下的方法；其二是以保证充分就业和全民福祉为目标的自下而上的战略。

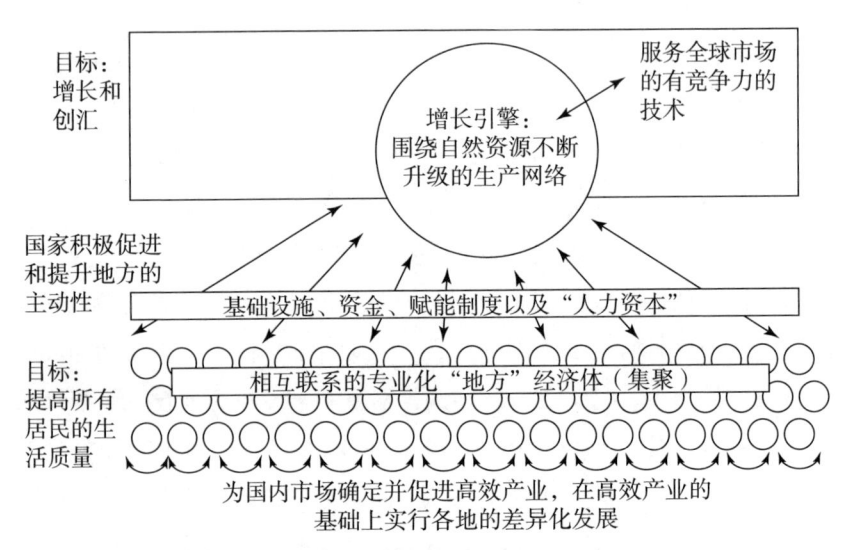

图11.5 双重的综合战略：自上而下和自下而上

这种双管齐下的方法被称作**双重的综合模式**（Perez，2010a），新的全球条件使这两种政策都成为可能。该战略的自下而上部分将面向实现技术熟练化和深度专业化，其目标是提高全球竞争力。涉及的产业——多层面的自然资源网络——将充当经济的增长引擎和外汇的主要来源。该战略的自下而上部分将包括促进区域内各地的财富创造活动和以最合适的市场（当地或区域市场、国内或全球市场）为目标的差异化发展。这里的首要目标是提高所有公民的生活质量。然而，由于这些自下而上的生产活动往往属于专业化的"集群"，在比较优势的基础上盯住细分市场，它们将回过头来反馈到自然资源网络上，支持以自然资源为核心的生产实现持续升级。这类自下而上的创新确实已经在特别的基础上出现了，包括公平贸易合作社和其他本地化但网络化的市民社会倡议，也包括向贫穷农户提供技术的区域发展项目（Gibson，2005）或诸如移动银行和分布式能源这样的现代基础设施的进步（Murray，2012）。换言之，尽管竞争力是第一种战略的目标和第二种战略的手段，但是，这种双重战略能够在解决社会不平等问题的同时推动增长和创新的融合进程。只有采用这种双重战略，资源密集型工业化的进程才能既创造经济增长，又实现充分就业，才能提高包括农村人口在内的整个社会的生活水平，并有望遏制人口流向城市的贫民窟。

这种双重战略既不能单靠市场来获得成功，也不能仅由政府来有效地推行，更不要说目前的范式需要持续的创新和灵活性来适应背景条件的变化。这种模式只有作为社会共同愿景才能正常发挥作用。在这种愿景之下，各种变革的驱动者既自主行动，又遵循共同的战略方向，他们被一个能够提供适当和有效的制度框架的主动型政府整合在一起。战略执行需要一个包括企业、政府、大学和社会在内的各方形成共识的过程，需要引导和促进市场行为朝着商定的方向发展的后续政策措施（Stirling，2008 and 2009）。

这种双重战略模式还需要制度创新，很可能还需要各种机构来为每个参与者群体提供充分的支持。自上而下部分隐含着内置式自治的过程（Evans，1995；Rodrik，2004），在该过程中，高层的公共和私人行动者进行战略协作，以便达成影响整个网络的一致决定，而该网络可能涉及国际谈判。但是，自下而上部分可能需要市级和地方一级的机构，这些机构通过专门人员的直接支持而得到加强。它们除了从事培训（辅导）和融资活动之外，还能够识别、推动和促进充分的生产和营销活动。因此，这种双重模式意味着政府具有双重角色，在任何一端提供适当的支持，与此同时，政府还从事与基础设施和人力资本有关的惯例活动，这些活动将改善所有人的背景条件。

9. 生存的条件：挑战与障碍

本章试图回答如下三大问题：自然资源是否已经变得能够维持一项动态创新战略？为了利用这种机会，发展中国家是否有条件进行创新？如果它们这样做了，各国是否具有作为增长和社会发展跳板的出口渠道和市场？关于这三大问题，我们得到的答案都是积极的。机会是存在的，考虑以自然资源为基础的工业化战略在技术和经济上也是切实可行的。但是，下面的问题更复杂、更难以回答：拉美国家是否愿意并能够制定这种战略？它们的成功是否存在有利的社会政治环境？

任何发展战略都不是简单易行的。双重发展战略带来的主要挑战是：各种障碍，包括来自其他潜在采用者的竞争；与自然资源相关的传统风险和许多关于可持续性的新风险；与既有权力结构的冲突；围绕新的战略方向形成政治意愿和共识的困难。甚至在发展战略实施之前，为了设计和形成关于共同战略方向的共识，为了设计并实行适当的激励和支持政策，社会技术能力和大胆的制度创新是必需的。

但是，万事皆有可能。实际上，这是每一种经济技术范式的特征：让看似不可能的事情变成常识做法。制定适当的制度和政策是形成政治意愿的关键。在制定进口替代工业化战略时，劳尔·普雷维什（Raul Prebisch）先后在拉丁美洲及加勒比海经济委员会与联合国贸易和发展会议上发起了一项广泛的国际谈判和咨询支持计划，该计划包括大批公务员的培训（Dosman, 2008）。本例中已经存在可观的能力积累，尤其是在涉及自然资源的生产和出口公司的自上而下的活动中。然而，有必要制定一项区域性计划，以便对该战略自下而上部分的援助顾问进行大规模的培训。

9.1 需要有足够的能力和远见来实现这种双重飞跃

进口替代工业化战略是对现有条件的充分反应，但是，它并没有为拉丁美洲将来的增长创造一个平台。不同于进口替代工业化战略，这个战略眼下有望使这个大陆具有在两个阶段实现跨越式发展的潜力。如今，由于技术范式的性质发生了变化，拉美国家能够通过利用自然资源生产者当前的机会窗口来实现经济增长，也能够通过建设未来部门（生物技术、纳米技术、生物电子、新材料、绿色化学等）的能力、公司和全球网络而准备着在下一次技术革命中实现跨越式发展。

正如亚洲的成功故事不能重复发生一样，因为与微电子学有关的机会空间已经一去不返了，自然资源加工业当前的机会窗口也将成为过往，新的机会窗口将会到来。

亚洲所发生的情况是这样的：从进口替代工业化和出口产品的大规模生产

到利用信息和通信技术革命的全球化。但是，为了取得相同的效果，各个层次和各个阶段需要在培训、教育、研发以及创新合作上下苦功夫。本章认为，背景条件目前已经准备就绪，但是，为了落实这些复杂的工作，拉美国家是否已经具备社会能力或愿意认真去获得社会能力呢？

9.2 正视可能的竞争

我们正在讨论的机会窗口对于所有资源充裕、具有一定水平的商业和技术能力的国家都是开放的，并且双重战略是一种可以被其他国家使用的战略。实际上，生产者之间以及需要资源的公司和国家之间极有可能出现全球范围的竞争。在这个竞争领域，优势将不仅属于那些需求更旺、价格更高的资源拥有者，也许更加重要的是，优势还属于那些已经掌握了生产、谈判、联网和创新基本技术和社会能力的竞争者。全球经济增长的"热点"具有路径依赖的特征。正如本章所述，拉丁美洲在这些方面具有发展的坚实基础。与此同时，资源的差异性将导致多种多样的竞争条件，并且在所有这些情况下，重要的是不要低估先行者所拥有的优势。率先吸引带来技术的投资者和同盟者的国家及更深入地从事学习和创新的国家将获得动态优势，这种优势将使它们处在更好的竞争地位上。

9.3 传统的障碍与新的不确定性

当然，采用这种战略具有许多风险。障碍和不确定性无处不在。原材料和加工品的价格波动既需要国内政策来使其负面影响最小化，也可能需要采取协调化的国际行动。所谓的荷兰病既影响投资可能性，也影响出口竞争力。即使在新的市场条件下，它依然是一个需要面对的问题。这个问题的解决需要精心设计的"租金管理"政策和遏制腐败行为的透明度机制（也许还需要与发达国家联合行动）。

新的不确定性的出现与气候变化有关。尽管气候变化为创新开辟了空间，但它可能不利于农业资源。类似地，环境政策可能在影响一个领域需求的同时，在另一个领域开启新的可能性。资源过度开采的威胁始终存在，而生物技术和其他重大创新所提出的解决办法可能涉及新的风险。所有这些可持续性问题也可能导致对自然资源利用的强力抵制，因此，任何基于资源的战略都将不得不考虑这些正当的忧虑及其带来的民意。

9.4 政治和政策挑战

任何新的战略都将遇到来自内部和外部的各个政治派别的政治阻力。我们这里推荐的战略具有额外的困难：它需要观念转变；它将创新置于增长和发展政策的核心位置，而不是作为专用的和孤立的产业政策成分（Mazzucato and Perez, 2014）。在实践中，这意味着要将科技议程从边缘部委内阁的次要位置转移至有待追求的战略的核心位置。同样地，培训和教育政策需要从数量型努力转变为更加复杂的"任务导向型"努力（Mazzucato and Penna, 2015），公共部门与私人部门之间需要密切合作，并且愿意利用来自外国的必需知识。如果说从亚洲四小龙的成功中可以学到一个永恒的教训，那就是它们强调内部（在公司内部）和外部（在公立和私立的教育和培训系统）的学习。

即使没有因整个区域不同程度的腐败所带来的困难，利益冲突也将始终存在，尤其是在那些民主制度欠发达和公共部门比较政治化、不怎么稳定以及技术色彩较弱的国家。在某些地区，赢得控制自然资源部门的传统群体的支持可能并不容易，而并非所有的全球公司都愿意参与这样的战略。面对这些约束，实现企业与社会之间的正和博弈将是一项重大挑战。

此外，任何专业化战略，尤其是与自然资源相关的专业化战略，都面临着数量和价格上的市场风险，从而需要对未来的趋势和明智的对冲进行监控。

尽管如此，所有成功的战略都需要在面对挑战和风险的同时利用同样存在的机会。本章的目的是要论证：（1）在新的市场条件下，通过以自然资源为核心的整个价值网络的创新来建立发展平台是可行的；（2）"自然资源诅咒"的根源虽然重要，但可以通过战略政策加以解决。自然资源生产网络及其上游、下游和横向等多重联系提供了一个盈利能力更高的创新空间，而全球经济的可能趋势只会扩大。如果得不到承认并且没有适当的保障措施，任何战略所包含的缺点和风险都将增加。但是，拉美国家当前所面临的最大风险是错失机会——忽视当前的机会窗口和实现双重跨越式发展的可能性。

第12章 制造业发展：比较优势、生产率增长和国别条件的作用[1]

原口野田

1. 引言

本章考察制造业生产率的变化趋势，确定制造业发展中比较优势、生产率增长以及具体国情的作用。我们用不同产业在不同的人均国内生产总值水平上的发展潜力来举例说明比较优势，而人均国内生产总值又与一个国家的人力和资本资源禀赋以及生产要素的相对成本有着密切的相关关系。为了显示一个国家的技术能力水平，我们用劳动生产率的增长率作为代理变量，来了解技术能力水平与制造业各部门的发展之间的关系。最后，为了理解各国制造

---

[1] 本文传达的是作者的观点，这些观点未必代表联合国工业发展组织的看法。（本文是以1990年12月17日联合国工业发展组织行政通报 UNIDO/DA/PS/AC.69 的方式提供的。）本文是在未经联合国官方编辑的情况下制作而成的。本文所使用的名称和所介绍的材料未必表达了联合国工业发展组织关于如下问题的任何观点：任何国家、属地、城市、地区及其当局的法律地位，边界和国境的划定，经济制度以及发展程度。"发达""工业化"和"发展中"这样的称呼仅仅是为了方便统计而已，未必表达关于特定国家或区域所处的发展阶段的判断。提及公司名称或商用产品并不意味着它们得到了联合国工业发展组织的认可。文章所包含的观点、统计数据和估计由作者来承担责任，不应该认为它们得到了联合国工业发展组织的认可。

作者感谢联合国工业发展组织的两位咨询人员戈拉兹德·雷佐尼亚（Gorazd Rezonja）和查尔斯·方进成（Charles Fang Chin Cheng），他们为数据处理和图像支持提供了帮助；感谢联合国工业发展组织研究、统计和产业政策部主任鲁多维科·阿尔科塔（Ludovico Alcorta），他做出了有益的评论；感谢联合国工业发展组织职员尼基·罗多萨基斯（Niki Rodousakis）的编辑和排版。

业发展的独特经验和潜力，本章探讨了与发展模式具有正向和负向偏离的具体国情。

关于现代经济增长的最初爆发与经济活动份额从农业到制造业的持续转移之间的关系，早期的发展文献提供了证据（Clark，1957；Kuznets，1966）。不同经济学流派的作者转而又强调了制造业内部的结构变迁（为了维持工业化而提升产业结构）的意义（Taylor，1969；Chang，2009；Felipe，2009；Lin，2011）。

林毅夫在其新结构经济学的命题中强调了基于一国比较优势的结构变迁的重要性，而这种优势则主要由该国的资源禀赋结构塑造（Lin and Monga，2011；Lin，2011）。他突出了制造业部门在经济发展中的动态和催化作用，而且在给定每一个制造业行业都遵循倒 U 形的发展轨迹的情况下，主张一个国家将从一个制造业行业转移到另一个制造业行业。林毅夫似乎并不认为一个国家有可能跃入没有比较优势的产业。在他看来，政府的作用就是做好准备工作，以便推动与比较优势变化相关的产业升级，因为转向新的产业是有风险的，光通过市场来实现产业升级不是最优的选择。

在充当经济发展的导向点方面，有一个学派将国家的技术能力和产业竞争力置于比较优势之上。根据这个学派的观点，违背比较优势（在一定限度内）并发展比基于一国比较优势的产业更先进的产业所需要的技术能力对于工业化来说是至关重要的（Lin and Chang，2009）。人们期望政府发挥更加积极的作用并实施具体的产业政策，而不是仅仅改善基础设施和纠正协调失灵。

在本章中，我并不提供证据来支持某种代表性的发展观点，我也不推荐有利于国家发展的适当的政府干预程度和类型。本章的目标是讨论实证结果，以便更好地理解比较优势、生产率增长以及具体国情是如何驱动产业发展的。为了分别说明这三个因素在发展路径上所发挥的作用，本章分析制造业的演化模式和相应的生产率变化。

这种分析的出发点是找出两个学派的共同点。两个学派都承认制造业是经济发展的动力，也都承认制造业持续不断的结构升级以维持发展动力的重要性。在产品多样化（Imbs and Wacziarg，2003）、使产业结构深化的结构升级以及生产率增长方面，制造业可以提供比其他部门更多的机会。罗德里克指出，不同于整个国家的情形，各国的制造业部门展现出无条件收敛的特征。一个国家离制造业技术前沿越远，则该国的劳动生产率增长得越快（Rodrik，2011）。

在相信制造业在经济发展中起着关键作用的经济学家中，分歧之一是关于一个国家在不同的发展阶段应当进入或集中发展哪个具体的制造业子部门。一方面，强调比较优势的经济学家建议各国根据逐渐变化的禀赋结构所产生的信号来调整它们的发展战略；另一方面，其他经济学家则关注制造业所能带来的技术发展的前景和类型以及制造业对总体经济的长期潜在贡献。还有一些经济学家则强调政府在支持人力和物质资本的长期投资上的作用（World Bank，1993）。

本章提供的证据显示了诸如比较优势、技术改进、具体国情等经济发展的不同方面与制造业发展之间可能存在的关系。我在下一节讨论数据和研究方法，然后对研究结果进行分析。

2. 数据、变量和估计

为了说明单个制造业分部门（下文称作**制造业产业**或简称**产业**）的发展轨道并引出政策含义，我联系经公私合作关系调整后的人均国内生产总值[①]的增长来考察人均实际附加值的变化，但不涉及每个产业的附加值份额的变化。[②]基于人均附加值变化的分析使得我们能够深入了解每个行业的发展特点；不同于制造业总附加值中的单个制造业产业的附加值份额的变化，本研究的计算结果不受其他行业的兴衰影响。然而，对于理解产业相对重要性的变化，从比较的视角审视各个产业是重要的，因为一个产业的崛起不可避免地通过生产要素的转移而影响到其他产业。因此，我将对不同产业的发展模式进行比较。

本章对《国际标准产业分类》（International Standard Industrial Classification, ISIC）修订本第 3 版两位数级别的制造业行业进行分析。一共有 23 个产业类别。但是，由于许多国家常常将产业 18 和 19、29 和 30、31 和 32 以及 34 和 35 进行合并报告，我也将每一对产业合并为一个产业类别，以便在各国之间有一个一致的数据集。此外，我略去产业 37，即资源回收业，因为只有少数国家报告了

[①] 本章下文提及的人均国内生产总值都是指 PPP 人均国内生产总值（1995 年的不变价格）。
[②] 本章使用实际增加值而不是总产值来评估一个产业的发展水平。由于是全球供应链中的生产，所以一个国家的生产总值由来自不同国家的增加值构成。不管一个国家生产何种产出，使用实际增加值可以更准确地反映该国对一个产业的生产的贡献，因此，它与发生于全球价值链的产业发展的分析是一致的。出于这个原因，实际增加值的数据也优先于贸易数据，因为后者显示产值而不是增加值（直到最近，少数国家和行业的增加值才在数据库中得以估算，这些数据库包括经合组织和世贸组织的"增加值贸易"数据库）。本研究所使用的生产数据更合适、更全面，因为它们考虑的是附加值并涵盖了为出口和国内消费而生产的产品和服务的附加值。

该产业的数据。表 12.1 呈现了本研究所使用的制造业数据分类体系。在理想的情况下，实际附加值应该是按不变价格来计算产出的。但是，许多国家，特别是发展中国家，没有这种经价格调整的数据，从而无法可靠地估计制造业产业的发展模式。作为一种替代方法，我使用**产业生产指数**（index of industrial production, IIP）来对价格变化进行调整，该指数可以在《国际标准产业分类》的两位数级别上使用。某些国家已经开始基于《国际标准产业分类》修订本第 4 版来报告其产业数据，该版本是从 20 世纪 80 年代中期开始被广泛使用的。为了得到更长的时间序列数据，联合国工业开发组织将《国际标准产业分类》修订本第 2 版（可以追溯到 20 世纪 60 年代初）和第 3 版的产业生产指数做了合并，获得了一套基于第 3 版的产业生产指数，该指数所涵盖的时间范围从 1963 年到 2004 年。在这样一套数量指数序列乘以特定基年——本研究是 1995 年——的附加值之后，我们就可能逼近一组实际附加值的时间序列。① 但是，只有大约 70 个国家可以获得产业生产指数。因此，如果要使用这种方法，则大约有 50 个国家由于没有产业生产指数——但可以获得其制造业产业的名义附加值数据——而不能包括在为估计制造业发展模式而做的回归中。由于没有产业生产指数可用的许多国家是发展中国家和新兴经济体，在制造业结构变化的估计中反映它们的发展轨迹也是重要的。

表 12.1　本研究所使用的制造业数据分类体系

ISIC 描述	简称	ISIC 代码
食品与饮料	食品与饮料	15
烟草产品	烟草	16
纺织品	纺织品	17
服装、皮毛制品与鞋类	服装	18 和 19
木制品（不包括家具）	木制品	20
纸张与纸制品	纸张	21
印刷和出版	印刷和出版	22
焦炭、精炼石油产品和核燃料	焦炭和精炼石油	23
化学制品与化工产品	化学制品	24

---

① 根据给定国家的不同，产业中的质量和产品的权重变化可能不一定在产业生产指数中得以定期更新。尽管进行了定期调整，但产出附加值份额的缓慢变化可能并没有在产业生产指数中得到恰当的反映。

第 12 章　制造业发展：比较优势、生产率增长和国别条件的作用　　297

（续表）

ISIC 描述	简称	ISIC 代码
橡胶与塑料制品	橡胶与塑料	25
非金属矿产品	非金属矿物	26
基础金属	基础金属	27
加工金属制品	加工金属	28
未另分类的机械设备和办公、会计、计算机具	机器和设备	29 和 30
电力机械与设备，收音机、电视机以及通信设备	电力机械与设备	31 和 32
医疗、精密与光学仪器	精密仪器	33
汽车、挂车、半挂车以及其他运输工具	机动车辆	34 和 35
家具和未另分类的制造业	家具，未分类	36

　　大多数没有产业生产指数的国家都可以得到部门范围的制造业附加值（manufacturing value added, MVA）平减指数。但是，在不同的制造业产业上使用制造业附加值平减指数可能会产生偏差，因为不同产业在特定年度里的通货膨胀率可能存在显著的差异（比如食品饮料产业与石油化工产业之间）。[1]为了反映特定产业的通货膨胀趋势，我对各个国家制造业范围的通货膨胀进行了分解，用的是基于另一个国家（位于同一个区域并处于相对类似的发展阶段）同年度产业生产指数的通货膨胀结构。我试图利用这种方法，通过将名义附加值之和除以制造业实际附加值之和，再令所得到的比率等于该国的制造业附加值平减指数，从而反映出特定产业的通货膨胀趋势。这种方法使我能够在这些估计中将大约 70 个具备产业生产指数的国家和 50 个没有产业指数的国家包括进来。附录 12A 详细地解释这种分析步骤。

　　以往的研究认为国家的规模对经济结构的变迁具有非常重要的影响（Chenery and Taylor, 1968），具体表现是它同时影响发展模式估计函数的截距和斜率。因此，许多研究不是将人口作为额外的解释变量放入回归方程之中，而是将各

---

[1]　首先，我要决定制造业附加值平减指数，即制造业部门范围的平减指数，能否用于 70 个具有产业生产指数的国家。只要这种做法被发现是合适的，则对于具有制造业平减指数的全部 120 个国家，每个国家的制造业附加值平减指数都可以用来平减该国所有制造业分部门的附加值。为了对此加以核对，我用各国的产业生产指数和制造业附加值平减指数为具备这两个指数的 70 个国家估计了其制造业发展模式。我对基于产业生产指数和制造业平减指数两种方法估计出来的模式做了比较，以便决定两者之间的差异在统计上是否具有显著性。

国划分为不同的规模群组，以一定的人口规模作为阈限。在过去的研究中，该方法存在的问题是人们常常随意地使用这种阈限，没有确定此类群组在其发展模式上是否具有统计上的差异。为了将各国分为三个不同规模的小组，我用阈限将各国分成小型、中型和大型国家。然后，我考察了在何种阈限水平下可以得到发展模式在统计上各不相同的最大数量的制造业产业。我用沃尔德检验达到了这个目的。基于检验结果，我用 300 万和 1 250 万作为阈限，将各国划分为小型、中型和大型国家。根据这些阈限，对于 18 个制造业产业中的 13 个，人口在 300 万至 1 250 万之间的中型国家的发展模式不同于人口少于 300 万的小型国家。与中型国家相比，人口在 1 250 万以上的大型国家在全部制造业产业上都呈现出不同的发展模式。

如果要明确地断言每一个国家组别显示出了截然不同的发展模式，则用上述方法将各个国家划分成三个组别是不够的。在理想的情况下，同一个组别里的国家至少应该具有统计上相等的斜率系数，即使截距和斜率不是同时相等。为了确定同一个组别里的国家是否具有类似的发展模式，我考察了单个国家的截距和方程所使用的解释变量的斜率的统计显著性。对于大多数国家及其产业，单个国家的截距是显著的，因此，我们可以断定各国在截距水平上存在差异。在所有产业中，大多数国家的单个斜率在统计上并不显著，这表明不同规模组别的国家在斜率上并没有显著的差别。

我们假设产业发展遵循三次函数的模式，要经历三个阶段——起飞前阶段、成长阶段和衰落阶段。然而，那些长期持续增长的产业具有更加线性的发展轨迹，而从早期发展阶段开始增长并在随后的发展阶段就开始衰落的其他产业可能更像二次函数模式。因此，我在方程中放入了人均国内生产总值的三次项和二次项，以便让估计结果表示出可能的制造业发展模式，而具体为何种模式则取决于这些人均国内生产总值项的统计显著性。本项研究的目标是确定产业在不同规模组别的国家是如何发展的。因此，为了梳理出不同国家规模组别的"平均"产业链发展模式，先单独考虑人均附加值与人均国内生产总值之间的关系是有益的。为了控制未观察到的特定国家条件效应，我使用固定效应估计程序。为此，我将方程（12.1）用于三组不同规模国家的每个制造业产业：

$$\ln RVA_{ct}^{i} = \alpha_1 + \alpha_2 \times \ln RGDP_{ct} + \alpha_3 \times \ln RGDP_{ct}^2 + \alpha_4 \ln RGDP_{ct}^3 + \alpha_c + e_{ct}^{i} \quad (12.1)$$

为了显示除了国家发展阶段之外的影响制造业发展水平的其他国家条件，随后的分析将讨论人口和地理条件如何决定全组的平均发展模式。因此，回归方程包括了人口密度变量 POPD 和自然资源禀赋变量 RPC。①

$$\ln RVA_{ct}^i = \alpha_1 + \alpha_2 \times \ln RGDP_{ct} + \alpha_3 \times \ln RGDP_{ct}^2 + \alpha_4 \times \ln RGDP_{ct}^3$$
$$+ \alpha_5 \times \ln POPD_{ct} + \alpha_6 \times \ln RPC_{ct} + \alpha_c + e_{ct}^i \quad (12.2)$$

下标 c 和 t 分别表示国家和年份，i 表示各个制造业产业，RVA 表示人均附加值。至于等号右侧的变量，其含义分别是：

RGDP = 实际人均国内生产总值

$RGDP^2$ = 实际人均国内生产总值的平方

$RGDP^3$ = 实际人均国内生产总值的立方

POPD = 人口密度

RPC = 人均自然资源禀赋 ②

α_c = 国家固定效应

e_{ct}^i = 未经解释的残差

被解释变量和解释变量都表示为对数形式，以便测算每个变量的弹性。附录 12B 呈现了回归的结果。

3. 估计结果及其分析

在本节中，我首先识别各个产业的发展轨迹，确定增长潜力如何在一国发展道路上从一个行业转移到另一个行业，以便判定不同的发展阶段是否有比较优势存在的迹象。其次，我分析给定产业的发展模式和该产业劳动生产率的变化模式，以便阐明技术发展的作用和深入了解比较优势在产业发展中的重要性。最后，我考察收入水平、人口和地理条件以及其他国情因素是如何影响制造业产业的发展模式的。鉴于本章篇幅有限，我只分析制造业部门中的 8 个产业——食品与饮料、纺织品、服装、化学制品、基础金属、加工金属、电力机械与设备、机动车辆，就其在一个国家的总体和技术发展中出现的时期而言，这些产业被认为代表了制造业部门的各种特征。为了方便起见，我根据表 12.2

---

① 内陆位置和热带气候的效应也用豪斯曼-泰勒工具变量估计量加以检验，因为它们都是非时变变量。内陆位置对制造业的发展几乎没有任何影响，但是，热带气候往往对中型国家的许多资本密集型产业和大型国家的某些产业产生负面的影响。

② 自然资源禀赋变量 RPC 按天然自然资源商品的出口与进口之差来计算，以人均水平来表示。所包括的商品在《国际标准产业分类》修订本第 1 版中列入代码 2（燃料之外的非食用型天然材料）、代码 32（煤炭、焦炭和煤球）、代码 331（原油和不完全炼制的石油）以及代码 3411（天然气）。

的注释所列明的标准将各个产业划分成早期、中期和晚期产业。这里研究的 8 个产业在表格中以粗体字加以显示。

表 12.2　制造业产业的发展阶段

早期	**食品与饮料**、烟草、**纺织品**、服装、木制品、出版、家具 非金属矿物
中期	焦炭和精炼石油 纸张 **基础金属** **加工金属**
晚期	橡胶与塑料 **机动车辆** **化学制品**、机械和设备、**电力机械与设备**、精密仪器

注释：如果一个制造业子部门在 GDP 中的份额据估计在人均 GDP 不到 6 500 美元的时候达到顶峰，则被归类为早期产业；如果在 6 500 美元到 15 000 美元之间达到顶峰，则被归类为中期产业；如果在 15 000 美元以上达到顶峰，则被归类为晚期产业。其中，GDP 以 2005 年的不变价格用购买力平价法来计算。这些收入范围对应于用购买力平价人均 GDP 表示的收入分类——低和中低收入、中高收入以及高收入。在表中，我们用产业附加值在 GDP 中的份额来衡量产业的顶峰，达到顶峰时收入水平最低的产业排在最上面，反之，达到顶峰时收入水平最高的产业排在最下面，在相同的收入水平上达到顶峰的产业则横向排列。

3.1　制造业的发展模式

如上所述，我为每一个产业和组别确认了不同的发展模式。图 12.1 显示了人口超过 1 250 万的大型国家的 8 个入选产业的发展模式。

食品与饮料产业通常率先起飞，在人均国内生产总值低于 100 美元的条件下，弹性系数达到 1（该产业开始比人均国内生产总值增长得更快）。这里显示的其他早期产业是纺织品产业和服装业。除了食品与饮料产业之外，包括烟草和木制品（没有在图中显示）在内的早期产业通常要比其他行业更早地开始放缓增长速度。据估计，当大型国家的人均国内生产总值达到 5 000 美元左右的时候，其烟草和木制品产业的增长速度将开始落后于人均国内生产总值。当人均国内生产总值达到 7 000 美元与 10 000 美元之间，人们预计纺织品产业和服装业也将开始放缓增长速度。化学制品产业属于晚期产业的组别，但是，由于某些基本化工原料（比如燃料）的生产，它在相对较低的收入水平上出现，并且由于其内部的结构变化，它在较大的收入范围里持续快速地增长。

电力机械与设备、机动车辆、加工金属以及基础金属产业的发展启动得较晚，能够比早期产业保持更长时间的增长。当然，食品与饮料产业是一个例外。在这些部门中，诸如基础金属和加工金属等中期产业开始衰落的时间要早于其他产业，它们在一国人均国内生产总值大致达到17 000美元至20 000美元之间的时候就开始走下坡路了。当人均国内生产总值达到25 000美元上下时，人们可以预期机动车辆产业开始增长，但其增长速度要慢于人均国内生产总值的增长率。电力机械与设备产业是最具可持续性的产业，能够在长时间里保持快速增长。尽管没有包括在图12.1中，但是，橡胶与塑料产业、机器和设备产业的增长率也持续快于经济增长率，直到该国的人均国内生产总值大致分别达到30 000美元和45 000美元为止。

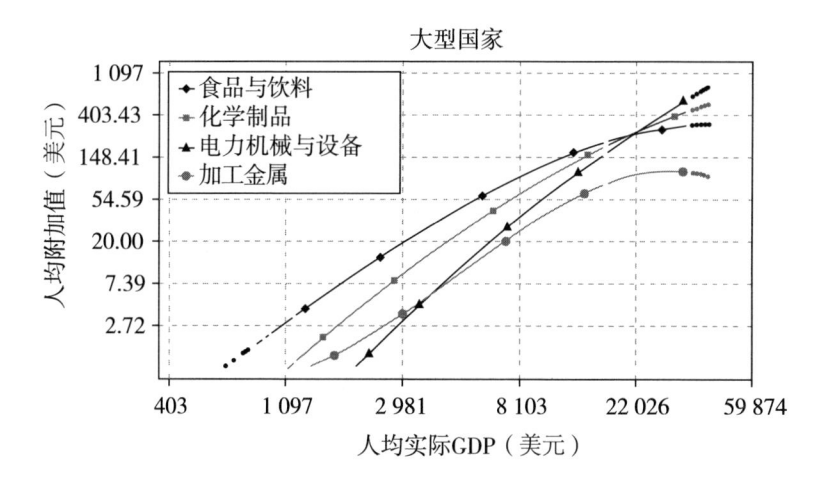

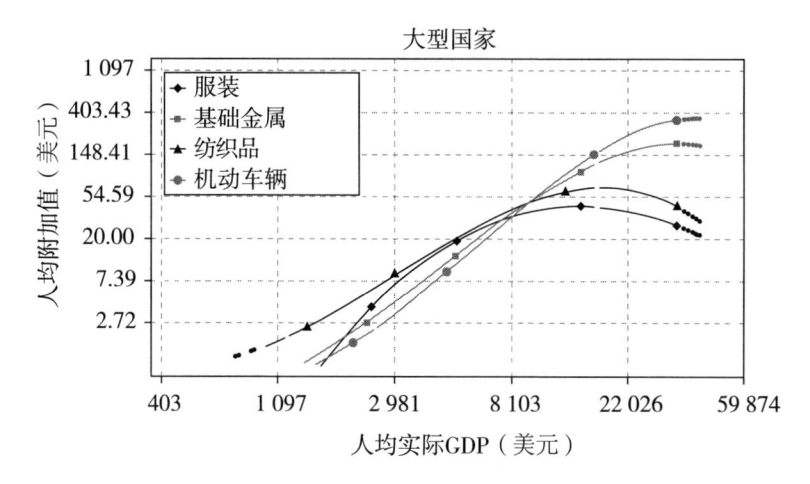

图 12.1 大型国家制造业产业的发展模式

数据来源：作者在回归估计的基础上制作而成。

接着，我将大型国家的制造业发展模式与中型和小型国家进行对比（参见图12.2和图12.3）。附录12C显示了三组国家每一个产业的发展模式。虚线描述低水平和高水平人均国内生产总值上的产业状况，尤其是小型国家的产业状况。这意味着可用的数据比较有限，从而发展模式的表达可能不那么可靠。总而言之，中型和小型国家的产业发展顺序与大型国家类似。就像大国一样，在这些国家的早期发展阶段，食品与饮料、纺织品以及服装产业往往也发展起来并在制造业部门的附加值中占有较大的份额。在这些产业中，食品与饮料产业更有可持续性。

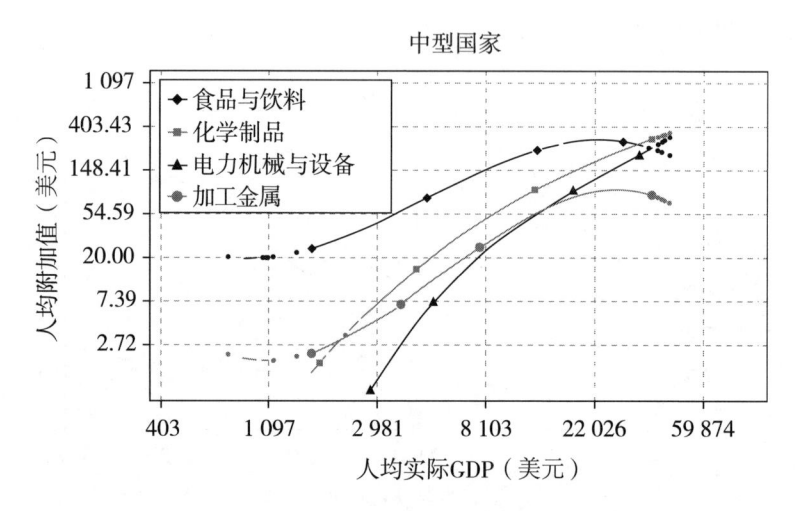

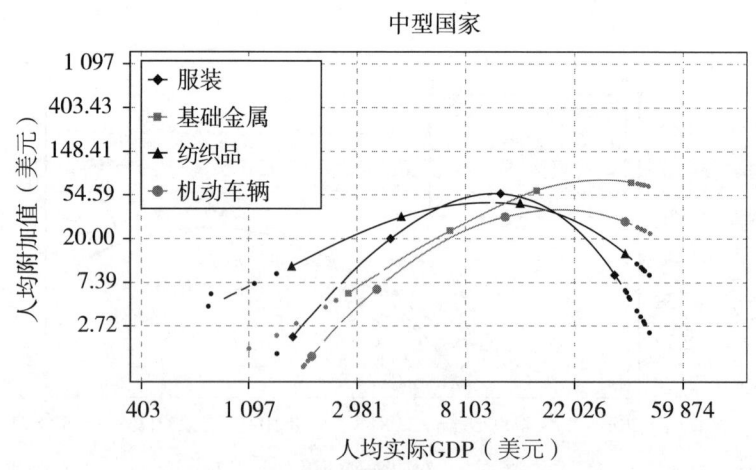

图12.2 中型国家制造业产业的发展模式

数据来源：作者在回归估计的基础上制作而成。

这三个国家组别之间存在着一些明显的差异。与大型国家相比，从低收入阶段到中等收入阶段，中小型国家的早期产业似乎在制造业部门占据更重要的支配性地位（参见图12.2和图12.3）。此外，中小型国家的早期产业达到顶峰（其人均附加值从此开始下降）的时间也要早于大型国家。

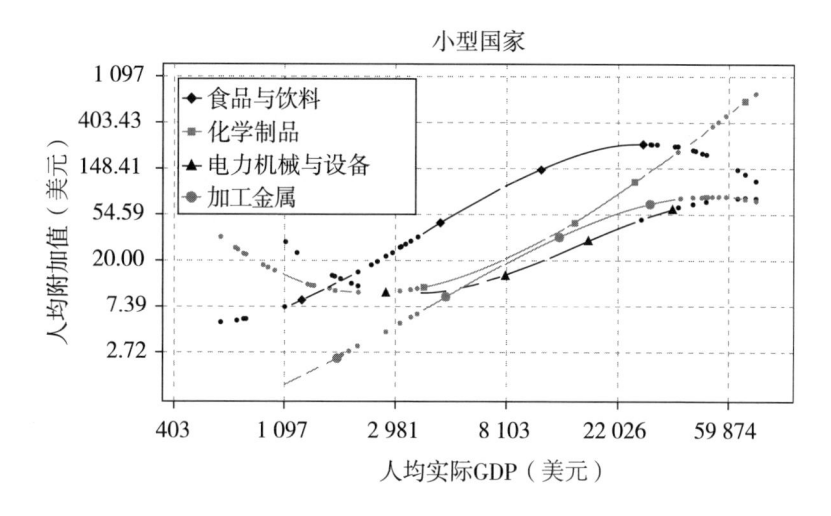

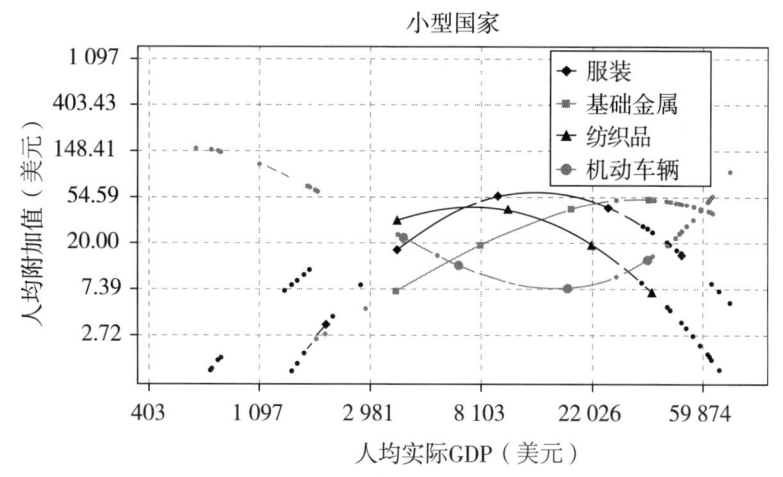

图12.3 小型国家制造业产业的发展模式

数据来源：作者在回归估计的基础上制作而成。

例如，当人均国内生产总值升至7 000美元至10 000美元之间时，中小型国家的纺织业可能就开始衰落了，但发达国家的纺织业通常是在人均国内生产总值达到15 000美元之后才开始衰落的。就食品与饮料行业的衰落而言，中小型国家是从人均国内生产总值达到20 000美元至30 000美元之间的时候开始的，而大型国家则是从人均国内生产总值达到 45 000 美元左右的时候才开始的。

中期产业在较后的发展阶段超越了早期产业，中小型国家的基础金属和加工金属产业在可持续性上要差于大型国家。

中小型国家的基础金属产业在人均国内生产总值大致达到 10 000 美元至 13 000 美元之间时开始增长得比整个经济更慢，而加工金属产业则在人均国内生产总值大致达到 15 000 美元至 16 000 美元之间时开始增长得慢于整个经济；在大型国家，基础金属产业的增长明显放缓时所对应的人均国内生产总值要比中小型国家高出 5 000 美元，加工金属产业的增长明显放缓时所对应的人均国内生产总值要比中小型国家高出 2 000 美元。

相对于中小型国家，大型国家在基础金属产业上尤其具有优势。根据估计结果，基础金属产业所能实现的最高人均附加值水平在大型、中型和小型国家分别是 191 美元、76 美元和 51 美元。但是，国家的规模并不显著地影响基于高级加工产品产业的发展，比如加工金属产业。

正如图 12.1、图 12.2 和图 12.3 所示，小型国家与其他国家之间的最大区别在于小型国家电机和汽车产业的发展前景比较有限。小型国家的电机产业在人均附加值达到 100 美元之前就开始衰落了。但是，在大中型国家，电机产业即使在高收入阶段也依然保持着高速的增长并达到高得多的人均附加值水平。在小型国家，成功发展汽车产业的希望非常渺茫。规模经济在该产业的发展中起着关键的作用，因此，国家的规模并非无关紧要。中型国家的汽车产业（包括汽车零配件）可以达到一定的发展水平，而大型国家的汽车产业则具有更大的发展潜力。

上述关于不同规模的国家组别内和组别间的制造业发展模式的分析表明，在制造业发展的顺序中存在着某种与各国发展阶段相对应的模式。此外，每个产业的发展潜力在不同规模的国家之间是不一样的。因此，为了促进那些在特定的发展阶段提供优势的产业，各国需要利用市场机制并在必要的时候依靠政府支持，将资源从一个产业转移到另一个产业。在本项研究所选取的产业中，中型国家的化学制品、电力机械与设备、加工金属产业在增长的可持续性上可以与大型国家的同类产业相提并论。小型国家似乎并不能从如下类型的产业中获利——需要规模经济才能生产出大量供深加工用的材料，比如纺织品产业和基础金属产业。但是，小型国家在服装、加工金属以及化学制品等加工产业上的优势似乎并不落于下风，尽管这些产业在小型国家出现的时间可能要晚于其他国家。

3.2 产业发展与生产率的变化

前文所明确的产业发展模式意味着在如下意义上存在比较优势：存在一个特定的发展时期，每个制造业在该时期里都有兴旺的趋势，因此，主导产业会随着一个国家的发展而变化，而国家的发展又随着禀赋结构的变化而推进。但是，生产率的提高可能也是产业发展背后的一个原因。在这种情况下，很难确定比较优势对产业发展的明显影响，甚至很难确定比较优势的存在。为了进一步阐明这个观点，我把人均附加值的模式与劳动生产率的变化结合起来，从而分析后者在产业发展中的作用。

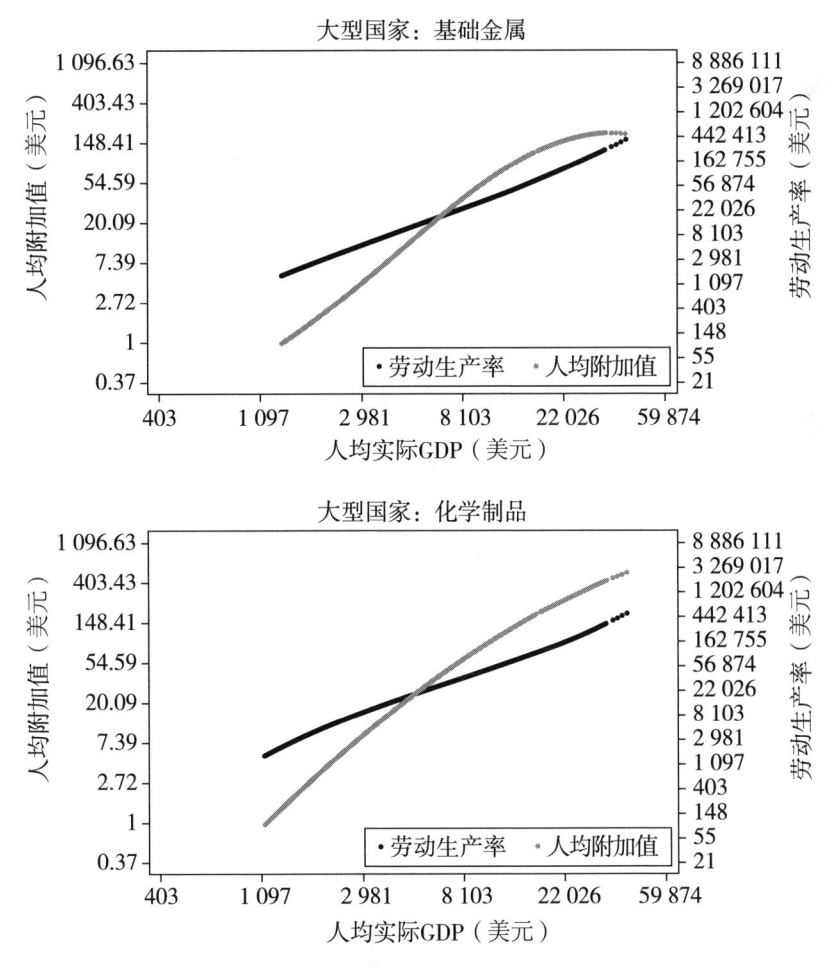

图 12.4 大型国家制造业产业人均附加值和劳动生产率的发展模式

306 产业政策的选择及其经济后果

大型国家：电力机械与设备

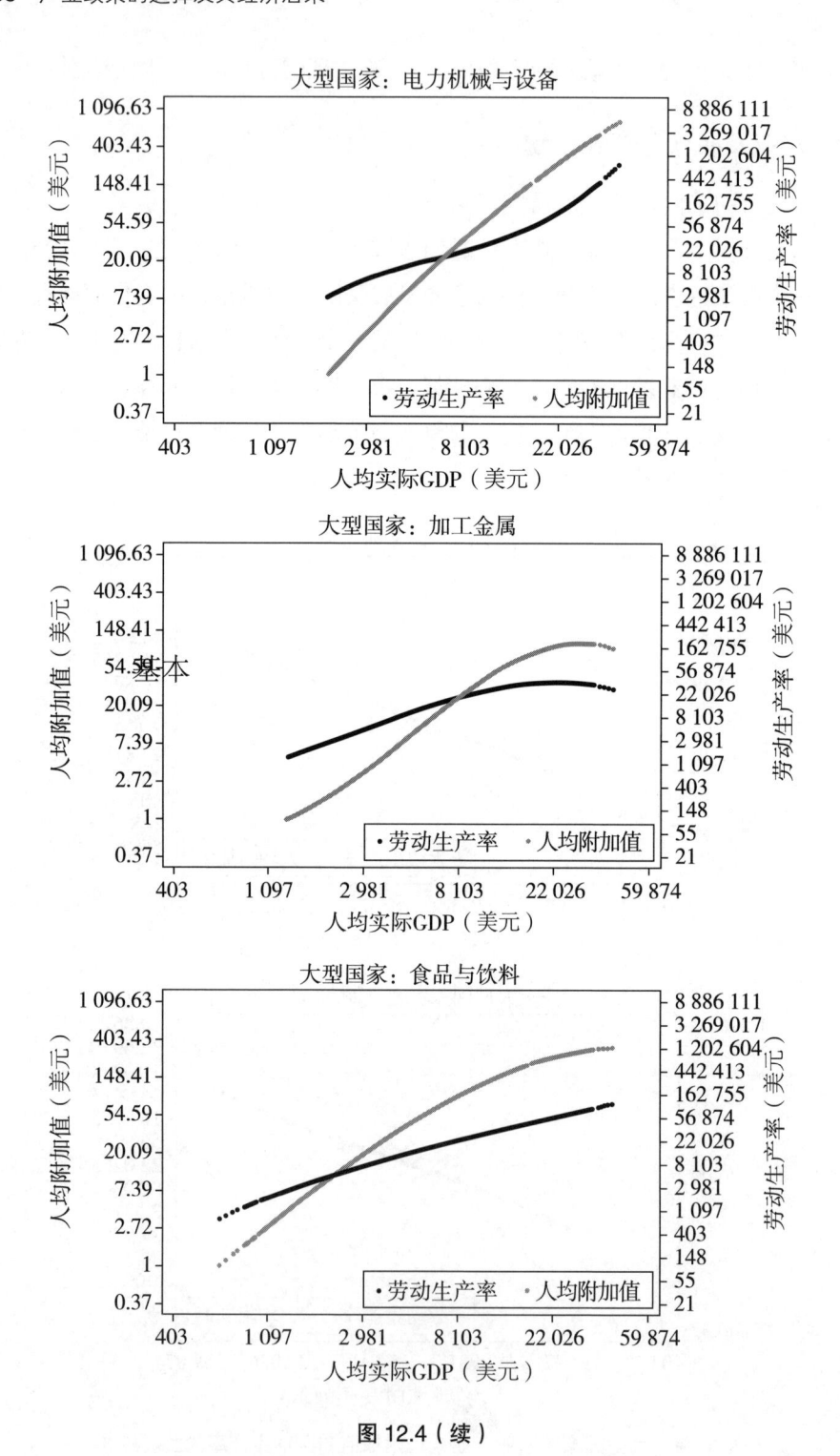

大型国家：加工金属

大型国家：食品与饮料

图 12.4（续）

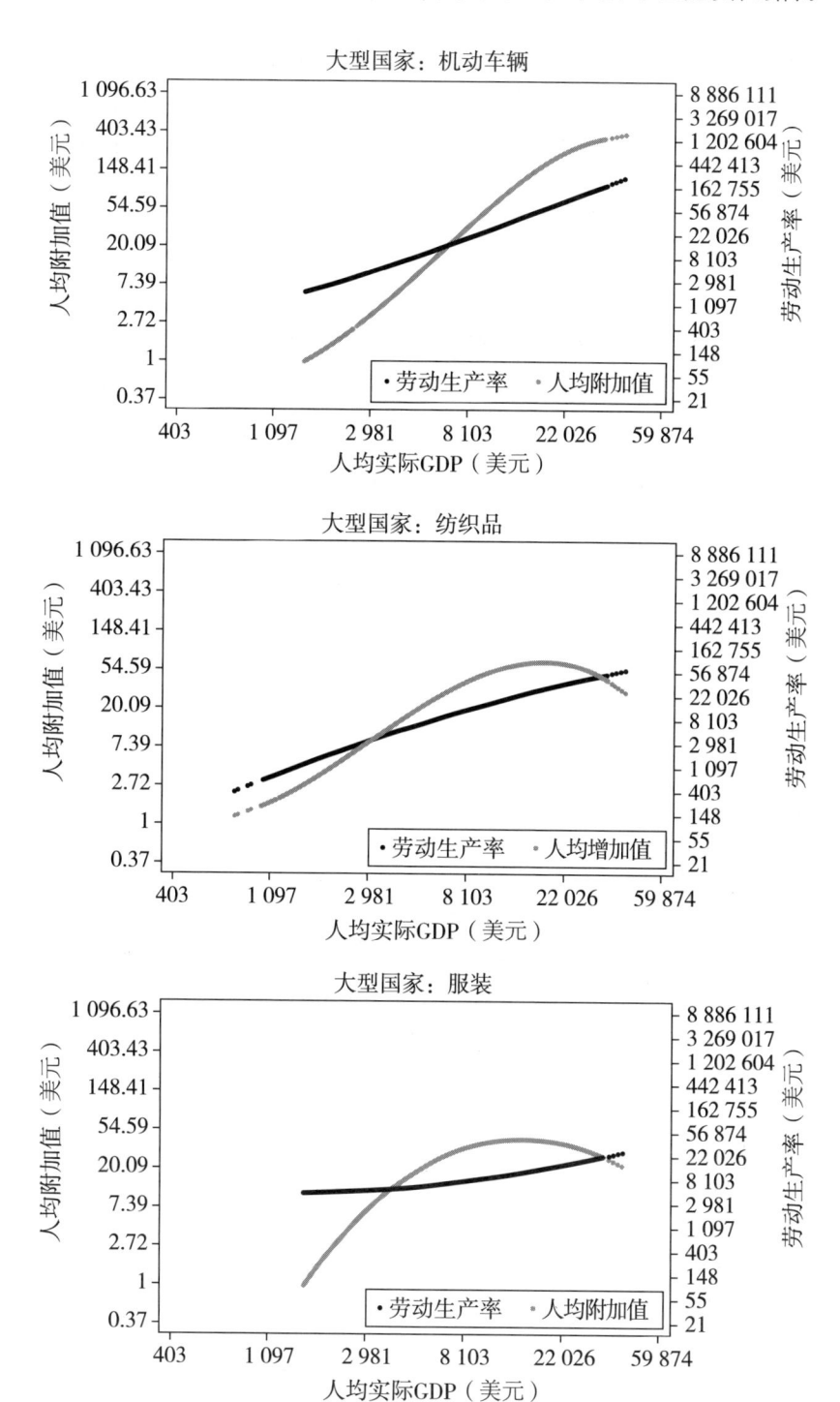

第 12 章 制造业发展：比较优势、生产率增长和国别条件的作用 307

图 12.4（续）

数据来源：作者在回归估计的基础上制作而成。

图 12.4、图 12.5 和图 12.6 说明了上述 8 个产业的人均附加值（以价值表示的产业规模）和劳动生产率是如何随着人均国内生产总值的上升而变化的。因此，它们揭示了某些有趣的产业属性并为本小节所提出的问题提供了深刻的见解。对于某些早期产业，比如纺织品产业和服装业，劳动生产率在它们的发展中似乎并没有发挥重要的作用。一方面，在它们快速增长期间，劳动生产率通常并没有大幅度提高，但不同的国家规模组别之间确实存在程度上的差异；另一方面，在它们发展的后期阶段，劳动生产率的提高似乎并没有改变它们以人均附加值表示的衰落进程。分析结果表明，这些早期产业成熟之时就是其劳动生产率提高之日，因为竞争力不高的厂商退出了这些产业，留下来的厂商则随着工资率的上升而用资本来替代劳动。这充分说明了比较优势在这些产业的增长中发挥着显著的作用，因为发展阶段和相应的禀赋结构似乎是这些产业发展的主要决定因素。

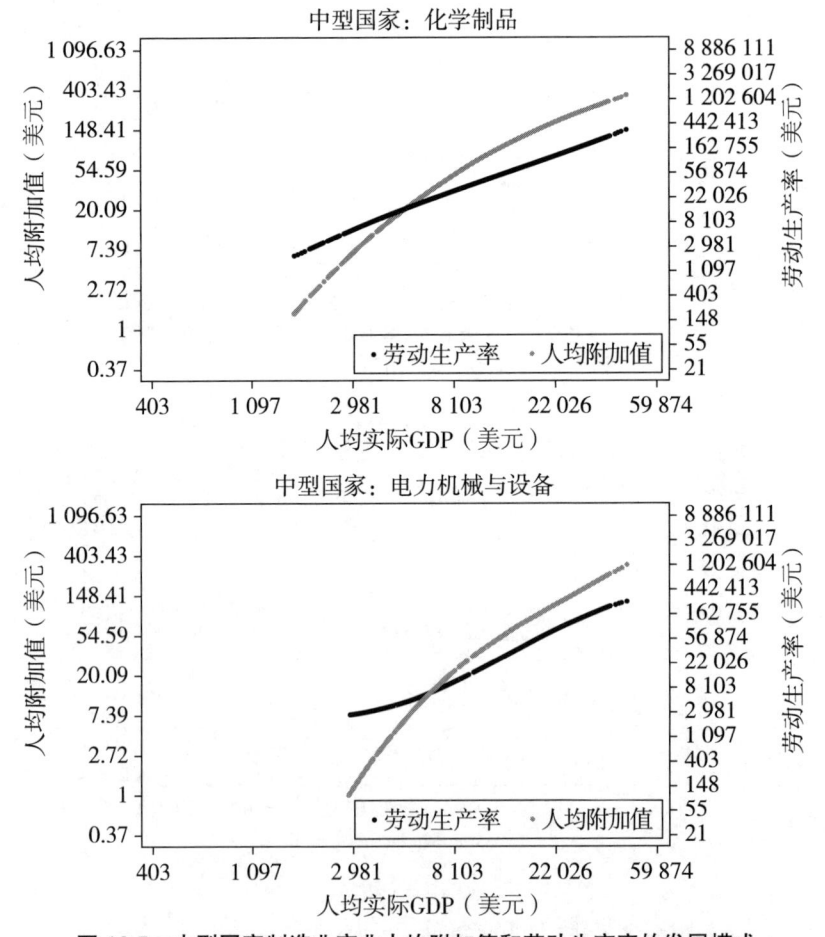

图 12.5　中型国家制造业产业人均附加值和劳动生产率的发展模式

图 12.5（续）

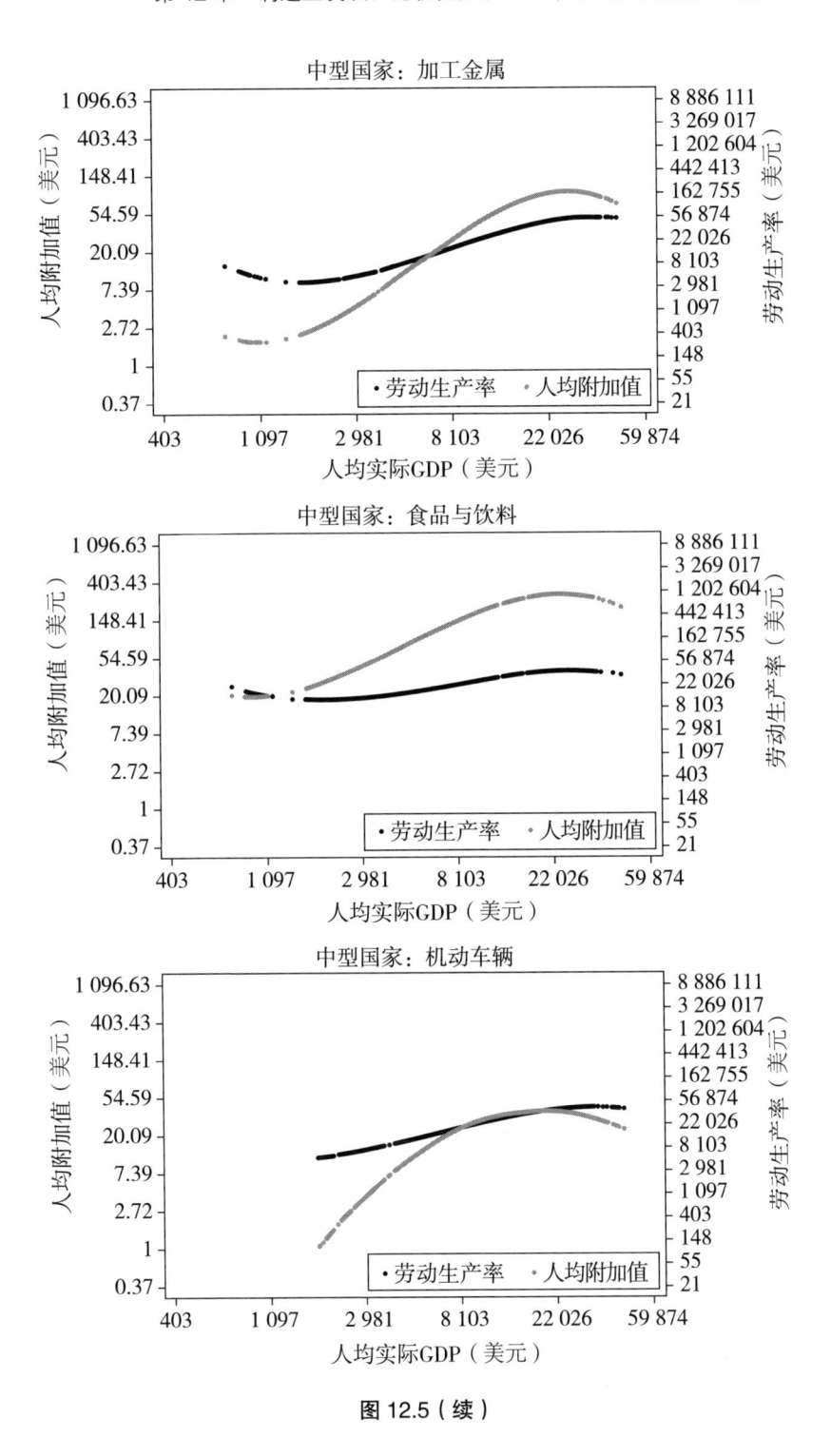

图 12.5（续）

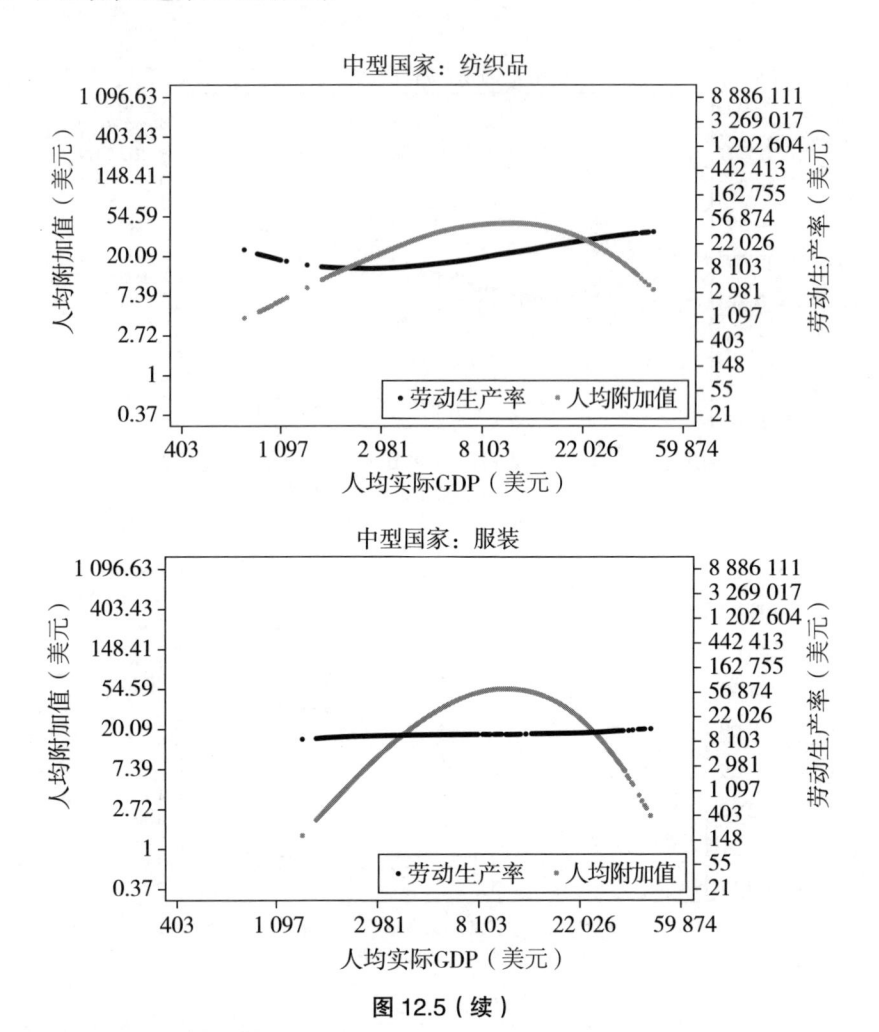

数据来源：作者在回归估计的基础上制作而成。

比较优势在其他产业的增长中所发挥的作用可能并不像早期产业的情形那么明显。但是，如果人们观察这些产业开始丧失比较优势的那个时点，则比较优势对每个产业的增长的影响就变得清晰可见了。例如，即使劳动生产率的提高大致保持不变，基础金属产业的人均附加值在某些发展阶段也开始减速和下降。在人均附加值的增长率变得低于劳动生产率的增长率的前后，一个产业很可能已经开始丧失它的比较优势了。在到达这一点之前，生产率的提高似乎通过比较优势带来更高的人均附加值收益——高于为提高生产率而付出的努力。但是，一旦人均附加值的增长开始慢于生产率的提高，生产率的提高就意味着该产业的扩张速度下降，因为该产业无法克服的比较劣势再一次降临了。

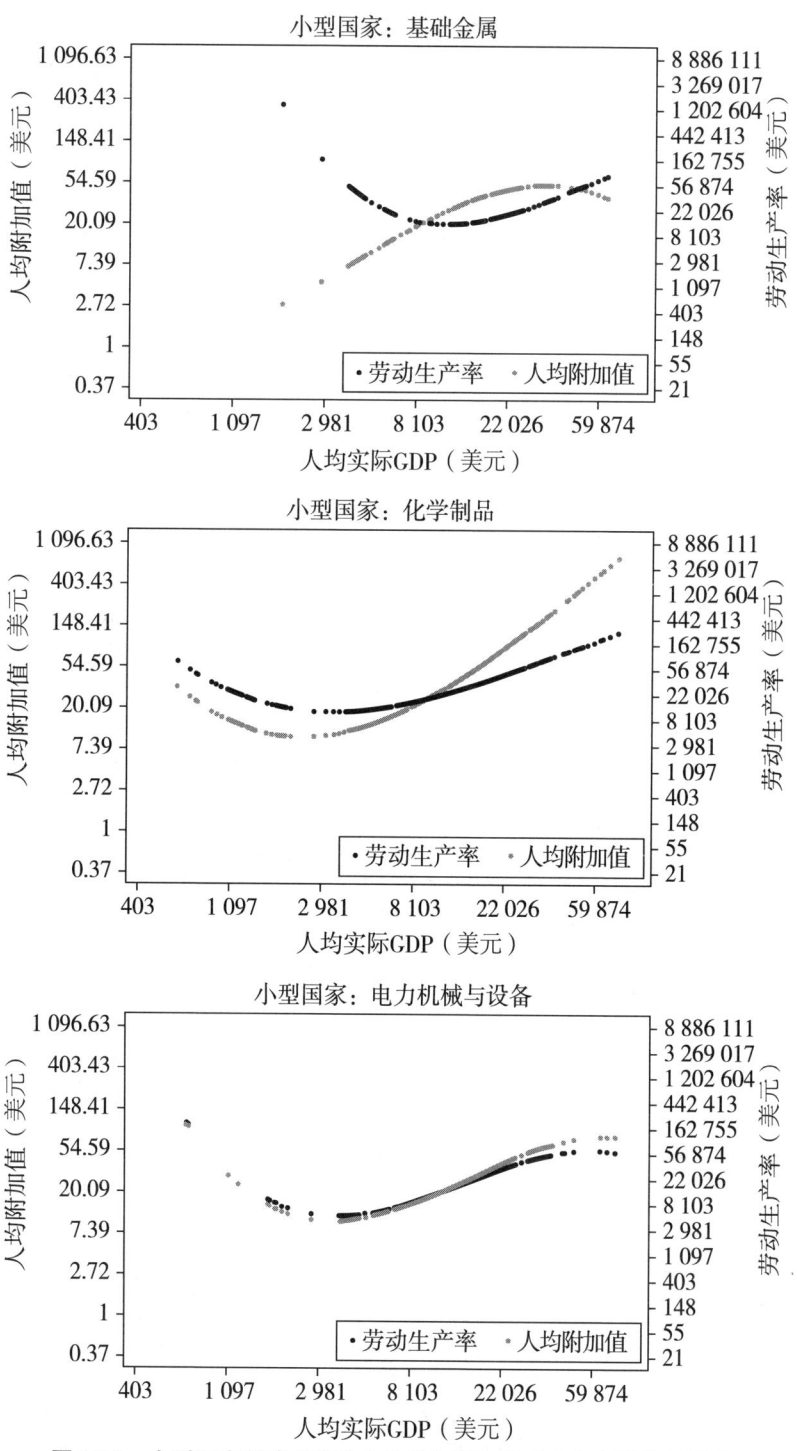

图 12.6 小型国家制造业产业人均附加值和劳动生产率的发展模式

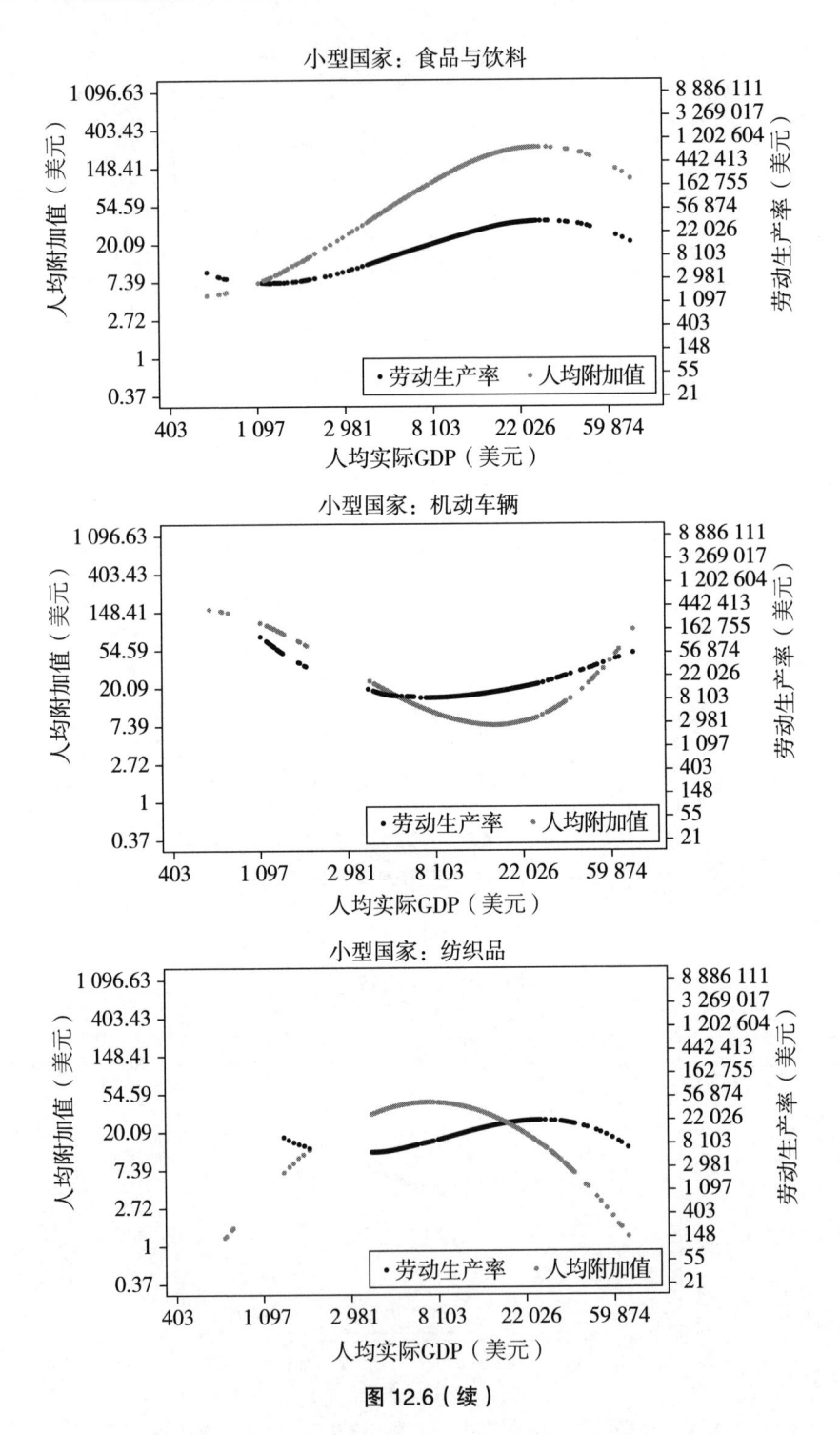

312　产业政策的选择及其经济后果

图 12.6（续）

小型国家：服装

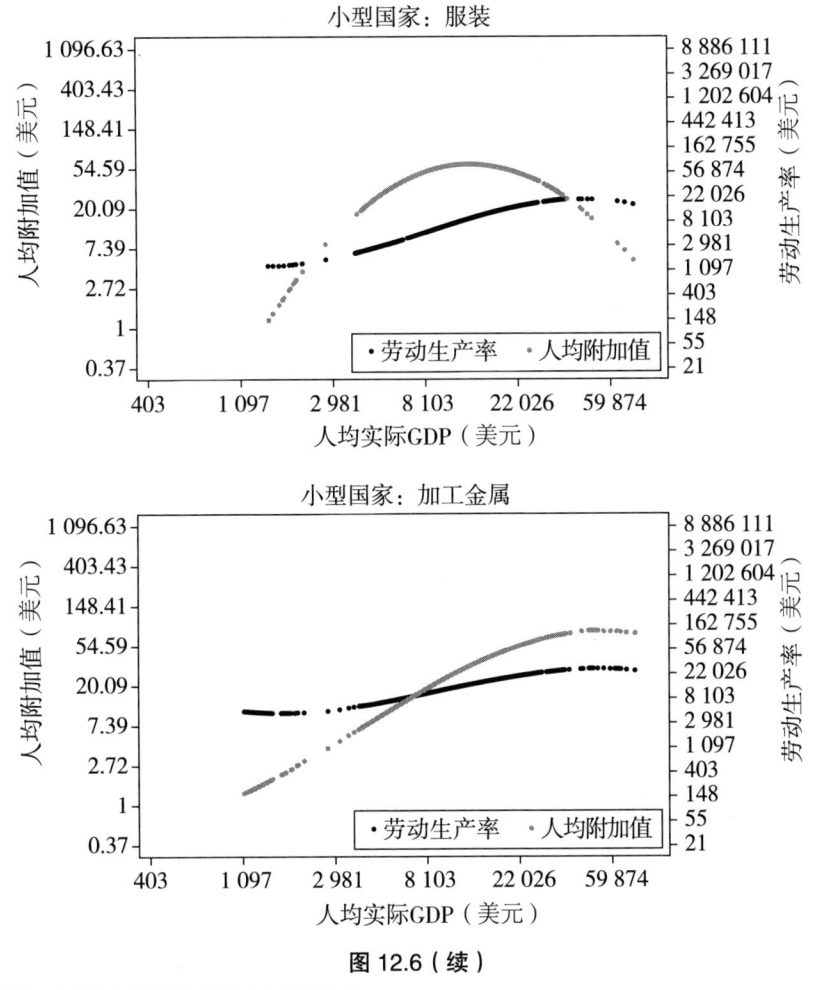

小型国家：加工金属

图 12.6（续）

数据来源：作者在回归估计的基础上制作而成。

同样，每一个产业丧失比较优势的大致时间也可以通过如下方式加以估计：将每一个人均国内生产总值水平下的人均附加值增长率（斜率）除以劳动生产率的增长率（斜率）。弹性值（劳动生产率上升1%所带来的人均附加值的增长率）小于1意味着该产业的优势要小于弹性值大于1的产业。图12.7、图12.8 和图12.9 说明了该弹性是如何变化的以及一个产业是在何时丧失比较优势的。

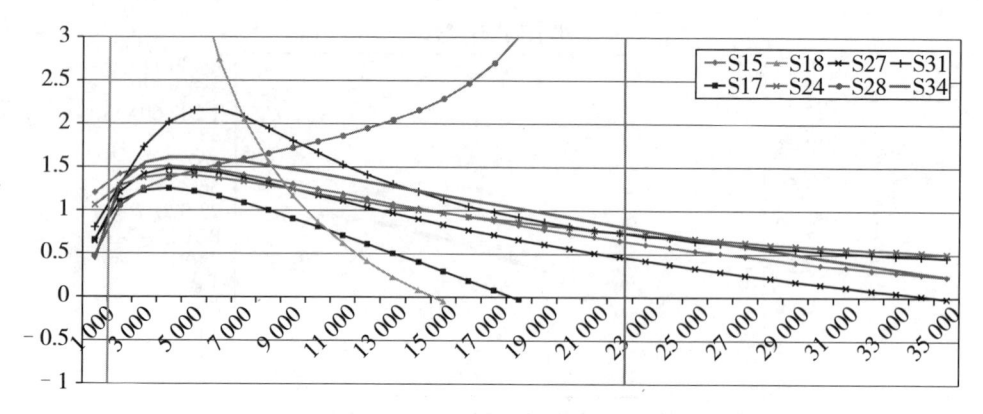

314　产业政策的选择及其经济后果

图 12.7　大型国家人均国内生产总值增长所引起的弹性变化
（人均附加值变化的百分比 / 劳动生产率变化的百分比）

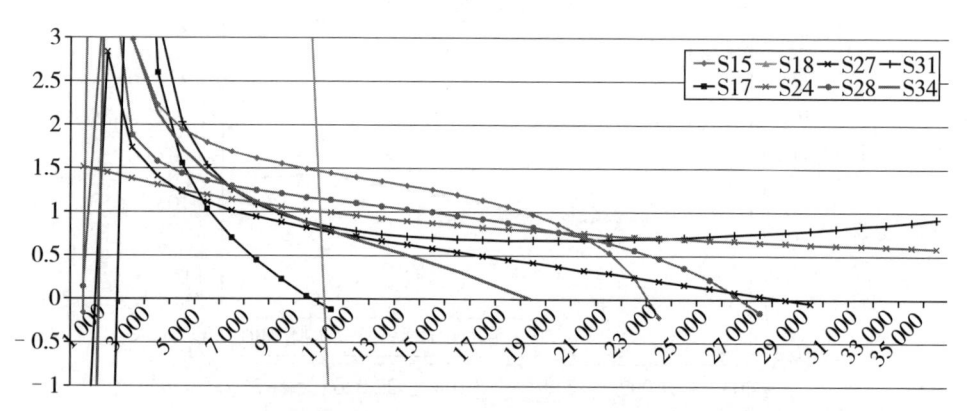

图 12.8　中型国家人均国内生产总值增长所引起的弹性变化
（人均附加值变化的百分比 / 劳动生产率变化的百分比）

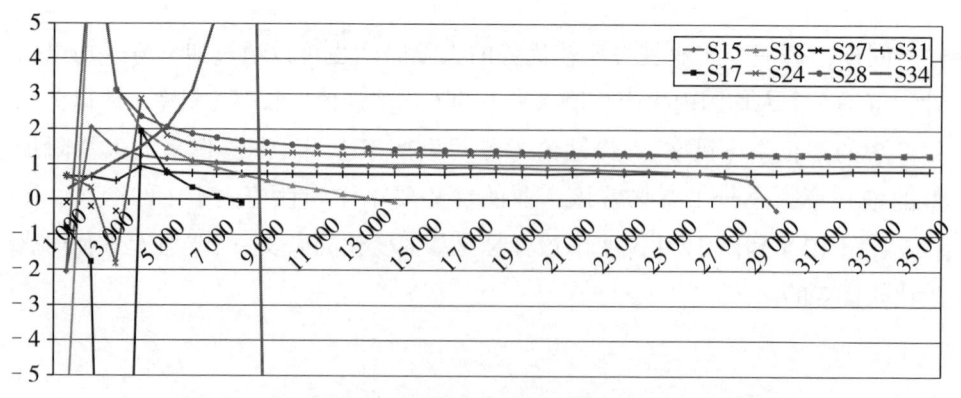

图 12.9　小型国家人均国内生产总值增长所引起的弹性变化
（人均附加值变化的百分比 / 劳动生产率变化的百分比）

正如图12.7所示，大型国家在人均国内生产总值分别达到9 000美元和10 000美元左右（在图中，它们是弹性低于1的收入水平）时丧失了纺织品产业（S17）和服装业（S18）的比较优势。正如我们所料，这些产业的比较优势要比本项研究所包括的其他产业终结得更早一些。加工金属产业（S28）弹性的极端变化是由于生产率的下降发生在人均附加值开始下降之前。但是，我们可以推测，在人均附加值开始下降之后，加工金属产业的优势必然要开始下降。继纺织品产业和服装业之后，大型国家可能在人均国内生产总值达到13 000美元左右时丧失基础金属产业（S27）的比较优势。然后是电力机械与设备（S31）和机动车辆（S34）产业依次丧失它们的比较优势。（食品与饮料产业之外的）早期产业和其他产业之间在下倾曲线的斜率上的差异值得我们注意。在纺织品和服装产业中，尽管劳动生产率有所提高，但比较优势迅速下降。但是，对于诸如电力机械与设备这样的后起产业来说，生产率的提高与特定行业的增长联系在一起的时间要远远长于纺织品产业和服装业，即使其比较优势已经在弹性为1的水平上丧失了。换言之，对于晚期产业来说，比较优势的丧失似乎也是不可避免的，不同于大多数早期产业，晚期产业能够通过生产率的提高潜在地延长增长的时间。

就中型国家而言，正如图12.8所示，纺织品产业（S17）和服装业（S18）的比较优势的下降具有更短的滞后时间，化学制品产业（S24）和电力机械与设备产业（S31）之外的其他产业也是如此。除了这两个产业之外，生产率的提高对后起产业增长的维持作用似乎也较为有限，它们较短的右尾为这个道理提供了证据。它们的生产率要么在人均附加值开始下降后不久就下降了，要么在人均增附加值下降的同时仍在不断地提高。机动车辆产业（S34）的情形是这种差异的代表性例子。大型国家在人均国内生产总值达到20 000美元左右的时候丧失了该产业的比较优势。中型国家通常是在一半的人均国内生产总值水平上跨过这个阶段。中型国家在机动车辆产业上似乎并没有什么比较优势。但是，化学制品（S24）和电力机械与设备（S31）产业显示出了持续增长的良好前景。

图12.9显示，小型国家在纺织品产业（S17）和服装业（S18）上失去比较优势的时间要早于大中型国家。正如前面所述，小型国家在化学制品（S24）和加工金属（S28）等比较高级的加工业上往往具有较好的发展前景，并且在人均发展指标上有望达到与大中型国家相当的水平。图12.9还显示，由于人均附加值相对于生产率持续、快速地增长，电力机械与设备产业（S31）可能也

有利于小型国家。但是,该产业在小型国家开始衰落时的人均附加值水平却远远低于大中型国家(参见附录12C)。在大中型国家,该产业的发展水平要高得多,对经济的贡献也要大得多。

3.3　产业发展的速度和水平

前面几个小节表明,一个国家的发展阶段(与禀赋结构有关)和规模隐含着特定产业的比较优势,而比较优势似乎又显著影响制造业在不同发展阶段的发展。生产率的提高不大可能极大地改变这种模式,但可能会拓展产业的生存空间,尤其是资本密集型产业的生存空间。如果人口和地理条件类似的国家通常具有共同的比较优势转变模式,那么,某些国家是否会迅速地爬上优势产业的增长曲线并加速比较优势的转变呢?

为了确定生产率的提高能否加快产业发展,本小节考察人均附加值的增长率与生产率的增长率之间的关系。由前文的讨论可知,产业的增长率因国家发展阶段的不同而变化,因此,我重点关注3 000美元到6 000美元之间的人均国内生产总值范围;正如图12.1、图12.2和图12.3所示,大多数产业的增长趋势在此范围之内显得比较线性化。对于上述人均国内生产总值范围内的每一个国家,我取其人均附加值的最大值和最小值。然后,我取人均附加值的最大值和最小值所对应的两个年度的劳动生产率并计算其增长率。对于每一个在指定的范围内有数据的国家,我为它们准备好这两组数据并将每个产业的人均附加值与劳动生产率的增长率进行回归。这种分析并没有将这些国家划分成三个规模组别,而是将所有可用国家的数据作为一个整体来使用,因为只有有限的国家在每一个产业给定的人均附加值范围内具有数据。

表12.3显示了回归的结果。所有的系数估计值都大于零,显著性水平都等于或大于95%。一个国家的劳动生产率增长得越快,则该国在8个产业的发展轨迹上就走得越快。资本和技术密集型产业的相关系数更大,而劳动密集型产业的相关系数较低。[①] 回归结果表明,生产率的提高加快了一个国家的结构转

---

① 为了确定劳动密集度,我估计了18个制造业产业在人均国内生产总值分别为5 000美元和20 000美元时的单位附加值的就业情况,因为劳动密集度是沿着收入曲线而变化的。如果一个产业的劳动密集度在两个收入水平上都高于18个产业的中位数水平,它就被认为是劳动密集型产业;如果低于中位数水平,则它被认为是资本密集型产业。劳动密集型产业包括服装、纺织品、木制品、加工金属以及食品与饮料等产业。资本密集型产业包括焦炭和精炼石油、烟草、化学制品、印刷和出版以及电力机械与设备等产业。

型。生产率的提高对于晚期出现的先进产业来说特别重要，而生产率和包括工资率在内的其他因素可能与早期出现的劳动密集型产业相关联。比较优势与特定的发展阶段相联系，但是，生产率的提高能够通过迅速地利用当前的比较优势而推动比较优势转变的进程。

表 12.3　人均附加值的增长与劳动生产率的提高之间的相关性

	系数	t 值	p 值
食品与饮料	0.761 4	6.26	0.000 0
纺织品	0.441 8	3.85	0.000 0
服装	0.385 7	2.57	0.013 0
化学制品	0.857 3	7.55	0.000 0
基础金属	1.485 1	9.66	0.000 0
加工金属	0.856 3	4.93	0.000 0
电力机械与设备	1.072 7	5.90	0.000 0
机动车辆	1.077 5	6.37	0.000 0

注：自变量：每年劳动生产率的变化；因变量：每年人均附加值的变化；GDP 的范围：3 000 美元至 6 000 美元。

到目前为止，我讨论了制造业发展的轨迹（斜率）和方向。类似规模的国家在统计上具有共同的发展模式，而更高的生产率与更快的发展速度之间存在联系。因此，产业发展轨迹的斜率以及在轨迹上的移动都与发展模式和生产率相关。

前述图形中的曲线是用引入国情条件之前的固定效应模型的截距来画的，其目的是举例说明产业发展的一般模式。但是，反映国情条件的国家截距的水平则因国家而异；除了在该模式上移动的一般模式和速度之外，这种独特的国家截距是第三种因素，它在一个国家的制造业发展中发挥着一定的作用。

我识别出了两类国情条件。第一类国情条件十分普遍，对各国产业的影响具有类似的模式。当然，这些条件的程度和密度在各国是不一样的。此类条件在特定国家存在的程度影响一个产业的发展水平。第二类国情条件不太容易为人所察，即使在控制了所有第一类条件之后，它们依然是国家特有的制造业发展的优势或劣势。例如，自然资源禀赋属于第一类国情条件，因为丰富的资源通常对各国某些产业的发展具有负面的影响。但是，有的国家也许能够有效地管理它们的自然资源，从而避免其对制造业产业产生负面的影响，甚至有可能促进制造业产业的发展。这种特殊能力代表第二类国情条件并被纳入模型的国家固定效应之中。为了确定通常可观察的国情条件是如何影响制造业发展的，我首先考虑第一类国情条件。至于第二类国情条件，实际上我们只能暗示与国情条件有关的基础因素。

我考察的第一类国情条件变量与人口和地理条件有关，政府至少在中短期里是控制不了这些变量的。这种国情条件塑造了组别范围的平均发展模式。但是，人们还是认为这种模式是由外部因素决定的——在任何个别国家的政策产生效果之前，这些模式就"给定"了。除了规模效应（通过将各国划分为三种发展模式具有统计差异性的规模组别来加以解释）和人均国内生产总值的多项式项，回归方程也包括了反映人口密度和自然资源禀赋的变量（参见方程12.2）。

附录12B中的表12B.2报告了估计结果。附录12B中的表12B.4总结了人口密度和资源禀赋对各个产业的影响，描述了那些受到正面和负面影响最大的产业（仅限于具有统计显著性的产业）。充裕的自然资源禀赋被认为是一个负面因素，大型国家尤其如此，因为它降低了2/3的制造业产业的发展潜力。这个条件对于资本密集型产业来说尤其具有负面效应。值得注意的是，电力机械与设备产业被认为是一个国家发展后期的主要产业，而丰富的资源禀赋对大中型国家的电力机械与设备产业具有负面的影响。人口密度对资本密集型产业似乎具有正面的效应，对劳动和资源密集型产业则具有负面的影响。因此，人口和地理条件对表12.4、表12.5和表12.6中的产业的影响推动了平均发展模式上移或下移，而移动方向则取决于给定国家的条件的密度。

即使在控制了这些既定条件之后，多国依然偏离了体现在固定效应中的第二类国情条件所决定的模式。从本质上讲，这些效应为一个国家所独有，几乎无法用现有指标加以辨别。此类国情条件被认为与更深层次的决定因素有关，而这些决定因素影响产业发展的结果。为了全面了解哪些条件可能与国家固定效应有关，我做了多种回归来确定国家固定效应的程度与似乎长期存在、影响产业发展的条件之间的关系。表12.7中的回归结果证实了正向偏离的程度与一个国家的特点有关，这些特点包括能力、才能、职业伦理或其他影响基础设施（一个有用的代理变量是该国铺装路面的比例）、法治观念以及单位劳动成本的特殊情况。这些因素和总体商业环境有关，而商业环境的变化只能通过政府对教育和物质资本改善的长期有效支持来实现。

表 12.4 大型国家

		人口密度	资源禀赋
正面	边际效应 ↑	食品与饮料 焦炭与精炼石油 化学产品 橡胶与塑料 非金属矿物 基础金属 加工金属 机器和设备 电力机器和设备 机动车辆	
负面		烟草 服装 木制品 家具，未分类	食品与饮料 烟草 木制品 纸张 焦炭与精炼石油 化学产品 非金属矿物 基础金属 加工金属 电力机械与设备 机动车辆

表 12.5 中型国家

		人口密度	资源禀赋
正面	边际效应 ↑	焦炭与精炼石油 化学产品 橡胶与塑料 非金属矿物 基础金属 机器和设备	服装 纸张
负面		烟草 纺织品 服装 纸张 家具，未分类	木制品 电力机械与设备 机动车辆 家具，未分类

表 12.6　小型国家

		人口密度	资源禀赋
正面	↑ 边际效应	食品与饮料 纸张 印刷与出版 化学制品 非金属矿物 机器和设备	
负面		纺织品 木制品 加工金属 机动车辆 家具，未分类	非金属矿物

表 12.7　国家固定效应的大小与营商条件之间的相关性

	单位劳动成本	法治	道路条件
食品与饮料	−0.20 (−6.70)	1.80 (−23.16)	0.07 (−3.97)
纺织品	−0.22 (−3.63)	4.42 (−32.84)	0.94 (−28.08)
服装	−0.65 (−18.56)	3.62 (−25.31)	0.72 (−22.96)
化学制品	−0.66 (−14.1)	1.56 (−10.84)	−0.20 (−6.23)
基础金属	−0.39 (−10.92)	2.19 (−13.19)	−0.07 (−1.52)
加工金属	−0.19 (−4.29)	3.48 (−32.03)	0.78 (−33.36)
电力机械与设备	−0.55 (−9.32)	2.87 (−17.30)	0.74 (−21.33)
机动车辆	−0.04 (−0.71)	5.60 (−28.98)	1.31 (−33.07)

注释：回归所用的被解释变量是国家固定效应。括号中的数字是 t 值。单位劳动成本由名义工资除以实际附加值而计算得到。法治变量和道路条件变量分别基于世界银行的"全球治理指标"和"世界发展指标"。

正如总体商业环境一样，似乎存在某些对所有制造业产业的成功都很重要的共同因素。根据各国在不同制造业产业上的表现是否一致，表 12.8 将大型国家分成三类，并且至少报告了 18 个产业中的 12 个。由表 12.8 可知，63% 的国家在 80% 以上的制造业产业上表现得要好于或差于大型国家的平均水平。在 32 个国家中，只有 12 个国家表现得有好有差，具体情况因产业而异。这意味着改善制造业产业的共同基础条件，比如基础设施、教育和技能的总体水平以及政治和宏观经济的稳定性，具有可观的收益。

表 12.8　大型国家制造业表现的一致性

第一类	大多数制造业产业始终有好的表现	巴西、加拿大、法国、德国、意大利、日本、韩国、荷兰、西班牙、英国、美国
第二类	大多数制造业产业始终有不好的表现	埃塞俄比亚、印度、印度尼西亚、伊朗、肯尼亚、菲律宾、土耳其、埃及、也门
第三类	表现因国家而异	澳大利亚、中国、哥伦比亚、马来西亚、墨西哥、摩洛哥、秘鲁、波兰、罗马尼亚、俄罗斯、南非、斯里兰卡

数据来源：作者在联合国工业发展组织 INDSTAT 数据库的基础上制作而成。

注释：有数据用来计算至少 12 个产业的固定效应的大型国家（人口多于 1 250 万）都被包括了进来。如果一个国家在 80% 以上的报告产业上的表现高于大型国家的平均水平，则该国在表中被列入第一类。如果一个国家在 80% 以上的报告产业上的表现低于大型国家的平均水平，则该国被列入第二类。不在上述两类国家之内的国家则被列入第三类。

　　表 12.9 描述了收入水平（人均国内生产总值）、地理和人口条件（人口和自然资源）以及国家固定效应对 R^2 的贡献，即各自在多大程度上解释了制造业产业的人均附加值水平。① 在全部国家规模组别中，人均国内生产总值对 R^2 的贡献最大，尽管这种贡献在小型国家情形下要比大中型国家的情形小得多。人口密度和自然资源禀赋通常只代表了产业发展的一小部分原因。但是，我们的估计结果还表明，这两种因素解释了中小型国家木制品产业和小型国家焦炭与精炼石油、机器和设备、电力机械与设备产业人均附加值的方差的 10% 以上。对于小型国家来说，人均国内生产总值对 R^2 的贡献相对于其他组别的国家相对较低，但是，在制造业发展的解释中，国家固定效应的权重却是大中型国家的两倍。这些结果证实，收入水平是影响所有国家制造业发展的最重要的因素。然而，小型国家的制造业发展相对来说更加依赖于国家特有的能力和环境。

表 12.9　人均国内生产总值、人口密度、自然资源禀赋以及国家固定效应对方程（12.2）中 R^2 的贡献

	对 R^2 的贡献 %		
	大型	中型	小型
人均 GDP	82.0	76.2	57.5
人口密度与自然资源禀赋	1.5	3.1	2.2
国家固定效应	16.5	20.7	40.3

---

① 我用 LSDV 方法估计了人均国内生产总值、人口密度与自然资源禀赋以及国家固定效应对 R^2 的贡献：首先，为使用了全部三类变量的回归获得 R^2；其次，为删除了该类变量的回归获得 R^2；最后，求两者之差。

收入水平对于制造业的发展模式来说具有最高的解释力。但是，这种发展模式在某些收入水平上具有更高的不确定性。图12.10显示，大型国家6个制造业产业的95%置信区间代表了不同特征的产业。如图所示，低端和高端收入范围的置信区间通常要更宽。中小型国家也观察到了类似的趋势。这似乎表明，由于制造业发展的国情条件的显著影响，低收入国家往往面临着更高的不确定性，从而造成各国的表现具有更大的方差。但是，一旦产业开始起飞和积累经验，同一收入水平国家之间的表现差异就会变得更小。当各国接近中上收入阶段的末端（如果按购买力平价和2005年的不变价格来计算，则大致是15 000美元的人均国内生产总值），它们的表现差异再次开始变得更大。从本阶段开始，随着一个国家通过获取发达国家的现有技术而成为一个合格的制造业国家，进而转入一个为了直接与技术领先者竞争而必须冒更大的风险来亲手创造知识和技术的阶段，制造业发展经常会产生更大的不确定性（Lee，2013）。

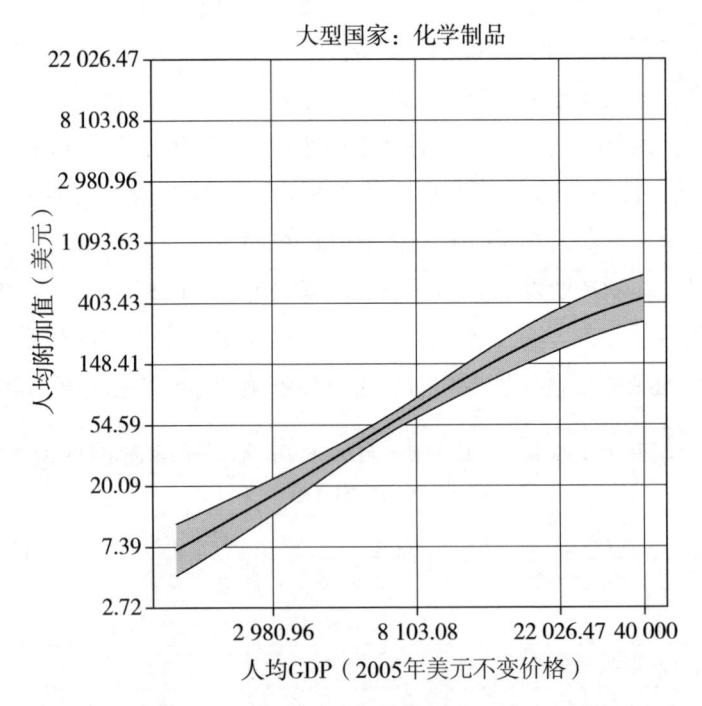

图 12.10 估计出来的模式的置信区间附加值（大型国家）

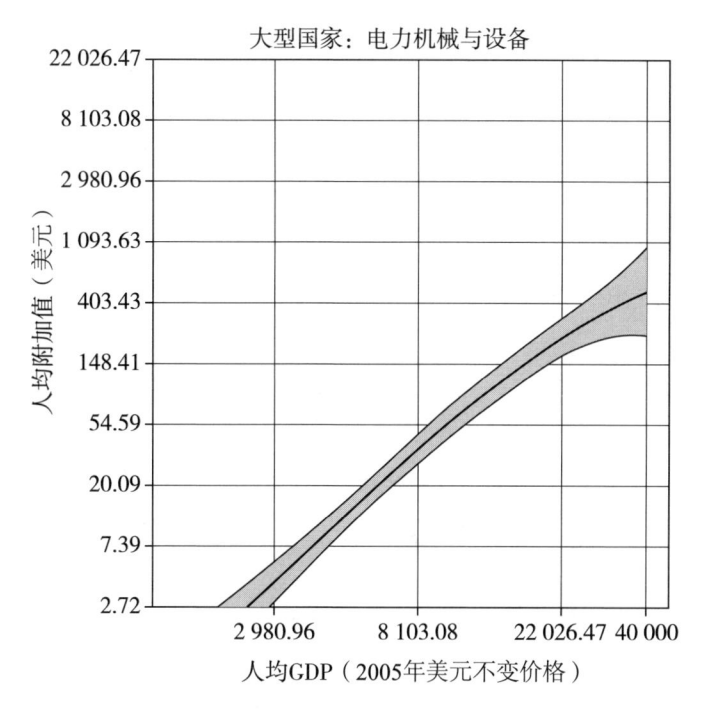

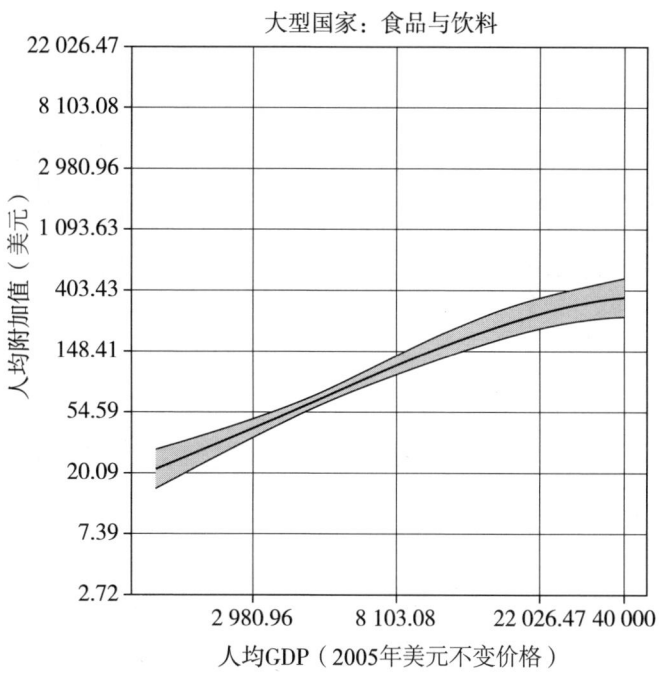

第 12 章 制造业发展：比较优势、生产率增长和国别条件的作用　　323

大型国家：电力机械与设备

大型国家：食品与饮料

图 12.10（续）

大型国家：机动车辆

大型国家：纺织品

图12.10（续）

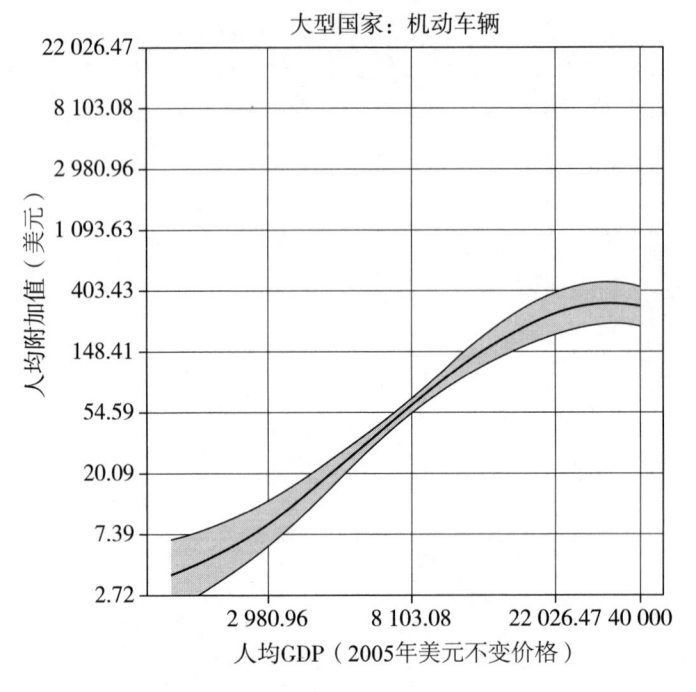

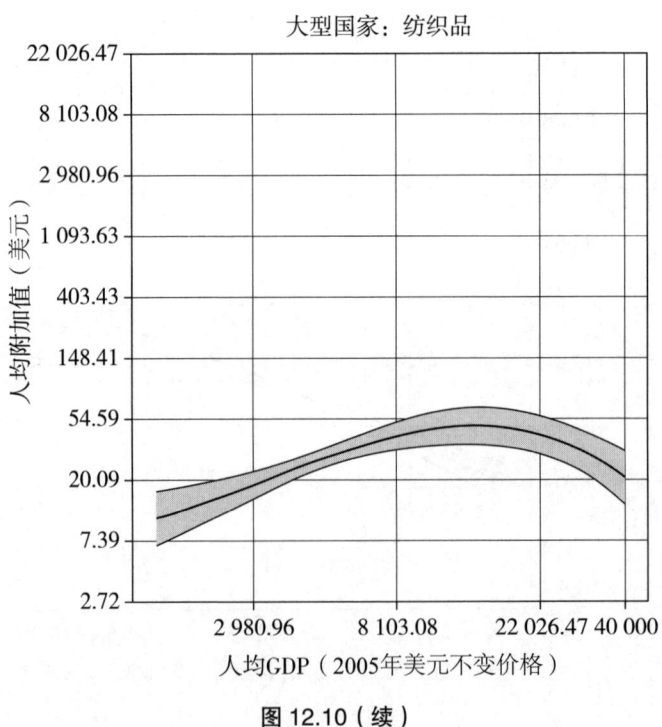

大型国家：服装

图 12.10（续）

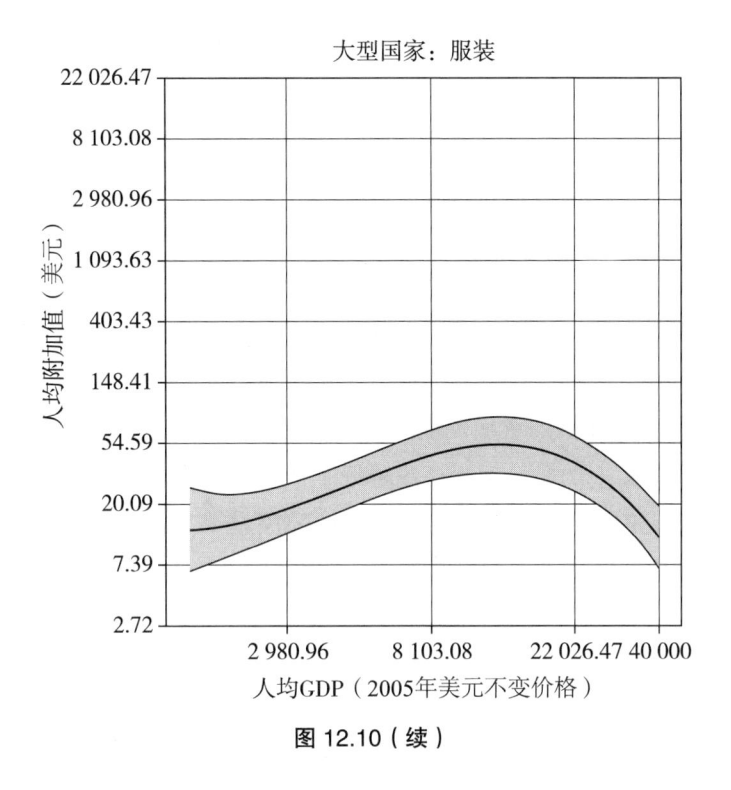

4. 讨论

现有分析描述了制造业发展的轨迹，这种轨迹按照一个国家的发展阶段而延伸并因一个国家的人口和地理条件而异。本章确认了比较优势、生产率以及国情条件在制造业发展中的作用和影响制造业在不同发展阶段的潜在与实际表现的方式。本节描述了三个要素的关键组成部分及其相互关系，从而将制造业发展的三个因素联结起来，以便阐明制造业发展的性质并得出某些政策含义。

广义上讲，人口与地理特征类似的国家往往遵循类似的制造业发展模式，尽管各国在不同的产出水平上可能遵循类似的模式。每一种发展模式所描述的增长和衰落都被认为对制造业发展产生了至关重要的影响并意味着比较优势的存在，而比较优势又与一个国家的禀赋结构相关。因此，提高劳动生产率难以阻挡禀赋结构的变化所造成的比较优势的丧失和产业的最终没落，早期的劳动密集型产业尤其如此。但是，这种努力可能推迟比较优势的丧失，晚期兴起的资本密集型产业尤其如此。

鉴于比较优势所发挥的主导作用，生产率的提高对加快每一个比较优势产业的发展步伐具有重要的作用，进而促进人均国内生产总值更快地增长，这反过来又加快了比较优势的转变和制造业结构变化的整个过程。比较优势与特定的发展阶段相联系，因此，在给定的时间内，它是发展潜力的静态因素。生产率的提高在这种静态的比较优势概念中加入了制造业发展的动态因素：一个国家利用比较优势的速度也反映了比较优势转变的步伐。除了一个国家在特定发展阶段上的禀赋结构和技术能力建设的速度这两个因素之外，第三个因素与国情条件有关，并且发挥着一定的作用。这个因素包括既定的地理与人口条件和国家固定效应——独特的环境和能力。如上文所述，它们可以通过影响制度、基础设施和商业环境的质量来提高或降低制造业生产的水平。这种变化缓慢的国情条件是造成各国制造业发展表现差异的原因之一。这些国家的截距水平各不相同，但其发展轨迹的斜率却是类似的。图12.11总结了我们的经验结果。

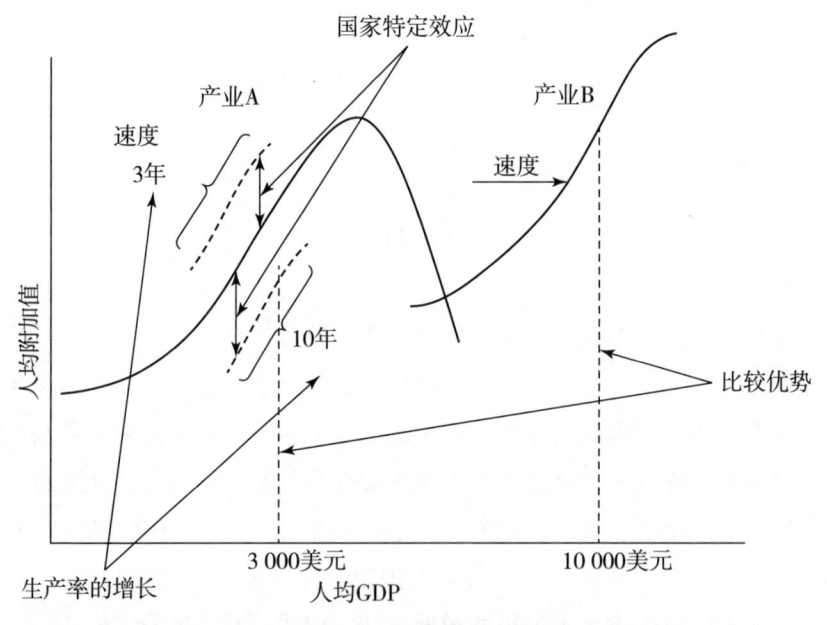

图 12.11　图示比较优势、生产率的提高和国情条件在产业发展中的作用
数据来源：作者创建。

图12.11揭示了比较优势、生产率的提高和国情条件是如何影响制造业发展的。正如平均的产业发展路径所示，当人均国内生产总值为3 000美元时，各国在A产业上具有比较优势；但是，各国在B产业上则没有比较优势，而且

在给定的发展水平上几乎没有达到高水平的人均附加值和增长率。考虑到发展（体现为发展水平和禀赋结构）的主导影响，即使两国都致力于具有比较优势的 A 产业，两国的表现也可能有所不同。由于资源禀赋、人口密度、能力、才能、职业道德水平以及相应的成本和基础设施等国情条件的不同，两个不同国家的表现将持续偏离 A 产业的平均发展模式，如虚线所示。最后，在 A 产业的发展从一个水平（人均附加值）迁移到另一个水平方面，两国所需的时间也可能不一样。例如，为了增加同样数量的 A 产业的人均附加值，一个国家可能要花 3 年的时间，而另一个国家则可能需要花 10 年的时间。这种发展速度与劳动生产率的提高有关。如果一个国家迅速利用 A 产业以及其他比较优势产业的比较优势，则该国就可能提高其人均国内生产总值，并迅速地改变其禀赋结构，进而将其比较优势从 A 产业推进到诸如 B 产业，从而加快制造业结构转变的整个进程。一个国家现有比较优势产业的生产率的提高在制造业的发展中发挥动态的作用，这又影响着结构变革的步伐。如图 12.11 所示，三个因素在制造业发展中发挥着不同的角色。比较优势是静态的，与给定的发展阶段相关。与此同时，国情条件（几乎）是固定的，决定了持续的长期表现差异。生产力的增长反过来又与制造业发展的动态因素有关。为了清晰起见，国家特定效应和生产率的提高被分开来讨论和说明，但是它们绝不是相互排斥的。例如，国家特定效应很可能影响一个国家生产率的提高。

下面的例子说明上述对比较优势、国家特定效应和生产力提高的详细阐述是如何在各国的发展经验中得到实际体现的。这些案例以马来西亚、韩国和斯里兰卡的数据为基础，因为这三个国家都属于大型国家组别并拥有相对较长的时间序列数据，这使得我们能够考察其发展轨迹。三个国家的人均国内生产总值还存在重叠的区域，使得我们能够计算并比较类似发展阶段人均附加值的平均年增长率。

图 12.12 显示了三个国家人均实际附加值的散点图和大型国家组别基于面板数据固定效应模型所估计出来的发展模式。三个国家的数据观察值表明，它们的发展模式遵循它们所属组别的发展模式的估计结果（斜率）。这三个国家与估计得到的发展模式有所偏离，但是，它们的偏离（截距）或多或少长期保持不变，所以，它们的发展轨迹往往平行于估计出来的模式。

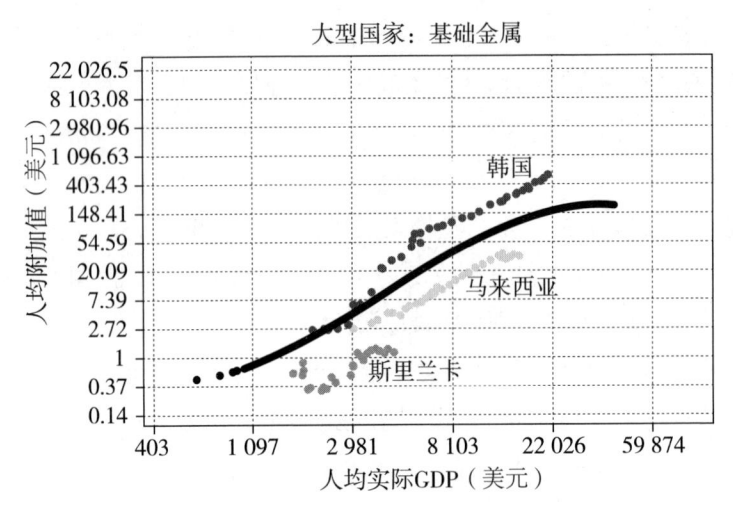

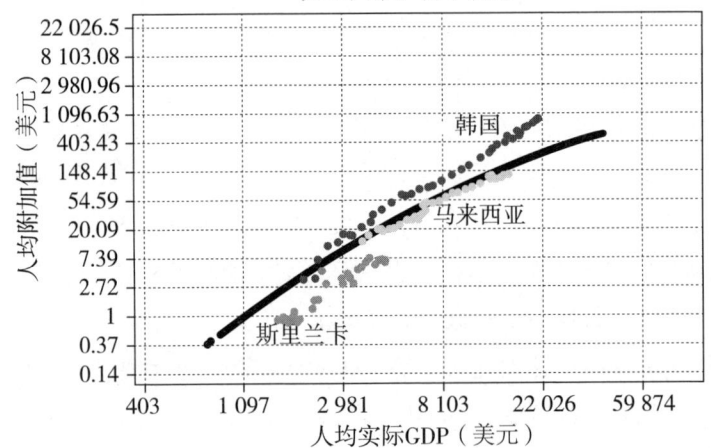

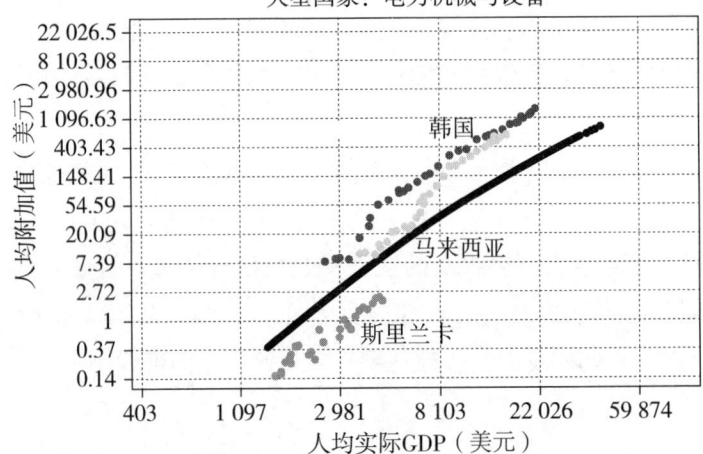

图 12.12　大型国家人均附加值的发展模式和韩国、马来西亚、斯里兰卡的国家经验

大型国家：加工金属

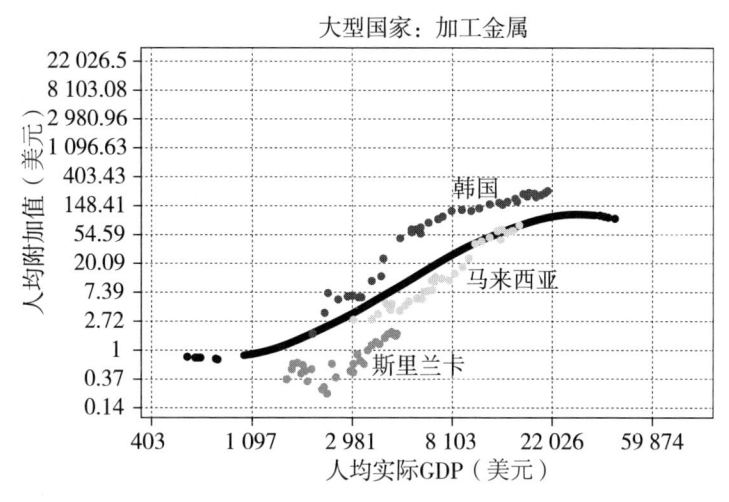

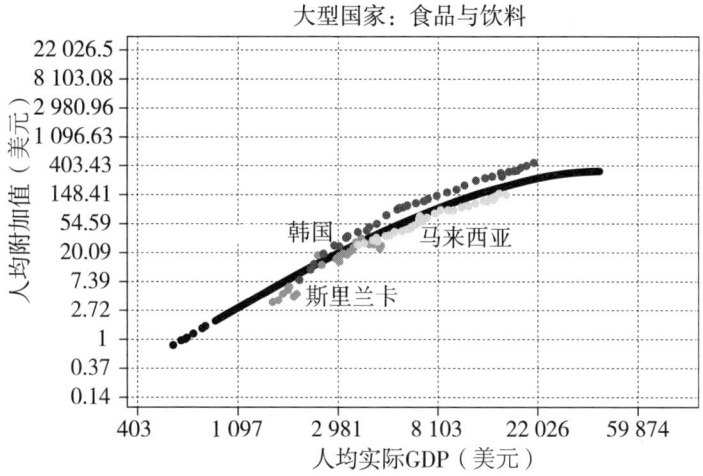

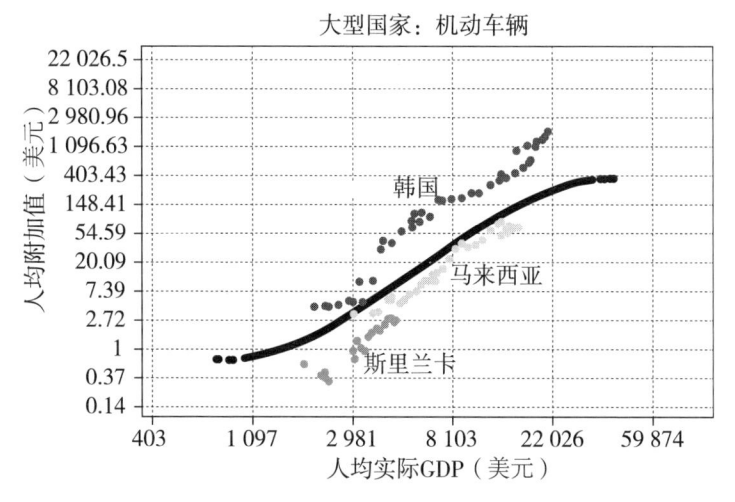

大型国家：食品与饮料

大型国家：机动车辆

图 12.12（续）

330 产业政策的选择及其经济后果

大型国家：纺织品

[图表：横轴为人均实际GDP（美元），从403到59 874；纵轴为人均附加值（美元），从0.14到22 026.5。图中显示韩国、马来西亚、斯里兰卡三国的数据点分布。]

图12.12（续）

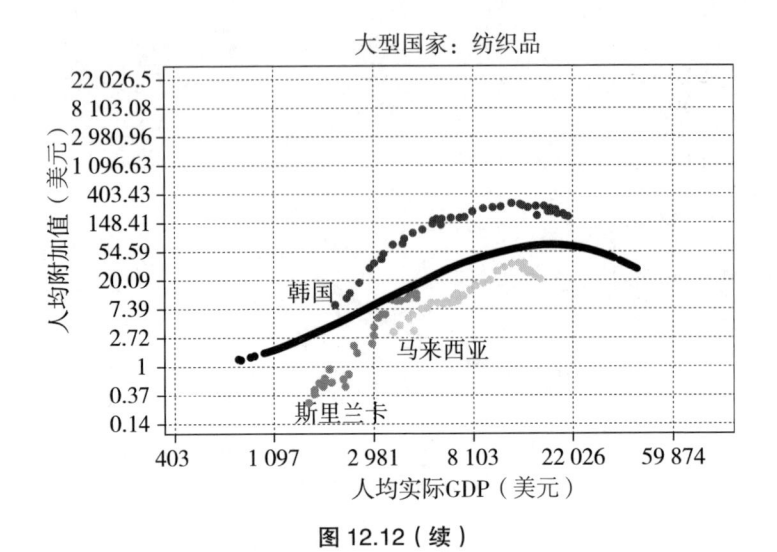

数据来源：作者在回归估计的基础上制作而成。

如图所示，斯里兰卡当前在食品与饮料、纺织品、服装等劳动密集型产业上具有比较优势，因此，这些产业的高速增长是可以预料的。马来西亚在这些产业上已经丧失了比较优势，但我们依然可以预期，该国的基础金属、加工金属和机动车辆产业将持续增长一段时间，化学制品和电力机械与设备产业将保持长期增长。就韩国而言，基础金属、加工金属和机动车辆产业已经或将要丧失其比较优势，但电力机械与设备产业和化学制品产业则在可以预见的将来将依然保持比较优势。

尽管三个国家大体上都遵循估计出来的模式并具有反映其发展阶段的比较优势，但是，三个国家利用这些比较优势的速度——比较优势从一个产业到另一个产业转移——可能并不一样。表12.10显示了这三个国家的制造业产业在3 000美元至4 500美元的人均国内生产总值范围内的转移速度。我们选择该收入范围的理由是三个国家的全部数据在这个发展阶段是重叠的。对于每一个产业，我们将人均附加值的增量除以选定的人均国内生产总值范围所对应的年份数，以此求得人均附加值的平均增长率。如表12.10所示，韩国全部8个产业的发展速度都要比马来西亚快得多。在纺织品和服装产业方面，韩国人均附加值的年增长率要比马来西亚高20倍左右，与此同时，韩国资本密集型产业的发展速度大约是马来西亚的10倍。在同样的发展阶段，除了纺织品和服装产业之外，斯里兰卡其他产业的发展速度都要慢于马来西亚。

表12.10 马来西亚、韩国和斯里兰卡制造业发展速度的比较

产业	马来西亚	韩国	斯里兰卡
食品与饮料	1.46	4.74	0.64
纺织品	0.60	11.49	0.61
服装	0.66	13.37	1.43
化学制品	1.32	3.55	0.19
基础金属	0.38	3.62	0.03
加工金属	0.24	2.71	0.09
电力机械与设备	0.78	7.53	0.10
机动车辆	0.40	5.28	0.13

注释：速度等于人均附加值的增量除以3 000美元至4 500美元的人均GDP范围所占用的年份数。

除了发展速度，三个国家的各个产业在人均附加值方面也各不相同，即使处于同样的发展阶段。尽管它们往往都遵循估计出来的发展模式，但是，各国的发展轨迹却在正负两个方向上偏离了该发展模式。韩国在所有入选产业上都要比其他国家具有更大的正向偏离。实际上，在本研究所包括的国家中，韩国许多产业的偏离幅度都是最高的。在资本密集型产业方面，马来西亚资本密集型产业的正向偏离幅度都要高于斯里兰卡。自20世纪80年代末以来，马来西亚在电力机械与设备产业上似乎已经提高了它的国别优势，从而缩小了与韩国之间的差距。在食品与饮料、纺织品、服装产业，斯里兰卡拥有国别优势或较少的劣势。地理、人口和国家固定条件解释了这样的偏离现象。相对于世界中值水平，韩国和斯里兰卡都具有较高的人口密度和较少的自然资源禀赋；考虑到两国之间的这种相似性，则上述第二类国情条件——与一个国家的能力和其他独特条件相关，它们可以改进一个国家的基础设施、制度和相对成本水平——更有可能解释这种对估计出来的模式的偏离。

基于上述结果和分析，各国能够为制造业的长期发展获得某些一般性的政策指导。首先，与人均国内生产总值的增长相一致的制造业发展模式指明了一个国家在特定发展阶段何种产业具有比较优势。比较优势与一个国家的发展水平相关，因此，显著地影响了一个国家在既定发展阶段里最有可能获得成功的产业。如果一个国家在某个产业上具有比较优势，则它能在扩大该产业的同时提高劳动生产率，即使有时候生产率并没有提高太多。类似地，一个正在丧失比较优势的产业在收缩的同时依然能够通过减少该产业的就业而提高劳动生产率。

尽管我们可能并不期望当前比较优势产业的发展路径像比较先进的产业那

样具有可持续性，但是，一个国家忽视现有的优势并匆忙转入只有在收入水平较高时才会有优势的产业，这种做法也是不可取的。如果一个国家将目标设定在没有优势的产业上，则该国不但将面临发展这种产业的困难，而且将面临经济增长放缓的问题，其中后者既来自目标产业的缓慢发展，也源于资源转移或政策失当所造成的比较优势产业的缓慢发展。这样的慢速经济增长将拖累人均国内生产总值的增长并相应地放缓结构变革的步伐，使得技术更加先进的产业在更长的时间内得不到发展。

一个国家的工业化努力应该对准现在的比较优势产业，与此同时，要牢记比较优势从一个产业向另一个产业转变的时机。这种产业应该发展得比其他产业更快，如果这些产业的生产力得到了提高，则这种产业的发展速度还会更快，从而加快结构变革的步伐。各国在利用当前优势的同时，也应该预先提高教育和基础设施的水平而为近期的产业做好准备，从而确保这些长期投资能够提供适当的技能和公共产品，以满足正在获得比较优势的产业的需求。

即使在同样的发展阶段，各国现有比较优势产业的发展水平也各不相同。各国可能遵循估计出来的发展模式（斜率的变化），但每一个发展阶段可能会有不同程度的正负偏差。这些偏差与国家特定效应相关，其中包括人口与地理条件和其他独有的特征与能力（请查阅表 12.3、表 12.4 和表 12.5）。各国可以考虑其人口与地理条件在制造业发展战略中可能具有的效应。通过影响一个国家的基础设施、制度和成本竞争力等长期商业环境，包括在国家固定效应中的其他国家特有因素，可能也会影响制造业的发展水平。为了确定何种独特的环境和能力可能造成不同收入水平下制造业人均附加值的正向偏差，需要做进一步的研究。然而，国家固定效应可能根植于文化、历史和区域影响之中，这意味着利用现成指标的经济计量研究未必能对这些效应提供太多的洞察，因为反映在指标中的观察到的差异本身可能是国家固定效应的结果。有鉴于此，如下做法可能是有意义的：各国选择一个对照国，该国属于同一个规模组别，人均国内生产总值相似，但人均制造业附加值较高，然后对对照国进行全面研究，以便梳理出造成制造业表现差异的可能条件。

在一个国家的全部制造业产业中，特定产业的表现对估计出来的模式的偏离通常是类似的，因为促进或阻碍特定产业长期表现的国情条件常常也适用于其他产业。在这一点上，正如韩国那样，一个在现有比较优势产业上存在正向偏离的国家可能在全部制造业产业上都存在类似程度的正向偏离，包括在技术比较先进的产业上。然而，如果一个国家的现有比较优势产业并没有显示出正向偏离，则试图用定向干预手段来实现高级产业的正向偏离是不可取的。例如，根据图12.12，如果一个国家沿着图12.11中的上面那条虚线发展产业，从而存在正向偏离，则B产业在人均国内生产总值为3 000美元时存在类似程度的正向偏离就可能不会扭曲该国基于比较优势的制造业结构变革。但是，如果该国沿着图12.11中的下面那条虚线发展产业，则B产业的这种偏离可能是不可取的。源于这种研究方法的国家特有信息可以被用来检测和监控一个国家的产业发展。

5. 结论

通过估计制造业产业的发展模式，本章详细地分析了制造业发展的过程。本研究所识别出来的制造业的发展模式显示了比较优势的存在，而比较优势的转变又与人均国内生产总值的变化相关。即使像韩国这样的成功国家通常也遵循这些发展模式。在达到相同的发展阶段并成功地重点发展比较优势产业的国家之间，制造业表现的差异就在于利用这些产业的比较优势的速度和国家的独特能力与环境。前者与一个国家劳动生产率的提高有关，而后者通过一个国家在基础设施、制度和相对成本水平上的长期优势的差异来影响产业发展。

尽管依然属于初级阶段，但我们的研究表明，诸如比较优势、技术发展以及功能方法等产业发展的不同思想学派，在解释产业发展绩效方面都占有一席之地，这项研究还解释了产业发展的不同方面。未来的研究需要进一步考察国情条件以及如何将它们转化为国家特有的长期优势。

附录12A

印度有产业生产指数，但巴基斯坦没有。两个国家都有制造业附加值平减指数。如果巴基斯坦简单地将其1965年的制造业附加值平减指数用于各个产业来对1965年的数据进行调整，则1965年所有产业的名义价值将上升63%。自1965年以来，以1995年（产业生产指数的基年）美元表示的名义价值更高了，而且该价值在经调整之后将进一步提高。为了反映子部门特有的通货膨胀趋势，作为一个例子，我使用印度1965年的产业生产指数并计算巴基斯坦基于产业生产指数的平减指数。我用如下公式得到结果。其中，def = 平减指数，

d.w. = 平减指数的权重，i.w. = 产业权重。

巴基斯坦的平减指数 =（制造业 def – 1）×（d.w. / i.w.）+ 1

我们接着用每一个子部门的平减指数来反映产业特有的通货膨胀率。如下所示，在印度具有较高平减指数的子部门在巴基斯坦也同样具有较高的平减指数（这种情况下是通胀指数）。如果将这些平减指数用到巴基斯坦的名义价值上，则得到巴基斯坦基于产业生产指数的实际附加值。同样，那些平减指数较高的产业也具有较高的附加值，但总数与使用制造业平减指数的情形相同。其实，这种方法就是利用当时的产业通货膨胀趋势将制造业范围的通货膨胀率分解为每一个产业的通货膨胀率。使用邻国的通货膨胀趋势是合理的，因为制造业产品通常是可贸易的，并且制造业产品在邻国或类似的贸易伙伴之间通常存在大量的贸易。

1965 年的数据

	印度的名义附加值	基于产业生产指数的实际附加值	基于产业生产指数的平减指数
S_1	432 000 000	904 000 000	2.092 6
S_2	101 000 000	119 000 000	1.178 2
S_3	231 000 000	544 000 000	2.355 0
S_4	182 000 000	130 000 000	0.714 3
S_5	21 000 000	65 200 000	3.104 8
S_6	383 000 000	1 670 000 000	4.3603
S_7	78 100 000	465 000 000	5.953 9

	巴基斯坦的名义附加值	制造业附加值平减指数	经制造业附加值平减指数调整的附加值	印度的平减指数	平减指数的权重	产业的权重	巴基斯坦的平减指数	巴基斯坦基于产业生产指数的实际附加值
S_1	103 040 404	1.63	167 955 859	2.092 6	0.105 9	0.129 0	1.517 2	156 333 870
S_2	89 393 020	1.63	145 710 623	1.178 2	0.059 6	0.111 9	1.335 7	119 399 487
S_3	99 200 219	1.63	161 696 357	2.355 0	0.119 2	0.124 2	1.604 6	159 176 040
S_4	119 293 843	1.63	194 448 964	0.714 3	0.036 1	0.149 3	1.152 5	137 485 039
S_5	120 903 494	1.63	197 072 695	3.104 8	0.157 1	0.151 4	1.654 0	199 974 558
S_6	125 903 040	1.63	205 221 955	4.360 3	0.220 7	0.157 6	1.882 0	236 950 078
S_7	141 023 393	1.63	229 868 131	5.953 9	0.301 3	0.176 6	2.075 2	292 655 511
合计	798 757 413		1 301 974 583	19.759 1	1.000 0	1.000 0		1 301 974 583

如果我用制造业附加值平减指数为没有产业生产指数的国家进行制造业价格调整，则同样必须将它用于具有产业生产指数的国家，其目的是保持一致性。对于具有产业生产指数的国家（比如印度），我做如下调整：用印度自身的产业生产指数来计算基于产业生产指数的实际附加值。基于产业生产指数的实际附加值总数除以名义附加值总数，其结果是2.728 9。它不同于印度1965年的制造业附加值平减指数，后者是1.573。因此，我必须进行调整，以便确保所有国家在制造业范围的通货膨胀趋势上保持一致。所以，我计算基于产业生产指数的制造业范围平减指数与印度1965年制造业附加值平减指数之间的比率。计算结果是1.734 7。我接着将基于产业生产指数的实际附加值除以该比率，即1.734 7，得到基于产业生产指数的实际附加值。它与制造业附加值平减指数是一致的。如果我将基于产业生产指数的实际附加值之和除以名义附加值之和，则结果是1.573 1。现在，制造业范围的通货膨胀与制造业平减指数一致了，尽管每一个产业的价格变化幅度都会进行调整。

	印度的名义附加值	基于产业生产指数的实际附加值	基于产业生产指数的平减指数	1963年制造业附加值平减指数	经制造业附加值平减指数调整的基于产业生产指数的实际附加值
S_1	432 000 000	904 000 000	2.092 6	1.573 1	521 114 185
S_2	101 000 000	119 000 000	1.178 2	1.573 1	68 597 996
S_3	231 000 000	544 000 000	2.355	1.573 1	313 590 837
S_4	182 000 000	130 000 000	0.714 3	1.573 1	74 938 987
S_5	21 000 000	65 200 000	3.104 8	1.573 1	37 584 784
S_6	383 000 000	1 670 000 000	4.360 3	1.573 1	962 677 754
S_7	78 100 000	465 000 000	5.953 9	1.573 1	268 050 991
合计	1 428 100 000	3 897 200 000			2 246 555 535

附录 12B

表 12B.1　基于固定效应估计方法的回归结果（仅限于国内生产总值）

国家组别	ISIC 代码	GDPpc	$(GDPpc)^2$	$(GDPpc)^3$	常数项	N	R^2（全部）
小型国家	15	−22.95***	2.96***	−0.12***	58.72**	354	0.61
中型国家	15	−32.32***	3.97***	−0.16***	88.30***	548	0.79
大型国家	15	−3.41	0.81	−0.04*	−0.88	835	0.84

（续表）

国家组别	ISIC 代码	GDPpc	(GDPpc)^2	(GDPpc)^3	常数项	N	R^2（全部）
小型国家	16	−57.70***	6.65***	−0.25***	166.06***	194	0.29
中型国家	16	−67.66***	8.16***	−0.32***	184.82***	475	0.43
大型国家	16	2.34	0.20	−0.02	−18.66	726	0.59
小型国家	17	9.15	−0.36	−0.01	−41.15	274	0.00
中型国家	17	−15.57*	2.31**	−0.11***	34.01	592	0.18
大型国家	17	−34.00***	4.46***	−0.19***	83.60***	863	0.69
小型国家	18	16.39	−0.93	0.00	−71.65	305	0.37
中型国家	18	−27.03**	4.21***	−0.20***	50.36	558	0.38
大型国家	18	24.02**	−1.83	0.04	−93.83***	760	0.65
小型国家	20	108.30***	−11.46***	0.40***	−335.92***	316	0.02
中型国家	20	−39.10***	4.75***	−0.19***	105.09***	524	0.61
大型国家	20	−11.37	1.70**	−0.08**	22.30	787	0.64
小型国家	21	−12.06	2.07	−0.10	15.54	246	0.54
中型国家	21	−53.03***	5.93***	−0.22***	157.97***	492	0.74
大型国家	21	−5.53	1.02*	−0.05**	3.77	789	0.91
小型国家	22	−53.61***	6.26***	−0.24***	150.49***	308	0.78
中型国家	22	−60.39***	7.13***	−0.27***	167.26***	541	0.86
大型国家	22	3.56	0.06	−0.01	−23.76	763	0.84
小型国家	23	82.55**	−8.03**	0.26*	−279.63**	105	0.39
中型国家	23	26.49	−2.50	0.08	−91.32	260	0.32
大型国家	23	−15.32**	2.18**	−0.09***	31.72	574	0.70
小型国家	24	−19.79**	1.97*	−0.06	65.16**	305	0.42
中型国家	24	16.71	−1.36	0.04	−64.34	561	0.75
大型国家	24	3.61	0.00	−0.01	−22.75	849	0.88
小型国家	25	−27.22	3.34*	−0.13**	73.66	261	0.37
中型国家	25	−25.22**	3.61***	−0.16***	51.65	550	0.85
大型国家	25	4.83	−0.14	−0.00	−26.94	818	0.86
小型国家	26	5.68	−0.34	0.00	−23.36	330	0.54
中型国家	26	−44.29***	5.50***	−0.22***	115.70***	568	0.83
大型国家	26	14.79**	−1.18*	0.03	−57.10***	837	0.87
小型国家	27	−18.43	2.39	−0.10	45.40	133	0.36

（续表）

国家组别	ISIC 代码	GDPpc	(GDPpc)^2	(GDPpc)^3	常数项	N	R^2（全部）
中型国家	27	−20.41*	2.71**	−0.11**	48.68	429	0.67
大型国家	27	−31.54***	4.04***	−0.16***	77.91***	682	0.84
小型国家	28	−12.47	1.68	−0.07	28.59	338	0.68
中型国家	28	−49.63***	5.98***	−0.23***	134.46***	556	0.84
大型国家	28	−41.19***	5.11***	−0.20***	106.88***	804	0.87
小型国家	29	−62.28**	6.74**	−0.24**	190.39**	221	0.16
中型国家	29	−6.92	1.60	−0.08	−5.34	471	0.80
大型国家	29	−20.40**	2.56**	−0.10**	50.16*	783	0.82
小型国家	31	−41.63	4.42	−0.15	130.61	233	0.16
中型国家	31	55.18***	−5.27**	0.17**	−192.18***	529	0.81
大型国家	31	8.02	−0.44	0.01	−39.48*	828	0.84
小型国家	33	−205.38***	23.75***	−0.90***	581.27***	97	0.59
中型国家	33	87.81***	−9.14***	0.32***	−284.14***	389	0.74
大型国家	33	−26.12***	3.45***	−0.14***	59.75**	538	0.79
小型国家	34	27.74	−3.65*	0.15**	−63.01	274	0.33
中型国家	34	11.95	−0.55	−0.00	−56.95	525	0.59
大型国家	34	−45.21***	5.49***	−0.21***	119.47***	794	0.84
小型国家	36	−57.65***	6.53***	−0.24***	170.92***	273	0.03
中型国家	36	−15.43	2.24*	−0.10**	31.86	471	0.69
大型国家	36	21.58**	−2.06*	0.07	−74.02**	661	0.80

注释：1. 如下是 ISIC（国际标准产业分类）的产业类型：15—食品与饮料，16—烟草，17—纺织品，18—服装，20—木制品，21—纸张，22—印刷和出版，23—焦炭和精炼石油，24—花萼制品，25—橡胶与塑料，26—非金属材料，27—基础金属，28—加工金属，29—机器和设备，31—电力机械与设备，33—精密仪器，34—汽车，36—家具和未另分类的制造业。

2. * 表示 $p<0.10$，** 表示 $p<0.05$，*** 表示 $p<0.01$。

表 12B.2　基于固定效应估计方法的回归结果（包括全部解释变量）

国家组别	ISIC 代码	GDPpc	(GDPpc)^2	(GDPpc)^3	RPC	POPD	常数项	N	R^2（全部）
小型国家	15	13.28	−1.11	0.03	−0.08	0.62***	−49.78	285	0.13
中型国家	15	−22.13**	2.89***	−0.12***	0.02	−0.02	56.69**	489	0.79
大型国家	15	−5.89	1.05*	−0.05**	−1.76***	0.39***	20.84	739	0.66

（续表）

国家组别	ISIC代码	GDPpc	(GDPpc)^2	(GDPpc)^3	RPC	POPD	常数项	N	R^2（全部）
小型国家	16	−14.42	1.92	−0.08	0.31	0.11	31.68	172	0.32
中型国家	16	−40.17***	5.21***	−0.22***	1.00	−0.31***	92.42**	426	0.26
大型国家	16	5.88	−0.14	−0.01	−1.89***	−0.34***	−13.55	672	0.45
小型国家	17	−13.56	2.12	−0.10	0.05	−0.52***	29.63	249	0.04
中型国家	17	28.13***	−2.18*	0.05	0.11	−0.93***	−104.75***	550	0.00
大型国家	17	−28.47***	3.84***	−0.16***	−0.16	−0.12	69.00***	775	0.65
小型国家	18	−45.72	5.77	−0.24*	0.07	0.02	118.89	274	0.35
中型国家	18	−2.46	1.93	−0.13**	0.85***	−1.10***	−39.13	514	0.12
大型国家	18	18.99*	−1.23	0.02	−0.53	−0.23*	−74.50**	685	0.56
小型国家	20	97.45*	−9.75*	0.32*	−0.02	−0.90***	−315.55*	266	0.03
中型国家	20	5.97	−0.22	−0.00	−0.45*	0.29*	−27.36	492	0.35
大型国家	20	−5.73	1.13	−0.06*	−1.09**	−0.32***	14.20	723	0.51
小型国家	21	−28.13	3.83	−0.16	−0.02	0.73***	61.63	228	0.14
中型国家	21	−90.50***	10.09***	−0.37***	0.39**	−0.41***	267.86***	467	0.63
大型国家	21	2.62	0.13	−0.01	−1.04**	−0.10	−11.66	712	0.92
小型国家	22	−3.79	1.20	−0.07	−0.04	1.36***	−16.46	273	0.34
中型国家	22	−47.62***	5.72***	−0.22***	−0.29	−0.04	131.14***	510	0.86
大型国家	22	13.95**	−1.08	0.03	−1.65***	−0.13	−40.85**	697	0.83
小型国家	23	9.54	−0.23	−0.01	−0.02	−0.04	−52.09	93	0.46
中型国家	23	96.71***	−10.23***	0.36***	−0.35	1.29***	−303.15***	235	0.02
大型国家	23	−9.93	1.54*	−0.07**	−1.81***	0.45***	30.68	535	0.46
小型国家	24	18.85	−2.33*	0.10**	−0.14	1.09***	−51.76	255	0.33
中型国家	24	9.31	−0.84	0.03	−0.03	1.22***	−36.61	529	0.25
大型国家	24	−1.65	0.50	−0.02	−2.05***	0.97***	9.30	758	0.51
小型国家	25	−37.06	4.39	−0.17	−0.18	0.15	105.58	235	0.18
中型国家	25	−21.89*	3.05**	−0.13**	−0.31	0.65***	47.91	529	0.73
大型国家	25	−0.44	0.38	−0.02	−0.72	0.78***	−6.01	755	0.65
小型国家	26	−55.27	6.41	−0.24*	−0.44**	0.54***	160.85	280	0.05
中型国家	26	−36.73***	4.57***	−0.18***	−0.08	0.56***	95.28***	522	0.65

（续表）

国家组别	ISIC 代码	GDPpc	(GDPpc)^2	(GDPpc)^3	RPC	POPD	常数项	N	R^2（全部）
大型国家	26	12.44**	−0.98	0.03	−1.20***	0.69***	−40.80**	756	0.57
小型国家	27	−70.70	7.99	−0.30	0.08	0.33	205.31	116	0.02
中型国家	27	127.84***	−12.89***	0.43***	0.12	0.89***	−422.64***	405	0.08
大型国家	27	−38.92***	4.82***	−0.19***	−3.35***	0.71***	126.92***	632	0.49
小型国家	28	−36.78	4.49	−0.17	0.03	−0.63***	99.56	283	0.13
中型国家	28	−41.42***	5.14***	−0.20***	0.05	−0.12	107.81**	520	0.82
大型国家	28	−41.23***	5.03***	−0.20***	−0.98**	0.78***	114.77***	719	0.61
小型国家	29	−214.50***	22.85***	−0.81***	−0.09	0.31*	668.43***	202	0.03
中型国家	29	−10.16	1.83	−0.09	−0.12	0.37**	8.21	453	0.77
大型国家	29	−42.33***	4.86***	−0.18***	0.85	1.36***	107.15***	699	0.44
小型国家	31	−177.81***	18.66***	−0.65***	−0.35	−0.07	567.17***	210	0.00
中型国家	31	90.67***	−9.38***	0.33***	−1.37***	0.22	−282.81***	503	0.81
大型国家	31	5.85	−0.30	0.01	−1.56***	1.12***	−21.06	739	0.62
小型国家	33	−201.89*	23.46**	−0.89**	0.44	−0.15	564.93*	85	0.39
中型国家	33	88.85***	−9.32***	0.33***	−0.48	0.21	−281.89***	381	0.69
大型国家	33	−22.11**	3.04***	−0.13***	0.54	−0.40*	43.89	527	0.66
小型国家	34	41.98	−5.39	0.22	−0.07	−1.00***	−96.37	237	0.19
中型国家	34	87.14***	−8.67***	0.29***	−0.62*	−0.36*	−281.74***	495	0.43
大型国家	34	−53.49***	6.35***	−0.24***	−1.94***	0.77***	159.29***	716	0.60
小型国家	36	−89.95***	10.26***	−0.38***	−0.01	−0.64***	265.80**	233	0.16
中型国家	36	38.84**	−3.50**	0.10*	−0.58*	−0.79***	−131.76**	434	0.39
大型国家	36	28.44***	−2.69**	0.09**	0.29	−0.91***	−97.77***	616	0.46

注释：1. 如下是 ISIC（国际标准产业分类）的产业类型：15—食品与饮料，16—烟草，17—纺织品，18—服装，20—木制品，21—纸张，22—印刷和出版，23—焦炭与精炼石油，24—花苇制品，25—橡胶与塑料，26—非金属材料，27—基础金属，28—加工金属，29—机器和设备，31—电力机械与设备，33—精密仪器，34—汽车，36—家具和未另分类的制造业。

2. * 表示 $p<0.10$，** 表示 $p<0.05$，*** 表示 $p<0.01$。

340　产业政策的选择及其经济后果

附录 12C

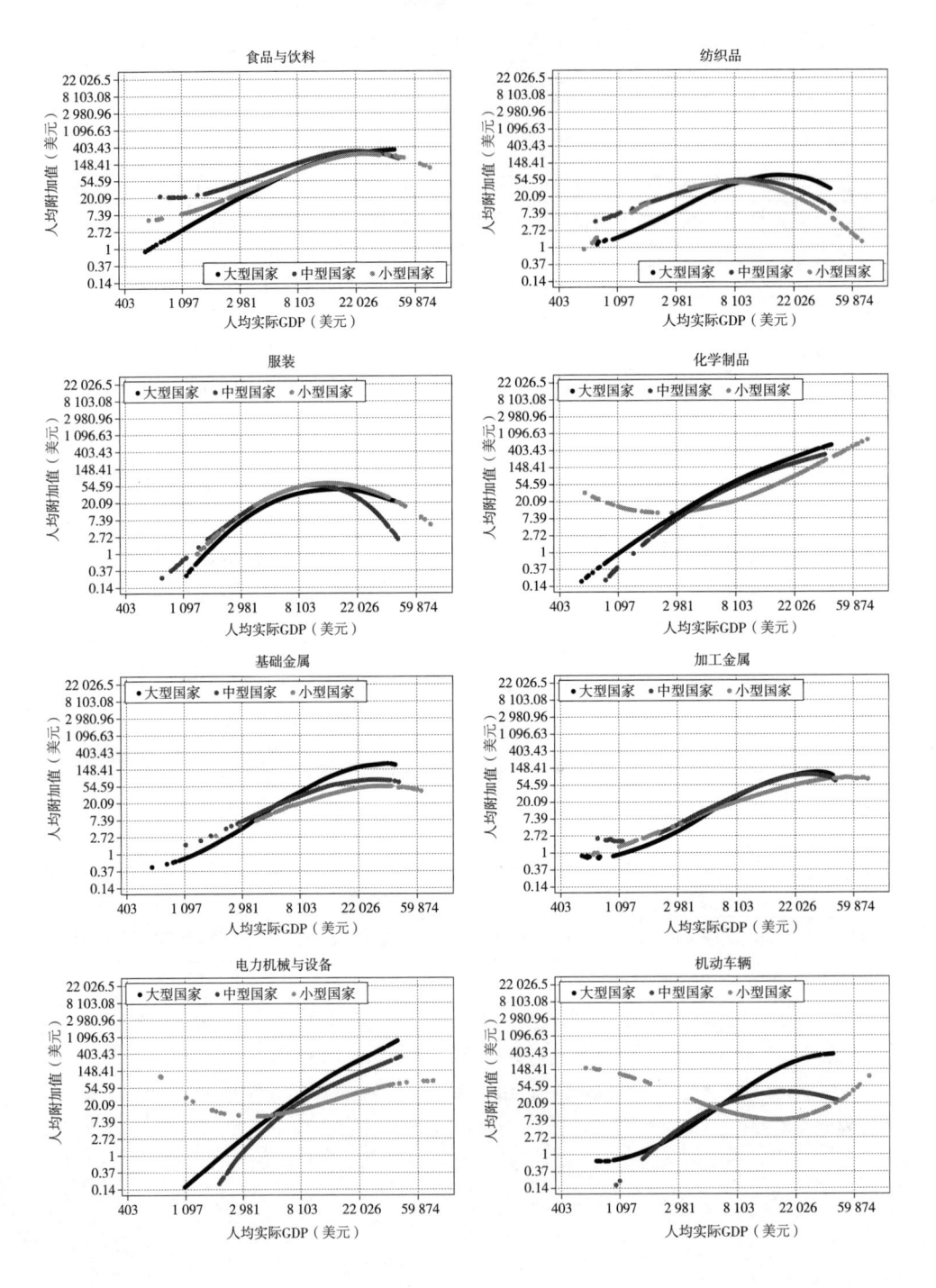

第13章 制造业与中间服务业的共生关系：对世界投入—产出数据库的分析[①]

Ming Leong Kuan

经济发展以商品和服务的生产为中心。约翰·肯尼斯·加尔布雷斯（John Kenneth Galbraith, 1958, 第101页）在赞颂"生产的至上地位"的时候，将生产描绘成"我们文明的品质和进步"的尺度。在一个以全球化为特征的世界里，不断增长的服务贸易为如下观点提供了支持：发达国家和发展中国家都能通过服务业的专业化发展而实现繁荣。这样一种立场忽视了制造业部门作为经济增长发动机的特殊历史性质（参阅Chang, Andreoni, and Kuan, 2014），从而引起了激烈的辩论。[②]

当一个国家达到经济发展的更高阶段时，服务业就会比制造业发挥更大的作用，这是有坚实理论依据的。标准的经济转型涉及从农业社会走向工业化以及后来通过去工业化走向后工业经济。在经济发展的早期阶段，由于土地和劳动被导向农业活动（Johnston and Mellor, 1961），农业部门在产出和就业上占有很大的份额（Fisher, 1935; Chenery, 1960; Kuznets, 1971）。

结果是需求侧和供给侧因素驱动工业化。在需求侧，恩格尔定律指出，食品支出的份额随着人均收入的上升而下降（Clark, 1940; Houthakker, 1957）。

[①] 作者要对张夏准（Ha-Joon Chang）表示感谢，感谢他的指导和宝贵评论。本章还受益于两次会议上的讨论：在纽约召开的IPD/JICA任务小组产业政策与转型会议和2015年班加罗尔贫困、发展与全球化研究生高级研讨会。作者要特别感谢约瑟夫·E.斯蒂格利茨、阿克巴·诺曼以及C. P.钱德拉塞卡，感谢他们做出有益的评论和建议。本章所表达的观点仅仅代表作者的观点，不应该归咎于新加坡贸易和产业部。

[②] 例如，Chang and Bhagwati（2011）在《经济学家》杂志主持下展开了一场在线辩论，辩题是"辩方相信一个经济体不可能在没有强大的制造业基础的情况下取得成功"。

在供给侧，随着农业部门生产率的提高，释放出来的资源被用于工业发展（Rowthorn and Wells, 1987; Timmer, 1988）。剩余的农业劳动随后转移至工业部门（Lewis, 1954）。

当一个国家，通常是那些经济比较发达的国家，进入后工业社会阶段时，其服务业所创造的财富就多于制造业（Bell, 1973），更富裕的人口产生更强烈的服务需求（Fisher, 1935; Clark, 1940）。因此，人们认为发达国家要比发展中国家拥有更强的服务能力。

随着全球化和全球价值链的区段化，[①]制造业与服务业已经变得泾渭分明。在一个强调贸易自由化和经济专业化的世界里，人们越来越相信各国有能力专业化于自身的比较优势并从相互贸易中获利。例如，有人建议高成本的发达经济体专注于服务的输出并将制造业留给发展中国家（参阅 Brown and Julius, 1993; Wood, 2009; Bhagwati, 2010; Romer, 2012）。还有人提出，发展中国家可以通过专注于服务主导的发展路径而越过工业化阶段（参阅 Baer and Samuelson, 1981; Ghani and O'Connell, 2014）。

通过利用 European Commission（2013）的世界投入—产出数据库（World Input–output Patabase, WIOD），本章分析了跨行业和随时间而变的制造业—服务业关联性，提出了制造业和中间服务业之间是否存在共生倾向的疑问。这些问题对于各国有着重要的政策影响。如果制造业和服务业需要地理上的接近性，制造业活动的离岸外包将导致支撑性服务业的流失。发展生产性服务能力的雄心相应地又将依赖于制造业基地的存在。

本章按如下方式安排结构。第一节是"文献回顾"，提供关于制造业—服务业关联性的文献评论。第二节是"研究方法与数据来源"，描述所使用的 WIOD 数据库和投入—产出方法论。第三节是"世界的经济特征"，提供对世界上制

[①] 凭借更低廉的运输费用、更流畅的通信以及更先进的信息与组织技术，全球化已经极大地减少了距离障碍。在全球化的同时，跨越地理边境的全球价值链区段化降低了企业的成本，提高了各国专业化于各种活动的潜力（Helpman, 1984; Markusen, 1984; Feenstra, 1998; Hummels, Ishii and Keimu Yi, 2001; Keimu Yi, 2003）。跨国家的劳动分工如今围绕着生产活动展开，而不像过去那样围绕着产品展开。跨国公司如今可以根据价值链的特定区段对企业总体目标的贡献来决定是否将它们转移到国外，而不是将全部制造业务都转移到国外（Hanson, Mataloni, and Slaughter, 2001）。制造业中还在增长的模块化潜力意味着最终产品可以日益用世界各地生产的更小的模块组装而成，就像乐高积木那样（Berger, 2005）。

造业和服务业的特征综述。第四节是"由 WIOD 数据库得到的研究发现",展现关于制造业和服务业之间的前后向关联性的研究发现。研究结果再一次证实了制造业和中间服务业之间存在强烈的共生属性。最后,第五节是"结论",总结本章的主要结论。

1. 文献回顾

制造业和服务业之间存在相互交织、相互依存的关系(参阅 Britton,1990;Illeris,1996;Daniels and Bryson,2002)。Greenfield(1996)将所有的生产活动描述为需要利用服务来改变物质材料。相应地,唯有物质商品充当投入品(比如医院提供医疗服务需要医疗设备)或者产出品(比如管理顾问公司发表的报告),服务才得以提供(Walker,1985)。在概念的层面上,制造业的某些定义包括了一整条价值链的活动,这些活动包括研发、设计、物流、营销以及售后服务等服务活动(Livesey,2006)。[1]

在过去的几十年中,两股力量已经日益改变了制造业中的服务元素。首先,生产过程的区段化导致制造商将原先整合在企业之内的服务活动外包(或者"分离")出去(Bhagwati,1984)。通过将这些服务外包和离岸外包给专业化的服务供应商,制造商因更高的成本效率而获益(Houseman,2007)。这样的现象引起了统计幻觉:即使国内的经济活动维持不变,制造业—服务业关联度也已经加强了。重要的是,制造业和中间服务业在不同的国家进行生产的范围扩大了。

其次,"制造业的服务化"促进了制造企业将新的服务元素(比如售后服务)整合进传统产品,以便提高它们的竞争力(Vandermerwe and Rada,1988;Wise and Baumgartner,1999;Baines et al.,2009;Nodås and Kim,2013)。Schmenner(2009)利用 19 世纪的例子描述了能力较差的制造商是如何为了构筑它们行业的进入壁垒而整合服务的。在今日的背景下,诸如通用电气、劳斯莱斯以及施乐这样强大的制造商专注于纵向一体化,使它们的产品不同于竞争对手的产品(参见 Howells,2004;Livesey,2006)。

制造业和服务业之间的关联度已经加强了,尤其是在发展水平较高的国家

---

[1] 在许多产业(比如电子工业)中,由于诸如研发、工程、设计、销售、维修等服务活动的重要作用,制造成本在制造商的附加值和生产成本中的比重据估计还不到 25%(Hansen,1994,第 189 页;Illeris,1996,第 74 页)。

（Francois and Woerz，2008）。Wolfmayr（2008）宣告，如果用中间服务占制造业产出的比例来衡量，则在 1995 年到 2005 年之间，几乎所有 OECD 国家的制造业——服务业关联度都有了提高。① 根据 Wolfmayr（2012）的记录，从 1995 年到 2005 年，欧盟中间服务业在制造业产出中所占的份额从 14.8% 上升到了 17.9%。②Falk Jarocinska（2010）发现，从 1995 年到 2007 年，欧盟每欧元的制造业产出所引致的中间服务需求从 0.42 欧元上升到 0.61 欧元。③

尽管如此，制造业和服务业之间的相互依赖性似乎并不对称。Park（1989）和 Park and Chan（1989）的早期投入——产出研究显示，仅当制造业同步发展，服务业的就业和产出才有可能持续增长。服务业对制造业投入的依赖性要远远高于制造业对服务业投入的依赖性（在大多数服务业子部门中，制造业投入的份额都在 35% 以上）。Gregory and Russo（2007）在一项针对 6 个发达经济体的研究中表明，制造业需求注入所创造的就业需求有 24% 到 31% 流向了服务业。④ 相比之下，服务业保留了大部分因服务需求增加而增加的就业，仅有 6% 到 11% 的工作职位导向制造业部门。Guerrieri and Meliciani（2005）和 Felipe 等（2013）的结论是，由于制造业是充满活力的高生产率服务业的主要客户，一个国家发展这种服务业的能力关系到其制造业基础的面貌和结构。

有人主张，一国制造业能力的丧失最终将导致与制造业相关的重要服务活动流出本国（Cohen and Zysman，1987；Pisano and Shih，2009，2012）。给定制造业和服务业之间的互依关系，它们有理由共存于某个国家或地区。首先，某些服务业（比如设备管理、工厂空间的租赁以及设备）的本质要求自身接近所支持的制造业务。通过接近制造业务，纵向非一体化的制造商降低了人际联系的成本（Coffey and Bailly，1991）。

---

① 加拿大、法国和葡萄牙则是例外。
② 中间服务在制造业产出中所占的份额的增长率在 Wolfmayr（2012）分析中的第二个时期（2000-2005）有所放缓。
③ 这个包括制造业购买的直接中间服务（1995 年是 0.15 欧元，2007 年是 0.19 欧元）和制造业部门的非服务投入品所使用的间接中间服务（1995 年是 0.27 欧元，2007 年是 0.42 欧元）。
④ 包括在 Gregory and Russo（2007）研究中的国家有法国、德国、荷兰、西班牙、英国以及美国。作者采用了比较宽泛的制造业定义（包括农业、采掘业、公用事业以及建筑业）。

其次，制造业和服务业之间的密切接近创造了一个充满活力的产业环境，企业从中获得知识外溢的好处。[1] Pisano and Shih（2009，2012）利用有关电子工业、生物技术以及制药行业的研究，强调了制造业和服务业通过分享"产业公地"而实现相互促进、共同成长。产业公地汇聚共享资源（包括熟练劳动、研发活动和基础设施），这些资源支撑着创新活动。通过使供应商接近终端用户（诸如设计和研发这样的产业和服务），沟通和信息流动、思想交流以及创新的质量会更好，潜力会更大（参见 Porter，2008）。

Andersson（2006）分析了瑞典不同地区的就业数据，再一次证实了制造业与服务业之间的共生特性。人们发现制造业和服务业共生于城市区域，并且知识密集型制造产业对知识密集型生产者服务业的影响要大于后者对前者的影响。[2]

2. 研究方法与数据来源

本项研究利用 European Commission（2013）的 WIOD 数据库考察制造业—服务业的关联性，样本国家有 39 个[3]，样本时期是从 1995 年到 2011 年。[4] 样本国家跨越欧盟（27 个国家）、亚太地区（8 个国家）、北美洲（2 个国家）以及拉丁美洲（2 个国家）。[5] 每个国家的 35 个部门可以获得年度数据。[6] 1995 年，WIOD 数据库展示了 21 个发达国家和 18 个主要发展中国家的数据（见表 13.1）。到 2011 年，其中的 9 个发展中国家变成了发达国家。[7]

---

[1] Marshall（1920）关于产业集聚的开创性工作为如下思想提供了理论基础：相关经济活动的地方化创造正的外部性。
[2] Andersson（2006）将知识密集型产业定义为至少接受过三年大学教育的雇员的比例较高的产业（制造业在 6% 以上，生产者服务业在 10% 以上）。
[3] 其他国家归入"其余国家"一类。
[4] 2012 年 5 月，WIOD（1995-2009）数据库向公众开放。2013 年 11 月，时间序列扩大到 2011 年。
[5] 样本国家分成如下地理区域：欧盟（奥地利、比利时、保加利亚、塞浦路斯、捷克共和国、丹麦、爱沙尼亚、芬兰、法国、德国、希腊、匈牙利、爱尔兰、意大利、拉脱维亚、立陶宛、卢森堡、马耳他、荷兰、波兰、葡萄牙、罗马尼亚、斯洛伐克共和国、斯洛文尼亚、西班牙、瑞典以及英国）、亚洲和太平洋（澳大利亚、中国、印度、印度尼西亚、日本、俄罗斯、韩国以及土耳其）、北美洲（加拿大和美国）以及拉丁美洲（巴西和墨西哥）。
[6] 关于 WIOD 数据库的 35 个部门，请参阅附录 13A。
[7] 2011 年，波兰被归入发达国家，其依据是该国超过了 2010 年和 2012 年的高收入国家界限，尽管该国的收入在 2011 年经历了一次短暂的回落。

表 13.1　1995–2011 年 WIOD 数据库中的 39 个国家

1995 年的 21 个发达国家	1995 年的 18 个发展中国家
澳大利亚、奥地利、比利时、加拿大、塞浦路斯、丹麦、芬兰、法国、德国、希腊、爱尔兰、意大利、日本、卢森堡、荷兰、葡萄牙、韩国、西班牙、瑞典、英国、美国	巴西、保加利亚、中国、**捷克共和国**、**爱沙尼亚**、**匈牙利**、印度、印度尼西亚、**拉脱维亚**、**立陶宛**、**马耳他**、墨西哥、**波兰**、罗马尼亚、俄罗斯、**斯洛伐克共和国**、**斯洛文尼亚**、土耳其

注释：发达国家对应 World Bank（2015）中的高收入类别，发展中国家属于中低收入类别。用粗体字显示的发展中国家在 2011 年之前已经完成了进入发达国家的转变。
数据来源：世界银行的分析性收入分类，基于 European Commission（2013）中的国家。

WIOD 数据库中的 39 个国家在世界总产值中占了很大的份额（在 1995 年至 2011 年之间，占世界 GDP 的 87.8%）（见表 13.2）。意料之中的是，与发展中国家相比，发达国家具有更发达的统计机构，在 WIOD 数据库中得到了更好的展示。[①] 在 1995 年至 2011 年之间，WIOD 数据库中的国家占发达世界 GDP 的 90.5%，但只占发展中国家 GDP 的 76.4%。

表 13.2　1995–2011 年 WIOD 数据库中的 39 个国家的概括性统计量

	1995–2000	2001–2006	2007–2011	1995–2011
占世界 GDP 的份额	88.7%	88.6%	85.6%	87.8%
占发达国家 GDP 的份额	91.6%	91.2%	88.4%	90.5%
占发展中国家 GDP 的份额	74.3%	77.2%	78.0%	76.4%
占世界制造业产出的份额	89.4%	89.7%	88.8%	89.2%
占世界中间服务业产出的份额	91.8%	92.9%	92.5%	92.5%

注释：在本章中，除非另有说明，中间服务指的是对制造业部门的服务投入。
数据来源：作者基于 European Commission（2013）、DGBAS（2015）以及 World Bank（2015）所做的估算。

虽然 WIOD 数据库更大范围地覆盖发展中国家（比如非洲国家）是一种理想的情形，但是，这种做法并不会显著影响本章的研究结果。WIOD 数据库涵盖了发达国家和工业化程度较高的发展中国家，它们在全球制造业和中间服务业的产出中占有可观的份额。[②] 在 1995 年至 2011 年间，39 个样本国家生产

[①] 例如，WIOD 数据库中没有非洲国家。
[②] 农业部门在发展中国家（从 1995 年到 2010 年，占 GDP 的 12.7%）的作用要大于发达国家（占 GDP 的 1.8%）（World Bank, 2015）。

了全球制成品产出的 89.2% 和投入全球制造业的中间服务产出的 92.5%。为了使术语简短，本章中的中间服务是指提供给制造业部门的服务投入，除非另有说明。

WIOD 数据库不同于传统的投入—产出表，它将流向其他国家各个部门的出口进行分解。i 国的产出 x_i 可以用符号表示如下：

$$x_i = \begin{bmatrix} M_i \\ S_i \\ Z_i \end{bmatrix} = \begin{bmatrix} \alpha_{mm,i} & \alpha_{ms,i} & \alpha_{mz,i} \\ \alpha_{sm,i} & \alpha_{ss,i} & \alpha_{sz,i} \\ \alpha_{zm,i} & \alpha_{zs,i} & \alpha_{zz,i} \end{bmatrix} \begin{bmatrix} M_i \\ S_i \\ Z_i \end{bmatrix} + \begin{bmatrix} e_{m,i} \\ e_{s,i} \\ e_{z,i} \end{bmatrix} + \begin{bmatrix} d_{m,i} \\ d_{s,i} \\ d_{z,i} \end{bmatrix} = A_i x_i + e_i + d_i$$

$$= \sum_{j=1}^{41} \begin{bmatrix} b_{mm,ij} & b_{ms,ij} & b_{mz,ij} \\ b_{sm,ij} & b_{ss,ij} & b_{sz,ij} \\ b_{zm,ij} & b_{zs,ij} & b_{zz,ij} \end{bmatrix} \begin{bmatrix} M_j \\ S_j \\ Z_J \end{bmatrix} + \sum_{j=1}^{41} \begin{bmatrix} d_{m,j} \\ d_{s,j} \\ d_{z,j} \end{bmatrix} = \sum_{j=1}^{41} B_j x_j + \sum_{j=1}^{41} d_j$$

公式中，M、S 和 Z 分别代表制造业、服务业和其他行业（比如，农业、采掘业、建筑业以及公用事业）；e 代表出口；d 代表家庭和政府的最终需求、固定资本形成总额以及存货的变化；i 在这里跨越 39 个国家，第 40 个"国家"代表除了 39 个国家之外的"其余国家"。

根据上述公式，全部服务可以分解成三大类，其中的每一类又分为内销和出口部分：(1) 投入制造业的中间服务；(2) 投入非制造业的中间服务；(3) 满足最终需求的服务。由于本章着重强调中间服务业和制造业之间的共生关系，因此，我们的分析重点是系数 $b_{sm,ij}$ ——支撑 j 国制造业的 i 国服务投入。[1] 当 $i = j$ 时，$b_{sm,ij}$ 等于技术系数 $\alpha_{sm,i}$。

European Commission（2013）的 WIOD 数据库扩大了全球制造业—服务业关联性的分析范围。在 WIOD 数据库发布之前，过去的投入—产出分析局限于研究如下矩阵的技术系数，不能显示出口的部门去向：

$$\begin{bmatrix} a_{mm} & a_{ms} & a_{mz} \\ a_{sm} & a_{ss} & a_{sz} \\ a_{zm} & a_{zs} & a_{zz} \end{bmatrix}$$

以前对制造业—服务业关联性的研究主要集中在 $\alpha_{mm,i}$、$\alpha_{ss,i}$、$\alpha_{ms,i}$ 以及 $\alpha_{sm,i}$ 等系数上（参阅 Park and Chan, 1989；Park, 1989 and 1994；Guerrieri and Meliciani, 2005）。

---

[1] 本项分析仅仅研究制造业和服务业的直接（一阶）经济贡献和来自两个部门的投入—产出关联性的二阶效应。随后的三阶效应不在本项分析的研究范围之中。

本章通过对

$$\begin{bmatrix} e_{m,i} \\ e_{s,i} \\ e_{z,i} \end{bmatrix}$$

进行分解，得到

$$\begin{bmatrix} b_{mm,ij} & b_{ms,ij} & b_{mz,ij} \\ b_{sm,ij} & b_{ss,ij} & b_{sz,ij} \\ b_{zm,ij} & b_{zs,ij} & b_{zz,ij} \end{bmatrix}$$

对流向世界其他制造业行业的中间服务做了补充分析，从而为现有的投入—产出文献做出了贡献。

为了在本章中展示总体研究结果，我们在必要的时候将 WIOD 数据库中的 35 个部门分成几个大组（请参阅附录 13A）。由于研究的重点放在制造业和服务业上，因此，对第一产业、公用事业以及建筑部门的分析相对较少。我们以研发密度为依据［请参阅 OECD（2011）］，将制造业产业分为低技术、中技术和高技术三类。① 我们将服务业分为如下几类：（1）批发贸易②；（2）零售贸易③；（3）酒店与餐馆；（4）运输④；（5）通信⑤；（6）金融服务；（7）商业服务（房地产除外）⑥；（8）房地产活动；（9）其他服务⑦。

---

① 低技术产业包括：（1）食品、饮料与烟草；（2）纺织业和纺织产品；（3）皮革与鞋类；（4）木材和与（软）木制品；（5）纸浆、纸张、印刷出版；（6）未另分类的制造业以及资源回收业。中技术产业包括：（1）焦炭、精炼石油以及核能；（2）橡胶与塑料；（3）其他非金属矿物；（4）基础金属和加工金属。高技术产业包括：（1）化学药品与化学制品；（2）未另分类的机械装置；（3）电气和光学设备；（4）运输设备。
② 批发贸易是指"汽车和摩托车之外的批发贸易和经纪贸易"。
③ 零售贸易包括：（1）"汽车和摩托车的销售、维护与修理，燃料的零售"；（2）"汽车、摩托车之外的零售贸易，家居用品的维修"。
④ "运输"类型包括：（1）内陆运输；（2）水上运输；（3）航空运输；（4）其他支持和辅助性运输活动外加旅行社活动。
⑤ "通信"类是指"邮政和电信"。
⑥ 在商业服务的本定义中，我们将房地产活动另外归类，因为房地产的可交易性要比其他商业服务低得多。从专业服务（比如法律、会计、咨询、建筑以及工程活动）到研究与开发，商业服务包括多种多样的活动。
⑦ "其他服务"包括：（1）强制性社会保障、公共行政以及国防；（2）教育；（3）健康和社会工作；（4）其他社区、社会和个人服务；（5）雇人的私人家庭。

3. 全世界的经济特征

在长达 16 年（1995-2010）的时间跨度中，世界经济活动的分布已经发生了显著变化（见表 13.3）。在此期间，发展中国家对全球 GDP 的贡献几乎翻了一番，从 15.2% 增加到了 28.9%。在全球制造业和服务业附加值中，发展中国家的份额也都增加了。2010 年，由中国领头的发展中国家贡献了 37.7% 的全球制造业附加值，所占份额是 1995 年的 15.6% 的一倍以上。从 1995 年到 2010 年，发展中国家在全球服务业增加值中所占的份额从 11.8% 上升到了 22.8%。

表 13.3　1995-2010 年世界经济活动百分比的横截面分布

	1995	2000	2005	2010
在世界 GDP 中的份额（现价美元）				
发展中国家	15.2%	17.2%	19.2%	28.9%
发达国家	84.8%	82.8%	80.8%	71.1%
在世界制造业附加值中的份额（现价美元）				
发展中国家	15.6%	19.8%	24.5%	37.7%
发达国家	84.4%	80.2%	75.5%	62.3%
在世界服务业附加值中的份额（现价美元）				
发展中国家	11.8%	13.3%	14.5%	22.8%
发达国家	88.2%	86.7%	85.5%	77.2%

注释：发达国家对应 World Bank（2015）中的高收入类别，而发展中国家对应的是中低收入类别。服务业附加值包括估算的银行服务费、进口关税以及统计误差。
数据来源：World Bank（2015）。

在 1995 年至 2010 年之间，发展中国家和发达国家都经历了去工业化，[①] 但发达国家去工业化的速度更快（见图 13.1）。在此期间，发达国家（从 19.2% 到 15.0%）和发展中国家（从 23.0% 到 21.4%）制造业附加值的份额都下降了。[②]

---

① 在这种情况下，去工业化是指制造业在名义附加值中的份额下降了。
② 从 1995 年至 2010 年，农业部门的 GDP 份额在发达国家（从 2.4% 到 1.4%）和发展中国家（从 16.4% 到 10.5%）也都下降了（World Bank，2015）。

相比之下，无论是发达国家（从 68.3% 到 73.6%）还是发展中国家（从 47.6% 到 53.2%），其服务业附加值的份额都上升了。

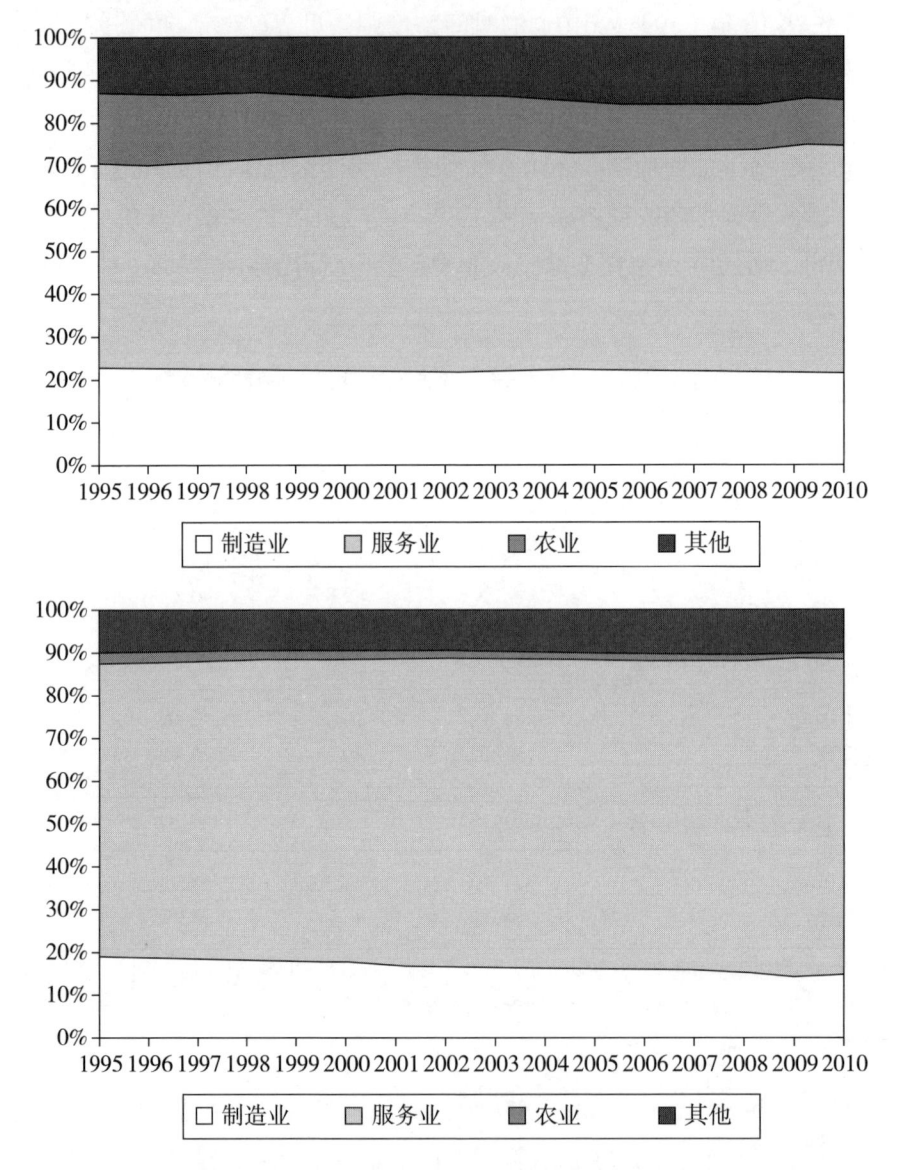

图 13.1　1995-2010 年发展中国家和发达国家经济活动的分布（基于附加值）

注："其他"类别下包括采矿业、建筑业和公用事业。

数据来源：World Bank（2015）。

从 1995 年到 2010 年，制造业和服务业还在世界空间分布上形成反差。虽然制造业活动日益集中于某些国家，[①] 但是，并没有观察到服务业有类似空间集中的发展趋势。随着各国专业化于（或远离）制造业生产，在 1995 年至 2010 年之间的制造业/GDP（见表 13.4）中，更多的国家位于整个分布的上端（下端）。相比之下，随着许多发展中国家提高了服务业在其经济中的份额，各国越来越集中于服务业/GDP 分布的上端。

表 13.4　根据制造业和服务业的 GDP 份额划分的 1995 和 2010 年国家的数量和分布

名义 GDP 中的份额（%）	国家的数量（%） 制造业 1995	国家的数量（%） 制造业 2010	国家的数量（%） 服务业 1995	国家的数量（%） 服务业 2010	国家的分布（%） 制造业 1995	国家的分布（%） 制造业 2010	国家的分布（%） 服务业 1995	国家的分布（%） 服务业 2010
0–15	94	129	1	0	50.0	68.6	0.5	—
15–30	89	53	13	6	47.3	28.2	6.9	3.2
30–45	5	5	39	38	2.7	2.7	20.7	20.2
45–60	0	1	71	57	—	0.5	37.8	30.3
60–75	0	0	55	66	—	—	29.3	35.1
75–90	0	0	9	21	—	—	4.8	11.2
国家总数	188	188	188	188	100.0	100.0	100.0	100.0

数据来源：作者基于 World Bank（2015）的估算。

类似于图 13.1 所显示的附加值趋势，根据 1995 年至 2011 年的制造业产出，WIOD 数据库中的发展中国家和发达经济体都实行了去工业化，并且发达国家的制造业份额有更加明显的下降（见表 13.5）。[②] 在此期间，发展中国家和发达国家都将制造业结构由低技术产品升级为中技术和高技术产品。从 1995 年到 2011 年，无论是在发达国家（从 39.1% 到 32.1%）还是发展中国家（从 45.6% 到 37.9%），低技术制成品在制造业产出中的份额都下降了。不过，与发达世界相比，发展中国家在 2011 年之前持续依赖制造业产出和低技术制成品。

---

① 从 1995 年到 2003 年，全球制造业产业的进口中间制造业投入品的份额稳步上升（从 23.2% 到 31.2%）（European Commission，2013）。此后，随着制造商开始与其零部件的生产进行向后一体化，各国的制造业活动变得越来越集中化，于是，进口中间制造业投入品回落了。到 2011 年，在全部中间制造业产出中，进口部分所占的份额下降到了 27.0%。

② 在 1995 年到 2011 年间，发达国家的制造业在总产出中的份额（从 30.7% 到 27.6%）要比发展中国家（从 35.9% 到 33.6%）下降得更加显著（European Commission，2013）。

表 13.5　WIOD 数据库中的发达和发展中经济体的横截面经济特征

	1995	2003	2011
发达经济体			
制造业在总产出中的份额	30.7%	28.2%	27.6%
高技术制造业在制造业总产出中的份额	35.9%	40.4%	39.4%
中技术制造业在制造业总产出中的份额	25.0%	24.9%	28.4%
低技术制造业在制造业总产出中的份额	39.1%	34.7%	32.1%
服务业在总产出中的份额	54.9%	58.7%	58.5%
流向国内制造业的国内中间服务在服务业总产出中的份额	10.2%	9.2%	8.7%
国内中间服务在流向国内制造业的全部中间服务中的份额	88.5%	86.1%	83.5%
发展中国家			
制造业在总产出中的份额	35.9%	33.7%	33.6%
高技术制造业在制造业总产出中的份额	29.8%	31.7%	31.2%
中技术制造业在制造业总产出中的份额	24.7%	25.8%	31.0%
低技术制造业在制造业总产出中的份额	45.6%	42.5%	37.9%
服务业在总产出中的份额	42.1%	46.1%	43.8%
流向国内制造业的国内中间服务在服务业总产出中的份额	12.4%	11.5%	12.7%
国内中间服务在流向国内制造业的全部中间服务中的份额	86.8%	88.6%	91.9%

注：由于四舍五入的原因，低技术、中技术以及高技术制造业在制造业总产出中的份额之和有可能不等于 100%。发达和发展中国家的经济特征以 WIOD 数据库中的 39 个国家的现有数据为依据。之所以展现各国的非加权平均数，其目的是使一般国家在发达或发展中经济体类别中得到体现，而不让数据偏向大型国家的经济特征。

数据来源：作者基于 European Commission（2013）的估算。

从 1995 年到 2011 年，服务业产出的份额在发达国家和发展中国家都有了提高（参见表 13.5）。但是，中间服务业在两类国家的发展趋势各不相同。不同于发达经济体，发展中国家的制造业普遍更多地采购国内的中间服务，而不是从国外采购。从 1995 年到 2011 年，发达国家国内生产的中间服务的份额下降了（从 88.5% 到 83.5%），但是，发展中国家国内生产的中间服务的份额却上升了（从 86.8% 到 91.9%）。保加利亚、印度、印度尼西亚、罗马尼亚以及俄罗斯等发展中国家都实现了份额的上升。

从制造业的产出来看，发达和发展中经济体都经历了去工业化。但是，在发展中国家，国内消费的制造业相关服务在服务的生产中逐渐发挥了更大的作用。从 1995 年到 2011 年，这类服务在服务总产出中的份额在发展中国家上升了（从 12.4% 到 12.7%），而在发达国家则稳步下降了（从 10.2% 到 8.7%）。在诸如巴西、保加利亚以及俄罗斯这样的发展中国家，国内消费的制造业相关服务对整个服务产出的贡献经历了上升趋势。

4. 由 WIOD 数据库得到的研究发现

产业间的相互依存性是通过产业间的前后向关联性而实现的（参见 Hirschman，1958）。通过利用 WIOD 数据库，我们可以得到后向关联度（从制造业到提供投入的服务业）和前向关联度（从服务部门到接受服务投入的国内外制造业）信息。通过使用产业层面的分析，不同产业之间在制造业—服务业关联度的强度上得到了区分。

4.1 制造业和服务业都有强烈的共生倾向（在同一个国家）

支持制造业和中间服务业的地理区段化的叙事是以全球化和更大规模的跨国生产流动为前提的。在超级全球化（Subramanian and Kessler，2014）的世界，一体化程度更高，外国投资流动更多，跨国公司更强，全球贸易急剧上升。两拨全球化——20 世纪 80 年代中后期之前的蒸汽革命和 1980 年开始的信息和通信技术[①]革命——分别显著降低了贸易和传输成本（Baldwin，2014）。除了跨国经济活动的跨境分布（国际化），全球化还促进了分散于各地的活动实现功能一体化（Dicken，2011）。

WIOD 数据库确实展现了如下事实：制造业部门正在从国外采购更多的服务投入。从 1995 年到 2011 年，全球制造业将它的中间服务进口份额从 8% 提高到了 12.4%。几乎所有的制造业产业都提高了进口中间服务的份额（见表 13.6）。[②]

---

① 值得注意的是，由于互联网的日益渗透（Freund and Weinhold，2002）和信息与通信技术投资的不断提高（Guerrieri and Meliciani，2005），服务的可贸易性提高了。
② 只有木制品产业的进口中间服务的份额由 1995-2000 年间的 10.5% 略微下降至 2007-2011 年间的 10.2%。

表 13.6　1995–2011 全球制造业行业非进口中间服务的份额

ISIC	制造业行业	研究与开发密度	非进口中间服务占全部中间服务的份额 1995–2000	2001–2006	2007–2011	变化的百分比（从 1995–2000 到 2007–2011）
20	木材、木材制品与（软）木制品	低技术	89.5%	90.2%	89.8%	0.3%
36，37	未另分类的制造业、资源回收业	低技术	91.9%	91.8%	91%	−1.0%
19	皮革与鞋类	低技术	90.0%	88.6%	88.8%	−1.2%
15，16	食品、饮料与烟草	低技术	91.9%	90.9%	90.7%	−1.2%
26	其他非金属矿物	中技术	90.2%	89.0%	89.0%	−1.2%
27，28	基础金属与加工金属	中技术	90.9%	89.3%	89.0%	−1.9%
25	橡胶与塑料	中技术	92.9%	91.9%	90.9%	−2.0%
34，35	运输设备	高技术	92.4%	91.5%	90.3%	−2.1%
29	未另分类的机械	高技术	93.0%	91.3%	90.1%	−3.0%
21，22	纸浆、纸品、印刷和出版	低技术	92.6%	91.3%	89.5%	−3.1%
24	化学药品与化学制品	高技术	90.9%	88.6%	86.7%	−4.2%
30，33	电气和光学设备	高技术	93.1%	90.0%	88.7%	−4.4%
17，18	纺织业与纺织产品	低技术	90.2%	88.2%	85.7%	−4.6%
23	焦炭、精炼石油以及核能	中技术	72.2%	62.8%	60.6%	−11.6%
15，37	全部制造业	—	91.2%	89.1%	87.5%	−3.7%

注释：非进口中间服务在全部中间服务中所占的份额等于分析期内（投向每个制造业部门的）年度非进口中间服务在（投向同一个制造业部门的）全部中间服务产出中所占比率的平均值。根据从 1995–2000 年到 2007–2011 年非进口中间服务在全部中间服务产出中的（百分比）变化，我们对制造业各个行业按降序进行排列。由于四舍五入的原因，最后一栏里的百分比变化有可能不等于表格中的手工计算结果。

数据来源：作者基于 European Commission（2013）所做的估算；研发密度分类基于 OECD（2011）。

尽管如此，制造业持续在国内而非国外采购相当多的服务投入。焦炭、精炼石油以及核能行业是一个例外，[1] 从 2007 年到 2011 年，有 86% 到 91% 的中间服务业依然与制造业（在同一个国家里）共生。[2] 值得注意的是，在 2007—2011 年间，流向食品、饮料与烟草行业和橡胶与塑料行业的中间服务依然有 91% 是采购自同一个国家的。尽管全球化和国际贸易已经提高了中间服务的进

---

[1] 与其他制造业产业相比，焦炭、精炼石油以及核能产业是一个特异产业。但是，从 2007 年到 2011 年，该产业依然在国内采购了其 61% 的服务投入。

[2] 与此相对照，中间制造业投入与制造业共生的比例较低（2007–2011 年间是 72%）（European Commission，2013）。

口潜力,但是,制造业与服务业之间的关联性还没有断裂到各国能够专门生产制成品或提供中间服务的程度。

在我们分析中间服务业与制造业之间的前向关联性的时候,我们看到了类似的情况。自 1995 年以来,中间服务业显示出了更大的出口潜力,但大多数中间服务产出依然被国内制造业行业所消耗(见图 13.2)。各个服务部门与国内制造业活动之间的"黏着性"各不相同。一方面,由面向国内的零售业和房地产业所提供的中间服务产出大多(从 97% 到 99%)流向国内制造业行业;另一方面,诸如运输(特别是水运和空运)和批发贸易这样的贸易相关部门向外国制造业行业出口更大比例的中间服务产出。但是,直到 2011 年,那些行业 80% 以上的产出依然被本国消费。

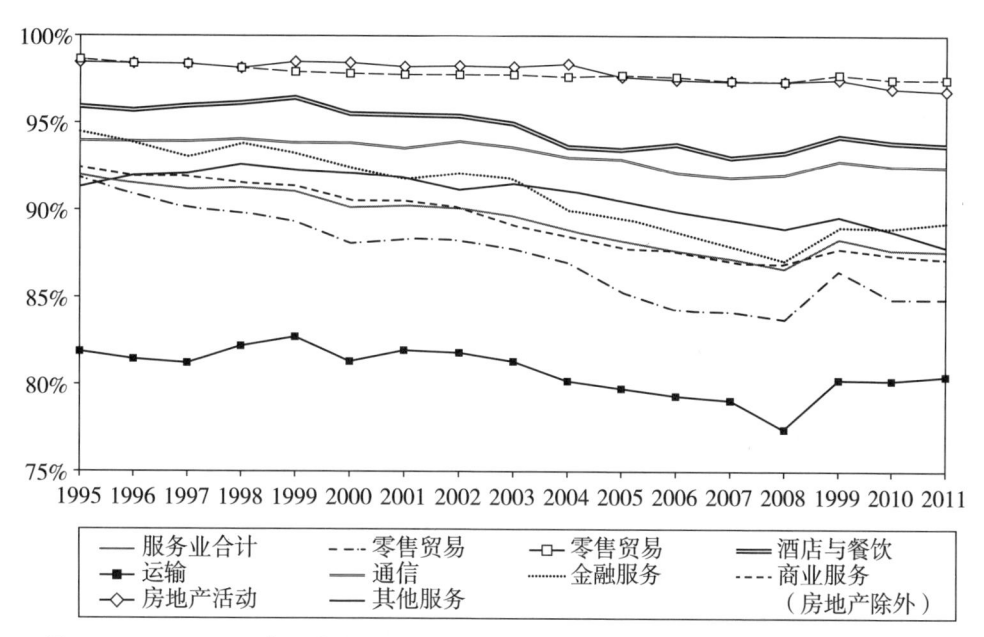

图 13.2　1995—2011 年国内消耗的中间服务在投向世界制造业的全部中间服务中的份额
数据来源:作者基于 European Commission(2013)所做的估计。

自从 2008 年全球金融危机发生以来,世界上的中间服务投入,尤其是来自可贸易性更高的中间服务部门的投入,已经越来越多地被国内制造业行业所购买(见图 13.2)。金融服务部门就提供了这样的一个例子。从 1995 年到 2008 年,随着服务贸易的增长,国内消费的制造业相关金融服务的份额从 94.5% 下降到了 87.1%。然而,在 2008 年之后,中间金融服务业与制造业之间的共生倾向提高了,因此,该份额随后又在 2011 年上升到了 89.3%。

4.2 各国的制造业—服务业关联性因产地而异

WIOD 数据库再次确认了制造业各个产业的异质性。不同的制造业产业对中间服务有不同的要求量（见表 13.7）。出版业（每单位的制造业产出需要 0.24 单位的中间服务投入）和化学制品产业（0.22 单位）最依赖中间服务。与此相反，石油加工产业（0.15 单位）和运输设备产业（0.16 单位）最不依赖中间服务。

表 13.7　1995–2011 年制造业部门对中间服务的依赖度

ISIC	制造业部门	中间服务占制造业产出的比率	百分比变化（1995–2011）
21，22	纸浆、纸品、印刷和出版	0.238	6.8%
24	化学制品和化工产品	0.215	−11.7%
36，37	未另分类的制造业以及资源回收业	0.209	−0.7%
15，16	食品、饮料与烟草	0.207	−1.4%
26	其他非金属矿物	0.202	−10.5%
19	皮革与鞋类	0.195	−29.8%
30–33	电气和光学设备	0.189	−18.6%
20	木材与（软）木制品	0.186	−14.6%
29	未另分类的机械装置	0.183	−5.4%
25	橡胶与塑料	0.181	−11.7%
17，18	纺织品和纺织产品	0.179	−15.9%
27，28	基础金属和加工金属	0.165	−16.3%
34，35	运输设备	0.165	13.2%
23	焦炭、精炼石油以及核能	0.146	−11.0%
15–37	全部制造业	0.188	−8.5%

注释：中间服务在制造业产出中所占的比率是这样界定的：从 1995 年到 2011 年，流向各个制造业部门的年度平均中间服务产出在制造业部门的世界产出中所占的比例。根据中间服务在制造业产出中所占的比率，制造业产业按降序排列。

数据来源：作者基于 European Commission（2013）所做的估算。

数个产业的时间序列特征引人瞩目（见图 13.3）。首先，从 1995 年到 2011 年，运输设备和出版产业增强了与服务部门的后向关联性。在运输设备产业，随着该部门增加了服务需求，特别是增加了商业服务和水运服务的需求，后向关联性随着时间的推移而稳步上升。[①] 其次，唯有在焦炭、精炼石油以及核能产业，中间服务占制造业产出的比率在整个分析期中没有超过 1995 年的水平。[②] 最后，在生产单位产出所需要的中间服务投入上，皮革与鞋类产业经历了最显著的下降（30%）。

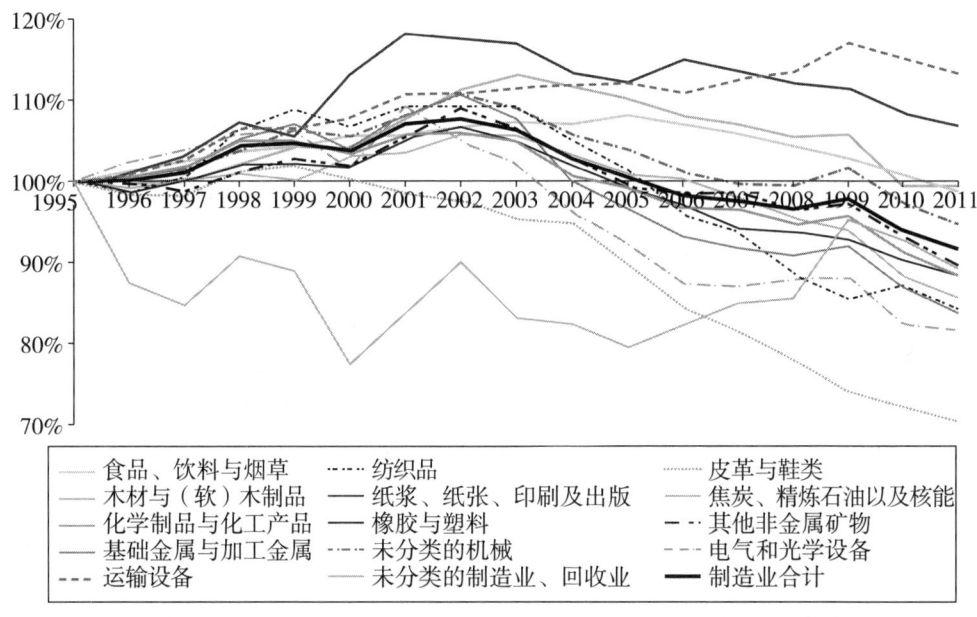

图 13.3　1995–2011 年中间服务产出在各制造业产业的产出中所占的比率

注释：比率进行了标准化，1995 年的值取为 100。
数据来源：作者基于 European Commission（2013）所做的估算。

前面对表 13.6 的分析表明，在国内制造业—服务业关联性上，某些产业（例如焦炭、精炼石油以及核能产业）要比其他产业［比如木材与（软）木制品产业］经历了更加显著的碎片化。总的来说，低技术产业［例如，食品、饮料与烟草产业，皮革与鞋类产业，木材与（软）木制品产业］的非进口中间服

[①] 从 1995 年到 2011 年，商业服务和水运服务在全球运输设备产业的中间服务总需求中所占的份额分别上升了 3.5 个百分点（由 23.6% 到 27.1%）和 0.8 个百分点（由 1.1% 到 1.8%）。在这个时期，中间水运服务和商业服务的产出分别增长了 353% 和 203%，其增长幅度大大超过了 134%——全球运输设备产出的增长率。

[②] 在焦炭、精炼石油以及核能产业，诸如美国这样的发达经济体保持了它们的竞争力。从 1995 年到 2011 年，在全球制造业产出的份额中，该产业是唯一有所提高的美国制造业部门（上升了 1.0 个百分点）（European Commission，2013），所有其他美国制造业产业都经历了从 4.2 个到 12.7 个百分点不等的下降。

务份额要比中高技术产业以更慢的速度下降。在低技术产业中，食品、饮料与烟草产业和出版产业要比纺织品产业、皮革与鞋类产业以及木材与（软）木制品产业更有希望绑定相关的中间服务。在高技术产业中，运输设备产业在国内采购的中间服务的份额要高于化学制品与化工产品产业。

低技术产业往往需要更大份额的中间服务，这些服务不大容易进口。但是，高技术产业所需要的中间服务在本质上更具可贸易性。例如，与诸如电气和光学设备产业（9.1%）和化学制品与化工产品产业（9.4%）这样的高技术产业相比，用于皮革与鞋类产业（2011年是14.7%）和食品、饮料与烟草产业（13.9%）的中间服务的较大部分是由以国内市场为导向的零售贸易构成的。相比之下，化学制品与化工产品产业（2011年是30.6%）及电气和光学设备产业（28.8%）所消耗的商业服务——最具有可贸易性的中间服务——的份额要比皮革与鞋类产业（12.3%）和木材与（软）木制品产业（13.3%）高得多。

4.3　中间服务的输出展现了某种潜力，但目前的规模依然不大

与制造业相关的中间服务业在服务产出贡献和出口潜力上各不相同（参见表13.8），这凸显了服务部门的异质性。例如，批发贸易、运输、商业服务以及零售贸易部门受去工业化的影响更大，因为国内消耗的中间服务在中间服务总产出中所占的比重较大。为了弥补这些中间服务业的损失，去工业化国家可能以提高国外市场的出口为目标。

从1995年到2011年，出口的中间服务每年以8.2%的速率增长，其增长速度要快于国内消耗的中间服务（每年增长5.0%）。分销服务业发挥了关键的作用：在2011年制造业相关中间服务出口中，批发贸易和运输服务分别占30.1%和27.0%。紧随其后的是商业服务（23.1%）和金融服务（8.2%）。[①]

[①] 商业服务似乎得益于原本整合在制造业部门中的服务的离岸外包，该现象直到21世纪初才稳定下来。例如，可以参考Tregenna（2008），他分析了从制造业外包至各个商业服务行业的工作职位，包括保洁、保安以及专业服务。从1995年到2003年，商业服务在制造业相关中间服务产出的世界出口中所占的份额从19.4%上升到了25.3%这样一个新高。在此之后，该份额稳定在22%至25%之间的水平上。相比之下，中间金融服务的出口发挥了较小的作用，2011年金融服务产出仅占中间商业服务出口的35.3%。从1995年到2011年，金融服务在中间服务出口中的份额仅仅上升了1.2个百分点（或者说每年0.07个百分点）。

表 13.8　1995-2011 年各服务行业国内消耗和出口的中间服务对世界服务产出的贡献

服务部门	国内消耗（出口）的中间服务在服务总产出中的份额			国内消耗（出口）的中间服务的年增长率
	1995-2000	2001-2006	2007-2011	1995-2011
批发贸易	25.9%（2.9%）	24.2%（3.7%）	23.0%（4.1%）	4.5%（9.1%）
运输	15.8%（3.5%）	15.6%（3.7%）	15.3%（4.0%）	5.9%（6.6%）
（房地产除外的）商业服务	16.8%（1.5%）	14.9%（1.8%）	14.1%（2.1%）	5.5%（9.4%）
零售服务	14.4%（0.3%）	14.5%（0.3%）	15.5%（0.4%）	4.9%（8.5%）
金融服务	9.6%（0.7%）	7.4%（0.8%）	7.9%（1.0%）	4.5%（9.3%）
通信	7.7%（0.5%）	6.9%（0.5%）	6.8%（0.6%）	6.1%（7.7%）
酒店与餐馆	5.1%（0.2%）	4.3%（0.3%）	4.4%（0.3%）	4.3%（7.3%）
房地产活动	2.5%（0.0%）	2.5%（0.0%）	2.5%（0.1%）	4.7%（9.7%）
其他服务	1.8%（0.2%）	1.6%（0.2%）	1.7%（0.2%）	4.9%（7.4%）
全部服务	9.7%（0.9%）	8.8%（1.1%）	8.8%（1.3%）	5.0%（8.2%）

注释：括号中的数字反映的是中间服务的出口部分。根据全部（国内消耗和出口）中间服务在 2007-2011 年服务总产出中的份额，中间服务部门按降序排列。

数据来源：作者基于 European Commission（2013）所做的估算。

从 1995 年到 2011 年，与国内消耗的中间服务产出相比，所有产业的中间服务出口都实现了更快的增长（出口增长率的数据参见表 13.8 最后一栏括号中的数字），但这种强劲的增长是由低基数效应带来的。例如，从 2001-2006 年到 2007-2011 年，尽管中间服务的出口强劲增长，但出口的中间服务在全部金融服务产出中所占的份额仅仅增长了 0.2 个百分点。相比之下，国内消耗的中间金融服务在同一时期里增长了 0.5 个百分点。从 2007 年到 2011 年，服务于制造业各产业的中间金融服务占全球金融服务总产出的 8.9%，出口的中间金融服务仅占其中的 11.5%（或者是 8.9 个百分点中的 1.0 个百分点）。[1]

2011 年，与投入国内制造业产业的中间服务（8.9%）相比，出口的制造业相关中间服务对服务总产出所做出的贡献（1.3%）依然要小得多（见图 13.4A）。[2] 低基数效应又一次导致出口的制造业相关中间服务强劲增长。按绝

---

[1] 从 1995 年到 2005 年，中间服务在金融服务总产出中所占的份额由 11.3% 下降到了 7.8%，但是，到了 2011 年，该份额又稳步回升至 9.5%，这表明金融服务部门对制造业部门的依赖性加强了（European Commission，2013）。

[2] 从 1995 年到 2011 年，出口的制造业相关中间服务在服务总产出中所占的份额从 0.9% 上升到了 1.3%（European Commission，2013）。

对值来衡量，投入国内制造业产业的中间服务比出口的制造业相关中间服务经历了更大幅度的上升（见图 13.4B）。

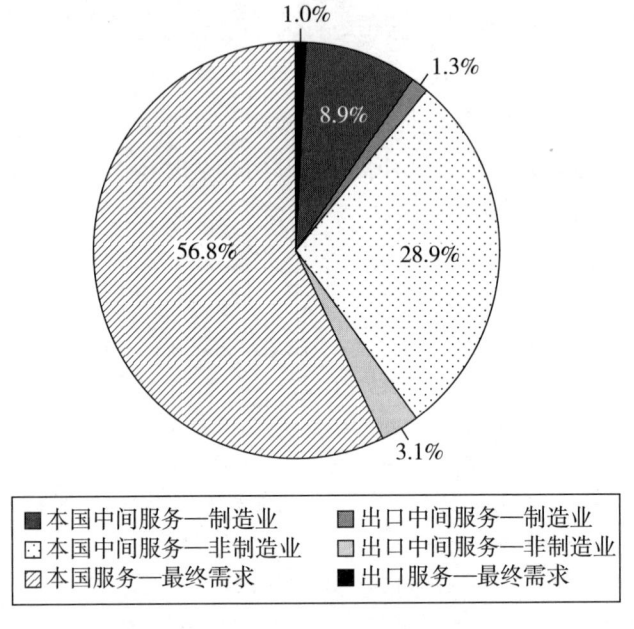

图 13.4A　2011 年世界服务产出的构成

注释：世界服务产出由如下三个部分构成：本国和外国的最终需求、投入本国和外国制造业产业的中间服务以及投入本国和外国非制造业产业的中间服务。

数据来源：作者基于 European Commission（2013）所做的估算。

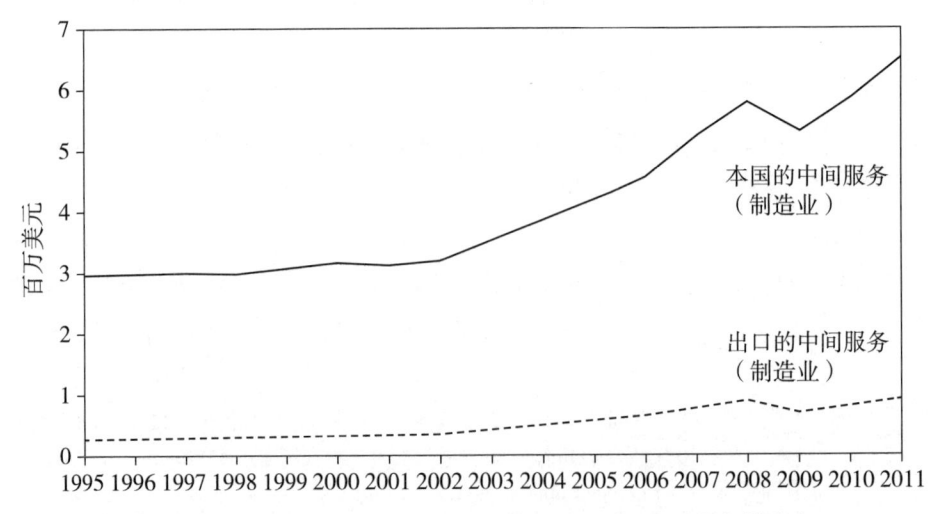

图 13.4B　1995—2011 年内销和出口的全球制造业相关服务的产出

数据来源：作者基于 European Commission（2013）所做的估算。

4.4 制造业产业对中间服务的低需求限制了向发展中国家输出的中间服务的范围

各国的制造业部门对中间服务的依赖性各不相同。发达国家（比如爱尔兰、荷兰和法国）的制造业通常要比发展中国家的制造业更加依赖中间服务，大多数发展中国家的中间服务—制造业产出比率都低于平均水平（见图13.5）。[①] 例如，从1995年到2011年，爱尔兰每单位的制造业产出需要0.3个单位的中间服务，在WIOD数据库的样本国家中，爱尔兰制造业对中间服务的依赖度的增长率（每年2.0%）是最高的。相比之下，为了生产每个单位的产品，中国的制造业部门仅仅需要0.1个单位的中间服务，并且这一依赖度还在不断地下降。随着制造业的生产向发展中国家转移，全球制造业产业对中间服务的需求在2002年达到了顶峰，然后就开始下降了（参见图13.3）。2011年，世界每单位产品的生产需要0.17个单位的中间服务，低于1995年的0.19个单位。

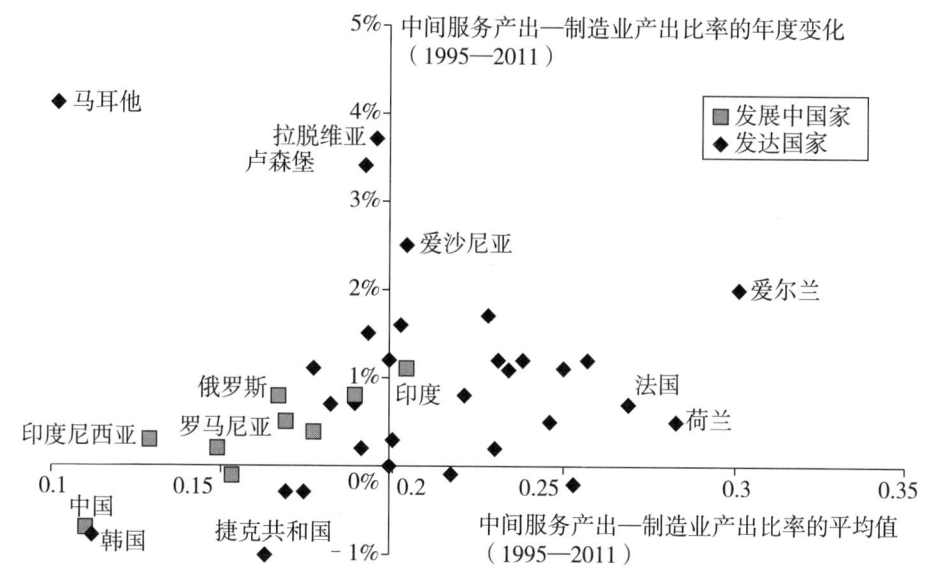

图13.5　1995-2011年基于中间服务—制造业产出比率及其变化的国家分类

数据来源：作者基于European Commission（2013）所做的估算。

[①] 该结果证实了Francois Woerz（2008）的研究发现，即更高发展水平的国家吸收更多的生产者服务投入。2011年，在发展中国家中，只有印度的制造业部门对中间服务业的依赖程度（在边际上）超过了平均水平。将中间服务出口到这些发展中国家的余地也将更加有限。

发展中国家与发达国家在制造业产业结构上的差异并不能完全解释它们在制造业相关中间服务的需要量上的差异。从 1995 年到 2011 年，中国提升了制造业的技术含量，其制造业产出的高技术部分的份额从 32% 猛增到了 44%。2006 年，中国制造业部门的高技术部分超过了美国。尽管中国制造业部门的结构多年来已经变得更加高级化了，但是，其对中间服务的需要量却在持续下降。

关于各国在中间服务份额上的差异，其中一种解释可能是它们在纵向生产组织上各不相同。发展中国家的制造企业可能要比发达国家的制造企业更多地使用内部服务。在这些一体化的内部服务被归为制造业的情况下，制造业—服务业的关联性就会被低报。在这些国家，制造业和服务业的共生性将会强于官方统计数字所揭示的程度。

4.5 中间服务生产的经济重心随着制造业生产而向东转移

全球经济的重心正在向东方转移（Grether and Mathys, 2010; Quah, 2011）。当人们利用 WIOD 数据库来分析制造业和中间服务业产出的空间运动时，类似的画面出现了（见图 13.6）。制造业产出和中间服务业产出的经济重心的镜像运动为如下命题提供了支持：制造业生产的离岸外包最终将导致制造业相关服务业的流失（例如，Cohen and Zysman, 1987; Pisano and Shih, 2012）。

从 1995 年到 1998 年，美国和日本在制造业和中间服务业的生产上经历了迥异的时运，经济重心因此向西转移。在此期间，美国在世界制造业产出中所占的份额从 20.3% 上升到了 23.4%，而日本的份额则从 18.9% 下跌到了 13.8%。[①] 同样，美国在全球中间服务市场中的份额增加了（1995 年至 1998 年，从 22.1% 上升到了 25.3%），而日本的份额则下降了（从 17.4% 下降到了 12.7%）。

自从 2001 年加入世界贸易组织之后，中国迅速发展成为全球制造业大国，推动了制造业生产的经济重心显著地转向东方。从 1995 年到 2011 年，中国的制造业产出每年增长 17.0%，中国在全球制造业产出中所占的份额从 5.5% 猛增至 26.8%。[②] 从 2007 年开始，中国取代了美国成为世界上最大的制造业产出生产国。[③]

[①] 从 1995 年到 1998 年，日本的制造业产出每年下降 10.9%，而美国的制造业产出每年上升 3.8%。

[②] 与此形成对照的是，从 1995 年到 2011 年，全球制造业产出年均增长 5.9%。

[③] 如果用附加值来衡量，美国于 2009 年将世界头号制造业大国的地位移交给了中国。

图 13.6　1995—2011 年全球制造业和中间服务产出的经济重心

注释：经济重心是指 WIOD 数据库中的 39 个国家（从 1995 年至 2011 年，全球制造业产出的 89.2% 和全球中间服务产出的 92.5% 来自这些国家）的经济活动的平均区位。以首都城市的地理坐标作为各国的点定位。

数据来源：作者基于 European Commission（2013）所做的内部估算。

中间服务产出的重心跟随着制造业生产的空间运动而向东方转移。考虑到中间服务业具有与制造业活动共生的倾向，中国的制造业优势有助于其中间服务产出的强劲增长（从 1995 年到 2011 年，年均增长 16.0%）。从 1995 年到 2011 年，中国在全球中间服务产出中的份额获得了显著上升（从 3.4% 升至 16.1%），而在发达世界的其他主要生产国，诸如美国、日本、德国以及法国，相应的份额则下降了。2011 年，中国替代了美国（全球产出的 15.1%）成为世界上最大的制造业相关中间服务的生产国。①

5. 结论

本章利用 WIOD 数据库重新确定了如下事实：制造业和服务业持续具有强烈的共生倾向。尽管国际贸易和信息与通信技术的进步提高了跨境服务流动

---
① 在中国实现了工业化之后，它也建立起了中间服务出口的生产能力。从 1995 年到 2011 年，中国出口的制造业相关中间服务年均增长 18.5%，是美国增长率（每年 5.7%）的 3.2 倍。

的潜力，但是，制造业—服务业的关联性还没有分化到如此严重的程度，以至某些国家能够制造业专业化，而另一些国家可以专注于向前者出口中间服务。自从2008年全球金融危机以来，制造业各产业已经越来越多地在国内采购诸如金融服务这样的可贸易中间服务，而不是从国外进口这些中间服务。

WIOD数据库所提供的证据表明，制造业生产的离岸外包最终将引起制造业相关服务业的流失。中国这样的发展中国家的制造业具有不同的纵向生产组织（比如使用更多的内部服务），从而对来自国外的中间服务具有较少的需求。考虑到制造业与服务业之间的地理接近性的重要性，制造业和中间服务业的生产能力正在越来越多地向东方转移。作为这种现象的反映，中国于2011年成为世界上最大的中间服务生产国。

中间服务生产能力的流失对于经济发展具有重要的含义。Francois and Reinert（1996）阐明了国家收入水平与制造业相关生产者服务的需求之间的密切关系。Park（1994）强调了本地生产者服务业在维持工业出口和竞争力方面的关键作用。根据Ciccone and Matsuyama（1996）的观点，与制造业相结合的生产者服务业是创新的重要源泉和经济发展的必要部分。

本研究结果还显示，制造业和服务业具有极高的异质性，不能简单地分成两个截然不同的群组来供各国选择。在制造业和服务业内部，不同的活动更适合不同的国家。对于试图鼓励积极的结构变革的国家来说，识别出理想的产业组合、用明智的产业政策来推进它们，依然是重要的优先选项。

考虑到制造业和服务业之间的共生关系，制造业生产能力的流失意味着（发达国家）流失或者（发展中国家）放弃了重要生产者服务的生产能力。正在去工业化的发达国家需要确保流失的制造业及其相关的服务业能够被服务于非制造业的服务业的增长充分抵消。对于试图通过选择服务拉动的发展路径从而越过工业化的发展中国家，它们需要做一项评估：在没有一个健康的生产者服务部门的条件下，服务业的发展是否具有可持续性？到目前为止，历史和经验证据始终重申，忽视制造业部门的国家是有风险的，因为制造业部门与经济中的其他重要部门存在健康的相互依存性。

附录 13A

WIOD 数据库中的部门分类

ISIC	部门	OECD（2011）的分类	类别
A–B	农业、狩猎、林业以及渔业	—	PI
C	采矿业与采石业	—	PI
15–16	食品、饮料与烟草	LT：食品、饮料与烟草（15–16）	LT
17–18	纺织业与纺织产品	LT：纺织业、纺织产品皮革与鞋类（17–19）	LT
19	皮革与鞋类		LT
20	木材、木材与（软）木制品	LT：木材、纸浆、纸品、印刷以及出版（20–22）	LT
21–22	纸浆、纸品、印刷和出版		LT
23	焦炭、精炼石油以及核能	MLT：焦炭、精炼石油以及核能（23）	MT
24	化学药品与化学制品	HT：药物（2423） MHT：除了药物之外的化学制品（2423除外的24）	HT
25	橡胶与塑料	MLT：橡胶与塑料产品（25）	MT
26	其他非金属矿物	MLT：其他非金属矿产品	MT
27–28	基础金属和加工金属	MLT：基础金属和加工金属（27–28）	MT
29	未另分类的机械装置	MHT：未另分类的机械装置和设备（29）	HT
30–33	电气与光学设备	HT：办公、会计与计算机（30）；广播、电视和通信设备（32）；医疗、精密和光学仪器（33） MHT：未另分类的电力机械和仪器（31）	HT
34–35	运输设备	HT：航空器与航天器（353） MHT：汽车、拖车与半拖车（34）；未另分类的铁路设备与运输设备（352+359） MLT：造船与维修（351）	HT
36–37	未另分类的制造业以及资源回收业	LT：未另分类的制造业以及资源回收业（36–37）	LT
E	电力、煤气与供水	—	公用事业
F	建筑业	—	建筑业

（续表）

ISIC	部门	OECD（2011）的分类	类别
50	汽车和摩托车的销售、维护与修理，燃料的零售	—	零售贸易
51	汽车与摩托车之外的批发贸易和经纪贸易	—	批发贸易
52	汽车、摩托车之外的零售贸易，家居用品的维修	—	零售贸易
H	酒店与餐馆	—	酒店与饭馆
60	内陆运输	—	运输
61	水上运输	—	
62	航空运输	—	
63	其他支持和辅助性运输活动外加旅行社活动	—	
64	邮政与电信	—	通信
J	金融中介活动	—	金融服务
70	房地产活动	—	房地产
71–74	机器与设备的租赁以及其他商业活动	—	商业服务
L	公共行政与国防、强制性社会保障	—	其他服务
M	教育	—	
N	健康与社会工作	—	
O	其他社区、社会与工人服务	—	
P	雇人的私人家庭	—	

注释：初级产业（PI）包括农业、林业、渔业、采矿业和采石业。OECD（2011）根据直接研发强度将制造业产业分成四类：高技术（HT）、中高技术（MHT）、中低技术（MLT）以及低技术（LT）产业。在本文的分析中，我们将HT与MHT产业合并为单一的"HT产业"，而用MLT产业指代中技术（MT）产业。这反映了WIOD数据库里范围广泛的部门（比如化学药品与化学制品、光电设备），它们是HT产业与MHT产业的混合。运输设备部门的分类特别困难，因为该部门同时存在HT产业、MHT产业以及MLT产业。我们决定重新分类，将该部门归入HT产业，其理由是：首先，在ISIC分类法中，该部门的大部分产业都属于HT和MHT产业；其次，在WIOD数据库中，更多的国家处于发展的高级阶段（有较好的投入—产出表记录），因此拥有更先进的产业。

数据来源：OECD（2011）、European Commission（2013）以及内部分类。

致　谢

　　阿克巴·诺曼和约瑟夫·E.斯蒂格利茨领导的政策对话倡议产业政策工作小组是政策对话倡议与日本国际协力事业团合作成立的，而本书是两个机构的合作成果。除了提供财政支持之外，日本国际协力事业团全体职员还为工作小组的实质性工作做出了贡献，特别是细野明雄与岛田刚，他们为本书贡献了两章内容。日本国际协力事业团为本项工作提供了资金，我们对此万分感谢。除了为本书撰稿的作者之外，我们还非常感谢一长串同事的评论（我们当然不会要求他们为我们的分析和观点承担责任），特别是要感谢 Yaw Ansu、C. P. 钱德拉塞卡（Chandrasekhar）、张夏准、Wouter Jongbloed、威廉·约翰逊（William Johnson）、阿努什·卡帕蒂亚（Anush Kapadia）、Keun Lee、Kalle Moene、铃木一郎（Ichiro Tambo）、埃里克·维胡根（Eric Verhoogeh）以及罗伯特·韦德（Robert Wade）。我们非常感激两位匿名审稿人，他们对本书的手稿做出了精辟的评论。本项工作是在敬业的政策对话倡议项目经理鞠佳明（Jiaming Ju）的帮助下才得以完成的，他在安排工作小组会议、协调本书的制作流程等方面发挥了关键的作用。我们同样非常感谢克里斯滕·格伦南（Kristen Grennan）和弗洛里安·谢弗（Florian Schaeffer），前者对本书做了出色的文字加工，后者勤勉地进行笔记记录。最后，我们极力感谢布里奇特·弗兰纳里－麦科伊（Bridget Flannery-McCoy）及其哥伦比亚大学出版社团队，他们为我们提供了超凡的帮助、指导和支持。

撰稿人简介

阿克巴·诺曼是一位在政策分析和制定上具有广泛经验的经济学家,他参与过许多发展中和转型经济体的政策分析和制定,为国际货币基金组织、世界银行、其他国际组织以及各国高级政府层面做了大量的工作。他既在哥伦比亚大学任教,又在政策对话项目——约瑟夫·E.斯蒂格利茨所领导的哥伦比亚大学"思想库",担任高级研究员,他在那里的任务始终包括与政府之间的政策合作。他曾经在牛津大学(他从那里毕业)和苏塞克斯大学发展研究所担任学术职务。

约瑟夫·E.斯蒂格利茨是哥伦比亚大学的校级教授(University Professor)和全球思想委员会的共同主席,是2001年度诺贝尔经济学奖获得者,也是1995年度政府间气候变化委员会报告的主要撰稿人(该报告分享了2007年度诺贝尔和平奖)。在克林顿执政时期,他是美国经济顾问委员会主席。从1997年到2000年,他是世界银行首席经济学家和高级副行长。

斯蒂格利茨获得过约翰·贝茨·克拉克奖,该奖项每两年颁发一次,奖励为经济学做出重大贡献、年龄不超过40岁的美国经济学家。他曾经是剑桥大学富布莱特学者,担任过牛津大学万灵学院的德拉蒙德教授,还曾经在麻省理工学院、耶鲁大学、斯坦福大学以及普林斯顿大学任教。他最近出版了《不平等的代价:今日的社会分裂如何危及我们的未来》。

安东尼奥·安德雷奥尼(剑桥大学博士)是伦敦大学亚非研究学院(School of Oriental and African Studies, SOAS)经济学系的经济学讲师。在亚非研究学院,他是英国国际发展部反腐败证据研究项目联盟的联合研究主任和亚非研究学院产业发展与政策项目研究集群的负责人。他还是剑桥大学制造业研究所的研究员。他曾在《剑桥经济学期刊》《结构变化与经济动态》《牛津经济政策评论》上发表研究成果。他（和 M. 莫阿扎姆、张夏准一起）是《发展与工作职位》（帕尔格雷夫麦克米兰出版社）一书的作者之一，也是包括联合国工业开发组织、国际劳工组织、联合国贸易与发展会议、联合国开发计划署、联合国经济与社会事务部、经济合作与发展组织、联邦经济合作与发展部、英国国际发展部、英国政府科学办公室以及坦桑尼亚通产省等多家政府与多边组织的顾问。

马里奥·西摩里是联合国拉丁美洲和加勒比经济委员会生产、生产率与管理部和国际贸易与一体化部的负责人，也是威尼斯卡福斯卡里大学的经济学教授。他在苏塞克斯大学科学政策研究所获得博士学位，他的博士文章分析了技术差距和贸易对发展中国家经济增长的影响。2004 年，他（与乔瓦尼·多西和约瑟夫·E. 斯蒂格利茨一起）被任命为两个特别任务小组的共同主任：促进发展的产业政策和知识产权制度（纽约哥伦比亚大学政策对话倡议）。他曾于 2004 年获得比萨大学圣安娜高等研究学院的菲利普·莫里斯国际商务教职。

他做演讲、写书、发表文章，纵论产业政策、科学、技术以及创新等经济问题。

乔瓦尼·科齐是格林威治大学（英国伦敦）的经济学高级讲师和格林威治政治经济学研究中心（Greenwich Political Economy Research Centre, GPERC）的成员。他曾经是比利时布鲁塞尔欧洲进步研究基金会（Foundation for European Progressive Studies, FEPS）的高级经济学家和伦敦大学亚非学院发展政策研究中心（Centre for Development Policy and Research, CDPR）的研究员。在 CDPR，他合作研究了一个为期三年、由欧洲委员会 FP7 资助的项目，该项目评估了欧洲在 2030 年所面临的挑战（AUGUR）。目前，他研究财政政策、社会与物质投资对于可持续增长和就业的促进作用以及开发银行的作用。他的几本研究出版物都利用了剑桥阿尔法度量模型，这是一个结构主义增长模型，用于预测可供选择的宏观经济情境及其政策含义。

乔瓦尼·多西是意大利比萨圣安娜高等学校经济学研究所的经济学教授和所长。他还担任"产业政策"与"知识产权"等两个特别任务小组的共同主任，这两个特别任务小组属于哥伦比亚大学政策对话倡议项目。此外，多西教授还是《产业与公司变革期刊》的一名欧洲大陆编辑。他被选入"ISI 高被引研究者"名单，该名单里的研究者对科学技术做出了重大贡献。他还是意大利首家科学院猞猁之眼国家科学院的通讯院士。他的主要研究领域包括创新与技术变革经济学、产业经济学、演化理论、经济增长和发展、组织研究，他是这些领域中的几本著作的作者和编者。他的研究论文以两本书的形式出版：《创新、组织和经济动态：文章集》（切尔滕纳姆：爱德华埃尔加出版社，2000 年）和《经济组织、产业动态和发展：文章集》（切尔滕纳姆：爱德华埃尔加出版社，2012 年）。

若昂·卡洛斯·费拉斯是巴西里约热内卢联邦大学经济研究所的教授。从 2007 年 5 月到 2016 年 5 月，他是巴西国家发展银行的执行董事，负责协调该行的研究、公司规划和风险管理活动。从 2003 年 6 月到 2007 年 5 月，他是位于智利圣地亚哥的联合国拉丁美洲和加勒比经济委员会（UN/ECLAC）生产率与管理部的负责人。他在巴西国内外发表了大量的研究成果，其中包括"产业政策与经济转型"（2012 年，库蒂尼奥、费拉斯与奥利瓦合著，载于桑蒂索与代顿 – 约翰逊主编、牛津大学出版社出版的《牛津拉丁美洲政治经济学手册》）和《巴西制造：巴西产业竞争力所面临的挑战》（1996 年，费拉斯、库普弗与哈格瑙尔合著，里约热内卢 Editora Campus 出版，荣获当年巴西出版商协会提名奖）。

斯蒂芬妮·格里芬斯 – 琼斯是一名经济学家，她研究国际和国内金融结构的改革并提出政策建议，强调公共开发银行的作用。格里芬斯 – 琼斯是哥伦比亚大学政策对话倡议的现任金融市场主管，也是英国发展研究所的荣誉研究员。她所做过的工作包括领导许多关于国际金融、开发银行和宏观经济问题的重大国际研究项目。格里芬斯 – 琼斯撰写和编辑了 20 多本专著，发表了大量的报刊文章，包括与斯蒂格利茨和奥坎波一起合编的《该轮到看得见的手了》。

原口野田是维也纳联合国工业发展组织政策、研究与统计部的产业研究高级职员，他领导了多个研究项目，出版了联合国工业发展组织《产业发展报告（2013）》《全球绿色增长（2015）》《全球价值链与发展（2015）》等研究报告。他在结构变革、制造业模式以及产业政策与实践等方面发表了大量的研究成果。最近，他与威姆·瑙德、亚当·斯齐尔迈一起联合主编了《金砖国家的结构变革与产业发展》，该书于2015年由牛津大学出版社出版。在加入联合国工业发展组织之前，他在美国圣约翰大学教授宏观经济学。他拥有伦敦大学的博士学位。

细野明雄是日本国际协力事业团研究所（JICA-RI）的高级研究顾问和前负责人（2011-2013年）。他在东京大学获得经济学博士学位。毕业之后，他担任过多个职位，其中包括筑波大学（位于筑波科学城）副校长、日本驻萨尔瓦多大使、东京国家政策研究生院（GRIPS）教授以及神户大学经济与工商管理研究所教授。他发表的成果包括《为可持续农业而发展：巴西塞拉多》（与马格诺、本乡合编，2016年由帕尔格雷夫-麦克米兰出版社出版）、《做大：如何让发展方案惠及亿万穷人》（与钱迪、哈拉斯以及林恩合编，2013年由布鲁金斯出版社出版）、《区域一体化与经济发展》（与萨维德拉、斯托林斯合编，2003年由帕尔格雷夫出版社出版）以及《东亚和拉美的发展战略》（与萨维德拉合编，1998年由麦克米兰出版社出版）。

Ming Leong Kuan是新加坡贸易与工业部的首席经济学家。他在政府部门任职期间从事各种研究事务，其范围横跨中期经济增长的相关经济政策、产业发展、城市规划、人口统计以及经济交往战略。他的研究兴趣包括国家在经济发展中的作用、产业政策、国际贸易以及经济结构转型。近年来，他所做的研究项目来自各种组织，其中包括英国政府科学办公室、国际劳工组织、联合国工业发展组织以及弗里德里希-埃伯特基金会（FES）。他拥有剑桥大学的博士学位和伦敦政治经济学院的硕士学位。

林毅夫是北京大学新结构经济学研究中心主任、南南合作与发展学院院长、国家发展研究院名誉院长。从2008年到2012年，他是世界银行高级副行长和首席经济学家。在此之前，林先生作为创始主任在北京大学中国经济研究中心工作了长达15年之久。他出版了23本著作，其中包括《反对共识：对大萧条的反思》《繁荣的求索：发展中经济如何崛起》《解读中国经济》以及《新结构经济学：反思经济发展与政策的理论框架》。他是英国人文与社会科学院外籍院士和发展中国家科学院院士。

迪帕克·内亚尔是新德里尼赫鲁大学的荣誉教授，他在这所大学从教长达25年之久。他是牛津大学巴利奥尔学院的荣誉院士，不久之前，他也是纽约社会研究新学院的经济学杰出校级教授。早些时候，他在牛津大学、苏塞克斯大学以及加尔各答印度管理学院任教。2000年到2005年，他担任德里大学副校长。1989年到1991年，他还担任印度政府的首席经济顾问和财政部部长。他的主要研究领域是国际经济学和宏观经济学。他发表了大量的学术性文章和数本专著，其中包括《赶超：世界经济中的发展中国家》《宏观经济学与人类发展》《自由化与经济发展》《贸易与全球化》《增长中的稳定：宏观经济学、自由化与发展》（合著）、《全球化的治理：问题和制度》以及《自由化的智者指南》（合著）。

何塞·安东尼奥·奥坎波是哥伦比亚大学国际与公共事务学院教授、政策对话倡议共同主席以及全球思想委员会成员。他还是联合国经济与社会理事会发展政策委员会主席和哥伦比亚农村发展委员会主席。他在联合国和祖国哥伦比亚拥有多个职务，其中包括联合国经济与社会事务副秘书长、联合国拉丁美洲与加勒比经济委员会执行秘书以及哥伦比亚财政部部长、农业部部长和国家计划办公室主任。他在宏观经济理论与政策、国际金融问题、经济与社会发展、国际贸易以及哥伦比亚与拉丁美洲经济史等领域发表了大量的文章和专著。

卡洛塔·佩雷斯专门研究技术变革的社会经济影响、增长和发展的历史背景变迁。她是《技术革命与金融资本：泡沫与黄金时代的动力学》（埃尔加，2002年）的作者，担任过联合国工业发展组织、联合国拉丁美洲与加勒比经济委员会、世界银行、美洲开发银行以及经济合作与发展组织等国际组织的顾问，也担任过数个拉美国家政府的顾问，还担任过国际商用机器公司、思科公司、西班牙电信公司以及爱立信公司等跨国公司的顾问。20世纪80年代初，为了增强公司实力以应对自由化的冲击，她建议委内瑞拉工业部设立技术发展局，并被任命为创始负责人。卡洛塔是伦敦经济学院国际发展百年纪念教授、爱沙尼亚塔林理工大学技术与发展教授以及苏塞克斯大学科技政策研究所荣誉教授。

岛田刚是静冈大学副教授、哥伦比亚大学访问学者、日本国际协力事业团研究所访问学者以及早稻田大学兼职研究员。此前，作为产业发展省贸易和投资局负责人、首相办公室首相特别助理以及日本常驻纽约联合国代表团第一秘书，岛田博士为日本国际协力事业团工作了二十多年的时间。他拥有早稻田大学博士学位和曼彻斯特大学经济学硕士学位。最近，他在《减轻灾害风险国际期刊》上发表了《灾后社会资本的作用：基于时间序列和横截面数据的日本实证研究（1981-2012）》，还在《产业政策和非洲经济转型》（诺曼与斯蒂格利茨主编，2015年）和《终结极端贫困的最后努力》（钱迪、卡托与哈拉斯主编，2015年）上发表了有关章节的内容。

英文参考文献

第 1 章

Abebe, Girum, and Florian Schaefer. 2015. "Review of Industrial Policies in Ethiopia: A Perspective from the Leather and Cut Flower Industries." In *Industrial Policy and Economic Transformation in Africa*, ed. Akbar Noman and Joseph E. Stiglitz. New York: Columbia University Press.

Amsden, Alice. 1989. *Asia's Next Giant*. Ithaca, N.Y.: Cornell University Press.

——. 2001. *The Rise of the Rest: Challenges to the West from Late-Industrializing Economies*. London: Oxford University Press.

Chang, Ha-Joon, ed. 2001. *Joseph Stiglitz and the World Bank: The Rebel Within*. London: Wimbledon.

Chang, Ha-Joon. 2002. *Kicking Away the Ladder: Development Strategy in Historical Perspective*. London: Anthem.

——. 2015. "Is Industrial Policy Feasible and Necessary in Africa?" In *Industrial Policy and Economic Transformation in Africa*, ed. Akbar Noman and J. E. Stiglitz. New York: Columbia University Press.

Cimoli, Mario, G. Dosi, and J. E. Stiglitz. 2009. "The Political Economy of Capabilities Accumulation: The Past and Future of Policies for Industrial Development." In *Industrial Policy and Development*, ed. M. Cimoli, G. Dosi, and J. E. Stiglitz. New York: Oxford University Press.

Economic Commission for Africa. 2016. *Transformative Industrial Policy for Africa*. Addis Ababa, Ethiopia: United Nations Economic Commission for Africa.

Gerschenkron, Alexander. 1962. *Economic Development in Historical Perspective: A Book of Essays*. Cambridge, Mass.: Harvard University Press.

Greenwald, Bruce, and J. E. Stiglitz. 1986. "Externalities in Economies with Imperfect Information and Incomplete Markets." *Quarterly Journal of Economics 101*, 2 (May 1986): 229–64.

———. 2006. "Helping Infant Economies Grow: Foundations of Trade Policies for Developing Countries." *American Economic Review* 96, 2: 141–46.

———. 2014. *Creating a Learning Story: A New Approach to Growth, Development and Social Progress*. New York: Columbia University Press.

Hirschman, A. O. 1958. *The Strategy of Economic Development*. New Haven, Conn.: Yale University Press.

Khan, M., and S. Blankenburg. 2009. "The Political Economy of Industrial Policy in Asia and Latin America." In *Industrial Policy and Development: The Political Economy of Capabilities Accumulation*, ed. Mario Cimoli, G. Giovanni Dosi, and J. E. Stiglitz. London: Oxford University Press, 336–77.

Lin, Justin Yifu. 2012. *New Structural Economics: A Framework for Rethinking Development Policy*. Washington, D.C.: World Bank.

Madison, Angus. 1991. *Dynamic Forces in Capitalist Development: A Long-Run Comparative View*. London: Oxford University Press.

Mazzucato, Mariana. 2013. *The Entrepreneurial State: Debunking Public vs. Private Sector Myths*. London: Anthem.

Noman, Akbar. 1991. "Industrial Development and Efficiency in Pakistan: A Revisionist Overview." *Pakistan Development Review* 30, 4: 849–61.

———. 2015. "The Return of Industrial Policy and Revival of Pakistan's Economy: Possibilities of Learning, Industrial and Technology Policies." *The Lahore Journal of Economics 20* (September 2015): 31–58.

Noman, Akbar, and J. E. Stiglitz, eds. 2015. *Industrial Policy and Economic Transformation in Africa*. New York: Columbia University Press.

Noman, A., K. Botchwey, H. Stein, and J. E. Stiglitz, eds. 2012. *Good Growth and Governance in Africa: Rethinking Development Strategies*. New York: Oxford University Press.

Nurkse, Ragnar. 1953. *Problems of Capital Formation in Underdeveloped Countries*. New York: Oxford University Press.

O'Sullivan, E., A. Andreoni, G. Lopez-Gomez, and M. Gregory. 2013. "What Is New in the New Industrial Policy? A Manufacturing System Perspective." *Oxford Review of Economic Policy* 29, 2: 432–62.

Papanek, Gustav F. 1967. *Pakistan's Development: Social Goals and Private Incentives*. Cambridge, Mass.: Harvard University Press.

Prebisch, Raúl. 1951. "Theoretical and Practical Problems of Economic Growth" (E/CN.12/221). Mexico City: Economic Commission for Latin America (ECLA).

———. 1963. *Towards a Dynamic Development Policy for Latin America*. United Nations E/CN.12/680/Rev.1, New York.

Primi, Annalisa. 2015. "The Return of Industrial Policy: (What) Can Africa Learn from Latin America?" In *Industrial Policy and Economic Transformation in Africa*, ed. A. Noman and J. E. Stiglitz. New York: Columbia University Press.

Rosenstein-Rodan, P. N. 1943. "Problems of Industrialization of Eastern and South-Eastern Europe." *The Economic Journal* 53, June–September.

Serra, Narcis, and J. E. Stiglitz. 2008. *The Washington Consensus Reconsidered: Towards a New Global Governance*. New York: Oxford University Press.

Stiglitz, Joseph E. 1987. "Learning to Learn, Localized Learning and Technological Progress." In *Economic Policy and Technological Performance*, ed. P. Dasgupta and P. Stoneman. London: Cambridge University Press, 125–53.

———. 1998a. "An Agenda for Development in the Twenty-First Century." In *Annual World Bank Conference on Development Economics 1997*, ed. J. E. Stiglitz and B. Pleskovic. Washington DC, World Bank, 17–31.

———. 1998b. "More Instruments and Broader Goals: Moving Toward the Post-Washington Consensus." In *Development Issues in the 21st Century*, ed. G. Kochendorfer-Lucius and B. Pleskovic. Berlin: German Foundation for International Development, 1999, 11–39. Also Chapter 1 in *Joseph Stiglitz and the World Bank: The Rebel Within*, ed. Ha-Joon Chang, London: Wimbledon, 2001, 17–56. (Originally presented as the 1998 WIDER Annual Lecture, Helsinki, January 1998; also keynote address at Villa Borsig Winter Workshop, February 1998.)

———. 1998c. "Towards a New Paradigm for Development: Strategies, Policies and Processes." 9th Raul Prebisch Lecture delivered at the Palais des Nations, Geneva,

October 19, 1998, UNCTAD. Chapter 2 in *Joseph Stiglitz and the World Bank: The Rebel Within*, ed. Ha-Joon Chang, London: Wimbledon, 2001, 57–93.

——. 2016. "The State, the Market, and Development." WIDER Working Paper, February 2016, originally presented at a conference celebrating WIDER's thirtieth anniversary, December 2015.

Stiglitz, Joseph E. and Bruce Greenwald. 2014. *Creating a Learning Society: A New Approach to Growth, Development, and Social Progress*. New York: Columbia University Press. Reader's Edition published in 2015.

Stiglitz, Joseph E., Justin Yifu Lin, and Celestin Monga. 2013. "Introduction: The Rejuvenation of Industrial Policy." In *The Industrial Policy Revolution I: The Role of Government Beyond Ideology*, ed. J. Esteban, J. Y. Lin, and J. E. Stiglitz. Houndmills, UK: Palgrave Macmillan.

Stiglitz, Joseph E., J. Y. Lin, and E. Patel, eds. 2013. *The Industrial Revolution II: Africa in Twenty-first Century*. Houndmills, UK: Palgrave Macmillan.

Wade, Robert. 1990. *Governing the Market: Economic Theory and the Role Government in East Asian Industrialization*. Princeton, N.J.: Princeton University Press.

第2章

Aghion, P., and P. Howitt. 2005. "Appropriate Growth Policy: A Unifying Framework." The 2005 Joseph Schumpeter Lecture. European Economic Association Congress. Amsterdam, August 25, 2005.

Amsden, A. 1989. *Asia Next Giant*. Ithaca, N.Y.: Cornell University Press.

——. 2001. *The Rise of the Rest. Challenges to the West from Late-Industrializing Economies*. London: Oxford University Press.

Antonelli, C. 1995. *The Economics of Localized Technological Change and Industrial Dynamics*. Boston: Kluwer.

Arrow, K. 1962. "Economic Welfare and the Allocation of Resources for Invention." In *The Rate and Direction of Inventive Activity*, R. Nelson, ed. Princeton, N.J.: Princeton University Press.

Arthur, W. B. 1994. *Increasing Returns and Path Dependence in the Economy*.

Ann Arbor, Mich.: University of Michigan Press.

Atkinson, A., and J. Stiglitz. 1969. "A New View of Technological Change." *Economic Journal* 79: 573–78.

Bell, M., and K. Pavitt. 1993. "Technological Accumulation and Industrial Growth: Contrasts Between Developed and Developing Countries." *Industrial and Corporate Change* 2: 157–210.

Castaldi, C., and G. Dosi. 2006. "The Grip of History and the Scope for Novelty: Some Results and Open Questions on Path Dependence in Economic Processes." In *Understanding Change*, ed. A. Wimmer and R. Kössler. London: Palgrave Macmillan, 99–128.

Castaldi C., M. Cimoli, N. Correa, and G. Dosi. 2009. "Technological Learning, Policy Regimes, and Growth: The Long-Term Patterns and Some Specificities of a 'Globalized' Economy." In Cimoli, Dosi, and Stiglitz, 2009a, 39–78.

Castro, A. 2009. "The Impact of Public Policies in Brazil along the Path from Semi- Stagnation to Growth in a Sino-Centric Market," in Cimoli, Dosi, and Stiglitz, 2009a, 257–76.

Chang, H. J. 2002. *Kicking away the Ladder: Development Strategy in Historical Perspective*. London: Anthem.

Cimoli, M. 1988. "Technological Gaps and Institutional Asymmetries in a North-South Model with a Continuum of Goods." *Metroeconomica* 39: 245–74.

Cimoli, M., and N. Correa. 2005. "Trade Openness and Technological Gaps in Latin America: A 'Low Growth' Trap." In Ocampo 2005, 45–70.

Cimoli, M., and G. Dosi. 1995. "Technological Paradigms, Patterns of Learning and Development. An Introductory Roadmap." *Journal of Evolutionary Economics* 5: 243–68.

Cimoli M., G. Dosi, and J. E. Stiglitz, eds. 2009a. *Industrial Policy and Development. The Political Economy of Capabilities Accumulation*. New York: Oxford University Press.

Cimoli M., G. Dosi, and J. E. Stiglitz. 2009b. "The Future of Industrial Policies in the New Millennium: Toward a Knowledge-Centered Development Agenda". In Cimoli, Dosi, and Stiglitz 2009a, 541–60.

Cimoli, M., G. Dosi, K. Maskus, R. L. Okediji and J. Stiglitz, eds. 2013. *Intellectual Property Rights and Development*. London: Oxford University Press.

Cimoli, M., G. Dosi, R. R. Nelson, and J. E. Stiglitz. 2009. "Institutions and Policies Shaping Industrial Development: An Introductory Note." In Cimoli, Dosi, and Stiglitz, 2009a, 19–38.

Cornia, G. A., T. Addison, and S. Kiiski. 2005. "Income Distribution Changes and Their Impact in the Post-World War II Period." In *Inequality, Growth, and Poverty in an Era of Liberalization and Globalization*, ed. G. A. Cornia. New York: Oxford University Press, 26–55.

Dahlman, C. J. 2009. "Growth and Development in China and India: The Role of Industrial Innovation Policy in Rapid Catch-up." In Cimoli, Dosi, and Stiglitz, 2009a, 303–335.

David, P. A. 1988. "Path Dependence: Putting the Past into the Future of Economics." Stanford University, Institute for Mathematical Studies in the Social Science, Technical Report 533.

Dosi, G. 1984. *Technical Change and Industrial Transformation*. London: Macmillan and New York: St. Martin Press.

———. 1988a. "Sources, Procedures and Microeconomic Effects of Innovation." *Journal of Economic Literature* 26(3): 1120–71.

———. 1988b. "Institutions and Markets in a Dynamic World." *The Manchester School of Economic and Social Studies* 56: 119–46.

———. 1999. "Some Notes on National Systems of Innovation and Production, and Their Implications for Economic Analysis." In *Innovation Policy in a Global Economy*, ed. D. Archibugi, J. Howells, and J. Michie. London: Cambridge University Press.

———. 2007. "Statistical Regularities in the Evolution of Industries. A Guide through Some Evidence and Challenges for the Theory." In *Perspectives on Innovation*, eds. F. Malerba and S. Brusoni. London: Cambridge University Press.

Dosi, G., C. Freeman, and S. Fabiani. 1994. "The Process of Economic Development. Introducing Some Stylized Facts and Theories on Technologies, Firms and Institutions." *Industrial and Corporate Change* 3: 1–45.

Dosi, G., L. Marengo, and C. Pasquali. 2006. "How Much Should Society Fuel the Greed of Innovators? On the Relations Between Appropriability, Opportunities and Rates of Innovation." *Research Policy* 35, no. 8: 1110–21.

Dosi G. and R.R. Nelson, 2010. "Technical Change and Industrial Dynamics as Evolutionary Processes." In *Handbook of the Economics of Innovation*, volume 1, ed. B.H. Hall and N. Rosenberg. Burlington, Vt.: Academic Press, 51–128.

Dosi, G., K. Pavitt, and L. Soete. 1990. *The Economics of Technical Change and Inter national Trade*. London: Harvester Wheatsheaf.

Dosi, G., C. Freeman, R. Nelson, G. Silverberg, and L. Soete, eds. 1988. *Technical Change and Economic Theory*. New York: Columbia University Press.

Freeman, C. 1982. *The Economics of Industrial Innovation*, 2nd ed. London: Pinter.

——. 2004. "Technological Infrastructures and International Competitiveness." *Industrial and Corporate Change* 13, no. 3 541–69.

Freeman, C., and C. Perez. 1988. "Structural Crises of Adjustment, Business Cycles and Investment Behavior." In Dosi et al., *Technical Change and Economic Theory*. London: Pinter, 38–66.

Gerschenkron, A. 1962. *Economic Backwardness in Historical Perspective*. Cambridge, Mass.: Harvard University Press.

Greenwald, B., and J. Stiglitz. 1986. "Externalities in Economics with Imperfect Information and Incomplete Markets." *Quarterly Journal of Economics* 101: 229–64.

Hamilton, A. 1791. "Report on the Subject of Manufactures." In H. C. Syrett et al., 1966, *The Papers of Alexander Hamilton*, vol. 10. New York: Columbia University Press.

Hirschman, A. O. 1958. *The Strategy of Economic Development*. New Haven, Conn.: Yale University Press.

——. 1971. A Bias for Hope. New Haven, Conn.: Yale University Press.

——. 1982. "Rival Interpretations of Market Society: Civilizing, Destructive, or Feeble?" *Journal of Economic Literature* 20: 1463–84.

Hobday, M., and F. Perini. 2009. "Latecomer Entrepreneurship: A Policy Perspective." In Cimoli, Dosi, and Stiglitz, 2009a, 470–505.

Hoff, K. 1996. "Market Failures and the Distribution of Wealth: A Perspective from the Economics of Information." *Politics and Society* 24: 411–32.

Hoff, K., and J. Stiglitz. 2001. "Modern Economic Theory and Development." In Meier and Stiglitz, 2001, 389–459.

ILO. 2004. *A Fair Globalization: Creating Opportunities for All*. Geneva: International Labor Office.

Khan, M. H. 2000a. "Rents, Efficiency and Growth." In *Rents, Rent-Seeking and Economic Development: Theory and Evidence in Asia*, eds. M. H. Khan and J. K. Sundaram. London: Cambridge University Press.

——. 2000b. "Rent-seeking as Process." In Khan, 2000a.

Khan, M. H., and S. Blankenburg. 2009. "The Political Economy of Industrial Policy in Asia and Latin America." In Cimoli, Dosi, and Stiglitz, 2009a, 336–77.

Kim, L. 1993. "National System of Industrial Innovation: Dynamics of Capability Building in Korea." In *National Innovation Systems: A Comparative Analysis*, ed. R. R. Nelson. New York: Oxford University Press.

Kim, L., and R. Nelson. 2000. *Technology, Learning, and Innovation: Experiences of Newly Industrializing Economies*. London: Cambridge University Press.

Krugman, P. R. 1996, *The Self-Organizing Economy*. Cambridge, Mass.: Blackwell.

Lall, S. 2000. *Selective Industrial and Trade Policies in Developing Countries: Theoretical and Empirical Issues*. QEH Working Paper Series, 48.

Landes, D. 1969. *The Unbound Prometheus*. London: Cambridge University Press.

List, F. 1841. *The National System of Political Economy*, trans. S. S. Lloyd. London: Longmans, Green and Co.; first published in English translation in 1885.

Lundvall, B.-Å., ed. 1992. *National Systems of Innovation: Towards a Theory of Innovation and Interactive Learning*. London: Pinter.

Malerba, F. 2002. "Sectoral Systems of Innovation and Production." Research Policy 31/2.

Mazzoleni, R., and R. Nelson. 2009. "The Roles of Research at Universities and Public Labs in Economic Catch-Up." In Cimoli, Dosi, and Stiglitz, 2009a, 378–408.

Mazzucato, M. 2013. *The Entrepreneurial State: Debunking Public vs. Private Sector Myths*. London: Anthem.

Meier, G. M., and J. Stiglitz, eds. 2001. *Frontiers of Development Economics* London: Oxford University Press.

Mowery, D. C., and R. R. Nelson. 1999. *Sources of Industrial Leadership: Studies of Seven Industries*. London: Cambridge University Press.

Murphy, K. M., A. Shleifer, and R. W. Vishny. 1989. "Industrialization and the Big Push." *Journal of Political Economy* 97: 1003–26.

Nelson, R. R. 2008. "Economic Development from the Perspective of Evolutionary Economic Theory." *Oxford Development Studies* Volume 36, Issue 1, 9–21.

——. 1994. "The Co-evolution of Technology, Industrial Structure and Supporting Institutions." *Industrial and Corporate Change* 3: 47–64.

——. 1959. "The Simple Economics of Basic Scientific Research." *Journal of Political Economy* 67: 297–306.

Nelson, R. R., ed. 2005. *The Limits of Market Organization*. New York: Russell Sage Foundation.

——. 1993. *National Innovation Systems*. London: Oxford University Press.

——. 1982. *Government and Technical Progress*. New York: Pergamon.

Nelson, R. R., and B. Sampat. 2001. "Making Sense of Institutions as a Factor Shaping Economic Performance." *Journal of Economic Behavior & Organization* 44: 31–54.

Nurske, R. 1953. *Problems of Capital Formation in Underdeveloped Countries*. New York: Oxford University Press.

Ocampo, J. A. 2005a. "The Quest for Dynamic Efficiency: Structural Dynamics and Economic Growth in Developing Countries." In Ocampo, 2005b, 3–44.

Ocampo, J. A., ed. 2005b. *Beyond Reforms: Structural Dynamics and Macroeconomic Vulnerability*. Stanford, Calif.: Stanford University Press.

Ocampo, J. A., and L. Taylor. 1998. "Trade Liberalization in Developing Economies: Modest Benefits but Problems with Productivity Growth, Macro Prices, and Income Distribution." *The Economic Journal* 108: 1523–46.

Polanyi, K. 1957. *The Great Transformation*. Boston: Beacon Press.

Reinert, E. S. 2007 *How Rich Countries Got Rich . . . and Why Poor Countries Stay Poor*, London:Constable.

Rodrik, D. 2006. "Goodbye Washington Consensus, Hello Washington Confusion? A Review of the World Bank's Economic Growth in the 1990s: Learning from a Decade of Reform" *Journal of Economic Literature*, vol. 44, no. 4, 973–987.

———. 1997. Has Globalization Gone Too Far? Washington, D.C.: Institute for Inter-national Economics.

———. 1995. "Trade and Industrial Policy Reform," In *Handbook of Development Economics*, volume 3, ed. J. Behrman and T. N. Srinivasan. Amsterdam: North Holland, 2925–82.

Rodrik, D., ed. 2003. *In Search of Prosperity: Analytic Narratives on Economic Growth*. Princeton, N.J.: Princeton University Press.

Rodrik D, Hausmann R, and Hwang J. What You Export Matters. 2006. Available at http://j.mp/1JvTrZz.

Rodrik D., and, Hausmann, R. 2006. Doomed to Choose: Industrial Policy as Predicament. Available at http://j.mp/1MnkYCx.

———. 2005. "Growth Strategies." *In Handbook of Economic Growth*, ed. P. Aghion and S. Durlauf, 2005, 967–1014.

Rosenberg, N. 1982. *Inside the Blackbox*. London: Cambridge University Press.

———. 1976. *Perspective on Technology*, London: Cambridge University Press.

Rosenstein-Rodan, P. 1943. "Problems of Industrialization of Eastern and Southeastern Europe." *Economic Journal*, 53: 210–11.

Stiglitz, J. E. 2006. *Making Globalization Work*. New York: Norton.

———. 2002. *Globalization and its Discontents*. New York: Norton.

———. 2001. "More Instruments and Broader Goals Moving toward the Post-Washington Consensus." *In The Rebel Within*, ed. H. Chang. London: Wimbledon Publishing, 17–56. (Originally presented as the 1998 WIDER Annual Lecture, Helsinki, January 1998.)

———. 1996. "Some Lessons from the East Asian Miracle." *World Bank Research Observer* 11: 151–77.

———. 1994. *Whither Socialism?* Cambridge, Mass.: MIT Press.

Stiglitz, J. E., and B. C. Greenwald. 2014. *Creating a Learning Society: A New Approach to Growth, Development, and Social Progress*. New York: Columbia

University Press.

Stiglitz, J. E., J. A. Ocampo, S. Spiegel, R. French-Davis, and D. Nayyar. 2006. *Stability with Growth. Macroeconomics, Liberalization and Development*. New York: Oxford University Press.

Teece, D., G. Pisano, and A. Shuen. 1997. "Dynamic Capabilities and Strategic Management." Strategic Management Journal 18-7: 509-33.

Veblen, T. 1915. *Imperial Germany and Industrial Revolution*. London: Macmillan.

Wade, R. 1990. *Governing the Market: Economic Theory and the Role of Government in East Asian Industrialization*. Princeton, N.J.: Princeton University Press.

Wright, G. 1997. 'Toward a More Historical Approach to Technological Change." The Economic Journal 107: 1560-66.

第 3 章

Aghion, Philippe, and Peter Howitt (1998), *Endogenous Growth Theory*, Cambridge, Mass., MIT Press.

Amsden, Alice (2001), *The Rise of the Rest: Non-Western Economies' Ascent in World Markets*, London, Oxford University Press.

Arthur, W. Brian (1994), *Increasing Returns and Path Dependence in the Economy*, Ann Arbor, University of Michigan Press.

Bairoch, Paul (1993), *Economics and World History: Myths and Paradoxes*, Chicago, University of Chicago Press.

Balassa, Bela (1989), *Comparative Advantage Trade Policy and Economic Development*, New York, New York University Press.

Barro, Robert J., and Xavier Sala-i-Martin (2003), *Economic Growth*, New York, McGraw-Hill.

Bértola, Luis, and José Antonio Ocampo (2012), *The Economic Development of Latin America since Independence*, New York, Oxford University Press.

Chang, Ha-Joon (1994), *The Political Economy of Industrial Policy*, London, Macmillan and St. Martin's Press. Second edition, London, Macmillan Press, 1996.

Chenery, Hollis, Sherman Robinson, and Moshe Syrquin (1986), *Industrialization and Growth: A Comparative Study*, The World Bank, Oxford University Press.

Cripps, T. F., and R. J. Tarling (1973), "Growth in Advanced Capitalist Economies 1950–1970," *Occasional Paper* 40, University of Cambridge, Department of Applied Economics.

Dosi, Giovanni, Christopher Freeman, Richard Nelson, Gerald Silverberg, and Luc Soete eds. (1988), *Technical Change and Economic Theory*, Maastricht Economic Research Institute on Innovation and Technology (MERIT)/The International Federation of Institutes for Advanced Studies (IFIAS), London and New York, Pinter Publishers.

Easterly, William (2001), *The Elusive Quest for Growth: Economists' Adventures and Misadventures in the Tropics*, Cambridge, Mass., MIT Press.

Easterly, William, Michael Kremer, Lant Pritchett, and Lawrence Summers (1993), "Good Policy or Good Luck? Country Growth Performance and Temporary Shocks," *Journal of Monetary Economics*, 32, December.

ECLAC (Economic Commission for Latin America and the Caribbean) (2000), *Equity, Development and Citizenship*, Santiago, Chile.

—— (1990), *Changing Production Patterns with Social Equity*, Santiago, Chile.

Eichengreen, Barry, Donghyun Park, and Kwanho Shin (2012), "When Fast Growing Economies Slow Down: International Evidence and Implications for China," *Asian Economic Papers*, 11, pp. 42–87.

—— (2013), "Growth Slowdowns Redux: New Evidence on the Middle-Income Trap," *NBER Working Paper* no. 18673.

Fajnzylber, Fernando (1990), "Industrialization in Latin America: From the 'Black Box' to the 'Empty Box,'" *Cuadernos de la CEPAL*, no. 60, Santiago, Chile.

Fujita, Masahisa, Paul Krugman, and Anthony J. Venables (1999), *The Spatial Economy: Cities, Regions and International Trade*, Cambridge, Mass., MIT Press.

Freeman, Chris, and Luc Soete (1997), *The Economics of Industrial Innovation*, 3d ed., Cambridge, Mass., MIT Press.

Furtado, Celso (1961), *Desarrollo y Subdesarrollo*, Colección Cuadernos 196, Buenos Aires, Editorial Universitaria.

Gerschenkron, A. (1962), *Economic Backwardness in Historical Perspective*,

Cambridge, Mass., Harvard University Press.

Grossman, Gene M., and Elhanan Helpman (1991), *Innovation and Growth in the Global Economy*, Cambridge, Mass., MIT Press.

Hausmann, Ricardo, and Dani Rodrik (2003), "Economic Development as Self-Discovery," *Journal of Development Economics*, 72: 603–633.

Helleiner, Gerald K. ed. (1994), *Trade Policy and Industrialization in Turbulent Times*, New York, Routledge and UNU/WIDER.

Heymann, Daniel (2000), "Major Macroeconomic Upsets, Expectations and Policy Responses," *CEPAL Review*, no. 70 (LC/G.2095–P), Santiago, Chile.

Hirschman, Albert O. (1958), *The Strategy of Economic Development*, New Haven, Conn., Yale University Press.

Kaldor, Nicholas (1978), *Further Essays on Economic Theory*, London, Duckworth.

Katz, Jorge (2000), *Reformas estructurales, productividady conducta tecnológica*, Santiago, Chile, Economic Commission for Latin America and the Caribbean (ECLAC)/Fondo de Cultura Econ ó mica.

—— (1987) "Domestic Technology Generation in LDCs: A Review of Research Findings," *Technology Generation in Latin American Manufacturing Industries*, Jorge Katz ed., London, Macmillan.

Keesing, Donald B., and Sanjaya Lall (1992), "Marketing Manufactured Exports from Developing Countries: Learning Sequences and Public Support," in Gerald K. Helleiner ed., *Trade Policy, Industrialization, and Development: New Perspectives*, New York, Oxford University Press and WIDER.

Krugman, Paul (1990), *Rethinking International Trade*, Cambridge, Mass., MIT Press.

Lall, Sanjaya (1990), *Building Industrial Competitiveness in Developing Countries*, Paris, OECD Development Center.

—— (2003), "Technology and Industrial Development in an Era of Globalization," in Ha-Joon Chang ed., *Rethinking Development Economics*, London, Anthem Press, chap. 13.

Lewis, W. Arthur (1969), *Aspects of Tropical Trade, 1883-1965*, Stockholm, Almqvist & Wicksell, Wicksell Lectures.

—— (1954), "Economic Development with Unlimited Supplies of Labor," *Manchester School of Economic and Social Studies*, 22, May.

Lin, Justin Yifu (2012), *The Quest for Prosperity: How Developing Countries Can Take Off*, Princeton, N.J., Princeton University Press.

Lucas, Robert E., Jr. (1988), "On the Mechanics of Economic Development," *Journal of Monetary Economics*, 22, 1, July.

Maddison, Angus (2001), *The World Economy —A Millennial Perspective*, Paris, Development Centre Studies, OECD.

—— (1991), *Dynamic Forces in Capitalist Development: A Long-Run Comparative View*, London, Oxford University Press.

Myint, H. (1971), *Economic Theory and the Underdeveloped Countries*, New York, Oxford University Press.

Nelson, Richard R. (1996), *The Sources of Economic Growth*, Cambridge, Mass., Harvard University Press.

Nelson, Richard R. and Sidney G. Winter (1982), *An Evolutionary Theory of Economic Change*, Cambridge, Mass., Belknap Press of Harvard University Press.

Ocampo, José Antonio (2008), "A Broad View of Macroeconomic Stability," in Narcis Serra and Joseph E. Stiglitz eds., *The Washington Consensus Reconsidered*, New York, Oxford University Press, chap. 6.

—— (2005), "The Quest for Dynamic Efficiency: Structural Dynamics and Economic Growth in Developing Countries," in José Antonio Ocampo ed., *Beyond Reforms: Structural Dynamics and Macroeconomic Vulnerability*, Palo Alto, Calif., Stanford University Press, World Bank, and ECLAC, chap. 1.

—— (2002), "Structural Dynamics and Economic Development," in Valpy FitzGerald ed., *Social Institutions and Economic Development: A Tribute to Kurt Martin*, Institute of Social Studies, Dordrecht, Kluwer, chap. 4.

—— (2001), "Raul Prebisch and the Development Agenda at the Dawn of the Twenty-First Century," *CEPAL Review*, no. 75, December.

—— (1986), "New Developments in Trade Theory and LDCs," *Journal of Development Economics*, 22, 1, June.

Ocampo, José Antonio and Lance Taylor (1998), "Trade Liberalisation in

Developing Economies: Modest Benefits but Problems with Productivity Growth, Macro Prices, and Income Distribution," *Economic Journal*, 108, 450, September.

Ocampo, José Antonio, Codrina Rada, and Lance Taylor (2009), *Growth and Policy in Developing Countries: A Structuralist Approach*, New York, Columbia University Press.

Ohlin, B. (1933), *Interregional and International Trade*, Cambridge, Mass., Harvard University Press.

Pérez, Carlota (2002), *Technological Revolutions and Financial Capital. The Dynamics of Bubbles and Golden Ages*, Edward Elgar, Cheltenham, UK.

—— (2001), "Technological Change and Opportunities for Development as a Moving Target," *CEPAL Review*, no. 75, Santiago, Chile.

Pinto, Aníbal (1970), "Naturaleza e implicaciones de la 'heterogeneidad estructural' de la América Latina," *El Trimestre Económico*, vol. 37, no. 1, México, D. F., Fondo de Cultura Económica, January–March; reprinted in *Cincuenta años del pensamiento en la CEPAL*, vol. 2, Santiago, Chile, CEPAL/Fondo de Cultura Económica, 1998.

Prebisch, Raúl (1964), *Nueva política comercial para el desarrollo*, Mexico, Fondo de Cultura Económica.

—— (1951), "Theoretical and Practical Problems of Economic Growth" (E/CN.12/221), Mexico City, Economic Commission for Latin America (ECLA).

Pritchett, Lant (1997), "Divergence, Big Time," *Journal of Economic Perspectives*, 11, 3, summer.

—— (2000), "Understanding Patterns of Economic Growth: Searching for Hills among Plateaus, Mountains and Plains," *World Bank Economic Review*, 14, 2.

Robinson, Joan (1962), *Essays in the Theory of Economic Growth*, London, Macmillan.

Rodríguez, Francisco, and Dani Rodrik (2001), "Trade Policy and Economic Growth: A Skeptic's Guide to the Cross-National Evidence," *NBER Macroeconomics Annual 2000*, vol. 15, Ben S. Bernanke and Kenneth Rogoff eds., Cambridge, Mass., MIT Press.

Rodrik, Dani (2014), "The Past, Present and Future of Economic Growth," in

Franklin Allen et al., *Toward a Better Global Economy*, London, Oxford University Press, chap. 2.

—— (2007), *One Economics, Many Recipes: Globalization, Institutions and Economic Growth*, Princeton, N.J., Princeton University Press.

—— (1999), *The New Global Economy and Developing Countries: Making Openness Work*, Overseas Development Council, Washington, D.C.

Romer, P. M. (1986), "Increasing Returns and Long-Run Growth," *Journal of Political Economy*, 94.

Ros, Jaime (2013), *Rethinking Economic Development, Growth and Institutions*, London, Oxford University Press.

—— (2000), *Development Theory and the Economics of Growth*, Ann Arbor, University of Michigan Press.

Rosenstein-Rodan, P. N. (1943), "Problems of Industrialization of Eastern and South-Eastern Europe," *The Economic Journal*, 53, June–September.

Schumpeter, Joseph (1962), *Capitalism, Socialism and Democracy*, 3d ed., New York, Harper Torchbooks.

—— (1961), *The Theory of Economic Development*, London, Oxford University Press.

Solow, Robert M. (2000), *Growth Theory: An Exposition*, 2d ed., New York, Oxford University Press.

—— (1956), "A Contribution to the Theory of Economic Growth," *Quarterly Journal of Economics*, 70, 5.

Stallings, Barbara, and Wilson Peres (2000), *Growth, Employment and Equity: The Impact of the Economic Reforms in Latin America and the Caribbean*, Santiago, Chile, Economic Commission for Latin America and the Caribbean (ECLAC)/Fondo de Cultura Econ ó mica.

Stiglitz, Joseph E., and Bruce Greenwald (2014), *Creating a Learning Society: A New Approach to Growth, Development, and Social Progress*, New York, Columbia University Press.

Taylor, Lance (1994), "Gap Models," *Journal of Development Economics*, 45: 17–34.

—— (1991), *Income Distribution, Inflation, and Growth. Lectures on Structuralist Macroeconomic Theory*, Cambridge, Mass., MIT Press.

van Wijnbergen, Sweder (1984), "The Dutch Disease: A Disease After All?" *Economic Journal*, no. 94.

第 4 章

Bloomberg. 2014. "New Energy Finance, Renewables Research Note." September 29.

BNDES (Banco Nacional de Desenvolvimento Econômico e Social). *Annual Reports from 2002 to 2013*. Rio de Janeiro: BNDES.

CDB (China Development Bank). *Annual Reports from 2002 to 2013*. Beijing: China Development Bank.

Climate Policy Initiative. 2014. *The Global Landscape of Climate Financing*. Venice: CPI.

Conference Board of Canada. 2010. *Lessons from the Recession and Financial Crisis*. Ottawa: BDC, Legislative Review.

Coutinho, L., J. C. Ferraz, and F. S. Marques. 2015. "Development, Uncertainty, and the Role of State Investment Banks." In *Mission-Oriented Finance for Innovation: Rethinking Public & Private Risks and Rewards*, M. Mazzucato and C. Penna, 97–104. Science Policy Research Unit, University of Sussex.

Development Bank of Japan. *Annual Report 2012*. Tokyo: Development Bank of Japan.

Ferraz, J. C, A. C. Além, and R. F. Madeira. 2013. "A Contribuicão dos Bancos de Desenvolvimento para o Financiamento de Longo Prazo." *Revista do BNDES* (1), 5–42.

Freeman, C. 1987. *Technology Policy and Economic Performance, Lessons from Japan*. London: Pinter.

Freeman, C., and L. Soete. 1997. *The Economics of Industrial Innovation*. London: Pinter.

Gerschenkron, A. 1973. *El atraso economico en su perspectiva histórica*. Barcelona: Ediciones Ariel.

Griffith-Jones, S. 2013. "The European Investment Bank: Lessons for Developing Countries." *WIDER Working Paper*.

Gurley, J. G., and E. S. Shaw. 1955. "Financial Aspects of Economic Development." *American Economic Review* 45: 515–38.

International Development Financial Club (IDFC). 2014. The Club of Experts in Sustainable Development Financing, mimeo. Frankfurt.

Japan Finance Corporation. 2013. *Annual Report 2012*. Tokyo.

Keynes, J. M. 1936. *The General Theory of Employment, Interest and Money*. London: Macmillan.

Keynes, J. M. 1939. The Process of Capital Formation. *The Economic Journal*, September.

KfW Bankengruppe. *Annual Reports from 2002 to 2013*. Frankfurt, KfW.

Korea Development Bank Financial Group. 2013. *Annual Report 2012*. Seoul: KDB.

Kregel, J. A. 1997. "Margins of Safety and Weight of the Argument in Generating Financial Instability." *Journal of Economic Issues* 31(2): 543–8.

Lazonick, W. 2013. "The Financialization of the U.S. Corporation: What Has Been Lost, and How It Can Be Regained." *Seattle University Law Review* 36: 857–909.

Lazzarini, S. G., A. Musacchio, R. Bandeira de Mello, and R. Marconi. 2015. "What Do State Owned Development Banks Do? Evidence from BNDES, 2002–2009." *World Development* 66: 237–53.

LSE Growth Commission. 2013. *Investing for Prosperity: Skills, Infrastructure and Innovation*. London: London School of Economics.

Luna-Martínez, J., and C. L. Vicente. 2012. "Global Survey of Development Banks." *Policy Research Working Paper 5.969*, The World Bank, February.

Mazzucato, M., and C. Penna. 2015. *Beyond Market Failure: The Market Creating and Shaping Roles of State Investment Banks*. Levy Economics Institute, *Working Paper 831*.

McKinnon, R. I. 1973. *Money and Capital in Economic Development*. Washington, D.C.: Brookings Institution.

Minsky, H. 1982. *Can "IT" Happen Again? Essays on Instability and Finance*.

New York: M. E. Sharpe.

Minsky, H. 1986. *Stabilizing an Unstable Economy*. New Haven, Conn.: Yale University Press.

Nelson, R. R., ed. 1993. *National Systems of Innovation: A Comparative Analysis*. New York: Oxford University Press.

Polanyi, K. 2001 [1944]. *The Great Transformation: The Political and Economic Origins of Our Time.* Boston, Mass.: Beacon Press.

Rezende, F. 2015. "Why Does Brazil's Banking Sector Need Public Banks? What Should BNDES Do?" Levy Economics Institute, *Working Paper 825*.

Rodrik, D. 2013. "Green Industrial Policy." *Princeton University Working Paper*.

UNDESA (United Nations–Department of Economic and Social Affairs). 2005. "Rethinking the Role of National Development Banks." *Revised Background Document*.

Wagenvoort, R., C. Nicola, and A. Kappeler. 2010. "Infrastructure Finance in Europe: Composition, Evolution and Crisis Impact." *EIB Papers* 15(1): 16–40.

第 5 章

Brei, M., and A. Schlarek. 2013. "Public Lending in Crisis Times." *Journal of Financial Stability* (9–4): 820–30.

Chang, H. 2002. *Kicking Away the Ladder: Development Strategy in Historical Perspective: Policies and Institutions for Economic Development in Historical Perspective*. London: Anthem Press.

Cozzi, G., and S. Griffith-Jones. 2014. Recovering Investment, Jobs and Growth in Europe. A Proposal. FEPS Policy Viewpoint No. 9. November.

Cripps, F. 2014. "Macro-model Scenarios and Implications for European Policy. Technical Appendix." In *Challenged for Europe in the World 2030*, eds. J. Eatwell, T. McKinley, and P. Petit, 351–368. Farnum: Ashgate.

Culpeper, R., S. Griffith-Jones, and D. Titelman. Forthcoming. "Multilateral Development Banks." In *Global Governance and Development*, eds. J. A. Alonso and J. A. Ocampo. London: Oxford University Press.

Diaz-Alejandro, C. 1985. "Good-Bye Financial Repression, Hello Financial Crash." *Journal of Development Economics* 19(1-2): 1-24.

European Commission. 2014. "An Investment Plan for Europe." Communication from the Commission to the European Parliament, the Council, the European Central Bank, the European Economic and Social Committee, and the Commit-tee of the Regions and the European Investment Bank. Communication Number: Com 903 final.

Ferraz, J. C., A. C. Além, and R. F. Madeira. 2016. "Development Banks Contribution to Long Term Financing." Paper for UN-DESA. Available at *https://web.bndes.gov .br/bib/jspui/handle/1408/7522*. Access date 25 February 2016.

Griffith-Jones, S. 2014. "A BRICS Development Bank: A Dream Coming True?" UNCTAD Discussion Paper No. 215.

Griffith-Jones, S. and G. Cozzi. 2016. "Investment-Led Growth: A Solution to the European Crisis." In *Rethinking Capitalism: Economics and Policy for Sustainable and Inclusive Growth*, ed. M. Mazzucato and M. Jacobs. London: Wiley-Blackwell.

Griffith-Jones, S., A. Steinherr, and A. T. Fuzzo De Lima. 2006. "European Financial Institutions: A Useful Inspiration for Developing Countries?" In *Regional Financial Cooperation*, ed. J. A. Ocampo, 136-63. Baltimore, Md.: Brookings Institute Press.

Griffith-Jones, S., M. Kollatz-Ahnen, L. Andersen, and S. Hansen. 2012. "Shifting Europe from Austerity to Growth: A Proposed Investment Programme for 2012- 2015 FEPS." Initiative for Policy Dialogue, Columbia University & ECLM (Economic Council of Labour Movement, Denmark) Policy Brief.

Griffith-Jones, S., and J. A. Ocampo. 2014. "Helping Control Boom-Bust in Finance through Countercyclical Regulation." In *Towards Human Development: New Approaches to Macroeconomics and Inequality*, eds. G. A. Cornia and F. Stewart. London: Oxford University Press.

Griffith-Jones, S., and J. Tyson. 2013. "The European Investment Bank. Lessons for Developing Countries." WIDER Working Paper No. 2013/019, UNU-WIDER.

Gurley, J. G., and E. S. Shaw. 1955. "Financial Aspects of Economic Development." *American Economic Review* 45: 515-38.

Keynes, J. M. 1936. *The General Theory of Employment, Interest and Money*. UK:

Macmillan.

Kindleberger, C. P. 1978. *Manias, Panics, and Crashes: A History of Financial Crises*. New York: Basic.

Kregel, J. A. 1988. "The Multiplier and Liquidity Preference: Two Sides of the Theory of Effective Demand." In *The Foundations of Keynesian Analysis*, by A. Barriere. London: Macmillan.

Luna-Martinez, J., and C. L. Vicente. 2012. "Global Survey of Development Banks." Policy Research Working Paper 5.969. The World Bank. February.

Mazzucato, M. 2013. *The Entrepreneurial State*. London: Anthem Press.

McKinnon, R. I. 1973. *Money and Capital in Economic Development*. Washington, D.C.: Brookings Institute.

Minsky, H. P. 1977. "A Theory of Systemic Fragility." In *Financial Crises*, eds. E. Alt-man and A. Sametz. New York: Wiley.

Ocampo, J. A., S. Griffith-Jones, A. Noman, A. Ortiz, J. Vallejo, and J. Tyson. 2012. "The Great Recession and the Developing World." In *Development Cooperation in Times of Crisis*, eds. J. A. Alonso and J. A. Ocampo, 17–81. New York: Columbia University Press.

Stiglitz, J. E. 1990. "Financial Markets and Development." *Oxford Review of Economic Policy* 5(4): 55–68.

Stiglitz, J. 1994. *Whither Socialism?* Cambridge, Mass.: MIT Press.

Stiglitz, J., and B. C. Greenwald. 2014. *Creating a Learning Society: A New Approach to Growth, Development, and Social Progress*. New York: Columbia University Press.

Stiglitz, J., and A. Weiss. 1981. "Credit Rationing in Markets with Imperfect Information." *The American Economic Review* 71(3): 393–410.

Szczurek, M. 2014a. "Investing for Europe's Future." Vox, CEPR Policy Portal. Avail-able at http://www.voxeu.org/article/investing-europe-s-future. Access date 24 February 2015.

Szczurek, M. 2014b. "Quantifying the Macroeconomic Impact of the European Fund for Investment." Analytical Note. 2014 Annual Meeting. Bruegel Institute. Available at. Accessed: 25 February 2015.

Wade, R. 2003. *Governing the Market*. Princeton, N.J.: Princeton University Press.

Wray, L. R. 2009. "An Alternative View of Finance, Saving, Deficits, and Liquidity." Working Paper 580, Levy Economics Institute of Bard College.

第 6 章

Aoki, M. 2010. "'Individual' Social Capital, 'Social' Networks, and Their Linkages to Economic Game." *Annual World Bank Conference on Development Economics 2010, Global Lessons from East Asia and the Global Financial Crisis.* Washington, D.C.: World Bank.

——. 1988. *Information, Incentives, and Bargaining in the Japanese Economy.* New York: Cambridge University Press.

Birdsall, N., and R. H. Sabot. 1993. "Virtuous Circles: Human Capital Growth and Equity in East Asia." *Background Paper for The East Asian Miracle*. Washington, D.C.: World Bank. Policy Research Department.

Calomiris, Charles W., and Charles P. Himmelberg. 1995. "Government Credit Policy and Industrial Performance." *Policy Research Working Paper,* No. 1434. Washington D.C.: World Bank.

David, P. 1985. "Clio and the Economics of QWERTY." *American Economic Review* 75(2): 332–7.

Griffith-Jones, Stephany. 2014. *The Case and Role for Development Banks: The European Example.* Mimeo. Submitted to the IPD (Initiative of Policy Dialogue) taskforce meeting in Jordan.

Griffith-Jones, Stephany, and Jose Antonio Ocampo. 2014. "Helping Control Boom- Bust in Finance through Countercyclical Regulation." In *Towards Human Development: New Approaches to Macroeconomics and Inequality*, eds. Giovanni Andrea Cornia and Francis Stewart. Oxford: Oxford University Press.

Higano, Mikiya. 1986. "The Examination Power of Financial Institution (*Kinyu kikan no Shinsa Noryoku*)." Tokyo: University of Tokyo Press (in Japanese).

Horiuchi, Akiyoshi, and Masayuki Otaki. 1987. "Finance: Government Intervention and the Importance of Bank Lending". In *The Macroeconomic Analysis of the Japanese Economy*, eds. K. Hamada, M. Kuroda, and A. Horiuchi. Tokyo: University of Tokyo Press (in Japanese).

Horiuchi, Akiyoshi, and Qing-Yuan Sui. 1993. "Influence of the Japan Development Bank Loans on Corporate Investment Behaviour." *Journal of the Japanese and International Economies,* 7: 441–65.

Inaba, Syuzo. 1990. Minutes from the Fourth Seminar on Learning from Post-War Japan. Unpublished minutes of internal study meeting. Tokyo: Japan Development Bank. May 10. 1990 (in Japanese).

Ito. M., K. Kiyono, M. Okuno and K. Suzumura. 1988. Economic Analysis of Indus-trial Policies (Sangyo Seisaku no Keizai Bunseki). Tokyo: University of Tokyo Press (in Japanese).

Jaffee, Dwight, and J. E. Stiglitz. 1990. "Credit Rationing." *Handbook of Monetary Economics*, vol. 2, chap. 16, eds. B. M. Friedman and F. H. Hahn. Vancouver, B.C.: Elsevier.

JPC (Japan Productivity Center, *Syakai Keizai Seisansei Honbu*). 2005. *The 50 Years History of Productivity Movement*. Tokyo: JPC (in Japanese).

Kindleberger, C. P. 1978. Manias, Panics, and Crashes: A History of Financial Crises, New York: Basic Books, revised and enlarged, 1989, 3rd ed. 1996.

Kitayama, Toshiya. 2011. Institutional Development of Welfare State and Local Government. Tokyo: Yuhikaku (in Japanese).

Mahoney, J., and K. Thelen, eds. 2010. *Explaining Institutional Change: Ambiguity, Agency, and Power*. Cambridge: Cambridge University Press.

Matsuoka, Shunji. 2011. "Institutional Approach to Asian Regional Integration." In *The Development of Asian Regional Integration*, eds. S. Matsuoka and Hiroshi Katsumada. Tokyo: Keiso-shobo (In Japanese).

——. 2009. "Capacity Development and Institutional Change in International Development Cooperation." *Journal of Asia Pacific Studies* 12: 43–73.

McKinnon, Ronald I. 1973. *Money and Capital in Economic Development*. Washington D.C.: Brookings Institution Press.

Nakayama, Sohei. 1990. Minutes from the Sixth Seminar on Learning from Post-War Japan. Unpublished minutes of internal study meeting. Tokyo: Japan Development

Bank. October 1 (in Japanese).

North, D. C. 1990. *Institutions, Institutional Change and Economic Performance.* Cambridge: Cambridge University Press.

Ocampo, Jose Antonio, et al. 2012. "The Great Recession and the Developing World." *Development Cooperation in Times of Crisis.* New York: Columbia University Press.

OECF (Overseas Economic Cooperation Fund). 1991. "Issues Related to the World Bank's Approach to Structural Adjustment—Proposal from a Major Partner." *OECF Occasional Paper No. 1.* October. Tokyo.

Ogura, Seiritsu, and Naoyuki Yoshino. 1984. "Taxation and Fiscal Investment and Loan Program". In *The Japanese Industrial Policy*, eds. R. Komiya, M. Okuno, and K. Suzumura. Tokyo: University of Tokyo Press (in Japanese).

Okazaki, Tetsuji. 2001. "The Government-Firm Relationship in Postwar Japan: The Success and Failure of Bureau Pluralism." In *Rethinking of the East Asia Miracle*, eds. J. Stiglitz and S. Yusuf. New York: Oxford University Press.

———. 2009. "The Role of the Reconstruction Finance Bank (RFB)." In *Policy Finance in Japan*, vol. 1, eds. Hirofumi Uzawa and Takeda Haruhito. Tokyo: University of Tokyo Press (in Japanese).

Okazaki, Tetsuji, and Kazuo Ueda. 1995. "The Performance of Development Banks: The Case of the Reconstruction Finance Bank." *Journal of the Japanese and International Economies* 9(4): 486–504.

Okazaki, Tetsuji, and M. Okuno-Fujiwara. 1999. "Japan's Present-Day Economic System and Its Historical Origins." In *The Japanese Economic System and Its Historical Origins*, eds. T. Okazaki and M. Okuno-Fujiwara. New York: Oxford University Press.

Okita, Saburo. 1990. Minutes from the Fifth Seminar on Learning from Post-War Japan. Unpublished minutes of internal study meeting. Tokyo: Japan Development Bank. July 18. 1990 (in Japanese).

Okuda, Hidenobu, and Masaaki Kuroyanagi. 1998. *Development and Finance* (in Japanese). Tokyo: Nihonhyoronsha (in Japanese).

Olson, Mancur. 1982. *The Rise and Decline of Nations: Economic Growth, Stagflation, and Social Rigidities.* New Haven, Conn.: Yale University Press.

Ostrom, Elinor. 2005. *Understanding Institutional Diversity*. Princeton, N.J.: Princeton University Press.

Otake, Fumio. 2003. "Was There the Expansion of Income Inequality?" In *Income Inequality and Social Hierarchy in Japan* (in Japanese), eds. Y. Higuchi and the Ministry of Finance. Tokyo: Nihon Hyoronsha.

Reinhart, Carmen, Jacob Kirkegaard, and Belen Sbrancia. 2011. "Financial Repression Redux." *Finance and Development* 48:22–26.

RFB (Reconstruction Finance Bank, Fukko Kinyu Koko). 1950. *Retrospective of the RFB Loan* (in Japanese). Tokyo: RFB.

Sakakibara, Eisuke, and Robert A. Feldman. 1983. "The Japanese Financial System in Comparative Perspective." *Journal of Comparative Economics* 7: 1–24.

Sheard, Paul. 1989. "The Main Bank System and Corporate Monitoring and Control in Japan." *Journal of Economic Behavior and Organization* 11: 399–422.

Shimada, Go. 2015a. "Towards Community Resilience—The Role of Social Capital after Disasters." In *The Last Mile in Ending Extreme Poverty,* eds. Laurence Chandy, Hiroshi Kato, and Homi Kharas., Washington, D.C.: Brookings Institution.

——. 2015b. "The Economic Implications of Comprehensive Approach to Learning on Industrial Development (Policy and Managerial Capability Learning): A Case of Ethiopia." In *Industrial Policy and Economic Transformation in Africa*, eds. Akbar Noman and Joseph Stiglitz. New York: Columbia University Press.

——. 2015c. "What Are the Macroeconomic Impacts of Natural Disasters? The Impacts of Natural Disasters on the Growth Rate of Gross Prefectural Domestic Product in Japan." In *Growth Is Dead, Long Live Growth: The Quality of Economic Growth and Why It Matters*, eds. Lawrence Haddard, Hiroshi Kato, and Nicolas Miesel. Tokyo: JICA.

——. 2014. "A Quantitative Study of Social Capital in the Tertiary Sector of Kobe: Has Social Capital Promoted Economic Reconstruction since the Great Hanshin Awaji Earthquake?" JICA Research Institute Working Paper, No. 68.

——. 2009. "The Political Economy of the United Nations Development System: UN Reform Debates the 1969 Jackson Report to the Coherence Panel Report of 2006, and the Possibilities of Future UN Reform." *The United Nations Studies*, No. 10 (June

2009). Tokyo: The Japan Association for United Nations Study.

Shimada, Go, Toru Homma, and Hiromichi Murakami. 2013. "Industrial Development of Africa." In *Inclusive and Dynamic Development of Africa*, ed. Hiroshi Kato., JICA. Tokyo: JICA.

Stiglitz, Joseph E. 1994. *Whither Socialism?* Cambridge, Mass.: MIT Press.

Stiglitz, Joseph E., and Andrew Weiss. 1981. "Credit Rationing in Markets with Imperfect Information." *The American Economic Review* 71(3): 393–410.

Stiglitz, Joseph E., and Bruce Greenwald. 2014. *Creating Learning Society—A New Approach to Growth, Development and Social Progress*. New York: Columbia University Press.

Stiglitz, Joseph E., and Marilou Uy. 1996. "Financial Markets, Public Policy, and the East Asian Miracle." *The World Bank Research Observer* 11(2): 249–76.

Sydow, J., and J. Koch. 2009. "Organizational Path Dependence: Opening the Black Box." *Academy of Management Review* 34(4): 689–709.

Takeda, Haruhito. 2009. "Introduction." In *Policy Finance in Japan,* vol. 1, eds. Hirofumi Uzawa and Takeda Haruhito. Tokyo: University of Tokyo Press (in Japanese).

Tanimura, Yutaka. 1981. 'The Development of Japanese Economy and the Roles of Financial and Monetary Policies." Abstract from Seminar in China held in May. unpublished minutes from the the Seminar on Learning from Post-War Japan. Tokyo: Japan Development Bank (in Japanese).

Tokunaga, Hisatsugu. 1990. Minutes from the Third Seminar on Learning from Post- War Japan. Unpublished minutes of internal study meeting. Tokyo: Japan Development Bank. April 6. (in Japanese).

Ueno, Hiroya. 1978. *Economic System in Japan* ("Nihon no keizai seido"). Tokyo: Nihon Keizai Shinbunsha (in Japanese).

Van Driel, Hugo, and Wilfred Dolfsma. 2009. "Path Dependence, Initial Conditions, and Routines in Organizations: The Toyota Production System Re-examined." *Journal of Organizational Change Management* 22(I): 49–72.

Vittas, Dimitri, and Yoon Je Cho. 1996. "Credit Policies: Lessons from Japan and Korea." *The World Bank Research Observer* II (2): 277–98.

World Bank. 1989. *World Development Report 1989.* New York: Oxford University

Press.

———. 1993. *The East Asian Miracle: Economic Growth and Public Policy*. Oxford: Oxford University Press.

第 7 章

Amsden, Alice H. 2001. *The Rise of the Rest: Challenges to the West from Late Industrializing Economies*. New York: Oxford University Press.

Bajpai, G. N. 2004. "Development Financing in a Changing Environment." *Economic and Political Weekly*. 29 May: 2212–15.

Bhaduri, Amit, and Deepak Nayyar. 1996. *The Intelligent Person's Guide to Liberalization*. New Delhi: Penguin.

Chang, Ha-Joon. 1996. *The Political Economy of Industrial Policy*. London: Macmillan.

———. 2002. *Kicking Away the Ladder: Development Strategy in Historical Perspective*. London: Anthem.

———. 2007. *Institutional Change and Economic Development*. London: Anthem.

Corden, W. M. 1974. *Trade Policy and Economic Welfare*. Oxford: Clarendon Press.

EPW Research Foundation. 2004. "Reviving DFIs: An Urgent Need." *Economic and Political Weekly*. 19 June: 2544–50.

Evans, Peter. 1995. *Embedded Autonomy: States and Industrial Transformation*. Princeton, N.J.: Princeton University Press.

Gerschenkron, Alexander. 1962. *Economic Backwardness in Historical Perspective*. Cam-bridge, Mass.: Harvard University Press.

Goldsmith, Raymond W. 1983. *Financial Development of India: 1860-1977*. Delhi: Oxford University Press.

Johnson, C. 1984. "The Idea of Industrial Policy," in *The Industrial Policy Debate*, ed. C. Johnson. San Francisco: Institute of Contemporary Studies.

Karunagaran, A. 2005. "Should DFIs be Revived?" *Economic and Political Weekly*. 19 March: 1247–52.

Lall, Sanjaya. 1990. *Building Industrial Competitiveness in Developing*

Countries. Paris: OECD Development Centre.

———. 1997. "Imperfect Markets and Fallible Governments: The Role of the State in Industrial Development." In *Trade and Industrialization*, ed. Deepak Nayyar, 43–87. Delhi: Oxford University Press.

Landesmann, M. 1992. "Industrial Policies and Social Corporatism." In *Social Corporatism*, eds. J. Pekkarenin, M. Pohjola, and R. Rowthorn, 242–79. Oxford: Clarendon Press.

Lindbeck, A. 1981. "Industrial Policy as an Issue of the Economic Environment." *The World Economy* 4(4): 391–406.

Mathur, K. B. L. 2003. "Development Financial Institutions at the Crossroads." *Economic and Political Weekly*. 22 February: 799–806.

Nayyar, Deepak. 1997. "Themes in Trade and Industrialization." In *Trade and Industrialization*, ed. Deepak Nayyar, 1–42. Delhi: Oxford University Press.

———. 2013. *Catch Up: Developing Countries in the World Economy*. London: Oxford University Press.

North, Douglass C. 1990. *Institutions, Institutional Change and Economic Performance*. London: Cambridge University Press.

Pinder, J. 1982. "Causes and Kinds of Industrial Policy," in *National Industrial Strategies in the World Economy*, ed. J. Pinder. London: Croom Helm.

Reich, R. 1982. "Why the U.S. Needs an Industrial Policy," *Harvard Business Review*, January–February. https://hbr.org/1982/01/why-the-us-needs-an-industrial-policy.

Reserve Bank of India. 2004. *Report of the Working Group on Development Financial Institutions*. Mumbai: Reserve Bank of India.

———. 2006. *Report on Currency and Finance 2005-06*. Mumbai: Reserve Bank of India.

———. 2013. *Handbook of Statistics on the Indian Economy 2012-13*. Mumbai: Reserve Bank of India.

Wade, Robert. 1990. *Governing the Market: Economic Theory and the Role of Government in East Asian Industrialization*. Princeton, N.J.: Princeton University Press.

第 8 章

Amsden, A. H. 1989. *Asia's Next Giant*. New York: Oxford University Press.

Chang, H.-J. 2003. *Kicking Away the Ladder: Development Strategy in Historical Perspective*. London: Anthem.

Chenery, Hollis B. 1961. "Comparative Advantage and Development Policy." *American Economic Review* 51(March): 18–51.

Duflo, E. 2004. "Scaling Up and Evaluation." In *Annual World Bank Conference on Development Economics 2004*, ed. F. Bourguignon and B. Pleskovic. Washington, D.C.: World Bank.

Duflo, E., and M. Kremer. 2003. "Use of Randomization in the Evaluation of Development Effectiveness." Paper prepared for the World Bank Operations Evaluation Department, July.

Gelb, A., V. Ramachadran, M.K. Shah, and G. Turner. 2007. "What Matters to African Firms? The Relevance of Perception Data." Policy Research Working Paper No. 4446. Washington, D.C.: World Bank.

Gerschenkron, A. 1962. *Economic Backwardness in Historical Perspective: A Book of Essays*. Cambridge, Mass.: Belknap.

Growth Commission. 2008. *The Growth Report: Strategies for Sustained Growth and Inclusive Development*. Washington, D.C.

Harrison, A., and A. Rodríguez-Clare. 2010. "Trade, Foreign Investment, and Industrial Policy for Developing Countries." In *Handbook of Economic Growth,* vol. 5, ed. D. Rodrik, 4039–213. Amsterdam: North–Holland.

Hausmann, R., and B. Klinger. 2006. "Structural Transformation and Patterns of Comparative Advantage in the Product Space." Working Paper No. 128. Cambridge, Mass.: Harvard University Center for International Development.

Hausmann, R., D. Rodrik, and A. Velasco. 2008. "Growth Diagnostics." In *The Washington Consensus Reconsidered: Towards a New Global Governance*, ed. N. Serra and J. E. Stiglitz, 324–54. New York: Oxford University Press.

Krueger, A. O., and B. Tuncer. 1982. "An Empirical Test of the Infant Industry Argument." *American Economic Review* 72: 1142–52.

Krugman, P. 1979. "A Model of Innovation, Technology Transfer, and the World Distribution of Income." *Journal of Political Economy* 87(2): 253–66.

——. 1981. "Trade, Accumulation and Uneven Development." Journal of Development Economics 8(2): 149–61.

——. 1987. "The Narrow Moving Band, the Dutch Disease, and the Competitive Consequences of Mrs. Thatcher." *Journal of Development Economics* 27(1/2): 41–55.

——. 1991. "History versus Expectations." *Quarterly Journal of Economics* 106(2): 651–67.

Lal, D. 1994. *Against Dirigisme: The Case for Unshackling Economic Markets*. San Francisco: International Center for Economic Growth, ICS.

Lin, Justin Yifu. 2003. "Development Strategy, Viability and Economic Convergence." *Economic Development and Cultural Change* 53: 277–308.

——. 2009. *Economic Development and Transition*. Cambridge: Cambridge University Press.

——. 2011. "New Structural Economics: A Framework for Rethinking Development." *The World Bank Economic Research Observer* 26(2): 193–221.

——. 2012. *New Structural Economics: A Framework for Rethinking Development and Policy*. Washington, D.C.: World Bank.

Lin, Justin Yifu, and C. Monga. 2011. "Growth Identification and Facilitation: The Role of the State in the Process of Dynamic Growth." *Development Policy Review* 29(3): 264–90.

Lin, Justin Yifu, and Ruoen Ren. 2007. "East Asian Miracle Debate Revisited" (in Chinese) *Jingji Yanjiu (Economic Research Journal)* 42(8): 4–12.

List, F. 1841 [1930]. *Das Nationale System der Politischen Ökonomie (The National System of Political Economy)*, vol. 6, Schriften, Reden, Briefe. A. Sommer (ed.). Berlin: Reinmar Hobbing.

Matsuyama, K. 1991. "Increasing Returns, Industrialization and Indeterminacy of Equilibrium." *Quarterly Journal of Economics* 106(2): 616–50.

Murphy, Kevin M., Andrei Shleifer, and Robert W. Vishny. 1989. "Industrialization and Big Push." *Journal of Political Economy* 97: 1003–26.

Otsuka, K., G. Ranis, and G. Saxonhouse. 1988. *Comparative Technology*

Choice in Development: The Indian and Japanese Cotton Textile Industries. London: Macmillan.

Pack, H., and K. Saggi. 2006. "Is There a Case for Industrial Policy? A Critical Survey." *World Bank Research Observer* 21(2): 267–97.

Porter, M. E. 1990. *The Competitive Advantage of Nations*. New York: Free Press.

Trebilcok, C. 1981. *The Industrialization of Continental Powers, 1780-1914*. London: Longman.

Wade, R. 1990. *Governing the Market*. Princeton, N.J.: Princeton University Press.

World Bank. 2011. *Global Development Horizons: Multipolarity: The New Global Economy*. Washington, D.C.: World Bank.

第 9 章

ABDI (Brazilian Agency for Industrial Development). 2006. *An Industrial Policy for Brazil*. Brasilia: ABDI.

Aghion, P., M. Dewatripont, L. Du, A. Harrison, and P. Legros. 2012. "Industrial Policy and Competition." *NBER Working Paper 18048*.

Aiginger, K., and S. Sieber. 2006. "The Matrix Approach to Industrial Policy." *International Review of Applied Economics* 20(5): 573–601.

Akram, H., and A. Andreoni. 2015. "Welfare State and Industrial Transformations: The Dynamics of Inequality and the Challenge of Policy Alignment." SASE Annual Conference, London School of Economics, July.

Amsden, A. 1989. *Asia's Next Giant: South Korea and Late Industrialization*. New York: Oxford University Press.

Andreoni, A. 2014. "Structural Learning: Embedding Discoveries and the Dynamics of Production." *Structural Change and Economic Dynamics* 29:58–74.

——. 2015a. "The Political Economy of Industrial Policy: After the Crisis, back on the Agenda." In *Handbook of Political Economy and Law*, ed. U. Mattei and J. Haskell. Cheltenham and Northampton: Edward Elgar.

——. 2015b. "The Variety of Public Goods Production, Technologies and Policy: New Insights from Engineering–Economics Twists." IASS mimeo, Potsdam.

Andreoni, A., and H.-J. Chang. 2014. "Agricultural Policy and the Role of Intermediate Institutions in Production Capabilities Transformation: Fundacion Chile and Embrapa in Action." Working paper, DRUID, Copenhagen, 16–18 June.

———. 2016. "Industrial policy and the future of manufacturing: theoretical reflections." *Economia e Politica Industriale. Journal of Industrial and Business Economics*, forthcoming.

Andreoni, A., F. Frattini, F. and G. Prodi, G. 2016. "Structural Cycles and Industrial Policy Alignment: The private–public nexus in the Emilian packaging valley." *Cambridge Journal of Economics*, forthcoming.

Andreoni, A., and M. Gregory. 2013. "Why and How Does Manufacturing Still Matter: Old Rationales, New Realities." *Revue d'Economie Industrielle* 144(4): 17–54.

Andreoni, A., and P. Neuerburg. 2014. "Manufacturing Competitiveness in South Africa: Matching Industrial Systems and Policies." South Africa–EU Strategic Partnership Conference, Johannesburg, 20–21 May.

Andreoni, A., and R. Scazzieri. 2013. "Triggers of Change: Structural Trajectories and Production Dynamics." *Cambridge Journal of Economics* 38: 1391–1408.

Aoki, M. 2001. *Toward a Comparative Institutional Analysis*. Cambridge, Mass.: MIT Press.

Benhassine, N., and G. Raballand. 2009. "Beyond Ideological Cleavages: A Unifying Framework for Industrial Policies and Other Public Interventions." *Economic Systems* 33(4): 293–309.

Berger, S. 2013. *Making in America. From Innovation to Market*. Cambridge, Mass.: MIT Press.

Block, F. 2008. "Swimming Against the Current: The Rise of a Hidden Developmental State in the United States." *Politics & Society* 36: 169–206.

Boyer, R. 1990. *The Regulation School: A Critical Introduction*. New York: Columbia University Press.

Cao, C., R. P. Suttmeier, and D. F. Simon 2006. "China's 15-Year Science and Technology Plan." *Physics Today*, 54: 1–38.

Chaminade, C., and C. Edquist. 2006. "Rationales for Public Policy Intervention from a Systems of Innovation Approach: The Case of VINNOVA." CIRCLE Working

Paper, 2006/04, Lund University.

Chang, H. J. 1994. *The Political Economy of Industrial Policy*. Basingstoke, England: Macmillan.

——. 1998. "Evaluating the Current Industrial Policy of South Africa." *Transformation* 36: 51–72.

——. 2002. *Kicking Away the Ladder*. London: Anthem.

——. 2003. "Trade and Industrial Policy Issues." In *Rethinking Development Economics*, 257–76, ed. H-J. Chang. London: Anthem.

——. 2010. "Industrial Policy: Can We Go Beyond an Unproductive Debate?" In *Lessons from East Asia and the Global Financial Crisis*, ed. J. Y. Lin and B. Pleskovic. ABCDE, Annual World Bank Conference on Development Economics, Seoul.

Chang, H. J., ed. 2007. *Institutional Change and Economic Development*. United Nations University Press.

Chang, H. J., A. Andreoni, and M. L. Kuan. 2013. "International Industrial Policy Experiences and the Lessons for the UK." In *The Future of UK Manufacturing: Scenario Analysis, Financial Markets and Industrial Policy*, ed. A. Hughes. E-book. London: UK-IRC.

Chang, H.-J., and B. Rowthorn, eds. 1995. *Role of the State in Economic Change*. Oxford: Oxford University Press.

Cimoli, M., G. Dosi, and J. Stiglitz, eds. 2009. *Industrial Policy and Development. The Political Economy of Capabilities Accumulation*. Oxford: Oxford University Press.

Cimoli, M., M. Holland, G. Porcile, A. Primi, and S. Vergara. 2006. "Growth, Structural Change and Technological Capabilities. Latina America in Comparative Perspective." LEM Working Paper 2006/11.

Coe, N. M., P. Dicken, and M. Hess. 2008. "Global Production Networks: Realizing the Potential." *Journal of Economic Geography* 8(3): 271–95.

Dodgson, M., A. Hughes, J. Foster, and S. Metcalfe. 2011. "System Thinking, Market Failure, and the Development of Innovation Policy: The Case of Australia." *Research Policy* 40: 1145–56.

Dore, R. 1986. *Flexible Rigidities: Industrial Policy and Structural Adjustment in the Japanese Economy 1970-80*. London: Athlone Press.

Dorn, J., and T. Cloutier. 2013. *Report on Chinese Industrial Policies*. Atlanta, Ga.: King & Spalding.

Duffield, J., and B. Woodall. 2011. "Japan's New Basic Energy Plan." *Energy Policy* 39: 3741–9.

Dustmann, C., B. Fitzenberger, U. Schonberg, and A. Spitz–Oener. 2014. "From Sick Man of Europe to Economic Superstar: Germany's Resurgent Economy." *Journal of Economic Perspectives* 28(1): 167–88.

Edquist, C., ed. 1997. *Systems of Innovation: Technologies, Institutions and Organizations*. London: Pinter/Cassell.

Evans, P. 1995. *Embedded Autonomy: State and Industrial Transformation*. Princeton, N.J.: Princeton University Press.

Ezell, S. J., and R .D. Atkinson. 2011. *International Benchmarking of Countries' Policies and Programs. Supporting SME Manufacturers*. Washington, D.C.: Information Technology and Innovation Foundation.

Fan, P., and C. Watanabe. 2006. "Promoting Industrial Development through Technology Policy: Lessons from Japan and China." *Technology in Society* 28: 303–20.

Ferraz, J., C. Figueiredo, C. Leal, F. Marques, and M. Miterhof. 2013. "Financing Development: The Case of BNDES." In *The Industrial Policy Revolution I*, ed. J. Stiglitz and J. Y. Lin, 143–57. Basingstoke, U.K.: Palgrave.

Fine, B., and B. Rustomjee. 1996. *The Political Economy of South Africa: From Minerals-Energy Complex to Industrialisation*. London: Hurst.

Freeman, C. 1987. *Technology Policy and Economic Performance: Lessons from Japan*. London: Pinter.

Greenwald, B., and J. Stiglitz. 1986. "Externalities in Economies with Imperfect Information and Incomplete Markets." *Quarterly Journal of Economics* 101:229–64.

Hall, P. 1986. *Governing the Economy: The Politics of State Intervention in Britain and France*. Oxford: Oxford University Press.

Hall, P. A., and D. Soskice. 2001. *Varieties of Capitalism: The Institutional Foundations of Comparative Advantage*. Oxford: Oxford University Press.

Hancke, B., M. Rhodes, and M. Thatcher. 2007. *Beyond Varieties of Capitalism*. Oxford: Oxford University Press.

Hausmann, R., and D. Rodrik. 2004. "Economic Development as Self-Discovery," *Journal of Development Economics* 72(2), 603–33.

Hirschman, A. 1958. *The Strategy of Economic Development*. New Haven, Conn.: Yale University Press.

Johnson, C. 1982. *MITI and the Japanese Miracle: The Growth of Industrial Policy, 1925-1975*. Stanford, Calif.: Stanford University Press.

Khan, M. H., and K. S. Jomo. 2001. *Rents, Rent-Seeking and Economic Development*. Cambridge: Cambridge University Press.

Khan, M. 2013. "Technology Policies and Learning with Imperfect Governance." In *The Industrial Policy Revolution I*, ed. J. Stiglitz and J. Lin, 79–115, Basingstoke: Palgrave.

Klein Woolthuis, R., M. Lankhuizen, and V. Gilsing. 2005. "A System Failure Framework for Innovation Policy Design." *Technovation* 25: 609–19.

Kupfer, D., J. Ferraz, and F. Marques. 2013. "The Return of Industrial Policy in Brazil." In *The Industrial Policy Revolution I*, ed. J. Stiglitz and J. Lin, 327–40. Basingstoke: Palgrave.

Kuznetsov, Y., and C. Sabel. 2011. "New Open Economy Industrial Policy: Making Choices without Picking Winners." PREM Notes Economic Policy, World Bank, September, p. 116.

Lall, S. 1992. "Technological Capabilities and Industrialization." *World Development* 20(2): 165–86.

Landesmann, M. 1992. "Industrial Policy and Social Corporatism." In *Social Corporatism*, ed. J. Pekkarinen, M. Pohjola, and B. Rowthorn. Oxford: Oxford University Press, 242–79.

Laranja, M., E. Uyarra, and K. Flanagan. 2008. "Policies for Science, Technology and Innovation: Translating Rationales into Regional Policies in a Multi-Level Setting." *Research Policy* 37: 823–35.

Lin, J. 2012. *New Structural Economics—.A Framework for Rethinking Development and Policy*. Washington, D.C.: World Bank.

Lin, J., and H.-J. Chang. 2009. "Should Industrial Policy in Developing Countries Conform to Comparative Advantage or Defy It?" *Development Policy Review* 27(5):

483–502.

Lo, D., and M. Wu. 2014. "The State and Industrial Policy in Chinese Economic Development." In *Transforming Economies*, ed. J. M. Salazar-Xirinachs, I. Nubler, and R. Kozul-Wright. Geneva: ILO.

Locke, R., and R. Wellhausen, eds. 2014. *Production in the Innovation Economy*. Cambridge, Mass.: MIT Press.

Lundvall, B. A., ed. 1992. *National Systems of Innovation: Towards a Theory of Innovation and Interactive Learning.* London: Pinter.

Malerba, F. 2002. "Sectoral System of Innovation and Production." *Research Policy* 31: 247–64.

Markusen, A. 1996. "Interaction between Regional and Industrial Policies: Evidence from Four Countries." *International Regional Science Review*, 19(1/2): 49–77.

Mazzucato, M. 2014. *The Entrepreneurial State*. London: Anthem Press.

Metcalfe, S. 1995. "Technology Systems and Technology Policy in an Evolutionary Framework." *Cambridge Journal of Economics* 19: 25–46.

MIIT (Ministry of Industry and Information Technology of the People's Republic of China). 2013. *Guidance on Corporate Mergers and Acquisitions to Accelerate the Growth of Key Industries*.

Milberg, W., and D. Winkler. 2013. *Outsourcing Economics*. Cambridge: Cambridge University Press.

Mahmood, M., A. Andreoni. and H.-J. Chang. 2017. *Developing with Jobs: Manufacturing growth, productive employment and policies in developing countries*, Basingstoke: Palgrave Macmillan.

Nelson, R., ed. 1993. *National Innovation Systems: A Comparative Analysis*. New York: Oxford University Press.

Nezu, R. 2007. "Industrial Policy in Japan." *Journal of Industry, Competition and Trade* 7(3–4): 229–43.

Noman, A., K. Botchwey, H. Stein, and J. Stiglitz. 2011. *Good Growth and Governance in Africa. Rethinking Development Strategies*. Oxford: Oxford University Press.

Nurkse, R. 1952. "Some International Aspects of the Problem of Economic Development. *The American Economic Review* 42(2): 571–83.

Ocampo, J. A. 2006. "Latin America and the World Economy in the Long Twentieth Century." In *The Great Divergence: Hegemony, Uneven Development and Global Inequality*, ed. K. S. Jomo. New York: Oxford University Press, 44–93.

Okimoto, D. I. 1989. *Between MITI and the Market: Japanese Industrial Policy for High Technology*. Stanford, Calif.: Stanford University Press.

O'Sullivan, E. 2011. *A Review of International Approaches to Manufacturing Research*. Cambridge: University of Cambridge Institute for Manufacturing.

O'Sullivan, E., A. Andreoni, G. Lopez–Gomez, and M. Gregory. 2013. "What Is New in the New Industrial Policy? A Manufacturing System Perspective." *Oxford Review of Economic Policy* 29(2): 432–62.

Pack, H., and K. Saggi. 2006. "Is There a Case for Industrial Policy? A Critical Survey." *World Bank Researcher Observer* 21(2): 267–97.

Pisano, G. P., and W. C. Shih. 2012. *Producing Prosperity: Why America Needs a Manufacturing Renaissance*. Boston: Harvard Business Review Press.

Rodrik, D. 2004. "Industrial Policy for the Twenty–First Century." Mimeo, Harvard University.

——. 2007. "Normalizing Industrial Policy." Working paper. Cambridge, Mass.: John F. Kennedy School of Government.

Roseinstein–Rodan, P. 1957. *Notes on the Theory of the "Big Push."* Cambridge, Mass.: MIT Center for International Studies.

Salazar-Xirinachs, J. M., I. Nubler, and R. Kozul–Wright, eds. 2014. *Transforming Economies*. Geneva: ILO.

Shih, W. 2011. "China's Five Year Plan, Indigenous Innovation and Technology Transfer and Outsourcing." Testimony before the US–China Economic & Security Review Commission, June 15.

Soete, L. 2007. "From Industrial to Innovation Policy." *Journal of Industrial Competitiveness and Trade* 7: 273–84.

Stiglitz, J. 1996. "Some Lessons from the East Asian Miracle." *World Bank Research Observer* 11(2): 151–77.

Stiglitz, J., and B. Greenwald. 2014. *Creating a Learning Society*. New York: Columbia University Press.

Stiglitz, J., and J. Y. Lin, eds. 2013. *The Industrial Policy Revolution I*. Basingstoke: Palgrave.

Stiglitz, J., and S. Yusuf, eds. 2001. *Rethinking the East Asia Miracle*. Washington, D.C.: World Bank.

Storm, S., and C. W. M. Naastepad. 2015. "Crisis and Recovery in the German Economy: The Real Lessons." *Structural Change and Economic Dynamics* 32: 11–14.

Stortz, C., B. Amable, S. Casper, and S. Lechevalier. 2013. "Bringing Asia into the Comparative Capitalism Perspective." *Socio-Economic Review* 11: 217–32.

Tassey, G. 2007. *The Technology Imperative*. Cheltenham and Northampton: Edward Elgar.

——. 2010. "Rationales and Mechanisms for Revitalizing US Manufacturing R&D Strategies." *Journal of Technology Transfer* 35: 283–333.

——. 2014. "Competing in Advanced Manufacturing: The Need for Improved Growth Models and Policies." *Journal of Economic Perspectives* 28(1): 27–48.

Ul-Haque, I. 2007. "Rethinking Industrial Policy." UNCTAD Discussion Papers No. 183.

Vitols, S. 1997. "German Industrial Policy: An Overview." *Industry and Innovation* 4(1): 15–36.

Wade, R. 1990. *Governing the Market: Economic Theory and the Role of Government in East Asian Industrialization*. Princeton, N.J.: Princeton University Press.

——. 2012. "Return of Industrial Policy?" *International Review of Applied Economics* 26(2): 223–39.

Walker, T., C. Brewster, and G. Wood. 2014. "Diversity between and within Varieties of Capitalism: Transnational Survey Evidence." *Industrial and Corporate Change* 23(2): 493–533.

Warwick, K. 2013. "Beyond Industrial Policy. Emerging Issues and New Trends." OECD Science, Technology and Industrial Policy Papers No. 2.

Weiss, J. 2011. "Industrial Policy in the Twenty-First Century." UNU-WIDER Working Paper, 2011/55.

Wessner, C. W., and A. Wolff, eds. 2012. *Rising to the Challenge: US Innovation Policy for Global Economy*. Washington, D.C.: National Academy of Sciences Press.

Zalk, N. 2014. "Industrial Policy in a Harsh Climate: The Case of South Africa." In *Transforming Economies*, ed. J. M. Salazar-Xirinachs, I. Nubler, and R. Kozul-Wright. Geneva: ILO.

Zhang, X. 2013. "Clusters as an Instrument for Industrial Policy: The Case of China." In *The Industrial Policy Revolution I*, ed. J. Stiglitz and J. Lin. Basingstoke: Palgrave.

第 10 章

ADB (Asian Development Bank). 2009. *Strategy 2020: Working for an Asia and Pacific Free of Poverty*. Manila: ADB.

——. 2013. *Key Indicators for Asia and the Pacific 2013: Asia's Economic Transformation: Where to, How, and How Fast?* Manila: ADB.

Aikawa, Jiro. 2013. "Initiatives of SHEP and SHEP UP: Capacity Development of Small-Scale Farmers for Increased Responsiveness to Market Needs." In *For Inclusive and Dynamic Development in Sub-Saharan Africa*, 143–69. Tokyo: JICA Research Institute.

Anschutz, Eric E. 1995. *TQM America: How America's Most Successful Companies Profit from Total Quality Management*. Sarasota, Fla.: McGuinn & McGuire.

APEC (Asia Pacific Economic Cooperation). 2010. "The APEC Leaders' Growth Strategy." Yokohama, Japan, 14 November. http://www.apec.org/Meeting-Papers/Leaders-Declarations/ 2010/2010_ael/growth-strategy.aspx.

——. 2014. "Beijing Agenda for an Integrated, Innovative and Interconnected Asia-Pacific." Beijing, November 11. http://www.apec.org/Meeting-Papers/Leaders-Declarations/ 2014/ 2014_aelm.aspx.

APO (Asian Productivity Organization). 2003. *Rural Life Improvement in Asia*. http://www.apo-tokyo.org/00e-books/AG-07_RuraLife.htm.

Branscomb, Lewis. 1987. "Towards a National Policy on Research and Development." Conference sponsored by the Council on Research and Technology

(CORE-TECH) and the Conference Board, MIT, October 8. (Cited by Dertouzos et al. 1989.)

Cimoli, Mario, Giovanni Dosi, and Joseph E. Stiglitz, eds. 2009. *Industrial Policy and Development: The Political Economy of Capabilities Accumulation*. Toronto: Oxford University Press.

Clarke, Peter, and Katy Oswald. 2010. "Introduction: Why Reflect Collectively on Capacities for Change?" *IDS Bulletin* 41(3): 1–12.

DBJ (Development Bank of Japan) and JERI (Japan Economic Research Institute). 2003. *Handbook for TQM and QCC*. Washington, D.C.: Inter-American Development Bank (IDB).

Dertouzos, Michael, Richard Lester, and Robert Solow. 1989. *Made in America: Regaining the Productive Edge*. Cambridge, Mass.: MIT Press.

De Souza, Felipe Francisco. 2009. *Metodos de Planejamento Urbano: Projetos de Land Readjustment e Redesenvolvimento Urbano*. Sao Paulo: Paulo's Editora.

——. 2012. "Land Readjustment Pilot Projects in Sao Paulo: A Comparative Analysis Between the Periphery and the Urban Center Proposals." Paper presented at the Annual World Bank Conference on Land and Poverty. April 23–26. Washington, D.C.

ECDPM (European Center for Development Policy Management). 2008. "Capacity, Change, and Performance: Study Report." Discussion Paper 59B. April. Maastricht, Holland: ECDPM.

Fujita, Yasuo. 2011. "What Makes the Bangladesh Local Government Engineering Department (LGED) So Effective? Complementarity between LGED Capacity and Donor Capacity Development Support." Working Paper 27. Tokyo: JICA Research Institute.

Garcia-Alcaraz, Aide, Aracely Maldonado-Marcias, and Guillermo Cortes-Robles. 2014. *Lean Manufacturing in the Developing World: Methodology, Case Studies and Trends from Latin America*. New York: Springer.

Government of Japan, Cabinet Office. 2012. *Annual Report on the Japanese Economy and Public Finance* 2012. Tokyo: Cabinet Office.

——. 2015. *Cabinet Decision on the Development Cooperation Charter*. Tokyo: Cabinet Office.

Government of Japan, MOFA (Ministry of Foreign Affairs). 2006. "Government of Bangladesh Programme-Level Evaluation: Japanese Assistance to LGED-Related Sectors." Tokyo: Ministry of Foreign Affairs.

Haddad, Lawrence, Hiroshi Kato, and Nicolas Meisel, eds. 2015. *Growth Is Dead, Long Live Growth: The Quality of Economic Growth and Why It Matters*. Tokyo: JICA Research Institute.

Haraguchi, Nobuya. 2008. "The One Village One Product (OVOP) Movement: What It Is, How It Has Been Replicated, and Recommendations for a UNIDO OVOP Type Project." UNIDO Research and Statistics Branch Working Paper 03/2008. Vienna: UNIDO.

Hosono, Akio. 2009a. "A Memo on Rural Life Improvement Movement." Tokyo: GRIPS Development Forum.

——. 2009b. "*Kaizen*: Quality, Productivity and Beyond," GRIPS Development Forum. *Introducing KAIZEN in Africa*. 23–37. Tokyo: GRIPS.

——. 2012. "Climate Change, Disaster Risk Management, and South–South/ Triangular Cooperation." In *Scaling Up South—South and Triangular Cooperation*, ed. Hiroshi Kato 15–41. Tokyo: JICA-RI.

——. 2013. "Scaling Up South—South Cooperation through Triangular Cooperation: The Japanese Experience." In *Getting to Scale: How to Bring Development Solutions to Millions of Poor People*, ed. Laurence Chandy, Akio Hosono, Homi Kharas, and Johannes Linn, 236–61. Washington, D.C.: Brookings Institution.

——. 2015a. "Industrial Transformation and Quality of Growth." In *Growth Is Dead, Long Live Growth: The Quality of Economic Growth and Why It Matters*, ed. Lawrence Haddad, Hiroshi Kato, and Nicolas Meisel, 267–300. Tokyo: JICA Research Institute.

——. 2015b. "Catalyzing Transformation for Inclusive Growth." In *Japan and the Developing World: Sixty Years of Japan's Foreign Aid and the Post-2015 Agenda*, ed. Hiroshi Kato, John Page, and Yasutami Shimomura, 167–87. New York: Palgrave Macmillan.

——. 2015c. "Industrial Strategy and Economic Transformation: Lessons from Five Outstanding Cases." In *Industrial Policy and Economic Transformation in Africa*, ed. Akbar Noman and Joseph Stiglitz, 53–101. New York: Columbia University Press.

Hosono, Akio, Shunichiro Honda, Mine Sato, and Mai Ono. 2011. "Inside the Black Box of Capacity Development." In *Catalyzing Development: A New Vision for Aid*, ed. Homi Kharas, Koji Makino, and Woojin Jung, 179–201. Washington, D.C.: Brookings Institution.

Imai, Masaaki. 1986. *Kaizen: The Key to Japan's Competitive Success*. New York: McGraw-Hill.

Instituto de Desarrollo. 2013. *El Mejoramiento de Vida en Paraguay*. Asuncion and Tokyo: Ministerio de Agricultura y Ganaderia and JICA.

Ishikawa, Kaoru. 1954. *Hinshitsu Kanri Nyumon [Introduction to Quality Control Control]* (in Japanese). Tokyo: JUSE Press.

———. 1990. *Introduction to Quality Control*. Tokyo: 3A Corporation.

JICA (Japan International Cooperation Agency). 2003a. *Study on the Livelihood Improvement Programme in Rural Japan and the Prospects for Japan's Rural Development Cooperation*. Tokyo: JICA.

———. 2003b. "Terminal Evaluation on the Social Forestry Extension Model Development Project for Semiarid Areas." Tokyo: JICA.

———. 2006. "Capacity Development: What Is CD? How JICA Understands CD, and How-to Concepts for Improving JICA Projects." Tokyo: JICA.

———. 2008. "Capacity Assessment Handbook: Managing Programs and Projects toward Capacity Development." Tokyo: JICA.

———. 2009. "Summary of Terminal Evaluation on Intensified Social Forestry Project." Tokyo: JICA.

———. 2013a. "Central America and the Caribbean: 'Life Improvement Approach' Helps Farmers Increase Self-Reliance" *JICA News*, April 19. Tokyo: JICA.

———. 2013b. *Focus on African Development*. Press release at Tokyo International Conference on African Development (TICAD).

———. 2013c. "Internal Ex-Post Evaluation for Technical Cooperation Project: Intensified Social Forestry Project in Semi-arid Areas of Kenia." Tokyo: JICA.

———. 2014. "The *Kaizen* Project: Laying the Groundwork for Singapore's Growth." *JICA's World*, January 2014. Tokyo: JICA.

———. 2015. "Chiiki no Shorai wo Kaeru Chiisana Doryoku" ["Small Efforts Which Could Change the Future of the Region"]. *Mundi*, May. Tokyo: JICA.

Jorgenson, Dale W., Koji Nomura, and Jon D. Samuels. 2015. "A Half Century of Trans-Pacific Competition: Price Level Indices and Productivity Gap for Japanese and U.S. Industries, 1955–2012." RIETI Discussion Paper Series 15-E-054. Tokyo: The Research Institute of Economy, Trade and Industry (RIETI).

JPC (Japan Productivity Center). 1990. *Singapore Productivity Improvement Project*. Tokyo: JPC.

Kozuka, Eiji. 2014. "Inclusive Development: Definition and Principles for the Post-2015 Development Agenda." In *Perspectives on the Post-2015 Development Agenda*, ed. Hiroshi Kato, 109–22. Tokyo: JICA Research Institute.

Kurokawa, Kiyoto, Fletcher Tembo, and Dirk Willem te Velde. 2010. "Challenge for the OVOP Movement in Sub-Saharan Africa: Insights from Malawi, Japan, and Thailand." JICA-RI Working Paper 18. Tokyo and London: JICA and ODI.

Liker, Jeffrey K. 2004. *The Toyota Way*. New York: McGraw Hill.

Lin, Justin Yifu. 2012. *New Structural Economics: A Framework for Rethinking Development and Policy*. Washington, D.C.: World Bank.

Mizuno, Masami. 2003. "Rural Life Improvement Movement in Contemporary Japan." *Study on the Livelihood Improvement Programme in Rural Japan and the Prospects for Japan's Rural Development Cooperation*. Tokyo: JICA.

Noman, Akbar, and Joseph E. Stiglitz. 2012. "Strategies for African Development." In *Good Growth and Governance for Africa: Rethinking Development Strategies*, ed. A. Noman, K. Botchwey, H. Stein, and J. E. Stiglitz, 3–47. New York: Oxford University Press.

Nonaka, Ikujiro, Ryoko Toyama, and Toru Hirata. 2008. *Managing Flow: A Process Theory of the Knowledge-Based Firm*. New York: Palgrave Macmillan.

OECD (Organization for Economic Co-operation and Development). 2008. *Natural Resources and Pro-Poor Growth: The Economics and Politics*. Paris: OECD.

Ohno, Izumi, and Daniel Kitaw. 2011. "Productivity Movement in Singapore." In *Kaizen National Movement: A Study of Quality and Productivity Improvement in Asia and Africa*, 49–68. Tokyo: JICA and National Graduate Institute for Policy Studies

(GRIPS) Development Forum.

Ohno, Kenichi. 2013. *Learning to Industrialize: From Given Growth to Policy-Aided Value Creation*. New York: Routledge.

Reconstruction Design Council in Response to the Great East Japan Earthquake. 2011. *Towards Reconstruction: Hope Beyond the Disaster*. Tokyo: Ministry of Foreign Affairs (Japan) (provisional translation).

Sato, Hiroshi. 2003. "Rural Life Improvement Experience in Japan for Rural Development in Developing Countries." *Rural Life Improvement in Asia*. Tokyo: Asian Productivity Organization (APO).

Shimada, Go. 2015. "The Economic Implication of a Comprehensive Approach to Learning on Industrial Policy: The Case of Ethiopia." In *Industrial Policy and Economic Transformation in Africa*, ed. Akbar Noman and Joseph Stiglitz, 102–22. New York: Columbia University Press.

Stiglitz, Joseph, and Bruce Greenwald. 2014. *Creating a Learning Society: A New Approach to Growth, Development, and Social Progress*. New York: Columbia University Press.

Ueda, Takafumi. 2009. "Productivity and Quality Improvement: JICA's Assistance in Kaizen." GRIPS Development Forum. *Introducing KAIZEN in Africa*. Tokyo: GRIPS.

UNDP (United Nations Development Program). 1998. "Capacity Assessment and Development in a Systems and Strategic Management Context." MDGB Technical Advisory Paper 3. New York: UNDP.

——. 2010. *The MDGs: Everyone's Business: How Inclusive Business Models Contribute to Development and Who Supports Them*. New York: UNDP.

UNEP (United Nations Environment Program). 2010. *Green Economy: Developing Countries' Success Stories*. Nairobi: UNEP.

——. 2011. *Towards a Green Economy: Pathway to Sustainable Development and Poverty Reduction*. Nairobi: UNEP.

UN–ESCAP (United Nations Economic and Social Commission for Asia and the Pacific). 2013. *Shifting from Quantity to Quality: Growth with Equality, Efficiency, Sustainability and Dynamism*. Bangkok: UN–ESCAP.

Wang, Xiaolin, Limin Wang, and Yan Wang. 2014. *The Quality of Growth and*

Poverty Reduction in China. Heidelberg: Springer.

Wattanasiri, Chamnan. 2005. *Strengthening of Thailand's Grassroots Economy of the Royal Thai Government* (RTG). CD Dept., Ministry of Interior, Thailand.

Wilbur Smith Associates. 2008. "Final Report on the Technical Assistance Services to Support Implementation of the Institutional Strengthening Action Plan (ISAP) of LGED." Dhaka: Wilbur Smith Associates.

Womack, James, and Daniel Jones. 1996. *Lean Thinking: Banish Waste and Create Wealth in Your Corporation*. New York: Free Press.

Womack, James, Daniel Jones, and Daniel Roos. 1990. *The Machine that Changed the World: The Story of Lean Production*. New York: Macmillan.

World Bank. 2009. "Operational Risk Assessment for Local Government Engineering Department in Bangladesh: Final Report." Washington, D.C.: World Bank.

World Bank. 2015. *World Development Report 2015: Mind, Society and Behaviour*. Washington, D.C.: World Bank.

World Economic Forum. 2011. *Annual Meeting of the New Champions 2011: Mastering Quality Growth*. Dalian, China: World Economic Forum Summer Davos in Asia.

第 11 章

Acemoglu, D., S. Johnson, and J. Robinson. 2002. "Reversal of Fortune: Geography and Institutions in the Making of the Modern World Income Distribution." *The Quarterly Journal of Economics* 117 (4): 1231–94.

Amsden, A. H. 1989. *Asia's Next Giant: South Korea and Late Industrialization*. New York: Oxford University Press.

Anderson, C. 2006. *The Long Tail: Why the Future of Business is Selling More of Less*. New York: Hyperion.

Auty, R. 1990. *Resource-Based Industrialization: Sowing the Oil in Eight Developing Countries*. Oxford: Clarendon Press.

——. 1993. *Sustaining Development in Mineral Economies: The Resource Curse Thesis*. London: Routledge.

Bell, M., and K. Pavitt. 1993. "Technological Accumulation and Industrial Growth: Contrasts Between Developed and Developing Countries." *Industrial and Corporate Change* 2(2): 157–211.

Bell, R. Martin. 2006. "How Long Does It Take? How Fast Is It Moving (if at All)? Time and Technological Learning in Industrialising Countries." *International Journal of Technology Management* 36(1/2/3): 25–39.

Bisang, R. 2008. "The Argentine Agricultural Scene: Recent Changes, Future Challenges and Latent Conflict (ARI)." November. Real Instituto Elcano. http://www.realinstitutoelcano.org/wps/portal/rielcano_eng/Content?WCM_GLOBAL_CONTEXT=/Elcano_in/Zonas_in/Latin+America/ARI 111-2008. Accessed on July 7, 2009.

Cimoli, M., G. Dosi, and J. Stiglitz. 2009. "The Future of Industrial Policies in the New Millennium: Toward a Knowledge Centered Development Agenda." In *Industrial Policy and Development*, ed. M. Cimoli, G. Dosi, and J. Stiglitz, 541–60. Oxford: Oxford University Press.

Comisión Minería y Desarrollo de Chile, eds. 2014. "Minería, Una Plataforma de Futuro para Chile." Consejo Nacional de Innovación para el Desarrollo, Gobierno de Chile, Diciembre 2014. http://www.economia.gob.cl/wp-content/uploads/2014/12/Mineri%CC%81a-Una-Plataforma-de-Futuro-para-Chile.pdf.

Corfo. 2014. "Programa Proveedores de Clase Mundial: Catálogo de Proyectos 2013-2014." Corfo, Gobierno de Chile. http://catalogo.corfo.cl/cgi-bin/koha/opac-detail.pl?biblionumber=4223&shelfbrowse_itemnumber=4373#shelfbrowser.

Dobbs, R., J. Oppenheim, F. Thompson, M. Brinkman, and M. Zornes. 2011. *Resource Revolution: Meeting the World's Energy, Materials, Food and Water Needs*. London: McKinsey Global Institute, McKinsey and Co.

Dore, R. 1989. "Latecomers' Problems." *The European Journal of Development Research* 1(1): 100–07.

Dosman, Edgar J. 2008. *The Life and Times of Raúl Prebisch, 1901-1986*. Kingston, Montreal: McGill-Queen's University Press.

Duda, S., L. James, H. Lee, Z. Mackwani, R. Munoz and D. Volk 2007. "Starbucks Corporation: Building a Sustainable Supply Chain." Stanford Graduate School of

Business. HBS Case studies.

Ekboir, J. 2003. "Research and Technology Policies in Innovation Systems: Zero Till-age in Brazil." *Research Policy* 32(4): 573–86.

Ernst, D., and L. Kim. 2002. "Global Production Networks, Knowledge Diffusion, and Local Capability Formation." *Research Policy* 14: 1417–29.

Evans, P. 1995. *Embedded Autonomy: States and Industrial Transformation*. Princeton, N.J.: Princeton University Press.

Farooki, M. Z., and R. Kaplinsky. 2012. *The Impact of China on Global Commodity Prices: The Global Reshaping of the Resource Sector*. London: Routledge.

Figueiredo, P. 2009. "Industrial Policy, Innovation Capability Accumulation and Dis-continuities." Paper presented at the Copenhagen Business School Summer Conference, June 17–19.

Flynn, B. 2003. "Eucalyptus: Having an Impact on the Global Solid-Wood Industry." *Wood Resources International*. http://www.wri-ltd.com/marketPDFs/Eucalyptus.pdf. Accessed on July 19, 2009.

Freeman, C., and F. Louç.. 2001. *As Time Goes by: From the Industrial Revolutions to the Information Revolution*. New York: Oxford University Press.

Freeman, C., and C. Perez. 1988. "Structural Crises of Adjustment: Business Cycles and Investment Behaviour." In *Technical Change and Economic Theory*, ed. Dosi et al., 38–66. London: Pinter.

Galvã, A., M. Juruá, L. Esteves, and F. Castanheira. 2011. "The Amazon Region and the Use of Its Biodiversity." Sectorial Report for the IDRC project. From *Opening up Natural Resource-Based Industries for Innovation: Exploring New Pathways for Development in Latin America*. https://dl.dropboxusercontent.com/u/29408306 / NR%20Project_Sectorial%20Report_Brazil.pdf.

Garcia, G. 2008. "The Agricultural Machinery Industry in Argentina: From Restructuring to Internationalization?" *CEPAL Review* 96: 223–39.

Gereffi, G., J. Humphrey, and T. Sturgeon. 2005. "The Governance of Global Value Chains." *Review of International Political Economy* 12(1): 78–104.

Gerschenkron, A. 1962. "Economic Backwardness in Historical Perspective." In *Economic Backwardness in Historical Perspective*, 5–30. Cambridge, Mass.: Belknap

Press.

Gibson, A. 2005. "Bringing Knowledge to Vegetable Farmers: Improving Embedded Information in the Distribution System." *The KATALYST Cases*, Case Study Number 1. http://www.springfieldcentre.com/wp-content/uploads/2012/10 /sp0502.pdf.

Goldemberg, J. 2011. "Technological Leapfrogging in the Developing World." *George-town Journal of International Affairs*, 12(1): 135–41.

Gylfason, T., T. Tryggvi, and Z. Gylfi. 1999. "A Mixed Blessing: Natural Resources and Economic Growth." *Macroeconomic Dynamics* 3 (June): 204–25.

Hernandez-Cuevas, C., and Pablo Palenzuela. 2004. "Strategies to Capture Biotechnology Opportunities in Chile." *Electronic Journal of Biotechnology* 7(2): 174–90.

Jaffee, S., and O. Masakure. 2005. "Strategic Use of Private Standards to Enhance International Competitiveness: Vegetable Exports from Kenya and Elsewhere." *Food Policy* 30(3): 316–33. http://www.sciencedirect.com/science/article/pii/S0306919205000333 – aff2.

Kaplinsky, R. 2005. *Globalisation, Poverty and Inequality: Between a Rock and a Hard Place*. Cambridge: Polity.

Leskinen, O., P.K. Bekken, H. Razafinjatovo, and M. García. 2012. Norway *Oil and Gas Cluster: A Story of Achieving Success Through Supplier Development*. Boston, Mass.: Harvard Business School.

Lundvall, B.-A. 2007. "National Innovation Systems—Analytical Concept and Development Tool." *Industry and Innovation* 14(1): 95–119.

Marichal, C. 1988. *A Century of Debt Crises in Latin America*. Princeton, N.J.: Princeton University Press.

Marin, A. 2007. "Thinking Locally: New Approaches to Foreign Direct Investment." *SCi-DEV*, 1 January. http://web.scidev.net/en/policy-briefs/thinking-locally-new –approaches-to-foreign-direct-.html.

Marin, A., L. Navas-Aleman, and C. Perez. 2010. "The Possible Dynamic Role of Natural Resource-Based Networks in Latin American Development Strategies." *Globelics Working Paper* 43-1, April. http://umconference.um.edu.my/upload/43-1 /papers/292%20AnabelMarin_LizbethNavas-Aleman_CarlotaPerez.pdf.

Marin, A., L. Navas-Aleman, and C. Perez (2015) "Natural Resource Industries as a Platform for the Development of Knowledge Intensive Industries" in *Tijdschrift Voor Economische en Sociale Geografie (Journal of Economic and Social Geography)*, 106 (2):154–68.

Marin, A., and L. Stubrin. 2015. Innovation in Natural Resources: New Opportunities and New Challenges. The Case of the Argentinian Seed Industry. *UNU-Merit Working Paper*, Maastricht. http://www.merit.unu.edu/publications/wppdf/2015 / wp2015-015.pdf. Accessed February 2015.

Marin, A., L. Stubrin, and P. Van Zwanenberg. 2014. "Developing Capabilities in the Seed Industry: Which Direction to Follow?" *SPRU Working Paper Series*, SWPS 2014-12, June 2014. https://www.sussex.ac.uk/webteam/gateway/file. php?name=developing-capabilities-in-the-seed-industry.pdf&site=25. Accessed February 2015.

Mazzucato, M., and C. C. R. Penna, eds. 2015. *Mission-Oriented Finance for Innovation: New Ideas for Investment-Led Growth*. London: Policy Network.

Mazzucato, M., and C. Perez. 2014. "Innovation as Growth Policy: The Challenge for Europe." In *The Triple Challenge: Europe in a New Age*, eds. J. Fagerberg, S. Laestadius, and B. Martin. London: Oxford University Press, chap. 9, pp. 227–62 [early version as *SPRU Working Paper Series* SWPS 2014-13, July 2014]. https:// www. sussex.ac.uk/webteam/gateway/file.php?name=2014-13-swps-mazzucato-perez. pdf&site=25.

Morris, M., R. Kaplinsky, and D. Kaplan. 2012. "'One Thing Leads to Another' —Commodities, Linkages and Industrial Development." *Resources Policy* 37(4): 408–16.

Murray, R. 2012. "Global Civil Society and the Rise of the Civil Economy." In *Global Civil Society 2012*, ed. Helmut Anheier, Marlies Glasius, and Mary Kaldor. London: Palgrave Macmillan.

Navas-Aleman, L. 2011. "The Impact of Operating in Multiple Value Chains for Upgrading: The Case of the Brazilian Furniture and Footwear Industries." *World Development* 39(8): 1386–97.

Nurkse, R. 1958. "The Quest for a Stabilization Policy in Primary Producing

Countries." *Kyklos*, 11(2): 139–265.

Perez, C. 1985. "Microelectronics, Long Waves and Structural Change: New Perspectives for Developing Countries." *World Development* 13(3): 441–63.

——. 2001. "Technological Change and Opportunities for Development as a Moving Target." *CEPAL Review* 75 (December): 109–30.

——. 2002. *Technological Revolutions and Financial Capital: The Dynamics of Bubbles and Golden Ages*. Cheltenham: Elgar.

——. 2008. "A Vision for Latin America: A Resource–Based Strategy for Technological Dynamism and Social Inclusion." *Globelics* Working Paper No. 2008-04. http:// dcsh.xoc.uam.mx/eii/globelicswp/wp0804–en.pdf.

——. 2010a. "Dinamismo tecnológico e inclusión social en América Latina: una estrategia de desarrollo productivo basada en los recursos naturales." *Revista CEPAL* 100: 123–45.

——. 2010b. "Hacia la PYME latinoamericana del futuro: Dinamismo Tecnológico e Inclusión Social." In *SELA: PYMES como factor de integración: 35 años de esfuerzo continuo del SELA*, 111–23. Barquisimeto, Venezuela: Editorial Horizonte.

——. 2013. "Unleashing a Golden Age After the Financial Collapse: Drawing Lessons from History." *Environmental Innovation and Societal Transitions* 6: 9–23.

Perez, C., and L. Soete. 1988. "Catching Up in Technology: Entry Barriers and Windows of Opportunity." In *Technical Change and Economic Theory*, eds. G. Dosi et al., 458–79. London: Pinter.

Perez, C., A. Marin, and L. Navas–Aleman. 2014. "The Possible Dynamic Role of Natural Resource Based Networks in Latin American Development Strategies." In *National Innovation Systems, Social Inclusion and Development*, eds. G. Dutrenit and J. Sutz, 380–412. Cheltenham: Elgar.

Prahalad, C. K., and G. Hamel. 1990. "The Core Competence of the Corporation." *Harvard Business Review*, May–June: 79–91. https://hbr.org/1990/05 /the-core-competence-of-the-corporation.

Prebisch, R. 1950. "The Economic Development of Latin America and Its Principal Problems." United Nations Dept. of Economic Affairs.

——. 1951. *Estudio Económico de América Latina 1949*. New York: CEPAL.

Reinert, E. S., ed. 2004. *Globalization, Economic Development and Inequality: An Alter-native Perspective*. Cheltenham: Elgar.

Rodrik, D. 2004. "Industrial Policy in the Twenty-First Century." *KSG Working Paper* No. RWP04-047.

Sachs, J., and A. Warner. 1995 (revised 1997 and 1999). "Natural Resource Abundance and Economic Growth." *National Bureau of Economic Research*. Working Paper No. 5398.

——. 2001. "The Curse of Natural Resources." *European Economic Review* 45(4/6): 827-38.

Singer, H. 1949. "Economic Progress in Underdeveloped Countries." *Social Research: An International Quarterly of Political and Social Science* 16(1): 9-11.

——. 1950. "The Distribution of Gains between Investing and Borrowing Countries." *American Economic Review* 44(2): 473-85.

——. 1975. *The Strategy of International Development: Essays in the Economics of Backwardness*. White Plains, N.Y.: International Arts and Sciences Press.

Stevens, P., and E. Dietsche. 2008. "Resource Curse: An Analysis of Causes, Experiences and Possible Ways Forward," *Energy Policy* 36(1): 56-65.

Stirling, A. 2008. "'Opening Up' and 'Closing Down' Power, Participation, and Pluralism in the Social Appraisal of Technology." *Science, Technology & Human Values* 33(2): 262-94.

——. 2009. "Direction, Distribution and Diversity! Pluralising Progress in Innovation, Sustainability and Development." STEPS *Working Paper*, vol. 32.

The Economist. 1977. "The Dutch Disease." November. 26: 82-83.

Torvik, R. 2002. "Natural Resources, Rent Seeking and Welfare." *Journal of Development Economics* 67: 455-70.

Urzúa, O. 2012. "Emergence and Development of Knowledge-Intensive Mining Services (KIMS)." *Working Papers in Technology Governance and Economic Dynamics*, No. 41. The Other Canon Foundation and Tallinn University of Technology.

Wade, R. H. 1992. "East Asia's Economic Success: Conflicting Perspectives, Partial Insights, Shaky Evidence." *World Politics* 44(2): 270-320.

Walker, M., and P. Jourdan. 2003. "Resource-Based Sustainable Development: An Alternative Approach to Industrialisation in South Africa." *Minerals & Energy—Raw Materials Report* 18(3): 25–43.

Warhurst, A. 2008. "How Botswana Leverages Growth." *Business Week*, April 30. http://www.businessweek.com/globalbiz/content/apr2008/gb20080430_874526.htm. Accessed on July 19, 2009.

Wright, G. 1997. "Toward a More Historical Approach to Technological Change." *The Economic Journal* 107: 1560–66.

第 12 章

Chang, Ha-Joon, ed. 2003. *Rethinking Development Economics*. New York: Anthem Press.

Chenery, H. B., and L. Taylor. 1968. "Development Patterns: Among Countries and Over Time." *The Review of Economics and Statistics* 50(4): 391–416.

Clark, C. 1957. *The Conditions of Economic Progress*. New York: Garland.

Felipe, Jesus. 2009. *Inclusive Growth, Full Employment, and Structural Change: Implications and Policies for Developing Asia*. New York: Anthem Press and ADB.

Imbs, Jean, and R. Wacziarg. 2003. "Stages of Diversification." *The American Economic Review* 93(1): 63–86.

Kuznets, S. 1966. *Modern Economic Growth: Rate, Structure, and Spread*. New Haven, Conn.: Yale University Press.

Lee, K. 2013. *Schumpeterian Analysis of Economic Catch-up: Knowledge, Path-Creation, and the Middle-Income Trap?* New York: Cambridge University Press.

Lin, J. 2011. "From Flying Geese to Leading Dragons: New Opportunities and Strategies for Structural Transformation in Developing Countries." Policy Research Working Paper Series, 5702, World Bank.

Lin, J., and H. Chang. 2009. "Should Industrial Policy in Developing Countries Conform to Comparative Advantage or Defy it? A Debate between Justin Lin and Ha-Joon Chang." *Development Policy Review* 27(5): 483–502.

Lin, J., and C. Monga. 2011. "Growth Identification and Facilitation: The Role of the State in the Dynamics of Structural Change." *Development Policy Review* 29(3): 259–310.

Rodrik, D. 2011. "The Future of Economic Convergence." NBER Working Paper Series No. 17400.

Taylor, L. 1969. "Development Patterns: A Simulation Study." *The Quarterly Journal of Economics* 83(2): 220–41.

World Bank. 1993. *The East Asian Miracle*. Washington, D.C.: Oxford University Press.

第 13 章

Andersson, M. 2006. "Co-Location of Manufacturing and Producer Services: A Simultaneous Equations Approach." In *Entrepreneurship and Dynamics in the Knowledge Economy*, eds. C. Karlsson, B. Johansson, and R. R. Stough, 94–124. New York: Routledge.

Baer, W., and L. Samuelson. 1981. "Toward a Service-Oriented Growth Strategy." *World Development* 9(6): 499–514.

Baines, T. S., H. W. Lightfoot, O. Benedettini, and J. M. Kay. 2009. "The Servitization of Manufacturing: A Review of Literature and Reflection on Future Challenges." *Journal of Manufacturing Technology Management* 20(5): 547–67.

Baldwin, R. 2014." Trade and Industrialization After Globalization's Second Unbundling: How Building and Joining a Supply Chain Are Different and Why It Matters." In *Globalization in an Age of Crisis: Multilateral Economic Cooperation in the Twenty-First Century*, eds. R. C. Feenstra and A. M. Taylor, 165–212. Chicago: University of Chicago Press.

Bell, D. 1973. *The Coming of Post-Industrial Society: A Venture in Social Forecasting*. New York: Basic Books.

Berger, S. 2005. *How We Compete: What Companies Around the World Are Doing to Make It in Today's Global Economy*. New York: Doubleday.

Bhagwati, J. N. 1984. "Splintering and Disembodiment of Services and Developing Nations." *The World Economy* 7(2): 133–144.

——. 2010. *The Manufacturing Fallacy*. Retrieved January 2, 2015, from Project Syndicate: http://www.project-syndicate.org/commentary/the-manufacturing-fallacy.

Britton, S. 1990. "The Role of Services in Production." *Progress in Human Geography* 14(4): 529–46.

Brown, R., and D. Julius. 1993. "Is Manufacturing Still Special in the New World Order?" In *Finance and the International Economy 7: The Amex Bank Review Prize Essays in Memory of Robert Marjolin*, ed. R. O'Brien, 6–20. New York: Oxford University Press.

Chang, H.-J., and J. Bhagwati. 2011. "Economist Debates: Manufacturing: This House Believes that an Economy Cannot Succeed Without a Big Manufacturing Base." The Economist. Retrieved October 10, 2015 from: http://www.columbia.edu/~jb38/papers/pdf/The_Economist_com_Debate_Manufacturing.pdf.

Chang, H.-J., A. Andreoni, and M. L. Kuan. 2014. "International Industrial Policy Experiences and the Lessons for the UK." In *The Future of UK Manufacturing: Scenario Analysis, Financial Markets and Industrial Policy*, ed. A. Hughes. London: UK-IRC.

Chenery, H. B. 1960. "Patterns of Industrial Growth." *The American Economic Review* 50(4): 624–54.

Ciccone, A., and K. Matsuyama. 1996. "Start-Up Costs and Pecuniary Externalities as Barriers to Economic Development." *Journal of Development Economics* 49(1): 33–59.

Clark, C. 1940. *The Conditions of Economic Progress*. London: Macmillan.

Coffey, W. J., and A. S. Bailly. 1991. Producer Services and Flexible Production: An Exploratory Analysis. *Growth and Change* 22(4): 95–117.

Cohen, S., and J. Zysman. 1987. *Manufacturing Matters: The Myth of the Post-Industrial Economy*. New York: Basic Books.

Daniels, P. W., and J. R. Bryson. 2002. "Manufacturing Services and Servicing Manufacturing: Knowledge-Based Cities and Changing Forms of Production." *Urban Studies* 39(5–6): 977–91.

DGBAS (Directorate-General of Budget Accounting and Statistics). 2015. *National Statistics Database*. Taipei City: DGBAS.

Dicken, P. 2011. *Global Shift: Mapping the Changing Contours of the World Economy*. New York: Guilford.

European Commission. 2013. *World Input-Output Database*. Brussels: European Commission.

Falk, M., and E. Jarocinska. 2010. *Linkages Between Services and Manufacturing in EU Countries*. SERVICEGAP Review Paper 1. Brussels: European Commission.

Feenstra, R. C. 1998. "Integration of Trade and Disintegration of Production in the Global Economy." *Journal of Economic Perspectives* 12(4): 31–50.

Felipe, J., R. Briones, D. H. Brooks, A. Mehta, and H. Verspagen. 2013. *Asia's Economic Transformation: Where to, How, and How Fast? Key Indicators for Asia and the Pacific 2013 Special Chapter*. Manila: Asian Development Bank.

Fisher, A. G. 1935. *The Clash of Progress and Security*. London: Macmillan.

Francois, J. F., and K. A. Reinert. 1996. "The Role of Services in the Structure of Production and Trade: Stylized Facts from a Cross–Country Analysis." *Asia-Pacific Economic Review* 2(1) 35–43.

Francois, J. F., and J. Woerz. 2008. "Producer Services, Manufacturing Linkages, and Trade." *Journal of Industry, Competition and Trade* 8(3–4): 199–229.

Freund, C., and D. Weinhold. 2002. The Internet and International Trade in Services. *The American Economic Review* 92(2): 236–40.

Galbraith, J. K. 1958. *The Affluent Society*. Boston: Houghton Mifflin.

Ghani, E., and S. D. O'Connell. 2014. *Can Service Be a Growth Escalator in Low Income Countries?* World Bank Policy Research Working Paper No. 6971. Washington, D.C.: World Bank.

Greenfield, H. I. 1966. *Manpower and the Growth of Producer Services*. New York: Columbia University Press.

Gregory, M., and G. Russo, 2007. "Do Demand Differences Cause the U.S.–European Employment Gap?" *In Services and Employment: Explaining the U.S.-European Gap*, eds. M. Gregory, W. Salverda, and R. Schettkat, 81–108. Princeton, N.J.: Princeton University Press.

Grether, J.-M., and N. A. Mathys. 2010. "Is the World's Economic Centre of Gravity Already in Asia?" *Area* 42(1): 47–50.

Guerrieri, P., and V. Meliciani. 2005. "Technology and International Competitiveness: The Interdependence Between Manufacturing and Producer Services." *Structural Change and Economic Dynamics* 16(4): 489–502.

Hansen, N. 1994. "The Strategic Role of Producer Services in Regional Development." *International Regional Science Review* 16(1–2): 187–95.

Hanson, G. H., R. J. Mataloni, and M. J. Slaughter. 2001. "Expansion Strategies of U.S. Multinational Firms." In *Brookings Trade Forum*, eds. S. M. Collins and D. Rodrik, 245–94. Washington, D.C.: Brookings Institution Press.

Helpman, E. 1984. "A Simple Theory of International Trade with Multinational Corporations." *Journal of Political Economy* 92(3): 451–71.

Hirschman, A. O. 1958. *The Strategy of Economic Development*. New Haven. Conn., and London: Yale University Press.

Houseman, S. 2007. "Outsourcing, Offshoring, and Productivity Measurement in U.S. Manufacturing." *International Labour Review* 146(1–2): 61–80.

Houthakker, H. 1957. "An International Comparison of Household Expenditure Patterns, Commemorating the Centenary of Engel's Law." *Econometrica* 25(4): 532–51.

Howells, J. 2004. "Innovation, Consumption and Services: Encapsulation and the Combinatorial Role of Services." *The Service Industries Journal* 24(1): 19–36.

Hummels, D., J. Ishii, and K.–M. Yi. 2001. "The Nature and Growth of Vertical Specialization in World Trade." *Journal of International Economics* 54(1): 75–96.

Illeris, S. 1996. *The Service Economy: A Geographical Approach*. Chichester: Wiley.

Johnston, B., and J. Mellor. 1961. "The Role of Agriculture in Economic Development." *The American Economic Review* 51(4): 566–93.

Kuznets, S. 1971. *Economic Growth of Nations: Total Output and Production Structure*. Cambridge, Mass.: Harvard University Press.

Lewis, W. A. 1954. "Economic Development with Unlimited Supplies of Labour." *The Manchester School* 22(2): 139–91.

Livesey, F. 2006. *Defining High Value Manufacturing*. London: University of Cambridge Institute for Manufacturing.

Markusen, J. R. 1984. "Multinationals, Multi-Plant Economies, and the Gains from Trade." *Journal of International Economics* 16(3-4): 205-26.

Marshall, A. 1920. *Principles of Economics*. 8th ed. London: Macmillan.

Nordås, H. K., and Y. Kim. 2013. *The Role of Services for Competitiveness in Manufacturing*. OECD Trade Policy Papers No. 148. Paris: OECD.

OECD (Organisation for Economic Co-operation and Development). 2011. "ISIC Rev. 3 Technological Intensity Definition: Classification of Manufacturing Industries into Categories Based on R&D Intensities." OECD, July 7. Retrieved January 2, 2015, from: http://www.oecd.org/sti/ind/48350231.pdf

Park, S.-H. 1989. "Linkages Between Industry and Services and Their Implications for Urban Employment Generation in Developing Countries." *Journal of Development Economics* 30(2): 359-79.

———. 1994. Intersectoral Relationships Between Manufacturing and Services: New Evidence from Selected Pacific Basin Countries. *ASEAN Economic Bulletin* 10(3): 245-63.

Park, S.-H., and K. S. Chan. 1989. "A Cross-Country Input-Output Analysis of Intersectoral Relationships between Manufacturing and Services and their Employment Implications." *World Development* 17(2): 199-212.

Pisano, G. P., and W .C. Shih. 2009. "Restoring American Competitiveness." *Harvard Business Review*, July-August, 114-25.

———. 2012. *Producing Prosperity: Why America Needs a Manufacturing Renaissance*. Boston: Harvard Business Review Press.

Porter, M. E. 2008. *On Competition: Updated and Expanded Edition*. Boston: Harvard Business Press.

Quah, D. 2011. "The Global Economy's Shifting Centre of Gravity." *Global Policy* 2(1) 3-9.

Romer, C. D. 2012. "Do Manufacturers Need Special Treatment?" *New York Times*, Feb 4. Retrieved January 2, 2015: http://www.nytimes.com/2012/02/05/business/do-manufacturers-need-special-treatment-economic-view.html.

Rowthorn, R., and J. Wells. 1987. *De-Industrialization and Foreign Trade*. London: Cambridge University Press.

Schmenner, R. W. 2009. "Manufacturing, Service, and Their Integration: Some History and Theory." *International Journal of Operations and Production Management* 29(5): 431–43.

Subramanian, A., and M. Kessler. 2014. "The Hyperglobalization of Trade and Its Future." In *Towards a Better Global Economy: Policy Implications for Citizens Worldwide in the 21st Century*, eds. F. Allen, J. R. Behrman, N. Birdsall, S. Fardoust, D. Rodrik, A. Steer, et al., 216–77. London: Oxford University Press.

Timmer, C. P. 1988. "The Agricultural Transformation." In *Handbook of Development Economics*, vol. 1, eds. H. B. Chenery and T. N. Srinivasan, 275–331. Amsterdam: North Holland.

Tregenna, F. 2008. "Quantifying the Outsourcing of Jobs from Manufacturing to Services." *South African Journal of Economics* 76(S2): S222–S238.

Vandermerwe, S., and J. Rada. 1988. "Servitization of Business: Adding Value by Adding Services." *European Management Journal* 6(4): 314–24.

Walker, R. A. 1985. "Is There a Service Economy? The Changing Capitalist Division of Labour." *Science and Society* 49(1): 42–83.

Wise, R., and P. Baumgartner. 1999. "Go Downstream: The New Profit Imperative in Manufacturing." *Harvard Business Review* 77(5): 133–41.

Wolfmayr, Y. 2008. *Producer Services and Competitiveness of Manufacturing Exports*. FIW Research Report No. 9. Vienna: Federal Ministry of Science, Research and Economy, Austria.

———. 2012. "Export Performance and Increased Services Content in Manufacturing." *National Institute Economic Review* 220(1): R36–R52.

Wood, P. 2009. "Service Competitiveness and Urban Innovation Policies in the UK: The Implications of the 'London Paradox'." *Regional Studies* 43(8): 1047–59.

World Bank. 2015. *World Development Indicators Database*. Washington, D.C.: World Bank.

Yi, K.-M. 2003. "Can Vertical Specialization Explain the Growth of World Trade?" *Journal of Political Economy* 111(1): 52–102.

索 引[*]

AACP. *See* Anglo-American Council on Productivity
ABDI. *See* Brazilian Industrial Development Agency
absorption process, 77–78
Accra Agenda for Action, 310
ADB. *See* Asian Development Bank
ADBC. *See* Agricultural Development Bank of China
advanced economies, 231–32
Advanced Industrial Science and Technology (AIST), 269
Advanced Research Projects Agency—Energy (ARPA-E), 265
adverse selection, 158
aggregate demand effects, 89
aggregate productivity growth, 82–83
Aghion, P., 60n4
Agricultural Development Bank of China (ADBC), 286
agriculture, 58, 372, 476n26
agroforestry, 337–38
agro-technological infrastructure, 298
aid policy, United States, 174–76
Aikawa, J., 316–17
aircraft production, 27
airline services, 27
AIST. *See* Advanced Industrial Science and Technology
Alcatraz Project, 385n6
Além, A. C., 107, 111

allocative efficiency, 38
American National Standards Institute (ANSI), 327
American Recovery and Reinvestment Act (ARRA), 265, 299
Amsden, Alice, 17n3, 36, 95
analytic frameworks, 127
Andersson, M., 450, 474n9
Andreoni, Antonio, 13
Anglo-American Council on Productivity (AACP), 174
Annual Report on the Japanese Economy and Public Finance 2012, 308
ANSI. *See* American National Standards Institute
antipolicy consensus, 57
antitrust policies, 53
Aoki, M., 162, 171
apartheid period, 292
APDP. *See* Automotive Scheme
APEC. *See* Asian Pacific Economic Cooperation
APEC Growth Strategy, 308, 345n2
APO. *See* Asian Productivity Organization
Argentina, 362, 372
arid and semiarid lands (ASALs), 337
Arisawa, Hiromi, 165
ARPA-E. *See* Advanced Research Projects Agency—Energy
ARRA. *See* American Recovery and Reinvestment Act

---

[*] 用斜体字写的页码表示图或表。

索引 433

Arrow, Kenneth, 25, 28
ASALs. *See* arid and semiarid lands
Asia, 307–8, 361, 367–68
Asian Development Bank (ADB), 308
Asian Pacific Economic Cooperation (APEC), 306
Asian Productivity Organization (APO), 332
Asian Tigers, 226, 356–57, 360–61, 383–84
assets, nonperforming, 209
associated institution building, 3
Automotive Scheme (APDP), 296
autonomy, 178–81, 380

backward economies, 42
backward linkages, 79
Bangladesh, 317–18
Bank of Japan (BOJ), 166, 180
Basel Accord, 116
basic industries, 8
basic metal industry, 398–402, 430, *443*
BDC. *See* Business Development Bank of Canada
Benhassine, N., 257
BHP Billiton, 375
big push theory, 31
bilateral agreements, 50–51
biotechnology, 133, 377
Blankenburg, S., 45, 52
Bloomberg, 122
BNDES. *See* Brazilian Development Bank
BOJ. *See* Bank of Japan
boom-bust financing, 137–38
borrowing firms, 213
Bosai project, 340–41, 343
bottom-up model, 259, 378–80, *379*
Branscomb, Lewis, 328
Brasil Maior Plan (PBM), 284–85
Brazil, 196; agro-technological infrastructure of, 298; industrial development in, 279–83; infrastructure investments of, *122*; long and short-term financing in, 118–19; multi-layered governance model in, 297–98; policy packages of, *281*, *282*; pulp for paper from, 373–74; technological capabilities of, 48–49; zero-tillage agriculture of, 372
Brazil, Russia, India, China, and South Africa (BRICS), 50, 144

Brazilian Development Bank (BNDES), 6–7, 115–17, 122, 160, 216; biotechnology support by, 133; disbursements to innovation of, *125*; funding base of, 284; growth of loans of, *120*; high-growth process of, 124; long-term financing of, 141, 280
Brazilian Industrial Development Agency (ABDI), 283
Brei, M., 138
BRICS. *See* Brazil, Russia, India, China, and South Africa
Bruno, Michael, 18*n*7
bureau pluralism, 171–72, 181
business as usual, 146–48, *149–50*, 151
business conditions, *423*
Business Development Bank of Canada (BDC), *120*
business services, 475*n*23, 476*n*33, 476*n*35

CAD. *See* comparative advantage defying strategy
Calomiris, C. W., 156, 170, 185*n*36
Cambridge Alphametrics Model (CAM), 8, 133, 145
capability building, 36
capacity development, 307, 310–11, *312*, 340–41
capital, 116, 135, 197; DBs with available, 95; gross fixed, 203–4, *207*, 211; human, 67, 97*n*11; -intensive industries, 242*n*3, 419; investments, 30, 228; long-term, 259–60; venture, 125–26
capitalism, 252, 354
Castro, A., 48
catch-up process, 29, 32, 36; countries in, 54–55; in developing countries, 231; in industrialization, 191–94; in industrial policies, 234–35; production knowledge gap in, 42–43; technologies and, 42
CDB. *See* China Development Bank
Cemex, 375
CENAPRED. *See* National Center for Disaster Prevention
Center of Coordination for the Prevention of Natural Disasters in Central America (CEPREDENAC), 344
center of gravity, 468–70

Central America, 320–21, 340–43
central plan-based strategy, 259
CEPREDENAC. *See* Center of Coordination for the Prevention of Natural Disasters in Cental America
chacarero agriculture, 372
Chan, K. S., 450
Chang, H. J., 232, 251, 261
charcoal, 337
Charter of Development Cooperation, 309
checks and balances, 215
chemicals industry, 398, 402, 415, *425*, 443
Chenery, Hollis, 18*n*7
China, 50, 144, 173, 196; global intermediate services output of, 470; indigenous innovation in, 291–92; industrialization of, 48; industrial pillars strategy of, 285–86, 291; industrial policies of, 286–87; intermediate services of, 467, 477*n*42; internal investments in, 299; liberalization and, 51; market economy transition of, 285; multi-layered governance model in, 297–98; policy package matrix in, *287*; policy packages in, *289–90*; poverty reduction in, 227; technology upgraded in, 467–68
China Development Bank (CDB), 6–7, 9, 115–17, *120*, 216, 286
Cho, Y. J., 183*n*18, 185*n*34, 185*n*39
Ciccone, A., 471
Cimoli, M., 3–4, 41, 56, 60*n*5, 309, 375
circular causation, 37
clean-energy initiatives, 265
climate change, 110, *126*, 376, 383
Clothing/Textiles scheme (CTCP), 296
CNDI. *See* Council for Industrial Development
coal production, 165, 177, 185*n*36
coefficients, 452
collective-action problems, 254
collective bargaining, 375
Collective Bargaining Law, 274
commercial banks, 201
commercial know-how, 78–79
Committee for Reconstruction Fund, 166
Committee for the Economic Recovery Plan, 186*n*48

Committee on Productivity, 330
Common Market, 132
companywide quality control (CWQC), 325
comparative advantage, 424, *429*; countries and declining, 415–16; in developing countries, 228–29; dynamic, 12–13, 310; economic growth and, 229, 435; of emerging economies, 24; GDP per capita and, 428; in industrial development, 228, 401; industries losing, 408; industries role of, 405; latent, 235; learning rates and, 43; in manufacturing development, 436–37; in NR, 357; opportunity costs of, 242*n*1; pioneering firms in, 237; productivity growth and, 417, 429–30; static, 35; structural changes in, 390–91
comparative advantage defying (CAD) strategy, 226
comparative disadvantages, 45
compass economy, 234
competing investments, 254
competition, in manufacturing, 476*n*34
competitive advantage, 242*n*1
complementarities, 74–75, 89, 167–68; demand and supply in, 79; with innovation, 84; international competitiveness and, 85; main banking system with, 169–70; positive externalities and, 80; strategic, 80
complementary activities, 358
concerted flexibilities, 274
conditional entry system, 254
Congress, United States, 268
constraints, 236, 238
consumer goods, 196
continuous improvement, 325, 328, 347*n*21, 369
continuous learning system, 327
control mechanisms, 215
conversion, 179
cooking stoves, 320
coordination problem, 3, 30
core technologies, 29
Corporacion de Fomento de la Produccion (CORFO), 216
corporate social responsibility (CSR), 375
Cortes-Robles, G., 332

Costa Rica, 235, 341
Council for Industrial Development (CNDI), 283
countercyclical lending, 153*n*2
countercyclical role, 112
countries: catch-up, 54–55; comparative advantage declining of, 415–16; with DBs, 9; development patterns, *431–33*; development patterns of large, *403–5*; development patterns of medium, *406–8*; development patterns of small, *409–11*; economic development level of, 241; economic structural changes of, 394–95; Far Eastern, 35; fixed effects and business conditions of, *423*; frontier, 54; GDP per capita elasticity of large, *412*; GDP per capita elasticity of medium, *413*; GDP per capita elasticity of small, *414*; geographical regions of, 475*n*12; industrial structures in, *250*; industries value added in, *425–27*; innovation in industrial, 75–77; least developed, 251; low-income, *424*; manufacturing and services in, *456*; manufacturing and size of, 396, 399, *400*; manufacturing performance in, *423*; population density of, *420–22*; regression results of, *439–42*; resource-rich, 382–83, *420–22*; technological advancement of, 229–30; WIOD representing, *451*, *452*
country-specific conditions, 418–19, *424*, 428–30, *429*, 435–36
Coutinho, L., 111
cowbell effect, 185*n*35
Cozzi, Giovanni, 7–8, 142
Creating a Learning Society: A New Approach to Growth, Development, and Social Progress (Greenwald and Stiglitz), 306
creative destruction, 75
credit, types of, 185*n*35
credit rationing, 108, 136, 158
Cripps, T. F., 97*n*6
cross-sectional distribution, *454*, *457*
crowding-in effect, 168
crowding-out effect, 48, 107
CSR. *See* corporate social responsibility

CTCP. *See* Clothing/Textiles scheme
CWQC. *See* companywide quality control

Dahlman, C. J., 47, 51
data classifications, in manufacturing, *394*
DBJ. *See* Development Bank of Japan
DBs. *See* development banks
DBS. *See* Development Bank of Singapore
De Beers, 375
debt-to-GDP ratios, 151
decentralization, 30, 176–77, 180–81, 259
Decision by the Third Plenum Session of the Chinese Communist Party, 308
decision making, 181
Declaration of Independence, U.S., 49
deep-sea oil production, 372
deficit-financing loan, 184*n*25
deflators, 393, 437–38
deindustrialization, 245, 251, 454–58, *455*, 464–66, 471
demand and supply, 79
demand elasticities, 37
demand growth, 372
demand-side factors, 447–48
demand-side measures, 260, 299
Deming, William Edwards, 324, 327–28
demographic conditions, 418, 435–36
deposit collection, 183*n*15
deregulation agenda, 269–71
Dertouzos, M., 347*n*23
De Soto conjecture, 46
destructive forces, 84
developed countries: agricultural trade policies in, 58; deindustrialization of, 454–55, *455*, 457–58; exceptions provisions in, 50; intermediate services and output of, *468*; investments in, 146; manufacturing-services linkages in, 468; services output of, 456–58; technological capabilities in, 46–47; WIOD economies of, *457*
developing countries: capital-intensive industries in, 242*n*3; catch-up process in, 231; comparative advantage in, 228–29; constraints facing, 238; convergence of developed and, 68; coordination problem of, 3; deindustrialization

of, 454–55, *455*, 457–58; disaster risk management in, 339–44; economic growth in, 4–6, 65–66; entry costs to, 76; global markets integrated with, 94; government facilitation in, 237–38; industrial policies in, 12, 233, 249; industrial tariffs of, 49; innovations in, 75–76; intermediate services in, 467–68, *468*; labor supply in, 59; long-term loans in, 159; managed trade and, 58; manufacturing in, 448; manufacturing-services linkages in, 468; oligopolistic market in, 160; services output of, 456–58, 471; with structural transformations, 96; WIOD economies of, *457*; in world manufacturing, 192

developing world, 81–82, 94

Development Bank of Ethiopia, 11

Development Bank of Japan (DBJ), 123

Development Bank of Singapore (DBS), 216

development banks (DBs), 132, 160, 255; analysis of, 6–7; capital available from, 95; countercyclical lending of, 153*n*2; countries with, 9; criticism of, 107; economic logic of, 197; economic relevance of, 113–15, 117–19, *118*; economic stability and, 119–21; efficiency and effectiveness of, 128; European role of, 7; failure of, 6, 11; financial performance of, *118*; funding for, 217; government, 158; IDFC associated, *113*; India's experiences of, 9; industrial policies and, 217; innovation projects of, 123–24; interconnected debate lines of, 106; in Japan, 8; loan appraisals of, 179; long-term financing of, 105–6, 127; mandate of, *114*; market failures and, 255; national, 143; policy directives of, 107–8; priorities of, 114–15; private and public investments from, 144; pros and cons of, 157; public, 140, 152–53, 156; role of, 111; segments supported by, 116–17; structural features of, *115*; theoretical framework for, 135–38; uncertainties mitigation by, 126–27, 129*n*5; valuable functions of, 138–41; venture capital from, 125–26. *See also specific development banks*

development challenge role, 112

development cooperation approach, 345*n*7

development economics, 30

development finance, 194–201, 203–5, 213, 218, *219*

development financial institutions (DFIs), 10–11; disbursements by, *208*; gross fixed capital and, *207*; in India, 203–5, 206–9, *208*, 211–15; infrastructure loans of, 214–15; lending by, *206*; nonperforming assets of, 209; outstanding loans of, *219*; performance assessment of, 211–15; policy induced downsizing of, 210

development patterns, 403–11, 431–33; in globalization, 39; of manufacturing, 16, 397–98, 397–402, *400*, 422–28

development policy, 323

development process: bottleneck in, 46; in economic growth, 23, 70; elastic factor supplies in, 71; industries stages in, 395–96; industries trajectories in, 396–97; infant industries and policies in, 48–49; manufacturing stages in, 401–2; trajectory, 248; uncertainties in, 109, 124–26

DFIs. *See* development financial institutions

Diaz-Alejandro, C., 135

disaster risk management, 339–44

disbursements, *124*, *125*, 202, 203–5, *208*

discovery, 74

discretionary industrial policies, 47–48

discretionary public policy, 23

disequilibrium system, 145

displacement, 179

distance monitoring, 376

distort market signals, 44

distribution systems, 366–67

diversification, 139

division of labor, 474*n*2

Dodge plan, 165

domestic bond market, 211

domestic firms, 48

domestic linkages, 92

domestic oligopolists, 53

domestic technological learning, 54

Dominican Republic, 321

索 引 437

Dosi, G., 3–4, 25, 56, 60*n*5, 309, 375
drift, 179
dual development, 381
dual integrated model, 379
dualism, 65–66
Dutch disease, 55, 72, 363, 383
dynamic comparative advantage, 12–13, 310
dynamic economies of scale, 80, 84
dynamic efficiency, 5, 65–66, 74

earthquake-resistant housing, 342–44
East Asia, 160, 161
Easterly, W., 75
EC. *See* European Commission
economic activities: competition in, 91–92; cross-sectional distribution of, *454*; distribution of, 454–58; in industrialization, 31; innovations causing, 70; input-output linkages in, 475*n*17
economic development, 75; countries level of, 241; industrialization with, 69–70; industrial policy in, 230–31; industry competitiveness in, 391; manufacturing in, 392; positive externalities in, 159; production experience in, 71–72; resource allocation in, 230
economic growth: backward and forward linkages in, 79; comparative advantage and, 229, 435; in developing countries, 4–6, 65–66; development process in, 23, 70; institutions and, 67; of Japan, 176; production structures in, 73–74; productivity links with, 87–89, 98*n*21; quality of, 307–8; resource efficiency in, 71; structural dynamics of, 94; technological change in, 353; trade policy regime in, 72–73; underemployment increases and, 92; variables in, 67–68
Economic Recovery Plan, 184*n*22
Economic Stabilization Agency, 166
economies of scale, 71–72, 80, 84
economies of specialization, 97*n*7
economy: compass, 234; conditions involving, 110; DBs and logic of, 197; diversity of, 192; emerging, 24; of Japan, 164, 226; learning, 25–26; of markets, 285; opportunity zones in, 265; performance of, 162; policies on, 238–39; progress of, 2, 3; relevance of, 113–15, 117–19, *118*; stability of, 119–21; structural changes of, 394–95; structural transformation of, 109; systems, 38; transformation of, 447; uncertainties of, 119–21; world, 68–69, 73
education, 361
educational policy, 383
efficiency, 38, 71, 82, 106–9, 128; dynamic, 5, 65–66, 74; short-run allocative, 26
EFI. *See* European Fund for Investment
Egypt, 233
EIB. *See* European Investment Bank
elastic factor supplies, 71, 74, 81–83
elasticity, 37, 397–98, 408, 411–15
elasticity changes, *412–14*
elastic supply of labor, 81–82
electrical machinery and apparatus, 398–402, 415–16, 419, *425*, 430, *443*
electronic technologies, 33
El Salvador, 341–42
embedded autonomy, 380
Embrapa, 280
emerging economies, 24
empirical analysis, 68
employment, 82, 168–69, 171–72, 175, 180–81, 450–51
emulation, 42
endowment structure, 416, 424
energy consumption, 337
Energy Policy Package, 279
Engels, 368
Engel's law, 447
enhanced learning capacity, *336*, 344
Entrepreneurial State, The (Mazzucato), 17*n*3
entry costs, 76, 85
entry licenses, 254
environment, 33–35, 353–54; externalities to, 139; for investments, 238–39; pollution to, 158–59; sustainability of, 129*n*6
equality, 40
equations, 396, 437–38
equity investment, 288
equity issues, 210–11
EU. *See* European Union
eucalyptus, 373
Europe: DBs role in, 7; macroeconomic outcome in, 134; paid-in capital of, 135;

recovery scenario in, 147–48; Western, 215, 356
European Commission (EC), 453
European Fund for Investment (EFI), 143
European Investment Bank (EIB), 132, 135, 142–43
European Union (EU), 132, 142; business as usual in, 146–47; fiscal deficits in, 150; intermediate services in, 449–50; policy strategies of, 149
Export-Import (EXIM) bank, 158, 200, 210, 286
export processing zones, 237
Export Processing Zones Development Authority, 234
exports, 452; of intermediate services, 464–66, *465–67*; Japan's performance of, 249; manufacturing, 73, 477*n*37; Maquila, 98*n*15; of NR, 55–56; subsidies of, 360
extension programs, 320
external commercial borrowing, 211
externalities: environmental, 139; informational, 255; learning, 182*n*8; in market failures, 158–59; positive, 80, 159, 168

fabricated metal industry, 398–402, 411, 430, *443*
fabricating industries, 361, 367–68
factor endowments, 228
fair trade, 47–48
Falk, M., 450
Far Eastern countries, 35
farmers, 317, 338, 345*n*11
Farmers Field School (FFS), 337–38
farm forests, 337
Federal Republic, 128*n*4
feedbacks, negative and positive, 89
FE estimation method, *439–42*
Feldman, R. A., 161, 183*n*17
Felipe, J., 450
Ferraz, J., 6, 107, 111
FFS. *See* Farmers Field School
FILP. *See* Fiscal Investment and Loan Program
finance, 182; climate change mitigation and, *126*; DBs performance in, *118*; global economy, 6; independence of, 167; industrialization, 202–11; repression approach in, 108, 135; risks in, 197; sectors in, 139–40; services in, 460; structural features in, 107; support schemes in, 299
financial crisis, 105, 210–11, 245, 249, 265, 273, 279
financial institutions, 127, 269; of Germany, 274; in India, 198–99, 201; term lending in, 198–99, 209
financial markets, 45, 135; asymmetry of information in, 169–70; boom-bust financing of, 137–38; credit rationing in, 136; efficiency of, 106–9; long-term credits in, 156; Stiglitz and, 136
financial services, 477*n*36
firewood, 337
fiscal deficits, 150–51
Fiscal Investment and Loan Program (FILP), 161, 183*n*17
fiscal policies, 52
Fischer, Stanley, 18*n*7
fixed-effects model, 417–18, *423*, 436, 445*n*8
FNDCT. *See* National Fund for Scientific and Technological Development
FOA. *See* Foreign Operation Administration
focal point, 185*n*35
food and beverages industry, 375, 397–98, 415, *426*, 430, *443*
food market, 364
Ford Motor Company, 328
Foreign Operation Administration (FOA), 174
formation period, 163
forward linkages, 79
framework conditions, 5, 66–67, 73
France, 133, 215
Francois, J. F., 471
Fraunhofer-Gesellschaft Institutes, 274
Freeman, Christopher, 25, 29, 128*n*1, 255
free trade agreements, 32, 95
Frog Caravan, 341, 347*n*29
frontier countries, 54
frontier economies, 58
frontier firms, 58–59
frontier technologies, 42

Fujian, 288
Fujita, Y, 317
Fukkin inflation, 166
functional intervention, 193
funding, 108

Galbraith, Kenneth, 447
Garcia-Alcaraz, A., 332
GCs. *See* global corporations
GDP. *See* gross domestic product
GDP per capita, 70, 395, 411, 421, *423*, 445*n*8; comparative advantage and, 428; of fabricated metal industry, 401; of food and beverages industry, 399; industries value added of, *425–27*; large country elasticity changes of, *412*; linear growth trend of, 416–17; of manufacturing, 433; medium country elasticity changes of, *413*; small country elasticity changes of, *414*; of textile industry, 399
General Council of Trade Unions of Japan, 175
General Insurance Corporation (GIC), 199
general-purpose technologies (GPTs), 331
Gensai Project, 341, 344
geographical regions, 475*n*12
geographic conditions, 418, 435–36
Gerdau, 375
Germany, 215, 356; financial infrastructure of, 274; green technology development in, 299; industrial policies of, 297; industrial relations in, 275; institutional setting in, 251–52; learning benchmarks of, 245–46; manufacturing research of, 274; manufacturing system of, 249–51; policy package matrix in, *276*; policy packages in, *277–78*; strategic industry investments of, 273–74; technological infrastructure of, 298
Gerschenkron, Alexander, 17*n*3, 31, 32, 69, 107
GFCF. *See* gross fixed capital formation
GHQ agency, 169, 173
GIC. *See* General Insurance Corporation
GIF. *See* growth identification and facilitation framework
Gilsing, V., 257

global corporations (GCs), 367, 374
global development pact, 375
global economy: center of gravity of, 468–70; developing countries integrated with, 94; financing of, 6; ICTs and, 365–67; New Deal in, 134; NR demand in, 370–72, 378; value chains in, 448
global investment stimulus, 144–46, 151
globalization, 458; development patterns in, 39; entry costs reduced by, 85; international integration in, 39–40; policy making in, 41; production activities in, 59; ruling class in, 41; supply fragmentation in, 474*n*2; technological revolution in, 362; transformation cycle challenges in, 275–76; WTO rules on, 4
global manufacturing, 451–52, *459*
Golden Key, 183*n*12
good path dependencies, 44
government: advanced economies interventions of, 231–32; CAD strategies of, 226; coordination and, 246; DBs and, 158; developing countries facilitation by, 237–38; economic progress role of, 2; GDP and debt of, *149–50*; industrialization interventions of, 232–33; industrial policies interventions of, 235–36; industrial policies used by, 225; policy rationale synthesis used by, 256; programs, 27; structure of, 26; transformation cycles of, 263–64; United Kingdom expenditures of, 143–44; United Kingdom lending of, *151*
GPTs. *See* general-purpose technologies
Great Recession, 57–58
green bicycles, 320
green economy, 335, 337–38
green revolution, 372
green technology, 299
Greenwald, B., 25, 41, 132, 136, 152, 182*n*8, 183*n*9; continuous learning system and, 327; determinants of learning from, 311–12; inclusive growth from, 313–14, 325; learning by doing from, 334; learning promotion from, 306; learning society and, 309; learning to learn

from, 311; manufacturing productivity studied by, 329–30
Gregory, M., 450, 474n7
Griffith-Jones, Stephany, 7–8, 107, 138, 142
gross domestic product (GDP), 70, 390; agriculture sectors, 476n26; business as usual and debt to, 150; debt ratios to, 151; dynamics, 88; government debt to, 149–50; growth, 93; historical and projected, 148; investments as percentage of, 141–42, 147; manufacturing and services, 456; private investments and, 144, 146–47; South Africa's growth in, 148
gross fixed capital, 203–4, 207, 211
gross fixed capital formation (GFCF), 284
Growth Acceleration Program (PAC), 284
growth diagnostic framework, 236, 239–40
growth identification and facilitation framework (GIF), 12, 227, 238–41
growth process, 5, 360–61
Growth Report, 227
Guangdong, 288
Guerrieri, P., 450

Hamilton, Alexander, 32, 262
Handbook for TQM and QCC, 325
Haraguchi, Nobuya, 16, 322
hard infrastructure, 239
Hausmann, R., 44, 74, 236, 240
Hausmann-Taylor IV estimator, 445n5
Heckscher-Ohlin-Samuelson theorem, 50
HFA. *See* Hyogo Framework of Action
high-income country, 475n14
high-quality growth, 14
high-tech sectors, 291
High-Tech Strategy (HTS), 275
high-tech zones (SHTZs), 286
Himmelberg, C. P., 156, 170, 185n36
Hirschman, A. O., 27
Hisatsugu, Tokunaga, 186n49
Hoff, K., 31
home mortgages, 7
Honduras, 341
Horiuchi, A., 170, 185n36, 185n38
horizontal policies, 256, 260
Hosono, A, 14–15, 306, 346n17
household savings, 212

Housing and Urban Development Corporation (HUDCO), 200
Howitt, P., 60n4
HTS. *See* High-Tech Strategy
HUDCO. *See* Housing and Urban Development Corporation
Hu Jintao, 288
human capital, 67, 97n11
human resources, 35
Hurricane Ida, 341
hydroelectric plants, 122
Hyogo Framework of Action (HFA), 340
hyperglobalization, 458
Hypothec Bank, 180

IBJ. *See* Industrial Bank of Japan
ICA. *See* International Cooperation Administration
ICIC. *See* Industrial Credit and Investment Corporation of India
ICT. *See* information and communications technologies
IDBI. *See* Industrial Development Bank of India
IDFC. *See* Infrastructure Development Finance Company; International Development Finance Club
IDZ. *See* Industrial Development Zone
IFCI. *See* Industrial Finance Corporation of India
IFCT. *See* Industrial Finance Corporation of Thailand
IFLF. *See* Industrial Financing Loan Facility
IIFCL. *See* India Infrastructure Finance Company Limited; Infrastructure Financing Company Limited
IIP. *See* index of industrial production
IIP-based deflators, 437–38
Imai, Masaaki, 346n19, 347n23
import protection, 360
import-substitution, 73
import-substitution industrialization (ISI), 97n8, 356, 359
Improving Manufacturing Performance in South Africa, 292
IMVP. *See* International Motor Vehicle Program

索引 441

Inaba, Syuzo, 184*n*22
incentives, 237
INCJ. *See* Innovation Network Corporation of Japan
inclusive development, 315
inclusive growth, 313–14, 325
income, 475*n*14; countries with low, 424; distribution, 40, 86–87, 98*n*20, 378; growth, 90; levels, 422–24; per capita, 69, 233; per-farmer net, 345*n*11
incubation programs, 236
index of industrial production (IIP), 393, *394*
India, 50, 144; DBs experiences of, 9; development finance in, 197–201, *203–5*; DFIs disbursements in, *208*; DFIs in, *203–5*, 206–9; DFIs performance assessment in, 211–15; financial institutions in, 198–99, 201; industrialization financing in, 202–11; investment institutions in, 199–200; liberalization and, 51; term-lending financial institutions in, 198–99
India Infrastructure Finance Company Limited (IIFCL), 10
Indian Railways Finance Corporation (IRFC), 200
indigenous innovation, 291–92
Indonesia, 160
Industrial, Technology and Foreign Trade Policy (PITCE), 283
Industrial Bank of Japan (IBJ), 170, 180, 184*n*23
industrial classifications, 393
Industrial Cluster Plan, 271
industrial commons, 450
Industrial Competitiveness Committee, 271
Industrial Credit and Investment Corporation of India (ICICI), 198
industrial democracy, 175
industrial development, 161, 391; in Brazil, 279–83; comparative advantage in, 228, 401; continuous upgrading in, 229; country-specific conditions of, 418; economic policies and, 238–39; innovation in, 75–77; institutional framework for, 162, 164, *164*; in Japan, 162, *164*; labor costs in, 236; real value added in, 444*n*2; South Africa financing of, 296; speed and levels of, 416–24
Industrial Development Bank of India (IDBI), 198
Industrial Development Bank of Turkey (TSKB), 216
Industrial Development Zone (IDZ), 296
Industrial Finance Corporation of India (IFCI), 198
Industrial Finance Corporation of Thailand (IFCT), 216
Industrial Financing Loan Facility (IFLF), 296
industrialization, 384*n*1; catch-up in, 191–94; of China, 48; demand- and supply-side factors in, 447–48; development finance in, 213; economic activities in, 31; with economic development, 69–70; Egypt's programs of, 233; financing risks in, 197; government interventions in, 232–33; import-substitution, 73, 97*n*8; India's financing of, 202–11; institution creation in, 194; intellectual property rights and, 53–55; legal entities in, 46; production equipment in, 43–44; rent management strategies in, 52; resource abundance in, 56; resource-intensive, 15; South Africa's objectives for, 294; Stiglitz and, 41; structural transformations in, 29; technological and organizational capabilities in, 41; technologies needed for, 193
industrial knowledge provision, 298
industrial learning, 53
industrial parks, 237
industrial pillars, 285–86, 291
industrial policies, 132, 212–13; CAD, 226; catch-up process in, 234–35; of China, 286–87; control mechanisms in, 215; DBs and, 217; in developing countries, 12, 233, 249; development finance and, 194–97; discretionary, 47–48; in economic development, 230–31; of Germany, 297; global trends in, 297–300; governance coordination of, 246;

government interventions and, 235–36; governments using, 225; Great Recession and, 57–58; institutional settings in, 252; interventions to, 195; in Japan, 163, 185n34, 268–69, 297; market-based measures in, 256–57; objections to, 2; packages, 246, 258; patterns and trends in, 246; policy context of, 13; protective element in, 254; resurgence of, 1–2; risks in, 11–12, 17; six-step process of, 236–37; spillover of, 168; taxonomic approach to, 257; transformation cycles in, 247, 262–63, 275; United States actions on, 13, 297; United States resistance to, 14; varieties of, 248–49

Industrial Policy Action Plans (IPAPs), 294

Industrial Policy Department, 285

industrial relations, 275

Industrial Revolution, 232, 354

industrial strategy, 313

industrial structures, 78, 247, 249, 250

industrial system, 260

industrial tariffs, 49

industries, 8; capital-intensive, 242n3, 419; comparative advantage lost by, 408; comparative advantages role to, 405; countries with value added, 425–27; development process and infant, 48–49; development stages of, 395–96; development trajectories of, 396–97; economic development and, 391; fabricating, 361, 367–68; global, 476n27; infant, 32, 44–49, 58, 261, 360–61; Japan's promising, 271; knowledge-intensive, 474n9; labor productivity of, 417, 445n7; manufacturing-services linkages and, 448; processing, 361–62; strategic, 273–74; target, 168; technological revolution in, 354–57, 355; time-series characteristics of, 462–64, 463; upgrading process of, 240; value added per capita of, 408

industries (LT, MT, HT), 464, 475n18

Industry 4.0, 279

industry-specific inflation, 393–94

inequalities, 68–69

infant industries, 32, 44–49, 58, 261, 360–61

infant sectors, 96

inflation, industry-specific, 393–94

information, 25, 28; asymmetry, 158; effect, 185n35; externalities, 255; financial markets with asymmetry of, 169–70

information and communications technologies (ICTs), 42, 44–45, 354, 458; distribution systems of, 366–67; global markets and, 365–67; innovation and, 365–67; niche markets in, 373–74; NR impacts from, 376–78

infrastructure: agro-technological, 298; of Brazil, 122; Germany's financial, 274; Germany's technological, 298; hard and soft, 239; investments in, 121–23, 122; Japan's technological, 298; JDB's financial, 269; KfW's financing, 123; loans, 214–15; with technology, 298; underemployment and underutilization of, 89–90

Infrastructure Development Finance Company (IDFC), 201

Infrastructure Financing Company Limited (IIFCL), 201

initial public offering (IPO), 126

Initiative for Policy Dialogue (IPD), 1

innovation, 347n23; acquiring, 231; BNDES disbursements to, 125; catch-up involves, 29; China's indigenous, 291–92; complementarities with, 84; DBs projects of, 123–24; defining, 74–75; demand growth stimulating, 372; in developing countries, 75–76; disbursements to, 125; economic activities caused by, 70; efficiency, 38; ICT and, 365–67; income growth and, 90; in industrial countries, 75–77; as industrial structures, 78; KfW disbursements to, 124; knowledge creation in, 75; learning involved in, 77; NR interactions of, 370, 371; profits from, 76; rents, 4; shallow, 98n15; system of, 255, 369; technological knowledge in, 98n12; uncertainties surrounding, 110

Innovation Clusters program, 286–87

Innovation Network Corporation of Japan (INCJ), 271

input-output linkages, 475*n*17
input-output tables, 452, 453
institutional framework, 162, 164, *164*, 172
institutions: autonomy, 178–80; change in, *179*, 184*n*20; characteristics of, 176; decentralized nature of, 177; dynamic efficiency promoted by, 66; economic growth and, 67; economic performance factors of, 162; engineering of, 33; industrialization and creation of, 194; investments, 199–200, 212; key aspects of, 163–64; lending, 202; locked-in phase of, 177–78; mission-oriented, 128*n*2; networks for, 180; new wave of, *90*; path dependence phases of, 163; public financial, 127; refinancing, 200, 210, 214; sector-specific, 200–201; settings, 249, 251–52; technological development and, 80–81; term-lending, 198–99, 209, 212, 214; variables and processes in, *34*
intellectual property rights, 32–33, 50, 53–55, 58–59, 78, 284
intelligent control systems, 376
interactive measures, 261
interest rates, 108, 136, 196
intermediate financial services, 466
intermediate services: categories of, 453; of China, 467, 477*n*42; China's output of, 470; colocation of, 453; deindustrialization and, 464–66; of developed countries, *468*; developing countries requirements of, 467–68; domestic manufacturing served by, *466–67*; in EU, 449–50; export contribution of, *465–67*; exported manufacturing, 477*n*37; exporting, 464–66, *465–67*; financial services output of, 477*n*36; for global manufacturing, *459*; manufacturing colocated with, 460, *461–62*, 470–71, 474*n*6; manufacturing importing, 458–60; manufacturing output and, *468*; WIOD and, 451–52, 468–70, *469*
internal investments, 299
internal mobility, 71
international competitiveness, 85

International Cooperation Administration (ICA), 175
International Development Finance Club (IDFC), 6, 113
international exchanges, 44
international integration, 39–40
International Motor Vehicle Program (IMVP), 328–29
International Organization for Standardization (ISO), 346*n*18
international perspective, 215–19
International Standard Industrial Classification (ISIC), 392–93
international trade, 71, 78–79, 460
international treaties, 32
interventions, 195
Introduction to Quality Control (Ishikawa), 346*n*19
Investment Plan for Europe, 141–42
investments: under, 254–55; Brazil's infrastructure, *122*; capital, 30, 228; China's internal, 299; climate surveys, 239; competing, 254; decisions on, 109; in developed countries, 146; environment for, 238–39; equity, 288; GDP and, 144, 146–47; GDP as percentage of, 141–42, *147*; Germany's strategic industry, 273–74; global stimulus for, 144–46, 151; high-risk cases of, 159; in infrastructure, 121–23, *122*; institutions, 199–200, 212; internal, 299; learning and, 77; local, 183*n*9; long-term, 112–13; long-term financing of, 131–32; private, 138, 144, 146–47; public, 144; ratios of, 67; scenarios for, 134–35; structural change from, 140–41; time dimension of, 110; United Kingdom scenarios of, 151
IPAPs. *See* Industrial Policy Action Plans
IPAP Sectoral Interventions, 294–95
IPAP Transversal Interventions, 294–96
IPD. *See* Initiative for Policy Dialogue
IPD-JICA Task Force, 17
IPO. *See* initial public offering
Ireland, 143, 467–68
IRFC. *See* Indian Railways Finance Corporation

Iron and Steel Control Association, 172
Ishibashi, Tanzan, 165
Ishikawa, Kaoru, 324, 346*n*19
ISI. *See* import substitution industrialization
ISIC. *See* International Standard Industrial Classification
ISO. *See* International Organization for Standardization

Japan: bureau pluralism in, 171–72; DBs in, 8; decentralized system in, 180–81; Deming's success in, 327–28; deregulation agenda of, 269–71; development cooperation approach of, 345*n*7; economic growth of, 176; economy of, 164, 226; entry licenses in, 254; export performance of, 249; financial crisis and, 273; as high-economy nation, 226; industrial development in, 162, *164*; industrial policies of, *163*, 185*n*34, 268–69, 297; institution's locked-in phase in, 177–78; interest rate practice in, 196; learning benchmarks of, 245–46; mobility in, 181; New Basic Energy Plan of, 273; policy package matrix in, *270*; policy package of, *272*; political capture in, 156–57; postal banking system in, 161; PPPs in, 170–72; production increasing in, 165; promising industries in, 271; quality and productivity in, 346*n*18; quality control in, 346*n*19; rent seeking in, 178; rural livelihood improvements in, 318–21; shared prosperity in, 176–77; technological infrastructure of, 298; textile industry in, 232–33; vacuum environment in, 33–35; world manufacturing of, 470
Japan Agricultural Standard (JAS), 346*n*18
Japan Development Bank (JDB), 8–9, 166–67, 179, 216, 218, 269
Japan Economic Research Institute (JERI), 326
Japan Finance Corporation (JFC), 6, 8, 115–17, 218
Japan Finance Corporation for Small and Medium Enterprise (JASME), 169
Japan Industrial Standard (JIS), 346*n*18
Japan International Cooperation Agency (JICA), 1, 313
Japan Iron and Steel Association, 172
Japan Productivity Center (JPC), 174–75, 332
Jarocinska, E., 450
JAS. *See* Japan Agricultural Standard
JASME. *See* Japan Finance Corporation for Small and Medium Enterprise
JDB. *See* Japan Development Bank
JERI. *See* Japan Economic Research Institute
JFC. *See* Japan Finance Corporation
JICA. *See* Japan International Cooperation Agency
JIS. *See* Japan Industrial Standard
JIT. *See* just in time
Jones, D., 326, 328
Jorgenson, D. W., 347*n*25
JPC. *See* Japan Productivity Center
Juncker Plan, 141, 152
Juran, J. M., 329
JUSE. *See* Union of Japanese Scientists and Engineers
just in time (JIT), 315, 324, 327

kaizen, 315, 324–25, 331, 332, 347*n*23
Kaldor, N., 37, 87
Kaldorian growth-productivity links, 82
Kaldor-Thirlwall growth dynamic, 60*n*5
Kaldor-Verdoorn function, 98*n*19
KDB. *See* Korean Development Bank
KEFRI. *See* Kenya Forestry Research Institute
Kenya, 315, 337–38, 366–67
Kenya Forestry Research Institute (KEFRI), 337
Kenya Forestry Service (KFS), 338
Keynes, J. M., 109, 137
Keynesian growth model, 89–90
KFS. *See* Kenya Forestry Service
KfW. *See* Kreditanstalt fur Wiederaufbau
Khan, M. H., 45, 52
KIBS. *See* knowledge-intensive business services
Kindleberger, C. P., 137, 183
Klinger, B., 240

knowledge: industrial provision of, 298; information's difference with, 28; innovation and creation of, 75; production gap of, 42–43; as public good, 3; technological innovation and, 98*n*12
knowledge-intensive business services (KIBS), 369
knowledge-intensive industries, 474*n*9
Koch, J., 163
Korean Development Bank (KDB), 216
Korean War, 174
Kreditanstalt fur Wideraufbau (KfW), 6, 115–17, 141, 160, 216, 274; disbursements to innovation of, *124*; growth of loans of, *121*; infrastructure financing of, 123; obligations of, 128*n*4
Krueger, Anne, 18*n*7
Krugman, P., 242*n*3
Kuan, Ming Leong, 16
Kurokawa, K., 321
Kuznetsov, Y., 257
Kyuichi, Tokuda, 173

labor, *152*, 175; in developing countries, 59; division of, 474*n*2; elastic supply of, 81–82; industrial development costs in, 236; mobility, 71; movement, 173; productivity growth and educated, 83
labor-absorbing transformations, 85, 87
labor-management relations, 173–74
labor productivity, 396–97; of industries, 417, 445*n*7; large countries, *403–5*; medium countries, *406–8*; small countries, *409–11*; value added per capita and, *417*
laissez-faire economic reforms, 293–94
Landesmann, M., 261
Lankhuizen, R. M., 257
latent comparative advantage, 235
Latin America, 35, 357–58; fabricating industries in, 361, 367–68; ISI model in, *359*; NR-based strategy of, 378–82; NR of, 15; parts for assembly imported by, 360; poverty in, 378; resource endowment of, 368; rise of, 68; structural reforms of, 98*n*16; tariff levels in, 385*n*3; technological paradigm shift in, 377; unemployment in, 378

layering, 179
LDCs. *See* least developed countries
lean production, 326
Lean Thinking (Womack and Jones), 326
leapfrogging, 42, 77, 97*n*10, 391
learning: approaches to, 14, *314*; Asian Tiger's growth and, 360–61, 383–84; benchmarks, 245–46; capabilities of, 56; capacity development from, 307, 310–11; comparative advantage and, 43; determinants of, 311–12; domestic technological, 54; economy, 25–26; enhanced capacity for, *336*, 344; enterprise, 326–27; externalities, 182*n*8; Greenwald and, 306, 309; industrial, 53; industrial strategy for, 313; innovation involving, 77; investments and, 77; mutual, 334; organizational, 24; process of, 72, 74, 316–17, 344; in production activities, 44; for productivity, 136–37; productivity from, 335; selective, 298; SHEP process of, 332–33; society, 309; Stiglitz promoting, 306; sustainable growth and, 335–38; technological, 24, 29
learning, industrial and technology (LIT) policies, 1
learning by doing, 334, 343
learning to learn, 311, *314*, 322, 332
least developed countries (LDCs), 251
legal entities, 46
lending, *206*
lending institutions, 202
Lester, R., 347*n*23
Lewis, W. A., 71
LGED. *See* Local Government Engineering Department
liberalization, 51, 91–92
LIC. *See* Life Insurance Corporation
licensing agreements, 33
life improvement (seikatsu-kaizen), 319
Life Insurance Corporation (LIC), 10
Life Insurance Corporation of India, 199, 219*n*1
lifetime employment, 171–72, 180–81
Liker, Jeffrey K., 326–27, 347*n*21
Lin, Justin, 11–12, 16, 390–91
linear growth trend, 416–17

liquidity, 137
List, F., 32, 231
LIT. *See* learning, industrial and technology policies
livelihood improvement programs, 314
loans, *120–21*, 184*n*25, 184*n*27, 184*n*29; applications, 160; appraisals of, 9, 179; infrastructure, 214–15; long-term, 159; outstanding, 218, *219*
Local Government Engineering Department (LGED), 314, 317–18, 333
local investments, 183*n*9
lock-in phase, 163
long-term capital, 259–60
Long-Term Credit Bank (LTCB), 170
long-term credits, 156
long-term financing, 153*n*2, 219*n*1; of BNDES, 141, 280; in Brazil, 118–19; with capital, 116; of DBs, 105–6, 127; in developing countries, 159; of investments, 131–32; term lending institutions and, 214
long-term investments, 112–13
low-income countries, 424
low-productivity activities, 81, 83–84
low productivity growth, 85
LSE Growth Commission, 123
LTCB. *See* Long-Term Credit Bank
Luna-Martínez, J., 107, 114, 138
Lundvall, B. A., 255
luxury products, 373

MacArthur, Douglas, 173
Machine That Changed the World: The Story of Lean Production, The (Womack, Jones, and Roos), 326
macroeconomic performances, 72, 90–91, *91*, 97*n*5; in Europe, 134; negative shocks to, 86; policies and, 56
Maddison, A., 67, 69
Made in America: Regaining the Productive Edge, 328
Madeira, R. F., 107, 111
Madison, Angus, 5
Mahoney, J., 178
main bank system, 169–70, 185*n*37
Malawi, 323

Malaysia, 308, *431–34*, 433
Malcolm Baldrige National Quality Award, 328, 329
Maldonado-Marcias, A., 332
managed trade, 58
management, 175
manufactured goods, 363
manufacturing, 384*n*1; China's technology upgraded for, 467–68; classifications of, 454; competition in, 476*n*34; countries and performance of, *423*; countries services and, *456*; countries size and, 396, 399, *400*; data classifications in, *394*; in developing countries, 448; development patterns of, 16, *397–98*, 397–402, *400*, 422–28; development stages of, 401–2; DFIs and, 10–11; in economic development, 392; exports, 73, 477*n*37; GDP and, *456*; GDP per capita of, 433; Germany's research into, 274; Germany's system of, 249–51; global, 451–52, *459*; global industries of, 476*n*27; income levels in, 422–24; industries service linkages with, 448; intermediate services and, *468*; intermediate services colocated with, 460, *461–62*, 470–71, 474*n*6; intermediate services exported, 477*n*37; intermediate services imported by, 458–60; intermediate services serving domestic, *466–67*; large countries labor productivity in, *403–5*; large countries value added in, *403–5*; loss, 249; medium countries labor productivity in, *406–8*; medium countries value added in, *406–8*; metal, 208; output of, 476*n*28; production output of, 192–93; productivity of, 329–30; service elements of, 449–50; service's proximity to, 16; small countries labor productivity in, *409–11*; small countries value added in, *409–11*; spatial distribution of, 456; subsectors, 392; success factors in, 419–20; systems, 249–51, 260; United States productivity in, 347*n*25; United States rebuilding, 262–68; value added in, *207*, 402; WIOD and, 451–52, 468–70, *469*; world, 192, 470

Manufacturing Competitiveness Enhancement Programme (MCEP), 296
manufacturing development, 428–30, *429, 434,* 436–37
Manufacturing Extension Partnership (MEP), 263
manufacturing-services linkages, 470–71; developing and developed countries and, 468; fragmentation of, 464; industries and, 448; in WIOD, 460–64
manufacturing value added (MVA), 393
mapanga honey, 346n16
Maquila exports, 98n15
Marin, A., 372
market-based measures, 256–57
market failures, 1, 153, 182n8, 253; DBs and, 255; externalities in, 158–59; information and, 28; information asymmetry in, 158; policy interventions and, 3–4; public policies and, 24–25; structural coordination and, 255; underinvestments in, 254–55
markets: context of, 374–76; discipline of, 36; economy of, 285; global, 94, 365–67; hypersegmentation of, 364–65, *365;* liberalization of, 288–90; niche, 364–65, *366,* 373–74; nonmarket boundaries and, 26–27; public policies and, 47; requirements changing of, 373–74; self-financing, 197. *See also* financial markets
market talibans, 40
Marques, F. S., 111
Marshall, Alfred, 474n8
Marshall Plan, 174, 216
mass consumption, 356
mass production, 357–58
Mastering Quality Growth, 308
Matsukawa incident, 173
Matsuoka, S., 184n20
Matsuyama, K., 242n3, 471
Mauritius, 234
Mauritius Industrial Development Authority, The, 234
Mazzucato, M., 17n3, 107–8, 112
MCEP. *See Manufacturing Competitiveness Enhancement Programme*
McNamara, Robert, 18n7

MCTI. *See* Ministry for Science, Technology, and Innovation
MDGs. *See* Millennium Development Goals
Medium-to Long-Term Plan (MLP), 288
Meiji Restoration, 232, 234
Meliciani, V., 450
MEP. *See* Manufacturing Extension Partnership
mesoeconomic process, 73
metal manufacturing, 208
METI. *See* Ministry of Economy, Trade and Industry
microeconomic efforts, 42
microfinance, 182
middle-income traps, 69
Millennium Development Goals (MDGs), 310, 323
minerals energy complex, 292
Ministry for Science, Technology, and Innovation (MCTI), 280
Ministry of Economy, Trade and Industry (METI), 269
Ministry of Finance (MOF), 162
Ministry of International Trade and Industry (MITI), 162, 171, 186n46, 269
Minsky, H. P., 137
mission-oriented institutions, 128n2
Mitaka indent, 173
MITI. *See* Ministry of International Trade and Industry
Mizuno, M., 319
MLP. *See* Medium-to Long-Term Plan
MNCs. *See* multinational corporations
mobile factors, 40
modern sectors, 81–82
modularization, 474n2
MOF. *See* Ministry of Finance
monetary policy, 196
moral hazard, 158
moringa powder, 346n16
motor vehicle industry, 398–99, 401–2, 415, *426,* 430, *443*
multilateral negotiations, 55
multi-layered governance model, 297–98
multinational corporations (MNCs), 48, 363, 367

Murphy, Kevin M., 242*n*3
mutual learning, 334, 343
MVA. *See* manufacturing value added
MVA deflator, 437–39, 444*n*4

NABARD. *See* National Bank for Agriculture and Rural Development
Nacional Financiera (NAFINSA), 216
Nakayama, S., 184
Namibia, 16
nanotechnology, 377
National Bank for Agriculture and Rural Development (NABARD), 200
National Center for Disaster Prevention (CENAPRED), 342
National Development and Reform Commission (NDRC), 290
national development banks, 143
National Export Initiative, 268
National Finance Corporation, 169
National Fund for Scientific and Technological Development (FNDCT), 280, 283
National High Tech Development Plan, 286
National Housing Bank (NHB), 200
National Industrial Policy Framework (NIPF), 294
National Network for Manufacturing Innovation (NNMI), 13, 268
National Productivity Board (NPB), 330
National Rural Development Policy (NRDP), 317
natural resource endowment (RPC), 396, 418–19, *423*, 445*n*8
natural resource proxy (RPC), 445*n*6
natural resources (NR), 83; changing views of, 362–63; comparative advantage in, 357; continuous improvement and, 369; demand created for, 358–60; environmental factors and, 353–54; exporting of, 55–56; global demand for, 370–72, 378; ICT impacts on, 376–78; innovative interactions in, 370, *371*; of Latin America, 15; Latin America's strategy of, 378–82; market hypersegmentation in, 364–65, *365*;

price levels of, 364; processing industries for, 361–62; technology and, 378
Nayyar, D., 9, 11
NDRC. *See* National Development and Reform Commission
Nelson, Richard, 25, 28, 255
neo-Schumpeterian models, 60*n*4
networks, 180, 255, 369, *370*, *371*
New Basic Energy Plan, 273
New Charter of Development Cooperation of Japan, 345*n*7
New Development Bank, 156
New Economic Model, 308
New Growth Strategy, 271
new growth theory, 97*n*11
newly industrialized economies (NIEs), 68
new structural economies (NSE), 12, 228–30
Next-14, 192–93
NHB. *See* National Housing Bank
niche markets, 364–65, *366*, 373–74
NIEs. *See* newly industrialized economies
NIPF. *See* National Industrial Policy Framework
NNMI. *See* National Network for Manufacturing Innovation
Noman, A., 11, 309
Nomura, K., 347*n*25
nonmarket boundaries, 26–27
nonperforming assets, 209
nonprofit organization (NPO), 347*n*29
nontradable activities, 80
nonviable enterprises, 233–34, 242*n*2
North, D. C., 162
North Atlantic crisis, 152
North Eurozone, 143–44, *152*
Norway, 372
NPB. *See* National Productivity Board
NPO. *See* nonprofit organization
NR. *See* natural resources
NRDP. *See* National Rural Development Policy
NSE. *See* new structural economies
Nurske, R., 30, 362

Obama, Barack, 265, 268
Ocampo, José Antonio, 3–5, *4*, 138

OECF. *See* Overseas Economic Cooperation Fund
off-budget transactions, 217
offshoring, 374, 476*n*35
Ohlin, B., 61, 71
Ohno, Taiichi, 346*n*19
Oita, 321
Okazaki, T., 165, 172, 184*n*27, 186*n*46
oligopolistic market, 160
Olson, M., 162
One Tambon One Product (OTOP), 323
One Village, One Product (OVOP), 14, 315, 321–23, 346*n*16
opportunity costs, 242*n*1
organizational capabilities, 41
organizational learning, 24, 325–27
Ostrom, E., 162
O'Sullivan, E., 257
OTOP. *See* One Tambon One Product
Outline of State Industrial Policies for the 1990s, 285
outsourcing, 374, 476*n*35
outstanding loans, 218, *219*
Overseas Economic Cooperation Fund (OECF), 182
OVOP. *See* One Village, One Product

PAC. *See* Growth Acceleration Program
paid-in capital, 135
Pakistan, 11, 437–39
Panama, 341
Park, S.-H., 450
parts for assembly, 360
Patents Act of 1970, 213
path dependence phases, 163
Pavitt, K., 60*n*5
PBM. *See* Brasil Maior Plan
PCGIR. *See* Policy of Integrated Disaster Risk Management
PDP. *See* Productive Development Policy
Penna, C., 107–8, 112
People's Republic of China, 173
per capita income, 69, 233
Perez, Carlota, 15, 29
PFC. *See* Power Finance Corporation
pharmaceutical industry, 27
pioneering firms, 237

PIP. *See* Production Incentive Programme
Pisano, G. P., 450
PITCE. *See* Industrial, Technology and Foreign Trade Policy
planned obsolescence, 357
PMD. *See* Portfolio Management Department
Point Four Program, 174
Poland, 475*n*14
Polanyi, K., 27, 108
policy: context, 13, 248; DBs directives of, 107–8; discretionary public, 23; EU strategies of, 149; globalization and making of, 41; governance models, 257–59; induced downsizing, 210; industrial structures problems with, 247; instruments, 40; interventions, 3–4, *34*; monetary, 196; rationale synthesis, 256; of South Africa, 294; space, 95, 248; strategies, 149, 357; structural heterogeneity reduced by, 94; supporters, 111; synchronization, 261–62; trade regime of, 72–73; United States aid, 174–76
Policy of Integrated Disaster Risk Management (PCGIR), 340
policy packages: in Brazil, *281*, *282*; in China, *287*, *289–90*; in Germany, *276*, *277–78*; industrial, 246, *258*; in Japan, *270*, *272*; matrix, *258*, *264*, *270*, *276*, *281*, *287*, *293*; sectoral, 298; in South Africa, *293*, *295*; in United States, *264*, *266–67*
political capture, 9, 11, 156–57, 178
political influence, 107–8
political relations, 40
POPD. *See* population density
population density (POPD), 396, 419, *420–22*, *423*, 445*n*8
Portfolio Management Department (PMD), 161
positive externalities, 80, 159, 168
postal banking system, 161
postindustrial society, 448
poverty, 227, 378
Poverty Reduction Strategy Papers (PRSPs), 317
Power Finance Corporation (PFC), 200

PPPFA. *See* Preferential Procurement Policy Framework Act
PPPs. *See* public-private partnerships
Prebisch, R., 358, 362, 381
Preferential Procurement Policy Framework Act (PPPFA), 296
preferred country clauses, 50
prices: levels of NR, 364; scissors, 362; stability, 183n18; volatility, 383
priority production system, 165, 172
Pritchett, L., 68
private equity, 125
private financial industry, 125, 131–32
private firms, 232
private investments, 138, 144, 146–47
processing industries, 361–62
process patents, 213
production activities, 29, 451; aircraft, 27; capacity of, 43–44; catch-up process knowledge gap in, 42–43; coal, 165, 177, 185n36; deep-sea oil, 372; dynamics and structures of, 74; in economic growth, 73–74; equipment for, 43–44; experience in, 71–72, 78; in globalization, 59; Japan increasing, 165; lean, 326; learning patterns in, 44; manufacturing output in, 192–93; mass, 357–58; technology and, 78; United States rebuilding, 251
Production Incentive Programme (PIP), 296
productive capacity, 4
Productive Development Policy (PDP), 284
productivity, 82; activities of low, 81, 83–84; economic growth links with, 87–89, 98n21; fair distribution and, 175; GDP dynamics and, 88; Japan's quality and, 346n18; from learning, 335; learning society for, 136–37; of manufacturing, 329–30; United States manufacturing, 347n25
Productivity and Standards Board (PSB), 331
productivity growth, 429; aggregate, 82–83; comparative advantage and, 417, 429–30; competition on, 92; determinants of, 87–88; educated labor in, 83; low, 85

product space, 240–41
profits, 75–76
protective coatings, 377
protective element, 254
PRSPs. *See* Poverty Reduction Strategy Papers
PSB. *See* Productivity and Standards Board
public agencies, 36
public development banks, 140, 152–53, 156
public financial institutions, 127
public goods, 3, 28
public investments, 144
public policies: capability building from, 36; discretionary, 23; in financial crisis, 105; frontier economies and, 58; market failures and, 24–25; markets and, 47; microeconomic efforts and, 42; risk-reward ratio of, 2
public-private partnerships (PPPs), 157, 170–72, 201, 284, 392
public sector, 211
pulp for paper, 373–74
pump primer, 185n35

QC. *See* quality control
QCC. *See* quality control circle
quality control (QC), 324, 346n19
quality control circle (QCC), 324–25, 331
quality growth, 307–8
quantitative exercises, 128

Raballand, G., 257
railroads, 31
randomized control trials (RCTs), 241
raw materials, 358, 361–62, 383
RCTs. *See* randomized control trials
R&D. *See* research and development
RD&E. *See* research development and engineering
REC. *See* Rural Electrification Corporation
reciprocal control mechanisms, 95
Reconstruction Finance Bank (RFB), 8, 164–66, 184n21; as abolished, 166; bonds issued by, 184n26; decision process of, 166; inflation and, 166; loans by, 184n27, 184n29; priority production system role of, 165

recovery scenario, 147–48
refinancing institutions, 200, 210, 214
regression analysis, 16, *439–42*
regression equations, 396
regulation theory, 252
Reinert, E. S., 42–43, 362, 471
renewable energy, 132–33, 140
rent distribution, 52
rent management strategies, 52, 383
rent seeking, 9, 11, 160, 166, 178
Report on the Subject of Manufactures (Hamilton), 262
representative producer, 97n11
Republic of Korea, 430, *431–33*, 433, *434*, 436–37
research and development (R&D), 263, 290
research development and engineering (RD&E), 369
resource-intensive industrialization, 15
resources: abundance of, 56; allocation of, 38, 52, 109, 111, 230; countries rich in, 382–83, *420–22*; economic development and allocation of, 230; economic growth and efficient use of, 71; endowment, 368, 390–91, *420–22*; human, 35; industrialization and abundance of, 56; Latin America's endowment of, 368
rest of the world (ROW), 453
retail trade, 475n19
Rezende, F., 107, 111
RFB. *See* Reconstruction Finance Bank
risk literacy, 343
risk-reward ratio, 2
risks: assets with, 111; financing, 197; industrial policies involving, 11–12, 17; mitigation, 11–12, 75, 143, 159; of SHEP, 333
Rodrik, D., 40, 44, 74, 108, 236, 391
Roos, D., 326, 328
Ros, J., 82
Rosenstein-Rodan, P., 31
ROW. *See* rest of the world
RPC. *See* natural resource endowment; natural resource proxy
ruling class, 41

Rural Electrification Corporation (REC), 200
rural livelihood improvements, 318–21, 334, 338
Rural Works Cell, 317
Russo, G., 450, 474n7

Sabel, C., 257
Sakakibara, E., 161, 183n17
Samuels, J. D., 347n25
Santa Teresa Rum company, 385n6
Sato, M., 318
SBA. *See* Small Business Administration
SBFC. *See* Small Business Finance
scale-up capabilities, 291
Schlarek, A., 138
Schmenner, R. W., 449
Schumpeter, J., 74–75, 81, 91
SCICI. *See* Shipping Credit and Investment Corporation of India
science, technology, engineering, and mathematics (STEM), 13
science and technology industrial parks (STIPs), 286
Science and Technology Plans (STPs), 269
sectoral classifications, *472–73*
sectoral policy package, 298
sector-specific institutions, 200–201
seikatsu-kaizen (life improvement), 319
selective learning, 298
selective policies, 256
self-destruction perils, 27
self-discover, 333
self-financing, 197
service elements, 449–50
services industry, 16, 454, *456*, 456–58, 471
Seventh Plan, 285
SEZs. *See* special economic zones
SFCs. *See* State Financial Corporations
shallow innovation, 98n15
shared prosperity, 176–77
Sheard, P., 185n37
SHEP. *See* Smallholder Horticultural Empowerment Project
SHEP Unit Project (SHEP UP), 315–16
Shih, W. C., 450
Shimada, G., 8–9

Shimoyama incident, 173
Shingo, Shigeo, 346n19
Shipping Credit and Investment Corporation of India (SCICI), 200
Shleifer, A., 242n3
short-run allocative efficiency, 26
short-term financing, 118–19
Showa Denko scandal, 160, 166
SHTZs. *See* high-tech zones
SIDBI. *See* Small Industries Development Bank of India
SIDCs. *See* State Industrial Development Corporations
Singapore, 218, 330–31
Singapore Productivity Development Project (SPDP), 330–31
Singer, H., 358, 362, 377
Sino-centric world, 48
Sixth Plan, 285
small and medium enterprises (SMEs), 109, 133, 143, 168–69, 269
Small Business Administration (SBA), 13
Small Business Finance (SBFC), 185n32
Smallholder Horticultural Empowerment Project (SHEP), 314–17, 332–33, 345n11
Small Industries Development Bank of India (SIDBI), 10, 200
SMEs. *See* small and medium enterprises
Smith, Adam, 225
social equality, 380
social forestry, 337
social technologies, 31
SOEs. *See* state-owned enterprises
Soete, L., 60n5, 128n1
soft infrastructure, 239
Solow, Robert, 25, 347n23
South Africa: apartheid period in, 292; GDP growth in, 148; industrial financing in, 296; industrialization objectives of, 294; laissez-faire economic reforms in, 293; policy packages in, *293*, *295*; policy transformation cycle of, 294; sectoral policy package of, 298; supply-side interventions in, 292
South Eurozone, 141, 143–44, 148–49, 151–52, *151–52*

South Korea, 196, 254
SPDP. *See* Singapore Productivity Development Project
special economic zones (SEZs), 286, 296
specific capacity, *314*
SPRING. *See* Standards, Productivity, and Innovation Board
SQC. *See* statistical quality control
Sri Lanka, 430, *431–34*
Stability and Growth Pact, 149
standard of living, 86–87
Standards, Productivity, and Innovation Board (SPRING), 331
State Financial Corporations (SFCs), 199
State Industrial Development Corporations (SIDCs), 199
state intervention, 231–32
state-owned enterprises (SOEs), 285
static comparative advantage, 35
statistical process control, 324
statistical quality control (SQC), 324
Steinbeis Centres, 274
STEM. *See* science, technology, engineering, and mathematics
Stiglitz, J. E., 3, 7, 17, 18n7, 25, 31, 152; continuous learning system and, 327; DBs and, 132; determinants of learning from, 311–12; financial markets and, 136; global development pact of, 375; great transformations from, 309; inclusive growth from, 313–14, 325; income distribution from, 40; industrialization and, 41; interactive measures from, 261; learning by doing from, 334; learning externalities from, 182n8; learning promotion from, 306; learning to learn from, 311; local investments and, 183n9; macroeconomic policies and, 56; manufacturing productivity studied by, 329–30
STIPs. *See* science and technology industrial parks
STPs. *See* Science and Technology Plans
strategic complementarities, 80
Strategic Energy Plan, 273
strategic industries, 273–74
strategic intervention, 193

strategic map, 284
strategic uncertainty, 253
strong linkages, 84–85
structural changes, *84*, 140–41, 390–91, 394–95
structural coordination, 253–55
structural dynamics, 94
structural features, 107, *115*
structural heterogeneity, 65–66, 82, 94, 96
structural problems, 265–66
structural reforms, 98*n*16
structural transformations, 29, 73, 87, 96, 109, 245
Stubrin, L., 372
stylized facts, 68
Sub-Saharan Africa, 238
Sui, Q-Y, 170, 185*n*36, 185*n*38
Summers, Larry, 18*n*7
supply and demand, 79
supply fragmentation, 474*n*2
supply-side factors, 447–48
supply-side interventions, 292, 299
supply-side measures, 259
sustainability, 376
sustainable growth, 335–38
Sydow, J., 163
synchronizing policies, 261
systemic failures, 253, 255–56
system of innovation, 255, 369
system-wide processes, 5
Szczurek, M., 142

tacitness, 78
Taishin project, 341–44
Tanimura, Hiroshi, 166
target industries, 168
tariff levels, 385*n*3
tariffs, 52
Tarling, R. J., 97*n*6
taxonomic approach, 256, 257
technical progress function, 87
techno-economic paradigms, 29, 354
technology: absorption process of, 77–78; capabilities from, 41, 46–49; capitalism and progress in, 354; catch-up process and, 42; China upgrading, 467–68; core, 29; countries advancing in, 229–30; domestic learning and, 54; economic growth and change in, 353; economic systems and opportunities in, 38; electronic, 33; frontier, 42; gaps, 77; in globalization, 362; green, 299; industrialization needing, 193; infrastructure with, 298; innovation and knowledge of, 98*n*12; institutions and development of, 80–81; knowledge and, 98*n*12; learning with, 24, 29; licensing agreements and, 33; NR and, 378; opportunities from new, 236–37; organizational capabilities and, 41; outsourcing of, 97*n*9; paradigm shift in, 377; platforms, 297; production experience and, 78; regime with, 39; revolution of, 70, 354–57, *355*; social, 31; trajectories of, 37. *See also* information and communications technologies
Tembo, Fletcher, 321
Tenth Five Year Plan, 288
term-lending institutions, 198–99, 209, 212, 214
textile industry, 232–33, 398, 402, 415, *427*, 430, *443*
TFP. *See* total factor productivity
Thailand, 323
Thelen, K., 178
time dimension, 110
time-series characteristics, 462–64, *463*
top-down model, 259, 378–80, *379*
Torch Program, 286
total disbursements, 202, *203–5*
total factor productivity (TFP), 347*n*25
total quality control (TQC), 325
Total Quality Management (TQM), 315, 324, 325–26, 329–30, 334
Towards Reconstruction: Hope Beyond the Disaster, 339
Toyota, Kiichiro, 174
Toyota Motor Company, 174, 346*n*19
Toyota Production System (TPS), 176, 326, 346*n*19
Toyota Way, 347*n*21
Toyota Way, The (Liker), 326
TPS. *See* Toyota Production System
TQC. *See* total quality control

TQC/TQM, 326
TQM. *See* Total Quality Management
tradable goods and services, 236
trade barriers, 56
trade of goods, 55
trade policies, in agricultural, 58
trade policy regime, 72–73
Trade-Related Aspects of Intellectual Property Rights (TRIPS), 49, 55
Trade Related Intellectual Property Rights, 33
trade renegotiations, 51
traditional sectors, 81–82
training, 361, 383–84
transformation cycles (T-cycles), 247, 261–62, 268; globalization challenges in, 275–76; of government, 263–64; in industrial policies, 247, 262–63, 275; sectoral policies in, 285; South Africa's policy, 294
transformations, in standard of living, 86–87
transport equipment industry, 462, 475*n*21
Tregenna, F., 476*n*35
TRIPS. *See* Trade-Related Aspects of Intellectual Property Rights
TSKB. *See* Industrial Development Bank of Turkey
TT curve, 91
Twelfth Five Year Plan, 290–91

Ueda, K., 165, 184*n*27
uncertainties, 108; DBs mitigating, 126–27, 129*n*5; development challenges causing, 109, 124–26; economic, 119–21; in economic conditions, 110; innovation surrounded by, 110; from long maturity, 121–23, 123–24; strategic, 253; types of, 119
uncertainty-intensive ventures, 112–13
underemployment, 82–85, 89–90, 92
underinvestments, 254–55
unemployment, 151–52, *152*, 378
UNEP. *See* United Nations Environment Program
UNIDO. *See* United Nations Industrial Development Organization

Union of Japanese Scientists and Engineers (JUSE), 325
United Kingdom, 133, 149, 367; AACP created in, 174; deindustrialization in, 251; government expenditures of, 143–44; government lending of, *151*; industrial revolution in, 354; investment scenarios in, 151; mass consumption of, 356
United Nations Environment Program (UNEP), 335
United Nations Industrial Development Organization (UNIDO), 444
United States: aid policy of, 174–76; ARRA program in, 299; bilateral trade treaties of, 51; Congress, 268; Declaration of Independence, 49; Deming's success and, 327–28; global investment stimulus in, 146; home mortgages in, 7; industrial policy actions of, 13, 297; industrial policy resistance of, 14; infant-industry protection in, 32; learning benchmarks of, 245–46; manufacturing productivity in, 347*n*25; manufacturing rebuilt in, 262–68; mass consumption of, 356; policy packages in, *264*, *266–67*; production rebuilding in, 251; structural problems of, 265–66; world manufacturing of, 470
United States Agency for International Development (USAID), 174
Unit Trust of India (UTI), 199
urban redevelopment, 342–43
USAID. *See* United States Agency for International Development
UTI. *See* Unit Trust of India

VA. *See* value added
vacuum environment, 33–35
value added (VA), 393, 454–56; GDP per capita, *425–27*; in industrial development, 444*n*2; industries per capita, 408; large countries, *403–5*; in manufacturing, 207, 402, *403–11*; medium countries, *406–8*; small countries, *409–11*
value added per capita, 416, *417*, 430, *431–33*

value-chain analysis, 236
Van Zwanenberg, P., 372
Velasco, A., 236
Venezuela, 385*n*6
vent for surplus models, 83
venture capital, 125–26
Venture Guiding Fund, 288
venture support role, 112
Vicente, C. L., 107, 114, 138
Vishny, R., 242*n*3
Vittas, D., 183*n*18, 185*n*34, 185*n*39

Wade, Robert, 17*n*3
wage costs, 59
wages, efficiency, 82
Wald test, 395
Washington Consensus, 57, 238
water transport services, 476*n*33
Wattanasiri, C., 323
weak linkages, 84–85
Wealth of Nations, The (Smith), 225
wearing apparel industry, 399, 402, 411, 415, *427*, 430, *443*
Weiss, J., 256
Western Europe, 215, 356
wholesale trade, 475*n*19
Willem te Velde, D., 321
wind generation, 122
WIOD. *See* World Input-Output Database
Wolfmayr, Y., 449
Womack, J., 326, 328

Woolthuis, Klein, 257
Works Constitution Act, 274
World Bank, 7, 161, 186*n*51, 335
world economy, 68–69, 73
World Input-Output Database (WIOD), 16, 448; countries represented in, *451*; countries statistics of, *452*; deindustrialization and, 456; developed countries economies in, *457*; developing countries economies in, *457*; findings from, 458–70; global manufacturing and, 451–52; group categorization of, 453–54; intermediate services and, 451–52, 468–70, *469*; manufacturing-services linkages in, 460–64; sectoral classifications in, *472–73*
world manufacturing, 192, 470
world production, 451
World Trade Organization (WTO), 4, 49, 95, 470

Xiaoping, Deng, 238

Yew, Lee Kuan, 330
Yoshio, Shiga, 173

Zentrales Innovationsprogramm Mittelstand (ZIM), 279
zero tillage, 372
ZIM. *See* Zentrales Innovationsprogramm Mittelstand

EFFICIENCY, FINANCE, AND VARIETIES OF INDUSTRIAL POLICY: Guiding Resources, Learning, and Technology for Sustained Growth by Akbar Noman and Joseph E. Stiglitz
(Copyright notice exactly as in Proprietor's edition)
Chinese Simplified translation copyright © (2024) by Huaxia Publishing House Co, Ltd.
Published by arrangement with Columbia University Press
through Bardon-Chinese Media Agency
博達著作權代理有限公司
ALL RIGHTS RESERVED

版权所有，翻印必究。

北京市版权局著作权合同登记号：图字 01-2017-1692 号

图书在版编目（CIP）数据

产业政策的选择及其经济后果/（美）约瑟夫·E.斯蒂格利茨（Joseph E. Stiglitz），（美）阿克巴·诺曼（Akbar Noman）编著；孔令强，殷燕译. -- 北京：华夏出版社有限公司，2024.1

（西方经济·金融前沿译丛）

书名原文：EFFICIENCY, FINANCE, AND VARIETIES OF INDUSTRIAL POLICY: Guiding Resources, Learning, and Technology for Sustained Growth

ISBN 978-7-5222-0270-9

Ⅰ.①产… Ⅱ.①约…②阿…③孔…④殷… Ⅲ.①产业政策—研究—世界 Ⅳ.① F269.1

中国版本图书馆 CIP 数据核字（2022）第 025329 号

产业政策的选择及其经济后果

作　　者	［美］约瑟夫·E.斯蒂格利茨　［美］阿克巴·诺曼
译　　者	孔令强　殷　燕
特邀编辑	魏　杰
策划编辑	李雪飞
责任编辑	杜潇伟
责任印制	顾瑞清
出版发行	华夏出版社有限公司
经　　销	新华书店
印　　刷	三河市少明印务有限公司
装　　订	三河市少明印务有限公司
版　　次	2024 年 1 月北京第 1 版　2024 年 1 月北京第 1 次印刷
开　　本	710×1000　1/16 开
印　　张	29
字　　数	450 千字
定　　价	129.00 元

华夏出版社有限公司　网址：www.hxph.com.cn　电话：（010）64663331（转）
地址：北京市东直门外香河园北里 4 号　邮编：100028
若发现本版图书有印装质量问题，请与我社营销中心联系调换。